# Karlsruhe 1945

# Karlsruhe 1945
## Unter Hakenkreuz, Trikolore und Sternenbanner

Im Auftrag der
Stadt Karlsruhe
verfaßt von

Josef Werner

G. Braun Karlsruhe

**Bildnachweis:**

Archiv Badische Neueste Nachrichten 174, 271, 279;
Erich Bauer 45, 47, 50, 142, 143, 145, 164, 165, 174, 199, 225;
Privatbesitz Lina Betz 283;
Bildstelle der Stadt Karlsruhe 67, 97, 154, 185, 287;
Archiv Diakonissenkrankenhaus Rüppurr 156;
Privatbesitz Klaus Frank, Ettlingen 41;
Privatbesitz August Furrer 174;
Franz u. Josef Gerstner, Rheinstetten 94;
Privatbesitz Fritz Gut 174;
Privatbesitz Dr. Emil Gutenkunst 174;
Aus: 60 Jahre Lebensbedürfnis-Verein Karlsruhe e.G.m.b.H., Hamburg 1925 277;
Kinderheim Sperlingshof, Remchingen-Wilferdingen 87;
Landesbildstelle Baden 2, 17, 29, 54, 127, 196, 197, 207, 255, 259, 267, 288, 293;
Landesdenkmalamt Baden-Württemberg, Außenstelle Karlsruhe 249;
Aus: Jean de Lattre de Tassigny: Histoire de la Première Armée Française, Paris 1949 64;
Privatbesitz Ernst Linke, Hagen 88;
Privatbesitz Paul Marbach, Nußdorf ü. Traunstein 88;
Personalamt der Stadt Karlsruhe 174, 279;
Privatbesitz Werner Rheinbold 43;
Horst Schlesiger 13, 65, 137, 271, 283;
Staatliches Hochbauamt I, Karlsruhe 237;
Stadtarchiv Karlsruhe 12, 19, 37, 39, 72, 73, 75, 78, 79, 81, 90, 91, 93, 101, 102, 103, 104, 107, 110, 111, 113, 114, 115, 128, 135, 147, 169, 171, 189, 190, 191, 193, 198, 203, 213, 219, 220, 223, 224, 227, 235, 243, 245, 251, 261, 265, 269, 283, 289, 294;
Privatbesitz Adolf Supper 96;
Hilde Thiele 174;
Universität (TH) Karlsruhe 244, 246;
Gerd Weiß 279;

**Herausgeber: Stadt Karlsruhe**


2. Auflage 1986
Gesamtherstellung: G. Braun, Druckerei und Verlage
Gestaltung: Robert Dreikluft
Papier: 115 g/qm Jade matt von Epa Papiergroßhandel, Karlsruhe

CIP-Kurztitelaufnahme der Deutschen Bibliothek:

**Werner, Josef:**

[Karlsruhe neunzehnhundertfünfundvierzig]
Karlsruhe 1945: Unter Hakenkreuz, Trikolore u. Sternenbanner / Josef Werner.
[Hrsg.: Stadt Karlsruhe, Stadtarchiv]. 2. Aufl. – Karlsruhe : Braun, 1986.
ISBN 3-7650-8047-0

# Inhalt

# Ein Baustein zur Stadtgeschichte

Geschichtsschreibung gehört zwar nicht zu den sogenannten Pflichtaufgaben einer Gemeinde, und doch bedeutet sie eine ständige Verpflichtung für jede Stadt. Will ein Gemeinwesen sich nicht selbst verlieren, will es Profil nach außen wie nach innen gewinnen, dann muß es seine historische Substanz pflegen und der Allgemeinheit zugänglich machen. Jede Gemeinde hat ihre Wurzeln in der Vergangenheit, ihr Wesen und ihre Gestalt sind das Werk vieler Generationen. Die historische Selbstdarstellung einer Kommune ist daher ein wichtiger, vielleicht der wichtigste Beitrag, zu der häufig genannten Identitätsfindung. Immer deutlicher erkennen politisch Verantwortliche, daß Stadtgeschichtsschreibung nicht nur wünschenswert, sondern kommunalpolitisch notwendig ist. Geschichtslosigkeit führt zwangsläufig zu Gesichtslosigkeit.

Der Wunsch, mehr über die eigene Vergangenheit zu erfahren, ist heute in der Bevölkerung weit verbreitet. Er ist gerade auch bei jungen Menschen besonders ausgeprägt. Ihr Interesse gilt vor allem der Lokalgeschichte, denn über die großen politischen Vorgänge kann man sich im allgemeinen recht gut unterrichten. Daraus resultiert ein starkes Bedürfnis, sich über historische Abläufe im bekannten Lebensraum, im eigenen Ort und seiner Umgebung, informieren zu können. So geschieht Sadtgeschichtsschreibung in erster Linie für die eigene Bevölkerung. Sie ist seit jeher aber auch Fundgrube für die allgemeine historische Forschung, zu der sie wichtige Mosaiksteine beiträgt.

Trotz intensiver Bemühungen zahlreicher Gemeinden besteht hier noch viel Nachholbedarf. Die Gemeindereform in den Bundesländern löste zwar eine Welle der Ortsgeschichtsschreibung aus, doch ist auch hier noch längst nicht alles aufgearbeitet. Die hauptsächliche Schwierigkeit liegt darin, daß es häufig an geeigneten Historikern mangelt.

Auch die Stadt Karlsruhe hat hier einiges nachzuholen. Die letzte große Stadtgeschichte erschien zum zweihundertjährigen Stadtjubiläum 1915, der letzte gedruckte Band der Stadtchronik beschreibt das Jahr 1923. Zwar kamen auch seitdem immer wieder zusammenfassende Überblicke zur Stadtgeschichte oder Darstellungen zu Einzelthemen heraus, doch fehlt bisher noch eine umfassende stadtgeschichtliche Darstellung, die auf neueren Forschungen und Erkenntnissen beruht. Der Geschichtsschreibung muß freilich die Forschung vorausgehen. Daher ist es kaum möglich, in kurzer Zeit Ergebnisse vorzulegen. Stadtgeschichtsforschung erweist sich als eine Aufgabe, die permanent und systematisch verfolgt werden muß.

Besonders wichtig ist für Karlsruhe die Erarbeitung der neueren und neuesten Geschichte. Als erster Schritt zu einer Gesamtdarstellung dient die Fortschreibung der Stadtchronik in einzelnen Abschnitten vom Ersten Weltkrieg an. An dieser Aufgabe wird derzeit gearbeitet. Gleichzeitig nutzt das Institut für Geschichte der Universität Karlsruhe die Möglichkeiten des Stadtarchivs zur Bearbeitung spezieller Themenstellungen.

Besondere Aufmerksamkeit verdient die Entwicklung Karlsruhes nach dem Ende des Zweiten Weltkriegs – ein für die Stadtgeschichte bedeutender Zeitraum. In dieser Phase vollzog sich nicht nur die Wiedererstehung der weithin zerstörten Stadt, sondern auch der Wiederaufbau einer freiheitlichen Gesellschaftsordnung und eines demokratischen Gemeinwesens nach dem Ende der Nazidiktatur. Im Jahre 1982 erhielt der frühere Leiter der Lokalredaktion der „Badischen Neuesten Nachrichten", Josef Werner, den Auftrag zur Bearbeitung der Nachkriegsgeschichte der Stadt Karlsruhe. Der erfahrene Journalist schien wegen seiner langjährigen beruflichen Tätig-

keit und seiner hervorragenden Kenntnis von Personen und Vorgängen gerade der jüngsten Karlsruher Geschichte hierfür besonders geeignet. Josef Werner machte sich mit viel Engagement an die Arbeit und stieß dabei auf eine große Fülle zuvor nicht bekannten Quellenmaterials. Er fand es vor allem bei Privatpersonen, aber auch in auswärtigen Archiven. Ebenso fruchtbar und wertvoll waren seine zahlreichen Gespräche mit Zeitzeugen.
Dabei zeigte sich, daß eine ausführlichere Darstellung des Jahres 1945 in einem eigenen Buch und dessen Erscheinen zum vierzigsten Jahrestag des damaligen Geschehens die geeignete Form wäre, den sich überstürzenden Ereignissen des Jahres 1945 gerecht zu werden.
Der jetzt der Öffentlichkeit vorliegende Band unterscheidet sich in der Tat weitgehend von den Ergebnissen der üblichen Chronikschreibung. Schon die große Zahl von bislang unbekannten Quellen und von Augenzeugenberichten, die Josef Werner erarbeitet und ausgewertet hat und in wichtigen Teilen wortgetreu wiedergibt, rechtfertigen die Herausgabe eines eigenständigen Werkes, das auch durch seine Aufmachung von den sonst üblichen Chronikbänden absticht. Es entspricht in jeder Hinsicht den Besonderheiten jener Zeit, die es zum Inhalt hat.
Das Buch, in Darstellungsweise und Diktion ein „echter Werner", wendet sich in erster Linie an die Karlsruher. Für viele kann es ein Erinnerungsbuch sein, den Jüngeren aber, und das ist sicher die Mehrzahl der Leser, vermag es eindringlich und authentisch die damaligen Vorgänge vor Augen zu führen. Die Darstellung beschränkt sich auf die Stadt Karlsruhe, deren Schicksal zwar in vielem mit dem anderer Städte vergleichbar, aber eben dennoch ein ganz eigenes war.
Nicht nur deshalb ist das vorliegende Werk ein wertvoller Baustein zur Karlsruher Stadtgeschichte.

Otto Dullenkopf
Oberbürgermeister

# Das unvergleichliche Jahr

Daß die vorliegende Arbeit dem Geschehen eines einzigen Jahres gewidmet ist, mag überraschen, In der Tat hätte man sich für die Beschreibung der ersten Nachkriegszeit durchaus einen größeren Zeitraum vorstellen können. Sowohl die Zeitspanne von 1945 bis 1948 mit dem Jahr der Währungsreform als markanter Zäsur hätte sich angeboten als auch eine Ereignis-Darstellung bis 1952 mit den Amtszeiten der Oberbürgermeister Hermann Veit und Friedrich Töpper.

Nicht eine Überfülle an Quellen und Stoff, sondern im Gegenteil: Der anfängliche Mangel an Informationen und die davon bewirkte Neugierde, über das so ereignis- und kontrastreiche, weithin im verschwommenen Dunkel liegende Jahr 1945 mehr zu erfahren, verführten zu dem Vorhaben, sich in das Geschehen dieses Jahres engagierter zu vertiefen, als ein größerer Zeit-Bogen dies zugelassen hätte. Das Vordringen der alliierten Truppen auf deutsches Gebiet, Todeskampf und Untergang des „Dritten Reichs" und die bedingungslose Unterwerfung unter die Siegermächte waren die herausragenden Ereignisse eines beispiellosen Jahres deutscher Geschichte. Im Falle Karlsruhes erhielt das Jahr 1945 zusätzliche Dramatik durch die Erklärung der Stadt zur „Festung" und durch das Vorhaben der Franzosen, sich Karlsruhe und Stuttgart als Faustpfänder zu sichern. Stadt- und badische Landesgeschichte bestimmende Wirkung hatte schließlich die bald darauf erfolgte Einbeziehung der beiden Landeshauptstädte in die amerikanische Besatzungszone und die für Karlsruhe so folgenschwere Teilung Badens.

Wegen der partiell spärlichen Quellen – vieles geschah ohne schriftliche Fixierung, und erst im Frühjahr 1946 erschien mit den Badischen Neuesten Nachrichten wieder eine Karlsruher Zeitung –, aber auch, um Vorgänge und Fakten am persönlichen Erleben deutlich zu machen, interviewte der Verfasser drei Dutzend Zeitzeugen aus unterschiedlichsten Bereichen. Diese Tonband-Interviews (in den Anmerkungen mit TBI angegeben), mit ihrem zeitgeschichtlichen Gehalt die Primärfunktion als Quelle weit übertreffend, aber auch die zahlreichen Gesprächsprotokolle (GPr), Protokolle von Gesprächen mit Akteuren, Betroffenen und Beobachtern der Geschehnisse des Jahres 1945, sind dem Stadtarchiv Karlsruhe übergeben und dort registriert. Schon zehn befragte Zeitzeugen sind inzwischen verstorben – ein bedrückender Hinweis, wie rasch die Möglichkeit schwindet, sich bei dem Bemühen um Erhellung zeitgeschichtlicher Abläufe solcher Quellen zu bedienen.

Eine Sonderstellung nimmt das Interview mit dem damaligen 1. Generalstabsoffizier (Ia) der Berliner „Bärendivision", Oberstleutnant a.D. Ernst Linke, ein. Dank der dabei gewonnenen Informationen, insbesondere aber dank des von diesem Offizier verwahrten, dem Verfasser übergebenen Kriegstagebuchs seiner Division war es – im Verbund mit de Lattre de Tassignys Darstellung der Vorgänge aus französischer Sicht – erstmals möglich, die militärischen Ereignisse im Raum Karlsruhe Ende März/Anfang April 1945 exakt nachzuvollziehen. Wichtige, nirgendwo sonst niedergelegte Informationen wurden dem Verfasser aus Tagebüchern zugänglich, die einige Karlsruher in jener turbulenten Zeit geführt haben.

Die Absicht, das Geschehen des Jahres 1945 zusätzlich durch eine umfangreiche Bilddokumentation anschaulich zu machen, war nicht in vollem Umfang zu verwirklichen. Zunächst bestand ein Fotografierverbot von Kriegsschäden. Nach der Besetzung wurde eine Abgabepflicht für Fotoapparate und ein erneutes Fotografierverbot für Deutsche erlassen. Gleichwohl konnte das Bild der zerstörten Stadt und das Leben in ihr skizzenhaft dargestellt werden. Ein besonderer

Glücksfall war es, daß die Kopie eines drei Tage nach der Besetzung der Stadt für die französische Wochenschau gedrehten Films vor einigen Jahren vom Karlsruher Stadtarchiv erworben werden konnte. Dieser Film, qualitativ keineswegs befriedigend, was auch für die aus ihm gewonnenen Standfotos gilt, mit bewegenden Aufnahmen deutscher Kriegsgefangener und dem Bericht über den Besuch de Gaulles in Karlsruhe gleichwohl ein überaus wertvolles Dokument, wurde für die vorliegende Publikation erstmals umfassend ausgewertet.
Mit seinem Report über das Jahr 1945 hat der Verfasser nach bestem Vermögen versucht, den an Geschichtsschreibung zu stellenden wissenschaftlichen Forderungen gerecht zu werden. Vielfältig war ihm die bei seiner Arbeit zuteil gewordene Hilfe. Der Verfasser hat vor allem den Damen und Herren des Stadtarchivs Karlsruhe zu danken, aber auch den in den Quellennachweisen genannten Archiven, Bibliotheken, Ämtern, Behörden und sonstigen Institutionen. Sein Dank gilt auch vielen Privatpersonen, die ihm halfen, insbesondere seinen Zeitzeugen, deren geschriebene oder gesprochene Aussagen der Schilderung zahlreicher Vorgänge zusätzliche Authentizität, vielfach aber auch erlebnisnahe Farbigkeit verliehen.
Denn wissenschaftliche Verläßlichkeit bei der Schilderung des „Karlsruher" Jahres 1945 war nur eine der beiden Maximen, von denen sich der Verfasser bei seiner Arbeit leiten ließ. Die andere bestand in dem Wunsch, das Geschehen des in 270 Jahren Stadtgeschichte so unvergleichlichen Jahres in eine lesbare, womöglich nach-erlebbare Form zu bringen.

Karlsruhe, im Juni 1985 — Josef Werner

# Dem Ende entgegen

## Als der Tod Flügel bekam

Silvesternacht 1944. Vor vier Monaten war der Krieg ins sechste Jahr gegangen. Sein Ende konnte nun allerdings nicht mehr fern sein. Jedermann spürte, daß das neue Jahr die Entscheidung bringen würde, so oder so. Die einst so siegreichen Armeen der Deutschen Wehrmacht, die halb Europa erobert und unter deutsche Kontrolle gebracht hatten, befanden sich an allen Fronten auf dem Rückzug, ausgenommen der Abschnitt in den Ardennen, wo das nach der Invasion vom Juni 1944 teilweise bis zur Reichsgrenze zurückgeworfene deutsche Westheer zu einem letzten verzweifelten Großangriff angetreten war. Doch jeder der etwa 60 000 Karlsruher, die nach den vernichtenden Bombenangriffen vom September und Dezember 1944 noch in der Stadt geblieben waren, wußte um die offensichtlich ausweglose militärische Lage im Süden und Südosten, wo die Erfolge der Amerikaner und Russen dazu geführt hatten, daß sich Italiener und Rumänen auf die Seite des Gegners schlugen. Mit Sorge war vor allem registriert worden, daß sich die Russen unaufhaltsam der deutschen Ostgrenze näherten. Jenseits des Rheins aber war der Vormarsch der Alliierten innerhalb weniger Monate so rasch vorangetragen worden, daß Karlsruhe 14 Tage vor Silvester, am 15. Dezember, erstmals unter dem Granatfeuer der amerikanischen und französischen Artillerie lag.
Karlsruhe war allerdings nicht erst an diesem Tag zur Frontstadt geworden. Der Luftkrieg hatte der Stadt schwere Wunden geschlagen, hatte mit dem Tod Hunderter von Mitbürgern und der Zerstörung Tausender von Wohnungen Leid und Elend gebracht. Das Leben in der Stadt war seit Monaten bestimmt von Luftalarmen und Entwarnungen, von der Flucht in die Keller und dem Bemühen, in den Pausen zwischen den Alarmen das Notwendigste zu besorgen. Eine gedrängte Darstellung des Luftkriegs, wie ihn Karlsruhe erlebte, scheint zum Auftakt der Chronik 1945 vor allem deshalb gerechtfertigt, weil nichts anderes den Karlsruher Kriegsalltag mehr bestimmte und prägte als der Krieg aus der Luft.

### Über 1000 Luftalarme

Für die Karlsruher war die Silvesternacht 1944 eine vergleichsweise ruhige Nacht. Nur eineinhalb Stunden, von 18.30 bis 20.00 Uhr, hatte es Alarm gegeben. Hätten die Karlsruher gewußt, wie oft sie im vergangenen Jahr von dem ängstigenden Geheul der Luftschutzsirenen in den Keller getrieben worden waren, sie wären erstaunt gewesen über das Ausmaß ihrer Fähigkeit, fortwährend so schwere Belastungen zu ertragen. Die Alarm-„Bilanz" des Jahres 1944 belief sich auf 605 Luftalarme. Nicht weniger als 682½ Stunden – davon allein 147 Stunden im Monat Dezember – hatten jene, die grundsätzlich bei jedem Alarm in die Keller flüchteten, in der Karlsruher Unterwelt verbracht. Frau Clara Siebert (1873–1963) aus der Karlstraße, die zu diesem Zeitpunkt 71jährige ehemalige Karlsruher Zentrumsabgeordnete im badischen Landtag, hatte seit Kriegsbeginn über jeden Alarm Buch geführt. Eine einzigartige Dokumentation, die sie bis Kriegsende fortführte.[1]
Die Buchhalterin der Luftalarme in Karlsruhe – bis Kriegsende sollte sich die Zahl der Alarme auf 1032 erhöhen – hatte natürlich längst aktenkundig gemacht, daß der Tod nicht erst im Jahr 1944 vom Himmel gefallen war. Den ersten schweren Nachtangriff hatte Karlsruhe schon am 6. August 1941 erlebt.

Bei einem Angriff der Royal Air Force auf das westliche Mühlburg und den Rheinhafen hatte es 33 Tote gegeben. Der nächste schwere Angriff, gleichfalls bei Nacht und von den Engländern geflogen, galt am 3. September 1942 der Innenstadt. Damals wurden 75 Tote geborgen. Zu den zerstörten Gebäuden zählten das Markgräfliche Palais, das Landesgewerbeamt, die Landessammlungen am Friedrichplatz, die Badische Landesbibliothek und die Christuskirche. Schwer getroffen wurde das Alte Vincentius-Krankenhaus. Zerstört wurde das Palais Bürklin an der Kriegsstraße, in dem sich die Musikhochschule befand, sowie das zur Sophienstraße hin angrenzende Gebäude der Städtischen „Musikschule für Jugend und Volk" (Konservatorium).

***Das Karlsruher Schloß vor seiner Zerstörung. Der mit Baum-Attrappen getarnte Schloßplatz war in ein Kleingartengelände verwandelt.***

Zwar Luftalarme in Fülle – 123 an der Zahl – gab es im Jahr 1943, doch nicht einen einzigen Angriff. Dies sollte sich im Jahr 1944 dramatisch ändern. Ein Angriff von 600 Bombern der Royal Air Force in der Nacht vom 24./25. April 1944 war, mit Schwerpunkt Haupt- und Rangierbahnhof, als vernichtender Schlag gegen die Stadt geplant. Der Tatsache, daß die Flak zwei „Pfadfinder"-Maschinen abschießen konnte, vor allem aber einem plötzlich aufkommenden Gewittersturm, der die – im Volksmund „Christbäume" genannten – Zielmarkierungen nach Nordosten abtrieb, war es zu verdanken, daß das Stadtgebiet relativ glimpflich davonkam. Schwere Verwüstungen gab es gleichwohl im Stadtgarten, und von einem

Bombenteppich aufgewühlt wurden Teile des Hauptfriedhofs, dessen Friedhofskapelle ausbrannte. Im übrigen entlud sich die tödliche Last hauptsächlich auf die Stadtteile Rintheim, wo 70 Prozent der Gebäude einschließlich der Kirche zerstört wurden, und Hagsfeld, das 30 Prozent seiner Häuser einbüßte. Dieser bisher schwerste Angriff forderte 118 Todesopfer, davon allein 72 in Rintheim. Auch *„viele Stallungen, Futter- und Getreidevorräte sowie 250 Stück Groß- und viel Kleinvieh fielen den Bomben zum Opfer".*[2]
Die Bilanz des Todes aus der Luft setzte sich fort bei einem

***Nach beendeter Schuttbeseitigung vermittelt auch noch das Skelett des – bei dem Luftangriff am 27. September 1944 – zerstörten Schlosses die Schönheit und Harmonie dieses Bauwerks.***

Tagesangriff am 27. Mai 1944. 108 Tote waren zu beklagen. Schwer getroffen wurden bei diesem Angriff, der vor allem der Innenstadt galt, die evangelische Stadtkirche sowie die Liebfrauenkirche in der Südstadt. Bei einem Nachtangriff am 25. Juli wurden das Fürstenbergsche Palais an der Erbprinzenstraße, in der sich die Wehrmachtskommandantur befand, sowie das Palais Prinz Wilhelm, Ecke Schloßplatz und Waldstraße, zerstört. Entweder durch eine Luftmine, die im Fürstenbergschen Palais explodierte, oder durch eine Sprengbombe wurden Kuppel und Orgelgewölbe von Weinbrenners Stephanskirche und die Altäre stark beschädigt. Landesbischof Kühlewein und Dekan Seufert boten dem Pfarrherrn von St. Stephan, Dekan Dr. Rüde, daraufhin die Mitbenützung der nach dem Angriff vom September 1942 notdürftig wieder instand gesetzten Christuskirche an. Andere Ausweichstandorte zur Durchführung der Gottesdienste für die Gemeinde St. Stephan waren das Agneshaus in der Hirsch- und der Kindergarten in der Adlerstraße. Clemens Weis (*1912), damals Kaplan in St. Stephan: *„Die Bevölkerung ließ sich im Gottesdienstbesuch nicht irritieren. Wer zuvor in die Kirche gegangen war, ging jetzt auch."* Erwähnenswert auch die folgende Feststellung von Clemens Weis: *„Um die Gottesdienste kümmerte sich in Karlsruhe keine Parteidienststelle. Behindert wurde niemand."*[3]

---

*„Es war die Hölle. Und es wäre ein vergebliches Beginnen, schildern zu wollen, was die Menschen dieser Stadt in diesem Chaos von Feuer und Zerstörung durchlebt und erlitten haben, denn um das auszudrücken, fehlen die Worte und Begriffe. Das wird keiner, der darinnen stand, jemals vergessen. Aber ebensowenig darf vergessen werden, wie sich die Menschen dem tobenden Element, entfacht und genährt aus Hunderttausenden von Brandbomben, entgegenwarfen, ohne Rücksicht auf Leib und Leben, wie sie verbissen und bis zur körperlichen Erschöpfung kämpften . . ."*

Der Führer vom 30. September 1944

---

Überreiche Ernte hielt der Tod bei den Angriffen am 9. August 1944 auf die Oststadt, auf die Südstadt und den Hauptbahnhof/Güterbahnhof (145 Tote, darunter 106 Fremdarbeiter, die in abgestellten Waggons auf dem Güterbahnhof umkamen), am 5. September auf die Südstadt und den Rangierbahnhof (235 Tote) sowie am 8. September auf die Südstadt, die Oststadt und erneut den Rangierbahnhof (117 Tote). Hierbei wurden die Bahnhofshalle, die evangelische Johanniskirche, das St. Josephshaus, in dessen Keller zwei Schwestern ums Leben kamen, Kirche und Pfarrhaus St. Bernhard sowie das Schloß Gottesaue teils völlig zerstört, teils aufs schwerste beschädigt.
Immer wieder, teils im Vorfeld der angloamerikanischen Invasion vom 6. Juni 1944, teils danach, hatten die Luftangriffe im Frühjahr und Sommer schwerpunktmäßig den strategisch wichtigen Zielen Rangierbahnhof, Hauptbahnhof und Güterbahnhof gegolten. Auch bei einem Tagesangriff vom 5. November 1944, der 57 Tote forderte, waren noch einmal die Bahnanlagen sowie der Rangierbahnhof das Ziel. Doch zuvor und danach, am 27. September und 4. Dezember 1944, flog die englische Luftwaffe mit Hunderten von viermotorigen Maschinen die folgenschwersten Angriffe gegen die Stadt, Einsätze, die in den Berichten des Oberkommandos der Wehrmacht als „Terrorangriffe" bezeichnet wurden. Diese Aktionen waren nicht gegen Verkehrsanlagen oder Rüstungsbetriebe gerichtet, sie galten nicht Einrichtungen der Wehrmacht: Sie sollten die Stadt vernichten, Menschen töten, die Moral der Überlebenden zerstören – nicht anders, als es die Luftwaffe Görings nach dem Frankreichfeldzug bei der Bombardierung englischer Städte (Hitler: *„Wir werden ihre Städte ausradieren"*) versucht hatte. Die Angriffe vom 27. September und 4. Dezember 1944 veränderten das Bild, die Struktur und das Wesen der Stadt. Die Folgen dieser schwersten Schläge aus der Luft während des 2. Weltkriegs zu beseitigen, sollte zur größten Herausforderung, aber auch zur langwierigsten Aufgabe der Verantwortlichen der Nachkriegszeit werden. Das – später zu betrachtende – Großwerk der Karlsruher Schutträumung bedarf der Schilderung, wie es zu der riesigen Trümmerlandschaft Karlsruhe kam. Jedem Karlsruher, der an der Jahreswende 1944/45 noch in der Stadt hauste, war das Erlebnis jener Nächte voll erschreckender Gegenwärtigkeit.

## Karlsruhe in Flammen

Als am Mittwoch, dem 27. September 1944, 5 Uhr früh – zum dritten Mal in dieser Nacht! – die Sirenen ertönten, ahnte niemand, daß Karlsruhe wenige Minuten später die größte Feuersbrunst seiner Geschichte erleben würde. Sie wurde ausgelöst durch einen riesigen Brandbomben-Teppich, gegen dessen großbrandstiftende Wirkung die Feuerwehr so gut wie machtlos war. Eine amtliche Schätzung bezifferte die Zahl der Brand- und Phosphorbomben auf 200000.[4] Dazu kamen Hunderte von Sprengbomben. Diese ganze tödliche und zerstörerische Last wurde von rund 400 schnellen Bombern ab-

***Diese „Übersichtskarte", in der Tageszeitung „Der Führer" veröffentlicht, dient der Bevölkerung als Informationshilfe für die vom örtlichen Luftschutzleiter über einen lokalen Sender gemeldeten Bewegungen von Verbänden der amerikanischen und britischen Luftwaffe.***

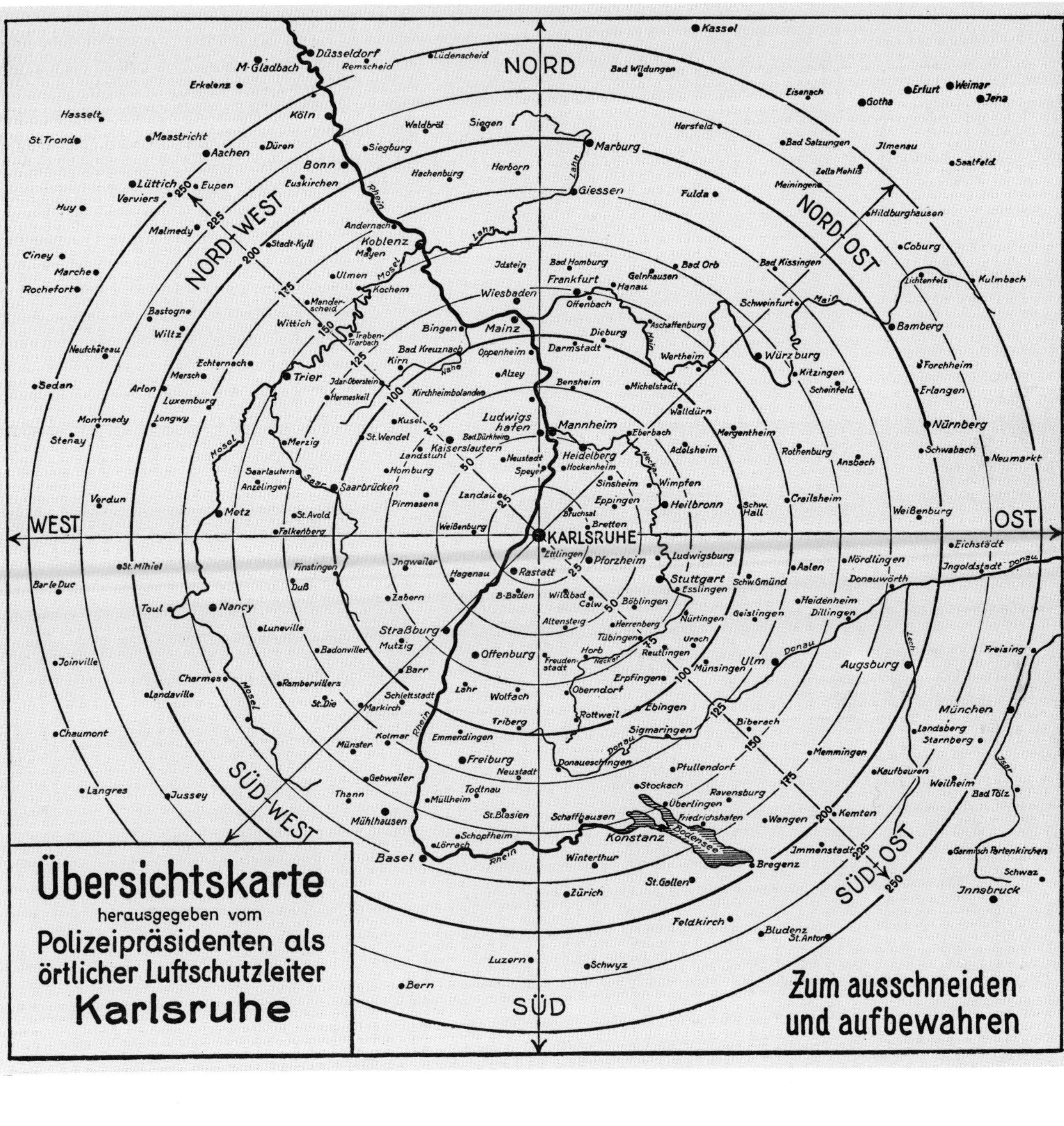
Übersichtskarte
herausgegeben vom
Polizeipräsidenten als
örtlicher Luftschutzleiter
Karlsruhe
Zum ausschneiden
und aufbewahren
NORD
SÜD
WEST
OST
NORD-WEST
NORD-OST
SÜD-WEST
SÜD-OST
KARLSRUHE
Kassel
Düsseldorf
M-Gladbach
Köln
Bonn
Aachen
Lüttich
Koblenz
Marburg
Giessen
Frankfurt
Wiesbaden
Mainz
Darmstadt
Würzburg
Bamberg
Nürnberg
Trier
Saarbrücken
Metz
Nancy
Mannheim
Ludwigshafen
Heidelberg
Kaiserslautern
Heilbronn
Pforzheim
Rastatt
Stuttgart
Straßburg
Offenburg
Freiburg
Basel
Mühlhausen
Ulm
Augsburg
München
Konstanz
Bodensee
Innsbruck
Rhein
Mosel
Main
Neckar
Donau

Schüle, geb. Hausmann, z. Zt. Stafforf, Blankenlocher Straße 19; Unteroffiz. **Heini Schüle**, z. Zt. im Ost.

✝ 8. 12. 44. **Roswitha, Margarethe. Elisabeth Dillig**, geb. Singer, Bad Rappenau, **H. Dillig**, Oberwachtmeister, Sigmaringen.

*hre Verlobung geben bekannt:*

**nneliese Bährle**, cand. med., Dr. med. **Egon Leonhardt**, San.-Fähnr. Offenburg/Weckesheim, Dez. 1944.

## FÜR FÜHRER, VOLK UND REICH FIELEN:

**August Wilhelm Hemberle**, Uffz., geb. 22. 6. 1912, gef. 11. 11. 1944. Inh. d. Kriegsverdkr. mit Schwertern. Frau Rosa Hemberle geb. Gamer u. Kinder u. alle Angeh. Blankenloch, 15. 12. 1944.

**Gustav Roß**, Feldw. in ein. Luftwaffeneinheit, 38 J. alt, gef. im Osten. Toni Roß, geb. Haller, mit Söhnchen Wolfi, u. Angeh. Pirmasens, Schloßstraße 38.

**Leo Spissinger**, Feldw. in ein. Gebirgsjäger-Regiment. Inh. d. EK. 1. u. 2. Kl., Ost-West u. Verw.-Abz., geb. 23. 11. 1914, in Forbach, gef. 7. 10. 1944 im Osten. Fr. Elsa Spissinger, geb. Wunsch u. Kind, und Angehörige. Gausbach, Fürholzstraße 156.

**Franz Störk**, Verwalt.-Obersekretär, Obergefr., geb. 17. 1. 1897, gef. 23. 11. 1944 im Westen. Frau Maria Störk, geb. Keller, Kinder, sowie alle Verwandte. Karlsruhe, Rob.-Wagner-Allee 30, z. Zt. Neuhausen üb. Pforzheim. Seelenamt: Karlsruhe, Montag, 18. 12., 6.45 Uhr, in St. Raphael, Essenweinstraße.

**Albert Bäuerle**, Stabsgefreit., Inh. des Kriegsverdienstkr. 2. Kl. mit Schw., geb. 12. 12. 1917, gef. 17. 11. im Westen. Regine Bäuerle, geb. König mit Kind, Mutter, Geschwister, u. alle Anverw. Kappelwindeck, Neusatz, Konstanz, 15. 12. 44. Für erw. Anteiln. herzl. Dank.

**Karl Boschert**, Oberfeldw., Inh. verschied. Ausz., geb. 23. 2. 1915, gef. 8. 10. 1944. Marieluise Boschert, geb. Horn, u. Angeh. Khe.-Hagsfeld, Herbert-Norkus-Straße 4.

## FEINDL. TERRORANGRIFF FIELEN ZUM OPFER:

**Emma Berta Schmid**, geb. Strohmayer, geb. 4. 2. 1897, gef. 4. 12. 44. Eugen Schmid, z. Zt. im Felde, Kinder, u. Angeh. Khe., 16. 12. 44.

**Erna Bachert**, geb. Pottinz, geb. 8. 1. 1897, gef. 4. 12. 1944. Geschwister u. Angeh. Karlsr., 16. 12. 44.

**Wilhelmine Hierse**, geb. Schmidt, geb. 14. 7. 1872, gef. 4. 12. 1944. Heinrich Hierse und Angehörige. Karlsruhe, 16. Dezember 1944.

**Frau Magdalena Klingler**, Witwe, geb. Ganz, geb. 22. 7. 1864, gef. 4. 12. 1944. Friedrich Klingler, Schneidermeister, u. alle Angeh. Karlsruhe, 16. 12. 1944. Für erwiesene Anteilnahme herzl. Dank.

**Amalie Heinrich**, geb. 9. 12. 1877, gef. 4. 12. 1944. Die Hinterbliebenen. Karlsruhe, 15. Dezember 44.

**Christoph Wild**, 73 Jahre, geb. 7. 7. 1871, gef. 4. 12. 1944. Frau Frieda Wild, geb. Raber u. Kinder, Enkelkinder, und Anverw. Karlsruhe, 15. Dezember 1944.

**Helene Höhn**, geb. Weiler, geb. 14. 6. 1902, gef. 4. 12. 1944;
**Brigitte Höhn**, geb. 20. 9. 1931, gef. 4. 12. 44. Karl Höhn u. 3 Söhne, sämtl. bei der Wehrmacht. Karlsruhe, 15. Dezember 1944.

**Otto Nordhusen**, geb. 26. 1. 1882, gef. 4. 12. 1944. Frau Berta Nordhusen, geb. Frey. Khe., 15. 12. 44.

**Rosa Herzog**, geb. 25. 4. 1920, gef. 8. 12. 1944. Frau E. Schlotter und Kinder. Gernsbach, 13. 12. 1944.

**Frau Irma Faig**, geb. Kögel, geb. 11. 7. 1919;
**Tochter Marliese Faig**, geb. 22. 10. 1944, gef. 4. 12. 1944. Julius Faig u. Sohn, nebst Anverwandt. Karlsruhe, 16. Dezember 1944.

**Inge Walther**, geb. 21. 2. 1927, gef. 4. 12. 1944;
Enkelkind **Gerhand Walther**, geb. 6. 1. 1943, gef. 4. 12. 44. Familie Leopold Walther, Karlsr.-Durlach, nebst allen Anverw. Khe., 15.12.44.

geworfen. Fast alle baugeschichtlich und stadthistorisch wertvollen Gebäude fielen an diesem 27. September dem Feuer zum Opfer, angefangen vom Schloß, dem ehemaligen Hoftheater und den Ministerien am Schloßplatz bis zur Orangerie und Kunsthalle, von der Stephanskirche, die nun – ausgenommen die nackten Mauern – endgültig in Trümmer sank, bis zum Rathaus, dem Ständehaus, der Lehrerbildungsanstalt, der Kunstakademie und zahlreichen anderen öffentlichen Gebäuden. Neben St. Stephan wurde nun auch Weinbrenners zweites sakrales Bauwerk in Karlsruhe, die Evangelische Stadtkirche, völlig ausgelöscht. *„Der Engel auf der Spitze des Stadtkirchenturms begann sich im Flammensturm der brennenden Innenstadt wie rasend um die eigene Achse zu drehen, dann stürzte er zusammen mit dem verbrannten Turmgebälk in die Tiefe"*[5] – so schildert Kurt Kranich einen winzigen Ausschnitt des dramatischen Geschehens dieser Nacht. Symbolik des Untergangs.

*„In der vergangenen Nacht"*, so schrieb tags darauf kurz und bündig das Oberkommando der Wehrmacht in seinem täglichen Bulletin, genannt OKW-Bericht, *„griffen schnelle britische Verbände Frankfurt am Main und Karlsruhe an"*.[6] 51 Tote waren zu beklagen. Tausende von Mitbürgern waren nach diesem Angriff obdachlos. Und doch blieb Karlsruhe dank seiner relativ offenen Bauweise, aber auch wegen der zahlreichen, schon zuvor in das Stadtgefüge gebombten Breschen das Inferno eines großen, zusammenhängenden Flächenbrandes, wie er zuvor die Innenstadt von Hamburg ausgelöscht hatte und später Pforzheim vernichtete, erspart. Aber die Stadt war aufs schwerste getroffen.

In den darauffolgenden Tagen war die Bevölkerung damit beschäftigt, die Toten zu bergen, Trümmer zu beseitigen und, soweit dies noch möglich war, ihre Wohnungen notdürftig instand zu setzen. Aus heutiger Sicht mögen Sonderzuteilungen wie eine Verhöhnung der schwergeprüften Bevölkerung anmuten, die der „Reichsminister für Ernährung und Landwirtschaft" nach dem Angriff vom 27. September gewährte. Die Karlsruher jener Tage waren jedoch dankbar für die kleinste Zusatzration. Die „Bombenzulage" vom Oktober 1944, die einzige, die den Karlsruhern nach Luftangriffen gewährt wurde, bestand aus 50 g Röstkaffee, 125 g Kakaopulver und einer halben Flasche Trinkbranntwein, diese jedoch nur für Personen über 18 Jahre.[7]

Die meisten städtischen Dienststellen wurden nach der Zerstörung des Rathauses in die Gewerbeschule an der Adlerstraße verlegt, die den Schulbetrieb einstellte. Der Oberbürgermeister und das Hauptamt zogen in das Haus Fritz-Todt-Straße (Ettlinger Straße) 1 und nach dem Angriff vom 4. Dezember ins Haus Solms, um später im Landesfinanzamt an der Moltkestraße, der heutigen Oberfinanzdirektion, ein weiteres Ausweichquartier zu finden.

## 357 Tote in 21 Minuten

Nach dem 27. September 1944 gab es alle paar Tage neue, mit kleineren Verbänden durchgeführte Luftangriffe. Ihnen fielen schon am 29. September weitere 17 Menschen zum Opfer. Im Monat Oktober starben 22, im November 66, in den ersten beiden Tagen des Dezember weitere 42 Menschen infolge von Bombenangriffen. Doch alles, was die Karlsruher bisher an Angst und Leid erlebt hatten, wurde um ein Vielfaches übertroffen bei dem schweren Angriff der Royal Air Force am Abend des 4. Dezember 1944. 892 viermotorige britische Bomber durchbrachen, von Osten kommend, in Wellen das gemessen an der Zahl angreifender Maschinen nur schwache Feuer der Flak. Exakt von Ost nach West, mit der Durlacher Allee, der Kaiserstraße und Kaiserallee als mittlerer Orientierungslinie, wurde der Angriff in einer drei Kilometer breiten und 17 km langen Fährte geführt. In diesem Streifen wurden, beginnend um 19.21 Uhr, in nur 21 Minuten 80 Vier-Tonnen-Minen, 3000 Sprengbomben und Zehntausende Brandbomben abgeworfen, eine noch größere tödliche und ähnlich zerstörerische Last wie am 27. September.[8] Die Weststadt, Mühlburg und der Rheinhafen waren die am schwersten getroffenen Gebiete. Die Menschen, zusammengekauert in Kellern, nasse Tücher vor dem Mund gegen Staub, wenn in der Nähe niedergegangene Bomben den Unterschlupf in eine undurchdringbare Sand- und Kalkwolke verwandelten, erlebten in diesen Minuten die Hölle. Die unablässigen, ohrenbetäubenden Explosionen und erdbebengleichen Erschütterungen bewirkten in der ganzen Stadt eine nie gekannte Angst.

***Szenen wie diese gab es nach den schweren Luftangriffen in zahlreichen Stadtteilen. Oben: Gebannt verfolgen Anwohner und Passanten die Suche nach Menschen, die noch Stunden nach einem Angriff unter den Trümmern von zerstörten Häusern an der Körnerstraße liegen. Unten: Feuerwehr bei Lösch- und Aufräumungsarbeiten in der Kaiserallee.***

Wie diese Minuten selbst in dem vom Zentrum des Angriffs abgelegenen Hagsfeld Grauen und Schrecken auslösten, beweist der Auszug aus dem Tagebuch von Marianne Kiefer. (s. S. 20).

Auf vielfach schreckliche Weise kam am Abend dieses 4. Dezember der Tod. Die Phantasie reicht nicht aus, sich vorzustellen, was sich beispielsweise im Luftschutzkeller des Hauses Schützenstraße 16, dem früheren „Volkshaus" und späteren „Fritz-Plattner-Haus" der DAF, abspielte, wo 30 Menschen den Tod fanden, oder im Haus Scheffelstraße 50, wo Hitze, Rauch und Gase die Hilferufe von 28 Menschen allmählich erstickten. Ihre Leichen konnten erst nach Tagen geborgen werden. Der *„Luftminenangriff"* vom 4. Dezember, so schrieb die am Mühlburger Tor wohnende Lotte Weber (*1897) in ihren Tagebuchnotizen, – Aufzeichnungen in Form von Briefen an ihren an der Westfront stehenden Sohn, von dem sie seit langem keine Nachricht mehr hatte –, *„brachte wohl das Schauderhafteste, was ich bis dahin erlebt habe. Schlag auf Schlag fielen die Minen, rauschten, pfiffen, sausten – alles erbebte, es prasselte, tobte, krachte, splitterte, eine Ewigkeit dünkte es uns".*[9]

*Ich selber war vom Anfang bis zum bitteren Ende bei Tag und Nacht Augenzeuge dieses ungeheuren Zerstörungswerks. Keine menschliche Feder vermag auch nur einigermaßen zu schildern, was wir alle da mitgemacht – auszuhalten hatten . . . Wenn man nach dem Schluß der Nachtangriffe von unserem Speicher aus einen Blick über die Stadt schweifen ließ, da erblickte man ein einziges schauervolles Flammenmeer von grausig schöner Pracht.*

Adolf Kühn, Aus meinem Lebenslauf (Generallandesarchiv 65/11899)

Apokalyptisches Ausmaß aber hatte die Tragödie, die sich im Keller „Drei Linden" in Mühlburg zutrug, der 97 Karlsruhern und ausländischen Arbeitern zum Grab wurde. Die zwei untereinanderliegenden, 200 Personen fassenden Luftschutzräume unter dem bekannten Mühlburger Lokal zwischen St. Peter und Paul und dem Entenfang galten als bombensicher. Eine 80-Zentner-Luftmine war jedoch vor einem der Eingänge schräg in die Erde gedrungen und hatte den zweigeschossigen Keller zum Einsturz gebracht. Heinrich Ell aus Forchheim (*1895), an jenem Abend in Mühlburg, schrieb über die Erlebnisse im Keller der „Drei Linden" u. a.: *„Als ich durch die Nuitsstraße kam, sah ich, wie der große mehrstöckige Bau der ‚Drei Linden' in hellen Flammen stand. Vor dem westlichen Eingang sah ich einen riesigen Bombentrichter, um den herum verwundete und tote Menschen lagen. Mit meiner Taschenlampe konnte ich in den Keller vordringen. Eine Frau mit weißen Haaren und ein junges Mädchen waren bis über den Unterleib mit Mauerteilen bedeckt. Mit den Händen mußte der Schutt entfernt werden, worauf wir beide mühsam nach oben schleppten. In den nächsten Kellerraum eingedrungen, bot sich uns unter dem dürftigen Schein der Taschenlampen ein Bild erhöhten Grauens und Schreckens. Von einer durch die Luftmine eingedrückten Zwischenmauer waren die dahinter sitzenden Menschen erschlagen und begraben. Zwischen den Trümmern und den toten Erwachsenen lagen mit Schutt bedeckt auch kleine Bündel, die Körper von toten Kindern . . . Nach stundenlanger Rettungsarbeit gingen unsere Kräfte zu Ende. Wir mußten auch an die eigene Sicherheit denken. Denn über uns brannte der mehrstöckige Bau der ‚Drei Linden' weiter herunter. Fenstergewände und Mauerteile stürzten herab . . ."*[10]

Auch die Karl Friedrich Gedächtniskirche und die Peter- und Paul-Kirche unweit von „Drei Linden" standen in Flammen. Die katholische Hauptkirche der Weststadt aber, St. Bonifatius, die schon am 3. September 1942 und am 27. September 1944 schwer getroffen worden war, wurde bei diesem Angriff endgültig und total zerstört. Heinrich Ell fährt in seinem Bericht fort: *„Das Pfarrhaus neben der Peter- und Paul-Kirche war durch eine schwere Bombe völlig zerstört und alle Menschen im Luftschutzkeller erschlagen worden. Wie ich von den weinend umstehenden Schwestern des nahen Schwesternhauses erfuhr, waren die Geistlichen der Kirche und einige Nachbarn ums Leben gekommen, insgesamt neun Personen."* Unter den Toten befanden sich Pfarrer Kreiser und Kaplan Lehmann sowie Professor Brecht, der mit seinen Angehörigen im Keller des Pfarrhauses Zuflucht gesucht hatte.

Von den 97 Menschen, die in den Kellern der „Drei Linden" den Tod fanden, konnten nur 50 identifiziert werden. Die anderen wurden als „Verschollen-Tote" registriert. Insgesamt forderte der Angriff vom 4. Dezember 357 Tote, darunter 58 Kinder unter 14 Jahren und 39 ausländische Arbeiter, sowie 259 Verletzte.[11] Der überwiegende Teil der in der Nacht und

am darauffolgenden Tag geborgenen Opfer wurde in der Frühe des 6. Dezember ohne jegliche Feierlichkeit in einem Massengrab auf dem Hauptfriedhof beigesetzt. Die Angehörigen wurden erst nachträglich benachrichtigt. Gleichfalls in einem Massengrab, jedoch auf dem Mühlburger Friedhof, wurden die Toten der „Drei Linden" beerdigt. Einen Sarg für ihren getöteten Mann anfertigen zu lassen, gelang mündlicher Überlieferung nach nur einer einzigen Mühlburger Frau. Sie

**Blick vom Rathausturm auf das Gerippe des Rathauses und die gleichfalls weitgehend zerstörten Gebäude an der Oststeite des Marktplatzes.**

hatte dem Schreiner hierfür ihren Kleiderschrank zur Verfügung gestellt.
Im OKW-Bericht vom 5. Dezember 1944 wurde der Angriff vom 4. Dezember lapidar mit folgendem Satz gemeldet: *„In der vergangenen Nacht führten britische Bomber Terrorangriffe gegen Karlsruhe und Heilbronn. Unsere Nachtjäger schossen elf viermotorige Bomber ab."*[12] Noch am Abend des 4. Dezember hatte die Deutsche Welle von Radio London berichtet: *„Heute abend haben 1100 Bomber der Royal Air Force einen schweren Luftangriff auf die Städte Karlsruhe und Heilbronn ausgeführt."*[13] Erst nach und nach erfuhren die schwer-

> *Gestern abend, nach 9 Uhr, erlebten wir den schwersten Angriff. Mama und ich waren ganz allein im Keller. Es war entsetzlich. In Worten kann man die Qualen nicht schildern, die wir ausgehalten haben. Unzählige Bomben schwersten Kalibers fielen auf unsere Stadt. Die Detonationen waren furchtbar. Uns hat es nur so hin- und hergeschüttelt. Als unser Keller wie eine Schiffschaukel zu schwanken anfing, glaubten wir, es sei zu Ende. Nach einer, wie es schien, Ewigkeit war der Angriff zu Ende, wir waren zu unserem Erstaunen noch am Leben und das Haus stand noch.*
>
> Marianne Kiefer, Tagebuch-Eintrag vom 5. Dezember 1944 (Privatbesitz)

geprüften Karlsruher, wie ungleich grausamer der Tod zur gleichen Stunde in Heilbronn zugeschlagen hatte: 6350 Tote hatte es dort gegeben, darunter über 1000 Kinder unter zehn Jahren!

Die Nacht des 4. Dezember 1944, in der so viele Karlsruher ihr Leben und Tausende ihr Hab und Gut verloren, blieb jenen, die sie erlebten, auch in Erinnerung als eine Nacht großer menschlicher Bewährung. Der Karlsruher Arzt Dr. Theophil Rees faßte später die Erfahrungen jener Nacht in diesem Satz zusammen: *„Nie im Leben habe ich größere und selbstlosere Hilfsbereitschaft erfahren als in jener furchtbaren Nacht des 4. Dezember 1944 unmittelbar nach dem Angriff auf Karlsruhe."*[14]

Stadt und Bevölkerung erholten sich von dem furchtbaren Schlag dieser Nacht bis Kriegsende nicht mehr. Zwar funktionierte die Versorgung wieder überraschend schnell, und auch in den meisten Betrieben konnte nach rascher Instandsetzung oder provisorischem Wiederaufbau vielfach weitergearbeitet werden. Doch tagelang gab es in einer Reihe von Stadtteilen kein Wasser, kein Gas, keinen Strom, zerstörte Gleise und Oberleitungen legten auf Wochen hinaus den Straßenverkehr lahm. Das den Bewohnern ständig sichtbare Bild des Trümmer- und Ruinenfeldes ihrer Stadt aber lag wie eine unaufhörliche Beklemmung auf den Herzen aller.

Schon nach dem Angriff vom 27. September 1944 hatten zahlreiche Evakuierungstransporte die Stadt verlassen, der Angriffe von Jagdbombern wegen fast durchweg bei Nacht. Doch die Mehrheit der Zehntausenden, die aus der Stadt flüchteten, tat dies auf eigene Faust. *„Der Anhalter-Bahnhof, ohne Fahrplan und ohne Fahrkarten, ohne Zugpersonal und ohne grünweißen Stab"*, so hieß es in einer die Verhältnisse verharmlosenden Plauderei der Karlsruher Tageszeitung, *„ist heute zur Zuflucht für unzählige Volksgenossen geworden"*.[15] Die Hauptsorge galt der Kinderlandverschickung. *„Es sollen möglichst alle Kinder aus der Stadt aufs Land gebracht werden, um dort Schutz vor weiteren Terrorangriffen zu finden"*, hieß es in einem Aufruf drei Tage nach dem Angriff vom 4. Dezember.[16] Während „Der Führer" über den zitierten lapidaren Satz im OKW-Bericht hinaus über den Luftangriff, der in Karlsruhe die größte Zahl von Todesopfern forderte, keine Zeile brachte, mußte der Karlsruher Polizeipräsident immerhin öffentlich zugeben, daß *„durch die Auswirkungen der letzten Terrorangriffe sowohl zahlreiche öffentliche Luftschutzräume als auch Schutzräume in den total zerstörten Gebäuden ausgefallen sind"*. Die Aufnahmefähigkeit der noch vorhandenen Schutzräume müsse deshalb bis zur letzten Möglichkeit ausgenutzt werden.[17]

## Karlsruher „Abschlußbilanz" des Luftkriegs

Nur nach den Angriffen der Jahre 1941 und 1942, doch später nie mehr während des Krieges erfuhren die Karlsruher, wieviele ihrer Mitbürger bei Fliegerangriffen umgekommen waren. Erst nach dem Krieg wurden die Zahlen bekannt. Erst dann stand auch fest, daß Karlsruhe von Kriegsbeginn bis zur Silvesternacht 1944 bereits 28 Luftangriffe erlebt hatte. Durch sie waren bis dahin 1445 Menschen getötet worden, 1335 allein im Jahr 1944. Die Zahl der durch Bomben, Jabos (Jagdbomber) und Artillerie in Karlsruhe Getöteten sollte sich bis Kriegsende noch auf 1754 erhöhen, unter ihnen 216 Kinder unter 14 Jahren und 227 ausländische Arbeiter bzw. Kriegsgefangene. Die makabre „Abschlußbilanz" des Luftkriegs zählte in Karlsruhe außerdem 4386 Verletzte, davon 878 Rauchvergiftete, von denen nicht wenige Schäden fürs ganze Leben davontrugen.[18]

Die während des Krieges zur Vernichtung Karlsruhes abgeworfene Bombenlast bezifferte eine amtliche Meldung später mit 420 Luftminen, 22000 Tonnen Sprengbomben und 531000 Brand-, Stabbrand- und Phosphorbomben, die Zahl der Großbrände mit 960, die der Kleinbrände mit 6440.[19] Der materielle Schaden war enorm. Von 56914 Wohnungen, die es bei Kriegsbeginn in Karlsruhe gab, wurden 12644 total zerstört, 2032 schwer und ca. 31000 mittelschwer bzw. leicht beschädigt. Der Sachschaden an Hausbesitz betrug nach den Preisen von 1914 266 Millionen DM.[20] Zum Vergleich: Der Karlsruher Haushaltsplan des Jahres 1939 hatte 40 Millionen betragen.

## Scheinanlagen im Norden und Süden der Stadt

Der Verlust an Menschen und der Sachschaden wären allerdings mit Sicherheit noch größer gewesen, hätte man sich wie für einige andere strategisch wichtige Städte nicht auch für Karlsruhe die Kriegslist von Scheinanlagen einfallen lassen. Die Anlage „Columbia" im Hardtwald bei Leopoldshafen war durch Ausrodung von Waldstücken eine Nachbildung des Karlsruher Hafens, während die Anlage „Venezuela" bei Friedrichstal die Karlsruher Kernstadt vom Hauptbahnhof bis zum Schloß imitierte. Hierbei waren die für Karlsruhe typischen Radialen zum Schloß ebenso nachgebildet wie die Kriegs-, Kaiser-, Karl- und Fritz-Todt- (= Ettlinger Straße), die als Schneisen in den Wald geschlagen waren. Eine weitere Scheinanlage südlich Karlsruhe mit dem Namen „Panama" stellte eine Industrieanlage dar. Die drei Scheinanlagen im Karlsruher Raum wurden von Bunkern so gesteuert, daß sie bei Nacht noch erkennbar waren und feindlichen Piloten falsche Angriffsziele boten. In einem Bericht des Luftgaukommandos VII (München) wird der Erfolg dieser Scheinanlage mit folgender Feststellung bestätigt: *„Die große Bedeutung der eingerichteten S-Anlagen ist im Laufe der letzten Wochen besonders deutlich hervorgetreten. Sie haben ihren Zweck und Auftrag voll erfüllt."*[21]

Fast neun Monate lang ließen sich die Engländer in den Jahren 1940/41 irre- und zum Abladen ihrer Bombenlast mitten im Wald verführen. Die Attrappen, scharf bewachte Sperrgebiete und streng gehütetes Staatsgeheimnis, sollen den Alliierten von einem Agenten verraten worden sein. Wahrscheinlicher ist, daß gegnerische Luftaufklärung und die zunehmende Perfektion der Navigation bei Nacht den Bluff des „Schein-Karlsruhe" entlarvte.

Die Zahl der Luftangriffe erhöhte sich bis Kriegsende noch auf 57. Doch nach dem 4. Dezember 1944 gab es keine Großangriffe mehr. Die schweren Bombardierungen des Jahres 1944 hatten ihre Wirkung getan. Die Stadt, von vielen tausend Sprengbomben in Trümmer gelegt oder ausgeglüht in unzähligen Großbränden, bot dem Gegner kein lohnendes Ziel mehr.

Die schweren Wunden, die Karlsruhe und seinen Bewohnern im Jahr 1944 geschlagen wurden, sah und spürte jeder, doch beschrieben werden durften sie nicht mehr. Nur gelegentlich klang an, welche Lasten und Leiden die Bevölkerung im nunmehr schon sechsten Kriegsjahr zu tragen hatte. So in einer lokalen „Betrachtung zur Jahreswende in der Frontstadt Karlsruhe", in der „I.W." (Inge Weick) in für jene Zeit bemerkenswerter Offenheit und Nüchternheit schrieb: *„Schwere Terrorangriffe gingen auf unsere Stadt nieder, zerstörten und verbrannten die Häuser, zerrissen die Gemütlichkeit, zerrten Familien auseinander und machten andere Einschränkungen notwendig. Langsam leerten sich die Straßen, Frauen und Kinder suchten bei Verwandten Schutz. Betriebe wurden verlegt und manche Geschäfte geschlossen. Was einstmals in unserer Stadt Namen und Klang hatte, ist nicht mehr. Notdürftig werden Verkaufsstände eingerichtet, Fenster und Türen neu befestigt und manch ein Keller zur dauernden Bleibe ausgestattet. Näher rückte auch die Front. Was vor einigen Monaten noch in weiter Ferne schien, stand plötzlich greifbar nahe vor uns. Es war nicht mehr das dumpfe Grollen weit entfernter Kämpfe, das wir an stillen Abenden vernahmen, sondern das nahe Bellen der Artillerie, das die Straßen durchhallte und das manche Nacht schlaflos werden ließ."*[22]

Nun auch von Ferngeschützen des Gegners erreicht, war Karlsruhe an der Jahreswende 1944/45 endgültig zur Frontstadt geworden.

**Emma Fischer geb. Weber, ᛉ 26.2.04,**
**Ruth Fischer, ᛉ 15.1.34,**
**Horst Fischer, ᛉ 5.2.37,**
**Doris Ficher, ᛉ 16.4.39,**
**Maria Fischer geb.Geiger, ᛉ 30.9.80,**
**ᛦ am 4.12.44 in Karlsruhe. Otto Fischer sowie alle Angehörige. Berghausen.**

## Vergebliche Offensive der Karlsruher „Schicksalsarmeen"

Was die Karlsruher bis zum Beginn des Jahres 1945 an Leid und Opfern hatten ertragen müssen, war in keiner Weise geeignet, für den Kriegsausgang Zuversicht zu wecken. Doch, so sehr der Tod aus der Luft und die Verwüstung weiter Teile der Stadt zu ohnmächtiger Resignation führen mußten: Die Unbarmherzigkeit und Grausamkeit, mit denen die Alliierten die Städte zu Schlachtfeldern machten und die Zivilbevölkerung in ein aus Bomben und Feuer inszeniertes Inferno trieben, schürten zugleich den Haß gegen den Feind und vermehrten bei manchen gar noch den Widerstandswillen. Hinzu kam die von einer geschickten Propaganda unterschwellig und offen genährte Hoffnung auf „Wunderwaffen", die dem Krieg doch noch die Wende geben könnten.

### Neue Zuversicht

Die stimulierende Wirkung des Einsatzes der V 1 und V 2 (= Vergeltungswaffen, die als Fernraketen nach England geschossen werden konnten) war zwar verebbt, seitdem Meldungen über den Einsatz dieser Waffen zum Repertoire von OKW-Berichten gehörten, ohne daß eine nachhaltigere militärische Wirkung erkennbar gewesen wäre. Neue Hoffnung auf eine Wende des Kriegsglücks keimte jedoch auf, als das seit der Invasion in der Normandie (6. Juni 1944) in eine unerhört verlustreiche Defensive gedrängte deutsche Westheer am 16. Dezember 1944 erstmals zu einem Großangriff antrat. Die sogenannte Ardennen-Offensive, obgleich um diese Zeit schon ins Stocken geraten, erzeugte um die Jahreswende 1944/45 auch in Karlsruhe neue Zuversicht. *„Wir sind wieder da!"* überschrieb „Der Führer" in dicken Lettern seinen Silvester-Leitartikel. Und nachdem Adolf Hitler in der Silvesternacht erstmals wieder seit dem Attentat vom 20. Juli 1944 im Rundfunk gesprochen hatte – *„Es"* (das deutsche Volk; d. Verf.), so prophezeite er, *„wird aus diesem Glutofen von Prüfungen sich stärker und fester erheben als jemals zuvor in seiner Geschichte"* – schrieb die Hagsfelderin Marianne Kiefer (* 1920) in ihr Tagebuch: *„Wir blieben bis 12 Uhr auf, denn – der Führer sprach! Wir hörten seine Stimme und faßten durch seine Siegeszuversicht wieder neuen Mut. Unsere Feinde hatten ja den Führer totgesagt – aber das waren alles Gerüchte, und man war nahe daran, sie selbst zu glauben, denn seit dem 20. Juli 1944 hatte man vom Führer nichts mehr gehört."*[1]

Ein peinlicher Druckfehler der ersten Ausgabe des „Führer" im Jahr 1945, in der die Rede Hitlers in vollem Wortlaut gebracht wurde, irritierte die Leser nicht wenig, rief größten Unwillen in der Partei und im „Führer"-Verlag hervor, weckte andererseits Schadenfreude bei jenen, die den Glauben an einen Sieg längst aufgegeben hatten. Eine zweispaltige Überschrift im politischen Teil lautete nämlich: *„Nur die konsequente Ausschaltung unseres Volksstaates rechtfertigt alle Opfer."*[2] Gemeint war: „Ausgestaltung."

In der Silvesternacht trat, was erst zwei Tage später aus dem Bericht des Oberkommandos der Wehrmacht bekannt wurde, auch jene Armee zum Angriff an, der drei Monate später die Aufgabe zufiel, den Rhein zwischen Karlsruhe und Mannheim – und damit Karlsruhe selbst – zu verteidigen. Es handelte sich um die 1. Armee, die eine Stunde vor Beginn des Jahres 1945 in den nahegelegenen Vogesen eine Entlastungsoffensive zugunsten der Ardennenfront begann. Die 1. Armee, ursprünglich an der 500 km langen, von der spanischen Grenze bis zur Loiremündung reichenden sogenannten Biskajafront eingesetzt, hatte zunächst zwei ihrer Divisionen und am 10.

> *Fühlen wir nicht mit geradezu instinktiver Sicherheit, daß vor wenigen Tagen das Kriegsgeschehen in eine neue Phase getreten ist, die den Stern Deutschlands mit der gleichen Folgerichtigkeit wieder zur Höhe führt, mit welcher die Sonnenbahn von nun an wieder ihrem mitsommerlichen Scheitelpunkt entgegenstrebt? Fürwahr, das Weihnachtsfest im sechsten Kriegsjahr, diese Wintersonnenwende wird weit über ihre natürliche und symbolische Bedeutung hinaus als ein geschichtlicher Wendepunkt von unübersehbarer Tragweite zu gelten haben.*
>
> Der Führer, Weihnachtsausgabe 1944

Einheits-Ausgabe

# Der Führer

DAS HAUPTORGAN DER NSDAP GAU BADEN
DER BADISCHE STAATSANZEIGER
VEREINIGT MIT BADISCHE PRESSE

Einzelpreis 8 Rpf. | Karlsruhe, Samstag/Sonntag, 30./31. Dezember 1944 | 18. Jahrgang / Folge 340

## Wir sind wieder da!

**Mit Mut und Hoffnung, Zuversicht und Glauben ins neue Jahr / Von Franz Moraller**

Der Leser ist gewohnt, zum Neuen Jahr an dieser Stele einen großangelegten Rückblick auf die Ereignisse der hinter uns liegenden zwölf Monate zu finden. Da wird dann eine umfassende Schau aufgerollt und ausgedeutet, Tief- und Gipfelpunkte werden einander gegenübergestellt, Schlüsse werden gezogen, und aus der Entwiklungstendenz des Vergangenen wird versucht, die Richtung des Künftigen erkennbar weden zu lassen.

Wir können uns diesen Rückblick heute schenken. Es mag jeder für sich zum Jahreswechsel sein persönliches Erleben in den letzten 52 Wochen an seinem geistigen Auge vorüberziehen lassen und Vergleiche anstellen zwischen seinem Gestern und seinem Heute, er mag sich innerlich mit seinen getäuschten Hoffnungen und den Schicksalsschlägen, die ihn getroffen haben, auseinandersetzen — einer allgemeinen Betrachtung, wie es kam und wie es kommen konnte, bedarf es für uns im Frontgebiet des Oberrheins heute nicht. Denn uns braucht heute niemand das Gedächtnis zu stärken; zu nahe und unmittelbar hat das tragische Kriegsgeschehen der letzten Zeit in unser aller persönlichstes Leben und Schicksal eingegriffen, als daß wir es jemals vergessen könnten. Die hohe Warte des über den Dingen stehenden Chronisten mag für Leute gelten, die weit vom Schuß Zeugen sich überstürzender Ereignisse geworden sind und die vor allem Zeit für tiefschürfende Betrachtungen haben. Wer jedoch, wie wir, selbst den Alten, vor allem aber unserer Jugend ein Zeugnis ausstellen, daß einmal vor der Geschichte schwerer ins Gewicht fallen wird als alle Begeisterung und alle Hochgefühle besserer und glücklicherer Tage. Ein Volk, das seine schwersten Stunden der Prüfung in solcher Haltung trägt und so unentwegt seinen Lebensmut aufrechterhält, kann einfach nicht untergehen, denn in ihm stecken Kräfte des Willens und der Seele, an denen sich auch der konzentrierteste Sprengstoff feindlicher Bomben früher oder später abnutzen muß.

Daß über all dem ein tiefer Ernst und ein nüchterner Realismus liegt und keinen Raum gibt für unbelastete Fröhlichkeit und Festefeiern, ist nur selbstverständlich. Es geht auch ohne dies. Wir haben trotz allem unser Weihnachten begangen und uns Kraft daraus geholt, und wenn uns auch kein Stern von Bethlehem in der dunklen Nacht unserer Prüfung leuchtete, so bekam doch für so viele die Mutter, die weinend in eiskalter Nacht ihr Kind in engem Stall auf Heu und Stroh betten muß, einen viel tieferen und unmittelbareren Sinn als er jemals in prächtigen Kirchen und Domen empfunden worden sein mag.

So soll auch unser Neujahr sein. Wir werden die Zukunft nicht aus Sternen lesen, wir werden kein Blei zu gießen haben und kein rauschendes Fest feiern, aber all unsere Gedanken werden um die Frage kreisen, was werden uns die kommenden 365 Tage des Neuen Jahres 1945 bringen, wo werden wir sein und was wird aus uns geworden sein, wenn sie vergangen sein werden und das jetzt begonnene Jahr sich wiederum seinem Ende zuneigt? Wird es uns den Sieg, den Frieden bringen? Wird es den Zeitpunkt einschließen, zu welchem wir uns, soweit uns der Tod verschont haben wird, im alten, vertrauten Kreise wieder finden und daran gehen werden, das, was uns tödlicher Feindeshaß zerschlagen hat, endlich wieder aufzubauen: unsere Heimat? Oder wird uns dieses Jahres Ende noch genau so im Kampf, in der Fremde, in der bangenden Sorge sehen wie sein Anfang?

Es gibt niemand, der darauf die rechte Antwort wüßte. Wir müssen schon in uns selbst hineinhorchen, wenn wir sie erahnen wollen. Und da dürfen wir ohne jede Einschränkung als auffallendstes Merkmal feststellen, daß wir dieses Neue Jahr doch mit einer ganz anderen Zuversicht und Hoffnung beginnen, als wir uns das vor drei oder vier Wochen noch hätten träumen lassen. Warum? Weil sich inzwischen eindeutig und unmißverständlich erwiesen hat, was wir zwar immer glaubten und wußten und was doch in der langen Zeit bangen Harrens bei manchem vom bohrenden Zweifel angekränkelt war: Daß wir nämlich entgegen aller Hoffnungen und Großsprechereien unserer Feinde und trotz aller bitteren Rückschläge militärisch nicht am Ende, sondern im Gegenteil an einem ganz neuen Anfang sind. Man mag es als einen Zufall nehmen, daß dieser überraschende Umschwung, der uns heute mit stärksten Kräften auf dem Boden und in der Luft in schwungvollem Angriff sieht, dessen operative Absicht immer noch im Dunkel des militärischen Geheimnisses liegt, zeitlich fast genau mit der Wintersonnenwende zusammengefallen ist, und daß wir in seinem Zeichen das Neue Jahr 1945 beginnen. Die Tatsache allein genügt jedenfalls, daß wir dieses Jahr mit so viel Mut und Hoffnung, Zuversicht und Glaube beginnen wie kein anderes der fünf vorhergegangenen Kriegsjahre. Daß sich umgekehrt unserer Feinde an diesem Jahreswechsel eine wachsende Nervosität und Unsicherheit zu bemächtigen beginnt, die all ihre prahlerischen Voraussagen und

## Der Sieg gehört den Bahnbrechern einer neuen Zeit

**Aufruf des Gauleiters zum Jahreswechsel an die Deutschen am Oberrhein**

Nationalsozialisten! Deutsche Volksgenossen und Volksgenossinnen am Oberrhein!

Zum zweiten Male in wenigen Jahren ist unsere oberrheinische Heimat Kriegsschauplatz geworden. Zum zweiten Male sind Not und Leid bei uns eingekehrt. Und dennoch weiß ich, daß die oberrheinische Bevölkerung die ihr auferlegte erneute Prüfung genau so tapfer und aufrecht bestehen wird wie in den Jahren 1939 und 1940. Sie wird sie bestehen, weil es für sie nichts Heiligeres gibt, als ihre Heimaterde zu verteidigen.

August 1944 auch das Armeekommando samt Armee- und einigen Spezialtruppen an die Invasionsfront in der Normandie abgeben müssen. An und rückwärts der Biskaja zurückgeblieben war das LXIV. Armeekorps, das dann im letzten Augustdrittel zu eiligem Rückzug auf eine Auffanglinie bei Dijon befohlen wurde.

Die Truppen dieses Korps hingen nämlich völlig in der Luft, nachdem die Alliierten in der Normandie den Bewegungskrieg erzwungen und ab 15. August mit 1200 Schiffen zwischen Hyères und Cannes am Mittelmeer eine zweite Invasionsfront errichtet hatten. In die Absetzbewegung aus dem äußersten Südwesten Frankreichs quer durch das von französischen Widerstandsgruppen und -truppen durchsetzte Zentralmassiv, hatte das gesamte Armeekorps außer 24 000 Mann der eigenen Divisionen einzuschleusen: 15 000 Marineangehörige, 12 000 Luftwaffensoldaten, 3 000 Eisenbahner, 6000 Mann der Besatzung Bordeaux, 5000 Mann der Feldkommandantur-Organe, 2000 Zollbeamte, 500 Mann Küstenartillerie, 2000 Mann Arbeitsdienst sowie 8500 „Inder, Ostvölker und Italiener". Das Kriegstagebuch der Armeegruppe G, dem die vorstehenden Angaben entnommen sind, berichtet von die-

***„Mut und Hoffnung" will „Der Führer" in seiner Silvesterausgabe 1944 trotz der ausweglosen militärischen Lage vermitteln.***

sem überstürzt-dramatischen Rückzug unterm 27. September 1944 nachstehenden Vorgang: *„30. SS-Waffen-Division* (bestehend aus sog. Ostvölkern; d. Verf.), *läuft bataillonsweise zu den Banden über, nachdem die Offiziere erschlagen sind. Entwaffnung der Division ist eingeleitet."*[3]
Das LXIV. Armeekorps wurde am 3. September der 19. Armee unterstellt, die, zusammen mit der 1. Armee die Heeresgruppe G (unter Generaloberst Blaskowitz) bildend, unter äußerst schwierigen und verlustreichen Kämpfen von der Mittelmeerküste rhoneaufwärts zurückgewichen war. Die 1. und die 19. Armee wurden, wenn man so will, die Schicksalsarmeen für Karlsruhe. Ihre Trennungslinie befand sich in den Wochen vor der Einnahme der Stadt durch die Franzosen exakt zwischen Karlsruhe und Ettlingen. Dem LXIV. Armeekorps war hierbei der Abschnitt zwischen Karlsruhe und Lahr zugewiesen.[4]

## Amerikanische Ferngeschütze beschießen Karlsruhe

Bevor die 1. Armee in der Silvesternacht im Elsaß und in Lothringen, beiderseits Bitsch, zu einer Entlastungsoffensive antrat, hatte sie bereits die „Schlacht um Lothringen" (vom 8. November bis 12. Dezember 1944) hinter sich gebracht. Die an Menschen und Material weit unterlegene Armee hatte nicht verhindern können, daß die 7. US-Armee die Zaberner Senke durchbrach und den überwiegenden Teil der nördlichen Vogesen in ihren Besitz brachte. Im Verlauf dieser Schlacht eroberten amerikanische und französische Einheiten schon am 23. November Straßburg. Zur gleichen Zeit hatte die 1. Französische Armee, die zusammen mit der 7. US-Armee an der Mittelmeerküste gelandet war, Belfort (28. November 1944) und Mülhausen (5. Dezember 1944) genommen, hatte mit einem Stoßkeil parallel zur Schweizer Grenze bereits am 19. November den Rhein erreicht, ein Erfolg, der den Franzosen wie ein nationaler Triumph erschien. Die 19. Armee, nun zurückgedrängt auf den tief in die Vogesen reichenden Brückenkopf Colmar, hatte in den schweren, bei Frost, Schnee und Schlamm ungemein entbehrungsreichen und harten Kämpfen Verluste hinnehmen müssen, die ihre Kampfkraft empfindlich schwächten. De Lattre de Tassigny beziffert die Zahl der Toten, die die Deutschen in den Kämpfen gegen die Franzosen seit Beginn der Offensive im Elsaß zu beklagen hatten, auf 10000, die der Gefangenen auf 17000.[5] General Devers, der Kommandeur der 6. amerikanischen Armeegruppe, der die 1. Französische Armee unterstand, beglückwünschte de Lattre mit dem Hinweis, die 19. Armee habe in den siegreichen Kämpfen der Alliierten im südlichen Elsaß 80 Prozent ihres Bestandes verloren.[6]
Nach dem Durchbruch durch die Zaberner Senke waren die Amerikaner bis zur Grenze zwischen dem nördlichen Elsaß und der Pfalz vorgestoßen, hatten das linke Rheinufer von Straßburg bis Neuburg besetzt und Hagenau, Weißenburg und Lauterburg in ihren Besitz gebracht. Am 21. Dezember 1944 wurde in Karlsruhe durch Flüchtlinge aus der Pfalz bekannt, daß feindliche Panzerspitzen von Lauterburg aus bis Hagenbach vorgedrungen, jedoch zurückgeschlagen worden waren.[7]
Aber schon fünf Tage zuvor hatten Ferngeschütze von Lauterburg aus begonnen, sich auf Karlsruhe einzuschießen. Darunter zu leiden hatte hauptsächlich Knielingen, denn immer wieder schlugen Granaten, die der Maxauer Rheinbrücke galten, in den nahegelegenen westlichen Vorort ein. Die Fronten waren sich so nahegekommen, daß schon am 19. Dezember auf dem Turm der evangelischen Kirche in Knielingen eine Beobachtungsstelle der Artillerie eingerichtet wurde. Die akute Gefahr für die Knielinger Bevölkerung durch das Artilleriefeuer von jenseits des Rheins veranlaßte die Führung der NSDAP dazu, diesen frontnächsten Stadtteil noch vor Weihnachten in großem Umfang zu evakuieren. Die Zahl der Knielinger „Rückwanderer", wie man die Evakuierten mißverständlich nannte, erreichte bis Heiligabend zwischen 3000 und 3500 Bewohner, mehr als zwei Drittel der Bevölkerung.[8]
Angesichts der akuten Bedrohung durch die nahegekommene Front brachte die Nachricht von der Ardennen-Offensive Erleichterung und neue Hoffnung. Der Knielinger Pfarrer Fritz Kobe (1877-1959), zugleich Dekan des Kirchenbezirks Karlsruhe-Land, vertraute seinem Tagebuch diese Sätze an: *„Das Gerücht von dem deutschen Angriff auf breiter Front zwischen dem Hohen Venn und der Nordgrenze von Luxemburg wird am Montag, den 18. Dezember, auch vom Wehrmachtsbericht dieses Tages bestätigt. Begreiflicherweise löst diese nun nicht mehr zu bezweifelnde Nachricht bei den Hierverbliebenen freudige Erregung aus."*[9]
Dennoch unterbrachen Pioniere auf der Pfälzer Seite gegen das Jahresende 1944 durch Sprengungen vorsorglich den Bahn- und Straßenverkehr über den Rhein. Eine kleine Epi-

sode am Rande: Noch kurz zuvor, an den Weihnachtstagen, waren 100 Ziegen aus Maximiliansau über den Rhein geführt und auf Weisung des Knielinger Ortsbauernführers Adolf König in Knielingen „in Kost und Logis genommen" worden.[10]

### Operation „Nordwind"

Der in Karlsruhe bei Jahresbeginn durch heftige Artillerieduelle vernehmbare Entlastungsangriff der 1. Armee erstreckte sich auf die gesamte Vogesen-Elsaß-Front zwischen Saarbrücken und dem Rhein südlich Rastatt. Sieben Divisionen waren daran beteiligt.[11] Zuvor war erkundet worden, daß die Amerikaner aus diesem Raum acht Divisionen abgezogen und an die Ardennenfront geworfen hatten. Der Hauptstoß der – Operation „Nordwind" genannten – deutschen Offensive erfolgte zwischen Bitsch und Weißenburg und hatte die Sperrung der Ostausgänge der ins Rheintal führenden Vogesenstraßen einschließlich der Zaberner Senke sowie die Wiederherstellung der Verbindung mit der im südlichen Elsaß kämpfenden Heeresgruppe Oberrhein zum Ziel.
Der deutsche Angriff in den Vogesen und im Rheintal überraschte und verwirrte den Gegner. General Eisenhower, der Oberkommandierende der Alliierten an der Westfront, ordnete noch am Neujahrstag 1945 die Räumung Straßburgs und die Rücknahme der Front aus Stellungen vor der „Siegfriedlinie", wie die Alliierten den deutschen Westwall nannten, auf die Kämme der Vogesen an.[12] De Gaulle und General de Lattre de Tassigny, der Befehlshaber der 1. Französischen Armee, zeigten sich über diesen Befehl so empört, daß Churchill in einem Blitzbesuch nach Frankreich kommen mußte, um den wegen der beabsichtigten Preisgabe Straßburgs drohenden Bruch des Bündnisses zu verhindern. Ergebnis: Die verhältnismäßig schwachen Kräfte der 7. Armee General Pattons blieben in Straßburg, nachdem de Lattre angeboten und befohlen hatte, die 3. algerische Infanterie-Division aus den Bergen westlich von Colmar in Eilmärschen zur Verteidigung der Stadt nach Straßburg zu verlegen.[13]
Die deutsche Offensive aus der Pfalz heraus nach Süden wurde den Karlsruhern in ihrer Zeitung wie folgt gemeldet: *„Zur selben Zeit, als der Führer im deutschen Rundfunk seine Rede zum Jahreswechsel hielt, drangen Stoßgruppen seiner Grenadiere nach kräftigen Feuerschlägen unserer Artillerie und Werfer in die amerikanischen Stellungen* (beiderseits Bitsch; d. Verf.) *ein . . . Die Kämpfe tragen den Charakter erbitterter Waldgefechte".*[14] Bald waren Lauterburg und Weißenburg zurückerobert, eine Tatsache, die den Kreisleiter von Weißenburg zu der im Karlsruher „Führer" veröffentlichten Aufforderung an die zuvor ins Badische zurückgewichenen Ortsgruppenleiter, Bürgermeister und Ortsbauernführer des Kreises veranlaßte, sich *„umgehend ohne Familie auf der Kreisleitung in Weißenburg"* zu melden.[15]

### In Schlauchbooten über den Rhein

Am 5. Januar startete die zur Verteidigung des südlichen Elsaß und des Oberrheins eingesetzte 19. Armee zur Unterstützung der Operation „Nordwind" der 1. Armee unter dem Decknamen „Sonnenwende" ihrerseits aus dem Colmarer Brückenkopf heraus einen Angriff Richtung Straßburg.

---

*„Während die Schlauchboote mit den darin eingebauten Blasebalgen aufgepumpt werden, befiehlt der Volkssturm-Stoßtruppführer die Gruppenführer und Leute, die ihn begleiten dürfen. Sie eilen innerhalb weniger Minuten aus den direkt am Rhein liegenden Verteidigungswerken. Das offene Messer steckt im Stiefelschaft, um damit die Knöpfe der Uniform und die Schäfte der Stiefel rasch aufzuschneiden, falls durch MG-Beschuß das Boot zum Sinken käme. Lautlos gleitet das Boot die mit Schnee und Eis bedeckte Rheinböschung hinab in die dunklen kalten Fluten. Vorn in der Mitte kniet der Führer, damit er mit seinem Paddel rasch links oder rechts rudern kann. Hinter ihm sitzen die Männer wie im Pferdesattel auf den Wülsten, die das Schlauchboot rings umgeben. Der Kompanieführer sammelte seine Männer auf dem linken Rheinufer und wies die notwendigen Spähtruppunternehmen an. Die Ortskommandantur trat in ihre Tätigkeit. Der deutsche Bürgermeister wurde wieder in sein Amt eingesetzt. Dem Regimentskommandeur konnte binnen weniger Stunden die Bildung des befohlenen Brückenkopfes gemeldet werden."*

Aus einem Bericht über den Einsatz der 3. Karlsruher Volkssturmkompanie bei der Bildung des Brückenkopfs im Elsaß nördlich Straßburg am 5. Januar 1945 (Der Führer vom 1. Februar 1945)

---

Nr. 270, Donnerstag, 11. Januar 1945

NACHRICHTEN FÜR DIE TRUPPE

*Das mit schweren Blutopfern erkaufte Bure wieder aufgegeben*

**Angriffsspitze muss zurück**

**Ardennen-Nachschub droht zu erliegen**

**Der wichtige Stützpunkt St. Hubert im Westen des Ardennenkeils musste gestern von den deutschen Truppen geräumt werden.**

An der ganzen Front zwischen St. Hubert und Marche haben sich die Verbände der 9. und 11. Panzerdivision abgesetzt und neue Stellungen auf der Ostseite des L'Homme-Flusses bezogen.

Aufgegeben wurden ausser St. Hubert die Ortschaften Bure, für deren Wiedereroberung erst vorige Woche schwere Blutopfer gebracht werden mussten, Forrières, Grupont, Ambly und Harsin.

Die Alliierten folgen nur langsam durch die Minenfelder, die die deutschen Truppen in den tiefen Schnee gelegt haben.

Auch an der Nordflanke wurden die deutschen Verbände an mehreren Stellen weiter zurückgedrängt.

*Laroche umgangen*

Am folgenschwersten ist ein alliierter Einbruch in den Stützpunkt Laroche, der das

**Von Wedel soll Canaris ersetzen**

Die Ernennung von Generalmajor von Wedel, Chef der Abteilung Wehrmacht-Propaganda im OKW, zum Chef der Abwehr als Nachfolger von Admiral Canaris, der seit dem 20. Juli in Zurückgezogenheit in Baden-Baden lebt, wird beim

**Karlsruher Bahnhöfe durch Bomben zerstört**

**Hannover wurde gestern abend von alliierten Schnellbomberverbänden angegriffen. Dieser Angriff erfolgte zu einer Zeit, da drei weitere Städte im Reich noch brannten, nämlich Köln, Düsseldorf und Karlsruhe, über die der Nachschub für die Westfront gehen muss.**

Weit über 1 000 USA-Bomber mit Fernjägergeleit setzten nach 24 stündiger Bombenpause mit diesen

**"Wer Volksopfer bestiehlt, stirbt!"**

**—Führerbefehl**

**In seinem ersten Befehl im neuen Jahr verhängte der Führer gestern die Todesstrafe gegen alle, die sich bei der Volksopfer-Sammlung von Kleidung für die Wehrmacht und den Volkssturm bereichern.**

Der Führerbefehl lautet:

„Die Sammlung von Kleidung und Ausrüstungsgegenständen ist ein erneutes Opfer des deutschen Volkes für seine Soldaten. Ich bestimme daher:

„Wer sich an gesammelten oder vom Verfügungsberechtigten zur Sammlung bestimmten Sachen bereichert oder solche Sachen sonst ihrer Verwendung entzieht, wird mit dem Tode bestraft."

Die Dringlichkeit der

Gleichzeitig setzte die 19. Armee mit ihrer 553. Volksgrenadierdivision und einer Einheit des Karlsruher Volkssturms aus den Auewäldern im Raum Bühl-Achern heraus über den Rhein, bildete bei Gambsheim einen etwa 30 km tiefen Brükkenkopf und fand bei Drusenheim Anschluß an die aus der Südpfalz vorgestoßenen Divisionen der 1. Armee.[16]

Der Reichsführer SS Heinrich Himmler, seit Oktober 1944 Oberbefehlshaber einer „Heeresgruppe Oberrhein", der als wichtigster Großverband die schwer angeschlagene 19. Armee angehörte, hatte am 5. Januar die an der Operation „Sonnenwende" beteiligten Divisionen mit einem Tagesbefehl zu „elektrisieren" (de Lattre) versucht, in dem es hieß: *„Ich vertraue auf Euch, damit ich dem Führer in einigen Tagen melden kann, daß die Hakenkreuzflagge aufs neue auf dem Straßburger Münster weht."*[17]

Die 1. und die 19. Armee der Deutschen Wehrmacht, in diesen Monaten der militärische Schutzwall des Saargebiets, der Pfalz und Badens, kamen mit ihrer Entlastungsoffensive über begrenzte Erfolge nicht hinaus. Mit ungewöhnlicher Härte reagierte der Oberbefehlshaber der Heeresgruppe G: *„Wegen führungsmäßigen Versagens bei dem Angriff* (der 21. Panzer-Division im Raum Hagenau; d. Verf.) *in der Nacht zum 8. 1. 45 und in den frühen Morgenstunden"* ordnete er gegen den Divisionskommandeur, gegen zwei Regimentskommandeure und einen Bataillonskommandeur ein Kriegsgerichtsverfahren an.[18] Hitler persönlich schaltete sich ein, um der ihm zur Entlastung der Winterschlacht in den Ardennen wichtigen Offensive im Elsaß zum Erfolg zu verhelfen. So befahl er, bei einem Angriff des XXXIX. Panzerkorps nördlich Hagenau zwei *„im Zulauf befindliche"* „Panther" einzusetzen, die für den Kampf gegen Bunker (der Maginotlinie) besonders geeignet seien. Vergebens. Gegen die trotz Ausdünnung der Front zwischen Rhein und Mosel an Waffen und Ausrüstung deutlich überlegenen amerikanischen und französischen Divisionen vermochte die Wehrmacht keinen entscheidenden Durchbruch zu erzielen.

Doch schon am 6. Januar hatte Generalleutnant Winter, der vom Führerhauptquartier zur Berichterstattung über die Lage an der Vogesen-Elsaß-Front zur Heeresgruppe G entsandt worden war, dem OKW-Führungsstab gemeldet, daß die Truppe durch die Anstrengungen der vergangenen Tage, durch die Witterung und das schwierige Gelände völlig erschöpft sei. Ohne neue Kräfte sei eine Offensive nicht möglich.

Neun Tage später, am 15. Januar, bestätigte eine Meldung des Oberbefehlshabers der Heeresgruppe G, Generaloberst Blaskowitz, an den Oberbefehlshaber West, Generalfeldmarschall von Rundstedt, den Mißerfolg der kurz vor Jahresbeginn gestarteten Offensive. Die 256., 257. und 361. VGD (= Volksgrenadierdivision) seien „nach verlustreichen Waldkämpfen in den Vogesen so abgekämpft, daß die Heeresgruppe nicht in der Lage ist, die befohlenen Angriffsziele Zunsweiler-Niederbronn aufrechtzuerhalten".[19] Die 257. VGD war jene, der, als „Berliner Bärendivision" bekannt, ein Vierteljahr später die Aufgabe zufiel, sich am Rhein bei Karlsruhe und nördlich der Stadt zur Verteidigung einzurichten.

Zu der in der Silvesternacht 1944 im Raum Bitsch-Philippsburg zum Angriff angetretenen Nachbardivision der 257. VGD, der 256. VGD, gehörte auch der damals 22jährige Artillerie-

***„Karlsruher Bahnhöfe durch Bomben zerstört", melden die „Nachrichten für die Truppe", ein täglich über der Front abgeworfenes alliiertes Flugblatt, nach einem am 10. Januar 1945 erfolgten Angriff.***

leutnant Rudolf Ruf (der spätere Karlsruher Bundestagsabgeordnete; * 1922). Aus einem von ihm am 4. Januar geschriebenen Gefechtsbericht über seinen Einsatz als V. B. (= Vorgeschobener Beobachter) seiner Artillerie-Abteilung, einem Unternehmen, bei dem er zusammen mit einem anderen Leutnant vier Gefangene machte, wird, anders als aus OKW- und PK-Berichten, deutlich, wie schwer, verlustreich und erfolglos das Unternehmen „Nordwind" schon in den ersten beiden Tagen war. Am Schluß seines Berichts heißt es in unmißverständlicher Nüchternheit: *„Gegen 16 Uhr des 2. 1. 1945 waren von dem kriegsstarken Bataillon* (I./476) *zwei Offiziere und 25 Mannschaften zurückgekommen. Ein Teil wird in Gefangenschaft geraten sein. Der größte Teil wird aber tot oder schwerverwundet im Raum Philippsburg verblieben sein."*[20] Zur Erläuterung: Ein kriegsstarkes Bataillon zählte etwa 800 Mann.

## Rückzug aus dem Elsaß

Der von der 19. Armee von Gambsheim bis Sufflenheim gebildete Brückenkopf, nördliche Basis der Operation „Sonnenwende", die zusammen mit dem Angriff aus dem Raum Schlettstadt vor allem die Rückeroberung von Straßburg zum Ziel hatte, hielt sich noch bis zum 22. Januar 1945. Zwei Tage zuvor hatte de Lattre de Tassigny seine sorgfältig vorbereitete Schlacht um Colmar begonnen. Auch Robert Wagner, der Gauleiter des Gaues Baden-Elsaß, der noch am 7. Januar auf einer Kundgebung in der „Frontstadt" Münster, der *„vorgeschobensten Bergstation des Brückenkopfes Elsaß"*, geschworen hatte: *„Das Elsaß bleibt beim Reich!"*[21], konnte nicht verhindern, daß die durch amerikanische Truppen verstärkte 1. Französische Armee am 2. Februar Colmar besetzte. Immerhin gelang es der schwer angeschlagenen 19. Armee, den größten Teil ihres verbliebenen Personalbestandes in den darauffolgenden Nächten bei Neuenburg noch über den Rhein zu bringen. Am 9. Februar war diese Absetzbewegung beendet, das Elsaß war, von den pfalz-nahen Gebieten abgesehen, wieder französisch. Im OKW-Bericht vom 10. Februar wurde diese Niederlage so gemeldet: *„Nach schweren Kämpfen gegen die bei Tag und Nacht angreifenden de-Gaulle-Truppen wurden unsere noch auf dem Westufer des Oberrheins stehenden Kräfte mit allen Waffen und Versorgungsgütern auf das Ostufer überführt und vor dem nachdrängenden Feind die Brücken bei Neuenburg gesprengt. Die 21tägige Schlacht um den Brückenkopf im Oberelsaß, in der unsere Truppen tapfer kämpfend eine oft zehnfache feindliche Übermacht abwehrten, ist damit abgeschlossen."*[22]

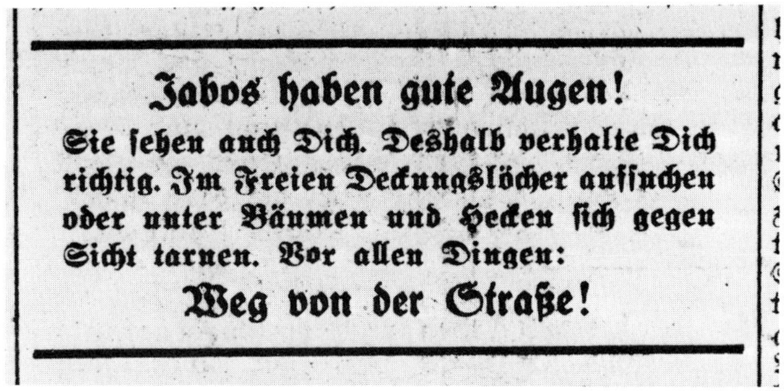
**Jabos haben gute Augen!**
**Sie sehen auch Dich. Deshalb verhalte Dich richtig. Im Freien Deckungslöcher aufsuchen oder unter Bäumen und Hecken sich gegen Sicht tarnen. Vor allen Dingen:**
**Weg von der Straße!**

Schon am 21. Januar war der mit der Verteidigung des Elsaß beauftragte Reichsführer SS nach Schlesien berufen worden, wo sich die sowjetischen Truppen bereits Breslau näherten. Am 25. Januar übernahm die Heeresgruppe G auch den Befehl über den Bereich der Heeresgruppe Oberrhein mit SS-Oberstgruppenführer Hausser als neuem Befehlshaber, der seinerseits am 8. Februar der 19. Armee den Befehl über die gesamte Oberrheinfront übertrug.[23] Danach kam es zu wiederholtem Unterstellungswechsel. Anfang März wurde die 19. Armee direkt dem Oberbefehlshaber West, bald darauf wieder der Heeresgruppe G unterstellt. Die Hauptkampflinie der 19. Armee war das rechte Rheinufer von Basel bis vor Karlsruhe, jene der 1. Armee zog sich vom Rhein südlich Rastatt bis hinauf nach Trier.

Den Karlsruhern brachte die Offensive „Nordwind" und die davon bewirkte Verschiebung der Front von der südpfälzischen Grenze an die Moder insofern Erleichterung, als die Stadt auf Wochen hinaus – bis zum Beginn der amerikanisch-französischen Offensive am 15. März – vor Artilleriefeuer sicher war. Dafür hatte die Bevölkerung um so mehr unter den Jabo-Angriffen zu leiden. Die Hoffnung aber, das Kriegsglück könne sich durch die Ardennen-Offensive und die Operation im Elsaß doch noch wenden, war zerstoben. Da im Januar 1945 längst auch die sowjetischen Armeen auf deutsches Reichsgebiet vorgedrungen waren, war das Ende des Krieges in den Augen der nüchtern Denkenden nicht mehr weit.

# Karlsruher Kriegsalltag 1945

Nur noch ein schwaches Drittel der Bevölkerung lebte zwischen Neujahr 1945 und dem Einmarsch der Franzosen in der Stadt. Zurückgeblieben waren vor allem jene, die in der Rüstungsindustrie oder bei halbwegs intakt gebliebenen Behörden und kriegswichtigen Dienstleistungsbetrieben arbeiteten. Die Männer waren in der Überzahl. Aus den meisten Familien waren die Frauen und Kinder nach dem schweren Angriff vom 4. Dezember 1944 auf eigene Faust in die Evakuierung geflüchtet. Der Schulunterricht starb lautlos dahin, und an den Hochschulen, vor allem an der gleichfalls weitgehend zerstörten „Fridericiana", war man bestenfalls mit Aufräumungsarbeiten beschäftigt.

Die letzte organisierte Evakuierung, durchgeführt von der NS-Volkswohlfahrt, erfolgte am 17. Dezember. Anders als bei der befohlenen Evakuierung des überwiegenden Teils der Bevölkerung im September 1939 war die Teilnahme jetzt freiwillig. Zwischen 600 und 800 der noch in der Stadt verbliebenen Karlsruher bestiegen am Abend des 3. Adventssonntags im Hauptbahnhof den Sonderzug und erreichten nach einer beschwerlichen Fahrt im eiskalten Abteil am folgenden Tag die vorbestimmten Zielorte im Kreis Mergentheim. Erich Lacker (* 1930), der selbst in der Gemeinde Rinderfeld unterkam, erinnert sich: (Am Zielbahnhof Vorbachzimmern) *„erwarteten uns gleich zwei freudige Überraschungen. Wir wurden herzlich begrüßt und vom Beginn der Ardennenoffensive unterrichtet. Rasch waren wir auf die einzelnen Höfe der umliegenden Orte verteilt".*[1]

Für die Zurückgebliebenen glich Karlsruhe einer Geisterstadt. Weite Teile des Zentrums und der innenstadtnahen Stadtteile lagen in Trümmern. Zwar wird das Tiefbauamt dem US-Strategic Bombing Survey, einer Behörde zur Feststellung der Auswirkungen der Bombenangriffe, am 10. Juli 1945 auf Anfrage melden, daß *„die Beseitigung von Schutt und Trümmern dank der verhältnismäßig breiten Straßen der jungen Stadt Karlsruhe nach Angriffen jeweils rasch durchgeführt werden konnte".*[2] Meist habe man die Hauptverkehrsstraßen innerhalb eines Tages für den Fahrverkehr wieder freimachen können, *„nur in einigen Fällen dauerte dies bis zu höchstens einer Woche".* Diese Meldung war korrekt. Sie sagt aber nichts aus über das bedrückende Bild einer weitgehend menschenleeren Ruinenstadt, deren Straßen von Schutthalden verengt waren und in der es nach dem 4. Dezember 1944 wochenlang keinen Straßenbahnverkehr mehr gab, danach nur auf Teilstrecken und an einzelnen Tagen.

### „Jugenddienstpflicht" für Zwölfjährige

Verarmt war die Stadt auch akustisch. Das Dröhnen von Bomberpulks, das Jaulen von Sirenen und die Explosionen von Bomben und Granaten waren die Alltagsgeräusche, doch Glocken hörte man so gut wie nie mehr läuten. Die meisten waren zu Waffen und Munition eingeschmolzen. Ohnehin waren von 28 Karlsruher Kirchen 18 zerstört oder nicht benutzbar.[3] Im übrigen herrschte Läuteverbot bei Nacht. Nach nächtlichem Fliegeralarm durften auch vormittags keine Glokken geläutet werden. Als der Gauleiter und Reichsverteidigungskommissar Robert Wagner im Januar 1945 anordnete, feindliche Luftlandungen durch Glockenläuten zu melden, bat das Badische Innenministerium das Ordinariat und den Evangelischen Oberkirchenrat, *„zur Vermeidung von Wirrungen bei den Einsatzkräften und der Bevölkerung"* das Glockenläuten für andere Zwecke als zur Alarmierung bei Luftlandungen einzustellen.[4]

Schon seit Wochen hatten die Karlsruher, falls die räumlichen Verhältnisse dies erlaubten, im Keller eine „Zweitwohnung" bezogen. Lisa Kabierske (* 1930), damals in der Kronenstraße wohnend: *„Im Keller hatten wir uns häuslich eingerichtet. Jeder hatte sein Bett, ein Ofen sorgte für Wärme, unsere Wohnzimmeruhr schlug die Stunde, die Koffer und Rucksäcke waren sowieso gepackt."* Erfinderisch war man auch hinsichtlich einer individuellen Alarmierung bei Gefahr: *„Wir hatten unser eigenes Warnsystem, eine Motorradhupe, die im Hausgang an der Hoftür hing. Hörte jemand aus unserer Hausgemeinschaft ein verdächtiges ‚Brummen', das Motorgeräusch eines Flugzeuges, drückte er kräftig die Hupe, und alle rannten in den Keller."*[5] Solche Privatalarme gab es vor allem, wenn mit Anbruch der Dunkelheit der berühmt-berüchtigte „Bombenkarle" seine Runden drehte, ein einzelnes feindliches Flug-

zeug, das allabendlich erschien und meist auch einige Bomben warf.
Der tägliche OKW-Bericht machte deutlich, daß sich der Ring der von allen Seiten anstürmenden, der Deutschen Wehrmacht nach Zahl und Material haushoch überlegenen Armeen der Alliierten immer mehr verengte. An eine Wende mit militärischen Mitteln war nun wirklich nicht mehr zu denken. Zwar vermochten Augenzeugenberichte über barbarische Grausamkeiten, begangen von sowjetischen Truppen an Flüchtlingen aus den deutschen Ostgebieten, das Entsetzen zu schüren.[6] Auch Berichte über die nach dem Krieg angeblich vorgesehene Aufteilung Deutschlands unter die Nachbarn, über den Anspruch de Gaulles auf das linksrheinische Reichs- und das Ruhrgebiet[7] sowie über die Forderung Stalins nach 6 Millionen deutscher Arbeitssklaven waren beunruhigend.[8] Doch größer als der Widerstandswille, den Goebbels' Propaganda mit diesen Meldungen zu stärken hoffte, war die Befriedigung, daß man als Bewohner einer „Grenzmark" im Westen schreckliche Übergriffe, wie sie aus dem Osten gemeldet wurden, mit großer Sicherheit nicht zu befürchten brauchte. Zudem hielt der bedrückende Kriegsalltag in der weitgehend zerstörten Stadt, hielten fortwährende Alarme, zunehmende Be- und Einschränkungen sowie die Sorge um die Angehörigen an der Front die in Karlsruhe Zurückgebliebenen vollauf gefangen.
Ab 22. Januar 1945 fiel nach vorangegangener beträchtlicher Verdünnung des Verkehrs der gesamte D- und Eilzugverkehr in Deutschland aus.[9] Als Folge davon wurden Briefe, von klar umrissenen Ausnahmen abgesehen, nur noch im Orts- und unmittelbaren Nachbarschaftsverkehr zugestellt, und im Feldpostverkehr, der stets Vorrang genoß, waren nur noch

***In eine Ruinenlandschaft haben die Luftangriffe weite Teile der Innenstadt verwandelt. Szene an der Nordostseite des Friedrichsplatzes.***

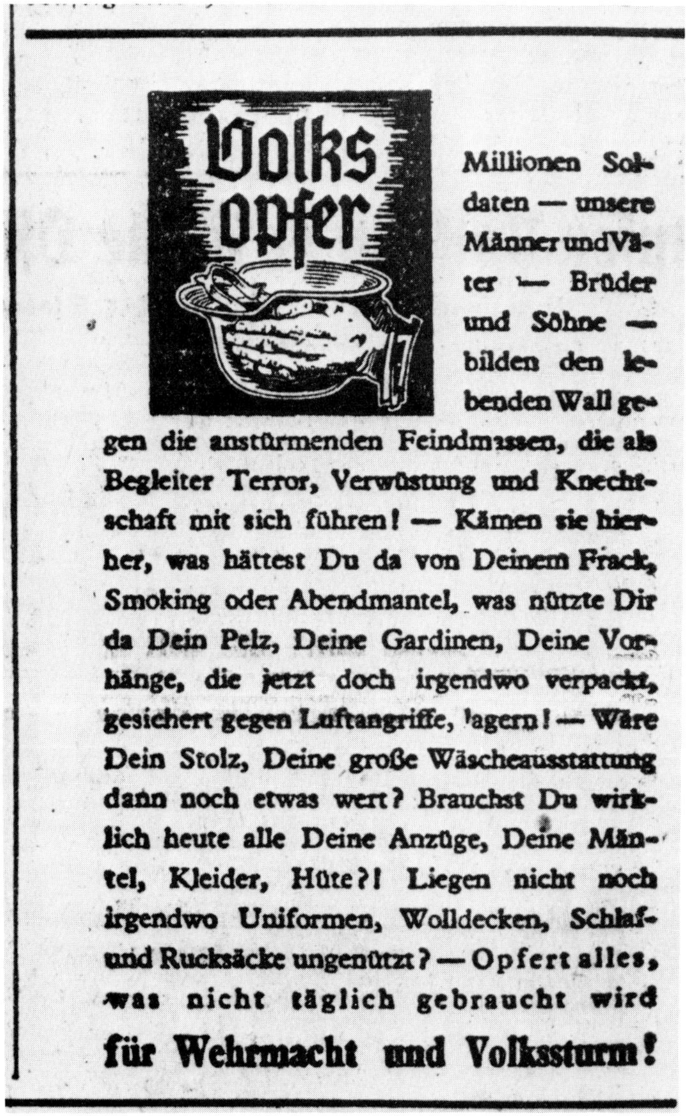


20-Gramm-Sendungen zugelassen.[10] Nachdem lange zuvor schon die Jugendlichen ab 14 und 15 Jahren zum Schanzen, ab 16 Jahren als Flakhelfer, die Mädchen ab 14 Jahren als Arbeiterinnen in der Rüstungsindustrie oder ab 16 Jahren als Wehrmachtshelferinnen und Straßenbahnschaffnerinnen verpflichtet worden waren, waren ab Anfang Januar 1945 zwölf- bis vierzehnjährige Schüler zu einer „Jugenddienstpflicht" herangezogen.[11] Bis zu fünf Stunden täglich arbeiteten die Schüler gegen Bezahlung bei den Karlsruher Postämtern, wo sie vor allem Briefe zu sortieren hatten.

## „Offensive der Heimatfront"

Nach den schweren Angriffen auf die Stadt waren die meisten badischen Ministerien und sonstigen Behörden in alle Winde verstreut. Das Innenministerium beispielsweise hatte sich im Hotel „Quellenhof" in Baden-Baden eingerichtet, wo nach dem Fall Straßburgs auch Gauleiter Robert Wagner residierte. Doch Teile des Innenministeriums befanden sich gleichzeitig in Sinsheim/Elsenz, Abteilungen des Finanz- und Wirtschaftsministeriums sowie der Gauwirtschaftskammer in Ettlingen. Das Kultus- und Unterrichtsministerium hatte im Hotel „Viktoria" in Heidelberg Unterschlupf gefunden, die Badische Landeskreditanstalt in Bonndorf, das Wehrbezirkskommando in Maulbronn, die Gauleitung des Reichsarbeitsdienstes in Odenheim.[12]

Gleichwohl „regierten" die Verantwortlichen, wobei ihr Bemühen vor allem darauf gerichtet war, dem von Tag zu Tag empfindlicheren Mangel an Waffen und Ausrüstung für die Wehrmacht, aber auch für den Volkssturm, abzuhelfen.

Am 5. Januar 1945 forderte Ministerpräsident Walter Köhler als Finanz- und Wirtschaftsminister, zugleich in seiner Eigenschaft als Vorsitzender der Rüstungskommission im „Grenzgau Baden-Elsaß", zur Steigerung der Rüstungsproduktion im Jahr 1945 auf.[13] Am gleichen Tag erließ Robert Wagner einen Aufruf, der wie nichts anderes offenbarte, in welch verzweifelter Lage sich Hitlerdeutschland zu Beginn des neuen Jahres befand. Wagner forderte dazu auf, *„die letzte Waffe und das letzte Ausrüstungsstück"* abzugeben, so *„Uniformen, Mäntel, Handschuhe, Stiefel, Koppel, Patronentaschen, Rucksäcke, Tornister, Brotbeutel, Feldflaschen, Trinkbecher, Kochgeschirre, Eßbestecke, Wolldecken, Zeltbahnen usw".*[14]

Die Aktion „Volksopfer für Wehrmacht und Volkssturm" wurde ins Leben gerufen, in jeder der Karlsruher NSDAP-Ortsgruppen eine Sammelstelle eingerichtet. *„Unser Volksopfer ist die Offensive der Heimatfront"* stand über einer im „Führer" vom 15. Januar veröffentlichten Liste von 40 Annahmestellen.

Für das „Volksopfer" mußten die Stadtverwaltung und alle anderen Karlsruher Behörden aufgrund einer Anordnung des „Generalbevollmächtigten für die Reichsverwaltung" aus den noch erhalten gebliebenen Büros Vorhänge und Gardinen bereitstellen.[15] Gleichzeitig wurden die Karlsruher Frauen aufgerufen, die Berge gesammelter Spinnstoffe zu sortieren und in Nähstuben der NS-Frauenschaft instand zu setzen. Hitler persönlich sah sich genötigt, in einer „Verordnung zum Schutz der Sammlung von Kleidung und Ausrüstungsgegenständen" jedem die Todesstrafe anzudrohen, der sich an Volksopfer-Sachen bereichert.[16] Andererseits wurde die Tatsache, daß an den Sammelstellen keine Quittungen ausgestellt werden konnten, zu entschuldigen versucht mit der Versicherung, über die Spenden werde genau Buch geführt. Aus den Listen von 60000 NSDAP-Ortsgruppen im ganzen Reich, so stand es im „Führer" voller Pathos zu lesen, entstünde ein Buch mit Millionen Eintragungen, *„ein einzigartiges Ehrenbuch der deutschen Nation, ein Buch so gewaltig, wie es die Welt noch nicht gesehen hat"*.[17]

## Engpässe in der Versorgung

Auch die von Robert Wagner am 10. Februar 1945 im „Führer" proklamierte „Kriegsgartenaktion" offenbarte deutlich die Engpässe in der Versorgung. Diese waren bereits offen zugegeben worden mit der Anfang Februar erfolgten Ankündigung, die Lebensmittelrationen der 72. und 73. Zuteilungsperiode (vom 5. Februar bis 4. März 1945 bzw. vom 5. März bis 2. April 1945) müßten *„eine Woche länger reichen, also insgesamt neun statt acht Wochen"*.[18] Noch wenige Wochen zuvor hatte man sich gerühmt, daß im 5. Kriegsjahr im Gau Baden-Elsaß pro Kopf 43 Eier hatten ausgegeben werden können, acht Eier mehr als im Jahr zuvor. Über die verordnete Streckung der Lebensmittelrationen hinaus wurden vor Beginn der 73. Zuteilungsperiode die Rationen für den „Normalverbraucher" um 1000 Gramm Roggenbrot, 250 Gramm Nährmittel und 125 Gramm Fett gekürzt.[19]

Das Behörden-Chinesisch jener Zeit verdeutlicht die folgende Mitteilung des Ernährungsamtes Karlsruhe vom 1. März: *„Die Warenabgabe auf die Fettabschnitte wird derart geregelt, daß wiederum auf die Abschnitte B 1 und B 2 der Grundkarten für über drei Jahre alte Versorgungsberechtigte (Grundkarten E, Jgd, Großkinder, Kinder und Kleinkinder) der Ergänzungskarten SV a und SV 6 und SV 8, sowie der AZ-Karten je 125 g Fleisch oder Fleischwaren abgegeben werden."*

Mit Beginn des Jahres hatte die Stadtverwaltung für ihre Bediensteten im „Ziegler" eine Werkküche eingerichtet. Zum Gesamtpreis von 3 RM konnte man dort gegen Abgabe von 100g Fleisch, 50 g Teigwaren, 100 g Weißbrot und 30 g Fett sechs Mittagessen erhalten.[20] Schon am 5. Januar wurde allerdings durch ein Rundschreiben an die städtischen Bediensteten indirekt zum Ausdruck gebracht, daß mit diesen Marken der Mittagstisch nicht garantiert werden könne: Jeder Essensteilnehmer müsse wöchentlich mindestens 1 kg selbst eingelagerter Kartoffeln in der Küche abgeben. *„Die Essensreste"*, so informierte das gleiche Rundschreiben, *„gehen an die Küche zurück und werden dem Stadtgarten für die Tierfütterung zur Verfügung gestellt"*.

Oberbürgermeister Dr. Oscar Hüssy, der nach dem schweren Angriff vom 4. Dezember 1944 gerügt hatte, daß unter den städtischen Bediensteten *„viele unentschuldigt dem Dienst ferngeblieben"* seien, sprach dann in einem Schreiben vom 22. Januar dem Großteil der städtischen „Gefolgschaft" doch seinen Dank für den *„beispielhaften Einsatz nach den letzten beiden Großangriffen"* aus. Er tat es allerdings offenbar nur, um danach folgende unzweideutige Anweisung zu geben: *„Gleichzeitig bitte ich aber auch, jene Gefolgschaftsmitglieder, die zum Teil oder gänzlich versagt haben bzw. hatten, zu*

**Das geht die Frau an:**

**Wir strecken**

— das Fleisch, indem wir es durch den Wolf drehen und mit Kartoffeln, gekochter Grütze oder Haferflocken vermischen.
— die Marmelade, indem wir ihr gekochte, durchs Sieb gegebene Möhren zusetzen.
— das Mehl im Kuchen, indem wir einen kleinen Teil davon durch geriebene Salzkartoffeln ersetzen, die jedoch mindestens 24 Stunden kalt geworden sind.
— den Sirup, indem wir ihn mit Kürbismus aufkochen.
— das Gemüse, indem wir eine halbe Stunde vor dem Garwerden des Gerichtes ein paar rohe Kartoffeln daran reiben.
— das Kompott durch Beifügung von Kürbisstückchen, die wir im Obstsaft kochten. E.S.

*rügen und Namen aktenmäßig festzuhalten. Anlegung strengster Maßstäbe ist am Platze. Termin zur Abgabe der Meldungen: 1. Februar 1945."*
Der genannte Aufruf zur „Kriegsgartenaktion", ein Appell *„an das Landvolk und die gesamte Bevölkerung im Frontgau Baden-Elsaß"* (als ob das Elsaß, vom Kreis Weißenburg und dem Nordbereich des Kreises Hagenau abgesehen, zu diesem Zeitpunkt noch unter der Kontrolle von Wagner, des „Reichsverteidigungskommissars für den Reichsverteidigungsbezirk Baden-Elsaß" gestanden hätte), lief auf die Parole hinaus, keinen Quadratmeter Boden ungenützt liegenzulassen. Schon lange zuvor waren die öffentlichen Anlagen in Karlsruhe längst zu „Kriegsgärten" verwandelt, eingeschlossen der Schloßplatz. Robert Wagner: *„Ob der kämpfende Soldat und die Heimat auch im sechsten Kriegsjahr satt zu essen haben, hängt davon ab, daß wir allen Gewalten zum Trotz mehr als unsere Pflicht tun, selbst wenn wir die Nacht zum Tage machen müssen."*[21]

---

*Man hatte sich gewöhnt, zu schweigen, man hatte sich gewöhnt, „an seine Familie zu denken", d. h. jede Forderung der „unteren Organe der NSDAP" mit mehr oder weniger großem Widerstreben zu erfüllen. Wobei eines zu wissen wichtig ist: Innerhalb der Partei ging es akkurat ebenso zu wie außerhalb derselben: Die meisten PG wußten genau, daß es irrsinnig war, was geschah und was sie tun mußten, jedoch „Befehl ist Befehl". Nur wer das alles am eigenen Leib erlebt hat, darf sich darüber äußern.*

Dr. Adolf von Grolmann, Karlsruhe in den Jahren 1945-1954, S. 81 (Stadtarchiv Karlsruhe)

---

Es fehlte andererseits nicht an rührend anmutenden Anregungen, wie man Fleisch, Marmelade, Mehl und anderes „strekken" könne. Solche Rezepte, aber auch der Ratschlag, im „Seifenaustauschverfahren" die Wäsche mit Kartoffelwasser zu waschen[22], waren mancher Hausfrau eine kleine Hilfe. Die Notwendigkeit, das Beste aus dem Wenigen zu machen, was es gab, war ohnehin jedem längst zur Selbstverständlichkeit geworden. Ab Ende Januar 1945 gab es einen sogenannten Stromsperrtag mit der Konsequenz, daß in Karlsruhe jeweils dienstags von 8-11 Uhr und von 13-16 Uhr weder die Industrie, noch Privathaushalte Strom erhielten.[23]

## Gefälschte Lebensmittelkarten

Mitte Februar wurde durch eine Verordnung des badischen Finanz- und Wirtschaftsministers Walter Köhler *„zur Sicherstellung der Kartoffel- und Gemüseversorgung des Landes"* der Tabakanbau untersagt. Für den Eigenverbrauch war der Anbau von maximal 200 Pflanzen zulässig.[24] Andererseits war schon Wochen zuvor öffentlich davor gewarnt worden, die von alliierten Flugzeugen abgeworfenen, geschickt gefälschten Lebensmittelkarten – so das „Führergeschenk für Fronturlauber" – zu benutzen. Die Inhaber von Geschäften, aber auch deren Gehilfen, so hieß es im „Führer" vom 7. Januar, seien ermächtigt, jeden sofort festzunehmen, der solch eine gefälschte Lebensmittelkarte einzulösen versuche.
Außer Lebensmittelkarten regnete es vor allem in den letzten Kriegsmonaten Subversions- und Agitationsmaterial unterschiedlichster Art vom Himmel, beispielsweise Nachdrucke von 50-Pfennig-Scheinen, die es als „Behelfszahlungsmittel" für die Wehrmacht gab, „Passierscheine" für Überläufer, vor allem aber Flugblätter für die Zivilbevölkerung. Sie zu lesen, konnte niemand verhindern, doch war es streng verboten, feindliche Flugblätter weiterzugeben. Das Interesse war verständlicherweise groß, wenn Karlsruhe in den Schlagzeilen auftauchte, so in der Nr. 270 der „Nachrichten für die Truppe" vom 11. Januar 1945, einer geschickten Fälschung der alliierten Propaganda, in der die Zerstörung der Karlsruher „Bahnhöfe" gemeldet wurde, oder in der Nr. 345, in der es hieß: *„Front bricht von Emmerich bis Karlsruhe."*[25] Daß dieser Teil der psychologischen Kriegsführung Erfolg gehabt hätte, war allerdings nirgendwo zu erkennen.
Das Bemühen der Alliierten, mit einer Flut von Flugblättern die Moral der Deutschen zu erschüttern, vor allem aber eigenes Interesse verhalfen dem Karlsruher Lothar Leser; („Flugblatt-Leser"; *1927), der von Beginn des Krieges an trotz Verbots systematisch Feind-Flugblätter sammelte, zu einer der umfangreichsten Sammlungen von Flugblättern aus dem 2. Weltkrieg. Der Hardtwald war für Leser ein schier unerschöpfliches Flugblatt-Reservoir. Nach dem Angriff vom 27. September 1944 hatte man im Haus Moltkestraße 19 einen Blindgänger entdeckt, der eine Decke durchschlagen hatte. Ein Räumungskommando stellte jedoch auf den ersten Blick die Harmlosigkeit des Blindgängers fest: Es handelte sich um eine nicht explodierte Flugblatt-Bombe.

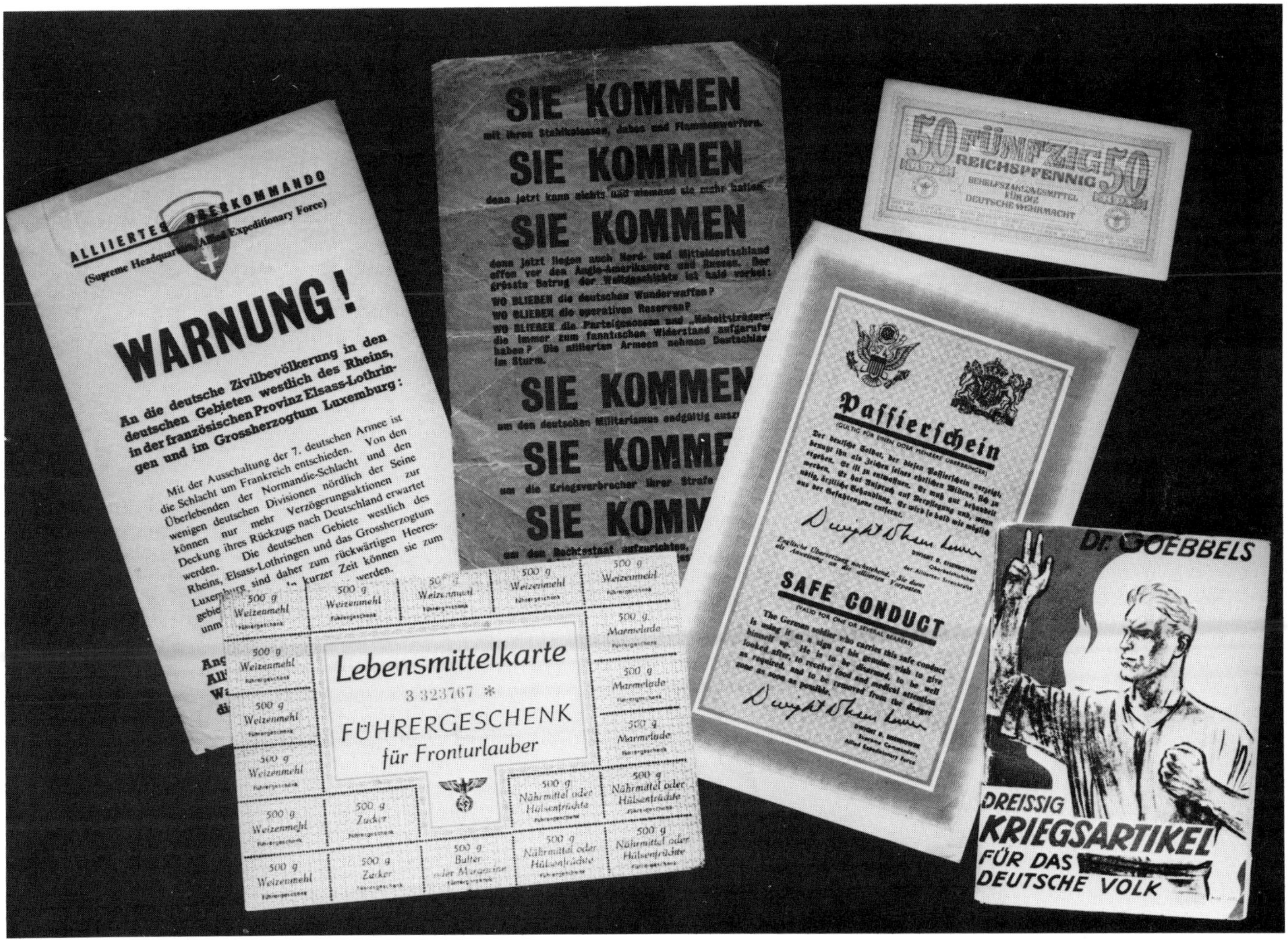


Glückssache war es in den letzten Kriegsmonaten, eine Straßenbahn zu erwischen. War der Betrieb auf einzelnen der neuen Linien schon nach dem 27. September entweder ganz eingestellt oder eingeschränkt, so mußte der Straßenbahnverkehr nach dem 4. Dezember rund vier Wochen völlig stillgelegt werden. Bei diesem Angriff waren vier Straßenbahnwagen zerstört worden, davon drei in der Nähe der „Drei Linden" in Mühlburg. Ab Januar 1945 verkehrte stunden- und tageweise immerhin die Linie 1, jedoch nicht auf ihrer traditionellen Ost-West-Route Durlach – Knielingen. Der Trümmerberge, zerstörter Gleise und Oberleitungen wegen mußte diese Linie nach Süden verschwenkt werden, über Rüppurrer Tor – Mathystraße – Kühler Krug, wo sie endete.

An einzelnen Tagen fuhr im Januar auch die Linie 8 (Schlacht-

***Unter den Flugblättern, die über Karlsruhe abgeworfen werden, befinden sich auch gefälschte Lebensmittelkarten (ein „Führergeschenk für Fronturlauber"), gefälschte Banknoten sowie „Passierscheine" für Überläufer.***

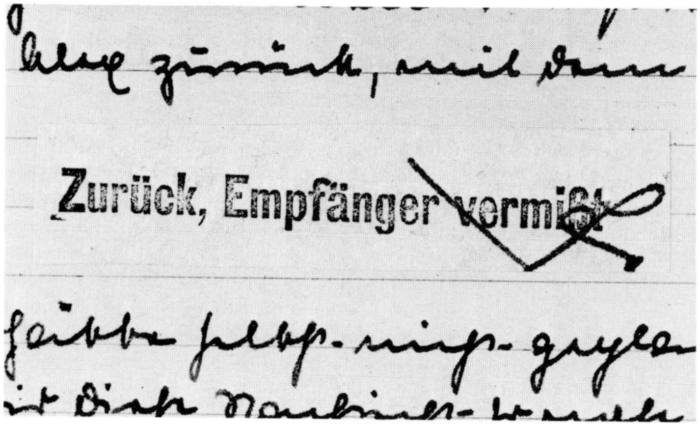


hof – Rintheim). Am 10. Februar freute sich die Hagsfelderin Marianne Kiefer: *„Heute fährt zum erstenmal seit dem 4. 12. 44 die Straßenbahn von Karlsruhe nach Hagsfeld!"* Mit der Linie 11 (Friedhof – Hagsfeld) wurde auch die Linie 5 wieder frei, die allerdings statt zwischen Kühler Krug und Ludendorffstraße (Hertzstraße) nur zwischen Mühlburger Tor und Ludendorffstraße verkehrte. Ab März gab es dann auch noch die Verbindung Friedhof – Durlacher Tor als Teilstück der Linie 4. Der Betrieb auf dieser Teilstrecke war jedoch, vor allem wegen der immer häufigeren Luftalarme, bis Kriegsende völlig unregelmäßig. Gleichwohl waren die in der Stadt verbliebenen Karlsruher dankbar, daß man die Straßenbahn überhaupt wieder in Fahrt gebracht hatte.
Noch an Ostern 1945 (1./2. April) verkehrten die Linien 1, 4, 5, 8 und 11 mit den genannten Einschränkungen. Der Betrieb wurde dann am 3. April, ein Tag vor dem Einmarsch der Franzosen, wegen fast ununterbrochenen Artilleriebeschusses eingestellt.[26]

## „Für Führer, Volk und Vaterland"

Ein Stück Karlsruher Alltag der letzten Kriegsmonate wird ersichtlich, wenn man, die abwiegelnden Berichte aus dem militärischen und politischen Bereich überschlagend, den lokalen und den Anzeigenteil der Zeitung studiert. Zwar unterlag auch die Berichterstattung im Ressort Lokales „Sprachregelungen" und Vorschriften. Beispielsweise durften keine Tatsachenberichte über die Wirkung von Luftangriffen veröffentlicht werden, schon gar nicht über die Zahl der Toten. Als im „Führer" am 8. Februar 1945 ein Gedenkartikel an Heinrich Hübsch erschien, dessen Geburtstag sich am Tag darauf zum 150. Mal jährte, war darin kein Wort zu finden, daß die Luftangriffe der vergangenen Monate praktisch alle wichtigen Bauwerke des nach Weinbrenner bedeutendsten Karlsruher Baumeisters vernichtet hatten, so das Theater, die Orangerie, die Kunsthalle und das Hauptgebäude der Technischen Hochschule. Bei Berichten über Veranstaltungen mußte der Ort des Geschehens ausgelassen werden, die Veröffentlichung von Leserbriefen war untersagt.

**„Zurück, Empfänger vermißt" – die bedrückende Nachricht von der Front nahm eine Karlsruherin solchermaßen in ihre Tagebuchaufzeichnungen auf.**

---

*„Der Gattin des Oberlandesgerichtsrats ist folgendes zugestoßen: Sie stand in einem der bekanntesten Metzgereigeschäfte Karlsruhes inmitten einer dicht gedrängten Schar von Käufern, wohl meist Frauen. Hinter ihr trat jemand neu hinzu und grüßte mit „Heil Hitler!". Das Wort war kaum gefallen, als ein Mann, offenbar in der Meinung, der Hitlergruß sei von der neben ihm stehenden Frau des Oberlandesgerichtsrats gebraucht worden, auf sie zutrat, sie an den Haaren faßte und laut schrie: „So auch noch, dieser Schuft und Kriegsverbrecher gehört aufgehängt und Sie daneben, an einen Balken gehören sie gehängt und Feuer darunter gemacht, aber so, daß sie langsam verbrennen." Kein Mensch im Laden bemerkte ein Wort dazu oder machte Miene, ihr zu Hilfe zu kommen. So geschehen in der gutbürgerlichen Beamtenstadt Karlsruhe."*

*Aus einem Bericht des Oberlandesgerichtspräsidenten Karlsruhe vom 2. Januar 1945 an das Reichsjustizministerium (Generallandesarchiv 309/1218)*

---

Viel Platz stand den Lokalredakteuren ohnehin nicht zur Verfügung. „Der Führer", seit dem September 1944, als die „Badische Presse" ihr Erscheinen einstellen mußte, die einzige Tageszeitung in Karlsruhe und Umgebung, erschien in den letzten Monaten als „Einheitsausgabe" für Karlsruhe-Stadt und -Land, für die Kreise Bruchsal, Rastatt und Bühl sowie – als (und solange) sich das nördliche Elsaß wieder in deutschen Händen befand – für den Kreis Weißenburg. Seit dem 30. Januar kam das „Hauptorgan der NSDAP Gau Baden-Ba-

discher Staatsanzeiger" täglich wechselnd vier- und zweiseitig heraus, ab 12. Februar nur noch mit zwei Seiten, ausgenommen die vierseitige Samstagsausgabe. Ins Haus zugestellt wurde der „Führer" schon seit dem 8. Januar nicht mehr. Statt dessen mußte die Zeitung bei einer von 50 in der Stadt verstreuten Verkaufsstellen abgeholt werden, hauptsächlich Lebensmittelgeschäfte, Bäckereien und Milchgeschäfte.[27]
Vorrang hatten im Lokalteil Meldungen aus dem Sektor Versorgung. Unterm 24. Januar ist beispielsweise der Hinweis zu finden, Eier würden vorerst nur an Lazarette und Krankenhäuser geliefert. Auch Mitteilungen über Einschränkungen im Reise- und Postverkehr wurden gut sichtbar gebracht. Der spärliche übrige Raum war hauptsächlich für Berichte von Parteiveranstaltungen reserviert sowie für Personalnachrichten aller Art, von runden Geburtstagen bis zu Auszeichnungen mit dem Eisernen Kreuz, dem Deutschen Kreuz in Gold, dem Ritterkreuz oder – dem Mutterkreuz (für Mütter mit vier und mehr Kindern).
Die letzte Meldung über die Verleihung des Ritterkreuzes an einen Karlsruher, erschienen am 16. März, betraf den Major Schaßner (*1914) aus der Breitestraße in Beiertheim, der lt. Zeitungsbericht als Kommandeur eines Gebirgsjägerregiments in Ungarn mit wenigen Soldaten seinen Gefechtsstand verteidigt hatte, dabei durch eine Panzergranate einen Unterarm verlor, den Kampf dennoch fortsetzte und auf diese Weise einen Durchbruch der Russen vereitelte. Drei Tage später – zwei Wochen vor der Besetzung der Stadt durch die Franzosen! – berichtete der „Führer", daß für den Neubau eines Kreuzers „Karlsruhe" (!) beim Oberbürgermeister insgesamt bereits 161 047.26 RM eingegangen seien.
In Zwei- bis Drei-Zeilen-Meldungen unter dem stereotypen Stichwort „Heldentod" wurden Gefallenenmeldungen aus ganz Mittelbaden veröffentlicht. Im Anzeigenteil, der aus Platzgründen in schwer lesbarer Kleinschrift erschien, nahmen die Rubriken „Für Führer, Volk und Vaterland fielen" und „Feindl. Terrorangriff fielen zum Opfer" einen großen Umfang ein. Daneben wurden Kleinanzeigen jeglicher Art veröffentlicht. In den meisten spiegelten sich schlaglichtartig die Zeit- und Lebensverhältnisse in den letzten Kriegswochen. So, wenn in der Ausgabe vom 27. Januar ein Silberfuchs gegen Schuhe, eine Geige gegen eine Aktentasche zum Tausch angeboten wird, wenn ein Herrenhandschuh „verloren" gemeldet, unter „Vermischtes" jemand gesucht wird, der *„Arbeiter*

**Aus der Gauhauptstadt**

**Volksgenossen, Volksgenossinnen!**

**Merkt Euch: Wer in diesen Tagen nicht den schamlosen Agenten des Feindes, den Schwätzern und Gerüchtemachern zum Opfer fallen will, darf nur noch glauben, was er entweder selbst gesehen hat oder was ihm von amtlicher Seite mitgeteilt wird.**

**Warnzeichen bei Feindeinflügen**

**Ab heute, 26. März 1945, 12 Uhr, werden für den Luftschutzort Karlsruhe bei Feindeinflügen folgende Warnzeichen gegeben:**

*mit Handkoffer von Khe nach Osterburken"* mitnimmt, oder wenn die Frage gestellt wird: *„Wer nimmt Beil nach Achern mit?"*
Unter dem Stichwort „Geschäftliche Empfehlung" preist Ludwig Erhardt, Papierhandlung, Kaiserstraße 237, *„Verdunkelungs-Krepp-Papier, 150 cm breit"* an, die Glas-Großhandlung Theodor Schmid, Rüppurrer Straße 54, teilt mit, daß sie wieder telefonisch erreichbar ist, die Schuhbesohlungsanstalt F. Seiter, Blumenstr. 14, empfiehlt ihr patentiertes Verfahren zum Längen und Weiten von Schuhen, und die Firma Geschw. Hoffmann (*„bei Hölscher im Keller"*) versichert: *„Wir fertigen nach neuen Mustern aus Ihrem eigenen Material Mützen an."*
In den drei noch intakten Kinos der Stadt wird am letzten Wochenende des Januar „Wir bitten zum Tanz" (Atlantik), „Es lebe die Liebe" (MT Durlach) und „Die schwarze Robe" (Kali Durlach) gespielt, die letzte Vorstellung jeweils um 17 Uhr. Mal ins Kino gehen zu können, war den Karlsruhern in den letzten Kriegsmonaten fast noch das einzige Vergnügen. Vorausgesetzt, die sich erschreckend häufenden Jaboangriffe machten nicht einen Strich durch die Rechnung.

**Aus der Gauhauptstadt**

**Mit dem Deutschen Kreuz in Gold wurde Oberfeldwebel Otto Thomas, Herrenstraße 62, ausgezeichnet. Thomas ist inzwischen gefallen.**

# Die Stadt mauert sich ein

Nach dem Näherkommen der Front westlich des Rheins im Dezember 1944 hatte man bereits damit begonnen, die Innenstadt „einzumauern". Die Radialstraßen nach Norden wurden, von wenigen, schnell zu schließenden Öffnungen abgesehen, mit dem vor Ort befindlichen Material der zerstörten Behördenbauten am Schloßplatz geschlossen. Barrikaden wurden auch am Linkenheimer und Mühlburger Tor, am Karlstor, Ettlinger, Rüppurrer und Durlacher Tor errichtet. Es war, als zöge sich die Stadt festungsartig in ihren historischen Ursprungskern zurück. Spätestens diese Barrikaden machten den in der Stadt Verbliebenen den Ernst der militärischen Lage deutlich. So nutzlos die Panzersperren den Nachdenklichen auch erscheinen mußten, wenn es tatsächlich zum Kampf käme, so unverkennbar war der daraus abzulesende Wille der Verantwortlichen, Karlsruhe zu verteidigen. Als die Amerikaner und Franzosen nach ihrer Großoffensive in den Vogesen und in der Pfalz im März/April 1945 über den Rhein setzten, erklärte das Wehrkreiskommando V die Städte Karlsruhe, Rastatt, Offenburg, Freiburg, Villingen und Donaueschingen zu „festen Plätzen" (= Festungen) und beauftragte Kampfkommandanten mit ihrer Verteidigung.[1]
Die Karlsruher Bevölkerung ahnte, was ihr und der Stadt im Falle der Verteidigung bevorstehen könnte, doch niemand war willens oder in der Lage, Einfluß zu nehmen. In zwölf Jahren NS-Herrschaft und fünf Jahren Krieg war das widerspruchslos hinzunehmende Befehlssystem längst zur Selbstverständlichkeit und Alltäglichkeit geworden. Die Stimmung der in der Stadt zurückgebliebenen Bewohner um die Jahreswende 1944/45 beschreibt Clemens Weis, der damalige Kaplan von St. Stephan so: *„Keine Verzweiflung, keine Panik, kein Fatalismus. Es war eine gefaßte Ruhe. Man empfand unter den Zurückgebliebenen eine starke Zusammengehörigkeit, man half sich gegenseitig. Um Bekannte und Verwandte zu sprechen, unternahm man lange und nicht ungefährliche Fußwege in Dörfer des Albtals und weiter. Man fuhr nachts mit der Eisenbahn lange Strecken, um Angehörige irgendwo bei Verwandten unterzubringen. Dies vollzog sich still, wenn auch immer noch mit viel Bürokratie."*[2]
Ab Januar nahm die Tätigkeit feindlicher Jagdbomber ständig zu. Bei gutem Wetter beherrschten die Jabos von Sonnenaufgang bis Sonnenuntergang den Himmel über der Stadt, beschossen menschliche Ziele, wo immer sie sie fanden. Der Tod aus der Luft kam aber vor allem in Form von Bombenangriffen kleinerer Verbände. 19 Tote gab es am 10. Januar 1945 bei einem Angriff mehrerer Bomberpulks, die, am hellen Mittag aus verschiedenen Richtungen angeflogen, Ziele vor allem im Osten, Süd- und Nordosten ins Visier nahmen. Glück hatte eine über 60jährige Frau aus der Veilchenstraße, die nach einem Volltreffer in ein fünfgeschossiges Haus mit den Trümmermassen vom 2. Stockwerk in den Keller geschleudert worden war, wo sie nach vier Stunden fast unverletzt geborgen werden konnte.[3]

### An der Rheinbrücke sterben 14 Dortmunder Facharbeiter

Einen Tag später kamen bei einem Angriff auf den Rheinhafen vier polnische Zwangsarbeiter um. Eine Hundertschaft ihrer Landsleute gab das Geleit, als die Toten am 13. Januar auf dem Knielinger Friedhof vom dortigen katholischen Geistlichen, dem Pfarrkurat Ernst Grieshaber, zur letzten Ruhe gebettet wurden. Am 24. Januar bezahlten dann 14 von mehreren Dutzend deutschen Facharbeitern aus Dortmund, die in fieberhafter Arbeit die stark zerstörte Maxauer Rheinbrücke instand zu setzen suchten, ihren Einsatz mit dem Leben. Tiefflieger hatten sich in mehreren Wellen mit Bomben und Bordwaffen auf die Rheinbrücke und die Arbeiter gestürzt, unter denen es außer den Toten an die hundert Schwer- und Leichtverletzte gab. Die Toten aus Dortmund wurden auf dem Hauptfriedhof beigesetzt.[4]
Der letzte schwere Angriff wurde am 2. Februar registriert, eine Stunde vor Mitternacht. Er galt dem Rangierbahnhof. Doch wie auch bei früheren Angriffen waren die „Christbäume" vom Wind nach Nordosten abgetrieben worden, so daß die Bomben vor allem in Hagsfeld und Rintheim, aber auch in den Gemeinden nördlich und nordöstlich davon niedergingen. Drei von glücklicherweise nur vier Karlsruher Todesopfern gab es in Hagsfeld. Marianne Kiefer schrieb am 3. Februar in ihr Tagebuch: *„Hagsfeld sieht entsetzlich aus. Es*

*könnte einem das Herz bluten über all dem Elend. Von den wenigen Häusern, die noch standen, sind durch Luftminen und Brand wieder viele vernichtet worden. Die kleinen Bauernhäuser purzelten geradeso zusammen."* Sie, die Hagsfelderin, war es auch, die in ihrem Tagebuch das *„schaurig-schöne Schauspiel"* beschrieb, das die Karlsruher am nächtlichen Himmel beobachten konnten, als am 23. Februar Pforzheim und am 1. März Bruchsal angegriffen und in Schutt und Asche gelegt wurden.[5]

An manchen Tagen dieser letzten Kriegsmonate gab es einerseits an einem Tag bis zu siebenmal Alarm, andererseits aber auch vielstündigen Daueralarm. So mußten die Karlsruher am 10. und 15. Januar jeweils sechs Stunden (von 10.30 bis 16.30 Uhr) im Keller verbringen, am 14. Januar gar acht Stunden (von 9 bis 17 Uhr). Im Februar wurde neun- und zehnstündiger Daueralarm erreicht, beispielsweise am 22. Februar von 8.45 bis 18.40 Uhr. Im März schließlich wurde dreimal elf und zweimal zwölf Stunden Daueralarm gegeben, letztmals am Karsamstag von 6.30 bis 19.10 Uhr. Insgesamt wurden im März 172 Stunden Alarm registriert mit fast täglichen Bombenabwürfen.[6]

***Die „Festung" Karlsruhe hat sich an den Grenzen der historischen Stadt mit Panzersperren eingemauert. Das Mühlburger Tor erhielt auf diese makabre Weise überraschend die ihm zugedachte Funktion zurück.***

Am 17. Februar schrieb Marianne Kiefer in ihr Tagebuch: *„Die Tiefflieger treiben es toll zur Zeit. An dem schönen blauen Himmel und der strahlenden Sonne kann man sich nicht mehr freuen, denn an solchen Tagen werden wir immer sehr gequält."* Am Sonntag Reminiscere (24. Februar) gab es während der Konfirmationsfeier für 21 Knaben und 31 Mädchen in Knielingen einen Jabo-Angriff mit Bomben auf Maximiliansau und die Rheinbrücke. Dekan Kobe mußte, wie aus seinem Tagebuch hervorgeht, die Gottesdienstbesucher ermahnen, in der Kirche zu bleiben, *„weil die hinausströmende Menge von Tieffliegern beobachtet und als Ziel genommen werden könnte".*

Neun Tote gab es bei einem Jabo-Angriff am 2. März, der einem im Bahnhof Hagsfeld abgestellten Zug galt. Marianne Kiefer über diesen Angriff: *„Eineinhalb Stunden hielten uns die Jabos in Atem, bis sie ihre Bomben auslösten. Der Zug blieb* *unversehrt, aber die Bahnhofswirtschaft wurde getroffen. Sieben Ausländer kamen ums Leben und zwei Deutsche. Die Wirtstochter Hildegard, die in 14 Tagen ihr Kind zur Welt bringen wollte, kam ebenfalls um. Sie war die einzige Tochter."* 27 Tote im Januar 1945, 34 Tote im Februar, 108 Tote im März, darunter zahlreiche Opfer von Artillerieeinschlägen im letzten Monatsdrittel – dies war der Blutzoll der Karlsruher in den drei Monaten vor der Besetzung der Stadt durch die Franzosen.

## Wegen Plünderei zum Tode verurteilt

Ein Blutzoll eigener Art war zwei jungen Karlsruherinnen zugedacht, die im Januar vor der Karlsruher Kammer des Sondergerichts Mannheim standen. Die Angeklagten, die 22jährige Angestellte Else G. und die 25jährige Hausgehilfin Luise Elisabeth G., beide am Kaiserstuhl zu Hause, waren der Plünderei im Anschluß an den schweren Luftangriff vom 27. September 1944 beschuldigt. Else G. war angeklagt und wurde überführt, aus einem Hausgang in der Herrenstraße 20 m Futter- und 12 m Herrenstoff in Ballen entwendet zu haben, die ein ausgebombtes Schneiderartikelgeschäft dort provisorisch gelagert hatte. Ihre Schwester Luise aber hatte bei Bergungsarbeiten aus dem Anwesen ihrer früheren Dienstherrschaft im Zirkel einen wertvollen Schweinslederkoffer und aus einem zerstörten Haus in der Waldhornstraße Schmuck, Bekleidungsstücke, Bettwäsche, Sofakissen usw. entwendet.
Das genannte Sondergericht verurteilte die beiden Frauen am 11. Januar 1945 den damaligen harten Gesetzen gemäß zum Tode.[7] Da, auch noch zu jener Zeit, die Vollstreckung von Todesurteilen der Justizbehörden vom Reichsjustizminister genehmigt werden mußte, wurde dessen Zustimmung erbeten, die mit Schreiben vom 16. Februar erteilt wurde.[8] Der beglaubigten Abschrift der Vollstreckungs-Ermächtigung beigefügt war die „Pressenotiz" mit dem von Berlin vorgeschriebenen Wortlaut der erfolgten Hinrichtung. Doch diese Notiz ist nie erschienen, und auch das *„Ersuchen, mit größter Beschleunigung das Weitere zu veranlassen"*, blieb vergeblich. Einen Tag nach Eingang der Vollstreckungs-Ermächtigung, am 24. Februar, teilte ein Mannheimer Oberstaatsanwalt dem Generalstaatsanwalt in Karlsruhe mit, *„daß der Scharfrichter X, München, am Mittwoch den 28. 2. zur Wahrnehmung der Vollstreckungstermine in Bruchsal sein wird"*.[9] Kein Zweifel: An diesem Tage sollten die beiden Schwestern hingerichtet werden.
Nach den Ermittlungen des Stadtarchivs Bruchsal war jedoch das „Hinrichtungsgerät" inzwischen aus unbekannten Gründen aus Bruchsal weggebracht worden,[10] und am 1. März erlebte Bruchsal den schweren Bombenangriff, der über 1000 Menschen das Leben kostete. Den Wirren jener Tage, den sich überstürzenden militärischen Ereignissen auch, die am 2. April zur Einnahme Bruchsals durch die Franzosen führten, hatten es die Schwestern G. zu verdanken, daß die angeordnete Hinrichtung unterblieb. Beide heirateten nach dem Krieg, beide sind inzwischen verstorben.[11]
Wiederholt standen während des Kriegs auch sogenannte Kriegswirtschaftsverbrecher vor dem Sondergericht. In seiner Ausgabe vom 24./25. Februar 1945 berichtete der „Führer" über den vermutlich letzten Fall dieser Art vor dem Kriegsende. Angeklagt waren drei Metzger und zwei Gastwirte. Das Delikt: Die Metzger hatten im Städtischen Schlachthof widerrechtlich Fett und Fleisch an sich gebracht und gegen Geld, Wurst und Wein den Gastwirten abgegeben. Solche Unredlichkeiten waren sicher kein Einzelfall, doch hier waren die Hüter der Ordnung fündig geworden. Die Bevölkerung, die auf ihre geringen Rationen angewiesen war, nahm das Urteil vermutlich mit Befriedigung zur Kenntnis: Die Metzger erhielten zwischen eineinhalb und drei Jahren, die Gastwirte ein Jahr Zuchthaus. Jeder Angeklagte mußte außerdem 1000 RM Geldstrafe bezahlen.

## Fremd- und Zwangsarbeiter

Aus dem Bild der Stadt nicht wegzudenken waren in jenen Jahren die zahlreichen Fremd- und Zwangsarbeiter. Mehrere tausend Menschen aus den eroberten Gebieten im Osten und Westen arbeiteten hauptsächlich in der Rüstungsindustrie. Dabei war zu unterscheiden zwischen Kriegsgefangenen, vor allem Russen und Polen, und Dienstverpflichteten aus den besetzten Ländern im Osten und Westen, die, wenn auch zumeist in Baracken und Massenquartieren untergebracht, als „freie" Arbeiter galten. Vor allem die Ostarbeiter wurden, soweit sie ihre Unterkünfte nicht in unmittelbarer Nähe des Arbeitsplatzes hatten, von Aufsichtspersonen zu ihren Arbeitsplätzen bzw. zu ihren Unterkünften gebracht. Sie wurden be-

***Trümmer, Barrikaden und Parolen. Links: Blick in den fast völlig zerstörten Zirkel. Rechts: Wie alle Radialen wurde am Schloßplatz auch die Lammstraße schon in den Wintermonaten durch Steinbarrikaden geschlossen. Auch die Arkaden wurden zugemauert, ein untauglicher Beitrag zur Verteidigung der „Festung" Karlsruhe.***

scheiden aber korrekt entlohnt, jedoch nicht immer gut behandelt.
Eine Anzahl „Ostarbeiter" war bei der Stadtverwaltung beschäftigt, beim Tiefbauamt. Für sie wurden beim Ernährungsamt regelmäßig die Lebensmittelkarten, aber auch Raucherkarten und Bezugsscheine für Waschmittel, angefordert. Einige dieser Arbeiter waren dem Gutshof Rüppurr zugeteilt. Sie erhielten pro Tag eine Entlohnung von 2.20 RM[12] (zum Vergleich: Der Stundenlohn eines ungelernten Arbeiters betrug damals etwa 60 Pfennig; allerdings brauchten die Fremdarbeiter für Unterkunft und Verpflegung nichts zu bezahlen).
Aus der handschriftlichen Meldung des Leiters eines Ostarbeiterlagers an der Fautenbruchstraße vom 3. Januar 1945 geht hervor, was nach „Disziplinlosigkeiten" von Fremdarbeitern geschah. Als der Ukrainer Luka Kornienko am 2. Januar von „seiner" Firma versehentlich nicht zur Arbeit abgeholt worden war, weigerte er sich, Arbeiten im Lager durchzuführen. Statt dessen nahm er eine Bandsäge, ging zu „Privaten" und führte dort gegen Essen Arbeiten aus. Kommentar des im Städtischen Tiefbauamt zuständigen Beamten: *„Das Vorgehen des K. erfordert strenge Bestrafung, um die erforderliche Ordnung im Einsatz aufrechterhalten zu können."* Zugleich wurde darauf hingewiesen, daß solche Fälle der Gestapo zu melden seien.
Die zuständigen NS-Dienststellen waren bei Verfehlungen von Ostarbeitern alles andere als zimperlich. Ließ sich ein Ostarbeiter mit einer deutschen Frau ein, so wurde er grundsätzlich mit dem Tod durch Erhängen bestraft. Solche Exekutionen gab es während des Kriegs an der Hedwigsquelle bei Ettlingen und im Wald bei Durlach. Auch schwere Diebstähle und Plünderungen wurden mit dem Tode geahndet. Zwischen den Baracken an der Hardeckstraße hatte man einen weithin sichtbaren Galgen errichtet, an dem die Hingerichteten einen Tag lang zur Abschreckung hingen.[13]
In den letzten Kriegsmonaten waren die Ostarbeiter und -arbeiterinnen aus Gründen einer verläßlichen Kontrolle verpflichtet, ein sogenanntes „Volkstumabzeichen" (Armbinden

mit der Aufschrift „Ost" bzw. „P") zu tragen. Auf diese Vorschrift machte der Karlsruher Polizeipräsident in einem Rundschreiben vom 21. Februar besonders aufmerksam. Seine unüberhörbare Warnung: *„Bei vorsätzlicher oder fahrlässiger Zuwiderhandlung wird nicht nur gegen die betreffenden Arbeiter, sondern auch gegen die Betriebs- und Lagerführer strafrechtlich eingeschritten."*[14]

Zum Bild der Ostarbeiter gehört auch deren trotz mancher Demütigungen ungebrochener Stolz und Mut. Den Beweis erlebte Heini Werner Seith am eigenen Leib. Damals 15jährig, foppte er zusammen mit vier gleichaltrigen Hitlerjungen Anfang Januar auf der Straße drei 17-25jährige Russinnen. Als die fünf handgreiflich wurden, setzten sich die kräftigen jungen Frauen so elementar und erfolgreich zur Wehr, daß die Hitlerjungen die Flucht ergriffen. Seith: *„Die haben uns fünf hergeklopft. Ich selbst kam mit einem blauen Auge nach Hause, und auch die anderen haben ganz schön etwas abgekriegt."* Nach diesem Vorfall, so Seith, hätten sie um die Russinnen, von denen sie nun wußten, daß sie sich nichts gefallen ließen, stets einen großen Bogen gemacht.[15]

Die Bedingungen, unter denen die Ausländer in Karlsruhe lebten und arbeiteten, waren sehr unterschiedlich. Sie reichten von der Härte, Rücksichtslosigkeit und Brutalität, wie sie in Diktaturen gegen Zwangsarbeiter an der Tagesordnung sind, bis zu Verhältnissen, die man als erträglich bezeichnen kann.

---

*„Im Saal des „Grünen Baum" an der Kaiserstraße gegenüber der Technischen Hochschule waren ca. 30 Polen untergebracht. Meine Tante hatte unmittelbar daneben ein Gemüsegeschäft. Ich gab den Polen immer wieder von den Trokkenkartoffeln und getrocknete Gelbrüben, die wir damals bekamen. Ein deutscher Aufseher der Polen, ein schneidiger Mann ohne Gefühl und Herz im Alter von 25-30 Jahren – er stammte übrigens nicht aus Karlsruhe –, verbot mir das zwar, aber heimlich steckte ich den Polen immer was zu. Der Aufseher war als ein Menschenschinder bekannt, der die Polen wegen der kleinsten Kleinigkeit schlug. Nach dem Krieg haben die Polen diesen Mann gelyncht. Jeder, der ihn kannte, empfand dieses Schicksal als gerechte Strafe."*

E. M. (Stadtarchiv Karlsruhe, Unterlagen zur Stadtgeschichte 107)

---

Alle hatten jedoch darunter zu leiden, daß ihre Lebensmittelrationen sehr gering waren. Nicht wenige Karlsruher steckten vor allem Polen und Russen heimlich etwas zu. So auch die damals 15jährige (ungenannt-bleiben-wollende) Verfasserin der hier wiedergegebenen Zuschrift, die, mit Gleichaltrigen zur Fertigung von Maschinengewehrteilen nach Busenbach dienstverpflichtet, ihr Vesperbrot täglich einem anderen der dort arbeitenden Holländer oder Polen übergab. Vor allem Angehörige der „Ostvölker", wie man sie geringschätzig nannte, litten sicher auch unter der Überheblichkeit deutschen Herrenmenschentums, das Kontakte unter Strafe verbot.

Ein Zeugnis für den Hunger, unter dem russische Gefangene litten, für das Unverständnis gegenüber diesen Zwangsmitbürgern und schließlich für den durch Schikanen bei den betroffenen Ausländern erzeugten Haß, ist die nachfolgende Erinnerung von Hans Schwall (* 1923): *„Zwischen 200 und 300 russische Zwangsarbeiter waren in der Festhalle in Daxlanden untergebracht. Die Leute in Daxlanden sagten über sie: ‚Das sind ja grauenhafte Untermenschen. Wenn die zur Arbeit gehen oder von dort zurückkommen, dann wühlen sie in den Mülleimern an der Straße nach etwas Eßbarem.' Dabei haben die armen Leute halt nur furchtbaren Hunger gehabt, weil sie fast nur Rüben zu essen bekamen. Außerdem wurden sie von einer Frau der NS-Frauenschaft Daxlanden, die das Kommando führte, in widerlicher Weise schikaniert. Nach dem Einmarsch der Franzosen haben die Russen zusammen mit französischen Soldaten tagelang nach dieser Frau gesucht. Sie haben sie nicht gefunden."*[16]

Aber auch fürsorgende, menschliche Reaktionen gegenüber den Zwangsarbeitern und Kriegsgefangenen aus dem Osten sind verbürgt. So organisierte der Inhaber eines Daxlandener Kinos zusammen mit einem Textilkaufmann aus Knielingen für die Ostarbeiter aus eigener Initiative mehrmals Sondervorstellungen und besorgte ihnen Schallplatten von Schaljapin und anderer russischer Musik.

### Schwester und Bruder zusammengeführt

Aus städtischen Akten kann man diesen Vorgang entnehmen: Ein Ostarbeiter namens Welitschko, der beim Städtischen Tiefbauamt beschäftigt war, hatte den Antrag gestellt, man möge seiner nach Berleburg bei Siegen verbrachten und dort in der Rüstungsindustrie eingesetzten Schwester die Möglichkeit geben, in Karlsruhe zu arbeiten. Nachdem eine Freigabe der Frau laut Mitteilung des Arbeitsamtes Siegen *„aus einsatzmäßigen Gründen"* abgelehnt worden war, kamen das Städtische Tiefbauamt und das Arbeitsamt Karlsruhe überein, Welitschko zu anderer Verwendung nach Berleburg *„in Marsch"* zu setzen. Die entsprechende Verfügung schloß mit dem Vermerk: *„Muß noch entlohnt werden."*[17]

## Reinhold Frank vor dem Volksgerichtshof

Während das Todesurteil gegen die Geschwister G. wegen Plünderei in der NS-Zeitung „Der Führer" für die damaligen Verhältnisse in großer Aufmachung mitgeteilt wurde, erschien über die nur einen Tag später, am 12. Januar 1945, erfolgte Verurteilung von Reinhold Frank durch den Volksgerichtshof Berlin kein Wort. Nur der Familie, und durch diese einigen wenigen Freunden, wurde das Schicksal des Karlsruher Anwalts, der seine Beziehung zur Widerstandsbewegung mit dem Leben bezahlen mußte, schon vor Kriegsende bekannt.

Reinhold Frank, aus dem katholischen Zentrum gekommen, für das er im Jahr 1933 noch als Stadtverordneter in den Karlsruher Bürgerausschuß eingezogen war, war noch in der Nacht nach dem mißglückten Attentat vom 20. Juli 1944 auf Hitler in seiner Wohnung – Maxaustraße 13, der späteren Ludwig-Marum-Straße 13 – verhaftet worden. Eine am Tag des Attentats in der Nachrichtenzentrale des Ersatzheeres in Berlin aufgefundene Liste mit den Namen der „Verbindungsoffiziere" der Verschwörer in den einzelnen Wehrkreisen sowie den Namen der nach dem Sturz Hitlers vorgesehenen „politischen Beauftragten" war ihm zum Verhängnis geworden. Reinhold Frank war in dieser Liste als „Unterbeauftragter für Baden" aufgeführt.[18]

Der Karlsruher Rechtsanwalt, der während der NS-Herrschaft häufig als Verteidiger in politischen Prozessen auftrat, u. a. auch in einem Prozeß gegen den Geistl. Rat Dr. Richard Dold, Pfarrer der katholischen Weststadtpfarrei St. Bonifatius, hatte in Karlsruhe schon seit Jahren einem Kreis von Gegnern des Nationalsozialismus angehört.[19] Zu ihnen gehörten Männer wie Wilhelm Baur, der spätere BNN-Verleger und -Chefredakteur, Alfred Ibach, Adolf Kühn, der frühere Zentrums- und spätere CDU-Landtagsabgeordnete, Dr. Siegfried Kühn, der spätere LVA-Chef und Vorsitzende der Karlsruher CDU-Gemeinderatsfraktion, Walter Pitsch, Franz Schmerbeck, der spätere Landrat von Buchen, sowie Franz Sprauer, der spätere Kreisvorsitzende der CDU Karlsruhe.[20] In seiner Wohnung beherbergte er unter falschem Namen etwa eine Woche lang den vormaligen württembergischen Staatspräsidenten und späteren Mitverschwörer Eugen Bolz,[21] und in Berlin traf er sich zweimal mit dem zivilen Haupt des Widerstands, dem Leipziger Oberbürgermeister a. D. Dr. Carl Goerdeler.[22]

Bei einem Treffen mit Franz Sprauer und dessen Tochter wenige Wochen vor dem Attentat hatte Reinhold Frank der da-

***Reinhold Frank vor dem Volksgerichtshof. Seine Bereitschaft, nach Hitlers Tod ein politisches Amt zu übernehmen, kostete ihn das Leben.***

maligen „Arbeitsmaid" Elisabeth Sprauer wörtlich oder sinngemäß erklärt: *„Du brauchst Dir keine Sorgen zu machen, es geht nicht mehr lange, dann ist alles vorbei."*[23] Und seinem an Pfingsten 1944 auf Fronturlaub nach Karlsruhe gekommenen Patensohn, dem Leutnant Robert M. Honold (Sohn von Franks verstorbenem Sozius Franz Xaver Honold, des letzten badischen Gesandten in Berlin), hatte er das vermeintlich unmittelbar bevorstehende Ende der NS-Herrschaft ähnlich angekündigt: *„Halt' Dich zurück, damit Dir nichts passiert, demnächst sind wir dran."*[24]

Roland Freisler, der berüchtigte Präsident des Volksgerichtshofs in Berlin, konnte bei dem am 12. Januar 1945, dem 13. Hochzeitstag des Angeklagten, durchgeführten Prozeß Reinhold Frank keine direkte Mitwisserschaft an dem Attentat nachweisen. Daß er *„sich dem Verräter Goerdeler bereit erklärt hat, ein politisches Amt für Baden in einer nichtnationalsozialistischen Regierung für den Fall des Zusammenbruchs anzunehmen",* war aus Freislers Sicht jedoch *„Mitmachen beim Hochverrat".*[25] Reinhold Frank wurde zum Tode verurteilt und zusammen mit neun weiteren Männern aus dem Kreis der Widerstandskämpfer, unter ihnen Eugen Bolz, am 23. Januar in Berlin-Plötzensee durch den Strang hingerichtet.

Erst mit Datum vom 19. Februar hielt es der Oberreichsanwalt beim Volksgerichtshof unter „Geschäftsnummer 03 72/44" für erforderlich, der Witwe von dem Todesurteil und der vollzogenen Hinrichtung Mitteilung zu machen. Diese schloß mit dem bezeichnenden Hinweis: *„Die Veröffentlichung einer Todesanzeige ist unzulässig."*[26]

Ein Grab mit den sterblichen Überresten des Hingerichteten gibt es nicht. Der Leichnam war verbrannt, die Asche danach zerstreut worden. Die Stadt Karlsruhe ehrte jedoch den Widerstandskämpfer und Mitbürger, indem sie nach dem Zusammenbruch des „Dritten Reichs" einer ihrer Straßen seinen Namen gab: Die Westendstraße, zwischen 1943 und 1945 nach dem von tschechischen Widerstandskämpfern bei Lidice ermordeten Reichsprotektor für Böhmen und Mähren, SS-Obergruppenführer Reinhard Heydrich, benannt – die Straße, an der sich das Büro des Anwalts befunden hatte –, erhielt nach Kriegsende die Bezeichnung Reinhold-Frank-Straße.

# Aktion „Maulwurf" und Volkssturm

Nach dem Zusammenbruch der deutschen Fronten am Atlantik und an der französischen Mittelmeerküste, ein Ereignis, das einherging mit verlustreichen Rückzügen der Wehrmacht im Osten, auf dem Balkan und in Italien, wurde die sogenannte Heimatfront in zweifacher Weise zur Unterstützung der kämpfenden Truppe mobilisiert. Zum einen wurde, unter Einsatz Zehntausender von Menschen, der Versuch unternommen, den zurückweichenden deutschen Armeen noch vor der Reichsgrenze verläßliche Verteidigungsstellungen zu sichern. Dieses Bemühen setzte sich im Heimatgebiet praktisch bis kurz vor dem Rückzug der Deutschen Wehrmacht aus ihren immer wieder neuen Auffangstellungen fort. Zum anderen wurde – für den Fall eines Eindringens des Feindes auf deutsches Gebiet – zur Verstärkung der aktiven Kräfte der Wehrmacht die Bildung des Deutschen Volkssturms proklamiert. Der Karlsruher Werner Gutsch (* 1919), damals Feldwebel einer Sanitätskompanie bei der Militärärztlichen Akademie in Straßburg, hatte schon ab April 1944, also lange vor dem Führer-Erlaß vom 25. September 1944 über die Bildung des Deutschen Volkssturms, die Aufstellung von Gesundheitsbüchern und die Musterungsmodalitäten für Angehörige des Volkssturms zu organisieren.[1]

## Mittel- und Oberschüler als Flakhelfer

Schon vor dieser zweifachen Aktivierung der Heimat zur Hilfe für die Front waren viele hundert 16- und 17jährige Mittel- und Oberschüler zur Luftverteidigung herangezogen worden. Zur personellen Entlastung der um Karlsruhe stationierten Flakbatterien wurden die Schüler (seit 1943) bis Kriegsende klassenweise zu den Flakstellungen am Rheinhafen, am sogenannten „Siemensbuckel", im Bereich Neureut-Kirchfeld, in der Fritschlach bei Daxlanden, im Gelände südwestlich Bulach (dem heutigen Stadtteil Oberreut), im Beiertheimer Feld, auf den Rüppurrer Rennwiesen, beim „Zündhütle" unweit

Wolfartsweier, in der Gegend des Rittnerthofs und zu einer Stellung bei Rintheim gebracht.
Die unter den Karlsruher Flakhelfern bekannteste Stellung befand sich im Gewann „Deckelhaube" bei Knielingen, wo sich über längere Zeit eine aus 18 8,8-cm-Geschützen bestehende „Großkampf"-Batterie befand. In der Nachbarschaft dieses Knielinger Verbandes lag nach einem Bericht des damaligen Bismarckschülers Lothar Leser (*1927) eine hermetisch abgeschirmte Flakeinheit, deren Aufgabe dem Vernehmen nach darin bestand, feindliche Flugverbände mit Hilfe von Stör-„Christbäumen" womöglich von der Stadt wegzuleiten.[2]
In Baracken bei den Batterien wurde, soweit möglich, Unterricht erteilt. Prof. Albin Heidelberger (*1902), damals Lehrer am Bismarck-Gymnasium, erinnert sich allerdings, daß viele Eltern verärgert waren, weil Klassen aus seiner Schule, aber auch solche der Goethe- und Kantschule, in Thüringen, Wien, Schweinfurt und sonstwo im Reich als Flakhelfer eingesetzt waren, während umgekehrt zahlreiche Oberschüler aus Norddeutschland in den Karlsruher Flakbatterien Dienst taten.[3] Werner Rheinbold (*1927), der, zuvor als Straßenbahnschaffner verpflichtet, mit seinen Klassenkameraden von der Humboldt-Mittelschule in der Batterie „Deckelhaube" eingesetzt war, zu der Frage, mit welchen Gefühlen dieser Dienst versehen wurde: *„Da war schon Begeisterung dabei, das war ja etwas Neues, etwas ganz Besonderes. Heute würde ich sagen, wir freuten uns, schießen zu dürfen."*[4] Wenn, wie dies 1944/45 so häufig geschah, gegnerische Angriffe Karlsruhe selbst galten, beflügelte naturgemäß der Wunsch, nach Möglichkeit Gefahr von der Stadt abzuwenden, die jungen Leute.

## Karlsruher HJ schanzt in Ostfrankreich

Die Aktion „Maulwurf", wie die Befestigungsarbeiten in Ostfrankreich und später am Westwall genannt wurden, begann Anfang September 1944. Die alliierten Armeen, die in jenem Monat im Raum Aachen schon auf deutschem Gebiet operierten, sollten im Südwesten noch weit vor der Reichsgrenze aufgehalten werden. Zahlreiche Sonderzüge brachten Tausende Dienstverpflichteter ins Hügelland der Burgundischen Pforte, auf die Höhen östlich St. Dié/Lunéville, um gemäß OKW-Befehl die deutsche Weststellung zu sichern. Die taktische Linienführung der Stellungen wurde von einem eigens hierfür gebildeten militärischen Führungsstab festgelegt. Die Dienstverpflichtung der „Schanzer", anfangs vor allem Angehörige der HJ ab 14 Jahren, und deren Transport war – wie später auch der Ausbau des Westwalls und die Aufstellung des Volkssturms – in Baden Sache des Gauleiters und Reichsverteidigungskommissars Robert Wagner.
Die Karlsruher HJ, in den letzten Augusttagen 1944 zu diesem Dienst kommandiert, wurde in der damaligen Festhalle am „Platz der SA" auf den für die Sicherheit der Heimat wichtigen Dienst eingeschworen. Beim Hinausgehen aus der Halle erhielt jeder der etwa 800 Karlsruher Hitlerjungen einen Spaten, eine Schaufel oder einen Pickel. Unter dem Singen von Kampfliedern begab man sich zum Bahnhof, von wo ein Zug, der ausschließlich aus 1.-Klasse-Wagen bestand, die jetzt noch hell begeisterten Jung-Karlsruher über Straßburg, Schlettstadt bis Vaqueville, etwa 25 km östlich Lunéville, brachte. Aus je drei Rotten zu je 10 Jungen wurden soge-

***Schüler der Karlsruher Humboldtschule als Flakhelfer einer Flakbatterie im Westen der Stadt.***

nannte „Bauscharen" gebildet, die nach Plänen von Pionieren Schützengräben und MG-Stellungen auszuheben hatten.[5]
Willi Widenmann (*1927), mit damals 17 Jahren schon einer der Ältesten und deshalb als Bauscharführer eingesetzt, berichtet von zwei bemerkenswerten Ereignissen. Zum einen brachten französische Partisanen kurz nach der Ankunft die von den Karlsruhern mitgeführte Feldküche samt deren Bedienungen – vier bis sechs Mädchen vom BDM – an sich. Die Mädchen wurden, kahlgeschoren, wieder freigelassen, die Feldküche war auf Nimmerwiedersehen verschwunden. Die zweite Begebenheit war schlimmer: Bei einem Gefecht mit Partisanen verloren zwei der Karlsruher Hitlerjungen ihr Leben. Dauerregen und als Folge davon Erkältungskrankheiten (Widenmann: *„Die Hälfte war meistens krank und lag im Revier"*), der schwere, oft vergebliche Kampf mit dem felsigen Boden und das niederschmetternde Urteil der Truppe (*„Geht nach Hause, was ihr hier macht, hat doch alles keinen Zweck"*) ließ von der anfänglichen Begeisterung nichts mehr übrig. Nach dreiwöchigem Einsatz – „Bauscharführer" Widenmann: *„Von einer brauchbaren Stellung keine Spur, die Erde war ein bißchen angekratzt"* – fuhren die Karlsruher Hitlerjungen, seitlich überholt schon von den Amerikanern, wieder nach Hause.[6]
Heini Werner Seith (*1930) berichtet von einem Transport, der in jenen Tagen von Karlsruhe in den Raum St. Dié führte: *„Das Ziel war uns nicht bekannt. Uns wurde nur gesagt, daß wir zu einer Art nationalpolitischen Schulung kommen. Als wir merkten, daß es nach Frankreich ging, war man als 14jähriger, der in der Feindtheorie erzogen war, voller Spannung, in jedem steckte ja ein wenig Abenteuerlust. Wir waren dann aber sehr enttäuscht, daß man uns anstatt eines Schießprügels einen Spaten – einen nagelneuen RAD-Spaten – überreichte. Wir stellten dann gleich fest, daß wir Stellungen aus dem Krieg 1914/1918 neu auszubauen hatten. Für unseren Einsatz haben wir keine Kleidung, Knobelbecher oder sonst etwas bekommen. Wir arbeiteten, wie wir weggefahren waren, in Hitlerjugenduniform mit Hakenkreuzbinde. Bei Nacht kamen oft zweimotorige Flugzeuge, die Waffen und Verpflegung für Partisanen abgeworfen haben oder von denen Leute absprangen."*[7]
Den Einsätzen Ende August/Anfang September 1944 folgten im Herbst zahlreiche weitere Transporte dienstverpflichteter Karlsruher, auch von Frauen. Immer neue, immer näher zur Grenze plazierte Stellungen von Saarburg über den Vogesenkamm bis Basel waren auszuheben, Laufgräben und MG-Stände, kleinere und größere Unterschlupfgruben, die „Siegfriede" und „Heinriche" genannt wurden. Seinen Einsatz im November 1944 schilderte der damalige Hauptlehrer Eberhard Meny (*1894) in einem Bericht vom 25. Januar 1945 an das Stadtschulamt.[8] Mit 14 Kollegen, die das Stadtschulamt der Kreisleitung *„zum Schanzen in den Vogesen namhaft gemacht hatte"*, und 400 „Schanzern" fuhr Meny am Abend des 15. November 1944 vom Karlsruher Hauptbahnhof aus über Straßburg nach Heiligblasien im Breuschtal, von dort mit Pkw's nach Senones, wo beiderseits des Rabodeau-Flüßchens der – nach dem Gauleiter und Reichsverteidigungskommissar benannte – „Robert-Wagner-Riegel" gebaut werden sollte. Der Bau von Schützengräben und Laufgräben sowie die Auslichtung von Schußfeldern in den Wäldern war die Aufgabe der Karlsruher Einsatzgruppe. Abends, so berichtet Meny, erklang zeitweise *„ein Männerchor aus der Zeit des Karlsruher Lehrergesangvereins"*. Aber schon am 20. November mußten die Karlsruher „Maulwürfe" ihren Einsatzort fluchtartig verlassen, weil die Amerikaner die deutsche Front durchbrochen hatten. In anstrengenden Fußmärschen erreichte der größere Teil des 400-Mann-Kommandos am 23. November Straßburg, exakt am Tag der Einnahme der Stadt durch alliierte Truppen. Meny schließt seinen Bericht: *„Wohl den Schanzern, die hier bei Bekannten und Verwandten keinen Aufenthalt nahmen! Denn als die amerikanischen Panzer am gleichen Vormittag in Straßburg einbrachen, befand sich unser Transport bereits auf rechtsrheinischem Gebiet und brachte uns nachmittags 2 Uhr wieder wohlbehalten zurück."*

*„Am 5. Dezember 1944, einen Tag nach dem schweren Luftangriff auf Karlsruhe, wurde ich zur Waffen-SS eingezogen. Ich war damals 17½ Jahre alt. Zur Waffen-SS hat man sich gemeldet, weil es geheißen hat, die kriegen die beste Bewaffnung, die beste Verpflegung, und die hätten auch die beste Führung. Bei der SS würde es auch die ersten Orden zu verdienen geben. Die Waffen-SS war für uns junge Leute die Idealeinheit."*

Willi Widenmann (Stadtarchiv Karlsruhe, Unterlagen zur Stadtgeschichte 105)

## Auffangstellungen in der Rheinebene

Noch im Spätherbst wurde damit begonnen, im Vorfeld des Westwalls Auffangstellungen zu bauen. Gleichzeitig wurde der von Trier bis in den Raum Karlsruhe und von hier bis Basel führende Westwall selbst durch Feldstellungen und Panzergräben verstärkt. Hierzu wurden auch zahlreiche alleinstehende Karlsruher Frauen sowie junge Mädchen verpflichtet. Frau E. Heymann (* 1912) entzog sich dieser Aufforderung, indem sie sich zum Einsatz im DRK-Bunker am Hauptbahnhof meldete. Sie entging dadurch dem Schicksal einiger der ins Elsaß kommandierten Karlsruher Frauen, die bei Jabo-Angriffen umkamen.[9]

Lilo Rheinbold (* 1928), die zuvor freiwillig in einer kleinen Rintheimer Seidenraupenzucht – zur Gewinnung von Seide für Fallschirme – gearbeitet hatte (*„in der Klasse hatte man uns gefragt, wer mit Tieren umgehen kann!"*), wurde wie die meisten Mädchen ihres Alters mit der gesamten Klasse (aus der Fichteschule) im Herbst 1944 bei Mörsch zum Schanzen eingesetzt. Zwischen den Bunkern hatten die Mädchen Schützengräben auszuheben. Lilo Rheinbold: *„In der Mittagspause brachte uns eine Gulaschkanone von den in den Bunkern befindlichen Einheiten der Wehrmacht Essen. Abends wurden wir teilweise mit LKW's wieder heimgefahren. Teilweise mußten wir auch laufen, wenn die Wagen wegen Jaboangriffen nicht mehr durchkamen."*[10]

Die im Herbst 1944 südlich Karlsruhe zwischen dem Rhein und den Dörfern der oberen Hardt angelegten Panzergräben waren überwiegend das Werk von Dienstverpflichteten aus Karlsruhe. Heini Werner Seith, der nach seinem Schanzeinsatz in Frankreich Ende September mit HJ-Kameraden für einige Tage im Raum Mörsch – Durmersheim arbeitete: *„Wir bauten Panzerfallen, Gräben wie ein Flußbett von 6-8 m Breite. Hunderte arbeiteten da wie die Maulwürfe. Da war kein Meter, ohne daß da einer stand. Ich hatte das Glück, daß ich an einem Winkel arbeitete. Wenn Tiefflieger kamen, konnte ich immer auf die Seite wechseln, die Deckung bot. Durch die Jabos hat es viele Verletzte gegeben, aber auch Tote."*[11]

Ebenfalls für den Fall eines weiteren Rückzugs der deutschen Truppen wurde im Spätherbst 1944 unter dem Befehl von Generalmajor Walther Hossfeld, des Karlsruher Kampfkommandanten, jenseits der Maxauer Brücke ein erweiterter und ein enger „Brückenkopf Karlsruhe" ausgebaut. Hierzu waren neben Dienstverpflichteten aus Karlsruhe nicht weniger als vier Volkssturmbataillone aus Hessen-Nassau eingesetzt.[12]

Dem Karlsruher Kampfkommandanten oblag seit Dezember 1944 außerdem der Bau des sogenannten Karlsruher „Nordriegels", eines Stellungssystems, das von Weingarten über Hagsfeld-Nord quer durch den Hardtwald nach Neureut-Süd und dann zum Rhein führte. Der Karlsruher „Nordriegel" – eine Planung aufgrund frühzeitiger Vermutung, der Gegner werde, wenn es dazu komme, den Rheinübergang am unbefestigten Strom, also nördlich Germersheim, versuchen und dann nach

***Zum Ausheben von Schutzgräben und Schützenstellugen, wie hier in der Ebene der oberen Hardt, wurden auch Hunderte Karlsruher Frauen und Mädchen dienstverpflichtet.***

Süden vorstoßen – wurde teils von russischen Kriegsgefangenen, teils von sogenannten Ostarbeitern, teils von dienstverpflichteten Frauen und Jugendlichen gebaut. Marianne Kiefer schrieb Anfang Dezember 1944 in ihr Tagebuch: *„Der 1. Tag Schanzarbeit ist zu Ende. Wir haben bei Hagsfeld, in der Nähe der Autobahn, MG-Stellungen und Laufgräben gebaut. Ob die Schanzerei wohl einen Wert hat? Ich bezweifle es stark."*[13]
Unterm 26. Februar 1945 ist in dem gleichen Tagebuch zu lesen: *„Die Schanzarbeiten im ‚Hessenköpfle' waren ziemlich anstrengend, wir mußten Faschinen einlegen; mittags gab es Eintopf, der uns gut geschmeckt hat."* Vier Tage zuvor berichtete Marianne Kiefer, außer ihr seien nur drei Frauen, drei Mädchen, drei Russinnen und drei Jungs zum Schanzen gekommen. Und dann: *„Ich habe sehr gestaunt, als ich das Stellungssystem sah. Das ganze Wäldle ist zu Igelstellungen ausgebaut, das sind Laufgräben nach allen Seiten und in vielen Windungen und Erdbunkern. Die Laufgräben sind ‚faschiniert', d. h. mit Pfählen und Baumstämmchen verschalt. Um 10 Uhr bekamen wir ‚Stellungsbauer' ein Gläschen Schnaps und eine Zigarette; das war ganz groß!"* Aber auch die folgende Mitteilung skizziert die Situation jener Tage an der sogenannten Heimatfront: *„Ich glaube, daß heute* (am 22. Februar; d. Verf.) *keine zehn Minuten vergingen, während denen nicht feindliche Flugzeuge über uns waren."* Daß, wie zuvor der Stellungsbau in Westfrankreich und im Westwall, auch diese monatelange Schanzarbeit völlig nutzlos war, sollte sich bald erweisen.

### Das letzte Aufgebot: Der Volkssturm

Ein für zahlreiche Karlsruher Familien folgenschwerer Erlaß war jener über die Bildung des Deutschen Volkssturms vom Herbst 1944. *„Nach fünfjährigen schwerstem Kampf"*, so die Präambel dieses Erlasses, *„steht infolge des Versagens aller unserer europäischen Verbündeten der Feind an einigen Fronten in der Nähe oder an den deutschen Grenzen."* Hitlers Befehl, in den Zeitungen veröffentlicht am 19. Oktober 1944: *„Es ist in den Gauen des Großdeutschen Reiches aus allen waffenfähigen Männern im Alter von 16 bis 60 Jahren der Deutsche Volkssturm zu bilden. Er wird den Heimatboden mit allen Waffen und Mitteln verteidigen, soweit sie dafür geeignet erscheinen."*[14]

Mit dem Aufbau des Volkssturms wurde die Partei beauftragt. Gauleiter Robert Wagner, damals noch in Straßburg residierend, ordnete in einem geheimen „vorläufigen Befehl" vom 14. Oktober, also noch vor der offiziellen Proklamation des Volkssturms, an: *„Mit der sofortigen Aufstellung des Volkssturms ist zu beginnen. In jedem Kreis ist zunächst ein Bataillon mit vier Kompanien zu bilden".*[15] Diese Bataillone sollten soweit möglich rekrutiert werden aus dem 1. Aufgebot, d. h. aus allen nicht an der Front befindlichen Männern der Jahrgänge 1884-1928, die keine lebenswichtigen Funktionen innehatten. Wagner ließ jedoch keinen Zweifel daran, daß zumindest für die Aushebung des 1. Aufgebots neben der militärischen Eignung auch die politische Verläßlichkeit eine Rolle spiele. Aus diesem Grund waren *„die erfaßten Mannschaften in nachgenannter Reihenfolge aufzunehmen: PG's (*= Parteigenossen*), Angehörige der Gliederungen, führende Männer der der Partei angeschlossenen Verbände, Beamtenschaft, NS-Kriegerbund, UK-Gestellte* (UK = unabkömmlich; d. Verf.), *alle übrigen".* Zum 2. Aufgebot gehörten jene, die in kriegswichtigen Betrieben und lebenswichtigen Funktionen tätig waren.
Mit der Aufstellung des Volkssturms, einer Art Territorialmiliz zur Unterstützung der kämpfenden Truppe, der die Westalliierten auch bald den Kombattantenstatus gemäß der Genfer Konvention zuerkannten, war in Karlsruhe die Kreisleitung der NSDAP (Kriegsstraße 47 b) beauftragt. Das erste Karlsruher Volkssturmbataillon wurde am Sonntag, dem 12. November 1944, am „Heldengedenktag", von Kreisleiter Worch auf dem „Platz der SA", wie der Festplatz während des 3. Reichs umgetauft worden war, vereidigt. Rund 600 Karlsruher, *„ohne Unterschied des Standes und Herkommens, Jugend und Alter, standen die Männer des Volkssturms in Reih und Glied, um dem Führer und ihrem Volk Treue zu geloben."*[16]
Die Männer des 1. Aufgebots aus dem Stadt- und Landkreis Karlsruhe wurden im I. bzw. IX. Badischen Volkssturmbataillon rekrutiert, zwei von 22 Bataillonen sowie einigen Volkssturmbatterien, die Wagner bis Kriegsende der am Oberrhein zwischen Karlsruhe und Basel stehenden 19. Armee als Verstärkung zuführte. Als 2. Aufgebot gab es, wenn auch weitgehend nur auf dem Papier, im Stadt- und Landkreis Karlsruhe noch einige weitere Volkssturmbataillone. Der Dienst, vorwiegend am Wochenende absolviert, bestand im wesentlichen aus Waffenausbildung, vor allem an der Panzerfaust. Als Gruppen-, Zug-, Kompanie- und Bataillonsführer waren ge-

***Das letzte Aufgebot: Eine Einheit des Karlsruher Volkssturms marschiert durch die zerstörten Straßen der Stadt.***

mäß der Anweisung Martin Bormanns, des Leiters der Parteikanzlei, *„zuverlässige und standhafte Nationalsozialisten"* zu bestimmen, *„die sich möglichst in diesem Kriege an der Front Erfahrungen im infanteristischen Einsatz erworben"* und sich in einer Führerstellung bewährt hatten.[17] Die Bestätigung der von den Kreisleitern zu ernennenden Bataillons- und Kompanieführer behielt sich der Gauleiter selbst vor. Die Bewaffnung sollte durch das Heer, lt. Weisung des Gauleiters aber auch durch *„Selbsthilfe der Kreisleiter"* erfolgen, die Ausrüstung *„soweit als möglich aus dem Volk heraus geschehen"*. *„Der Volkssturm kann alles gebrauchen"*, hieß es in dem (schon im Kapitel „Kriegsalltag 1945" erwähnten) Aufruf Robert Wagners zur Aktion „Volksopfer".[18]

Von den zuerst aufgestellten Bataillonen abgesehen, war die Bewaffnung des Karlsruher Volkssturms völlig unzulänglich, Ausrüstung und Bekleidung von bisweilen abenteuerlicher Buntheit. Partei-, Arbeitsdienst- und Wehrmachtsuniformen mischten sich unter Zivilkleidung. Gemeinsam war allen nur eine weiße, gestempelte Armbinde. Auf dem Papier sah alles sehr schön aus. So legte Gauleiter Wagner in einer Mitteilung vom 27. Dezember von seinem „Befehlsstand" aus (der sich nach dem Fall Straßburgs in Baden-Baden befand) fest, daß ein aus einer Stabs- und drei Schützenkompanien bestehendes Volkssturmbataillon folgende Ausrüstung haben solle: 24 Fahrräder, 18 Zweispänner-Fahrzeuge, 39 Pferde, davon drei Reitpferde, 10 Handkarren und einen Lkw.[19] Das Soll an Menschen und Material zu erreichen, wurde ständig schwieriger, von dem der Waffen ganz zu schweigen. In manchen Volkssturmkompanien hatte bestenfalls jeder zehnte Volkssturmmann eine Waffe. Zwar hatte Hitler für den Volkssturm die Entwicklung und Fertigung von „Volksgewehren" und „Volksmaschinenpistolen" befohlen. Doch zu einer erwähnenswerten Produktion kam es nicht mehr: Die ersten 500 Walther-Volksgewehre waren (in Zella-Mehlis) am 10. Februar 1945 fertig.[20]

## Treuegelöbnis auf Hitler

Ein Tag später, am 11. Februar, fand die Vereidigung weiterer Karlsruher Volkssturmbataillone statt. Aus einem erhalten gebliebenen Befehl für den „Vereidigungsappell" ist ersichtlich,

daß die vorgesehenen gemeinsamen Lieder („Nur der Freiheit gehört unser Leben" und „Der Gott, der Eisen wachsen ließ") sowie ein zweimaliger „Fanfarenruf" nachträglich gestrichen wurden.[21] Öffentliches Singen war den Volkssturmmännern zu diesem Zeitpunkt wohl doch nicht mehr zuzumuten. Die Eidesformel aber lautete: *„Ich schwöre bei Gott diesen heiligen Eid, daß ich dem Führer des Großdeutschen Reiches, Adolf Hitler, bedingungslos treu und gehorsam sein werde. Ich gelobe, daß ich für meine Heimat tapfer kämpfen und lieber sterben werde, als die Freiheit und damit die soziale Zukunft meines Volkes preiszugeben."*[22]
Die überwiegende Mehrheit der Karlsruher hat die mit der Aufstellung des Volkssturms verbundene Hoffnung auf eine spürbare Stärkung der Heimatverteidigung vermutlich nicht geteilt. Bei aller Sympathie für die Männer, die, wenn auch ohne Begeisterung, so in der Regel doch mit Pflichtbewußtsein, als das letzte Aufgebot antraten, wurde die Lage in der zerbombten, von ständigen Jaboangriffen und bald auch wieder von Artillerieeinschlägen heimgesuchten Stadt realistisch beurteilt. Wenn schon das Millionenheer der Wehrmacht den Feind nicht zum Stehen zu bringen vermochte, was sollten dann einige Volkssturmbataillone ausrichten?
Ungeschminkt schildert ein Bericht der Gauleitung Baden an die Parteikanzlei (Bormann) vom 4. November 1944 die Beurteilung des Volkssturms bei politischen Gegnern (s. unten). Und in einem Bericht des Karlsruher Oberlandesgerichtspräsidenten an den Reichsjustizminister vom 2. Januar 1945 heißt es: *„Die Partei ist in Krisenzeiten . . . besonderen Belastungen ausgesetzt. Daß sie zur Trägerin der Befestigungsarbeiten gemacht wurde, war zweifellos das organisatorisch Nächstliegende wie auch die Betrauung mit der Aufstellung des Volkssturms. Beides findet aber anscheinend in der Bevölkerung des Gaues Baden nicht ganz den begeisterten Widerhall, wie er aus Ostpreußen berichtet wird. Ob das an der rassischen Zusammensetzung oder an einer gewissen Verwestlichung liegen mag, die ja hier, gemessen am Menschenschlag etwa in Pommern oder Ostpreußen, immerhin nicht zu verkennen ist, vermag ich nicht letztlich zu entscheiden."*[23]
Bei Behörden, Industrie- und Handelsunternehmen war die Einberufung zum Volkssturm in jenen Monaten allgemeines Tagesgespräch. Wer in das 1. Aufgebot kam, konnte damit rechnen, innerhalb einer der Badischen Volkssturmbataillone bald in eine Wehrmachtsdivision am Oberrhein eingereiht zu werden. Innerhalb des 2. Aufgebots brauchte man vorerst nur hin und wieder zum Waffen- und Geländedienst oder zu Schanzarbeiten zu erscheinen.
Ernster nahm es allerdings die Stadtverwaltung, aus deren Reihen ein eigener „Stoßtrupp Stadt" gebildet wurde, geführt von Oberbürgermeister Dr. Oscar Hüssy selbst. Seit dem Fall von Straßburg (23. November 1944) trat der *„städtische Volkssturm"* lt. Hauptamtsleiter und Ratschreiber Adolf K. Fr. Supper, in der städtischen Volkssturmeinheit zugleich Vertreter des Oberbürgermeisters, *„allabendlich"* zum Dienst an.[24]
Mit dem Diensteifer städtischer Bediensteter in anderen Volkssturmeinheiten scheint es allerdings nicht weit her gewesen zu sein. In einem Rundschreiben vom 19. Februar 1945 an alle Ämter der Stadtverwaltung beklagte sich Dr. Hüssy: *„Ich habe Veranlassung, darauf hinzuweisen, daß der Dienst im Volkssturm zu den Aufgaben und Pflichten der Gefolgschaft einer Behörde gehört, vor allen Dingen auch zu jenen der beamteten Gefolgschaftsmitglieder. Verschiedenenorts wurde Klage darüber geführt, daß einige wenige Beamte, vor allem solche aus dem mittleren und gehobenen Dienst, dem Volkssturm fernbleiben und alle möglichen Ausreden beibringen, um sich vor diesem Dienst zu drücken. Ich muß verlangen, daß die männlichen Gefolgschaftsmitglieder der Landeshauptstadt Karlsruhe jederzeit ihren Verpflichtungen auch dem Volkssturm gegenüber nachkommen und keineswegs durch irgendwelche unbegründete Entschuldigungen diesen Dienst versäumen. Ich werde die Kreisleitung bitten, mir jene Gefolgschaftsmitglieder namentlich mitzuteilen, die beim Volkssturmdienst nicht regelmäßig erscheinen."*[25]

---

*„Von der Gegenseite wird die Aufstellung des Deutschen Volkssturms als Geheimwaffe bewitzelt. Man sagt: V2 – das seien die Kinder der Greise, die jetzt im Volkssturm Soldat werden müßten, und als nächstes käme dann die V3, wenn die Mädchen und Frauen zur Wehrmacht einberufen würden. . . . Von den Gegnern wird die Aufstellung des Volkssturmes als Deutschlands letzter verzweifelter aber zweckloser Versuch zur Rettung bezeichnet."*

Aus einem Bericht der Gauleitung Baden an die Parteikanzlei (Bormann) vom 4. November 1944 (Generallandesarchiv 465 d/24)

---

Andererseits beschwerte sich der Leiter der AOK Karlsruhe in einem Brief vom 19. Februar an den Karlsruher Landrat bitter, weil ein Antrag eines seiner Abteilungsleiter, statt in das 1. in das 2. Aufgebot einberufen zu werden, von der Kreisleitung Bruchsal brüsk abgelehnt worden war.[26] Begründung der Ablehnung: Bei Einberufung des Verw.-Oberinsp. W. gehe mit Sicherheit die AOK Karlsruhe nicht unter, *„aber andererseits könne der Krieg verloren gehen"* (!). W. war als Zahlmeister im Volkssturm vorgesehen.

## Kampfwert gleich „Null"

Die an der Oberrheinfront zwischen Karlsruhe und Basel liegende 19. Armee, die in jener Zeit immer noch ein Übersetzen der Franzosen über den Rhein auf ihren Abschnitt befürchten konnte, hatte wegen des starken feindlichen Drucks in der Pfalz mehrere Divisionen an die 1. Armee abgeben müssen. Unter Bezug auf einen „Führerbefehl", wonach Volkssturmeinheiten als Ersatz für herauszulösende kampfkräftige Verbände „eingeschoben" werden sollten, beantragte die 19. Armee beim Oberbefehlshaber West die baldige Zuführung von mindestens acht weiteren Volkssturmbataillonen zum Einsatz in die HKL (= Hauptkampflinie) am Rhein.[27] Volkssturmeinheiten, darunter eine Kompanie aus Karlsruhe, waren ja schon bei der Bildung des Brückenkopfes nördlich Straßburg Anfang Januar beteiligt gewesen. In Fernschreiben vom 17. und 18. Februar an den Oberbefehlshaber West beklagte sich General der Infanterie Brandenberger, der Oberbefehlshaber der 19. Armee, daß von den der Armee durch Gauleiter Wagner zugesagten acht Volkssturmbataillonen und fünf Volkssturmbatterien nur drei Bataillone eingetroffen seien. Wagner habe das Volkssturmbataillon Mannheim sowie drei Volkssturmbatterien zu seiner Verfügung zurückgehalten.[28]

Aus diesen und ähnlichen Beschwerden wird vor allem auch die fast undurchschaubar-verwirrende Befehlsführung während der letzten Kriegsmonate deutlich. Einsatzmäßig unterstanden nicht nur die ab Herbst 1944 aufgestellten Volksgrenadierdivisionen (als fünfter Wehrmachtsteil nach Heer, Marine, Luftwaffe und Waffen-SS), sondern auch der Volkssturm – eine Art sechster Wehrmachtsteil – dem „Reichsführer SS".[29] Dieser kümmerte sich angesichts der dramatischen Vorgänge im Osten, wo die Russen immer weiter auf das Reichsgebiet vordrangen, nur wenig um die seit Mitte Januar 1945 vergleichsweise ruhige Front im Südwesten, so daß Robert Wagner nicht nur die Volkssturmbataillone aufstellte, sondern selbstherrlich auch über deren Abgabe an die Wehrmacht oder über ihre Zurückhaltung entschied. Ähnlich eigen-

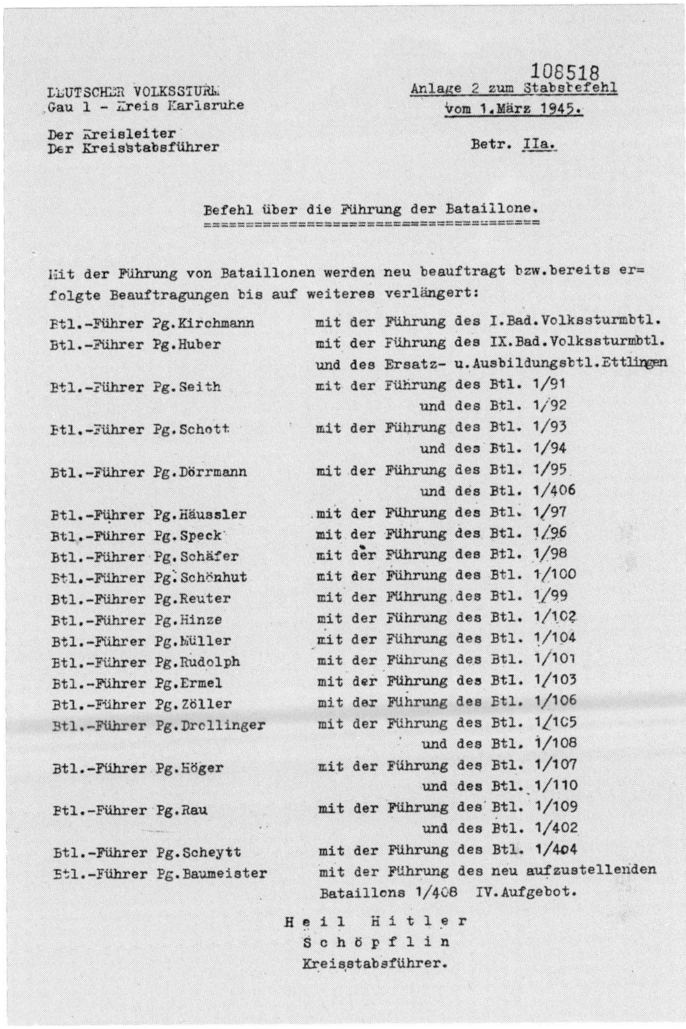

108518

DEUTSCHER VOLKSSTURM
Gau 1 - Kreis Karlsruhe

Anlage 2 zum Stabsbefehl
vom 1.März 1945.

Der Kreisleiter
Der Kreisstabsführer

Betr. IIa.

Befehl über die Führung der Bataillone.

Mit der Führung von Bataillonen werden neu beauftragt bzw.bereits er=
folgte Beauftragungen bis auf weiteres verlängert:

Btl.-Führer Pg.Kirchmann mit der Führung des I.Bad.Volkssturmbtl.
Btl.-Führer Pg.Huber mit der Führung des IX.Bad.Volkssturmbtl.
und des Ersatz- u.Ausbildungsbtl.Ettlingen
Btl.-Führer Pg.Seith mit der Führung des Btl. 1/91
und des Btl. 1/92
Btl.-Führer Pg.Schott mit der Führung des Btl. 1/93
und des Btl. 1/94
Btl.-Führer Pg.Dörrmann mit der Führung des Btl. 1/95
und des Btl. 1/406
Btl.-Führer Pg.Häussler mit der Führung des Btl. 1/97
Btl.-Führer Pg.Speck mit der Führung des Btl. 1/96
Btl.-Führer Pg.Schäfer mit der Führung des Btl. 1/98
Btl.-Führer Pg.Schönhut mit der Führung des Btl. 1/100
Btl.-Führer Pg.Reuter mit der Führung des Btl. 1/99
Btl.-Führer Pg.Hinze mit der Führung des Btl. 1/102
Btl.-Führer Pg.Müller mit der Führung des Btl. 1/104
Btl.-Führer Pg.Rudolph mit der Führung des Btl. 1/101
Btl.-Führer Pg.Ermel mit der Führung des Btl. 1/103
Btl.-Führer Pg.Zöller mit der Führung des Btl. 1/106
Btl.-Führer Pg.Drollinger mit der Führung des Btl. 1/105
und des Btl. 1/108
Btl.-Führer Pg.Höger mit der Führung des Btl. 1/107
und des Btl. 1/110
Btl.-Führer Pg.Rau mit der Führung des Btl. 1/109
und des Btl. 1/402
Btl.-Führer Pg.Scheytt mit der Führung des Btl. 1/404
Btl.-Führer Pg.Baumeister mit der Führung des neu aufzustellenden
Bataillons 1/408 IV.Aufgebot.

H e i l H i t l e r
S c h ö p f l i n
Kreisstabsführer.

***Die Aufstellung des Volkssturms lag in den Händen der Partei. Auf dem Papier gab es lt. obigem Befehl im Stadt- und Landkreis Karlsruhe 20 Volkssturmbataillone. In Wahrheit waren nur die beiden „badischen" Volkssturmbataillone halbwegs ernst zu nehmende, wenn auch dürftig ausgerüstete Einheiten.***

***Panzerfäuste, mit denen aus kurzer Entfernung feindliche Panzer abgeschossen werden konnten und sollten, sind die wichtigste Waffe des Volkssturms.***

mächtig handelte Wagners württembergischer Kollege Murr, der sechs von zehn der 19. Armee zugesagten württembergischen Volkssturmbataillonen im Raum Heilbronn zurückhielt.[30]

Aber nicht nur das Ausbleiben zugesagter Volkssturmeinheiten für die Oberrheinfront, sondern auch die völlig unzureichende Ausbildung und Ausrüstung der in die Wehrmachtseinheiten aufgenommenen Verbände wurde beklagt. So heißt es im Kriegstagebuch der 19. Armee vom 22. März 1945: *„Dem Gauleiter in Baden wird mitgeteilt, daß den neu zugeführten Volkssturmbataillonen die schweren Kompanien fehlen. Der Ausbildungszustand der Volkssturmbataillone ist völlig unzureichend, Einzelausbildung ist nur im geringen Maße, Verbandsausbildung überhaupt nicht durchgeführt worden."*[31] Und Generalmajor Hossfeld, der Karlsruher Kampfkommandant, bezeichnete den Kampfwert des am 28. März *„zur Not einsatzfähigen"* Karlsruher Volkssturmbataillons schlicht mit *„null"*. Aus seiner Niederschrift vom Mai 1945 geht hervor, daß der Karlsruher Volkssturm mit italienischen Beutegewehren ausgerüstet war und eine nur geringe Munitionsausstattung hatte.[32]

Im Gegensatz dazu wurde der etwa 50 Mann starke Panzerjagdzug des Karlsruher Volkssturms (Hossfeld: *„Ausgezeichnete Leute"*), den die Kreisleitung der NSDAP zusammen mit einer Volkssturm-„Geschützkompanie" Anfang März aufstellte, als *„voll einsatzfähig"* beurteilt. Dieses Panzerjagdkommando wurde allerdings in Karlsruhe selbst nicht eingesetzt. Zusammen mit neun Volkssturm-Panzerjagdzügen aus anderen Kreisen Badens wurde die genannte Karlsruher Einheit vielmehr am 4. April – dem Tag der Einnahme Karlsruhes durch die Franzosen – bei Pfaffenrot der 19. Armee übergeben und gleichzeitig der 106. Infanteriedivision unterstellt. Aber auch diese geballte Panzerabwehrkraft vermochte den Vormarsch der Franzosen in den nördlichen Schwarzwald nicht aufzuhalten.

## Tragikomödie um eine Volkssturmbatterie

Schwierig gestaltete sich die Formierung der Volkssturm-„Geschützkompanie". Der „Kreisstabsführer" der Kreisleitung Karlsruhe wandte sich mit Schreiben vom 3. März 1945 an den Karlsruher Landrat und forderte die Gestellung von 31

Pferden, 15 Fahrern und sechs *„landesüblichen"* Fahrzeugen an.[33] Vom 7. bis 10. März formierte sich und übte diese Einheit in der Rheinlandkaserne Ettlingen. Ende des Monats beschwerte sich die Kreisleitung Karlsruhe beim Landrat, daß die meisten der – in der Zwischenzeit neu verpflichteten – Fahrer, Gespanne und Pferde dieser Batterie verschwunden seien. Kein Wunder: Nachdem die Amerikaner am 25. März nördlich Ludwigshafen den Rhein überschritten hatten, war abzusehen, daß der Gegner bald in den Raum Karlsruhe vorstoßen werde. War es nicht verständlich, daß die betreffenden Bauern ihre Pferde, Fahrzeuge und Geschirre nicht noch in den allerletzten Kriegstagen einem höchst ungewissen Schicksal überantworten wollten?

Einige der angeforderten Gespanne wurden dann noch, wie befohlen, am 31. März nach Ettlingenweier in Marsch gesetzt, doch nicht alle. Worauf der Landrat, den ein Kurier der III. Badischen Volkssturmbatterie über die Situation unterrichtet hatte, am 2. April – am Ostermontag, an dem bereits Bruchsal, Graben und Karlsdorf in französische Hand gerieten! – den Bürgermeistern von Flehingen und Bauerbach schriftlich die Weisung gab, die fehlenden Gespanne bzw. Geschirre *„noch heute"* nach Ettlingenweier in Marsch zu setzen.

Die Tragikomödie um die Ausrüstung der III. Badischen Volkssturmbatterie fand dann noch im Juni 1945 ihren aktenkundigen Niederschlag. In Briefen an das Landratsamt, denen detaillierte Beschreibungen der Pferde durch ihre Besitzer beigegeben waren, baten die Bürgermeister von Bauerbach und Flehingen, die Franzosen sollten die Pferde wieder aushändigen, weil sie für landwirtschaftliche Arbeiten dringend benötigt würden . . .

Am Karsamstag (31. März 1945) war es inzwischen auch für das Karlsruher Volkssturmbataillon ernst geworden, dem u. a. der „Stoßtrupp" Stadt angehörte. Von Oberbaurat Kemmer stammt unter diesem Datum die nachstehende Bekanntgabe an die Bediensteten des Tiefbauamtes: *„Nach fernmündlicher Mitteilung des Personalamtes 10.10 h ist bei den Dienststellen sofort bekanntzugeben: ‚Die Männer des Volkssturmbtl. 97 1. Aufgebot haben sich heute mittag 14 Uhr abmarschbereit auf dem Alarmplatz einzufinden.'"*[34] Polizeipräsident Claaßen aber hatte schon in der Nacht zuvor „Beta-Befehl" gegeben: Höchste Alarmstufe.

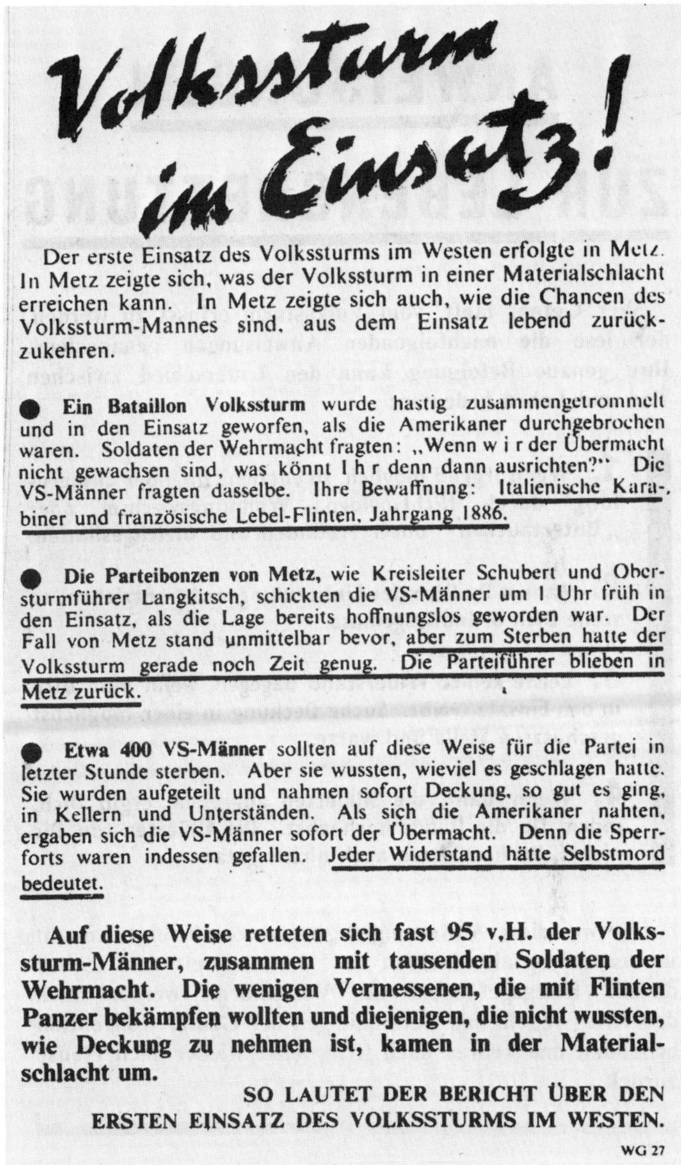

Volkssturm im Einsatz!

Der erste Einsatz des Volkssturms im Westen erfolgte in Metz. In Metz zeigte sich, was der Volkssturm in einer Materialschlacht erreichen kann. In Metz zeigte sich auch, wie die Chancen des Volkssturm-Mannes sind, aus dem Einsatz lebend zurückzukehren.

● **Ein Bataillon Volkssturm** wurde hastig zusammengetrommelt und in den Einsatz geworfen, als die Amerikaner durchgebrochen waren. Soldaten der Wehrmacht fragten: „Wenn w i r der Übermacht nicht gewachsen sind, was könnt I h r denn dann ausrichten?" Die VS-Männer fragten dasselbe. Ihre Bewaffnung: Italienische Karabiner und französische Lebel-Flinten, Jahrgang 1886.

● **Die Parteibonzen von Metz,** wie Kreisleiter Schubert und Obersturmführer Langkitsch, schickten die VS-Männer um 1 Uhr früh in den Einsatz, als die Lage bereits hoffnungslos geworden war. Der Fall von Metz stand unmittelbar bevor, aber zum Sterben hatte der Volkssturm gerade noch Zeit genug. Die Parteiführer blieben in Metz zurück.

● **Etwa 400 VS-Männer** sollten auf diese Weise für die Partei in letzter Stunde sterben. Aber sie wussten, wieviel es geschlagen hatte. Sie wurden aufgeteilt und nahmen sofort Deckung, so gut es ging, in Kellern und Unterständen. Als sich die Amerikaner nahten, ergaben sich die VS-Männer sofort der Übermacht. Denn die Sperrforts waren indessen gefallen. Jeder Widerstand hätte Selbstmord bedeutet.

**Auf diese Weise retteten sich fast 95 v.H. der Volkssturm-Männer, zusammen mit tausenden Soldaten der Wehrmacht. Die wenigen Vermessenen, die mit Flinten Panzer bekämpfen wollten und diejenigen, die nicht wussten, wie Deckung zu nehmen ist, kamen in der Materialschlacht um.**

**SO LAUTET DER BERICHT ÜBER DEN ERSTEN EINSATZ DES VOLKSSTURMS IM WESTEN.**

WG 27

***Über Karlsruhe abgeworfene Flugblätter berichten über den ersten „Einsatz" eines Volkssturmbataillons im Westen. Eine psychologisch nicht ungeschickte indirekte Aufforderung an die Männer des Volkssturms, dem Beispiel ihrer Kameraden in Metz zu folgen.***

# De Gaulle bläst zum Sturm

## Die Berliner „Bärendivision" räumt die Pfalz

Nach den schweren, verlustreichen Kämpfen zu Beginn des Jahres 1945 in den südlichen Vogesen und ihrem Rückzug hinter das rechte Rheinufer hatte sich die 19. Armee von Basel bis Karlsruhe zur Verteidigung eingerichtet. Der Rhein, dieser allerdings weniger seiner Breite als seiner scharfen Strömung wegen, die Westwallbefestigungen am Strom und im Rheinvorland, dazu die mit Hilfe Tausender von Dienstverpflichteten eilig gebaute sogenannte Schwarzwaldrandstellung schienen der obersten Wehrmachtsführung ein hinreichendes Hindernisbündel gegen einen Angriff der Alliierten über den Oberrhein. Der Turmberg sollte den nördlichen Eckpfeiler der Schwarzwaldrandstellung bilden, die allerdings auch noch bis zu den Westhängen des Kraichgauer Hügellandes weitergeführt wurde. Die Schützengräben und Feldstellungen wurden am Karlsruher Hausberg noch im März 1945 durch Angehörige des Volkssturms verstärkt.

Für Hitler war das Halten der Oberrheinfront ein wichtiges Element seines strategischen Konzepts. Nicht ohne Grund hatte er zunächst den Reichsführer SS Himmler mit der Führung der Heeresgruppe Oberrhein beauftragt. Auch in Befehlen an die 19. Armee schlug sich nieder, welche Bedeutung der oberste Befehlshaber der Wehrmacht diesem Frontabschnitt beimaß. Unterm 7. März ist im Kriegstagebuch der 19. Armee der Befehl des „Führers" nachzulesen, der Truppe seien der Zweck und die taktisch erwiesene Stärke der Westwallbefestigung einzuhämmern, die Bunker müßten grundsätzlich mit Sicherheitsbesatzungen besetzt sein. Hitler wörtlich: *„Alle Bunker des Westwalls sind bis zum letzten Atemzug zu verteidigen."*[1]

Um zu erfahren, welche Befehle über die Kampfführung an der Oberrheinfront gegeben und welche Maßnahmen von der 19. Armee daraufhin getroffen wurden, befahl Hitler den Oberbefehlshaber, General der Infanterie Rasp, auf den 15. März zum „Vortrag" ins Führerquartier. Ergebnis: Tags darauf wurde Rasp wie bei hohen Truppenführern üblich, mit deren Führungskonzept Hitler nicht mehr einverstanden war, kurzerhand in die Führerreserve des Oberkommandos des Heeres versetzt. Statt seiner wurde General der Infanterie von Obstfelder mit der Führung der Armee beauftragt. Es waren die Tage, in denen bei allen Wehrmachtsbehörden und Stäben Hitlers neue „Auskämmaktionen" durchgeführt wurden – bei der 19. Armee mit dem Ergebnis, daß 19 Offiziere, 139 Unteroffiziere und 811 Mannschaften kämpfenden Einheiten überwiesen werden konnten. Hitler erließ zugleich seinen berüchtigten „Versprengtenbefehl", ordnete die Bildung von Standgerichten bis hinunter zu den Divisionen an und warnte die deutschen Soldaten, sich kampflos zu ergeben: *„Wer in Gefangenschaft gerät, ohne verwundet zu sein oder nachweisbar bis zum Äußersten gekämpft zu haben, hat seine Ehre verwirkt. Die Gemeinschaft der anständigen und tapferen Soldaten stößt ihn von sich. Seine Angehörigen haften für ihn. Jede Zahlung von Gebührnissen oder Unterstützungen an die Angehörigen fällt weg."*

### Badische Gastfreundschaft

Unnachsichtig wurde gegen Soldaten vorgegangen, die in Feldpostbriefen kritische Äußerungen über die politische und militärische Führung oder die sich in anderer Weise der „Wehrkraftzersetzung" schuldig machten. Von rund 15000 Feldpostsendungen, die die Feldpostprüfstelle bei der 19. Ar-

mee im März 1945 prüfte, wurden 232 „angehalten", ihre Absender in leichteren Fällen belehrt, ermahnt, mit Arrest bestraft, bei schwereren Vergehen in Strafbataillone versetzt.[2]
Die genannte Feldpostprüfstelle meldete aber auch mitteilenswerte positive Urteile. So schrieb ein in einem Dorf südlich Karlsruhe einquartierter Soldat K. K. am 17. März nach Berlin-Charlottenburg: *„Die Leute sind hier sehr freundlich. So etwas kennt man bei uns gar nicht."* Ein anderer Brief, geschrieben von einem Unteroffizier G. S., dessen Ersatzbataillon vom Schwäbischen zur 19. Armee verlegt worden war, bestätigt seinerseits gleichfalls badische Gastfreundschaft, andererseits eine bemerkenswerte Verbundenheit der Bevölkerung mit den Soldaten. In diesem Schreiben ist zu lesen: *„Auf dem Marsch zum Oberrhein machten wir in einigen Ortschaften halt. Dabei konnten wir die Gastfreundschaft unserer badischen Nachbarn erneut feststellen. Diese vom Leid schon schwergeprüften Leute geben alles, was sie noch können."*[3]
Am Oberrhein kam es jedoch nicht zu dem von der 19. Armee erwarteten Großangriff über den Rhein. Statt dessen begannen die Alliierten – in Karlsruhe der heftigen Artillerieduelle wegen unüberhörbar – am 15. März ihre Offensive aus dem unteren Elsaß und Lothringen heraus in die Pfalz und zum Rhein nördlich Karlsruhe. Eine Operation, die innerhalb von zwei Wochen zur Räumung des Saargebiets und der gesamten Pfalz durch die 1. Armee führte. Ein für Karlsruhe ungemein wichtiger Abschnitt des 2. Weltkriegs, weil durch ihn das Schicksal der Stadt und ihrer Bewohner während der letzten Kriegs- und ersten „Friedens"-tage bestimmt wurde.
Den Angriffsschwerpunkt Richtung Nordost der 7. US- bzw. der 1. Französischen Armee vorausahnend, hatte die Heeresgruppe G schon am 2. März die im Raum zwischen Karlsruhe und Baden-Baden liegende 159. I. D. (= Infanterie-Division) von der 19. Armee abgezogen und zur 1. Armee jenseits des Rheins in Marsch gesetzt. Nach Beginn der März-Offensive der Alliierten glich Karlsruhe tagelang einem Verschiebebahnhof für Truppenbewegungen. In der Nacht vom 16./17. März wurde zur Unterstützung der 1. Armee auch die aus dem Raum Rastatt herangeführte 198 I. D. „im Landmarsch" über den Rhein in die Südpfalz gebracht.[4] Das Übersetzen über die Maxauer Rheinbrücke, die trotz starker Zerstörungen immer noch benutzbar war, geschah jedoch, ebenso wie der Übergang bei Germersheim, zum Schutz gegen Jabo-Angriffe ausschließlich bei Nacht.

Die Situation an der Oberrheinfront nach Abgabe der beiden letzten Felddivisionen beschreibt der General der Panzertruppen Brandenberger, seit dem 26. März 1945 Oberbefehlshaber der 19. Armee, so: [Von jetzt an] *„. . . kämpft die Armee nur noch mit improvisierten Verbänden, die aus Volkssturm-, Polizei-, Landesschützen-, Zollgrenzschutzbataillonen sowie Festungs-Artillerie-Abteilungen bestehen."*[5] Zur 19. Armee gehörte – mit Gefechtsstand Lauterbach im Achertal, später Varnhalt, und dem Abschnitt Karlsruhe-Lahr – das LXIV. Armeekorps unter General der Artillerie Max Grimmeis und das XVIII. SS-Armeekorps im Abschnitt Lahr-Basel mit Gefechtsstand St. Trudpert im Münstertal,[6] ein bunt zusammengewürfelter Verband, von dem im wesentlichen nur der Führungsstab unter General der Waffen-SS Georg Keppler aus der Waffen-SS kam. Der Vollständigkeit halber muß auch noch die 24. Armee erwähnt werden, ein „Scheinverband", der unter dem Befehl der 19. Armee die Grenze am Hochrhein gegen einen ursprünglich auch durch die Schweiz erwarteten Angriff zu sichern hatte.[7]

## 7000 Granaten auf die Maxauer Brücke

Um taktische Reaktionen der deutschen Truppenführung auf die Offensive der Alliierten weitgehend zu stören, flogen Jabos der Engländer und Amerikaner im badischen Rheintal tagsüber nun fast pausenlos ihre Einsätze. Dies mit der Folge, daß der Zugverkehr bei Tage nahezu vollständig eingestellt werden mußte. Drei Tage nach Beginn des Angriffs auf die Pfalz, am Sonntag, dem 18. März 1945, waren, wie aus dem Tagebuch des Knielinger Pfarrers Kobe hervorgeht, wegen ununterbrochener Angriffsflüge der Jabos *„außer dem Organisten und dem Pfarrer nur noch drei Frauen* (zum Gottesdienst, der daraufhin ausfiel; d. Verf.) *erschienen"*.[8] Die Situation an den beiden folgenden Tagen (19. und 20. März) aus Karlsruhe-Knielinger Sicht beschreibt Fritz Kobe so: *„Am Montag und Dienstag reißt das Dröhnen der Flugzeuge und Krachen der Abschüsse und Einschläge der Artillerie nicht mehr ab, ja steigert sich mit dem Zischen und Pfeifen der überfliegenden Granaten zuweilen bis zum Trommelfeuer. Besonders liegen die Zufahrtswege der Rheinbrücke wie diese selbst unter dem Feuersturm."*
Von jetzt an täglich gab es bei der Karlsruher Bevölkerung

Tote durch Artilleriebeschuß. Nicht weniger als 15 Opfer forderten die von Ferngeschützen aus der Elsaß-Pfalz-Front abgefeuerten Granaten am 21. März.[9] Marianne Kiefer schrieb an diesem Tag in ihr Tagebuch: *„Die feindliche Ari beschoß fast den ganzen Mittag Karlsruhe. Die Granaten trafen die Oststadt."*[10]

Die schwersten Stunden im Laufe des Monats März erlebte die Stadt am 22. März. An diesem Tag, an dem es Luftalarm von siebeneinhalbstündiger Dauer gab, war die Stadt erneut Ziel des Feuers von Ferngeschützen bei Lauterburg. Am schwersten getroffen wurde Knielingen. Dekan Kobe berichtet unter diesem Datum: *„In den Nachmittagsstunden fallen schwere Granaten mit nur kurzen Unterbrechungen in den Ort mit verheerender Wirkung. Die Überfälle kommen so überraschend, und die Geschosse fallen so kurz hintereinander ein, daß sich die Leute, die etwa unterwegs sind, nicht mehr in den Schutzraum begeben können. Die meisten Betroffenen sterben auf der Stelle."*[11]

In Knielingen wurden an diesem Tage 16 Menschen getötet, darunter drei Kinder unter zehn Jahren. Unter den Opfern, die es in der Saarlandstraße gab, befand sich auch der 62jährige Rektor der Knielinger Volksschule, Julius König. Insgesamt kostete das Artilleriefeuer aus der Pfalz am 22. März 31 Karlsruhern das Leben.[12] De Lattre de Tassigny berichtete später, die Artillerie der 1. Französischen Armee habe vom 21. zum 22. März innerhalb von 24 Stunden allein auf die Maxauer Rheinbrücke 7000 Schuß abgefeuert![13]

Den in der Ruinenstadt Karlsruhe noch verbliebenen Bewohnern war nun klar, daß die mit den Operationen „Nordwind" und „Sonnenwende" bei Jahresbeginn erhoffte Wiedereroberung von Weißenburg und das Zurückdrängen der gegnerischen Front über den Hagenauer Forst hinaus bis an die Moder eine Episode geblieben waren. Die Front rückte unerbittlich näher. Es konnte nur noch eine Frage von Tagen sein, bis die offenkundig übermächtigen Gegner bei Maxau den Rhein erreichen würden. Das Ende, dies schien nunmehr sicher, stand unmittelbar bevor. Aber sosehr die meisten Karlsruher insgeheim wohl auch wünschten, wenn schon, dann möge es schnell gehen, damit der Schrecken ohne Ende zum Abschluß käme, so wenig hatten sie eine Vorstellung, aufgrund welcher militärischen Aktionen, unter welchen Umständen und mit welchen Konsequenzen für die Bevölkerung die Stadt in Feindeshand kommen würde. Nur eines schien ihnen klar: Ameri-

***Das Artilleriefeuer auf Knielingen fordert zahlreiche Opfer. Szene an der – auch durch Bomben schwer getroffenen – Saarlandstraße.***

kanische Truppen würden es sein, die, wenn die Front am Rhein nicht hielt, in Karlsruhe einziehen würden. Aber genau diese Annahme sollte sich zur Verwunderung aller als großer Irrtum erweisen.

## Franzosen erweitern ihren Operationsraum

Daß ab dem 4. April, als die letzten deutschen Soldaten die Stadt verließen, mehr als drei Monate lang die Trikolore über Karlsruhe wehte und nicht das Sternenbanner, hatte zwar auch militärische, hauptsächlich jedoch politische Gründe. De Gaulle, der nach der Kapitulation der französischen Armee im Sommer 1940 nach England geflohene Panzergeneral, Gründer der französischen Widerstandsbewegung und spätere französische Staatschef, war den Anglo-Amerikanern immer ein unbequemer Verbündeter gewesen. Wiederholt kam es zu Auseinandersetzungen, deren tiefster Grund in dem Mißverhältnis zwischen den Ansprüchen und Forderungen de Gaulles und dem von den Bundesgenossen jenseits des Kanals und Atlantiks vergleichsweise gering eingeschätzten militärischen Beitrag der französischen Streitkräfte lag. Dabei hatte die 1. Französische Armee – es gab übrigens nur diese eine – nach der Landung an der Mittelmeerküste schneller, als es der militärische „Terminplan" vorsah, die Seefestungen Toulon und Marseille erobert, die lt. Befehl Hitlers *„bis zur letzten Patrone"* hätten verteidigt werden sollen. Weder de Gaulle – dieser noch voller Erbitterung, daß man ihn im Februar 1945 nicht zur Konferenz von Jalta eingeladen hatte, wo Roosevelt, Churchill und Stalin u. a. die Aufteilung Deutschlands in vier Besatzungszonen beschlossen – noch General de Lattre de Tassigny, der Oberbefehlshaber der 1. Französischen Armee, wollten sich mit der Rolle zufrieden geben, die ihnen General Eisenhower zugedacht hatte.

Entsprechend dem Generalauftrag, bei der Rückeroberung Frankreichs mitzuwirken, sollte die 1. Französische Armee nach Erfüllung dieser Aufgabe am linken Rheinufer stehenbleiben und dort eine Abwehrfront gegen eine mögliche Entlastungsoffensive der Deutschen bilden. Zusätzlich sollten die Franzosen der rechten amerikanischen Angriffsflanke bei der Invasion auf deutsches Gebiet den Rücken freihalten.[14]

Aber weder ein solcher Auftrag, noch das von Eisenhower eingeräumte Zugeständnis eines Vorstoßes längs der deutsch-

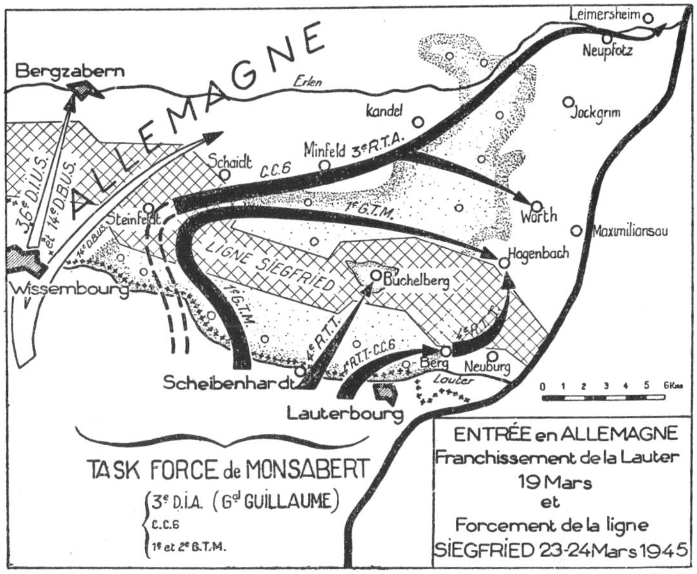


schweizerischen Grenze, der verbunden sein sollte mit dem Übersetzen einer französischen Division über den Rhein bei Breisach und dem begrenzten Auftrag, die Ebene bis zum Schwarzwald zu besetzen, genügte dem militärischen und politischen Ehrgeiz de Gaulles. Daß in dem letzteren Plan Karlsruhe als Operationsgebiet der französischen Truppen ausdrücklich ausgenommen wurde (*„Karlsruhe exclue"*), war erst recht nicht geeignet, de Gaulle und de Lattre dafür zu erwärmen. Die Vision einer Eroberung der badischen Landeshauptstadt durch französische Truppen gehörte in jenen Wochen zu den stimulierenden Antrieben der französischen Offiziere.

De Lattre de Tassigny, den de Gaulle schon am 4. März, exakt einen Monat vor der Besetzung Karlsruhes, aufgefordert hatte, den Rheinübergang aus *„nationalen Gründen"* notfalls auch ohne ausdrückliche Billigung durch die Amerikaner zu wagen, nutzte seine Chance. Er erkannte sie, als ihn General Devers, der Oberbefehlshaber der 6. US-Heeresgruppe, der die 1. Französische Armee unterstellt war, bat, bei der für den

***Nach dem Überschreiten der Lauter stehen französische Truppen erstmals nach Napoleons Soldaten auf deutschem Boden. Wenige Tage später gelingt der 1. Französischen Armee der Durchbruch durch die „Siegfriedlinie", wie die Alliierten den Westwall nannten.***

*„Selbstverständlich wollte ich, daß unsere Armee in Feindesland einrückte, ... Städte ... eroberte und ... die Kapitulation der Besiegten entgegennahm. Gewiß war dies eine Bedingung, die mir die Sorge um unser Prestige diktierte. Aber sie war für uns das einzige Mittel, unsere Beteiligung an Besetzung und Verwaltung Deutschlands sicherzustellen. Hatten wir ein Stück deutschen Bodens in der Hand, dann konnte nichts ohne uns über Deutschlands Zukunft beschlossen werden. Andernfalls würden unsere durch den Sieg erworbenen Rechte ins Ermessen der anderen gestellt sein. Kurz, ich hatte die Absicht, den Rhein zu überschreiten und die französische Front soweit wie möglich nach Süddeutschland hineinzutragen."*

Charles de Gaulle, Memoiren 1942-46, Düsseldorf 1961, S. 435 f

15. März vorgesehenen Offensive der 7. US-Armee aus dem Moderabschnitt heraus längs des Rheins mitanzutreten, bei Lauterburg Halt zu machen und die Verteidigung des Rheinufers zwischen Herrlisheim und Lauterburg zu übernehmen. Die Orte Oberhofen-Sufflenheim-Lauterburg sollten die Operationsgrenzen zwischen den beiden Armeen sein.
Unter dem plausiblen Vorwand, seine linke Flanke sei ungeschützt, verleibte sich de Lattre de Tassigny jedoch den – von der 7. US-Armee ausgesparten – Hagenauer Forst als Angriffsstreifen ein. Nach dreitägigem Kampf im Hagenauer Forst konnten die Franzosen dank dieser Taktik zu ihrer verlängerten Ostfront am Rhein zusätzlich eine breite Nordfront bilden, die vom Rhein der Lauter entlang westwärts führte. Dies war für die 1. Französische Armee eine wenn auch schmale, so doch wichtige erste Ausgangsbasis, um sich in das zwischen Karlsruhe und Mannheim geplante Unternehmen „Rheinübergang" hineinzuschieben.
Der Oberrheinabschnitt zwischen den beiden Großstädten war zum einen deshalb gewählt worden, weil die – freilich unzulänglichen – Befestigungen längs des Rheins (Generalfeldmarschall Kesselring: *„Die fortifikatorischen Bauten längs des Rheins waren veraltet und unsachgemäß angelegt"*[15]) nur bis in den Raum nördlich Karlsruhe reichten. Zum anderen konnte durch Ausnutzung des für militärische Operationen günstigeren Geländes des Kraichgauer Hügellandes auf den schwierigen Frontalangriff gegen die Gebirgsfront des Schwarzwalds verzichtet werden.
Die Offensive der Amerikaner und Franzosen zwischen Trier und Hagenau war von der teils in Bunkern des Westwalls, teils in vorgeschobenen Verteidigungsstellen eingegrabenen 1. Armee der Deutschen Wehrmacht nach Wochen relativer Ruhe erwartet worden. Am linken Flügel, auf dem sogenannten Moderabschnitt in und ostwärts Hagenau bis zum Rhein, lag die 257. Volksgrenadierdivision (= VGD). Diese Division, deren Patenschaft am 8. Dezember 1944 der Gauleiter von Berlin, Dr. Joseph Goebbels, übernommen hatte, war ab 1. November 1944 bis Mitte Dezember auf dem Truppenübungsplatz Schieratz an der Warthe aufgestellt worden. Sie übernahm die Tradition der 257. Infanteriedivision, der Berliner „Bärendivision", die im Sommer 1944 in Rumänien aufgerieben worden war.[16] Bei der Neujahrsoffensive der 1. Armee im Raum Bitsch-Saarburg eingesetzt, war die 257. VGD Mitte Januar zur Ablösung der SS-Panzer-Division „Frundsberg" an die Moder verlegt worden. Auftrag und Einsatz dieser Division sollten zweieinhalb Wochen nach Beginn der März-Offensive der Alliierten darüber entscheiden, auf welche Weise Karlsruhe die Besetzung durch fremde Truppen erleben würde: In schweren, auch für die Zivilbevölkerung verlustreichen Kämpfen, oder nach einem die Stadt schonenden Rückzug der Deutschen.

## „Fragwürdiger Westwall"

Der gegnerische Großangriff gegen die nördlich der Moder eingegrabene 257. VGD begann am 15. März 1945 nach einem eineinhalbstündigen Trommelfeuer der Artillerie. In der Nacht zum 16. März wich die Division auf die sogenannte „Annemarie" –, am Nachmittag des folgenden Tages, nach Angriffen, die hinter dichten künstlichen Nebelwänden vorgetragen wurden, auf die sogenannte „Beate"-Stellung zurück. Es handelte sich hier um Verteidigungsstellungen, an deren Bau in den Monaten zuvor auch Hitlerjungen, Männer und Frauen aus Karlsruhe mitgearbeitet hatten. Die letzte vorgeschobene Verteidigungslinie, die „Erika"-Stellung längs der Lauter, bezog die „Bärendivision" schon in der Nacht zum 18. März. *„Die geordnete Zurücknahme der Division",* so beschreibt das Kriegstagebuch der 257. VGD am Abend des 18. März das

Geschehen, *„ist der nachhaltigen Sperrung des Hagenauer Forstes und der Zerstörung sämtlicher Brücken im offenen Gelände zu verdanken. Der Gegner hat jedoch die Sperren seit den Mittagsstunden des 18. 3. 45 in verhältnismäßig kurzer Zeit überwunden und drängt deshalb besonders im rechten Abschnitt den auf die Lauter zurückgehenden Gefechtsvorposten verhältnismäßig scharf nach."*[17]

Der 19. März wurde für die Deutschen wie für die Franzosen ein gleichermaßen – wenn auch aus gegensätzlichem Grund – denkwürdiger Tag. An diesem Tag überschritten französische Einheiten die Lauter und betraten damit erstmals (seit Napoleon!) kämpfend deutschen Boden. Am gleichen Tag rückte die 257. VGD in den Westwall ein, in einen Teilabschnitt des schon vor Kriegsbeginn fertiggestellten, aus zahllosen Betonbunkern und anderen Kampfanlagen bestehenden, seit Herbst 1944 durch Feldstellungen verstärkten Verteidigungswall an der Westgrenze des Reichs. Oberstleutnant Heber, der Kommandeur des 257. Artillerie-Regiments, beklagte jedoch, daß den Befestigungen fast durchweg die Bewaffnung fehlte. Andererseits mußte *„eine Einweisung im Gelände wegen der totalen Luftherrschaft des Gegners ausfallen, Bewegungen tagsüber waren so gut wie unmöglich"*.[18]

Schon nach zwei Tagen mußte *„der ohnehin fragwürdige Westwall"* (Heber) nördlich der Lauter aufgegeben werden, nachdem amerikanische Verbände mit starken Panzerkräften bei Weißenburg die deutschen Stellungen durchbrochen hatten. Die überraschend negative Bewertung des Westwalls, den die Goebbels-Propaganda stets als unüberwindbar bezeichnet hatte, geht auch aus einem Bericht hervor, den die 257. VGD in Erfüllung eines Führerbefehls am 20. März abgab. Darin heißt es, *„daß der Westwall-Abschnitt S/1* (längs der Grenze in der Südpfalz; d. Verf.) *wegen seiner geringen Tiefe und des Fehlens ausgebauter Feldstellungen zwischen den Bunkern nicht die Voraussetzungen für die Abwehr eines massierten feindlichen Angriffs bietet"*.[19]

General de Lattre de Tassigny seinerseits, der Oberbefehlshaber der 1. Französischen Armee, hatte sich von den *„bewundernswert getarnten Verteidigungswerken"* der legendären „Siegfriedlinie" so beeindruckt gezeigt, daß er den Angriff auf die Bunker im Bienwald erst wagte, nachdem, eigenem Bekunden zufolge, auf die deutschen Stellungen ein 48stündiger ununterbrochener „Orkan" aus allen verfügbaren Geschützen niedergegangen war.[20]

**Rückzug aus dem „Brückenkopf Karlsruhe"**

Der Einsatz der Berliner „Bärendivision" in der Pfalz näherte sich jetzt rapide seinem Ende. Schon seit dem 7. März 1945, als die Rheinbrücke bei Remagen den Amerikanern unzerstört in die Hände gefallen war – der OKW-Bericht vom 18. März meldete die Erschießung von vier hierfür verantwortlichen Offizieren – bildete selbst der Rhein nicht mehr die letzte Verteidigungslinie im Westen. Nachdem aber die nördlich der 7. US-Armee operierende 3. US-Armee am 20. März bereits Kaiserslautern genommen hatte und weiter in Richtung Worms – Ludwigshafen vorstieß, bestand für die 1. Armee die Gefahr der Einkesselung in der Pfalz. Generalfeldmarschall Kesselring, nach dem Remagener Debakel anstelle von Generalfeldmarschall von Rundstedt zum Oberbefehlshaber West (mit den – von Süden noch Norden – Heeresgruppen G, B und H) ernannt, befahl deshalb am 23. März die Räumung der inzwischen zu Brückenköpfen verengten Operationsräume Maximiliansau, Germersheim und Speyer,[21] hatte sich danach allerdings gegen den Vorwurf zu rechtfertigen, die Räumung dieser Brückenköpfe sei zu spät erfolgt.

Der „Brückenkopf Karlsruhe", wie die Truppenkommandos den Brückenkopf Maximiliansau nannten, wurde von der 257. VGD verteidigt. Aus ihrer Sicht stellte sich die Situation am 23. März lt. Kriegstagebuch so dar: *„Da wegen des bestehenden Feinddrucks und der Gefahr eines Durchstoßes feindlicher Panzerkräfte aus NW-Richtung gegen die Rheinbrücke bei Maximiliansau ein weiteres Verbleiben der Division auf dem Westufer nicht mehr gerechtfertigt erscheint, genehmigt das Korps* (das XC. A. K.; d. Verf.) *die Zurücknahme der Division auf das Ostufer bereits in der Nacht vom 23./24. 3. 45."*[22] Die Artillerie wurde angewiesen, die Absetzbewegung *„unter rücksichtslosem Munitionseinsatz"* zu decken,[23] ein Befehl, der angesichts des seit Wochen bestehenden Munitionsmangels die Dramatik dieser Operation unterstreicht.

Mit einem umfangreichen Divisionsbefehl vom 23. März hatte der „Ia" der Division, Oberstleutnant i. G. Ernst Linke, den einzelnen Truppenteilen Übergangsstellen und Zeitpunkt befohlen sowie die Übersetzmittel und die neuen Verteidigungsabschnitte rechts des Rheins zugewiesen. Gleichzeitig war *„der Truppe durch ihre Kommandeure einzuhämmern, daß von dem Halten der derzeitigen HKL bis zum Abend des 23. 3. 45*

# Der Führer

Gesamt-Ausgabe

HAUPTORGAN DER NSDAP GAU BADEN — DER BADISCHE STAATSANZEIGER

Karlsruhe, Dienstag, 27. März 1945

## Nur der ist verloren, der sich selbst verloren gibt

Aeußerster Widerstand ist für uns alle heilige Pflicht – So werden wir den Feind schlagen und der gegenwärtigen gefahrvollen Lage Herr werden

### Aufruf des Gauleiters in schicksalhafter Stunde

Männer und Frauen! Jungens und Mädels!

Der Feind steht an den Grenzen unseres Gaues. In diesem für uns alle so schicksalhaften Augenblick wollen wir uns daran erinnern, daß der Feind der gleiche ist, der schon unseren Vätern das Leben nicht gegönnt und schwer gemacht hat. Und wir wollen uns daran erinnern, daß dieser Feind in den vergangenen Jahren des gegenwärtigen Krieges unzählige Male erklärt hat, nicht nur unser Reich, sondern unser Volk vernichten zu wollen. Deshalb kann unsere Antwort an diesen Feind nur die sein, daß auch wir entschlossen sind, ihn überall anzugreifen und zu vernichten, wo wir dazu in der Lage sind. Keine menschliche Not ist so groß, als daß sie nicht durch den menschlichen Willen wieder gebrochen werden könnte, und nur der ist verloren, der sich selbst verloren gibt.

Ich rufe daher Partei, Volkssturm und Bevölkerung zum äußersten Widerstand auf. Jeder Mann und jede Frau, jeder Junge und jedes Mädel hat die heilige Pflicht, dem Feind, wenn er unseren Heimatboden betreten sollte, Schaden zuzufügen. Wer sich in den Dienst des Feindes stellt, muß wissen, daß er nach den Gesetzen des Reiches als Verräter fällt.

Wehrmacht und Volkssturm werden kämpfen. Es muß der fanatische Wille eines jeden Offiziers, eines jeden Soldaten und eines jeden Volkssturmmannes sein, dem Feind, wo er auftritt, die höchsten Verluste zuzufügen. So werden wir den Feind schlagen und der gegenwärtigen gefahrvollen Lage Herr werden.

Jedermann sei sich auch bewußt, daß die vom Reich eingeleiteten Maßnahmen um so sicherer wirksam werden, je härter der Widerstand in den Westgauen ist.

Es lebe der Führer!
Es lebe unser Volk!

gez. Robert Wagner,
Gauleiter und Reichsstatthalter in Baden.

### Großangriffe des Feindes an der Ost- und Westfront

Abwehrerfolge in der großen Schlacht am Niederrhein — Bewegungskämpfe am unteren Main — Uebersetzversuche der Amerikaner bei Speyer vereitelt — Fortdauer der Abwehrschlachten in Ungarn und Schlesien

### Der feindliche Ausrottungsplan

### Ein kritischer Fall

*das Gelingen der Absetzbewegung und damit ihr weiterer Bestand abhängt".*[24]

Der Flußübergang selbst, der zum Schutz vor Angriffen aus der Luft ausschließlich bei Nacht durchgeführt werden konnte, stieß auf unerwartete Schwierigkeiten. Der Grund: Volltreffer der französischen Artillerie hatten bei der Kanonade vom 22. März die schon unmittelbar nach dem Fall Straßburgs (23. November 1944) von Pionieren des Karlsruher Ausbildungs- und Ersatzbataillons Pi 35 in den Mittelpfeiler der Maxauer Rheinbrücke eingebaute 1,5-Tonnen-Sprengladung zur Explosion gebracht, die Brücke dadurch weitgehend zerstört und unpassierbar gemacht. Feindliche Jagdbomber hatten außerdem eine große 70-t-Fähre, die hart nördlich der Rheinbrücke lag, versenkt.[25]

Mit drei 8-t-Fähren, von denen eine durch Artilleriebeschuß bei Beginn der Dunkelheit auch noch ausfiel, mit einigen Sturmbooten, Schlauchbooten und Fischerbooten bewältigten die Pioniere dennoch die schier unmögliche Aufgabe, die Masse der 257. VGD – sowie die Reste der dieser seit Bildung des „Brückenkopfs Karlsruhe" unterstellten 905. I. D. – *„unter tragbaren Verlusten"*[26] (Obstlt. i. G. Linke) über den Rhein zu setzen. Die Übersetzstellen befanden sich für das Grenadierregiment 477 bei Rappenwört, für das Grenadierregiment 457 etwa 500 m nördlich der Rheinbrücke (wegen starken Artilleriebeschusses von der Rheinbrücke hierherverlegt), für das Grenadierregiment 466 bei Leimersheim.[27] Hier, bei Leimersheim, gab es die schwersten Verluste: Das Grenadierregiment 466 verlor ein ganzes Bataillon. Der IV. Abteilung des Artillerieregiments 257, von aus Richtung Jockgrim kommenden Sherman-Panzer angegriffen, gelang es zwar noch, vier Panzer abzuschießen. Danach allerdings mußte die 11. Batterie vier eigene schwere Feldhaubitzen nach Sprengung zurücklassen.

Eine schwierige Situation ergab sich für 13 Jagdpanzer der Panzer-Jägerabteilung 257, die ihres Gewichts von je 16 Tonnen wegen auf den 8-Tonnen-Fähren nicht über den Rhein gebracht werden konnten. Alfred Mahler, der 1. Ordonnanz-Offizier der 257. VGD: *„Der junge Kompaniechef, ein hochdekorierter Oberleutnant, erhielt von der Division den Befehl, nördlich von Karlsruhe eine noch intakte Brücke zu suchen, überzusetzen und schleunigst nach Karlsruhe rechtsrheinisch zurückzukehren."*[28] Eine aus sieben Panzern bestehende Gruppe dieser Kompanie wurde von dem Karlsruher Obergefreiten Anton Hanauer (* 1909) von der 108. I.D., der selbst versprengt, jedoch ortskundig war, unter feindlichem Beschuß auf dem Rheindamm von Leimersheim zur Rheinbrücke bei Speyer geführt.[29] Dem Versuch eines Auffang-Kommandos hochrangiger Offiziere, die Panzer auf der badischen Seite der Speyerer Brücke aufzuhalten, widersetzte sich der junge Kompaniechef, indem er sich auf den strikten Befehl berief, seine Division bei Karlsruhe zu unterstützen, und mit seinen Panzern, *„die ja nicht aufzuhalten waren"*, in Richtung Karlsruhe marschierte.[30]

In der Nacht zum 25. März zogen sich dann noch die Reste der 905. Division, welche den verkleinerten „Brückenkopf Karlsruhe" westlich des Rheins zu halten hatten, sowie eine zuvor zum Schanzen eingesetzte Volkssturmeinheit auf die Ostseite des Stroms zurück. In der Nacht zum 26. März versuchten schließlich auch sieben zu einer Sicherungsgruppe gehörende Jagdpanzer aus dem inzwischen auf kleinstem Raum bei Maximiliansau verengten Brückenkopf überzusetzen. Nach hohen Ausfällen bei trommelartigem Artilleriesatz und starken Luftangriffen mußte der Führer dieser Gruppe,

**Durchhalteparolen und Alarmmeldungen. Im „Führer" vom 27. März 1945 wird die Bevölkerung vom Gauleiter zum „äußersten Widerstand" aufgefordert. Am gleichen Tag meldet ein Flugblatt der Alliierten den Zusammenbruch der Front „von Emmerich bis Karlsruhe".**

Major Graf von Bothmer, aufgeben. Er selbst konnte nach Sprengung der Panzer mit seinen kampffähigen und leichtverwundeten Soldaten das Ostufer erreichen.
Die Gesamtbewertung des schwierigen Unternehmens „Rheinübergang" bei Karlsruhe überläßt man zweckmäßigerweise einem Teilnehmer dieser Operation. Oberstleutnant Heber, Kommandeur des der Berliner „Bärendivision" zugeordneten 257. Artillerie-Regiments, kommt trotz des Verlustes eigener schwerer Waffen, die zurückgelassen werden mußten, zu folgendem Urteil: *„Der Uferwechsel der Division* [ging] *bei feindlichem Störungsfeuer und einzelnen Luftangriffen verhältnismäßig glatt vonstatten. Es war eine Glanzleistung der Pioniere, die trotz der Dunkelheit und des feindlichen Beschusses alle Fähren durch die starke Strömung unversehrt an das jenseitige Ufer brachten."*[31] Daß der „Ia" der Division von Haus aus selbst Pionier war, kam dem insgesamt gelungenen Unternehmen sicher zustatten.

### Hitler: „Die Rheinfront unbedingt halten"

Die 257. VGD hatte sich inzwischen in den Bunkern am Rhein zwischen Rappenwört und Eggenstein zur Verteidigung eingerichtet. Bei Rappenwört links angelehnt war die 106. Infanterie-Division, die, wenn auch mit zusammengewürfelten Einheiten, so – bei einer Gefechtsstärke von rund 7000 Mann – zahlenmäßig noch recht gut intakt, den weiten Abschnitt hinter dem rechten Rheinufer zwischen Karlsruhe und Bühl zu sichern hatte. Divisionskommandeur war Oberst Curt Lehmann, der Divisionsgefechtsstand befand sich in Malsch.[32]
Eben diese Division hatte übrigens Jahre zuvor schon einmal „Tuchfühlung" mit Karlsruhern gehabt. Anfang Dezember 1941 waren die 106. I. D. sowie die baden-württembergische 35. Infanterie-Division, letztere mit der 1. Kompanie des Karlsruher Infanterie-Regiments 109 unter dem damaligen Oberleutnant Fritz Rögelein, als einzige Einheiten der deutschen Armee bis an die nördlichen Vororte von Moskau herangekommen, von diesem Zeitpunkt an aber in langdauernden, schweren Rückzugskämpfen dezimiert, wiederholt aufgefrischt und erneut zurückgeschlagen worden.[33]
Die 257. VGD hatte in vorderster Linie nur zwei Regimenter eingesetzt.[34] Abwehrschwerpunkte des rechts liegenden Grenadierregiments 457 waren der Raum gegenüber dem – zur

Nr. 345, Dienstag, 27. März 1945 **NACHRICHTEN FÜR DIE TRUPPE**

**Auflösung im Westen**

**Front bricht von Emmerich bis Karlsruhe**



*Die Karte zeigt: die vom Alliierten Oberkommando zu Todeszonen erklärten Gebiete, die sieben Sicherheitszonen für die Bevölkerung und die geplante letzte deutsche Verteidigungslinie*

**AN der gesamten Rheinfront von Emmerich bis hinunter nach Karlsruhe ist seit gestern abend nach den letzten Meldungen die deutsche Abwehr im gleichen Stadium der Auflösung wie unmittelbar vor dem völligen Zusammenbruch in Frankreich.**

Während im Norden massierte Panzer- und Infanteriekräfte der Alliierten die deutsche Verteidigung unter Einsatz einer noch nie dagewesenen Materialüberlegenheit zertrümmern und bereits mehr als 30 km ostwärts des Rheins stehen, rasen im Süden Panzerspitzen der Alliierten bereits auf bayrischem Gebiet nach allen Richtungen vor, ohne auf geordneten Widerstand zu stossen.

Aschaffenburg wurde überrannt, kaum 12 Stunden nach dem Fall von Darmstadt. Die Mainbrücke in Aschaffenburg fiel den Amerikanern unzerstört in die Hand und USA-Panzerspitzen schwärmen ostwärts des Mains in Richtung Würzburg vor. Au:h die [illegible] von [illegible] und Seligenstadt sind in alliierter Hand.

In den Vorstädten von Frankfurt wird gekämpft. Die alte Kaiserstadt ist von zwei Seiten umfasst und mit ihrem Fall wird

**Lebensmittel-**

Vorbereitung einer Übersetzaktion des Feindes günstigen – Goldgrund sowie das Gelände beiderseits der zerstörten Straßen- und Eisenbahnbrücke Maxau. Das links eingesetzte Grenadierregiment 477 hatte vor allem die in die Tiefe des eigenen Abschnitts hineinführenden, für gegnerische Sturmbootangriffe geeigneten Wasserläufe bei Rappenwört und am Rheinhafen zu überwachen. Das geschwächte Grenadierregiment 466 aber wurde als Divisionsreserve in die Rheinkaserne Knielingen verlegt. Die meisten Angehörigen dieses Regiments sahen auf solche Weise – wenn auch nur für wenige Nächte, wie sich bald zeigen sollte – erstmals wieder seit Wochen ein Bett.
Einen Katalog wichtiger Aufgaben erhielt das Pionierbataillon der 257. VGD vom Flughafenbunker an der Erzbergerstraße aus, wo sich seit dem 24. März der Divisions-Gefechtsstand befand – von der Division nach der nahegelegenen Gaststätte „Gefechtsstand Rosenhof" genannt. Gemäß Divisionsbefehl vom 27. März hatten die Pioniere zum einen Wassersperren in die diesseitigen Altrheinarme sowie in den Stichkanal des Rheinhafens zu legen, um die möglichen Anlandestellen des

Gegners zu *„verseuchen"*. Zum anderen erhielt das Pionierbataillon den Auftrag, *„die Brücken der auf Karlsruhe von Westen heranführenden Straßen ... vordringlich, alle übrigen Brücken im Rahmen der zur Verfügung stehenden Sprengmunition zu nachhaltiger Zerstörung vorzubereiten."* Der Kommandeur des Pionierbataillons wurde ferner für den gesamten noch notwendigen Stellungsbau, vor allem im Westen und Norden von Karlsruhe, verantwortlich gemacht. Ihm wurde befohlen, für den Schanzeinsatz der Volkssturmbataillone enge Verbindung mit dem Kampfkommandanten zu halten. Dieser aber, Generalmajor Walther Hossfeld, erhielt – inzwischen der 257. VGD unterstellt – den Befehl, mit den verfügbaren Karlsruher Volkssturmverbänden eine Riegelstellung zum Schutz der Stadt gegen einen von Norden erwarteten massiven feindlichen Angriff zu bauen.

Kein Zweifel: die Berliner „Bärendivision" bereitete sich darauf vor, dem Feind sowohl im Westen von Karlsruhe, am Rhein, Widerstand zu leisten als auch im Norden der Stadt. Am 27. März standen nämlich die seit dem 24. März bei Oppenheim über den Rhein gesetzten amerikanischen Divisionen mit Stoßrichtung Süden bereits vor Mannheim und an der Bergstraße. Noch aber galt Hitlers Befehl, *„die Rheinfront von Mannheim bis Basel unbedingt* [zu] *halten"*, ein Befehl, den die Heeresgruppe 6 am 29. März nachdrücklich in Erinnerung brachte.[35]

„*Die Heeresgruppe G übt in ihrem Gefechtsbericht scharfe Kritik, daß ich nicht eher die Brückenköpfe* (gemeint sind die Brückenköpfe Maximiliansau, Germersheim und Speyer; d. Verf.) *habe räumen lassen. Ich stehe auch heute noch auf dem Standpunkt, daß gerade durch das Halten der Brückenköpfe der Uferwechsel der kämpfenden Teile der 1. Armee überhaupt erst ermöglicht und daß durch das Wissen um diese Widerstandslinie die weiter westlich kämpfenden und zurückgehenden Truppen den Nacken gestärkt erhalten haben. Der Uferwechsel war pioniertechnisch weitgehend vorbereitet.*"

Generalfeldmarschall Albert Kesselring (Militärgeschichtliches Forschungsamt Freiburg, T 123, Teil III, Bd. 3)

## Karlsruhe Angriffsziel der Franzosen

Beim Durchstoßen des Westwalls im Bienwald war es der Kampfgruppe Monsabert, der durch zusätzliche Panzerverbände verstärkten 3. algerischen Infanteriedivision der 1. Französischen Armee, gelungen, weit nach Norden, in Richtung Steinfeld und Schaidt, vorzustoßen. Wie die Operation im Hagenauer Forst war auch diese Frontverbreiterung militärisch durchaus begründbar. Doch wie an der Moder hatte auch das Vorgehen der französischen Einheiten nördlich der Lauter eine wichtige politische Komponente. Die Franzosen konnten auf diese Weise die Voraussetzungen zur Beteiligung an der bevorstehenden Invasion nach Baden erheblich verbessern. Mit dem Umschwenken ihrer auf 20 km verbreiterten Nordfront nach Osten erreichten sie am Rhein einen zusätzlichen Frontabschnitt.

Der Abschnitt Lautermündung – Leimersheim, der sich seit der Räumung des „Brückenkopfs Karlsruhe" durch die 257. VGD unter französischer Kontrolle befand, hatte aus der Sicht des Angreifers allerdings den Nachteil, daß Übersetzmanöver aus den Befestigungsanlagen am rechten Rheinufer heraus wirksam bekämpft werden konnten. Vor allem aus diesem Grund hatte die 6. US-Heeresgruppe, der auch die 1. Französische Armee unterstand, für das Übersetzen über den Rhein die Räume nördlich Germersheim und bei Speyer bestimmt, wo das rechte Rheinufer nicht mehr mit Bunkern bestückt war. General Dromard, der Pionierkommandeur der 1. Französischen Armee, hatte de Lattre de Tassigny schon am 24. März 1945 bestätigt, daß es im Abschnitt Karlsruhe wegen der Befestigungsanlagen keine Übergangsmöglichkeit gäbe, wohl aber im Raum nördlich Germersheim.[1] Doch Germersheim befand sich im amerikanischen „Sektor".

In dieser Lage bat de Lattre de Tassigny in einer Besprechung, die am 27. März in Phalsburg stattfand, General Devers, den Oberbefehlshaber der 6. US-Heeresgruppe, um die Erlaubnis, die französische Rheinfront nach Norden ausdehnen zu können. Er ging dabei aufs Ganze: Nicht nur Germersheim, auch Speyer sollte in das Operationsgebiet der 1. Französischen Armee einbezogen werden. Das Glück war den Franzosen hold. Da die 7. US-Armee nach den raschen Erfolgen, welche die 3. US-Armee im Raum Frankfurt erzielt hatte, ihrerseits bereits bei Worms den Rhein überschritten hatte und ihren Angriffsschwerpunkt zunächst nicht in südlicher Richtung sah, willigte Devers ein, den Abschnitt der 7. US-Armee nach Süden zu verkleinern. Die 1. Französische Armee erhielt also zusätzlich den Abschnitt bis unmittelbar nördlich Speyer.

Dank dieses Zugeständnisses hatten die Franzosen die ersehnte Ausgangs- und Aufmarschbasis, um sich nachhaltig an der Invasion auf das rechtsrheinische Gebiet zu beteiligen. Nur die Besetzung deutscher Gebiete durch französische Truppen war dem seit Jalta noch immer verärgerten de Gaulle eine Garantie, daß Frankreich nach der Niederwerfung Deutschlands die in Aussicht gestellte französische Zone auch tatsächlich bekäme. Schon einen Tag nach der für die Franzosen so wichtigen Unterredung von Phalsburg, nämlich am 28. März, bestätigte General Devers dem Oberbefehlshaber der französischen Einheiten die Entscheidung vom 27. März: Landau-Speyer-Heilbronn wurde zur neuen Trennungslinie zwischen der 7. US-Armee und der 1. Französischen Armee bestimmt. Gleichzeitig erhielt de Lattre Weisung, mit mindestens zwei Infanteriedivisionen und einer Panzerdivision über den Rhein zu setzen. Zur großen Überraschung des Oberbefehlshabers der französischen Armee präzisierte Devers den Franzosen Angriffsziele, die sie selbst bisher nur im geheimen verfolgten: Karlsruhe, Pforzheim und Stuttgart.

## „Sie müssen über den Rhein setzen"

Über den Zeitpunkt des Angriffs war zunächst nichts befohlen. De Gaulle, der nunmehr die Erreichung seiner militärischen und politischen Ziele in greifbarer Nähe sah, trieb, noch immer voller Mißtrauen gegenüber dem amerikanischen Verbündeten, de Lattre zur Eile an: *„Mein lieber General"*, so telegrafierte er am 29. März dem Chef der französischen Truppen, *„Sie müssen über den Rhein setzen, auch wenn die Amerikaner damit nicht einverstanden sind und Sie in Booten übersetzen müssen. Es handelt sich hier um eine Frage von größtem nationalen Interesse."* Und dann der denkwürdige Satz: *„Karlsruhe und Stuttgart erwarten Sie, wenn man Sie auch nicht herbeiwünscht."*[2] In seinen Memoiren bestätigte de Gaulle später, daß ihm die Teilnahme seiner Truppen am Rheinübergang und an der Invasion Südwestdeutschlands aus wichtigen politischen Gründen eine unverzichtbare militärische Forderung war.

Die Karlsruher „erwarteten" zwar die feindlichen Truppen, die inzwischen schon Mannheim, Heidelberg und Schwetzingen erobert hatten, nicht aber Einheiten von Franzosen, von deren Mitwirkung bei der Wiedereroberung des Elsaß sie so gut wie nichts erfahren hatten.

Unter dem Befehl des Karlsruher Kampfkommandanten rückten am 27. März mehrere Volkssturmkompanien in den „Karlsruher Nordriegel" ein,[3] eine teils fertige, teils in fieberhafter Eile noch auszubauende Verteidigungsstellung, die von Weingarten über die Nordränder von Hagsfeld und Neureut zum Rhein führte. Aus der Tatsache, daß der Gegner aus dem nördlichen Elsaß und der Südpfalz heraus pausenlos Truppen und Material nach Norden brachte, war zu schließen, daß der Feind den Übergang über den Rhein zwischen Karlsruhe und Mannheim versuchen und dann nach Süden vorstoßen würde. Aufgrund dieser Annahme wurden eilends Truppenverbände ins nördliche Rheintal verlegt, wo immer man sie auftreiben konnte, auch Ausbildungseinheiten aus Württemberg. Doch was sich da als Deutsche Wehrmacht präsentierte, war in nichts vergleichbar mit dem Bild, das die Deutschen von ihren Soldaten hatten. Marianne Kiefer in einem Tagebucheintrag vom 27. März: *„Die Soldaten – verlotterte junge oder alte Volkssturmsoldaten – flößen einem keine Hoffnung ein."* Hoffnung hatten nun aber auch die Soldaten selbst nicht mehr. Marianne Kiefer: *„Alle Soldaten, mit denen ich sprach, waren sehr kriegsmüde und sprachen nur vom verlorenen Krieg."*[4]

Die Annahme, der Gegner würde von Norden kommen, erwies sich aber als richtig. De Lattre, wohlwissend, daß seine technischen Hilfsmittel zum Übersetzen über den Rhein bescheiden waren, befahl – gegen stärkste Bedenken seiner Divisionskommandeure – den Angriff über den Rhein für die Nacht zum 31. März. Die letzten Instruktionen erteilte er in einer Kommandeursbesprechung, die am Vormittag des 30. März, am Karfreitag, im nahegelegenen Kandel stattfand. Dort, nicht in Gebweiler, wo sich sein Hauptquartier befand, wollte de Lattre de Tassigny sich bereithalten, *„um aufs intensivste ein Ereignis zu erleben, wie es sich seit 140 Jahren nicht*

> *Die 1. Französische Armee, damals in den letzten Monaten des Krieges, war den Truppen der 19. Armee . . . weit und in jeder Hinsicht überlegen. Dazu kam das psychologische Moment, welches den Kampfgeist der Franzosen sicher ganz wesentlich hob, daß sie nun seit mehr als hundert Jahren den deutschen Rhein wieder siegreich überschritten hatten und in deutsches Land vorstoßen konnten.*
>
> General der Artillerie Max Grimmeis, Chef des LXIV. Armeekorps (Militärgeschichtliches Forschungsamt Freiburg, B 598)

*mehr ereignet hat".*[5] Die Aussicht, als erste französische Armee seit den napoleonischen Kriegen den Rhein überschreiten zu können, beflügelte – auch nach späterer Meinung der verantwortlichen deutschen Truppenführer – die Divisionen de Gaulles.

## An drei Stellen über den Rhein

Die Übersetzmanöver bei Speyer,[6] durchgeführt zunächst lediglich mit Schlauchbooten, gelangen Einheiten der 3. algerischen Infanterie-Division unter Ausnutzung des Überraschungseffekts ohne allzu große Schwierigkeiten. Am 31. März 1945, 2.30 Uhr – in der Frühe des Karsamstags – hatte das Unternehmen begonnen. Am Nachmittag war bereits ein Brückenkopf von 5 km Breite und 3,5 km Tiefe gebildet. Größere Verluste hatte dagegen die 2. marokkanische Infanterie-Division, die ihr Übersetzmanöver in der gleichen Nacht bei Germersheim begann. Aber auch hier konnten die Franzosen nach mehreren Anläufen und unter Verlust von über drei Vierteln der etwa 50 Schlauch- und Sturmboote einen Brückenkopf gewinnen, ihn verstärken und halten.

116 Tote hatte das Doppelunternehmen die 1. Französische Armee gekostet. Lattre de Tassigny rechtfertigte die Opfer später mit dem gleichen Argument, mit dem de Gaulle ihn zur Eile angetrieben hatte: Angesichts der Stoßkraft von 14 Divisionen der benachbarten 7. US-Armee, die zwischen Worms und Ludwigshafen über den Rhein gekommen waren, hätte die französische Armee ohne eigenes frühzeitiges Übersetzen über den Rhein bei der Besetzung Südwestdeutschlands nur eine untergeordnete Rolle gespielt. Die Amerikaner förderten freilich die Operation der Franzosen erneut durch ein beachtliches Entgegenkommen: Trotz Überlastung ihrer bei Mannheim gebauten Schiffsbrücke durch das Übersetzen der eigenen Divisionen erlaubten sie der 1. Französischen Armee, eine beträchtliche Anzahl von Panzern und anderen schweren Fahrzeugen über die Brücke auf die rechte Rheinseite zu bringen. General de Lattre de Tassigny aber schwärmte, nachdem seine Truppen an Ostern 1945 auf dem rechten Rheinufer Fuß gefaßt hatten: *„Im Bewußtsein, die Heldentaten von Turenne und Napoleon* (die im Jahre 1674 bzw. im Jahr 1806 über den Oberrhein nach Deutschland eingedrungen waren; d. Verf.) *erneuert zu haben, träumen die Bezwinger des deutschen Rheins von Husarenritten, die sie bis zur Donau führen werden . . .."*[7]

Für die 257. VGD, die sich am Rhein zwischen Rappenwört und Leopoldshafen zur Verteidigung eingerichtet hatte, schien nun Klarheit geschaffen, von wo sie den Angriff auf Karlsruhe zu erwarten hatte – von Norden. Schon in der Nacht zum 31. März war das Grenadierregiment 466 aus seiner Ruhestellung in der Rheinkaserne herausgeholt und an die rechte Flanke des Divisionsabschnitts geworfen worden.[8] Nach dem Übersetzen der Franzosen über den Rhein bei Speyer und Germersheim wurde das Gren. Rgt. 457 unter weitgehender Entblößung des bisherigen Mittelabschnitts bei der Maxauer Brücke in Richtung Hochstetten in Marsch gesetzt. Am Ostersonntag (1. April) schließlich dehnte die Division ihren Aktionsradius nördlich Karlsruhe bis zu den Kraichgauhügeln aus: Je eine Kompanie jedes Regiments wurde zum Schutz der Gebirgseingänge in die Räume Untergrombach, Weingarten und Grötzingen befohlen. Der Kampfkommandant Karlsruhe erhielt zugleich den Befehl, *„mit allen zur Verfügung stehenden Kräften des Volkssturms eine 2. Riegelstellung zwischen der Schwarzwald-Randstellung und dem Rhein unter weitgehender Ausnutzung des ‚Nordriegels Karlsruhe'"* auszubauen.

Am Ostermontag (2. April) hatte das nach Hochstetten beorderte Grenadierregiment 457 drei schwere, mit Panzern vorgetragene Angriffe der aus dem Brückenkopf gegenüber Germersheim nach Süden vorgestoßenen 2. marokkanischen Infanteriedivision abzuwehren. Unter Abschuß von drei Panzern wurde die HKL gehalten.[9] Dieser Angriff war zweifellos koordiniert mit einem dritten Übersetzmanöver der Franzosen.

Schon am 30. März, vermutlich als Ablenkungsmanöver der in

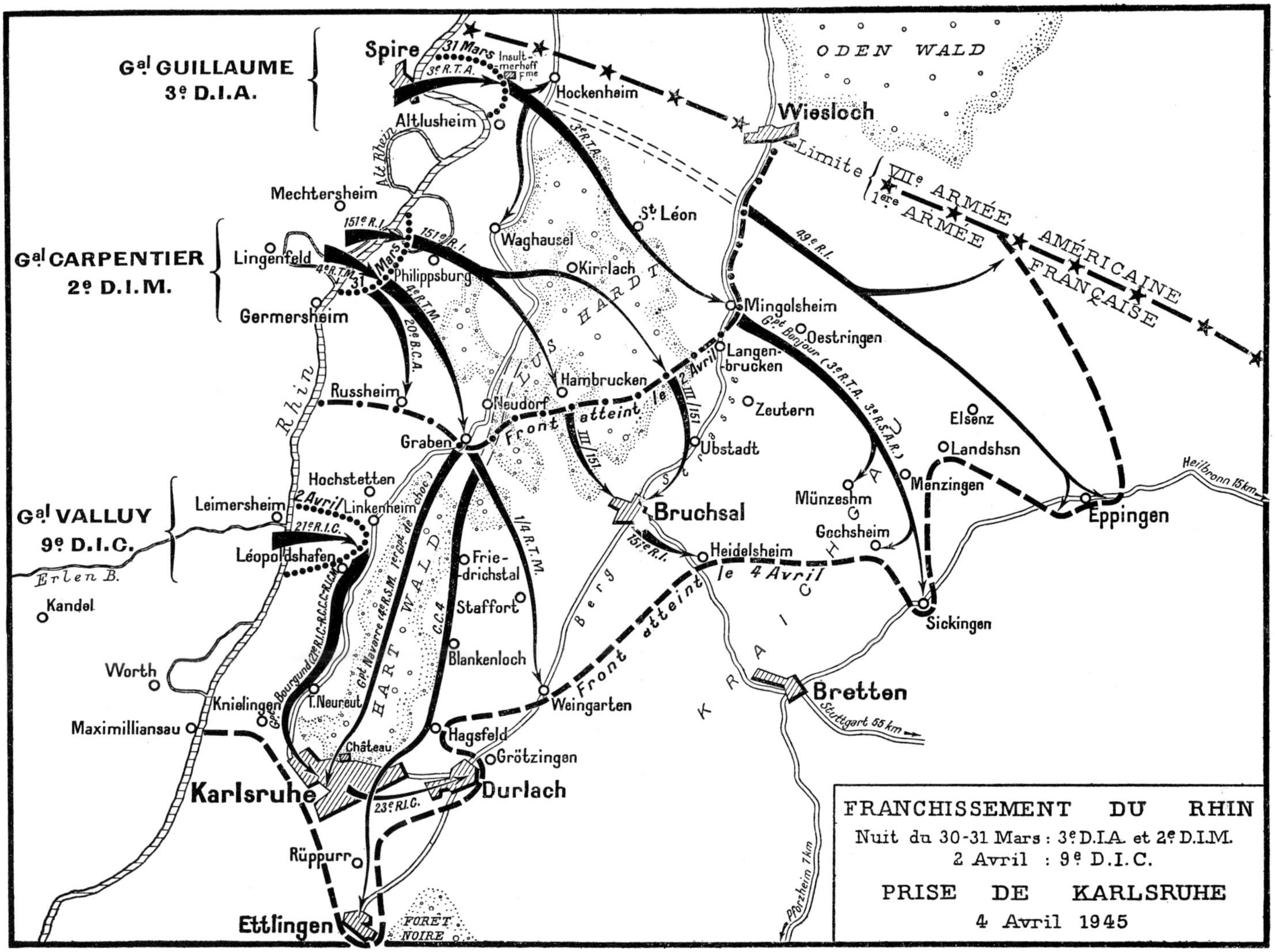


**Der Rheinübergang der 1. Französischen Armee und deren Operationen im Raum Speyer – Eppingen – Karlsruhe aus französischer Sicht. Die gestrichelte Linie kennzeichnet den Frontverlauf nach Einnahme der Stadt Karlsruhe am Abend des 4. April 1945.**

der Nacht darauf erfolgten geglückten Operation bei Speyer und Germersheim, hatte ein feindlicher Spähtrupp bei Leimersheim über den Rhein zu setzen versucht. Im Kriegstagebuch der 257. VGD ist dieser Vorfall lakonisch mit folgenden Worten festgehalten: *„Zum erstenmal unternimmt der Gegner einen Übersetzversuch über den Rhein im Abschnitt der Division. Der feindliche Spähtrupp wird im Feuer der leichten I.G.-Waffen zusammengeschossen. Das Boot treibt stromab."*[10]
Am Ostermontag aber machten die Franzosen in diesem Abschnitt ernst. Nach starkem Trommelfeuer und nachdem sie eine Nebelwand gelegt hatten, trat südöstlich Leimersheim nun auch die 9. Kolonial-Infanterie-Division unter General Valluy zu ihrem Übersetzmanöver über den Rhein an.[11] Zwischen 18 und 20 Sturmbooten gelang, unter dem konzentrierten

Feuerschutz von Panzern, die am Westufer des Rheins aufmarschiert waren, die Landung am Ostufer. Der erste von fünf Bunkern, von den Franzosen „Blockhaus"[12] genannt, fiel der Sturmkompanie des Angreifers kampflos in die Hände, die übrigen vier lt. Kriegstagebuch der 257. VGD *„nach erbittertem Kampf"*.[13]
Damit hatte auch die zum Schutz Karlsruhes eingesetzte 257. VGD ihre „Invasion" von jenseits des Rheins. *„Der sofort eingesetzte Gegenstoß"*, so heißt es in der Tagesmeldung der Division vom 2. April an das XC. Armeekorps, *„bleibt erfolglos, da es infolge der knappen Munitionsmenge unmöglich ist, den übersetzenden Gegner durch eigenes Artilleriefeuer zu vernichten oder ihn auf dem Ostufer niederzuhalten."*[14] Nachdem der Widerstand der 257. VGD gebrochen war, begann bei Leimersheim auch die 1. Panzerdivision der Franzosen mit ihrer „Passage du Rhin".

**Am 7. April läßt sich General de Gaulle an der zerstörten Rheinbrücke bei Maxau von General de Lattre de Tassigny über Operationen seiner 1. Französischen Armee berichten.**

## Hauptkampflinie am Pfinzentlastungskanal

An diesem 2. April 1945, am Ostermontag, nahmen die aus dem Brückenkopf ostwärts Germersheim vorgestoßenen französischen Einheiten Bruchsal, Unteröwisheim, Karlsdorf und Graben. Angesichts dieser Entwicklung schlug die 257. VGD, die ihre Hauptkampflinie zu diesem Zeitpunkt noch auf der Höhe Linkenheim – Leopoldshafen hatte, dem Generalkommando des XC. Armeekorps vor, mit den eigenen Kräften auf den Karlsruher „Nordriegel" zurückzugehen.[15] Das Korps genehmigte diesen Vorschlag zunächst nicht und bestimmte als neue HKL der Division die Linie Staffort – Nordausgang Blankenloch – Verlauf Pfinzentlastungskanal – Rheindamm 300 m südlich Rheinkilometer 102,4.[16]
Das Grenadierregiment 457 erhielt daraufhin durch Divisionsbefehl den Auftrag, seinen Abwehrschwerpunkt in den Abschnitt Blankenloch zu verlegen und die auf das Karlsruher Schloß führenden Alleen an den Schnittpunkten mit der Straße Hagsfeld – Eggenstein zu sperren. Das Grenadierregiment 466 sollte die von Norden auf Eggenstein führenden Straßen sperren und sich auf Angriffe vorbereiten, die nach der geglückten Übersetzaktion bei Leimersheim zu erwarten waren. Eine südlich Eggenstein zu stationierende Regimentsreserve sollte gegen weitere Übersetzversuche des Gegners über den Rhein eingesetzt werden können. Das Grenadierregiment 477 schließlich, noch immer in den Bunkern und Feldstellungen am Rhein zwischen Rappenwört und Neureut liegend, sollte vor allem Übersetzversuche des Feindes am Rheinhafen und bei Maxau vereiteln, sich aber zugleich darauf vorbereiten, auf den Karlsruher „Nordriegel" ausweichen zu müssen. Der genannte Divisionsbefehl vom 2. April beorderte zwei Abteilungen des Artillerieregiments 257 in den Fasanengarten, eine Abteilung in den „Wald westlich Bulach". Die Sanitätskompanie der Division hatte ihren vorgeschobenen Hauptverbandsplatz wie seit Räumung der Pfalz im Städtischen Krankenhaus. Vorsorglich waren jedoch Hauptverbandsplätze in Ettlingen und in Stein eingerichtet worden.
Am späten Ostermontagabend (2. April) verlegte die Division ihren Gefechtsstand vom Bunker am Flughafen Erzbergerstraße zum Rittnerthof. Noch vor dieser Standortveränderung beklagte der „Ia" der Division, Oberstleutnant Ernst Linke, in seiner Tagesmeldung an das XC. Armeekorps den unzureichenden Nachschub an Artillerie- und schwerer Infanteriemu-

nition sowie den Mangel an Betriebsstoff. Das Halten der 25 km langen Divisionsfront, insbesondere der äußerst schwach besetzten HKL am Rhein, sei dadurch auf die Dauer nicht möglich. Dies um so weniger, *„als die in den letzten Tagen durch Einsatz verschiedenster Art und Versprengte aufgefüllten Gren. Regimenter die alte Kampfkraft nicht mehr besitzen".*[17]

Die Karlsruher merkten von der permanenten Umgruppierung der Front und der Verschiebung von Einheiten nicht allzu viel, zumal sich jeglicher Standortwechsel zum Schutz gegen Jabo-Angriffe grundsätzlich bei Nacht vollzog. Überraschend hatte es in der Karwoche drei Tage lang, von Dienstag bis einschließlich Gründonnerstag, keinen Luftalarm, am Karfreitag nur zwei kurze Jaboangriffe gegeben. Noch am Karfreitagabend veranstaltete Emil Mangler, der städtische Musikbeauftragte, unter der Leitung von Wilhelm Rumpf im Haus Solms ein Konzert mit Werken von Bach, Biber und Schütz. Im Tagebuch von Marianne Kiefer ist darüber zu lesen: *„Am Karfreitag wieder ein Konzert: Die Räumlichkeiten konnten die vielen Menschen nicht fassen, denn 150 Personen waren mindestens anwesend. Natürlich wurden wir von den Jabos schwer gestört. Aber trotz Bomben und Bordwaffen ließen sich die Künstler nicht aus der Ruhe bringen. Elfriede Haberkorn sang unbeirrt ihr ‚Agnus Dei'."*[18]

**Bunker waren die erste Auffanglinie nach dem Rückzug über den Rhein.**

# Ostern 1945 in Karlsruhe

Am Karsamstag des Jahres 1945 – es war der 31. März – sprengten Pioniere der Wehrmacht Brücken im Osten der Stadt, u. a. auch das imposante Bauwerk der Autobahnbrücke bei Wolfartsweier. Den Tag vor Ostern verbrachten die Karlsruher bei Luftalarm, der ununterbrochen von 6.30 Uhr in der Frühe bis nach 19 Uhr abends dauerte, weitgehend in den Kellern. Da und dort wurden Flugblätter verteilt, in denen für den Fall der Besetzung der Stadt Anleitungen für „Werwolf"-Aktivitäten (u. a. Ausstreuen von Nägeln und Verunreinigung von Benzintanks) gegeben wurden.[1]

An diesem Tag kam es zu einem Ereignis, das vor allem in der Weststadt Aufsehen erregte. Die im Gelände zwischen Bulach und Oberreut stehende Flak-Batterie beschoß einen aus etwa 40 zweimotorigen Flugzeugen bestehenden, von einem Einsatz aus östlicher Richtung kommenden amerikanischen Verband, wobei eine Maschine getroffen wurde. Robert Ehrmann (* 1930), der den Vorfall von der Heidenstückersiedlung aus beobachtete: *„Das Leitwerk wurde durch die Explosion abgesprengt, worauf sich die Maschine zunächst überschlug und dann senkrecht abstürzte."*[2] Das Flugzeug stürzte in eine Baumgruppe beim Gasthaus „Graf Zeppelin" Ecke Sophien- und Yorckstraße. Einer der Insassen wurde im Flugzeugwrack verkohlt aufgefunden, ein anderer, ebenfalls tot, in einem benachbarten Garten. „Mich interessierte", erinnert sich der damals 15jährige Herbert Weimar, der ebenso wie Ehrmann sofort zur Absturzstelle geeilt war, *„nur die Pelzjacke, die der Tote anhatte, das war halt damals so. Aber da war ja sofort alles abgesperrt."*[3]

Ehrmann ist andererseits gut in Erinnerung, daß er von der Batterie her, welcher der Abschuß geglückt war, trotz der weiten Entfernung laute Hurrarufe hörte. Zwei der vier Insassen überlebten. Sie waren mit Fallschirmen abgesprungen, öffneten diese, um nicht Infanteriewaffen ein Ziel zu bieten, jedoch erst etwa 100 m über den Dächern der Weststadt.[4] Die Überlebenden wurden von Polizeimeister Kurt Rentschler zum Polizeipräsidium gebracht.[5]

Gründonnerstag, 29. März 1945, 18 Uhr 30
Karfreitag, 30. März 1945, 18 Uhr 30
im Hause Solms, Bismarckstr. 24
2. April 1945

Musiker und Dichter

4. Veranstaltung:

Bach, Biber, Schütz

1) Ricercare (6stimmig) für Streicher aus dem „Musikalischen Opfer" — J. S. Bach
2) „Erbarme dich, mein Gott" Arie für Alt, Soloviolinе, Streicher und Continuo aus der „Matthäus-Passion" — J. S. Bach
3) Choralvorspiel und Chor „Wenn ich einmal soll scheiden" — J. S. Bach
4) Rezitation: „Karfreitag" — Gudrun Bayer
5) Chor a cappella: „Ehre sei dir, Christe" — Heinrich Schütz
6) Sonate c-moll aus den „Mysterien" für Violine und Klavier — H. J. Fr. Biber
7) „Agnus Dei" aus der Hohen Messe für Alt, Streicher und Continuo — J. S. Bach
8) „Air" aus der Suite D-Dur für Streicher und Continuo — J. S. Bach
9) „Ach Herr, laß dein lieb Engelein" Schlußchoral aus der „Johannes-Passion" — J. S. Bach

Gudrun Bayer/Rezitation, Elfriede Haberkorn/Alt, Ruth Schellenberg/Continuo, Georg Valentin Panzer/Violine, Madrigalvereinigung des Bachchores Karlsruhe
Leitung: Wilhelm Rumpf

5. Veranstaltung des städt. Musikbeauftragten
21. u. 22. April 1945: Franz Schubert Alt-Lieder, Forellen-Quintett

## Befehl: Die Stadt bis zum Letzten verteidigen!

Bei dieser Gelegenheit wurde Rentschler Zeuge eines Telefongesprächs, das Polizeipräsident Claaßen im offenen Nebenzimmer mit dem Befehlshaber des Stuttgarter Wehrkreiskommandos V, General Rudolf Veiel, führte. Der General bekräftigte in diesem Gespräch den Befehl, daß Karlsruhe als ein befestigter Ort mit allen Mitteln und Kräften zu verteidigen sei. Der Hinweis des Polizeipräsidenten, sowie des bei dem Gespräch anwesenden Chefs der Schutzpolizei, Kunhard, zur Verteidigung fehlten die notwendigen militärischen Kräfte, nutzte nichts: Die Stadt müsse verteidigt werden, hörte Rentschler den Polizeipräsidenten den ihm erteilten Befehl wiederholen, und zwar *„bis zum Letzten"*.

***Konzerte unter Kanonendonner: Obschon die Stadt unter heftigem Artilleriefeuer liegt, werden im Haus Solms Konzerte durchgeführt.***

Am Ostersonntag fuhren von Karlsruhe aus die letzten Züge. Ihre Ziele waren Pforzheim und Eppingen. Noch einmal, wie schon an jedem der vergangenen Tage, suchten zahlreiche Karlsruher noch irgendwo auf dem Land Sicherheit zu finden. *„Ostern war ein eigenartiger Tag"*, erinnert sich Pfarrer Clemens Weis, damals Kaplan in St. Stephan. Er fährt fort: *„Aus den Trümmern heraus wuchsen bei strahlendem Frühlingswetter Forsythien, allem Schweren zum Trotz und in reicher Fülle blühend. In Sonntagskleidern kamen die Menschen zum Gottesdienst, der seit der Zerstörung unserer Kirche im Kindergarten an der Adlerstraße stattfand. Jedermann hatte das Gefühl: Die Welt kann nicht untergehen."*[6] Daß den von de Gaulle und de Lattre im Wettlauf mit den Amerikanern zur Eile angetriebenen französischen Truppen in der Nacht zum Ostersonntag bei Speyer und Germersheim bereits der Übergang über den Rhein gelungen war, und daß sich die französischen Regimenter schon Bruchsal näherten, wußten in Karlsruhe zunächst nur die Kommandostäbe der Wehrmacht.

Zufrieden mit dem Gottesdienstbesuch war am Ostersonntag auch der evangelische Dekan Kobe, dessen Kirche in Knielingen am Mittwoch zuvor durch vier Granaten der französischen Artillerie schwer beschädigt worden war. Kobe zählte beim Ostergottesdienst immerhin 60 Teilnehmer, unter ihnen den Feldarzt und zwei Sanitätsunteroffiziere der Berliner „Bärendivision".[7]

An diesem Ostersonntag gab es zwar erneut vielstündigen Alarm, aber es fielen keine Bomben. Dennoch erschütterten zahlreiche heftige Detonationen die Luft. Sie wurden verursacht einerseits durch Artillerieeinschläge, andererseits durch die systematische Sprengung aller bis dahin noch intakten Eisenbahn- und Flußbrücken. Um Sprengmaterial zu sparen, wurden für die Sprengungen weitgehend Bomben-Blindgänger verwendet, die man geborgen und zu den Brücken geschafft hatte.

Am Ostersonntag schlossen Volkssturmeinheiten zusammen

mit russischen Kriegsgefangenen die Lücken und Barrikaden, die an die Radialen beim Schloßplatz sowie an allen wichtigen Zugängen zur Innenstadt das bis zum letzten Mann zu verteidigende Zentrum sichern sollten. Willi Weingartner (*1908), mit einer Rüppurrer Volkssturmgruppe zu diesem Einsatz befohlen, erinnert sich: *„Da waren vorher bereits Straßenbahnwagen herangeschoben worden, und wir mußten die Lücken mit Steinen auffüllen, die in den Trümmern der zerstörten Ministerien am Schloßplatz massenhaft herumlagen."*[8]

Gleichfalls am Ostermontag – es war der 2. April – bestätigte ein Erkundungskommando der Polizei, das in den Raum bis südlich Graben vorstieß, die schwierige Munitions- und Treibstofflage der kämpfenden Truppe. Weil es an beidem fehlte, hatten Artilleristen der „Berliner Bärendivision" ihre Geschütze gesprengt, bevor sie ihre Stellung räumten. Von ganz anderer Art war ein Auftrag, den der schon genannte Polizeimeister Kurt Rentschler zusammen mit zwei Kollegen auszuführen hatte. Die drei Polizeibeamten brachten am Ostermontag einen Lkw bis obenhin gefüllt mit Polizeiakten in den Schwarzwald – Akten, die später nie wieder gefunden wurden.[9] Am Ostermontag um 18 Uhr schließlich, als ob der Feind nicht schon praktisch vor den Toren der Stadt stünde, fand im Haus Solms erneut ein vom städtischen Musikbeauftragten Emil Mangler, dem späteren Karlsruher Archiv- und Büchereidirektor, veranstaltetes Konzert statt. Gespielt wurden Werke von Bach, Biber und Schütz.[10] Es war das letzte Konzert, bevor in Karlsruhe das Hakenkreuz der Trikolore wich.

## Artillerieangriff fordert 26 Tote

Am Tag darauf, am Osterdienstag, dem 3. April, erlebte Karlsruhe seinen schwersten Artillerieangriff während des ganzen Krieges. Vor allem in Knielingen erzitterten die Häuser unter dem stundenlangen Artilleriebeschuß. Doch diesmal war nicht Knielingen das Ziel, vielmehr suchten die Granaten ihren Weg in die Karlsruher Innenstadt. Hierzu der evangelische Pfarrer von Knielingen in einer Tagebucheintragung: *„Man weiß, daß nun die Stadt unter dem Granatfeuer der Artillerie vom linken Rheinufer abwärts Maxau liegt, so daß unser Ort von den Geschossen überflogen wird. So erhebt sich ein Artillerieduell um Karlsruhe, wie es bisher noch nie erlebt worden ist."*[11]

Die Karlsruher verbrachten diesen Tag weitgehend im Keller. Die Straßenbahn, der Trümmer wegen ohnehin nur noch auf Teilstrecken fahrend, mußte ihren Betrieb einstellen. (Wohl niemand hätte geahnt, daß es von diesem Osterdienstag an acht Wochen dauern sollte, bis in Karlsruhe erstmals wieder eine Straßenbahn fahren würde . . .) Auch die Kanonade vom

***Die Kirche St. Stephan – auch nach der Zerstörung ein erhabenes Bauwerk. Der Kindergarten an der Adlerstraße war seit Herbst 1944 die Ersatzkirche.***

3. April forderte viele Opfer: 26 Tote waren zu beklagen. Unter ihnen befand sich ein 17jähriges Mädchen aus der Zähringerstraße, das durch seinen Tod ungewollt dem schon genannten, damals 15jährigen Herbert Weimar das Leben gerettet hat. Weimar schildert den Vorgang so: *„Die Artillerie hatte eine Weile nicht hereingeschossen. Man hat sich dann sicher gefühlt und ist wieder auf die Straße gegangen. Im Haus nebenan, Zähringerstraße 88, wohnten zwei Mädchen, die auch herauskamen. Einer von ihnen zeigte ich einen Granatsplitter von einem zuvor explodierten Geschoß. In diesem Moment hörte ich eine Granate pfeifen. Das war so laut und so gräßlich, daß man wußte, die schlägt ganz in der Nähe ein. Ich hab' mich dann rückwärts in den Hauseingang reingeworfen. Der Siebzehnjährigen aber hat es beide Arme und beide Beine abgeschlagen, und der Rücken war völlig zerfetzt. Sie hatte am Eingang gestanden und mit ihrem Rücken praktisch die Splitter von mir abgehalten."*[12]
An diesem Tag, trotz des anhaltenden Artilleriefeuers, fand in den Ruinen des Landesgewerbeamtes gegenüber dem Polizeipräsidium angesichts des zu erwartenden Angriffs und des Befehls zur Verteidigung der Stadt ein Übungsschießen der Polizei mit Panzerfäusten statt. Die Bewohner der Innenstadt, verängstigt schon wegen des starken Artilleriefeuers, empörten und beschwerten sich im Polizeipräsidium über die Schrecken auslösenden zusätzlichen Explosionen. Dies mit dem Erfolg, daß der Polizeipräsident die Übung kurzerhand beendete. Gleichzeitig aber ließ er vor dem Präsidium mit Front zum Marktplatz aus Sandsäcken Schützenstellungen bauen. Was Polizeipräsident Claaßen nicht wußte, wohl auch nie erfuhr: Innerhalb seiner 80-100 Mann starken Belegschaft im Polizeipräsidium gab es lt. Polizeimeister Rentschler eine kleine Gruppe, die mit dem Gedanken umging, den Präsidenten zu ermorden, um auf solche Weise die Verteidigung des Polizeipräsidiums verhindern zu können. Zur Tat selbst ist es nicht gekommen, auch nicht zu dem Versuch.[13]
Wer in einer Feuerpause der feindlichen Artillerie den Keller verließ, konnte an diesem Osterdienstag – vor allem von Blankenloch her – schon deutlich den Gefechtslärm von Panzern sowie von Panzerabwehr –, aber auch von Infanteriewaffen hören. Für Karlsruhe, das wußten alle, hatte die Stunde der Entscheidung geschlagen. Was würden die folgenden Stunden und Tage der Stadt und der Bevölkerung bringen? Eine fiebrige Spannung bemächtigte sich der Menschen, gemischt einerseits mit fatalistischer Ergebenheit in das ungewisse Schicksal, aber auch – mit Neugierde. Doch stärker als alle anderen Gefühle, stärker auch als die aufkommende Erleichterung, daß der Krieg für Karlsruhe zu Ende kommen würde, war die Unruhe angesichts der Ungewißheit, wie dies geschehen würde. Die Angst, Karlsruhe selbst werde zum Kampfgebiet, die Stadt werde befehlsgemäß bis zum bitteren Ende verteidigt, war groß. Mit der Erklärung der Stadt zur „Festung" blieb im Grunde keine andere Wahl.

## Hüssy: Verteidigung der Stadt verhindern!

Die Sorge um das Schicksal der Stadt und ihrer Bürger im Falle der Verteidigung belastete vor allem auch Karlsruhes Oberbürgermeister Dr. Oscar Hüssy. Aus Aufzeichnungen des Verwaltungsdirektors Adolf K. Fr. Supper (1899-1975), des Karlsruher Hauptamtleiters und Ratschreibers bis Kriegsende, ist zu schließen, daß sich Dr. Hüssy sowohl bei der Wehrmacht wie bei der Partei nachdrücklich bemühte, die Verteidigung der Stadt zu verhindern. In einem Bericht, geschrieben im August 1945, schildert Supper, wie der Karlsruher Oberbürgermeister wenige Tage vor Einmarsch der Franzosen vor einem aus städtischen Bediensteten gebildeten Volkssturm-Stoßtrupp die Hoffnung äußerte, daß es ihm in

---

*„Damals 14 Jahre alt, war ich mit dem gleichaltrigen Wolfgang Schmitt in Jungvolkuniform bei der Ortsgruppe Ost III als Hilfskraft eingesetzt. Am Tag vor dem Einmarsch der Franzosen erhielten wir den Befehl, bei der Kreisleitung Ecke Kriegs- und Karlstraße Volkssturmarmbinden abzuholen. Die Stadt lag an diesem Tag unter starkem Artilleriefeuer. An einer Infanteriestellung Ecke Kreuz- und Kriegsstraße gab uns ein Offizier den ‚dienstlichen Befehl', sofort umzukehren, weil die Kriegsstraße nicht passierbar sei. Daß wir auf diese Weise unseren Auftrag nicht ausführen konnten, hat auf der Ortsgruppe niemanden gestört. Auf dem letzten Stück unseres Wegs zurück in die Oststadt rief uns eine Frau zu: ‚Buwe, zieht lieber eure Uniform aus.'"*

Walter Schroff (Stadtarchiv Karlsruhe, Unterlagen zur Stadtgeschichte 107)

---

letzter Minute noch gelingen werde – und nun Supper wörtlich – *„die von der Wehrmacht beabsichtigte, unzweckmäßige und sinnlose Befestigung abzuwehren und Karlsruhe zur offenen Stadt erklären zu lassen".*[14] Er, Hüssy, so schrieb es Ratschreiber Supper nieder, betrachtete es als seine vornehmste Aufgabe, zu verhindern, daß Karlsruhe bei den bevorstehenden Kampfhandlungen zerstört würde. Allerdings stünde er mit seiner Auffassung nicht nur im Gegensatz zur Wehrmacht, sondern auch zu gewissen Dienststellen der Partei und zu den verbindlichen Befehlen bezüglich der Verteidigung deutscher Städte und Ortschaften.

Eine schwere Hypothek war für den Karlsruher Oberbürgermeister auch Hitlers „Zerstörungsbefehl" vom 19. März 1945. Diesem Befehl zufolge sollten vor dem Rückzug deutscher Truppen innerhalb des Reichsgebietes alle Verkehrs- und Nachrichtenanlagen, aber auch alle Industriewerke und Versorgungseinrichtungen vernichtet werden. Höchste Gefahr bestand in Karlsruhe vor allem für das Elektrizitäts-, Gas- und Wasserwerk. Der damalige Oberrechtsrat Fritz Gut (*1900), der spätere langjährige Stadtsyndikus der Stadt Karlsruhe, erinnert sich, daß der Oberbürgermeister seinen Werksleiter, Baudirektor Konstantin Eglinger, anwies, beim Karlsruher Kampfkommandanten darauf hinzuwirken, daß die Zerstörung dieser für die Bevölkerung lebenswichtigen Anlagen unterbliebe.[15]

Dem Bemühen der Stadtverwaltung kam zustatten, daß auch die 257. Volksgrenadierdivision, die Berliner „Bärendivision" – sie hatte sich, wie schon erwähnt, am Rhein zur Verteidigung eingerichtet und befand sich nördlich der Stadt in schweren Abwehrkämpfen –, entgegen den Befürchtungen des Oberbürgermeisters, das gleiche Ziel verfolgte. Der 1. Generalstabsoffizier dieser Division, Oberstleutnant a. D. Ernst Linke, erinnert sich an Gespräche, die mit verantwortlichen Zivilisten (unter ihnen mit großer Sicherheit Baudirektor Eglinger) im Karlsruher Rheinhafen geführt wurden. Linke wörtlich: *„Es hat in diesem Zusammenhang, daran entsinne ich mich noch deutlich, einen sehr harten Disput mit Parteileuten gegeben. Welchen Rang diese hatten, weiß ich nicht mehr. Ich meine, es wäre der Kreisleiter gewesen. Die sehr harten Auseinandersetzungen endeten damit, daß sich die Parteileute unserem Befehl fügten, auf Zerstörungsmaßnahmen zu verzichten."*[16]

## Heinrich soll die Stadt übergeben

Um ganz sicher zu gehen, daß in dem Befehlswirrwarr jener Zeit nicht doch noch Unheil angerichtet würde, beschwor der Stadtwerkechef Eglinger zusätzlich den Karlsruher Kampfkommandanten, nicht von sich aus Sprengungen von Versorgungsanlagen durchzuführen. Das betreffende Telefongespräch hatte am Karsamstag im Haus des (zur Wehrmacht einberufenen) HJ-Obergebietsführers Friedhelm Kemper in der Göhrenstraße in Rüppurr stattgefunden, wo der ausgebombte Baudirektor untergekommen war. Bei dieser Gelegenheit, so Willi Weingartner, der Nachbar Eglingers, der bei dem Gespräch anwesend war, sicherte der Stadtwerkechef dem Kampfkommandanten zu, das Elektrizitäts-, Wasser- und Gaswerk durch kleinere, schnell wieder zu behebende Eingriffe „lahmzulegen".[17] Auf diese Weise wollte der für die Werke Verantwortliche sowohl den Zerstörungsbefehl Hitlers als auch dessen gänzliche Sabotierung einschließlich möglicher schwerwiegender Konsequenzen umgehen.

So wurde dann auch verfahren. Eglinger konnte in diesem Zusammenhang auch verhindern, daß die Brücke über den Rangierbahnhof gesprengt wurde, denn über sie und dann durch die Eisenbahnunterführung in der Mittelbruchstraße war nach der Zerstörung der Hauptwasserleitung durch Bomben vom Wasserwerk Durlacher Wald aus eine Behelfsleitung bis zu einem Schacht Ecke Stuttgarter und Rüppurrer Straße gelegt worden. Die Zerstörung der bis dahin so gut wie unbeschädigt gebliebenen Eisenbahnbrücke in der Mittelbruchstraße konnte jedoch auch Eglinger nicht abwehren. Am Vormittag des 3. April, ein Tag vor der Besetzung der Stadt durch die Franzosen, wurde sie gesprengt.[18]

Oberbürgermeister Dr. Hüssy, dem auch Gegner des Nationalsozialismus das Zeugnis ausstellen, ein korrekter und fairer Verwaltungschef gewesen zu sein, unter dem aus politischen Gründen niemand zu leiden hatte, bestellte sein „Haus" vor dem zu erwartenden Angriff der Alliierten auch im personellen Bereich. Am Ostermontag rief er seinen Stadtjuristen, Oberrechtsrat Fritz Gut, sowie Direktor Josef Heinrich (1879-1955), Chef des Amtes für Versorgung und Fragen der Verteidigung, zu sich. Er selbst, so erklärte Dr. Hüssy, fühle sich verpflichtet, angesichts der bevorstehenden militärischen Ereignisse einen Mann zu bestimmen, der die Verwaltung der Stadt der Besatzungsmacht übergibt. Selbstverständlich könne er mit dieser Aufgabe keinen Nationalsozialisten beauftragen. Er könne aber auch nicht den als Gegner des NS-Regimes bekannten „schwarzen" Gut benennen. Als politisch neutraler Mann schien der genannte Josef Heinrich dem Oberbürgermeister der geeignete Beamte, in der bevorstehenden sehr schweren Zeit die Geschäfte des Stadtoberhauptes zu übernehmen.[19] Überraschend akzeptierten die Franzosen nach Einnahme der Stadt den 67jährigen Josef Heinrich als Sprecher der Stadtverwaltung und ernannten ihn umgehend zum Bürgermeister. Hüssy setzte sich mit der von ihm geführten Volkssturmeinheit „Stoßtrupp Stadt" am Morgen des 4. April, dem Einmarschtag der Franzosen, von Karlsruhe ab (vgl. „Der Krieg zieht sich aus Karlsruhe zurück").

### Bis zuletzt: Durchhalteparolen

Am Morgen des 3. April war noch einmal „Der Führer" erschienen, seit Schließung der „Badischen Presse" im September 1944 die einzige Karlsruher Zeitung. Sie war schon seit Monaten nicht mehr ausgetragen worden. Wer sie lesen wollte, konnte sie sich beim Lebensmittelhändler, in Milchgeschäften, Bäckereien oder Metzgereien abholen. Das nur aus zwei Seiten bestehende Blatt meldete im Wehrmachtsbericht vom Tag zuvor, daß der Gegner schon bis Bruchsal vorgedrungen sei. Tatsächlich war Bruchsal von den Franzosen noch am 2. April eingenommen worden.

Der gleiche Wehrmachtsbericht meldete „schwere Kämpfe in der Danziger Bucht". In Karlsruhe wußte zu diesem Zeitpunkt niemand, daß dort die „Karlsruher" 35. Infanterie-Division eingesetzt war. Nach den verlustreichen Rückzugskämpfen in Rußland und Polen war die Division auf etwa ein Zehntel ihrer Soll-Kriegsstärke, etwa 1500 Mann, zusammengeschmolzen.[20] Dem Aushalten der dezimierten Einheiten der 35. I. D., unter ihnen das Karlsruher Traditionsregiment 109, war es mit zu verdanken, daß in jenen Wochen noch Hunderttausende von Flüchtlingen aus Ost- und Westpreußen vom Brückenkopf Schievenhorst ostwärts Danzig aus über die Ostsee in Sicherheit gebracht werden konnten.[21]

Durchhalteparolen von Reichsleiter Bormann und Gauleiter Wagner, Aufrufe, sich dem „Werwolf", einer Organisation, die im Rücken des Feindes kämpfen sollte, zur Verfügung zu stellen, und ein Appell, kein wehrpflichtiger oder arbeitsfähiger deutscher Mann zwischen 15 und 55 Jahren dürfe dem Feind in die Hände fallen, bestimmten den Inhalt der Frontseite des „Führer" vom 3. April. Der Aufruf an die männliche Bevölkerung, sich nicht vom Feind überrollen zu lassen, gipfelte in folgender Warnung: *„In einem Zeitpunkt, da das Reich jeden Mann zur Verteidigung und zur Rüstung braucht, gibt es keine Entschuldigung für den, der in seinem Keller, feige jammernd oder mit verräterischen Absichten spielend, auf die Ankunft des Feindes wartet. Wer so handelt, versündigt sich so schwer gegen die Zukunft seines Volkes, daß ihn unfehlbar die gerechte Vergeltung eines Tages treffen muß! Wie die Front, so kennt auch die abwehrbereite Heimat keinen unverwundeten Gefangenen, sondern nur Überläufer und Deserteure, die für ihre Feigheit und Ehrenvergessenheit nach Recht und Gerechtigkeit bestraft werden!"*

Den Anzeigenteil der für die Dauer von fast einem Jahr letzten Zeitung, die in Karlsruhe erschien, beherrschten wie seit Monaten Kleinanzeigen mit Todesmeldungen von der Front und als Folge von Bombenangriffen. Aufschlußreich einige Tauschgesuche. Gegen eine Schreibmaschine wird ein Handleiterwagen gesucht, statt einer angebotenen Fahrradbeleuchtung Felgen für ein Fahrrad, und ein Dritter bietet ein Klavier und sucht dafür zwei bis drei Stühle. In den noch intakten drei Kinos der Stadt – Atlantik, Kali Durlach und Markgrafen-Theater Durlach, den einzigen Unterhaltungsmöglichkeiten in der zerbombten Stadt – werden „In flagranti", „Ich brauche Dich" und „Das war mein Leben" angeboten.

Die größte Aufmerksamkeit dürfte bei den Lesern an diesem Tag die Bekanntmachung des Karlsruher Ernährungsamtes gefunden haben, wonach auf Abschnitt Z 6 der Grundkarte der 73. Zuteilungsperiode 300 Gramm Fischmarinaden ausgegeben wurden. Wessen Name mit den Anfangsbuchstaben A-J begann, hatte Glück. Denn er konnte, falls er sich angesichts des starken Artilleriefeuers aus dem Haus traute, seine Zuteilung noch am gleichen Tag beim „Fischverteiler", wie es in der Bekanntmachung hieß, in Empfang nehmen. Die Buchstaben K-Z waren erst am Mittwoch, dem 4., und Donnerstag, dem 5. April, an der Reihe.

In der Frühe des 4. April rückten jedoch die Franzosen in die Stadt ein. Auf lange Zeit hinaus brach jede Ordnung zusammen.

# Wie Karlsruhe erobert wurde

Schon am 3. April 1945 kündigte sich an, doch in der Nacht zum 4. April wurde zur Gewißheit, daß es zu der befürchteten Verteidigung Karlsruhes nicht kommen würde. Die Karlsruher verdanken diese Tatsache hauptsächlich der militärischen Entwicklung, d. h. dem unerwartet schnellen Vordringen der 7. US-Armee und der 1. Französischen Armee in Nordbaden. Die Stoßrichtung der feindlichen Operation zielte eindeutig nach Osten und Südosten. Die 6. US-Heeresgruppe wollte ostwärts des Rheins möglichst rasch in die Tiefe des Raums vorstoßen, womöglich mit der Wirkung, dabei größere deutsche Truppenverbände einkesseln zu können.

Für die Berliner „Bärendivision", die den Rhein zwischen Rappenwört und Eggenstein sicherte und im Anschluß daran, zwischen dem Strom und Weingarten, den Karlsruher „Nordriegel", besetzt hielt, bestand angesichts der geschwächten eigenen Kräfte, der katastrophalen Versorgungslage und einer ungewöhnlich breiten Front die akute Gefahr eines feindlichen Durchbruchs, der Aufspaltung der Division oder gar ihrer Einkesselung. Schon am 3. April war Blankenloch verlorengegangen. Von dort, wo sich etwa 50 Panzer und Panzerspähwagen sowie ein Bataillon Infanterie festgesetzt hatten, aber auch aus dem Raum Eggenstein, wo gegnerische Angriffe an diesem Tag noch einmal hatten aufgefangen werden können, drohte ein Zangenangriff beiderseits Karlsruhe. Auch ein Einbruch in die Schwarzwaldrandstellung beiderseits Grötzingen war zu befürchten. Der Karlsruher „Nordriegel", so meldete die 257. VGD am Abend des 3. April dem XC. Armeekorps, sei unter den gegebenen Umständen nicht länger zu halten. Eine erzwungene geordnete Zurücknahme der Division auf die Schwarzwaldstellung sei infolge der Unübersichtlichkeit des Stadtgeländes nicht oder nur unter schwersten personellen und materiellen Verlusten durchführbar.[1]

Die Situation bei der Truppe wurde an diesem entscheidenden Abend vom ersten Generalstabsoffizier der Division, Oberstleutnant Linke, wie folgt beschrieben: *„Eine wirksame Unterstützung der gegen zahlreiche Feindpanzer und überlegene Infanterie schwer ringenden, durch Verluste geschwächten eigenen Truppe durch die Artillerie und schwere Infanteriewaffen ist infolge zunehmenden Munitionsmangels nicht möglich."*[2] In seinem Bericht über den „Tagesverlauf" des 3. April verwies Linke auch darauf, daß die Division wegen Kraftstoffmangels nur noch eine Beweglichkeit von 30 km besitze. Die Verpflegung sei nur noch bis zum 6. April, die Brotversorgung nur noch bis zum 7. April gesichert, während der „Verwundeten-Abschub" als undurchführbar bezeichnet wird.[3]

### Rückzug auf die Schwarzwald-Randstellung

Angesichts der gefährlichen Situation an der Front und der gespannten Versorgungslage bezeichnete die Division in ihrer Tagesmeldung vom 3. April an das XC. Armeekorps den Rückzug auf die Schwarzwald-Randstellung *„für zwingend erforderlich"*.[4] Gleichwohl erhielten die Grenadier-Regimenter 477, 457 und 466 sowie die – jetzt namentlich genannten – Karlsruher Volkssturm-Bataillone „Schleiermacher" und „Huber" in einem „Divisionsbefehl für die Kampfführung am 4. 4. 1945" der *„sofort nach Kenntnisnahme zu vernichten"* war, den Befehl, den Nordriegel Karlsruhe unter starker Bewachung am rechten Flügel zu halten und einen etwaigen Durchbruchsversuch des Feindes beiderseits Karlsruhe zu verhindern. Und dann wörtlich: *„Im Falle eines feindlichen Durchbruchs ist unter allen Umständen der Anschluß an die rechte Nachbar-Division bei Weingarten zu halten, auch wenn damit der linke Anschluß am Rhein verlorengeht. Eine dadurch bedingte Zurücknahme der Kräfte in SO Richtung bedarf der ausdrücklichen Genehmigung der Division und hat nur Schritt für Schritt kämpfend zu erfolgen."*[5]

Der Divisionsbefehl für den 4. April enthielt außerdem folgende wichtige Anweisung an den der Division unterstellten Kampfkommandanten: *„Kampfkommandant Karlsruhe bereitet an der Kern-Verteidigung eine Aufnahme-Stellung vor und setzt sich gegebenenfalls in engem Zusammenwirken und enger gegenseitiger Fühlungnahme mit den kämpfend zurückweichenden Gren. Rgt. ab."*[6] Dieser Befehl sollte bei dem nach dem Fall von Karlsruhe gegen den Kampfkommandanten durchgeführten Standgerichtsverfahren eine wichtige Rolle spielen.

Sowohl aus dem Befehl an die Infanterie-Regimenter wie aus jenem an den Kampfkommandanten war erkenntlich, daß die für die Verteidigung der badischen Landeshauptstadt zuständige Division Karlsruhe spätestens am Abend des 3. April bereits aufgegeben hatte. In Wahrheit vollzog sich der Rückzug schon zum gleichen Zeitpunkt, als die Divisionsführung zwar noch einmal die Verteidigung des Nordriegels befohlen, zugleich aber die Möglichkeit einer schrittweise erfolgenden Absetzbewegung eingeräumt hatte. Noch am Nachmittag dieses 3. April, mit Eintrag um 17 Uhr, hatte Marianne Kiefer in ihrem Tagebuch festgehalten: *„In unserem Haus wimmelt es von Soldaten. Die Verteidiger von Hagsfeld! Mit 16 Schuß für die Pistole, dem Karabiner und einigen Panzerfäusten."* Um 21 Uhr aber schreibt sie: *„Alle Soldaten werden hier abgezogen. Im Dunkel der Nacht, im strömenden Regen marschierten die ‚Verteidiger von Karlsruhe' wieder ab. Nun steht kein Soldat mehr in unserer Gegend."*[7]

**Eine Gruppe französischer Infanterie bei einem Sicherungsauftrag in der Karlsruher Innenstadt.**

Der Rückzugsbefehl kam so schnell, daß für die bei Hagsfeld stationierten Flakgeschütze kein Betriebsstoff mehr besorgt werden konnte. Sie wurden gesprengt. Marianne Kiefer, die sich beklagt, daß die deutschen Soldaten ihren kleinen Hand-Leiterwagen requiriert und mitgenommen haben, war auch aus anderem Grund bitter enttäuscht: *„Ich sprach mit Herrn Wolf, der den Einsatzbefehl zum Schanzen unter sich hatte. Unsere Arbeit war ganz umsonst, draußen am ‚Hessenköpfle'.*

**Panzer der Franzosen in der Karl-Friedrich-Straße nahe dem Marktplatz. Von der Nordseite des Platzes aus hatten sie das Polizeipräsidium und die Barrikade am Ettlinger Tor unter Feuer genommen.**

*Kein Soldat hat die Stellung bezogen. Ich möchte nur wissen, für was sich die Hagsfelder und Weingartner so geplagt haben. Im Winter, bei Eis und Schnee, war noch geschippelt worden."*[8]

Das Ersuchen der 257. VGD, sich in die Schwarzwaldrandstellung absetzen zu können, ist ohne dokumentierte Antwort seitens der übergeordneten Kommandostäbe geblieben. Ernst Linke, der „Ia" der Division, zu diesem Vorgang, der vermuten lassen könnte, die Division habe Karlsruhe ohne Einverständnis oder gegen den Befehl des ihm vorgesetzten XC. Armeekorps bzw. der 1. Armee geräumt: *„Es hat mit Sicherheit eine ‚interne und vertrauliche' Abstimmung über die gegenseitigen Auffassungen zwischen Korpschef und dem Divisions-Ia stattgefunden. Das war schon wegen der Auswirkung auf die Nachbarn notwendig. Das Korps hat von dem Entschluß ‚Kenntnis genommen', ohne ihn billigen zu können, und die Verantwortung der Division überlassen."*[9] Linke zu der Entscheidung einer kampflosen Preisgabe der Stadt: *„Die Beurteilung der Lage durch die Führung der Division ergab die Sinnlosigkeit dieses Befehls* (die ‚Festung' Karlsruhe zu verteidigen; d. Verf.), *dessen Ausführung an der allgemeinen Lage nichts geändert hätte. Der Kampf um die Stadt bis zum Letzten hätte zahllose Menschenleben, insbesondere auf ziviler Seite, gekostet und die Zerstörung der Stadt bedeutet."*[10]

Nach dem Befehl, die 257. VGD auf die Schwarzwald-Randstellung bzw. ins Pfinztal zurückzunehmen, stießen die Franzosen bei ihrem Angriff auf Karlsruhe ins Leere. Gelegentlicher Schußwechsel, den es gleichwohl gab, war im Grunde nichts anderes als Geplänkel mit den Nachhuten der 257. VGD und den von Volkssturmtrupps und Gruppen einer Kompanie Polizei gebildeten Sicherungen an den Barrikaden im Innern der Stadt. Die französische Truppenführung, überzeugt, Karlsruhe werde verteidigt, und in der Annahme, es werde zu schweren Straßenkämpfen kommen, ließ ihre Einheiten mit äußerster Vorsicht und zögernd vorgehen.

## Neureut und Knielingen schon am 3. April in französischer Hand

Am raschesten kam der Gegner angesichts des Umstandes, daß die Karlsruher „Rheinfront" und die Linie Rhein-Hardtwald von der Berliner „Bärendivision" wegen der Gefahr einer Abriegelung als erste aufgegeben worden waren, auf ihrem rechten Flügel voran. Einheiten der 9. Kolonialdivision – unter ihnen ein marokkanisches Regiment sowie ein Panzerjäger-Regiment –, die bei Leimersheim über den Rhein gekommen waren, besetzten am späten Nachmittag des 3. April, aus dem Rheinwald bei Eggenstein vorstoßend, Neureut und drangen mit einer Panzerspitze schon am Abend des 3. April, kurz nach 19 Uhr, in Knielingen ein. Dekan Kobe in seinem Tagebuch: *„Von einer dort* (an der Rheinbergstraße; d. Verf.) *ausgestiegenen Ordonnanz werden die Leute im dortigen Bunker aufgefordert, diesen zu verlassen und sich in der Nacht in ihre Keller zu begeben. Nach Erledigung einiger Fragen wegen etwa hier untergebrachter Gefangenen oder ausländischer Arbeiter werden die der Reihe nach angetretenen Leute entlassen. Die Panzerwagen ziehen, vor sich her Maschinengewehrfeuer streuend, weiter durch die Saarland- und Untere Straße Karlsruhe zu."*[11] In Knielingen gab es auch das erste zivile Opfer des Einmarschs der Franzosen: Ortsbauernführer Adolf König wurde *„als Opfer eines Gewaltaktes durch einen Bauchschuß aus nächster Nähe schwer verwundet"*.[12] Er starb zwei Tage später.

Bei den ersten Panzergeräuschen, die in Knielingen von Norden her zu hören waren, hatten der Pionierleutnant Schwarz die Reste der längst nicht mehr passierbaren Rheinbrücke befehlsgemäß gesprengt. Eine vorbereitete Großsprengung der Straße am Westausgang Knielingen, die die Wirkung einer vorübergehenden Panzersperre hätte haben sollen, konnte der Polizei-Reserveleutnant Alfons Bonnet von der Polizeiwache Knielingen unter Hinweis darauf, daß dann auch die benachbarten Häuser zerstört würden, verhindern. Bonnet, der im dortigen alten Rathaus noch Stunden vor der Annäherung der feindlichen Panzer seine sechsköpfige Mannschaft und einige Hitlerjungen in der Bedienung der Panzerfaust unterrichtet hatte, konnte sich mit seinen Leuten im letzten Augenblick zur Hauptwache Mühlburg absetzen. Von dort aus wurde er mit fünf Polizeireservisten und etwa zehn Hitlerjungen gegen 23 Uhr zur Verteidigung der Panzersperre am Ettlinger Tor befohlen.[13]

Die aus dem Raum Graben operierenden Einheiten der 2. marokkanischen Division, die bei Germersheim über den Rhein gekommen war, näherten sich in zwei Stoßkeilen der Stadt. Marokkanische Spahis drangen in der Nacht über die Alleen im Hardtwald bis zum Schloß vor. Einheiten der am 3. April auf dem linken Flügel in Blankenloch eingedrungenen Panzerbrigade kamen noch am gleichen Tag bis zum Hirschgraben, wo sie jedoch angesichts der Tatsache, daß alle Brücken gesprengt waren, längere Zeit aufgehalten wurden.[14] Erst in den frühen Nachtstunden konnten die Panzer, nachdem Pioniere eine Übersetzmöglichkeit geschaffen hatten, den Hirschgraben überqueren, machten dann aber am Waldrand vor Hagsfeld halt. Nach meist nur kurzer Gefechtsberührung setzte sich ein Teil der Nachhuten der 257. VGD in der Nacht in die befohlenen neuen Einsatzräume im Pfinztal bzw. in der Schwarzwaldrandstellung ab.

## Alkoholgelage im Polizeipräsidium

Im Keller des Hauses Ecke Veilchen- und Gerwigstraße in der Oststadt suchte eine dieser Nachhuten, eine Gruppe von sechs bis acht Soldaten, vorübergehend Unterschlupf. Hans Schwall, mit den übrigen Hausbewohnern in diesem Keller, berichtet, daß diese Landser *„verschwitzt und fix und fertig"* waren. Sie hätten zu erkennen gegeben, daß sie sich in Ettlingen melden müßten. Aufschlußreich die folgende Passage der Erinnerungen Schwalls: *„Weil wir annehmen mußten, diese Soldaten seien desertiert, herrschte im Keller eine ge-*

*spannte Atmosphäre."* Man habe befürchten müssen, daß irgendein PG oder Spitzel die Anwesenheit der Soldaten melden würde. Nach etwa zwei Stunden seien die Soldaten jedoch wieder abgerückt.[15]

In der Stadt gab es drei Einsatzzentralen, die in der Nacht zum 4. April noch funktionierten: Das Polizeipräsidium am Adolf-Hitler-Platz (Marktplatz), die Wehrmachtskommandantur in der Blumenstraße und die Kreisleitung der NSDAP in der Kriegsstraße. Im Polizeipräsidium fand in dieser Nacht – offenbar nach der Devise „Nach uns die Sintflut" – ein ausgiebiges Alkoholgelage statt, an dem sich allerdings Polizeipräsident Claaßen selbst nicht beteiligte. Dieser schickte vielmehr gegen Mitternacht den Chef der Schutzpolizei, Major Janssen, und dessen Adjutanten, Hauptmann Senftle, zur Erkundung der Feindlage nach Norden. Sie kamen zurück mit der Meldung, der Gegner stünde am Ahaweg, unmittelbar vor dem Schloßgarten.[16]

Zwei Spähtrupps wurden in der Nacht zum 4. April auch vom „Stoßtrupp Stadt", der Volkssturmeinheit der Stadtverwaltung, vom Standort der Kreisleitung aus nach Norden geschickt, unter Führung des Verwaltungsdirektors Adolf K. Fr. Supper, der andere unter dem SA-Sturmführer Friedrich Schott. An der Barrikade bei der Schlieffenstraße, der vormaligen (und heutigen) Seminarstraße, trennte man sich. Am Robert-Roth-Platz, wie der Platz der Freien Spiel- und Sportvereinigung damals genannt wurde, traf man auf Vorposten der 257. VGD, die über das Auftauchen Karlsruher Volkssturmmänner nicht wenig erstaunt waren. Erkenntnis dieser Spähtrupp-Aktion: Feindliche Panzer standen auf der Linkenheimer Allee beim „Weißen Haus", doch deutete alles darauf hin, daß man mit einem Angriff nicht vor Tagesanbruch zu rechnen brauchte. Die Situation in der Kreisleitung (Kriegsstraße 47 b) in der Nacht zum 4. April beschreibt Supper so: *„Einem Ameisenhaufen gleich wimmelten die Menschen in der Kreisleitung durcheinander. Akten wurden vernichtet, Lkws beladen, Posten aufgestellt, Anordnungen und Befehle jagten einander und keiner wußte, wie ihm geschah. Dann und wann dumpfer Abschuß, Pfeifen und Jaulen eines Ari-Geschosses, kurzes*

**Französische Infanterie in Karlsruhe. Oben: In Schützenreihe nähert sich eine Gruppe auf der Linkenheimer Landstraße der Orangerie. Unten: Ein MG-Schütze ist in einem Haus an der Kaiserstraße in Stellung gegangen.**

*Verhalten, einer Atempause gleich, dann Einschlag. Einige Treffer in der Nähe. Gegen Morgen kamen die Jabos. Der für Karlsruhe schicksalshafte 4. April 1945 war angebrochen."*[17]

### Volkssturm „per Pistole" aufgeboten

Noch in der Nacht wurden die Barrikaden des inneren Verteidigungsrings der Stadt teils mit Angehörigen einer Luftwaffen-Alarmkompanie, teils mit Panzerfaust-bewaffneten Volkssturmmännern und Hitlerjungen besetzt. Übereifrige oder Pflichtbewußte, je nach Beurteilung, kämmten in dieser Nacht vor allem die Keller der öffentlichen Luftschutzräume und die Lazarette nach Wehrfähigen und nach Volkssturm-Pflichtigen durch, nach Fahnenflüchtigen auch. Ein Hausmeister im Luftschutzkeller des Landgerichts an der Hans-Thoma-Straße, so berichtete später Leopold Visel (1881-1976), der in diesen Keller geflüchtet war, *„sonst ein schwächliches Männlein, wuchs zu voller NS-gesinnter Hochform auf, stellte sich vor schreiende Frauen und Kinder und bot im Keller den Volkssturm per Pistole auf"*. Die Frauen setzten sich jedoch durch. Die alten Männer konnten im Keller bleiben, nur die aktiven Soldaten mußten das Gebäude verlassen.[18]
Ganz in der Nähe, bei der Staatlichen Kunsthalle, sammelte sich nach Mitternacht eine – mit einem Lkw ausgerüstete, aus diesem Grund „motorisiert" genannte – etwa 20 Mann starke Volkssturmeinheit.[19] Diese und Reste anderer Volkssturmgruppen, die am Abend des 3. April alarmiert worden waren, wurden in der Stadt zu Sicherungsaufgaben eingesetzt oder machten im Verband der 257. VGD den Rückzug zur Schwarzwaldrandstellung und danach durch den nördlichen Schwarzwald mit. Teile von ihnen wurden jedoch mangels Waffen, Munition und Einsatzmöglichkeit im Verlauf der folgenden Tage nach Hause geschickt. Andererseits entzogen sich nicht wenige Karlsruher Volkssturmmänner im Wissen um die Sinnlosigkeit ihres Einsatzes noch in dieser kritischen Nacht vom 3./4. April dem Dienst oder ihrer Einheit.
Unter den Volkssturmmännern, die „abmusterten", befand sich beispielsweise der städtische Kulturbeauftragte Emil Mangler vom „Stoßtrupp Stadt", der nach Rückkehr von dem Spähtruppunternehmen in den Hardtwald *„auf eigene Rechnung"* den Stoßtrupp-Standort Kreisleitung in Richtung Norden verließ, sich an der Barrikade Schlieffenstraße (Akademiestraße) von einem Oberfeldwebel die Parole für diese Nacht besorgte, mit diesem Kennwort aus dem inneren Verteidigungsring herauskam und bei Bekannten in der Hindenburgstraße (heute Erzbergerstraße) Unterschlupf fand. Der „Stoßtrupp Stadt" selbst sicherte in dieser Nacht die Barrikade am Karlstor.[20]
Als Einheiten von zwei französischen Divisionen am frühen Morgen des 4. April mit der „Eroberung" Karlsruhes begannen, gab es in dieser Stadt nur noch ein paar wenige deutsche Soldaten. Es handelte sich um Angehörige von Nachhuten, die, meist in großer Eile, ihren Weg von Norden her durch die Stadt nahmen. Die letzten Vorposten zogen sich zurück. Der damalige Oberrechtsrat Fritz Gut erinnert sich, wie eine solche Gruppe bei anhaltendem MG-Feuer aus Richtung Heidesiedlung über den Flugplatz flüchtete, wie eine andere an Seilen ein Pakgeschütz über die Hindenburgstraße Richtung Stadt zog – es gab keinen Betriebsstoff mehr.[21]

### Karabiner gegen Panzer

Zu diesem Zeitpunkt gingen die französischen Truppen bereits konzentrisch gegen die Stadt vor. Der Oberbefehlshaber der 1. Französischen Armee, General de Lattre de Tassigny, schildert diese Phase des Einsatzes seiner Truppen wie folgt: *„Am 4. April, 6 Uhr, stößt die Kampfgruppe Navarre gegen das*

---

*Ich war im Schlafanzug auf den Balkon meines Zimmers in der Veilchenstraße gegangen und sah mir die Einnahme Karlsruhes durch die Franzosen an. Das war wie eine Feuerwehrübung – einen Gegner gab es ja nicht mehr. Die Leute standen an den Straßenrändern und schauten interessiert zu, wie die jungen Kerle aus Frankreich „Soldätles" spielten. Weil sie anscheinend doch gern Knallerei und Schießerei haben wollten, es aber keinen Widerstand und nichts zu schießen gab, schoß jeder Franzose, der um die Ecke kam, auf die Aluminiumtellerchen eines Friseurgeschäfts, wie sie früher vor solchen Läden hingen. Das war dann wenigstens ein bißchen Kampflärm.*

Hans Schwall (Stadtarchiv Karlsruhe, Unterlagen zur Stadtgeschichte 105)

---

*Schloß vor und hat es um 7.30 Uhr voll in seinem Besitz. Das 20. Alpenjäger-Bataillon versucht dann in die Stadt einzudringen. Alle Hauptstraßen sind gesperrt durch Barrikaden, denen die Ruinen der bombardierten Häuser überreiches Material geliefert haben. Da und dort verstärken umgestürzte Straßenbahnwagen diese Hindernisse, die von zahlreichen Panzerabwehrwaffen und Maschinengewehren verteidigt werden. Aber um 8.30 Uhr kommt die Kampfgruppe Choc Gambiez, unterstützt durch eine Schwadron des 1. Kavallerie-Fremdenlegionär-Regiments, zu Hilfe. Unsere T. D.* (Tank Destroyers = Sturmgeschütze; d. Verf.) *schießen Breschen, durch die die Jäger und Chocs* (= Einheiten der Feldgendarmerie; d. Verf.) *vorstürzen. Bald hat der Norden von Karlsruhe den Besitzer gewechselt."*[22]

Die Barrikaden zum Schloßplatz hin waren, nachdem seitlich der Schloßruine die französischen Panzer aufgetaucht waren, von den schwachen deutschen Sicherungsgruppen in Wahrheit (und im Gegensatz zu de Lattres Bericht) praktisch kampflos aufgegeben worden. Die zur Verteidigung befohlenen Soldaten und Volkssturmmänner hasteten über die Kaiserstraße hinweg nach Süden. Doch gleichzeitig erhielt Emil Brenner, Oberleutnant der Schutzpolizei i. R. (1892-1974), zusammen mit sechs weiteren Polizisten den Befehl, die feindlichen Panzer an der Schloßgartenmauer zum Stehen zu bringen. Diesen Einsatz schilderte Brenner später in einem „Karabiner gegen Panzer" überschriebenen Gedicht, dem die folgenden Zeilen entnommen sind:

*„Wir gingen vor über die Schloßplatzstraße,*
*da summten die Kugeln uns schon um die Nase.*
*Sie zischten am Marstallgebäude entlang,*
*was uns schleunigst zum Rückzug zwang.*
*Danach waren wir bemüht,*
*vorzustoßen durchs Hochschulgebiet.*
*An der Mauer angekommen,*
*haben wir schon die Panzer vernommen,*
*Panzer in ungeheurer Zahl;*
*ihr Feuer fegte die Bäume kahl.*
*Für uns eine hoffnungslose Lage,*
*Widerstand kam nicht in Frage.*
*Denn wir armen Schlawiner*
*besaßen nur Karabiner . . .*
*Es blieb uns nichts übrig, als zum Himmel die Hände,*
*in Gefangenschaft geh'n, war das bittere Ende."*[23]

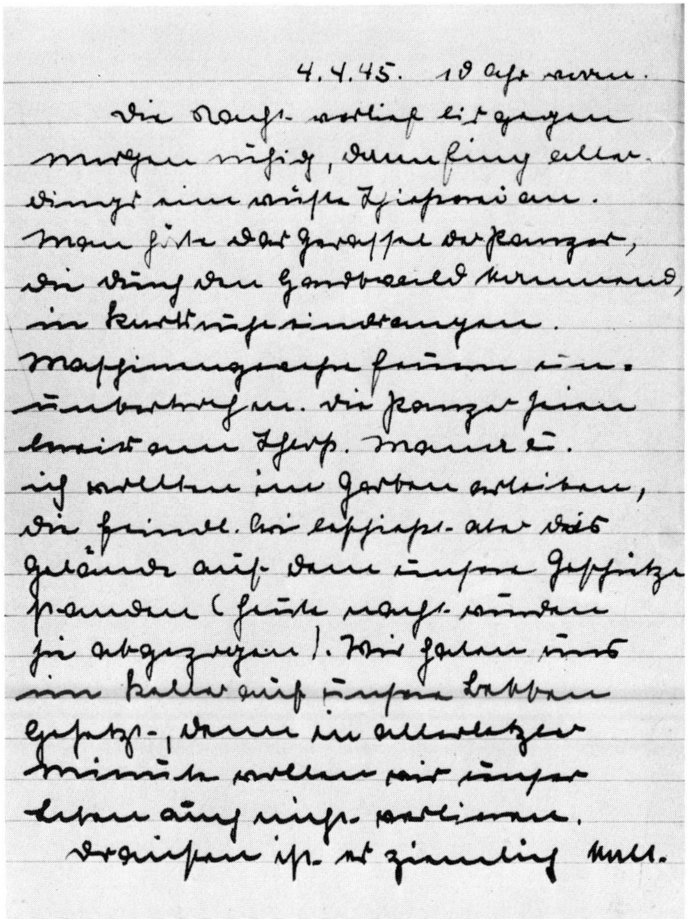
4.4.45.

**Die Stunden in der Frühe des 4. April erlebte Marianne Kiefer lt. ihrem Tagebucheintrag von 10 Uhr vormittags in Hagsfeld so:**

*„Die Nacht verlief bis gegen Morgen ruhig, dann fing allerdings eine wüste Schießerei an. Man hörte das Gerassel der Panzer, die durch den Hardtwald kommend, in Karlsruhe eindrangen. Maschinengewehre feuern ununterbrochen. Die Panzer seien bereits am Schloß. Mama u. ich wollten im Garten arbeiten, die feindliche Ari* [Artillerie; d. Verf.] *beschießt aber das Gelände auf dem unsere Geschütze standen (heute nacht wurden sie abgezogen). Wir haben uns im Keller auf unsere Betten gesetzt –, denn in allerletzter Minute wollen wir unser Leben auch nicht verlieren. Draußen ist es ziemlich kalt."*

Zwei Polizisten der Gruppe Brenner entgingen der Gefangennahme dadurch, daß sie sich eineinhalb Tage lang unter einer Mörtelpfanne verborgen hielten, die in einer ausgebrannten Autowerkstatt lag. Im Hof des Anwesens hatten die Franzosen während dieser Zeit ihre Fahrzeuge geparkt.

### Gefechte an der Orangerie und am Mühlburger Tor

Brenner und seine Leute waren vermutlich die ersten, sie waren aber nicht die letzten Gefangenen an diesem Tag. Um diesem Schicksal zu entgehen, setzte sich gegen 9 Uhr vormittags auch der Standortkommandant mit seinen Leuten aus der Kommandantur in der Blumenstraße nach Süden ab. Erst jetzt, nach Rückkehr eines zur Kommandantur geschickten Melders, wurde zur Gewißheit, was Ratschreiber Supper in seinem Bericht über den „Stoßtrupp Stadt" als „unbegreiflich" bezeichnete: *„Die Wehrmacht, die entgegen aller Vorstellungen und Bitten des Oberbürgermeisters und des Kreisleiters die Verteidigung der Stadt kategorisch verlangte, rückte stillschweigend ab! Man hätte weinen mögen vor Zorn!"*[24] Offensichtlich war die auf dringendes Anraten der 257. VGD schon tags zuvor gefällte Entscheidung, Karlsruhe nicht zu verteidigen, dem Oberbürgermeister und dem Kreisleiter vom Kampfkommandanten nicht zur Kenntnis gebracht worden. Nach Bekanntwerden dieses Sachverhalts, kurz nach 9 Uhr früh, erhielten auch die letzten Einheiten des Karlsruher Volkssturms den Befehl, sich in Richtung Schwarzwald-Randstellung zurückzuziehen.

**Karlsruhe in französischer Hand. Die militärische Stärke der neuen Herren dokumentiert sich nicht zuletzt in ihren (US-)Panzern.**

Gegen 8 Uhr war es an der Panzersperre bei der Orangerie zu einem Gefecht zwischen einer von einem Luftwaffenoffizier geführten Gruppe und französischer Infanterie gekommen. Leopold Visel, der dieses Gefecht vom Landgericht aus beobachtete: *„Vom Garten der Orangerie schossen die Franzosen Garben auf Garben aus MG's die Akademiestraße entlang. Als der Widerstand sinnlos wurde, setzte sich der Offizier ab, indem er immer wieder auf einer Trillerpfeife pfiff, Geschoßpausen ausnutzend, die Soldaten exakt und heil über die Straße brachte, so exakt wie auf dem Kasernenhof – von Flucht keine Spur."*[25]

Kurzen Widerstand, geleistet hauptsächlich von Volkssturmmännern, Hitlerjungen und Angehörigen der Karlsruher Polizei, gab es auch am Mühlburger und Durlacher Tor bzw. am Adolf-Hitler-Platz (Marktplatz). Die Gefechte währten jedoch nur Minuten. Sobald Panzer die schwach besetzten Sperren des inneren Verteidigungsrings mit Maschinengewehren eindeckten oder gar mit ihren Geschützen schossen, erlosch der Widerstand. Am Mühlburger Tor mußte jedoch ein 15jähriger Hitlerjunge, der die einzige dort vorhandene Panzerfaust gegen einen Panzer abfeuerte, seinen Mut mit dem Leben bezahlen.

Teils in Koordination mit dem erfolgten Rückzug der 257. VGD auf die Schwarzwaldrandstellung, teils weil die Soldaten einfach davonliefen, griff das zur Verteidigung Karlsruhes in Eilmärschen aus Heilbronn herangeführte Grenadier-Ersatz- und Ausbildungs-Bataillon 380 nicht mehr in die Kämpfe ein. Zu dieser Einheit gehörte der damals 36jährige Hagsfelder Fritz Meinzer (1908-1984), der spätere langjährige Stadtrat im

Karlsruher Gemeinderat und Vorsitzende des Badischen Fußballverbandes. Meinzer: *„Der Rest meiner Kompanie, der 1./Gren. Ers. u. Aus.Bild. Btl. 380, die völlig unzureichend bewaffnet war, wurde am Rittnerthof gesammelt, und zwar für den Straßenkampf in Karlsruhe. Das war natürlich für mich als Hagsfelder eine schlechte Bescherung, weil man ja nicht gerade noch in seiner eigenen Stadt kämpfen und dort vielleicht noch den Heldentod sterben wollte. Wir sind dann eben auseinandergelaufen, jeder in die Richtung, wo er zu Hause war. Die Kompanie hat sich praktisch aufgelöst."*[26]

## Schwester Leni rettet Krankenhausinventar

Zur gleichen Zeit, als die spärlichen, noch in der Stadt befindlichen Wehrmachts- und Volkssturmgruppen den Befehl erhielten, sich in die Schwarzwaldrandstellung abzusetzen, etwa um 9 Uhr, bekamen die von Knielingen-Mühlburg her vorstoßenden französischen Truppen der Kampfgruppe Bourgound Verbindung mit den aus dem Raum Neureut-Flugplatz, Linkenheimer Landstraße und dem Schloßplatz operierenden Einheiten. Am Städtischen Krankenhaus, Ecke Moltke- und Blücherstraße, hatte eine kleine Volkssturmeinheit in der Frühe noch versucht, eine Verteidigungsstellung aufzubauen. *„Durch massiven Einsatz unserer Hausbewohner",* so Hannelore Graff (*1930), die dort (Haus Moltkestraße 81) wohnte, *„wurden sie von diesem Vorhaben abgebracht."*[27] Einer der letzten deutschen Soldaten, die sich zuvor befehlsgemäß aus ihren Vorposten-Stellungen abgesetzt hatten, fragte eine Bewohnerin des Hauses nach Zivilkleidung.

Als die Vorhut der Franzosen am Krankenhaus eintraf, stand dort im weißen Arztmantel Dr. Cuny und übergab das Krankenhaus sowie die Reste des vorgeschobenen Verbandsplatzes der 257. VGD. Verwaltungsdirektor Dr. Otto Ebbecke (*1889), den die Franzosen veranlaßten, sie zu den Verwundeten und Toten in den Kellern zu begleiten, hatte mit seiner Versicherung, im Krankenhaus befänden sich keine deutschen Soldaten mehr, insofern Glück, als er einem versprengten Angehörigen der 257. VGD noch rechtzeitig einen Krankenwärteranzug hatte geben können.[28]

Das beherzte Eingreifen einer Krankenschwester bewahrte das durch einen Bombenangriff vom 8. September 1944 stark mitgenommene Kinderkrankenhaus (vgl. auch „Odyssee der Krankenanstalten") vor weiteren Beschädigungen. In der Frühe des 4. April nahm, wie der spätere Verwaltungsdirektor Ludwig Stumpf berichtet, französisches Militär vom Parkring aus das Gebäude des Kinderkrankenhauses unter MG- und Gewehrfeuer. Als der Beschuß aufhörte, sei Schwester Leni nach Vernichtung von verdächtigem Material einer NS-Dienststelle, die sich nach der Teilzerstörung in dem Gebäude eingerichtet hatte, den fremden Soldaten entgegengetreten und habe so das restliche Krankenhausinventar gerettet.[29]

Nach Vereinigung der beiden Stoßkeile der Franzosen – ein dritter rückte über Hagsfeld-Rintheim in die Oststadt vor – kam es zu einem gemeinsamen Vorgehen gegen die inneren Stadtteile. Da und dort, wenn auch spärlich, wurden zum Zeichen der Übergabebereitschaft weiße Tücher gezeigt. Infan-

***Pferdekadaver in der Kaiserstraße. Die Tiere waren bei dem schweren Artilleriefeuer vom 3. April tödlich getroffen worden.***

teristen durchkämmten in den folgenden Stunden, einander gegenseitig sichernd, systematisch alle Straßen. *„Die französischen Soldaten, unter ihnen viele Algerier"*, so schildert Clemens Weis von St. Stephan die Inbesitznahme der Stadt durch die Franzosen, *„machten einen sowohl aufgeregten, als auch fast verspielten Eindruck. Sie sprangen schnell in die Häuser und standen dann wieder auf den Plätzen herum wie bei der Besichtigung von Sehenswürdigkeiten einer Stadt, die man bisher nicht einmal dem Namen nach kannte."*[30] Diese Form der „Eroberung", von den Bewohnern, die sich allmählich aus den Kellern hervorwagten, teils neugierig, teils mit Belustigung beobachtet, wird auch von anderen Zeugen bestätigt. Wer immer davon wußte, daß Karlsruhe hätte verteidigt werden sollen, war aber vor allem erleichtert, daß die Stadt ohne nennenswerten Kampf in feindliche Hände fiel.
Eine Episode am Rande gibt einen Hinweis, wie sang-, klang- und scheinbar problemlos sich in Karlsruhe der Übergang von der NS- zur Besatzungsära vollzog. Dr. Max Diem, nach dem Krieg als ordentlicher Professor Leiter des Meteorologischen Instituts der Technischen Hochschule und späteren Universität, telefonierte am Vormittag des 4. April von der Deutschen Forschungsanstalt für Segelflug in Ainring/Obb. aus mit seiner Schwester, Sachbearbeiterin des im Gebäude der Reichspostdirektion untergebrachten Kultusministeriums. Margarete Diem (1894 – 1954) schilderte ihrem Bruder die Verhältnisse in Karlsruhe, um dann – es war gegen 9.30 Uhr – nach einem Blick auf den Ettlinger-Tor-Platz, das Gespräch mit diesem Satz zu beenden: *„Max, ich muß das Gespräch beenden, eben marschieren die Franzosen ein."*[31]
Gegen 11 Uhr vormittags waren die Innenstadt, der gesamte Westen, der Süden bis zum Hauptbahnhof sowie die östlichen Teile der damaligen Stadt Karlsruhe, mit Ausnahme von Durlach und Durlach-Aue, von den Franzosen besetzt. Schon um 10.30 Uhr hatte der Kommandeur der 9. Kolonial-Infanterie-Division, General Jean-Etienne Valluy, im Polizeipräsidium am Adolf-Hitler-Platz (Marktplatz) sein Hauptquartier aufgeschlagen.[32]

*„Nach 10 Uhr, als die Schießerei und das Rasseln der Panzer zu Ende ist, verlassen wir den Keller . . . Statt, wie vermutet, in amerikanische, kommen wir in französische Gefangenschaft. Wir dürfen nicht mehr miteinander sprechen . . . Am Nachmittag werden wir in einem engen Raum des Präsidiums zusammengepfercht. Ich sitze in einem Aktenfach, kann mich nicht mehr regen und kriege kaum Luft. Immer wieder öffnet sich die Tür, und neue Leute werden unter Kolbenstößen hereingeschoben. Nach langer Nacht kommen wir am Donnerstag auf den Hof. Dieser wird verbarrikadiert und Maschinengewehre werden aufgestellt. Gerüchte werden laut über eine bevorstehende Erschießung. Wir mußten alle antreten, dann hieß es: ‚Die vorderen Männer Spaten empfangen!'"*

*Kurt Rentschler, Polizeimeister a. D.: Tagebucheintrag vom 7.-8. April 1945 (Privatbesitz)*

## Zwei Tote am Rondellplatz

Diesem Besitzwechsel war allerdings zwei Stunden zuvor ein kurzes, französischerseits ungemein hart geführtes Feuergefecht vorausgegangen. Entsprechend dem gegebenen Befehl eröffneten Polizisten, die sich hinter den Sandsäcken am Polizeipräsidium verschanzt hatten, in Richtung auf die nach 8 Uhr zusammen mit Infanteristen vom Schloßplatz zum Marktplatz vorrückenden Panzer das Feuer. Die Antwort war eindeutig: Ein heftiger Feuerüberfall aus Panzer- und Infanteriewaffen brach los. Um besseres Schußfeld zu haben, brachte die gegnerische Infanterie ihre Maschinengewehre in den oberen Stockwerken des Hillerblocks und der Dresdner Bank in Stellung, Gebäude, die damals den Zugang von der Kaiser- zur nördlichen Karl-Friedrich-Straße begrenzten. Unter Feuer genommen wurde allerdings hauptsächlich die Barrikade am Ettlinger Tor, die, ebenso wie die Sperren am Schloßplatz und am Mühlburger Tor, mit einem Straßenbahnwagen „komplettiert" war. Dort vor allem vermuteten auch die Kanoniere in den Sherman-Panzern den Widerstand und deckten den Raum am Ettlinger Tor mit vernichtendem Dauerfeuer ein. Zwei der Polizisten, die mit Schutzpolizeileutnant Bonnet an dieser Panzersperre den Gegner erwartet hatten – allerdings aus umgekehrter Richtung –, versuchten, über die Trümmerberge der Karl-Friedrich-Straße nach Norden vorzugehen. Beim Rondellplatz ereilte sie jedoch ihr Schicksal: Sie fielen, fast gleichzeitig, im Feuer eines Panzers, der hinter der Pyramide in Stellung gegangen war. Alfons Bonnet überlebte den Feuerüberfall in Deckung hinter der Verfassungssäule.[33]

Inzwischen hatte Polizeipräsident Claaßen seinen Männern hinter den Sandsäcken die Einstellung des Feuers befohlen. Gleichzeitig wurde der Heizer im Präsidium, der einzige Nicht-Uniformierte, angewiesen, die Übergabe zu signalisieren. Der damalige Polizeimeister Kurt Rentschler, der das Geschehen am Marktplatz zusammen mit Kollegen aus dem Keller des benachbarten Landratsamtes beobachtete: *„Da hat der Heizer an einer langen Stange ein weißes Tüchle rausheben müssen."*[34] Zur gleichen Zeit wurde der Befehlsstand im Keller des Polizeipräsidiums gesprengt. Während sich die Besatzung des Polizeipräsidiums einschließlich des Führungsstabs durch einen Hinterausgang in Richtung Südstadt absetzte und sich zusammen mit anderen versprengten Karlsruher Polizisten in Ettlingen sammelte, wurden die Beamten, die im Landratsamt Schutz gesucht hatten, ebenso der größte Teil der Polizeieinheit „Gottesauer Kaserne" und der Beamten aus den Revieren, gefangengenommen.

***Die Waldstraße wird „durchgekämmt". Die Franzosen durchsuchen alle Straßen und Häuser nach deutschen Soldaten.***

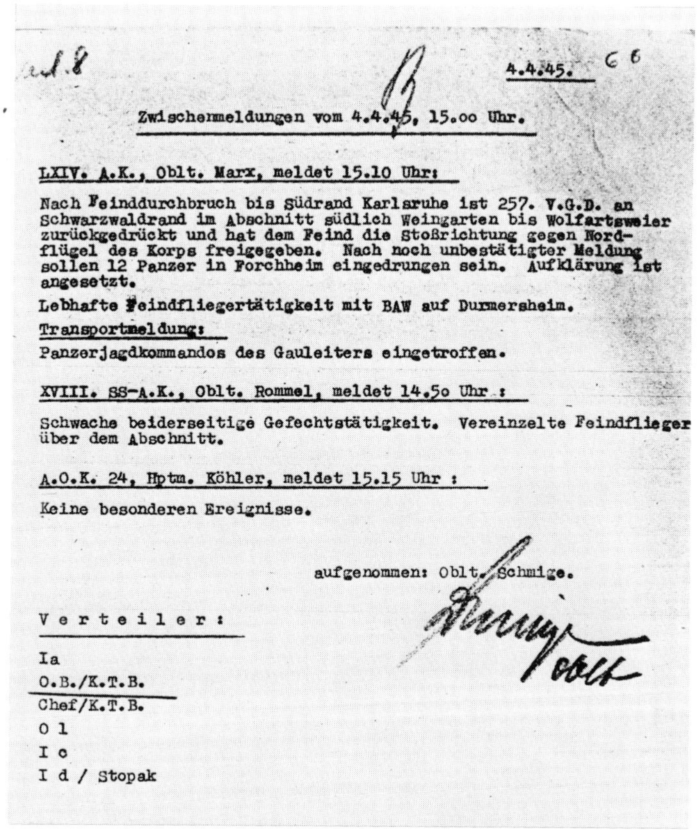
4.4.45.

Zwischenmeldungen vom 4.4.45, 15.oo Uhr.

LXIV. A.K., Oblt. Marx, meldet 15.10 Uhr:

Nach Feinddurchbruch bis Südrand Karlsruhe ist 257. V.G.D. an Schwarzwaldrand im Abschnitt südlich Weingarten bis Wolfartsweier zurückgedrückt und hat dem Feind die Stoßrichtung gegen Nordflügel des Korps freigegeben. Nach noch unbestätigter Meldung sollen 12 Panzer in Forchheim eingedrungen sein. Aufklärung ist angesetzt.

Lebhafte Feindfliegertätigkeit mit BAW auf Durmersheim.

Transportmeldung:

Panzerjagdkommandos des Gauleiters eingetroffen.

XVIII. SS-A.K., Oblt. Rommel, meldet 14.5o Uhr :

Schwache beiderseitige Gefechtstätigkeit. Vereinzelte Feindflieger über dem Abschnitt.

A.O.K. 24, Hptm. Köhler, meldet 15.15 Uhr :

Keine besonderen Ereignisse.

aufgenommen: Oblt. Schmige.

Verteiler:

Ia
O.B./K.T.B.
Chef/K.T.B.
O 1
I c
I d / Stopak

Pech hatte Polizeimajor Wischer, der zusammen mit Polizeihauptmann Retzer und einigen anderen Polizisten im Polizeipräsidium in den Landgraben gestiegen war und durch diesen nach Osten zu fliehen versuchte. Als die Gruppe am Meßplatz aus der feuchten Gruft stieg, festen Glaubens, nun in Sicherheit zu sein, fiel sie dort einer französischen Einheit in die Hände. Zu ihren Kameraden nach dem Polizeirevier gebracht, erwartete sie wie alle Karlsruher Polizisten – auch jene, die an diesem 4. April noch hatten entkommen können – die Gefangenschaft in Frankreich. Polizeipräsident Claaßen, der in das Internierungslager Asperg gebracht wurde, beging dort Selbstmord.
In Grötzingen ereignete sich am Vormittag des 4. April, nach der Sprengung einer auf das Grötzinger Zweigwerk der DWM führenden Brücke eine blutige Tragödie. *„Ihr Idioten",* beschimpfte der mit dem Fahrrad vorbeikommende, 39jährige Eugen Kleiber das Sprengkommando und seinen gleichaltrigen Jugendfreund Karl Hornberger. Dieser, seit 1942 Verwaltungssekretär bei der Karlsruher Gewerbepolizei, war bekannt als „alter Kämpfer" und Blutordensträger, Angehöriger der SA und später der SS sowie der Gestapo. Kleiber soll hinzugefügt haben: *„Wenn nachher die Franzosen kommen, gehört ihr aufgehängt oder ausgeliefert."* Als Kleiber Hornbergers Aufforderung, vom Rad abzusteigen, keine Folge leistete, zog Hornberger die Pistole und gab zwei Schüsse ab. Der zweite Schuß traf. Kleiber, Vater von fünf Kindern, blieb tot liegen.[35]

***Karlsruhe in Feindeshand. Mit dieser Meldung, erstattet am 4. April, 15.10 Uhr, wird der Fall der badischen Landeshauptstadt bekannt.***

Der Täter setzte sich mit einer kleinen Polizeieinheit noch am gleichen Tag von Grötzingen ab und blieb unauffindbar. 1947 als Mitglied einer Heilbronner Theatergruppe schließlich doch entdeckt, wurde Hornberger festgenommen und in Untersuchungshaft nach Karlsruhe überstellt, doch ermöglichten ihm Helfershelfer in Heidelberg, wohin er zur psychiatrischen Untersuchung gebracht worden war, die Flucht. Erst im Dezember 1957 wurde Hornberger – von einem Grötzinger Fernfahrer erkannt – im Rheinland erneut gefaßt und vom Schwurgericht Karlsruhe am 10. November 1958 wegen Totschlags zu zehn Jahren Zuchthaus verurteilt. Hornberger starb im Jahr 1971 im Rheinland, wo er nach Verbüßung seiner Strafe als Krankenpfleger tätig war. Wenige Wochen nach der Bluttat ehrte die Gemeinde Grötzingen das Andenken Eugen Kleibers, indem sie der Straße, an der das Verbrechen geschehen war – während der NS-Zeit hieß sie Adolf-Hitler-Straße – seinen Namen gab.

**Der Wehrmachtsbericht meldet:**
**„In Karlsruhe heftige Straßenkämpfe"**

Die 257. Volksgrenadierdivision, die sich im Laufe des 4. April in dem ihr zugewiesenen Abschnitt Weingarten-Ettlingen der Schwarzwaldrandstellung zur Verteidigung eingerichtet hatte, berichtete von ihrem neuen Divisionsgefechtsstand Johannisthalerhof bei Wilferdingen aus am Abend dieses für die Stadt Karlsruhe schicksalhaften Tages dem XC. Armeekorps die Ereignisse in einer Tagesmeldung. Wortreich, die wahren

Geschehnisse wegen der vorausgegangenen Erklärung Karlsruhes zur „Festung" und mit Rücksicht auf die Verweigerung eines offiziellen Räumungsbefehls durch die vorgesetzten Kommandostäbe teils verschleiernd, teils beschönigend, heißt es in dieser Meldung:

*„Der Schwerpunkt des erwarteten feindlichen Angriffs gegen Karlsruhe am 4. 4. 45 morgens verlagerte sich nach dem eigenen Abwehrerfolg am Vormittag des 3. 4. 45 entlang der von N auf die Stadt führenden Alleen im Hardtwald eindeutig nach W. Dem im Zuge der strahlenförmig auf das Schloß führenden Straßen auf breiter Front mit etwa 20 Panzern und 30 gepanzerten Fahrzeugen angreifenden Gegner setzte das auf etwa 6 km breiter Front eingesetzte, noch etwa inf. 250 Mann starke Gren. Rgt. 466 erbitterten Widerstand entgegen, konnte jedoch einen Einbruch am Schloß nicht verhindern. Gegenstoß war mangels ausreichender Kräfte nicht möglich. Aus dem Einbruchsraum am Schloß setzte der Feind seinen Angriff im Zuge der nunmehr strahlenförmig nach allen Richtungen der Stadt auseinanderführenden Straßen fort, trieb damit zwangsläufig die Kräfte des Gren. Rgt. 466 auseinander und drängte es in erbitterten Häuserkämpfen (!) und unter erheblichen eigenen Verlusten durch die Stadt nach S.*

*Schwächere Angriffe aus Knielingen gegen Stadtteil Mühlburg wurden abgewiesen (!).*

*Die Zurücknahme der zwischen Hagsfeld und Weingarten eingesetzten Kräfte an die Autobahn und an die Straße Karlsruhe-Durlach zur Verhinderung eines überraschenden Feindvorstoßes von Karlsruhe-O auf Durlach und den Gebirgseingang gelang trotz zweimaliger feindlicher Angriffe aus Weingarten und entlang der Autobahn in Stärke von etwa 13 Panzern, 27 Panzerspähwagen und 27 Mannschafts-Transportwagen und aus dem O-Teil von Karlsruhe heraus auf die Autobahn – Straßenkreuzung geführter Panzerangriffe unter Abschuß von 2 Feindpanzern.*

*Nachdem der Feind zunächst bestrebt war, die S-Ausgänge von Karlsruhe zu gewinnen, richtet sich der Hauptdruck z. Zt. gegen Durlach.*

*Sämtliche, vornehmlich mit Panzern geführten Angriffe, mit dem Ziel der Wegnahme des Gebirgseinganges vor Festigung der eigenen Front am Schwarzwaldrand, wurden unter gleichzeitigem Aufbau der HKL 0 Durlach am Westrand der Stadt abgewiesen. Mit Verstärkung des Feinddruckes auf Durlach wird gerechnet."*[36]

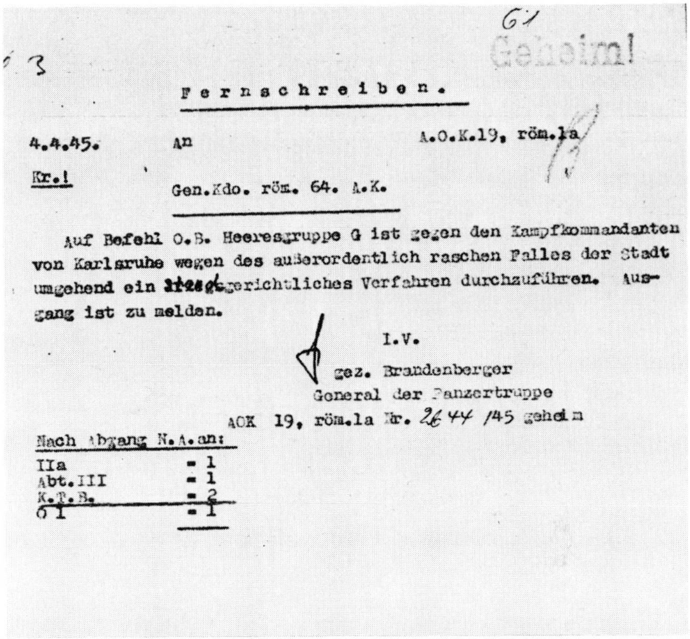

6 3 | 61 | Geheim!

**Fernschreiben.**

4.4.45. An A.O.K.19, röm.1a

Nr.1 Gen.Kdo. röm. 64. A.K.

Auf Befehl O.B. Heeresgruppe G ist gegen den Kampfkommandanten von Karlsruhe wegen des außerordentlich raschen Falles der Stadt umgehend ein [illegible]gerichtliches Verfahren durchzuführen. Ausgang ist zu melden.

I.V.

gez. Brandenberger

General der Panzertruppe

AOK 19, röm.1a Nr. 2644/45 geheim

Nach Abgang N.A. an:

| | |
|---|---|
| IIa | = 1 |
| Abt.III | = 1 |
| K.T.B. | = 2 |
| G 1 | = 1 |

General de Lattre de Tassigny seinerseits, Oberbefehlshaber der 1. Französischen Armee, dramatisierte den militärischen Ablauf der Eroberung Karlsruhes durch seine Truppen nicht minder, wenn er in seinem Tagesbefehl Nr. 8 vom 29. April an alle Soldaten seiner Armee über den Kampf um Karlsruhe u. a. behauptet: *„Heftige Kämpfe entbrennen an den mit Betonmauern verriegelten Zugängen zur Stadt Karlsruhe. Eine feindliche Gruppe verteidigt sich wild im Bahnhof südlich der Stadt und im freien Gelände außerhalb davon. Mehrere Stunden harten Kampfes sind erforderlich . . ., um diesen Widerstand zu brechen."*[27] In Wahrheit gab es am Hauptbahnhof seitens der Verteidiger nur ein paar Gewehrschüsse, abgegeben von einer Nachhut des Volkssturms, dazu einiges Artilleriefeuer von den Höhen zwischen Durlach und Ettlingen. Überschwenglich dankte de Lattre den „Offizieren, Unteroffizieren, Gefreiten und Soldaten" der 1. Französischen Armee in dem genannten Tagesbefehl, daß sie durch die Überwindung der Siegfriedlinie, durch die Rheinüberquerung, die Eroberung Karlsruhes und Stuttgarts und ihren Vorstoß bis zur Do-

***Noch am Tag der Besetzung der „Festung" Karlsruhe durch die Franzosen wird die Durchführung eines Standgerichtsverfahrens befohlen.***

nau die *„Tradition der Größe Frankreichs, jene der Soldaten von Turenne, sowie der Freiwilligen der Revolution und der napoleonischen Grenadiere wiedergefunden und übernommen"* hätten.[38]

Die Meldung der 257. VGD über das militärische Geschehen vom 4. April, gestrafft ins „Führerquartier" weitergegeben, führte zu dem zweifelhaften Ruhm der Erwähnung Karlsruhes im Wehrmachtsbericht vom 5. April. Die Karlsruhe betreffende Passage bestätigte den in der Stadt noch verbliebenen Bewohnern – soweit sie noch ein Radio hatten oder sich getrauten, dieses einzustellen – die Berechtigung des Mißtrauens in die Glaubwürdigkeit von Wehrmachtsberichten endgültig. Der Satz hatte folgenden Wortlaut: *„Nach heftigen Angriffen gegen unsere Linien zwischen Heilbronn und dem Rhein bei Karlsruhe erzwang der Gegner einzelne Einbrüche, die er mit dem Verlust von zahlreichen Panzern bezahlen mußte. In Karlsruhe sind heftige Straßenkämpfe entbrannt."*[39]

Im Gegensatz hierzu hatte das den Oberrhein zwischen Lahr und Karlsruhe sichernde LXIV. Armeekorps der 19. Armee in einer „Zwischenmeldung" bereits um 15.10 Uhr des 4. April indirekt die Besetzung der Stadt durch feindliche Truppen gemeldet. Kurze Zeit später, offiziell um 16 Uhr, übernahm die 19. Armee bzw. das LXIV. Korps auf Befehl der Heeresgruppe G zur Sicherstellung *„einer einheitlichen Befehlsführung an der Nordflanke der 19. Armee"*[40] die 257. Volksgrenadierdivision. Aus der Tatsache, daß die 257. VGD ihre Tagesmeldung vom 4. April nicht dem LXIV. Armeekorps, sondern wie bisher dem XC. A. K. übermittelte, ist jedoch zu schließen, daß die Neu-Unterstellung der „Berliner Bärendivision" erst am darauffolgenden Tag wirksam wurde.

Die veränderte Befehlsführung exakt an dem Tag, an dem Karlsruhe von den Franzosen eingenommen wurde, sollte übrigens einen entscheidenden Einfluß haben auf den Ausgang des Standgerichtsverfahrens, das vom Oberbefehlshaber der Heeresgruppe G noch am gleichen Tag durch geheimes Fernschreiben gegen den Karlsruher Kampfkommandanten angeordnet wurde. Von diesem Verfahren erfuhren weder die Soldaten der 257. VGD etwas, noch die Zivilbevölkerung von Karlsruhe, die sicher war, für sie sei der Krieg zu Ende. Für zahllose Karlsruher begannen jedoch mit dem Einrücken der „zweiten Welle" der französischen Truppen – meist Angehörige von Kolonialregimentern – Schreckenstage, mit denen niemand gerechnet hatte.

## Karlsruher Kampfkommandant vor dem Standgericht

Die kampflose Räumung der Stadt Karlsruhe hatte ein ernstes Nachspiel. Die durch Befehl des Wehrkreiskommandos V zur „Festung" erklärte Stadt[1] hätte unter dem eigens hierfür bestimmten Kampfkommandanten unbedingt verteidigt werden müssen. Städte im Osten wie Breslau und Kolberg, die befehlsgemäß *„bis zum letzten Mann"* verteidigt wurden, galten als leuchtendes Vorbild, die Festung Königsberg, deren Kampfkommandant *„wegen feiger Übergabe an den Feind"* zum Tode durch den Strang verurteilt worden war, als warnendes Beispiel auch für die Kampfführung in den zu „festen Plätzen" deklarierten badischen Städten: Neben Karlsruhe waren dies, wie schon früher erwähnt, die Städte Rastatt, Offenburg, Freiburg, Donaueschingen und Villingen.

Eigenartigerweise wurde aber der zum Karlsruher Kampfkommandanten ernannte bisherige Wehrmachtskommandant, Generalmajor Walther Hossfeld, exakt in dem Augenblick abgelöst, als die Verteidigung Karlsruhes akut wurde. Hossfeld hatte noch, wie er in einem Bericht vom Mai 1945 schrieb, in den Tagen zwischen dem 26. und 30. März 1945 den Ausbau des Karlsruher „Nordriegels" mit drei Volkssturmbataillonen aus Hessen-Nassau und Zivilisten aus Karlsruhe *„mit allen Mitteln vorwärts getrieben"*, als er durch Befehl des Heerespersonalamtes zum 1. April zur Führerreserve Heeresgruppe G versetzt und seines Karlsruher Kommandos enthoben wurde.[2] Welchen Grund diese Entscheidung hatte, die angesichts des Vordringens der Amerikaner aus dem Raum Mannheim-Heidelberg nach Süden und des Übersetzens der Franzosen über den Rhein unter dem Gesichtspunkt der befohlenen Verteidigung Karlsruhes unverständlich erscheint, ist unbekannt.

Der „Ia" der 257. Volksgrenadierdivision, Oberstleutnant i. G. Ernst Linke, kann sich, obschon er mit seinem Gefechtsstand schon ab 24. März in Karlsruhe war, an Hossfeld nicht erinnern. Dagegen ist ihm dessen Nachfolger, der Ritterkreuzträger Oberstleutnant Marbach, ein Begriff, mit dem er sowohl wegen des Hitlerschen Zerstörungsbefehls für alle Versorgungseinrichtungen als auch wegen der befohlenen Verteidigung der Stadt mehrere Gespräche hatte. Der Karlsruher Kampfkommandant unterstellte sich und die ihm noch zur Verfügung stehenden spärlichen Wehrmachts- und Volkssturmeinheiten der 257. VGD. Damit war Marbach der Verantwortung für die Verteidigung der Stadt enthoben.[3]

## „Verlust von Karlsruhe völlig unverständlich"

Bei den höchsten militärischen Kommandostellen reagierte man auf die kampflose Räumung der Stadt Karlsruhe mit großer Nervosität. Noch am Abend des 4. April, an dem Karlsruhe „französisch" geworden war, befahl der General der Panzertruppen Schulz, genau an diesem Tag als Nachfolger von SS-Generaloberst Hausser Oberbefehlshaber der Heeresgruppe G geworden,[4] die Durchführung eines Standgerichtsverfahrens gegen den Kampfkommandanten von Karlsruhe.[5] Das in die höchste Geheimhaltungsstufe eingeordnete Blitz-Fernschreiben von General Schulz an die 19. Armee ließ an Deutlichkeit nichts zu wünschen übrig: *„Der schnelle Verlust von Karlsruhe ist völlig unverständlich, es ist sofort ein standgerichtliches Verfahren gegen den Kampfkommandanten einzuleiten. Das Ergebnis ist mir bis zum 5. 4. 45, abends zu melden."*[6]
Diesem Fernschreiben, um 21 Uhr aufgegeben, jagte Schulz – Dokumentation der Empörung über den raschen „Verlust" von Karlsruhe und Ausdruck des Willens des „neuen Mannes", hart durchzugreifen – noch um 22.15 Uhr ein zweites Fernschreiben hinterher: *„In den letzten 24 Stunden Gotha und Karlsruhe ohne nennenswerten Widerstand verloren gegangen. Schärfste Maßnahmen schnellstens gegen die für die Verteidigung Verantwortlichen erforderlich, die mir innerhalb 24 Stunden zur allgemeinen Bekanntgabe zu melden sind."* Der Oberbefehlshaber der 19. Armee, General der Panzertruppe Brandenberger, gab den Heeresgruppenbefehl noch am gleichen Abend an das Generalkommando des LXIV. Armeekorps weiter, dem die 257. VGD seit dem Nachmittag des 4. April unterstand. Mit der Untersuchung beauftragt wurde Generalmajor von Alberti, „z. b. V." (zur besonderen Verwendung) beim LXIV. A. K.

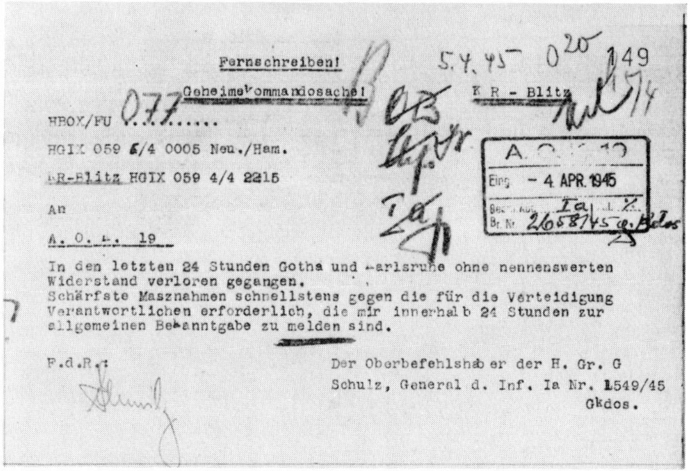

Fernschreiben! 5.4.45 0 20 149

Geheime Kommandosache! K R - Blitz

HBOX/FU 077.......

HGIX 059 5/4 0005 Neu./Ham.

KR-Blitz HGIX 059 4/4 2215

Eing. – 4 APR. 1945

An

A. O. K. 19

In den letzten 24 Stunden Gotha und Karlsruhe ohne nennenswerten Widerstand verloren gegangen.
Schärfste Masznahmen schnellstens gegen die für die Verteidigung Verantwortlichen erforderlich, die mir innerhalb 24 Stunden zur allgemeinen Bekanntgabe zu melden sind.

F.d.R.:

Der Oberbefehlshaber der H. Gr. G
Schulz, General d. Inf. Ia Nr. 1549/45 Gkdos.

**General der Infanterie Schulz, der erst in der Frühe des 4. April den Oberbefehl der Heeresgruppe 6 übernommen hatte, wiederholt in einem Fernschreiben in der Nacht zum 5. April seinen Befehl, „schnellstens" „schärfste Maßnahmen" gegen die für den Verlust von Karlsruhe Verantwortlichen anzuordnen.**

## „Fliehende 257. VGD zum Stehen bringen"

Vorweg hatten die Karlsruher Vorgänge jedoch ein anderes dramatisches Nachspiel. Auf dem neuen Gefechtsstand der 257. VGD, im Johannisthalerhof bei Königsbach, erschien am Vormittag des 5. April in Kompaniestärke eine Feldgendarmerieeinheit, geführt von einem Major, mit dem angeblichen Führerbefehl (Linke: *„Ich habe den Wortlaut ziemlich genau in Erinnerung"), „die aus der Festung Karlsruhe fliehende 257. VGD mit Waffengewalt zum Stehen und sie wieder in ihre Verteidigungsstellung zu bringen!"*[7] Die verantwortlichen Offiziere seien zu verhaften und vor ein Kriegsgericht zu stellen. In Abwesenheit des Divisionskommandeurs, Generalmajor Seidel, widersprach Oberstleutnant i. G. Linke *„energisch"* und lud den Führer der Feldgendarmerieeinheit ein, sich die *„aus Karlsruhe fliehende"* 257. Volksgrenadierdivision selbst anzusehen. Der Feldgendarmeriemajor inspizierte daraufhin in Begleitung eines Offiziers des Divisionsstabs die von den Soldaten der Division besetzten Stützpunkte der Schwarzwaldrandstellung und im Raum Grötzingen-Wössingen, *„worauf der Major seine Ehrenbezeigung machte, sich abmeldete und erklärte, er habe hier keinen Auftrag mehr".*

## Das Standgericht im Sperlingshof

Bedenklicher wurde es, als am frühen Abend des 5. April auf dem Sperlingshof bei Wilferdingen, wohin der Gefechtsstand der Division seit 11 Uhr verlegt war, ein „Fliegendes Standgericht" erschien, um das gegen den Karlsruher Kampfkommandanten befohlene Verfahren durchzuführen. Noch war allen in Erinnerung, was der OKW-Bericht vom 18. März gemeldet hatte: Drei Majore und ein Oberleutnant, die verantwortlich gemacht wurden, daß den Amerikanern am 7. März die strategisch wichtige Rheinbrücke bei Remagen unzerstört in die Hände fiel, waren von einem Standgericht zum Tode verurteilt, das Urteil sofort vollstreckt worden. Die Offiziere der 257. VGD hatten auch nicht vergessen, welch kurzen Prozeß ein Standgericht der 1. Armee, der die Division bis zum 4. April angehörte, im November des Vorjahres mit Stabsintendant Malfeld von der 462. VGD und Oberstleutnant Schottke, dem Kommandeur des A. R. 347, gemacht hatte: Malfeld war wegen schweren Ungehorsams und Feigheit erschossen worden, Schottke, weil er bei einem feindlichen Angriff wegen Trunkenheit unfähig war, Befehle zu erteilen.[8]

Dem „Karlsruher" Standgericht gehörten neben Generalmajor von Alberti als Vorsitzenden der Major Kulenkampff von der 716. I. D. sowie Oberstabsrichter Beeking von der 106. I. D., der linken Nachbardivision der 257. VGD, an. Bei der Vernehmung Marbachs bzw. der Befragung des Divisionskommandeurs und seines „Ia" stellte sich schnell heraus, daß sich der Kampfkommandant der 257. VGD unterstellt hatte, womit der Auftrag, Karlsruhe zu verteidigen, an diese übergegangen war. Alfred Mahler, damals Hauptmann und 1. Ordonnanz-Offizier der 257. VGD, zu dem Vorgang der Unterstellung: *„Der Festungskommandant unterstellte sich unserer Division automatisch, als er hörte, daß eine Frontdivision sich im Raum Karlsruhe über den Rhein zurückzog, und gab uns den Befehl, Karlsruhe bis zum letzten Mann zu verteidigen, bekannt. Oberstleutnant i. G. Linke hat ihn dann von diesem Befehl entbunden."*[9]

Während Generalmajor Seidel wahrheitsgemäß erklärte, nicht er, sondern sein „Ia" habe die Befehle gegeben, die zur Räumung der Stadt führten, begründete Oberstleutnant i. G. Linke die Entscheidung mit dem Hinweis, daß Karlsruhe bei der Breite der Front, angesichts der Stärke des Gegners und der eigenen Schwäche, nicht zuletzt aber wegen der schwierigen Verteidigungsmöglichkeit im „Spinnennetz" nördlich der Stadt (gemeint waren die vom Schloß aus fächerförmig in den Hardtwald führenden Alleen) nicht zu halten war.[10]

## Shermanpanzer verkürzen das Verfahren

Indem Linke damit die Verantwortung für die Nichtausführung des Befehls, die „Festung" Karlsruhe zu verteidigen, praktisch auf sich nahm, entstand für diesen selbst eine nicht ungefährliche Situation. Während des Standgerichtsverfahrens schien es zeitweise möglich, ja folgerichtig, daß anstelle Marbachs der für die Räumung der Stadt verantwortliche „Ia" angeklagt und verurteilt werden könnte. Von Alberti, den Linke als *„Offizier unserer alten Schule"* bezeichnet, kam während der Untersuchung zwar zu dem Ergebnis, der Verdacht der Nichtausführung des Befehls, Karlsruhe zu verteidigen, habe sich im Grundsatz bestätigt. Dennoch vermied er es, andere Schuldige zu suchen. Im übrigen entgingen der Kampfkommandant bzw. der „Ia" der 257. VGD einer noch nachhaltigeren Untersuchung möglicherweise auch dank des Umstandes, daß während des Standgerichtsverfahrens auf dem Sperlingshof *„Shermanpanzer den Gefechtsstand beschossen und uns zum Stellungswechsel zwangen".*[11]

Das Ergebnis der Untersuchung ist in einem Bericht des Generalmajors von Alberti niedergelegt, den der Chef der 19. Armee, General der Panzertruppe Brandenberger, am 6. April 1945 in einer längeren Meldung der Heeresgruppe G erstattet hat. *„Zu verhandeln war gegen den Obstlt. Marbach als Kampfkommandant von Karlsruhe wegen zu schneller Aufgabe der Stadt",*[12] beginnt düster dieser Bericht. Danach aber wird Marbachs Darstellung der Karlsruher Situation voll und korrekt wiedergegeben. So die Tatsache, daß er, Marbach, am 4. April zunächst den Auftrag hatte, *„den ausgebauten inneren Stadtkern zu sichern".* In den frühen Morgenstunden habe er den Befehl erhalten, *„mit der kämpfenden Truppe sich bis zur Schwarzwaldrandstellung zurückzukämpfen".* Insgesamt hätten ihm zur Verteidigung 250 Mann zur Verfügung gestanden.

In den Bericht aufgenommen ist auch die Bestätigung der Divisionsführung, daß *„die Gesamtverantwortung für den am 4. 4. 45 26 km breiten Abschnitt der Kommandeur der 257. VGD hatte".* Von Alberti kam aufgrund der in der Voruntersuchung und in dem Verfahren selbst bekannt gewordenen Fakten zu dem Schluß: *„Aus vorstehenden Gründen konnte das* (eigentliche; d. Verf.) *Standgerichtsverfahren nicht durchgeführt werden. Hinreichender Tatverdacht liegt nicht vor."*

Eine wichtige Entscheidungshilfe für dieses „Urteil" war allerdings der Umstand, daß Marbach zum Kampfkommandanten von Karlsruhe *„im Sinne des grundlegenden Befehls"* nicht ernannt und daß die Stadt, entgegen dem Befehl des Wehrkreiskommandos V, den sich auch der Gauleiter zu eigen gemacht hatte, nicht förmlich als „Ortsstützpunkt" bestimmt war.

## Marbach war nicht vereidigt

Was Marbach angeht, so hatte sich nach der Abberufung des Kampfkommandanten Hossfeld am 1. April 1945 offenbar keine vorgesetzte Dienststelle die Zeit genommen, den neuen Kampfkommandanten zu vereidigen, wie dies lt. Führerbefehl vorgeschrieben war. Der damalige Divisionsrichter der 257. VGD., Dr. Werner Schmidt (* 1902), hierzu: *„Erfreulicherweise und zur großen Erleichterung aller in der Sache informierten Herren der Division kam das Standgericht zu dem Ergebnis, daß eine Verurteilung des Oberstleutnants Marbach, die nach der damaligen Praxis der Standgerichte ein Todesurteil bedeutet hätte, nicht erfolgen konnte, und zwar deshalb nicht, weil dieser nicht förmlich als Festungskommandant vereidigt war."*[13]

Letztlich ist auch festzuhalten, daß die von dem Vorwärtsdrängen der amerikanischen und französischen Truppen ausgelöste Turbulenz sowie das zeitweilige Fehlen der Verbindung sowohl zu den Nachbarn wie zu den vorgesetzten Kommandostellen die Beurteilung militärischer Entscheidungen wie der Räumung Karlsruhes erschwerte, noch mehr eine Verurteilung. Erst recht hatte die 19. Armee bzw. dessen LXIV. Armeekorps, das mit der Durchführung des Standgerichtsverfahrens beauftragt worden war, kaum eine Chance, die Vorgänge sachkundig zu würdigen, denn die 257. VGD war ja erst nach der Räumung Karlsruhes in die 19. Armee eingegliedert worden. Es kennzeichnet die schwierigen Befehlsverhältnisse jener Tage, daß die 257. VGD, die am 4. April offiziell ab 16 Uhr dem LXIV. A. K. unterstellt wurde, ihre abendliche „Tagesmeldung" erneut wie bisher dem zur 1. Armee gehörenden XC. Armeekorps abgab.[14] Entweder wußte die Division noch nichts von der Neuunterstellung, oder sie hatte zu der neuen Kommandostelle keine Verbindung.

Die Schwierigkeit, sich mit aller Verläßlichkeit sachkundig zu machen, wird bestätigt in einer Stellungnahme zu dem Standgerichtsverfahren, die der Chef der 19. Armee, General der Panzertruppe Brandenberger, der Heeresgruppe G übermittelte. Hier heißt es: *„Meiner Ansicht nach liegt der schnelle Verlust von Karlsruhe in Führungsmaßnahmen begründet. Weder die* (257. VG-; d. Verf.) *Division noch das XC. Korps unterstanden zum Zeitpunkt der Aufgabe von Karlsruhe der 19. Armee. Es kann deshalb von hier aus nicht beurteilt werden, welche Gründe die der Division vorgesetzten Kommandobehörden veranlaßt haben, die Kräfte für die Verteidigung von Karlsruhe nur so schwach zu bemessen."*[15]

Zu einer Anklage-Verlagerung vom Kampfkommandanten auf den für die Nicht-Verteidigung Karlsruhes letztlich verantwortlichen „Ia" der 257. VGD, Oberstleutnant i. G. Linke, die theoretisch möglich gewesen wäre, ist es nicht gekommen, weil v. Alberti, sich strikt an den Befehl haltend, gegen Marbach zu

**Im Sperlingshof bei Wilferdingen, einem Kinderheim der Evangelisch-Lutherischen Kirche, fand das Standgerichtsverfahren statt.**

ermitteln, Linkes Verantwortung für die Räumung der Stadt in seinem Bericht überging. Auch war, so Linke in der Rückerinnerung, spürbar, daß von Alberti glücklich war, eine Möglichkeit zur unblutigen Beendigung des Verfahrens zu finden. Andererseits dürfte Linke den ihn vernehmenden Generalmajor von Alberti aufmerksam gemacht haben, daß seine Division die Unmöglichkeit einer Verteidigung Karlsruhes schon frühzeitig seinem vorgesetzten Kommando, dem XC. Armeekorps, mitgeteilt hatte. Denn dieses Korps kannte zumindest die Lagebeurteilung der ihr unterstehenden, im Norden und Westen Karlsruhes in Stellung liegenden 257. VGD, die in einer Tagesmeldung vom 31. März erklärt hatte: *„Für die Verteidigung der Stadt Karlsruhe stehen an ortsgebundenen Kräften rund 100 voll einsatzfähige Leute zur Verfügung. Benötigt wird jedoch dafür eine Division. Um den Zusammenhang der Front im Korpsabschnitt zu wahren, muß daher auf die Verteidigung der Stadt als solche verzichtet werden."*[16]

**Die kampflose Räumung der „Festung" Karlsruhe hingenommen bzw. befohlen: Links der Karlsruher Kampfkommandant Oberstleutnant Paul Marbach, rechts Oberstleutnant i. G. Ernst Linke, der den Kampfkommandanten der Berliner „Bärendivision" unterstellte.**

## Wer gab „Befehl für Aufgabe Karlsruhes"?

Vermutlich eher, um sich „nach oben" abzusichern, als um den „Fall Karlsruhe" noch einmal aufzurollen, möglicherweise auch auf Drängen der Heeresgruppe G, bestand die 19. Armee im Nachgang zu dem Standgerichtsverfahren auf einer Klärung des Sachverhalts seitens der 257. VGD. Als diese den vom Vorsitzenden des Standgerichts, Generalmajor von Alberti, für eine abschließende Beurteilung für erforderlich bezeichneten Gefechtsbericht über den Einsatz in und bei Karlsruhe am 10. April 1945 immer noch nicht vorgelegt hatte, reklamierte Oberst i. G. Brandstädter, der Chef des Generalstabs der 19. Armee, den Bericht beim LXIV. A. K. mit folgendem Fernschreiben: *„Umgehend fernschriftliche Meldung der 257. VGD, welche Kommandobehörde Befehl der Aufgabe Karlsruhes gegeben hat."*[17] Schon am 6. April hatte auch der Oberbefehlshaber West auf die kampflose Räumung Karlsruhes reagiert, indem dessen Chef des Stabes, Westphal, mit einem als „Geheime Kommandosache" deklarierten Fernschreiben die 19. Armee anwies: *„Auswahl sämtlicher Kampfkommandanten ist nochmals zu überprüfen. Keine Rücksicht auf Dienstalter, nur entschlossene und fanatische Persönlichkeiten. Der OB West verbietet, daß künftig Offiziere, die in diesem Krieg noch keine Fronttruppe mit sichtbarem Erfolg (!) geführt haben, hierzu eingesetzt werden. Der Dienstgrad spielt keine Rolle."*[18]

Am 13. April schließlich, neun Tage nach dem Fall Karlsruhes – inzwischen war der Divisionskommandeur, Generalmajor Seidel, bei Nachhutgefechten auf der Höhe zwischen Herrenalb und Neuenbürg gefallen –, gab der „Ia" der 257. VGD, Oberstleutnant i. G. Ernst Linke, jetzt mit der Führung der Division beauftragt, über die Räumung Karlsruhes eine abschließende Meldung, in der es hieß: *„Die Stadt fiel in Feindeshand, nachdem das in seiner HKL nördlich der Stadt an mehreren Stellen von feindlichen Panzerkräften tief durchstoßene Gren. Rgt. 466 mit Genehmigung der Division zur Wahrung des Zusammenhalts der Gesamtfront schrittweise kämpfend durch die Stadt nach S und SO ausgewichen war. Teile von zwei Kompanien des Gren. Rgt. 466 kämpften gegen 18 Uhr im Südostteil der Stadt. Auftrag des Gen. Kdo. XC. A. K. für die Kampfführung lautete: Unbedingt Anschluß an linken Flügel 16. VGD in der Schwarzwaldrandstellung halten. Schwerpunkt am rechten Flügel. Wenn die Division nicht mehr in der*

*Lage, kräftemäßig HKL zu halten, ist engster Anschluß nach rechts unbedingt zu wahren, selbst auf die Gefahr hin, vom Rhein abzukommen. Länger der HKL der Division 22 km. Stärke des mittleren im Raum Karlsruhe eingesetzten Regiments etwa 250 Schützen."*[19]
Mit dieser Meldung gaben sich die der 257. VGD vorgesetzten Kommandostellen offensichtlich zufrieden, jedenfalls erfolgten keine weiteren Schritte. Letztlich sorgte der unaufhaltsame Vormarsch der alliierten Truppen für Schwierigkeiten und Krisen am laufenden Band. Sich um Vergangenes zu kümmern, blieb keine Zeit und hatte wohl auch niemand mehr Lust. Damit brachte sich Oberstleutnant i. G. Ernst Linke, dessen Entscheidung es hauptsächlich zu danken war, daß Karlsruhe kampflos geräumt wurde, endgültig aus der Schußlinie. Hierzu Dr. Werner Schmidt, der damalige Divisionsrichter: *„Ich meine, die Stadt Karlsruhe müßte der Führungsspitze der 257. VGD sehr dankbar sein, daß diese, insbesondere aber der damalige ‚Ia' der Division, durch die Räumung der Stadt angesichts der seinerzeitigen hoffnungslosen Lage unabwendbaren Schaden von Karlsruhe abgewendet haben."*[20]

### Zur Bewährung: Kampfkommandant von Stuttgart

Oberstleutnant Marbach aber, der Karlsruher Kampfkommandant, wurde – eine Art Bewährungsprobe – auf Befehl der Heeresgruppe G dem Wehrkreiskommando V als Kampfkommandant für Stuttgart *„zur Verfügung gestellt"*.[21] Dort war, nachdem am 13. April General Veiel, der Befehlshaber des Wehrkreiskommandos V, wegen der Bereitschaft, Stuttgart zur offenen Stadt zu erklären, abgesetzt und zum Tode verurteilt worden war – das Urteil wurde in der Hektik jener Tage nicht vollstreckt – besondere Vorsicht geboten. Zwar gab auch Veiels Nachfolger, General Kurt Hoffmann, den Räumungsbefehl, doch Oberstleutnant Marbach bestand, Beschwörungen des amtierenden und des künftigen Oberbürgermeisters – Dr. Strölin bzw. Dr. Klett – zum Trotz, auf der Sprengung der Neckarbrücken. In der Frühe des 20. April, wenige Stunden vor dem Einmarsch amerikanischer und französischer Truppen, flogen auf Marbachs Befehl alle Brücken über den Neckar in die Luft.[22]

## Der Krieg zieht sich aus Karlsruhe zurück

Die Berliner „Bärendivision" hatte nach der Preisgabe der „Festung" Karlsruhe in der Nacht zum 4. April 1945 den ihr zugewiesenen Abschnitt der Schwarzwaldrandstellung von Weingarten bis Wolfartsweier, danach bis Ettlingen, bezogen. Der „Ia" der Division, Oberstleutnant i. G. Ernst Linke, beurteilt diese Stellung, die während der vergangenen Monate von Dienstverpflichteten, auch solchen aus Karlsruhe, gebaut worden war, wie folgt: *„Die Schwarzwaldrandstellung war recht sorgfältig ausgebaut. Zumindest erkannte man darin die Überlegung, an welchen Hängen und mit welchen Zusammenhängen die Verteidigung geführt werden sollte. Mit irgendwelchen Waffen war sie nicht bestückt. Wir konnten sie also lediglich mit den wenigen Menschen, die wir noch hatten, besetzen. Mit den wenigen Maschinengewehren und leichten Infanteriewaffen konnten wir gegen die nachdrängenden französischen Panzereinheiten nichts ausrichten."*[1] Zwar verfügte die Division auch noch über Teile ihres Artillerieregiments. Doch die von General de Lattre de Tassigny vertretene Meinung, die *„hervorragend geführte"* 257. VGD habe, als sie bei Durlach in Stellung gegangen war, wieder die gleiche Stärke gehabt wie zu Beginn der alliierten Offensive im Elsaß,[2] ist mit Sicherheit völlig unrichtig. Nach der Erinnerung von Ernst Linke betrug die Kampfstärke seiner Division, deren Soll-Kriegsstärke sich auf 15000 Mann bezifferte, zu diesem Zeitpunkt noch 2000 bis 2500 Mann.[3] Den ausgebluteten Divisionen der Deutschen Wehrmacht war der Gegner um ein Vielfaches überlegen. De Lattre beziffert die Stärke der bis zum 4. April über den Rhein gebrachten französischen Divisionen, unter ihnen eine Panzer-Division, mit insgesamt 130000 Mann, die Zahl der Fahrzeuge mit 10000.[4]
Schon das äußere Bild der deutschen Truppen, die sich am Abend des 3. April und in der darauffolgenden Nacht aus ihren Stellungen am Rhein und nördlich Karlsruhe absetzten, widerlegt das Urteil des französischen Oberbefehlshabers. *„Das war ein trostloser Anblick"*, berichtet Willi Weingartner, der

den Rückzug in Rüppurr beobachtete, *„als die letzte deutsche Abwehr morgens* (am 4. April; d. Verf.) *die Stadt verließ. Man sah Soldaten, Hitlerjugend, Volkssturmmänner, die auf Lkw's, Pferdefuhrwerken und Fahrrädern aus der Stadt Richtung Ettlingen herausfuhren. Gegen Mittag verließ auch die Flakeinheit bei der Dreschhalle in Rüppurr ihre Stellung. Ihre Geschütze brachten sie mit beschlagnahmten Pferden oder an Hanfseilen von Soldaten gezogen in Richtung Ettlingen in Sicherheit."*[5] Andere Flak- und Artilleriegeschütze waren, weil sie mangels Zeit und Betriebsstoffen nicht mehr hatten weggebracht werden können, an Ort und Stelle gesprengt worden.

Gegen 16 Uhr fiel mit Rüppurr der letzte südliche Stadtteil in französische Hand. Als letzte Einheit zog sich eine Gruppe des Karlsruher Volkssturms nach Ettlingen zurück. Am Nordeingang von Ettlingen, bei der Rheinlandkaserne, verteidigte diese Gruppe eine dort aufgebaute Panzersperre. Mit einer Panzerfaust schossen die Karlsruher Volkssturmleute den ersten der zwischen 16 und 17 Uhr auf Ettlingen vorgehenden Panzer ab. Der nächste Panzer nahm, unterstützt von Infanteristen, die Volkssturmgruppe daraufhin so massiv unter Feuer, daß angeblich alle fielen. Zu den Gefallenen gehörte der 41jährige Karl Schukraft, der zwischen Rüppurr und Ettlingen eine Gärtnerei betrieb. Seine Frau fand ihn und die anderen Gefallenen – ihre Zahl ist nicht bekannt – am folgenden Tag (5. April) in den Schützenlöchern, die den Volkssturmmännern zum Grab geworden waren.[6]

**Gefangengenommene Angehörige des Volkssturms tragen verwundete Kameraden durch die Straßen der Stadt.**

### Turmberg und Grötzingen in französischer Hand

Während Einheiten der 3. Division d' Infanterie Marocaine danach kampflos die Stadt Ettlingen besetzten, kam das von Mühlburg in die Stadt vorgestoßene und dann zum Angriff auf Durlach befohlene 23. Kolonial-Infanterieregiment der Division Valluy nur zögernd voran. Gestört wurde der Vormarsch hauptsächlich durch massiven Einsatz der Artillerie der 106.

---

*„Als am späten Vormittag des 4. April einige in der Innenstadt leicht verwundete Polizisten zu uns kamen und von dem weiteren Vordringen der Franzosen berichteten, sagte ich zu Herrn Merwarth* (einem Pfleger, der die Hitlerbüste im Foyer des Diakonissenkrankenhauses schon in der Frühe dieses Tages hatte abräumen wollen; d. Verf.): *‚Jetzt ist es soweit.' Dieser nahm daraufhin die Hitlerbüste vom Sockel, legte sie heimlich in einen hierfür bereitgehaltenen Kindersarg und brachte diesen verschlossen in die Leichenkammer. Dort ‚überlebte' sie ohne Gefahr für uns die Besetzung des Krankenhauses. Dies war natürlich keine Dauerlösung. In der folgenden Nacht holte Wilhelm Merwarth deshalb den Hitlerkopf aus seinem Versteck, zertrümmerte ihn und vergrub die Stücke im Garten."*

Dr. Werner Kühlewein, Hitlerbüste im Kindersarg (Badische Neueste Nachrichten vom 27. April 1985)

---

I.D., die in der Rheinebene zwischen Ettlingen–Mörsch, zwischen dem Schwarzwaldrand und dem Rhein, in Stellung gegangen war. Auch dürfte der Respekt vor der dank ihrer beherrschenden Höhenlage für eine wirksame Verteidigung hervorragend geeigneten Schwarzwald-Randstellung zur Vorsicht gemahnt haben.
Die Berliner „Bärendivision", die mit ihren geschwächten Kräften neben der Abwehr aus der Schwarzwald-Randstellung heraus zwischen Weingarten und Wössingen gleichzeitig eine Riegelstellung nach Norden aufzubauen hatte, konnte nicht verhindern, daß der Gegner teils schon in der Nacht zum 5. April, teils an diesem Tag in Durlach eindrang.

***In Reih' und Glied, bewacht von französischen Soldaten, werden ab dem 4. April deutsche Kriegsgefangene in großen Kolonnen durch Karlsruhe nach Westen und über den Rhein geführt.***

Frau Elisabeth Printz (1888-1952) aus der Scheffelstraße, die am 3. April wie jeden Dienstag eine befreundete Familie in der Durlacher Turmbergstraße besuchte, geriet, als sie am 5. April nach Karlsruhe zurückgehen wollte, unfreiwillig zwischen die Fronten. In einer Aufzeichnung ihrer Erlebnisse in Durlach zwischen dem 3. und 8. April[7] schilderte sie, wie sie, die gut französisch sprach, einerseits französische Soldaten zu täuschen wußte, andererseits einige deutsche Landser, die, seit 24 Stunden ohne Verpflegung, am Berghang in ihrer Stellung ausharrten, mit Kaffee und Butterbroten versorgte, für die sie von den Franzosen das „Rohmaterial" erhalten hatte. *„Am Freitagmorgen"* (6. April), so Frau Printz in ihren Aufzeichnungen über das Ende der Gefechte am Turmberg, *„war der Posten bei der Villa Marx in der Turmbergstraße verschwunden. Die Franzosen gingen dann (sehr langsam) die Turmbergstraße hinauf, für die 20 Minuten Aufstieg brauchten sie Stun-*

den. Schließlich hörte man von oben Maschinengewehrfeuer und Geschrei. Plötzlich war alles still – wir waren französisch."
Während auf Schleichwegen zahlreiche Volkssturmmänner schon am Abend des 4. April zurückgekehrt waren (Marianne Kiefer: *„Am Abend des Mittwoch kam Vater von abenteuerlicher Flucht nach Hause. Der Volkssturm hatte sich aufgelöst, und die Männer schlugen sich einzeln oder zu zweien durch die Wälder zurück nach Hagsfeld"*),[8] dauerte es noch zwei volle Tage, bis der Turmberg in der Hand des Gegners war. Die 257. VGD, deren Gefechtsstand am 5. April vom Rittnerthof zum Johannisthalerhof bei Königsbach, danach zum Sperlingshof bei Wilferdingen und am 6. April nach Dietenhausen verlegt worden war (weitere Divisionsgefechtsstände waren am 7. April Bethanien bei Langensteinbach und am 8. April Schwann), hatte am 6. April Söllingen und Kleinsteinbach verloren. Erst daraufhin räumte die Division am 7. April den Nordpfeiler der Schwarzwaldrandstellung, den Turmberg, und entging so der Gefahr eines gefährlichen Flankenangriffs und der Einschließung eines Teils der Division.[9]
Überraschend fiel auch Grötzingen erst am 6. April in französische Hand. Frau Helene Knab (1885–1968), die Tochter des Grötzinger Malers Friedrich Kallmorgen, damals Leiterin des Roten Kreuzes in ihrem Ort, hat die Ereignisse vor und nach der Besetzung Grötzingens in Tagebuch-Aufzeichnungen festgehalten.[10] Unterm 4. April 1945 ist zu lesen: *„Karlsruhe, Hagsfeld, Weingarten besetzt . . . Grötzingen noch immer frei . . . Der Volkssturm ist aufgelöst, jeder kann kommen und gehen, wie er will . . . Abends 6 Uhr Schüsse ins Dorf, zwei Tote, ein Kind schwerverletzt. Über zehn Soldaten im Stroh, und im Eßzimmer nochmals vier einquartiert von einer Granatwerfer-Abteilung in Nachbar Kühns Garten . . . Gegen 5 Uhr Rathausbrücke gesprengt. Kein Wasser mehr, seit Montag ohne Licht".*
Am 5. April gelang es Pfarrer Staiger durch Vorsprache beim Divisionsstab der 257. VGD im Rittnerthof, die am Nachmittag vorgesehene Sprengung der Grötzinger Staigbrücke zu verhindern. Zur großen Erleichterung der Bevölkerung, die in höchster Sorge war, weil es hieß, Grötzingen solle verteidigt werden, räumten die deutschen Soldaten um Mitternacht des 5. April ihre Stellungen. Erst am Abend des 6. April rückten jedoch die Franzosen nach. Helene Knab in ihrem Tagebuch unterm 6. April: *„Am Abend französische Autos am Rathaus. Gegen 7 Uhr hieß es dann allgemein: Die Franzosen sind da."*

## Dramatische Vorgänge beim Thomashof

Vom Turmberg aus zog sich die 257. VGD am 7. April zunächst auf die Linie Kleinsteinbach-Thomashof-Hohenwettersbach zurück. Wolfartsweier war schon am 5. April besetzt worden. Angesichts des Fehlens ausgebauter Stellungen war es jetzt nur noch eine Frage von Stunden, bis auch die letzten Gemeinden auf dem Pfinz-Alb-Plateau, die später Stadtteile von Karlsruhe werden sollten, dem Gegner überlassen werden mußten.
Über dramatische Vorgänge, die sich am 7. bzw. 8. April beim Thomashof abspielten, berichtet der damalige Leiter des im Thomashof untergebrachten Städtischen Hilfskrankenhauses, Dr. Rudolf Huffer (*1911): *„Am 7. April 1945 schießt und kracht es an allen Ecken. Die ersten französischen Panzer dringen bis zum Lamprechtshof vor . . . Müde und zerschlagen ziehen sich gegen 13 Uhr die letzten Truppen zurück. Unsere Nerven sind bis zum Zerreißen angespannt. Kurz vor 18 Uhr kommt noch ein Leutnant durch, und gleich darauf durchschlägt eine schwere französische Panzergranate das mit dem Roten Kreuz und Fahne weithin sichtbar gemachte Krankenhaus. Nach einer halben Stunde, die uns zur Ewigkeit wurde, stürmen die ersten französischen Soldaten schießend, polternd und lärmend ins Haus. Ich verlasse als erster den Keller mit Rote-Kreuz-Armbinde."*
Huffers Hoffnung, hierdurch und durch seine in französischer Sprache gemachte Versicherung, es handele sich hier um ein Krankenhaus, unbehelligt zu bleiben, erwies sich jedoch als trügerisch. Dr. Huffer: *„Mit Munitionskästen in der einen Hand, die andere ‚erhoben', werden wir* (Huffer, Direktor Karl Wieland und Studienrat Marx; d. Verf.) *von den Maquisarden vor der französischen Infanterie hinunter* (Richtung Stupferich; d. Verf.) *getrieben, denn gegenüber verteidigten sich die deutsche Artillerie und MG-Schützen."*[11]
Die drei Männer überlebten diesen „Einsatz", um danach noch Zeuge eines anderen brutalen Vorgangs zu werden. Dr. Huffer: *„Am nächsten Morgen brachten die Franzosen noch zwei versprengte gefangengenommene deutsche Soldaten. Ein Unteroffizier übergab sie einem Soldaten, er solle sie nach unten bringen. Bald darauf hörten wir zwei Schüsse. Am Nachmittag fanden wir die beiden deutschen Soldaten durch Genickschüsse getötet am Gartenzaun zwischen Bibelheim und Forsthaus am Gartenzaun liegen."*[12]

## Deutsche Artillerie beschießt Grünwettersbach

Am 6. April 1945 lag der Schwerpunkt des Kampfes der Berliner „Bärendivision" übrigens auf dem äußersten rechten Flügel bei Königsbach, das mehrfach den Besitzer wechselte. In stundenlangen Kämpfen, bei denen das dort eingesetzte Grenadierregiment 477 durch die Jagdpanzerkompanie 1./257 unterstützt wurde, wurden nicht weniger als 31 feindliche Panzer abgeschossen. Ein Erfolg, der tags darauf auch im Wehrmachtsbericht gemeldet wurde.
Parallel zu dem Vorstoß vom Turmberg griffen die Franzosen durch das Wetterbachtal an. Panzersperren sowie Baumsperren im Tal und an den Ortsausgängen von Hohenwettersbach und Grünwettersbach vermochten den Vormarsch der französischen Panzer zwar aufzuhalten, aber nicht zu stoppen. Nach starkem Artilleriefeuer, vor allem auf Grünwettersbach, am späten Vormittag des 7. April wurde am Nachmittag zunächst Hohenwettersbach, gegen 17 Uhr auch Grünwettersbach besetzt. Heinrich Berger (1889-1970) berichtet[13], daß sein Namensvetter Erwin nach wenigen Schüssen, die aus Panzern abgefeuert worden waren, auf dem Grünwettersbacher Kirchturm die weiße Fahne hißte, *„worauf das feindliche Feuer in diesem Abschnitt sofort verstummte".*
In Grünwettersbach mußte den Franzosen, die von hier aus sofort auf Palmbach und Busenbach vorstießen, ein Hauptverbandsplatz der 257. VGD mit ca. 30 Verwundeten überlassen werden. Am 7. April, kurz nach 18 Uhr, erlebte Grünwettersbach dann auch noch Artilleriefeuer von der „eigenen" Seite. Während das Artillerie-Regiment 257 bei der Sicherung des Rückzugs der Division Karlsruhe verschonte[14] – deutsches Störfeuer auf die Stadt kam offenbar von der 106. (Nachbar-)Division – nahmen die bei Langensteinbach in Stellung gegangenen Batterien des Regiments an diesem Abend Grünwettersbach unter Beschuß, als etwa 70 Panzer und zahllose andere Militärfahrzeuge den Ort passierten. Dabei wurden mehrere Häuser zerstört. Da sich praktisch die gesamte Bevölkerung in Luftschutzstollen befand, die in die Talhänge getrieben waren, kam hierdurch niemand zu Schaden. Der Feuerüberfall von deutscher Seite hatte für die Grünwettersbacher zur Folge, daß sie unverzüglich zum Bau von Artil-

***Entbehrung und Enttäuschung spiegeln sich in den Gesichtern der gefangengenommenen Volkssturmmänner.***

lerie-Stellungen für die Franzosen kommandiert wurden. Heinrich Berger: *„Im Rhontal-Bergacker hinter dem Friedhof wurde eine französische Batterie aufgestellt, wobei männliche Einwohner behilflich sein mußten, die Geschützstellungen auszuheben. Dabei wurden viele schöne Obstbäume und einige Masten der Hochspannung zwecks Freilegung des Schußfeldes umgelegt. Nahezu 100 Schuß wurden darauf von dieser Batterie abgefeuert, bis das deutsche Artilleriefeuer von Langensteinbach eingestellt wurde . . . Als die Einwohner aus ihren Bunkern wieder in ihre Wohnungen zurückkehrten, war es für die meisten eine Überraschung, dort ein Dutzend und mehr französische Soldaten vorzufinden. Teilweise durften die Eigentümer ihre Wohnungen bzw. Grundstücke gar nicht mehr betreten. Es hatte sich ein Bataillon französischer Infanterie im Ort festgesetzt."*

Mit dem 7. April war der Krieg auf dem heutigen Karlsruher Territorium endgültig beendet. Die Kämpfe bei Grünwettersbach hatten aller Wahrscheinlichkeit nach den höchsten Blutzoll gekostet, den die 257. VGD im Raum Karlsruhe hatte hinnehmen müssen: 14 Soldaten waren gefallen. Sie alle, unter ihnen ein unbekannter Soldat, wurden am 12. April auf dem Grünwettersbacher Friedhof beigesetzt. Kein Wort ist über diese Verluste – wie überhaupt über Verluste seit dem Rückzug über den Rhein – in den Tagesmeldungen der 257. VGD an die vorgesetzten Kommandostellen zu finden. Die stereotype Antwort auf die Frage „Verluste" lautete vielmehr: *„Meldungen liegen noch nicht vor."*[15]

Am 7. April verloren auch drei Grünwettersbacher Bürger ihr Leben, der 50jährige Karl Lichtenberger sowie der 43jährige Adolf Gartner durch Artillerie-Volltreffer, der gleichfalls 43jährige Hermann Berger *„durch Kopfschuß beim Zurückgehen in den Bunker nach einem Hauskontrollgang"*.[16]

Ein trauriges Nachspiel hatten die Ereignisse vom April 1945 in Grünwettersbach eineinhalb Jahre später. Eine von zahlreichen Minen, die im Steinbruch im Gewann Horf gelagert waren, explodierte, als dort Kinder spielten. Dabei kamen vier Kinder im Alter von 8 bis 12 Jahren ums Leben.[17]

***Bei der Beschießung von Mörsch durch deutsche Artillerie am 8. April wurden große Teile des Dorfes zerstört.***

### Forchheim, Mörsch und Neuburgweier evakuiert

Während die Franzosen über das Alb-Pfinz-Plateau und das Albtal relativ zügig vorankamen, stießen sie zwischen Ettlingen und dem Rhein auf erbitterten Widerstand. Zwar konnten starke Verbände des Gegners am 4. April kampflos Forchheim, nach Kampf am 5. April Mörsch und am 6. April Neuburgweier besetzen. Südlich der Linie Mörsch-Neuburgweier, im sogenannten „Ettlinger Riegel", verteidigte sich die 106. I.D. jedoch noch mehrere Tage lang. Die beiderseits verlustreichen Kämpfe wogten hin und her, eher General Valluy den „Sperriegel von Mörsch" am 10. April umgehen und am 12. April bis Rastatt vorstoßen konnte.
Bei den Kämpfen um Mörsch und Neuburgweier verloren 89 deutsche Soldaten sowie 17 Mörscher Zivilisten ihr Leben. Deutsche Artillerie, die den Versuch einer Rückeroberung des Südteils von Mörsch vorbereitete, verursachte mit einem schweren Feuerschlag auf das Dorf am 8. April – es war der „Weiße Sonntag" – große Schäden: 122 Gebäude wurden total zerstört, viele Gebäude mehr oder weniger beschädigt. Zur Vermeidung größerer Opfer unter der Zivilbevölkerung wurden Mörsch am 6. April, Forchheim und Neuburgweier am 7. April durch die Franzosen evakuiert. Die Bewohner von Mörsch wurden im Gut Forchheim, jene aus Forchheim und Neuburgweier in Daxlanden untergebracht. Heinrich Ell (*1895), der von Forchheim aus die *„jammervolle Prozession"* mit Kuhfuhrwerken, Handwagen und Kinderwagen mitmachte: *„In Daxlanden suchten die Forchheimer verzweifelt Unterkunft. Dank der Hilfsbereitschaft der Daxlandener wurden jedoch bald alle untergebracht"*.[18]

*„Ich kann es nicht überwinden, was wird der Feind mit uns machen. Will er unser Volk ganz ausrotten? Nun ist, wenn es wahr ist, der Krieg zu Ende, und die Zukunft liegt nach wie vor dunkel für uns, und ein leises Grauen beschleicht einen, wenn man an das „später" denkt. Ich hatte immer gehofft, das Kriegsende würde das Ende der dunklen Zeit bedeuten – darin habe ich mich schwer getäuscht . . . Man hört, daß Hitler gestorben sein soll. Ob es wahr ist?"*

Marianne Kiefer, Tagebucheintrag vom 5. Mai 1945 (Privatbesitz)

## Finale des „Stoßtrupps Stadt"

Mit den Resten eines Volkssturmbataillons, das sich am Vormittag des 4. April von Karlsruhe in die Schwarzwaldrandstellung zurückzog, hatte sich auch der schon genannte „Stoßtrupp Stadt", eine de facto schon nach dem Fall Straßburgs, formell jedoch erst am 13. März aufgestellte,[1] von Oberbürgermeister Dr. Oscar Hüssy selbst geführte, etwa 20 städtische Bedienstete umfassende Einheit, nach Süden abgesetzt. Der Bericht des damals 46jährigen Verwaltungsdirektors Adolf K. Fr. Supper über den Einsatz dieses „Stoßtrupps", noch im Sommer des gleichen Jahres niedergeschrieben, liest sich wie die romantisch überhöhte Schilderung eines kriegerischen Unternehmens, bei dem es, sieht man von Artilleriebeschuß ab, zwar nie direkt Feindberührung gab, dessen Akteure gleichwohl fest überzeugt waren, der deutschen Sache mit ihrem Einsatz einen wichtigen Dienst zu leisten.[2]
Nach der Räumung der Panzersperre an der Kreuzung Kriegs- und Karlstraße zog sich dieser „Stoßtrupp" über den Hauptbahnhof und den Durlacher Wald zur Hedwigsquelle zurück. Nicht ohne Interesse liest man Gedanken, die Supper überkamen, nachdem er und seine Kollegen sich aus der Heimatstadt hatten zurückziehen müssen, Worte, in denen sich die unauslotbare Enttäuschung zahlloser Zeitgenossen widerspiegelt, Anmerkungen, die aber auch andeuten, daß Kritik an den Herrschenden zwar möglich war, daß sie jedoch ungehört blieb. Supper über seine Gefühle nach Ankunft des „Stoßtrupps Stadt" an der Hedwigsquelle: *„Wehen Herzens blickten wir zurück zur Stätte unseres Schaffens und Wirkens, zu den Tummelplätzen unserer eigenen Jugend, zu den zerstörten, brennenden, berstenden und schwelenden Trümmern unserer Hoffnungen und erträumten Zukunft. Ein teures Pfand, von Eltern, Großeltern und Ahnen in unsere Hände gelegt, zerbrach, schwand dahin, einem Traum gleich, den man nicht in die Wirklichkeit rufen kann."* Supper fährt dann fort: *„Mahner waren wir, Rufer und Warner mitten im Taumel einer grandios aufblitzenden kleinen Zeitfolge voller leuchtender Irr-*

*tümer, Zeitgeister, die in die Ferne sahen und doch nicht das Schrecknis der Zukunft in seiner vollen Schwere erkannten. ‚Abtrünnige' schimpften uns die eigenen Volksgenossen und als Böswillige waren wir von den ‚Hundertfünfzigprozentigen' gebrandmarkt. ... Und dennoch: Immer wieder liefen wir Sturm gegen die Eigenen, die Blinden in verantwortlicher Stellung, gegen die Genießenden, Alkoholisierten und dem Volke mehr oder weniger Entfremdeten. Nun sahen wir plötzlich unsere düsteren Voraussagen mehr als erfüllt, unsere angebliche Schwarzseherei in der Wirklichkeit weit übertroffen und das Glück einer – ach, einst so gläubigen und verantwortungsbewußten – Bevölkerung fast gänzlich zerstört ... Wir kehrten der Stadt den Rücken, um unser Herz, unsere ganze Liebe und unser bestes Sein hineinzuwerfen in den Trümmerhaufen unseres Glücks!"*

**Der Stoßtruppführer und sein Stellvertreter. Oberbürgermeister Dr. Oscar Hüssy (links) und Verwaltungsdirektor Adolf Supper – hier bei einer Übung im März 1945 – führten den aus rund 20 städtischen Bediensteten bestehenden „Stoßtrupp Stadt" des Karlsruher Volkssturms.**

Der „Stoßtrupp Stadt" zog sich, während der zur Beobachtung der gegnerischen Truppenbewegung vorzüglich geeignete und deshalb von Artilleriebeobachtern der 257. VGD besetzte Rebhang unterm Bismarckturm, aber auch dieser selbst von der französischen Artillerie unter Feuer genommen wurde, noch am 4. April an den Ostrand von Ettlingen zurück, baute – unter dem Protest der Anwohner – am Zugang zum Albtal beim Watthaldepark eine Panzersperre, sicherte in der Nacht zum 5. April den Albtaleingang und bezog Stellung an der Waldkolonie Ettlingen. Supper beschreibt die Tätigkeit seines Chefs in dieser Nacht wie folgt: *„Oberbürgermeister Dr. Hüssy war unentwegt bei den Seinen, in den Gräben, bei den Vorposten, als Verbindungsmann zur Landstraße am gegenüberliegenden Ortsausgang. Es war ein stilles, sicheres und Freude machendes Zusammenspiel aller Kräfte."*

Bei einem Appell in Busenbach am 6. April verlieh Dr. Hüssy dem Ältesten der Gruppe, Emil Reubelt (Jahrgang 1888), sowie Manfred Gutsch, dem Jüngsten (Jahrgang 1928), noch das Kriegsverdienstkreuz II. Klasse. Bei Fischweier traf die Gruppe auf Reste des von einem Parteigenossen Huber (genannt „Huber-Luddel") geführten IX. Badischen Volkssturmbataillons aus Karlsruhe. Supper: *„Zähneknirschend und mit Tränen in den Augen saß er* (Huber; d. Verf.) *am Wegrand, der größte Teil seines Bataillons war auf und davon. Luddel, ein braver Kerl und ein guter Kamerad allzeit, fluchte gottslästerlich und wünschte sich selbst zum Teufel. Gegessen hatte er seit Tagen nichts. Durst hatte er auch und müde Knochen dazu. Er war vollständig verausgabt, konnte nicht mehr. Ein Bild des Jammers, Übrigbleibsel eines Menschen mit Pflichtgefühl bis zum letzten Rest seiner Kraft."*

Der „Stoßtrupp Stadt" zog sich von Fischweier über Moosbronn-Bernbach nach Herrenalb und von dort ins Murgtal zurück. Am 10. April, sechs Tage nachdem er Karlsruhe verlassen hatte, wurde die Gruppe auf Weisung von Gauleiter Wagner in Ebersteinburg aufgelöst. Jeder konnte auf eigene Faust tun, was er wollte. Supper selbst, zuvor von Kreisleiter Maier *„in Anerkennung der Verdienste um Aufbau, Einsatz und ziel-*

*bewußte Führung des ‚Stoßtrupp Stadt' im Volkssturm Karlsruhe"* in Beisein von Oberbürgermeister Dr. Hüssy noch mit dem Kriegsverdienstkreuz I. Klasse dekoriert, schlug sich mit einem Lkw, vollgefüllt mit Lebensmitteln und anderen Vorräten, weisungsgemäß nach Furtwangen durch, doch fielen die in einer Waldhütte eingelagerten Vorräte um den 1. Mai (deutschen) Plünderern in die Hände. Der Karlsruher Oberbürgermeister traf mit den führenden Leuten der Gauleitung am 15. April in Schönwald ein, setzte sich von dort nach Südosten ab und wurde später von den Franzosen interniert.

## Hitlerjungen im „Panzerjagdzug Karlsruhe"

Zum Aufgebot des Karlsruher Volkssturms gehörte auch eine überwiegend aus 15-17jährigen Hitlerjungen bestehende Einheit mit der Bezeichnung „Panzerjagdzug Karlsruhe". In der Nacht zum 4. April den Gegner in Stellungen beim Haus Solms und am Scheffelplatz erwartend, erhielt die Gruppe in der Frühe des 4. April den Befehl zum Rückzug.[3] In Ebersteinburg wurden die älteren Männer des Panzerjagdzugs entlassen. Mit der Führung des jetzt ausschließlich aus Hitlerjungen bestehenden, 20-25 Mann starken Verbandes wurde Franz Moraller, bisher Hauptschriftleiter des „Führer", beauftragt. Suppers Beobachtung nach Übertragung dieses Kommandos: *Es war ihm* (Moraller; d. Verf.) *aber nicht ganz wohl dabei. Er saß bedrückt und ziemlich einsilbig am Tisch."*[4] Anders als der „Stoßtrupp Stadt" machte der „Panzerjagdzug" im Verband von Einheiten des LXIV. Armeekorps den gesamten Rückzug durch den Schwarzwald mit. In der Gegend von Engen offiziell aufgelöst, blieben dennoch etwa 15 der jungen Karlsruher „Panzerjäger" zusammen. Bei einem gegnerischen Panzerangriff nahe Bermatingen fiel der knapp 17jährige Heinz Fischel. Seine Kameraden gelangten über Lindau und Bludenz noch bis zum Arlbergpaß. Sie gerieten dort in Gefangenschaft, von wo sie erst in den Jahren 1946 und 1947 nach Karlsruhe zurückkehrten.[5]

Ein bitteres Ende ereilte vier Volkssturmmänner aus Südbaden, die in den Wäldern südlich Ettlingen gelegen und ihre Einheit offenbar verloren hatten. Sie kamen am Vormittag des 12. April zur Lochmühle bei Oberweier. Die damals 24jährige Anna Zabel, geb. Finkele: *„Die vier Männer hatten keine Waffen mehr und wollten sich ergeben. Als einige Stunden später eine Gruppe Franzosen auf den Hof kam, hielten die Volkssturmmänner die Hände hoch und ergaben sich. Sie wurden dann abgeführt."*[6] Josef Heinzler (* 1907) aus Oberweier fand die Leichen der vier Männer einen Tag später am Waldrand oberhalb Oberweier. Heinzler, der die Volkssturmmänner zusammen mit einem Nachbarn am Platz ihrer Hinrichtung noch am gleichen Tag bestattete: *„Die vier Volkssturmmänner waren alle durch Genickschuß getötet worden."*[7] Über den Grund der Exekution gibt es nur Gerüchte. Angeblich sei ein französischer Offizier an diesem Ort gefallen, verwundet oder mißhandelt worden. Die Franzosen hätten sich daraufhin an den erstbesten Gefangenen gerächt. Bei den auf so tragische Weise Umgekommenen handelte es sich um Fritz Heinkel (Jahrg. 1896) und Erwin Mutter (Jahrg. 1904) aus Tiengen/Hochrhein, um Friedrich Karl Knuth (Jahrg. 1900) aus Waldshut sowie Friedrich Utz (Jahrg. 1898) aus Oberlauchringen, Kreis Waldshut.[8] Ein Kreuz und ein kleiner Gedenkstein erinnern an das traurige Geschehen.[9]

Mitte April ist der Karlsruher Volkssturm letztmals auch in

**An dieser Stelle, am Waldrand oberhalb Oberweier, wurden am 12. April 1945 vier Volkssturmmänner von den Franzosen durch Genickschuß getötet. (Das Datum 10. April ist unrichtig.)**

Wehrmachtsakten beurkundet. Auf einer Lagekarte LXIV. Armeekorps vom 15. April läuft die von Heilbronn bis nördlich Lahr (!) reichende Hauptkampflinie dieses Korps quer durch den nördlichen Schwarzwald. Im Abschnitt der 257. VGD im Hornisgrindegebiet sind „Reste des 466. Gren. Rgt." eingetragen. Beim Ochsenkopf aber findet man auf der Karte den Vermerk: „Teile Volkssturm Karlsruhe".[10]

## 9356 Gefallene und Vermißte

Noch bis zum Waffenstillstand am 8. Mai hielten die bei Danzig eingesetzten Soldaten der „Karlsruher" 35. Infanterie-Division aus. Mit ihnen erlebten insgesamt schätzungsweise 20000 Männer aus Karlsruhe, dazu viele hundert Stabs- und Wehrmachtshelferinnen, das Kriegsende irgendwo an der Front. Nur spärlich und allmählich, jedoch fast ausschließlich aus Kriegsgefangenenlagern der westlichen Alliierten, trafen Lebenszeichen – teilweise auch Todesnachrichten – ein. Praktisch undurchdringlich aber blieb für lange Zeit der von den Russen vor den Hunderttausenden gefangengenommener Deutschen heruntergelassene Vorhang.

Ausgehend von dem Erfahrungswert, daß während des 2. Weltkriegs etwa 16 Prozent der Bevölkerung zur Wehrmacht eingezogen waren,[11] ist – bei einer Wohnungsbevölkerung von rund 190000 bei Kriegsbeginn – davon auszugehen, daß etwa 30000 Karlsruher in einer der verschiedenen Waffengattungen Dienst taten: 30000 Soldaten aus Karlsruhe, eingesetzt bei den zahlreichen Feldzügen der Deutschen Wehrmacht, unter Opfern und Entbehrungen ausharrend an einer der Fronten im Westen und Osten, im Süden und Norden, in verzweifelten Abwehrkämpfen schließlich zurückweichend dorthin, von wo der Krieg seinen Ausgang genommen hatte, auf deutschen Boden. 5802 Männer aus Karlsruhe mußten Hitlers Angriffskrieg als Soldaten mit dem Leben bezahlen, 3554 weitere Karlsruher Soldaten blieben vermißt, sind untergegangen auf einem der zahlreichen Kriegsschauplätze, in Wirklichkeit ebenfalls gefallen.[12] Mit anderen Worten: Nahezu jeder dritte Karlsruher Soldat kehrte nicht mehr heim. In die Gesamtzahl der während des 2. Weltkriegs gefallenen oder – auch in Kriegsgefangenschaft – gestorbenen Wehrmachtsangehörigen einbezogen sind 857 Karlsruher Soldaten, die bei Unfällen oder durch Krankheiten umkamen.

Die weit überwiegende Zahl von Kriegstoten gab es in Rußland. 329 Karlsruher eingerechnet, die nach Verwundung in Lazaretten starben, hinzugerechnet auch 451 Karlsruher Soldaten, die nach 1946 in russischer Gefangenschaft umkamen, wurde russische Erde 3364 Mitbürgern zum Grab. 44 Karlsruher fielen im Polenfeldzug, 12 in Norwegen bzw. (ab 1943) in Finnland, 88 in Belgien und Holland, 429 in Frankreich, 31 in Nordafrika, 160 in Jugoslawien und Italien, 236 während der letzten Kriegsmonate auf deutschem Boden. Auf See blieben 46 Karlsruher Angehörige der Kriegsmarine, auf Feindflug fielen 8 Soldaten. Mit 1147 Toten forderte das Kriegsjahr 1943 die meisten Opfer.

Der größte Blutzoll, wie nicht anders zu erwarten, wurde den jüngeren Jahrgängen abverlangt. 628 Karlsruher hatten noch nicht einmal das 20. Lebensjahr erreicht, als sie den Soldatentod starben, und 2019 der Gefallenen aus Karlsruhe waren erst zwischen 20 und 25 Jahre alt. Andererseits waren 2574 der 5802 gefallenen oder verstorbenen Karlsruher Soldaten schon verheiratet, 872 unter ihnen hatten zwei und mehr Kinder.

Unauslotbar groß war das Leid, das der Tod ihrer Väter, Brüder und Söhne in Tausende Karlsruher Familien brachte. Unzählige schwebten jahrelang zwischen Hoffen und Bangen, ehe ihnen die Gewißheit wurde, daß sich ihr Angehöriger in Gefangenschaft befand bzw. nie mehr wiederkehren wird. Am raschesten kehrten jene zurück, die in amerikanische und englische Gefangenschaft geraten waren. Die erste offizielle Zahl der bis dahin heimgekehrten Karlsruher Kriegsgefangenen wurde am 31. Mai 1946 mit 12257 angegeben.[13] Mehrere tausend, die meisten aus Rußland, kamen in den darauffolgenden Jahren zurück, die letzten nach der Moskaureise Konrad Adenauers im Jahr 1955.

# Über Karlsruhe weht die Trikolore

## „Ich bin badischer Ministerpräsident"

Während sich die Berliner „Bärendivision", in hinhaltendem Widerstand nach dem Schwarzwald zurückzog, hatten die Karlsruher ihre – zumeist bitteren – ersten Erfahrungen mit den Siegern bereits hinter sich. Erfahrungen und Erlebnisse, von denen noch die Rede sein wird. Mit Sicherheit gab es, auch schon in den ersten Tagen nach der Besetzung der Stadt, seitens der Franzosen manche freundschaftlichen Reaktionen gegenüber den Besiegten. Sie sind allerdings nicht entfernt so nachhaltig in Erinnerung geblieben und überliefert wie die zum Teil schrecklichen Erlebnisse in jener Zeit. Immerhin berichtet Marianne Kiefer schon unterm 4. April 1945 in ihrem Tagebuch, wie farbige Soldaten, die in der elterlichen Wohnung in Hagsfeld nach deutschen Soldaten suchten, in Entzücken gerieten, als sie das Klavier entdeckten. *„Mir kam der Gedanke"*, so schreibt Frau Kiefer, *„ihnen etwas vorzuspielen. Das gefiel ihnen anscheinend sehr gut. Das ganze Zimmer saß und stand voll schwarzer Gestalten, und ich sang und spielte mit Todesverachtung deutsche Volkslieder und Schlager. Solch ein dankbares Publikum hatte ich noch nie – sie konnten nicht genug bekommen. Als ich endete, bekam ich von allen Seiten Konserven, Bonbons, Brötchen und Schokolade, Inflationsgeld und Zigaretten geschenkt."*[1]

### „Nicht weinen, Madame"

Wer, wie etwa Dr. Anneliese Kaltenbach (*1917), die am Fuß des Turmbergs wohnte, das Glück hatte, daß sich in der Wohnung ein Offizier einquartierte, hatte von „Hausbesuchen" vagabundierender Soldaten nicht nur Ruhe, sondern erfuhr auch mancherlei Hilfe. Der in dieser Familie einquartierte Militärarzt, so die Durlacherin, *„kümmerte sich überhaupt nicht um die ‚Nichtfraternisierungs-Order' und unterhielt sich gerne mit mir über die jüngsten Kriegsereignisse und meine Erfahrungen. Ab und zu stockte er unsere magere Tagesration aus eigenen ‚Beständen' auf. Nie werde ich vergessen, mit welcher Freude er uns eines Abends, von der Jagd zurückkommend, einen selbst erlegten Hasen offerierte."*[2]

Eine Szene voller Menschlichkeit erlebte (der schon bei früherer Gelegenheit genannte) Herbert Weimar aus der Zähringerstraße. Noch in der Nacht zum 4. April war auf tragische Weise sein Bruder Karl zusammen mit einer älteren Frau durch das aus einem Holzkohleofen im Luftschutzkeller des Hauses ausströmende Gas erstickt. Der erste französische Soldat, der – mit einem Käppi, an dem sich außer der französischen auch Kokarden mit den amerikanischen, englischen und russischen Farben befanden – in den Keller kam und dort erfuhr, was geschehen war, ging hin zur Mutter Weimar, nahm sie voller Herzlichkeit in den Arm und versuchte sie zu trösten: *„Nicht weinen, Madame"*.[3]

Der 17jährige Karl Weimar ist vermutlich den elf Toten zugerechnet, die es am Tag des Einmarsches der Franzosen unter der Karlsruher Bevölkerung gab. Zu den Opfern gehörte u. a. der Prokurist Eitelbach, der sich, ein Kompanieführer des Volkssturms, um 11 Uhr vormittags von Dr. Friedhelm Klocke (*1901), dem Chef des Blechpackungswerks in der Hardeckstraße, verabschiedete, um sich mit Resten seiner Einheit nach dem Schwarzwald abzusetzen. Auf dem Weg zum „Kühlen Krug" wurde er von der Besatzung eines französischen Panzers gestellt, wegen seiner blauen Lederjacke und einer Schirmmütze für einen SS-Mann gehalten und erschossen.[4]

Einige Mitbürger verloren ihr Leben durch tragischen Irrtum.

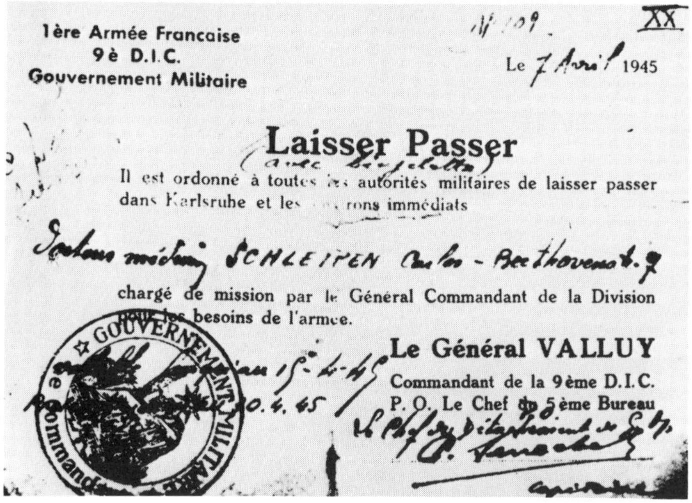

1ère Armée Francaise
9è D.I.C.
Gouvernement Militaire

N° 109. XX

Le 7 Avril 1945

Laisser Passer
(avec bicyclette)

Il est ordonné à toutes les autorités militaires de laisser passer dans Karlsruhe et les environs immédiats

Docteur médecin SCHLEIPEN Carlos - Beethovenstr. 7

chargé de mission par le Général Commandant de la Division pour les besoins de l'armée.

Le Général VALLUY
Commandant de la 9ème D.I.C.
P.O. Le Chef du 5ème Bureau

So der alte, schwerhörige Schuhmachermeister Wilhelm Eberhard, den die Franzosen aus dem Keller des Hauses Augustastraße 7 geholt hatten, weil sie ihn, einer im Keller gefundenen Soldatenmütze wegen, für einen Soldaten hielten. Frieda Zilly-Biehle (1893-1982) berichtet: *„Sie packten ihn an den Knöpfen seiner Jacke, schüttelten ihn, daß die Knöpfe abbrachen, und nahmen ihn mit. Nach einiger Zeit brachte ein Franzose den Mann zurück, und als der sein Haus sah, rannte er los. Der Franzose rief ‚halt!', der schwerhörige Mann hörte das aber nicht. Da schoß ihn der Franzose tot."*[5] Bis zum anderen Morgen lag der tote Schuhmachermeister auf der Straße. In ein Bettuch gehüllt, brachte das Ehepaar Zilly-Biehle den Toten auf einem Stoßkarren zum Friedhof. Frau Zilly-Biehle: *„In einem Schuppen nahe dem jüdischen Friedhof standen 50-60 belegte Särge, alle aus rohem Holz. Einen, den letzten, erwischte ich noch für unseren Toten. Wir mußten ihn dann reinlegen. Mit Bleistift schrieb ich seinen Namen darauf: Wilhelm Eberhard."*

Gleichfalls auf einem Handkarren brachte Kaplan Clemens Weis zusammen mit Schwestern des Vincentius-Krankenhauses zwei tote Zivilisten zum Friedhof, von denen einer im Haus Ecke Kriegs- und Karlstraße erschossen worden, der andere am Schmiederplatz bei der Goetheschule umgekommen war.[6]

***Ein in diesen Tagen wichtiges Dokument: Laisser-passer („avec bicyclette" = mit Fahrrad) für den Karlsruher Arzt Dr. Carlos Schleipen.***

## Dank an einen Karlsruher Arzt

In den zu diesem Zeitpunkt noch nicht der Erde übergebenen Särgen auf dem Hauptfriedhof befanden sich neben den Toten, die es bei dem schweren Artillerieangriff vom 3. April und am Tag des Einmarschs der Franzosen selbst gegeben hatte, zwischen 30 und 40 Leichen aus dem Städtischen Krankenhaus. Einer dieser Toten, unter denen sich auch gefallene Soldaten befanden, war der langjährige Hausmeister des Städtischen Krankenhauses Leonhard Stahl. In der Hoffnung, die Post werde irgendwann in den kommenden Tagen wieder befördert, hatte er seinen Angehörigen ein Lebenszeichen geben wollen. An der Vorderfront des Krankenhauses, kaum zehn Schritte vom Eingangstor entfernt, befand sich ein Briefkasten. Als der Hausmeister dort den Brief einwerfen wollte, traf ihn die tödliche Kugel eines Postens. Der Grund: Der Hausmeister hatte gegen den Befehl verstoßen, kein Deutscher dürfe ohne besonderen Ausweis das Krankenhaus verlassen.[7]

Einen ungewöhnlichen Besuch erhielt schon am Vormittag des 4. April der Karlsruher Arzt Dr. Carlos Schleipen (1902-1984). Mit hohem Fieber erschien Major Lassalle, der Chef der Abwehr bei der 9. Kolonial-Division des Generals Valluy, bei Schleipen und fragte, ob er ihm mit Sulfonamiden helfen könne, was auch geschah. Er, so sagte der französische Offizier, komme allerdings auch noch aus einem anderen Grund. Er wolle sich bei Dr. Schleipen bedanken für die vorzügliche ärztliche Hilfe, die er den französischen Gefangenen und Zwangsarbeitern in Karlsruhe habe angedeihen lassen.[8]

Schon ein oder zwei Tage nach dem Einmarsch waren die „Karlsruher" Franzosen in der 109er-Kaserne an der Moltkestraße untergebracht. Dorthin wurde Dr. Schleipen mit dem Bemerken gebracht, er solle nachsehen, ob man ihn dort brauche. Dr. Schleipen: *„Ein französischer Oberleutnant hat mich in seinem Jeep dorthin mitgenommen. Als wir auf den Kasernenhof kamen, da ist etwas in meinem Leben Einmaliges passiert. Ungefähr 500 oder 600 Leute haben mich umringt, mir die Hände entgegengestreckt, mich hochleben lassen. Das war für mich der schönste Augenblick meines Lebens. Der Oberleutnant berichtete seinem General, so etwas habe auch er noch nie erlebt."* Ergebnis: Unmittelbar danach erhielt Dr. Schleipen, den die in Karlsruhe eingesetzten französischen Zivilarbeiter wegen seiner Hilfsbereitschaft offen-

sichtlich sehr verehrten, als erster Karlsruher Arzt ein Laisser-passer, das ihm praktisch volle Bewegungsfreiheit (mit Fahrrad!) gestattete. Später kam Dr. Schleipen zu weiteren „Ehren": Er wurde von den Franzosen zum ärztlichen Betreuer des Interniertenlagers Knielingen und zum Kommandanten des dortigen sogenannten „Russenlagers" bestimmt.

In diesem Lager traf Dr. Schleipen unter vielen hundert anderen Karlsruhern auch Dr. Walter Köhler (*1897), den badischen Ministerpräsidenten und badischen Wirtschafts- und Finanzminister während der NS-Herrschaft. Köhler war als einziger der NS-Hierarchie in Karlsruhe zurückgeblieben, hatte sich dem Befehl Wagners widersetzt, sich nach Süden zurückzuziehen. Köhler: *„Ich war der Meinung, ich muß hierbleiben, wenn der Feind einrückt, um mich ihm zu stellen."* Wegen Befehlsverweigerung wurde gegen Köhler seitens des Generalstaatsanwalts ein Verfahren in Gang gebracht, das allerdings in der Turbulenz der letzten „Karlsruher" Kriegstage nicht mehr wirksam wurde.[9]

***Ein Angehöriger der französischen Feldgendarmerie regelt am Marktplatz den Verkehr der Militärfahrzeuge.***

Den 4. April erlebte der nach dem Reichsstatthalter und Gau-

leiter höchste Repräsentant des Landes Baden im Keller der Münze. Oben hatte er seit der Zerstörung des Finanzministeriums am Schloßplatz sein Büro, im Keller schlief er. Ein französischer Capitaine, der am Vormittag des 4. April erschien, warnte Köhler und seine Mitarbeiter: *„Hören Sie, verstecken Sie Ihre Uhren und alle Wertsachen. Ich habe einen Räuberhaufen."* Zu erkennen gab sich Köhler erst, als ein anderer Offizier ein oder zwei Tage später nach ihm fragte. Er wurde daraufhin festgenommen und ins Gefängnis in der Riefstahlstraße gebracht. Drei, vier Tage später, so erinnert sich Köhler, wurde er ins Deuxième Bureau (Abwehrabteilung) gebracht, das im Verwaltungsgebäude der Karlsruher Lebensversicherung residierte. Major Lassalles Frage zu Beginn des Verhörs lautete: *„Sie waren badischer Ministerpräsident?"* Köhler hat daraufhin eigenem Bekunden nach geantwortet: *„Nein, ich bin badischer Ministerpräsident, denn niemand hat mich abgesetzt. Ich bin nur inhaftiert."* Die Gegenfrage lautete: *„Was soll ich denn nun mit Ihnen machen?"* Köhler: *„Sie können mich ja in einem Hotel unterbringen."* Köhlers „Hotel" war dann das Internierungslager in Knielingen (siehe „Zivilbevölkerung aus der nördlichen Weststadt ausgewiesen").

**Wie andere Gebäude in der Innenstadt wurde auch die Reichsbahndirektion Karlsruhe an der Lammstraße von den Franzosen angezündet.**

## Rasen und Trikolore vor der Hauptpost

Mit dem „kleinen Mann" in Karlsruhe gingen die Franzosen weit weniger höflich um. So selbstverständlich, wie sie in jedermanns Wohnung eindrangen, so unbekümmert requirierten sie Männer, aber auch Frauen als Arbeitskräfte, wo immer sie sie für eigene Zwecke oder für Aufräumungsarbeiten benötigten. Ohne Federlesens wurden sie sowohl aus den Wohnungen geholt wie auf der Straße mitgenommen.
Hans Schwall (*1923) stieß, nachdem er in den ersten Morgenstunden des 5. April aus dem Bett geholt worden war, zu einer Gruppe von etwa 20 Oststädtern, die zum Straßenbahndepot geführt wurde. Der Auftrag lautete: Sie sollten eine Kuh schlachten, die man aus einem Bauernhof in Rintheim hierhergebracht hatte. Keiner der Karlsruher – Angestellte, Schüler, Straßenbahner – war dazu in der Lage. Schließlich veranstalteten die Franzosen ein Scheibenschießen auf die Kuh und „erlegten" sie endlich mit einem Kopfschuß. Das Ausnehmen und Tranchieren der Kuh war nun Sache der Oststädter, eine Aufgabe, die so unfachmännisch-dilettantisch erledigt wurde, wie man das von Laien des Metzgerhandwerks erwarten mußte.
Schwall berichtet ferner, wie er, in einem weiteren Arbeitseinsatz, zusammen mit anderen vor der Bernharduskirche Rasen abzustechen und auf einem Handkarren über die schuttüberdeckte Kaiserstraße zum Platz vor der Hauptpost zu bringen hatte, wo sich anfänglich die Kommandantur befand. Dort mußte aus den Stücken auf gepflastertem Untergrund ein Rasen zusammengebaut werden, der sich um eine aus blauen, weißen und roten Kieselsteinen gebildete Trikolore formierte. Schwall: *„Tagelang sind wir da geschunden worden. Wir waren am Anfang 20 oder 30, aber immer mehr sind abgehauen. Am Schluß war keiner mehr da."*
Schwall war auch dabei, *„als plötzlich die Parole zu hören war, am Marktplatz wird der Hiller angezündet"* (das heutige Gebäude der Volksbank). Tatsächlich hatten am Samstag, den 7.

April, die Bewohner in diesem Haus, ferner in der Dresdner Bank (später Schuh-Rieß), und im „Führer-Verlag" (den heutigen BNN), den Befehl erhalten, ihre Wohnung innerhalb einer Stunde zu räumen. Die in Massen bei Hiller eingedrungenen Karlsruher rafften zusammen, was sie bekommen konnten. Schwall: *„Ich griff mir irgendeinen Sakko, eine Hose habe ich nicht erwischt. Und der Sakko paßte mir überhaupt nicht. Und ich rannte damit los."*[10]

Bald danach stand die gesamte Nordseite des Marktplatzes in Flammen. Diese Gebäude, das „Führer"-Haus eingeschlossen, waren bei den Luftangriffen verhältnismäßig glimpflich davongekommen. Auch die Kaufhäuser Hölscher und Union wurden angezündet, wie Eduard Fink, ein städtischer Beamter (1880-1965), seinem Tagebuch anvertraute, *„wobei noch zahlreiche Waren in den Kellern mitverbrannten, die vom Publikum noch nicht ‚enteignet' worden waren".* Schon zuvor waren mutwillig, teilweise auch von rachedurstigen polnischen Zwangsarbeitern, in den Geschäften Rodeck, Schulz und Vetter an der Kaiserstraße Feuer gelegt worden. Mehrere andere noch intakte Gebäude in der Innenstadt, hauptsächlich Häuser, in denen sich Parteibedienstete befanden oder SS- und Gestapo-Leute gewohnt hatten, aber auch die Reichsbahndirektion, fielen gleichfalls den Flammen zum Opfer.

Auch später noch waren die Franzosen mit Anzünden schnell bei der Hand. *„In der vergangenen Nacht"*, so ist dem Tagebuch von Eduard Fink unter dem 19. April zu entnehmen, *„wurde das Haus Westendstraße 23 bei der Sophienstraße in Brand gesteckt, weil darin vermutlich Waffen und Fahnen gefunden wurden. Das Feuer griff auf die beiden Nachbarhäuser 21 und 19 über und drohte auch das Haus 17 zu ergreifen, das*

**Szene vom 7. April am Marktplatz. Im Hintergrund die in Brand gesteckten Gebäude der Dresdner Bank und des Geschäftshauses Hiller.**

*noch bewohnt war und aus dem die Bewohner wegen der Feuersgefahr bereits einen Teil der Möbel auf die Straße gestellt hatten"*. Der makabre Schluß dieser Episode: *„Durch ein Mißverständnis (!!!) wurde das Haus 17 statt 19 in die Luft gesprengt. Jetzt ist hier nur noch ein großer Trümmerhaufen, und die drei anderen Häuser sind dazu noch abgebrannt. Die Bewohner sitzen weinend bei ihren wenigen geretteten Habseligkeiten auf der Straße."*[12]

## Die „brennende Stadt" im Film

Mit der Brandschatzung am Marktplatz hatte es allerdings eine besondere Bewandtnis. Diese Häuser wurden offensichtlich angezündet, um von der „Eroberung" der ersten deutschen Großstadt durch die Franzosen in wirkungsvollen Bildern berichten zu können. Herbert Weimar, der von seiner Wohnung in der Zähringerstraße nicht weit zum „Tatort" hatte, erinnert sich: *„Man hat hier eindeutig Brände nach Kampfhandlungen vortäuschen wollen. Auf den Panzern standen Kameraständer, von denen fotografiert und gefilmt wurde. Das habe ich selbst gesehen, denn ich war ja nur 150 m davon entfernt."*[13] Auch Willy Hauser (*1915), später ein bekannter Karlsruher Filmtheaterbesitzer, beobachtete, wie französische Truppen *„formiert"* durch die Kaiserstraße zogen und in Höhe der in Brand gesetzten Gebäude von Hölscher, Dresdner Bank und Hiller gefilmt wurden.[14]

Am 6. April, am Tag, bevor im Zentrum der Stadt mehrere Häuserblöcke in Brand gesetzt wurden, verfügte die französische Kommandantur für den folgenden Tag Ausgangssperre. Oberrechtsrat Fritz Gut und der Kulturbeauftragte der Stadt, Emil Mangler, die beide einer sich provisorisch formierenden Verwaltungsbehörde angehörten, schrieben in Ermangelung von Druck- oder Vervielfältigungsmaschinen bis tief in die

***Charles de Gaulle verleiht einem seiner Soldaten eine Auszeichnung für besondere Tapferkeit.***

***General de Gaulle nimmt beim Hotel „Germania" am Ettlinger Tor die Meldung der angetretenen französischen Verbände entgegen.***

Nacht hinein entsprechende Anschläge und brachten sie, begleitet von einem Offizier, in allen Stadtteilen und an den Eingängen zur Innenstadt an. Der Erfolg war jedoch mäßig. Dann aber, nachdem die genannten Objekte in Flammen standen, wurde doch die gesamte Innenstadt von Zivilisten geräumt. Das Gerücht, de Gaulle käme in die Stadt, sollte sich bewahrheiten. In seinen Memoiren schreibt de Gaulle: *„Am 7. April hatte ich die stolze Genugtuung, in Begleitung* ... (der Generale; d. Verf.) *Diethelm, de Lattre, Juin und Dromard den Rhein zu überschreiten. Danach stattete ich der furchtbar zerstörten badischen Hauptstadt einen Besuch ab."*[15] Es gehört nicht viel Phantasie dazu, sich vorzustellen, daß die an diesem Tag erfolgte Brandlegung stattlicher Gebäude am Marktplatz, an der Kaiser- und Lammstraße auch mit dem Besuchstermin de Gaulles zu tun hatte.

Wenige Tage später erschienen Bilder, die an jenem 7. April am Marktplatz gemacht worden waren, in französischen Zeitungen. Die Unterschrift lautete: *„Au centre de la ville brûlante de Karlsruhe"*[16] (= Im Herzen der brennenden Stadt Karlsruhe).

---

*Da sich in den Kühlräumen und Kellern* (des Städtischen Krankenhauses; d. Verf.) *viele Leichen angesammelt hatten, drängte ich auf Erlaubnisscheine für das Begleitpersonal zum Transport zur Friedhofskapelle. Es fehlte aber an Särgen. Ich konnte zwei mit Pferden bespannte große offene Lastwagen requirieren, auf die die Leichen schichtweise, wie in Massengräbern uneingesargt übereinandergelagert, gelegt wurden. Die Leichen mußten einzeln im Huckepack zu den Lastwagen getragen werden, da auch die dafür bestimmten fahrbaren Wannen nicht mehr zur Verfügung standen. Ein junger Tongchinese hatte in der Nähe des Hintereingangs des Krankenhauses Wache, und jedesmal, wenn eine Leiche herausgetragen wurde, präsentierte der junge Mann. Ich beobachtete ihn lange und stellte fest, daß er mindestens 30- oder 40mal diese Ehrenbezeigungen von sich aus machte, wofür ich ihm dann auch dankte. Auf dem Friedhof wurden die Leichen dann eingesargt, aber da es an Material fehlte, bestand jeder Sarg aus nur vier rohen Brettern.*

Dr. Otto Ebbecke (Stadtarchiv Karlsruhe, Unterlagen zur Stadtgeschichte 107)

---

# „Lieber noch ein Terrorangriff"

Nach der Besetzung Karlsruhes durch die vordersten Front-Truppenteile wurde die Stadt von den nachrückenden Einheiten der drei hier eingesetzten französischen Divisionen förmlich überschwemmt. Schon am Nachmittag des 4. April 1945, als Rüppurr besetzt, danach Ettlingen eingenommen worden war, glich die Stadt einem Heerlager. Rasch hatte sich in der Bevölkerung die wie eine Sensation empfundene Neuigkeit herumgesprochen, daß nicht, wie erwartet, Amerikaner, sondern unsere linksrheinischen Nachbarn von der Stadt Besitz ergriffen hatten. In Erinnerung an die hier wie drüben verbreitete Erbfeindschaftsmentalität gesellten sich der Neugierde, wie sich die Besatzung den Karlsruhern gegenüber verhalten würde, aufgrund schnell sich einstellender unguter Erfahrungen Angst und Furcht bei.

Die Kampftruppen hatten gerade damit begonnen, die Stadtteile straßenweise „durchzukämmen", d. h. nach deutschen Soldaten und Waffen zu durchsuchen, da hatten auch schon unzählige Armbanduhren, Ringe und Schmuck den Besitzer gewechselt. Den vordersten Einsatztruppen nachfolgende Einheiten, Maquisards aus dem französischen Mutterland ebenso wie Kolonialsoldaten aus Marokko, Algerien und Tunesien, erleichterten auf offener Straße jedermann ohne alle Hemmung seiner Wertsachen. Auch Fahrräder, die die fremden Soldaten entdeckten, wurden auf der Stelle konfisziert.

Eduard Fink bestätigt in einer Eintragung vom 4. April seines Tagebuchs: *„Jeder Vorübergehende wird – oft mit vorgehaltener Waffe – angehalten und körperlich durchsucht. Uhren, Ringe, Wertsachen werden ihm rücksichtslos abgenommen. Den Frauen werden außer Armbanduhren auch Broschen abgenommen. Nachmittags spielte sich das gleiche Theater in den Wohnungen ab. Auch alle Fahrräder, Radios, Fotoapparate und Waffen werden aufgestöbert und mitgenommen. Fortwährend ziehen einzelne Truppen von Haus zu Haus, um nach Fahrrädern zu fahnden, sogar in den späten Abendstunden noch."*[1]

## „Dank" an die „Befreier"

Der damalige Oberrechtsrat Fritz Gut erinnert sich: *„Als ich sah, wie die Franzosen den Passanten die Räder abnahmen, versteckte ich das meinige im Keller meiner Eltern in der Hermann-Billing-Straße. Kurz danach wurde mir die Uhr abgenommen."*[2] Wie ihm ging es unzähligen Karlsruhern. „Rücksichtsvollere" Eroberer erkundigten sich bei Passanten nach der Uhrzeit, doch wenn die Befragten arglos nach ihrer Uhr schauten, waren sie diese los. Mit einer einzigen Uhr freilich waren die fremden Soldaten nicht zufrieden. Häufig hatten sie zehn und mehr Uhren an sich genommen, die sie, aufgereiht am Arm, wie Trophäen trugen.

Einen Hinweis darauf gibt das Erlebnis von Dr. Ernst-August Paepcke, der, mit einer Frau jüdischen Glaubens (der nach dem Krieg als Schriftstellerin bekannt gewordenen Lotte Paepcke) verheiratet, nach einer Warnung vor Nachforschungen der Gestapo Leipzig sich in den letzten Wochen vor der Besetzung der Stadt im Keller eines Hinterhauses Ecke Kaiser- und Herrenstraße aufhielt. Als am 4. April die ersten französischen Infanteristen die Waldstraße durchkämmten, ging Dr. Paepcke, seiner Freude über die Befreiung von 12 Jahren Angst Ausdruck zu geben, frohgemut auf einen der Soldaten zu. Doch dieser, vier Armbanduhren unterhalb des aufgekrempelten Ärmels am linken Arm, zeigte ohne jede andere Reaktion zielgenau mit der Gewehrmündung auf Paepckes Armbanduhr und rief mit lauter Stimme: „Vite, vite!" So blieb dem Karlsruher keine andere Wahl, als sich mit seiner Armbanduhr für die Befreiung vom Nationalsozialismus zu bedanken. Unerwartet, ja überwältigend war der Dank des „Beschenkten": *„Je vous remercie bien, Monsieur"*, („ich danke Ihnen vielmals"), rief der Soldat, umarmte seinen unfreiwilligen Gönner, zwirbelte ein großes Stück Briekäse aus der Hosentasche und drückte es seinem überraschten Karlsruher „Freund" in die Hand.[3]

Schmunzelepisoden solcher Art waren allerdings eine Rarität. Die Besatzungswirklichkeit war von anderem Zuschnitt. Tagelang herrschte in Karlsruhe praktisch die totale Willkür, wobei es, vor allem in den Nächten, zu sehr unerfreulichen Exzessen gegenüber der weiblichen Bevölkerung kam. Zunächst, noch am ersten Tag der Besetzung, fielen Soldatengruppen über Lebensmittelgeschäfte und -lager her, erbrachen die Keller von Weinhandlungen und Restaurants. Frau Lisa Kabierske, die das Kriegsende als 15jährige in der Kronenstraße 2 erlebte, berichtet: *„Das Haus neben uns, Zirkel 11, war zur Hälfte weg, aber der gewölbte Keller noch unbeschädigt. Hier lagerten hunderte Liter Wein. Wir haben das erst erfahren, als die Weindünste bis in unsere Wohnung drangen und die Bevölkerung den Wein in Eimern nach Hause trug. Die Franzosen hatten in die Fässer geschossen, und wer Mut hatte, konnte sich, durch den Wein watend, seinen Anteil holen. Die Tatsache, daß die Franzosen und Marokkaner ihren Sieg mit dem angetroffenen großen Weinvorrat gehörig feierten, setzte uns in Angst und Schrecken. Schon bald hörte man von Vergewaltigungen. Meine Eltern ließen mich nicht aus dem Haus, ich wurde regelrecht versteckt."*[4]

---

*„Mit dem Erscheinen der französischen Truppen und schon Stunden zuvor ist die alte Ordnung zusammengebrochen. Eine Welle von Plünderungen geht über die Läden und Versorgungszentren. Lebensmittel- und Warengeschäfte werden erbrochen und gestürmt. Manche Betriebe veranstalten auch aus freiem Willen einen fieberhaften Ausverkauf. Aus dem Schlachthof wird eimerweise Fleisch und Fett, aus der Milchzentrale Butter in Körben herausgetragen. Aus Drogerien werden Säcke mit Mehl und Zucker entwendet, und wer zu spät kommt, begnügt sich im Rausch der Stunde mit Hunderten von Zahncremetuben. Im Zentrum der Stadt plündern Franzosen, Deutsche und Polen gemeinsam das Kaufhaus Hölscher. So bedauerlich diese Gewaltaktionen sein mögen, manche Einwohner haben die geraubten Lebensmittel vor dem Hungertod gerettet, denn erst am 8. Mai werden die ersten Lebensmittelkarten der Nachkriegszeit ausgegeben."*

Herbert Meininger (Badische Neueste Nachrichten vom 4. April 1950)

---

## Karlsruher plündern die Geschäfte

Hektoliterweise wurde der Wein von den Besatzern abtransportiert, praktisch aus allen größeren Lokalen und Weinhandlungen. Allein in den Kellern des Hotels „Karpfen", das bald darauf als Offizierskasino eingerichtet wurde, sind laut Finks Tagebuch 35 000 Flaschen Wein eine Beute der Besatzer ge-

worden.[5] Die Bevölkerung, die sowohl diese „Entnahmen" beobachtete als auch die Folgen der Alkoholisierung zu tragen hatte, war in höchstem Maße aufgebracht, daß diese und andere Vorräte nicht noch rechtzeitig, spätestens am Osterdienstag, als die Einnahme der Stadt unmittelbar bevorstand, verteilt worden waren.
So machten sich nicht wenige Karlsruher selbst daran, sich zu „versorgen". Noch am Nachmittag des 4. April, kaum daß die letzten Soldaten der Fronteinheiten den Süden der Stadt verlassen hatten, begann ein Sturm auf zahlreiche Lebensmittel- und andere Einzelhandelsgeschäfte. Wo man sich kannte, beispielsweise in Bäckereien und Metzgereien, wurde die Ware erstmals seit sechseinhalb Jahren ohne Lebensmittelmarken abgegeben. Wo jedoch die Inhaber nicht präsent waren, räumten die Leute ohne Zögern und bedenkenlos aus. Es war, als wäre mit dem Einmarsch der Franzosen das fünfte Gebot außer Kraft gesetzt worden. Plünderei und Diebstahl schienen Fremdwörter. Der Zusammenbruch jeglicher Ordnung befreite den Ur-Instinkt rücksichtsloser Selbstbehauptung und steigerte ihn zu einer Massenhysterie der Hab- und Raffgier. Die Angst, die Versorgung würde zusammenbrechen, fegte zusätzlich auch die letzten Bedenken hinweg. Wie in Panik fielen teils schon am 4. April, vor allem aber an den darauffolgenden Tagen die Menschen in den Geschäften, die ihnen die Franzosen oder „mutige" Karlsruher geöffnet hatten,

***Gemeinschaftlich mit Franzosen und verschleppten Ostarbeitern plündern Karlsruher in den ersten Tagen nach der Besetzung zahlreiche Geschäfte.***

über die Vorräte her, nahmen mit, was sie fanden, ob sie es brauchen konnten oder nicht.
Als die Franzosen am 5. April in der Wohnung eines Geschäftsinhabers in der Südweststadt eine SA-Mütze und eine Hakenkreuzfahne fanden, wurde das Geschäft „der Öffentlichkeit übergeben". Eduard Fink, der dies beobachtete: *„Man kann sich kaum eine Vorstellung machen, wie die Meute darüber herfiel. Weniger ‚Eßbares' wurde einfach auf den Boden geworfen und zertrampelt, vor allem alle Tees und weniger kostbare oder seltene Drogen."*[6]
Ebersberger & Rees, Union (Hertie) und Hölscher (Karstadt), Hammer & Helbling, Hiller, Wohlschlegel, die Milchzentrale, Riempp in der Kronenstraße und unzählige andere Betriebe wurden in den ersten Tagen der französischen Besatzung wie in einer großen kriminellen Gemeinschaftsaktion von Franzosen, Deutschen sowie den zahlreichen polnischen und russischen Zwangsarbeitern ganz oder teilweise ausgeraubt. Nachstehend zwei der von Eduard Fink in seinem Tagebuch festgehaltenen Erlebnisse: *„Ganze Körbe aus dem Keller von ‚Union'"*, so schreibt er unterm 7. April, *„werden an mir vorbeigetragen. Ich begebe mich ebenfalls dahin, sehe Hunderte von neuen Spankörben in der Einfahrt stehen, für die ich auch Interesse hätte. Eine Anzahl von Zivilisten geht an mir vorüber und frägt, ob ich kein Geschirr haben wollte. Ich solle durch die anderen Räume nach der Herrenstraße gehen. Ich sehe dort einige vollbepackte Spankörbe mit Emaille- und Porzellangeschirr I. Wahl stehen, bin aber zu schüchtern, einen oder zwei mitzunehmen, beginne vielmehr, von den div. Sachen mir etwas in meinen mitgebrachten Spankorb zu packen, darunter ein wunderschönes Kaffeegeschirr. Da kommt plötzlich ein grober, stämmiger, breithändiger Soldat gerannt und brüllt (auch handgreiflich) alle Leute hinaus. Ich entnehme den Äußerungen später, daß neuer Befehl kam, sofort alles zu räumen, offenbar, weil de Gaulle erwartet wurde. So kam ich in meiner Bescheidenheit um einen annehmbaren Fliegerschadenersatz."*[7] Aber auch drei Tage später, am 10. April, ist das „Organisieren" noch nicht zu Ende: *„Da des Dienstags wegen Stromsperre ist, drängeln , stoßen sich hunderte von Menschen in den dunklen Kellern, wo die Firmen Hammer & Helbling und Wohlschlegel ihre Verkaufsräume hatten. Mit Kerzen und Taschenlampen tastet man sich da durch und läuft auf lauter Glasscherben und herabgezerrten Küchenartikeln herum. Ein Junge drückt mir Verschiedenes in die Hand. Erst zu Hause bemerke ich, daß ich etwas Brauchbares an Geschirr hatte."*[8]

---

*„Heute beginnt das große Aufräumen aller Geschäfte. Wo die Inhaber da sind und die Situation erfaßt haben, verkaufen sie ohne Marken und Bezugsscheine und erlösen so wenigstens noch ihr Geld. Wo das nicht der Fall ist, räubert das Volk, sich gegenseitig bekämpfend, stoßend, habgierig und rücksichtslos alles zertretend, was im Weg ist. Überall liegen Scherben und zerstreute, zertrampelte Waren, besonders Lebensmittel aller Art, um die die Bevölkerung später vielleicht noch froh wäre. Aus der „Butterblume" wurden ganze Ballen Butter zentnerweise herausgeschleppt. Frauen plagen sich oft ab, ein Paket Butter von 50 Pfund auf dem Rücken mühsam fortzutragen. An der nächsten Ecke kommt schon ein Soldat und nimmt ihnen ihre Beute ab."*

Eduard Fink, Tagebucheintrag vom 5. April 1945 (Stadtarchiv Karlsruhe, Unterlagen zur Stadtgeschichte 80)

---

## Mit Pickeln und Äxten zum Schlachthof

In diesen Tagen kam auch die Parole auf, der Schlachthof sei für jedermann „freigegeben". Hans Schwall erinnert sich: *„In der Oststadt rannte jeder, den diese Parole erreicht hatte, in Richtung Schlachthof, in Massen drängten die Leute mit Schaufeln, Pickeln und Äxten durch die aufgebrochenen Tore hinein. Einen, der mit einem halben Schwein auf dem Rücken herauskam, hätten die Leute vor Neid am liebsten erschlagen. Schließlich kam ich in ein Kellergewölbe. Mit einem Beil schlug ich auf eines von mehreren meterhohen Fässern ein. In ihm befand sich Rindertalg, widerlicher, gelber Rindertalg. Ich nahm mir davon, soviel ich tragen konnte, einen Brocken von vielleicht 20 Kilogramm, und trug diesen nach Hause. Damit und mit einem halben Zentner Kartoffeln, den ich irgendwo organisierte, haben die beiden alten Damen, bei denen ich wohnte, und ich uns ein Vierteljahr lang im wesentlichen ernährt"*.[9]
*„In diesen Tagen"*, so erinnert sich Lisa Kabierske, *„ist mir die Plünderung der Lebensmittelvorräte durch die Bevölkerung noch gut in Erinnerung. Bei der Fa. Riempp in der Kronen-*

**Der Führer**

# In Karlsruhe nicht anders wie überall

**Terror, Hunger, Plünderungen, Ausschreitungen gegen Frauen durch die Soldateska de Gaulles**
**Die ersten Augenzeugenberichte von Flüchtlingen**

NSG. Auch die badische Gauhauptstadt, die in den letzten Tagen das Los der fremden Besatzung auf sich nehmen mußte, macht dieselben bitteren Erfahrungen mit der fremden Besatzung wie die Städte und Dörfer in den früher schon besetzten Westgebieten. Flüchtlinge, die sich bei Nacht und Nebel noch durchschlagen konnten, geben folgenden authentischen Bericht über ihre Wahrnehmungen und persönlichen Erfahrungen.

Karlsruhe wurde danach in der Hauptsache durch Horden de Gaulles, denen einige Amerikaner als Verbindungsoffiziere beigesellt waren, besetzt. Das farbige und weiße Gesindel drang sofort in die Häuser ein und begann unter Vorhaltung von Maschinenpistolen und Revolvern mit der Plünderung. Alles wurde durchwühlt, umgeworfen, verdorben: alles was den Eindringlingen des Mitnehmens aber wert schien, weggeschleppt. Vor allem hatte es die Soldateska auf Uhren, Gold- und Silbersachen, Fotoapparate, Schuhe, Rauchwaren und alkoholische Getränke abgesehen. Einem der geflüchteten Augenzeugen wurde gleichfalls auf diese Weise mit vorgehaltener Pistole die Uhr abgenommen. Fahrräder waren besonders begehrt, soweit sie abgeschlossen waren, wurden sie auf der Schulter weggetragen. Die Kraftwagen wurden sofort requiriert. Den Bewohnern wurde das letzte Stück Brot, das letzte Glas Marmelade weggenommen. Die Plünderer machten keinen

fragt wurde. Als es keine Auskunft geben konnte, wurde es ins Gesicht geschlagen.

Der Bevölkerung hat sich maßlose Erbitterung über die Schandtaten der gaullistischen Eindringlinge bemächtigt. Die letzten Illusionen Einzelner, daß man es bei den demokratischen Bundesgenossen der Bolschewiken noch mit einem verhältnismäßig anständigen Gegner zu tun haben würde, sind geschwunden. Selbst die ausländischen Arbeiter fühlten sich sichtlich abgestoßen und verhielten sich zurückhaltend gegenüber der gequälten Bevölkerung. Die Karlsruher Ereignisse werden im ganzen Land starken Widerhall in den Herzen finden und dazu beitragen, den Haß und den Willen zum äußersten Widerstand gegen den Feind, wo er noch auftreten sollte, zu schüren.

## Das Schicksal aller Verräter

Der Bürgermeister von Linkenheim, nördlich Karlsruhes, hatte, als der Feind nahte, eine Gemeinderatssitzung einberufen, um eine Abstimmung darüber herbeizuführen, ob die Gemeinde kampflos übergeben und die weiße Fahne gehißt werden sollte. Den ehr- und pflichtvergessenen Bürgermeister hat die gerechte Sühne getroffen: er wurde erschossen.

***„Terror, Hunger, Plünderungen, Ausschreitungen gegen Frauen durch die Soldateska de Gaulles": „Der Führer", nach der Besetzung Karlsruhes noch einige Tage in Pforzheim gedruckt, veröffentlicht am 9. April „Augenzeugenberichte von Flüchtlingen" aus der „badischen Gauhauptstadt". Gleichzeitig meldet die Zeitung die Erschießung des Bürgermeisters von Linkenheim, der sich in einer eigens einberufenen Gemeinderatssitzung dafür eingesetzt hatte, das Dorf kampflos zu übergeben.***

*straße war auch ein großes Lager. Es gab Menschen, die hatten eine besondere Begabung, solche Dinge ausfindig zu machen. Sie waren nur damit beschäftigt, alles Verfügbare nach Hause zu schleppen."* Frau Kabierske weiß aber auch zu berichten, daß die „Notgemeinschaft", die sich in den Bombennächten unter den Bewohnern des Hauses gebildet hatte, mit

dem Einmarsch der Franzosen gegenseitigem Mißtrauen Platz machte, daß man Angst hatte vor Denunzianten und daß man deshalb *„brav alle Befehle* (der Besatzungstruppen; d. Verf.) *ausführte".*[10]

Eine Beobachtung besonderer Art schildert Max Singer (*1917), (später Mitglied und Vorsitzender der SPD-Fraktion im Karlsruher Gemeinderat). *„Ich begab mich durch den Trümmerwald und die Trümmerberge zur Kriegsstraße 208, um dort in der Wohnung meiner Schwester zu bleiben. Aber dieses Haus war von den Franzosen besetzt. Algerier, die im Hof ihre Ziegen und Lämmer über offenem Feuer brieten, verwiesen mich des Hauses. Nebenan, in der Kriegsstraße 210 oder 212, aus dem Haus, in dem Sepp Dietrich, der* (mit einer Moninger-Tochter verheiratete; d. Verf.) *Führer der Leibstandarte „Adolf Hitler", seine Privatwohnung hatte, holten die Franzosen Frontpäckchen heraus, die für die SS bestimmt waren. Diese Päckchen waren in Räumen gefunden worden, die alle zugemauert waren."*[11]

Mit der Inbesitznahme der Stadt war jegliche Ordnung zusammengebrochen. August Furrer (1890-1954) schon bald darauf mit der Führung des sogenannten Bezirksverwaltungsamtes beauftragt, vertrat in einem Bericht über die Verhältnisse in jener Zeit die Auffassung, daß die Besatzungsmacht bei der Unterbindung von Plünderungen durch die Zivilbevölkerung nicht nur vollständig versagte, sondern sie noch begünstigte, *„wobei auch die gefüllten Güterbahnwagen auf den Rangierbahnhöfen in Karlsruhe und Durlach nicht verschont blieben".*[12] Die Eroberer selbst schienen nach der Einnahme der ersten Großstadt auf deutschem Boden alle Hemmungen abgelegt zu haben.

**Die Trikolore wird gehißt. Vor zahlreichen öffentlichen Gebäuden (hier an der Rückfront der Stadthalle) weht die französische Flagge.**

## Den Siegern wehrlos ausgeliefert

Daß das französische Militär sich offiziell in den Besitz aller größeren Lebensmittellager brachte, um dadurch die Verpflegung der Soldaten zu sichern, entsprach der Gepflogenheit von Besatzungstruppen in aller Welt. Ganze Konvois von Lebensmitteltransporten aus Karlsruhe, Tankwagen mit Wein eingeschlossen, wurden zur Versorgung der französischen Zivilbevölkerung auch über die Grenze gebracht. Ein französischer Offizier erklärte, nirgendwo hätten die Franzosen bisher so große Beute gemacht wie in Karlsruhe.[13] Hierzu gehörten außer Radios und Fotoapparaten auch Gebrauchsartikel aller Art, so alle verfügbaren Betten und Matratzen, auch solche aus den Luftschutzkellern, Schlafdecken, Waschkrüge, Waschschüsseln, Bettwäsche, Tischtücher und Servietten. Im Botanischen Garten befand sich unter freiem Himmel lange Zeit ein riesiges Lager solchen Beuteguts, von dem sich die Karlsruher in unbewachten Augenblicken dann wieder nahmen, was sie konnten.

Wer in den Tagen nach dem Einmarsch der Franzosen in Karlsruhe lebte, war den Besatzungstruppen wehrlos ausgeliefert. Einzeln, meist aber in Gruppen zogen Soldaten von Haus zu Haus, nahmen mit, was gefiel, Schmuck ebenso wie Silberbesteck, Wäsche und Fahrräder. An einem Tag mußten vor allem die Bewohner der Innenstadt oft mehrere „Besuche" über sich ergehen lassen. Schränke und Schreibtische wurden erbrochen und durchwühlt, mutwillig Teile der Einrichtung zerstört, die Wohnungsinhaber, oft mit vorgehaltener Waffe, gezwungen, verschlossene Räume zu öffnen. Gewitzte Mitbürger beließen ihre Wohnung in dem Chaos, das nach solchen „Hausbesuchen" entstanden war, stummer Hinweis für die nächsten Trupps, daß die Soldatenkollegen bereits ganze Arbeit geleistet hatten.

Doch nicht immer führte diese List zum Erfolg. Eduard Fink in seinem Tagebuch unterm 8. April: *„Die späteren Kameraden sind oft viel rabiater und unverschämter, weil eben von ihren Kameraden, die vorher da waren, alles schon ausgeplündert wurde und bei vielen Leuten rein nichts mehr von Belang da sein kann. Daher dann die Wut, die sich durch willkürliches und böswilliges Demolieren aller Einrichtungsgegenstände äußert."* An anderer Stelle heißt es bei Fink: *„Da von abends 6 bis früh 9 Uhr Ausgehverbot besteht, lauscht man in dieser Zeit angestrengt auf jeden Schritt oder jeden Ton, der von der sonst wenig belebten Straße* (Fink wohnte im Haus Hirschstraße 118; d. Verf.) *hereindringt, und erschrickt unwillkürlich, wenn sich diese Laute dem Haus nähern oder gar Schritte auf den Treppenstufen des Hauses laut werden."*[14] Noch Wochen nach der Besetzung kam es zu Übergriffen. Unterm 23. April berichtet Fink: *„Übrigens klagte Frau Strieder, daß Soldaten heute* (!!) *bei ihr in der Wohnung und im Keller waren und alles, sogar ihre Kleider, die Tisch- und Bettwäsche und den ganzen Schmuck, mitgenommen hätten, sogar die Leintücher vom Bett ihres Mannes hätten sie abgezogen und 7 Koffer mit Wertsachen mitgenommen. Den siebten Koffer wollte sie noch retten, aber es sei vergebens gewesen."*[15]

Weitverbreitet war die Angst aber vor allem wegen der Gewalttaten gegenüber den Frauen und Mädchen. Schon in der Nacht zum 5. April gellten die Schreie der Opfer aus den Wohnungen. So wie Lina Kabierske wurden damals viele Mädchen von ihren Eltern in Kellern, Speichern und unzugänglichen Remisen versteckt, um sie vor dem Zugriff der Soldaten zu schützen. Vielfach ohne Erfolg. Eduard Fink berichtet unterm 5. April: *„Um 8 Uhr* (abends; d. Verf.) *läutet es Sturm. Frau K.* (die Inhaberin eines Ladengeschäftes in der Hirschstraße; d. Verf.) *ist draußen, sie ist in größter Aufregung. Nachdem sie um des lieben Friedens willen einigen Soldaten, die offenbar räubern und plündern wollten, etwas zu essen und zu trinken gegeben hatte, kamen nach kurzer Zeit 4 oder 6 Mann wieder. Sie flüchtete mit ihren beiden Ladenmädels in den Keller. Zuerst waren Prof. R. und später Herr Cl. da. R. hatte große Mühe, die Leute mit seinen Sprachkenntnissen in Schach zu halten. Beim zweitenmal verfolgten die Soldaten die Frauen. Frau K. flüchtete in unser Haus. Nun mußten wir zusehen, was sich – bei offenen Läden! – gegenüber ereignete. Unter Drohung mit der Waffe und mit Schlägen wurden die Mädels gezwungen, den 4 oder 6 Soldaten zu Willen zu sein. Genau wie bei uns hier haben sich diese Fälle hundertfach ereignet. Die Kerls bleiben bis gegen Mitternacht."*[16]

Unterm 6. April ist in Finks Tagebuch zu lesen: *„Von Vorübergehenden erfahre ich, daß die Plünderungen und Vergewalti-*

**Mit der Aufschrift „Déporté" an seiner Mütze macht dieser Mann darauf aufmerksam, daß er zu den französischen Zwangsarbeitern gehört, die in Karlsruhe eingesetzt waren.**

*gungen in der ganzen Stadt zu verzeichnen sind und sogar noch zunehmen. Eine Frau erzählt weinend, daß in dem Haus Ecke Karl- und Gartenstraße zwei Schwarze unter Mißbrauch der Waffe alle Frauen in allen Wohnungen des Hauses gezwungen haben, sich gebrauchen zu lassen. Eine Beamtenwitwe mit zwei hübschen Töchtern von 16 Jahren in der Südendstraße mußte zusehen, wie ihre Töchter von mehreren Soldaten vergewaltigt wurden."*[17]

Daß die Bewohner der äußeren Stadtteile gewaltsamen Zugriffen in gleichem Maße ausgesetzt waren wie jene in der Innenstadt, geht aus dem Tagebuch von Marianne Kiefer (Hagsfeld) hervor. Nach der Feststellung *„Wir waren der Meinung, daß die Amerikaner kommen würden, an die Franzosen hat niemand gedacht"* schreibt sie am Abend des Einmarsches der Franzosen (4. April): *„Mit großem Entsetzen hörte ich, daß Frau X., ihre 16jährige Tochter und T.* (die Anfangsbuchstaben sind geändert! d. Verf.), *auch 16 Jahre alt, von Schwarzen vergewaltigt worden waren . . . Die beiden Mädchen saßen wie Märtyrerinnen auf einem Bett, und der Schrecken stand ihnen noch im Gesicht geschrieben. In Hagsfeld sind bereits am ersten Tag sehr viele Frauen und Mädchen jeglichen Alters vergewaltigt worden."*[18]

**Bittschrift des katholischen Dekans**

Geistliche beider Konfessionen protestierten bei den Kommandanturen gegen die anhaltenden Vergewaltigungen und Plünderungen. Der katholische Stadtdekan Dr. Albert Rüde überreichte, begleitet von Caritas-Rektor Binder, der gut französisch sprach, dem Stadtkommandanten eine Bittschrift, die sich mit den Übergriffen des französischen Militärs beschäftigte. Die Reaktion des Stadtkommandanten war laut einer Niederschrift von Dr. Rüdes Kaplan Clemens Weis folgendermaßen: *„Wer hat in Deutschland protestiert, als Deutsche sich in Frankreich wie Barbaren benahmen und als Deutsche meine eigene Frau erwürgten? Wenn Sie nicht Geistliche wären, würde ich Sie erschießen lassen."*[19]

Im Knielinger Tagebuch von Dekan Fritz Kobe ist zu lesen: *„Vermehrt wird die Not der Einwohnerschaft dadurch, daß außer von Haus zu Haus ziehende schwerbewaffnete Franzosen . . . auch die vielen ausländischen Zivilisten und seither Gefangenen – Polen, Russen und Elsässer – einzeln und in ganzen Schwärmen die Häuser durchsuchen und vielfach gänzlich ausplündern."*[20] Aus einer Notiz vom 20. April wird ersichtlich, daß die Übergriffe weit über die ersten Tage hinaus anhielten. Kobe berichtet, daß er zusammen mit dem katholischen Geistlichen und drei Vertretern der politischen Gemeinde beim Knielinger Ortskommandanten einbestellt war: *„Hier haben wir denn auch Gelegenheit und nehmen sie auch wahr, unsere Beschwerde über die gewaltsamen Übergriffe der Angehörigen der Besatzung vorzubringen, die die Bevölkerung durch ihre Plünderungen und mehr noch durch die Vergewaltigung wehrloser Frauen und Mädchen bei Tag und Nacht in Angst und Schrecken versetzen."*[21]

Vorgänge aus dem Weiherfeld schildert Sigrid Katz (*1920), die mit ihrer Mutter in einem Drei-Familienhaus in der Tauberstraße wohnte: *„In direkter Nachbarschaft war eine junge Frau allein in ihrem Hause, deren Mann kurz vor Kriegsende noch gefallen war. Die französischen Soldaten drangen in alle Häuser und vergewaltigten alle Frauen, die sie antrafen. Die junge Frau wollte sich noch zu ihren Nachbarn retten, was die Franzosen bemerkten. Sie drohten, dieses Haus anzuzünden, wenn die Frau nicht sofort zurück in ihr eigenes Haus käme. Um die Nachbarn dem nicht auszusetzen, folgte sie der Aufforderung. Die Franzosen* (es handelte sich um Marokkaner;

---

„*Sein Kamerad* (ein Marokkaner; d. Verf.) *forderte mich auf, mitzugehen. „Ich Schnaps", sagte er, „Du nix kaputt", als ich vor ihm kniete und ihn mit gefalteten Händen bat, mich in Ruhe zu lassen. Als seine guten Worte nichts nutzten, funkelten mich seine schwarzen Augen gebieterisch an. Er zerrte mich am Arm: „Komm mit" und schob mich vor sich her durchs Kellerfenster hinaus. Wie es kam, daß meine Füße plötzlich zu rennen anfingen, weiß ich selbst nicht mehr. Ich rannte wie noch nie in meinem Leben in unser Haus, riß die Tür auf und brüllte: „Sergeant, Sergeant" . . . Ungefähr 11 Marokkaner lagen auf dem Boden, die alle in die Höhe fuhren, als wir kamen. Wir waren so fertig mit den Nerven, daß wir die Schwarzen baten, uns zu erschießen . . ., denn wir meinten nicht mehr weiter leben zu können. Die Marokkaner willfahrten nicht unserem Wunsch: „Non non, nix kaputt", und brachten uns ein Deckbett und wir mußten uns setzen.*"

Marianne Kiefer, Tagebucheintrag vom 5. April 1945 (Privatbesitz)

---

d. Verf.) *standen vor der Haustüre Schlange, und als alles vorbei war, wollte die junge Frau sich umbringen. Hiervor rettete sie Dr. Kappes* (der spätere SPD-Stadtrat; d. Verf.), *der sie holte und anderweitig versteckte."*[22] Dr. Kappes nahm sich vieler vergewaltigter Frauen an. Mehrere versteckte er im Franziskanerkloster in Weiherfeld.

Sigrid Katz berichtet auch, auf welche Weise sie selbst und ihre Mutter dem Schicksal unzähliger anderer Frauen entgingen: *„Einmal drang ein Marokkaner bei uns ein und wollte zuerst mich und dann meine Mutter mit Gewalt in den Keller ziehen. Meine Mutter lag flehend vor ihm auf den Knien. Ich selbst versuchte, ihn von der beabsichtigten Vergewaltigung dadurch abzubringen, daß ich auf sein um den Hals hängendes Marien-Medaillon verwies. Ich sagte ihm, daß er doch auch eine Mutter und vielleicht eine Schwester habe, und wie er wohl reagieren würde, wenn man sie vergewaltigen würde. Es schien uns wie ein Wunder, daß es mir dann endlich gelang, ihn zu bewegen, das Haus zu verlassen, ohne uns etwas anzutun. Er nahm seinen Helm ab, küßte meine Mutter und mich rechts und links auf die Wangen – und ging."* Dank der Tatsache, daß Sigrid Katz, die vorgab, mit einem auf französischer Seite kämpfenden Elsässer verlobt zu sein, mit den immer neuen „Hausdurchsuchern" mühelos französisch sprechen konnte, blieb dieses Haus als einziges in der Straße von Plünderungen und Zerstörungen verschont.

**Deutsche Kriegsgefangene beseitigen die Barrikaden am Mühlburger Tor. Straßenbahnwagen vervollständigten das Hindernis.**

Man könnte, um das Geschehen jener Tage und die Angst der Menschen zu schildern, mit ähnlichen Erlebnisschilderungen endlos fortfahren. „Der Führer", nach dem Rückzug der Wehrmacht aus Karlsruhe noch bis einschließlich 12. April 1945 in „Berliner" Format in Pforzheim gedruckt, versäumte nicht, *„Augenzeugenberichte von Flüchtlingen, die sich bei Nacht und Nebel noch durchschlagen konnten"* zu veröffentlichen. Der betreffende Bericht schließt mit der Feststellung: *„Der Bevölkerung hat sich maßlose Erbitterung über die Schandtaten der gaullistischen Eindringlinge bemächtigt. Die letzten Illusionen Einzelner, daß man es bei den demokratischen Bundesgenossen der Bolschewiken noch mit einem verhältnismäßig anständigen Gegner zu tun haben würde, sind geschwunden."*[23]

Für die Exzesse eines Teils der französischen Soldaten eine Erklärung zu finden, ist nicht leicht. Die Karlsruher, weitgehend unwissend, was in deutschem Namen während des Kriegs in den besetzten Gebieten geschehen war, hatten solche Ausschreitungen Angehörigen einer zivilisierten Macht nie zugetraut. Es scheint, als hätten viele der fremden Soldaten, haßerfüllt in Erinnerung an das rücksichtslose Vorgehen der Deutschen gegen französische Widerstandskämpfer, in Erinnerung an Oradour, aber auch in Kenntnis des Geschehens in den Konzentrationslagern nur auf eine Gelegenheit gewartet, Rache zu üben. Zumindest die Maquisards wußten, daß die Deutschen ihrem Land durch Dienstbarmachung der gesamten französischen Wirtschaft für den Krieg, durch Kontributionen, Rohstoffentnahmen und das System der Zwangsarbeiterschaft Kriegsschäden und unermeßliche Verluste zugefügt hatten. Andere wiederum, vor allem die Nordafrikaner, schienen es für selbstverständlich zu halten, daß sie über die Bewohner einer eroberten feindlichen Stadt und über deren Eigentum wie über eine Kriegsbeute verfügen konnten. Vollends enthemmte der Alkohol, der in Karlsruhe in Mengen gefunden wurde, die Eroberer.

**_Los der Besiegten: Deutsche Kriegsgefangene arbeiten am Marktplatz unter Aufsicht der Sieger._**

Die damals weitverbreitete Annahme, Karlsruhe sei den französischen Soldaten auf die Dauer von drei Tagen offiziell zum Plündern und zu anderen Gewalttaten freigegeben worden, läßt sich nicht belegen. Aber die Vermutung allein schon bestätigt den Umfang der Gewalttätigkeiten, derer die Offiziere lange Zeit nicht Herr werden konnten. Sigrid Katz selbst hatte den Mut, sich auf der französischen Kommandantur wegen der fortwährenden Übergriffe zu beschweren. Trotz *„frostiger Atmosphäre"* wurde ihr dort vom diensthabenden Offizier versichert, solche Übergriffe seien nicht im Sinne der kämpfenden Truppe. Er werde dafür sorgen, daß zum Schutz der Bevölkerung mehr Patrouillen eingesetzt werden. Als Geleit gab dieser Offizier der jungen Frau gar einen Soldaten mit. Sigrid Katz allerdings wußte sich auf ihre Weise weiterer „Besuche" zu erwehren: Sie zog ihren alten Labormantel an, besorgte sich eine Rot-Kreuz-Armbinde und erklärte den nach Radios, Fotoapparaten, Uhren (und Frauen!) fahndenden Soldaten an der Haustür, in diesem Haus sei Typhus ausgebrochen.[24]

Adolf Kellner (* 1903) schildert aus der katholischen Kirchengemeinde St. Konrad in der Nordweststadt folgenden Vorgang: *„Der Kindergarten war aus zeitbedingten Gründen in das uns gehörende Grundstück in der Weingartensiedlung verlegt, und zwar in einen Privatraum. Unsere Familie war nach Niederbayern evakuiert. Als Karlsruhe besetzt wurde, drangen farbige Truppen trotz Verbotsschildes in den Kindergarten ein. Zwei Ordensschwestern wurden vergewaltigt. Schwester N. trat in der Folge aus dem Orden aus und wurde als einfache Frau in einer Wäscherei in Mühlburg beschäftigt. Die zweite Schwester wurde ins Mutterhaus versetzt."*[25]

## 276 registrierte Schwangerschaftsabbrüche

Allein 276 Schwangerschaftsunterbrechungen nach Vergewaltigung, die Mehrzahl vorgenommen in den Monaten April und Mai 1945, gab es in der Landesfrauenklinik, doch ist die Dunkelziffer der anderwärts erfolgten, nicht registrierten Ab-

treibungen mit großer Wahrscheinlichkeit wesentlich höher.[26] Dekan Dr. Rüde, von Ärzten nach der Reaktion der katholischen Kirche in Karlsruhe befragt, wenn vergewaltigten Frauen und Mädchen von Ärzten gegen eventuelle Folgen geholfen würde, versicherte, man werde gegen Schwangerschaftsunterbrechungen nichts unternehmen. Clemens Weis: *„Wir hatten uns im Pfarramt als Kapläne dem Dekan gegenüber gleichfalls in diesem Sinne geäußert. Denn wir sahen in dieser Situation eine extreme Notlage, die extreme Maßnahmen rechtfertigt."*[27]

Die Welle der Schwangerschaftsunterbrechungen hatte um die Jahreswende 1945/1946 allerdings ein unerfreuliches Nachspiel: Aufgrund der Anzeige eines Kaplans aus der Weststadt wurde gegen den Chef der Landesfrauenklinik, Prof. Dr. Linzenmaier, am 3. Januar 1946 ein Ermittlungsverfahren wegen des Verdachts der Abtreibung eröffnet, das nach einigen Monaten eingestellt wurde. Das Erzbischöfliche Ordinariat, vom Präsidenten der Landesverwaltung Baden auf den zugrunde liegenden „übergesetzlichen Notstand" hingewiesen, stellte sich jedoch vor den Geistlichen und verurteilte ohne Einschränkung die *„gewollte Beseitigung des keimenden Lebens"*.[28]

Kennzeichnend für die Ohnmacht und Verzweiflung der Bevölkerung in der ersten Zeit der französischen Besatzung ist dieser Ausspruch einer Karlsruherin, den Eduard Fink unter dem 8. April 1945 in seinem Tagebuch festhielt: *„Lieber noch ein Terrorangriff als diese Besatzung."*[29] Doch nicht allen erschienen die Besatzungstruppen wie eine Schreckensvision. Zahllose junge Frauen gaben sich den fremden Soldaten auch freiwillig hin, von ihren Mitbürgern verachtet, wegen ihres „Lohnes", der meist aus Eßbarem und Zigaretten bestand, von manchen auch beneidet. Später, unter der amerikanischen Besatzung, nannten die Karlsruher Mädchen, die sich trotz des Fraternisierungsverbots das Interesse eines GI (= Government Issue) sichern konnten, in einer Mischung aus Verachtung und Verständnis „Ami-Liebchen".

### „Übergriffe nicht im Sinne der kämpfenden Truppe"

Die unerfreulichen, zum Teil auch schrecklichen Übergriffe von Soldaten gegenüber der einheimischen Bevölkerung geschahen in ihrer großen Mehrzahl ohne unmittelbare Kenntnis bzw. entgegen Befehlen ihrer Führung. So berichtet der Schriftsteller Dr. Adolf von Grolmann: *„Eine Reihe von französischen Offizieren wird sehr gelobt; diese taten im Rahmen ihrer Vollmachten, was zu erreichen war."*[30] Darüber hinaus gab es da und dort auch unerwarteten Schutz. Heini Werner Seith, damals 15jährig, berichtet: *„Wir hatten das Glück, daß sich uns gegenüber die Autofirma Ungeheuer befand, in der während des Kriegs Franzosen arbeiteten, vor allem Elsässer. Die waren zu uns wie Freunde, denn sie waren auch von uns gut behandelt worden. Einer von ihnen hat uns in jenen Tagen immer wieder beschützt, wenn es notwendig wurde, hat auch irgendwelche Parolen auf die Hauswand geschrieben, die die Soldaten vor Gewalttätigkeiten abhalten sollten."*[31]

Daß die Übergriffe gegenüber der Zivilbevölkerung von maßgeblicher französischer Seite mißbilligt wurden, erfuhren vier Vertreter der früheren Parteien – Friedrich Töpper (SPD), Fridolin Heurich (Zentrum), Prof. Albert Keßler (Demokratische Partei) und Karl Deck (KPD) – im Juni 1945 bei einer Vorladung vor die Militärregierung. Gemäß einer Niederschrift von Prof. Keßler empfing sie dort einige Wochen nach Besetzung der Stadt *„mit ausgesuchter französischer Liebenswürdigkeit"* ein mit „Herr Minister" angesprochener „eleganter Zivilist" und erklärte in „reinem Deutsch": *„Ich will Ihre Namen nicht wissen, Sie erfahren auch den meinen nicht. Sie dürfen sich keine Notizen machen, auch ich werde mir nichts aufschreiben, um jede Möglichkeit auszuschließen, daß ein solches Schriftstück in die Hände Unbefugter gelangen und Ihnen dadurch Unannehmlichkeiten entstehen könnten."* Wunschgemäß schilderten die Karlsruher Gesprächspartner dem „Minister", der erklärte, sich im Auftrag der französischen Regierung zu unterrichten, *„offen und wahrheitsgemäß"* die Erfahrungen beim Einmarsch der französischen Truppen. Gleichzeitig informierte sich der Unbekannte über das Schicksal der im Jahr 1933 verbotenen Parteien und über die Haltung der Kirchen im „Dritten Reich".[32]

## Zivilbevölkerung aus der nördlichen Weststadt ausgewiesen

Die ersten Tage nach der Besetzung der Stadt Karlsruhe waren gekennzeichnet durch ein fast chaotisches Nebeneinander und Gegeneinander von Maßnahmen und Befehlen der Militärregierung. Abgesehen davon, daß in der Anfangszeit wiederholt die verantwortlichen Kommandanten wechselten, gab es Befehls-Widersprüchlichkeiten auch aus der Überlagerung der Befehlsverhältnisse. In Karlsruhe residierte nicht nur der Gouverneur der Militärregierung für Baden (in der Oberpostdirektion) sowie der Stadtkommandant von Karlsruhe (in der Hauptpost, später in der Kommunalen Landesbank an der Karlstraße). Darüber hinaus waren auch mehrere Stadtteil-Kommandanturen eingerichtet – die wichtigsten in Durlach, Knielingen und Rüppurr –, deren Chefs mit selbstbewußter Eigenmächtigkeit regierten.

Wie ernst diese subregionalen Kommandanten ihre Aufgabe nahmen, mag die eher belächelnswerte, von den Bewohnern jedoch weitgehend befolgte Anweisung des Knielinger Ortskommandanten dartun, sich sonntags zum feierlichen öffentlichen Hissen der Trikolore einzufinden.[1] Schmerzlicher empfanden es die Knielinger, daß ihnen von dem gleichen Kommandanten untersagt wurde, den in langen Kolonnen in Richtung der – innerhalb weniger Tage errichteten – Pontonbrücke bei Maxau ziehenden deutschen Kriegsgefangenen Lebensmittel oder Getränke zu verabreichen. Nachdem sie dies einige Tage getan hatten, erließ der Knielinger Ortskommandant an die Bevölkerung den Befehl, während des Durchmarsches von Gefangenen in den Räumen zu bleiben und alle Fenster und Läden geschlossen zu halten.[2]

Die Nöte und Sorgen der Karlsruher Bevölkerung hatten für die Eroberer in den ersten Wochen der Besetzung nur geringes Gewicht. Die Franzosen hatten anfangs alle Kräfte auf den militärischen Sektor konzentriert, also darauf, die über den Rhein und zum Schwarzwald zurückgewichenen deutschen Divisionen weiter zurückzuwerfen und der eigenen Truppe durch Instandsetzung von Brücken und Verkehrswegen den Nachschub zu sichern. Danach gehörte ihre Fürsorge den vielen hundert Dienstverpflichteten aus den ehemals von Deutschen besetzten westeuropäischen Ländern sowie den Tausenden von Zwangsarbeitern aus Rußland und Polen, die teils in Kasernen zusammengefaßt, teils in ihren bisherigen Quartieren versorgt wurden. Die Bevölkerung der besetzten Stadt jedoch interessierte die Franzosen zunächst vor allem unter dem Aspekt eines gewissen Sicherheitsrisikos für die eigene Truppe. Um die Deutschen, von denen man nach vorausgegangenen Aufrufen des Gauleiters „Werwolf"-Aktivitäten befürchten mußte, verläßlicher kontrollieren zu können, wurde durch Anschlag vom 6. April 1945 für alle Zivilisten von 18 bis 9 Uhr Ausgangssperre angeordnet.[3]

## Bannmeile in der nördlichen Weststadt

Am 13. April 1945, neun Tage nach der Besetzung der Stadt, kam es zu einer rigorosen Maßnahme. Unabhängig davon, daß – vor allem in den innerstädtischen und westlichen Stadtgebieten – bereits in großem Umfang Einquartierungen erfolgt waren, mußte an diesem Tag der gesamte Weststadtdistrikt zwischen Kaiserallee im Süden und Knielinger Allee im Norden, zwischen der Riefstahlstraße im Osten und der Blücherstraße im Westen von den Bewohnern innerhalb einer Stunde geräumt werden. Mitgenommen werden durfte nur, was jeder tragen konnte.[4] Auch gegenüber den nur mit dem Nötigsten aus ihren Wohnungen Vertriebenen gab es Übergriffe. In die Herrschaftshäuser der Weber- und Beethovenstraße zog die französische Generalität ein, zeitweise auch General de Lattre de Tassigny, der Oberbefehlshaber der 1. Französischen Armee. Das Offizierskorps aus den zahlreichen Kommando- und Nachschubstäben suchte sich für Büros und zum Wohnen aus der riesigen Zahl von Häusern die ihnen passendsten aus. Der genannte Bereich wurde für die Totalevakuierung nicht zuletzt deshalb ausgewählt, weil sich in ihm mehrere Kasernen, zwei Krankenhäuser und große Verwaltungsgebäude (wie das Haus der Karlsruher Lebensversicherung, heute Rathaus West, und die Oberfinanzdirektion) befanden.
Von der Räumung nicht verschont blieben auch die in der neuen städtischen Verwaltungsspitze tätigen Fritz Gut und Emil Mangler. *„Gut"*, so heißt es in dem Fink'schen Tagebuch unter dem 13. April, *„erscheint ziemlich aufgeregt und erzählt, daß er nicht einmal einen Teil seiner Lebensmittel aus seiner Wohnung mehr holen konnte."*[5] Dabei war Gut – als Vertreter des von den Franzosen vorübergehend ins Gefängnis gesteckten Josef Heinrich – zu diesem Zeitpunkt sogar „maire" der Stadt.
Frau Hannelore Graff (*1930), die, im Hause Moltkestraße 81 (Ecke Blücherstraße), am 4. April die Übergabe des Städtischen Krankenhauses und Lazaretts durch den Arzt Dr. Cuny beobachtet hatte, danach durch Einquartierung französischer Ärzte und Sanitäter, die ihr auch mal etwas Eßbares gaben, einigermaßen geschützt war, berichtet über das Geschehen vom 13. April: *„Am späten Vormittag kamen drei oder vier bewaffnete Soldaten ins Haus und gaben durch einen maschinengeschriebenen Zettel* (in deutscher Sprache; d. Verf.) *bekannt, daß wir innerhalb einer Stunde die Wohnungen und das Haus – unter Mitnahme nur ganz persönlicher Gegenstände – zu räumen hatten. In der ersten Aufregung wußten wir nicht, nach was wir greifen sollten. Ich erinnere mich, daß ich einen kleinen Koffer in der Hand und einen Mantel über dem Arm hatte. Am zweiten Betreten des Hauses* (innerhalb dieser einen Stunde; d. Verf.) *hat man uns dann – unter Entgegenhalten der Waffe – gehindert. Wir standen auf der Straße und wußten nicht, wohin."*[6]

---

*❝ Auf dem Rückweg von der Riefstahlstraße bot sich mir ein trauriges Bild. Junge, gebildete Mädels sammelten auf zwei auf dem Gehweg befindlichen Plätzen, wo auf einer Länge von 6 m und einer Breite von 2 m Wäsche, Betten, Schuhe, Kleider, Toilettenartikel, Damenbinden, Puder, Mehl, Hülsenfrüchte, Trockengemüse, Bilder, Postkarten, Musikalien u. dgl. zerstreut und zum Teil offen herumlagen, das noch Brauchbare zusammen. Auf meine Frage, wie das käme, sagten sie weinend, daß sie auch zu den Familien gehörten, die innerhalb von 30 Minuten ausziehen mußten. Sie wohnten Jahnstraße 15. Als sie mit den wenigen Habseligkeiten, die sie tragen konnten und mitnehmen durften, auf die Straße kamen, rissen zwei Soldaten ihnen die Sachen auf den Boden, zerstreuten sie und rissen alle Pakete, auch die mit Lebensmitteln, auf, so daß alles offen herumflog. ❞*

Eduard Fink, Tagebucheintrag vom 14. April 1945 (Stadtarchiv Karlsruhe, Unterlagen zur Stadtgeschichte 80)

---

## Als Verwundeter getarnt

Die meisten der aus ihren Wohnungen Ausgewiesenen kamen bei Bekannten unter. In vielen Fällen gab es zunächst aus dem einfachen Grund keine Probleme, weil die Eigentümer der beschlagnahmten Wohnungen evakuiert waren. Kennzeichnend für die damalige Situation auch das nachfolgende Erlebnis von Hannelore Graff: *„Auf einem unserer vielen ‚Versorgungsgänge' wurden meine Stiefmutter und ich beim Mühlburger Tor von Franzosen festgenommen und in den Sperrbezirk – die französische Bannmeile – gebracht. Dort mußten wir in einem Haus in der Freydorfstraße von den dort vorhandenen Lebensmittelvorräten für die Besatzer kochen. Nach einer knappen Woche ließ man uns laufen, doch durften wir die restlichen Lebensmittel mitnehmen. Innerhalb des Sperrbereichs wurden wir von Soldaten begleitet. Wir kamen am Haus Moltkestraße 81 vorbei, ein Betreten des Hauses oder unserer Wohnung wurde uns jedoch verweigert. Wir konnten lediglich an der Hauswand einen Hinweis anbringen, wo wir uns befanden, für den Fall, daß mein Vater aus der Gefangenschaft zurückkäme."* Erst im August konnte die Familie Graff in ihre – zwischenzeitlich von den Amerikanern belegte – *„völlig ausgeplünderte und total verunreinigte"* Wohnung zurück.

Am 14. April verfügten die Franzosen, daß alle Radio- und Fotoapparate abzugeben seien. Zu Hunderten stapelten sich die Geräte und Apparate in Räumen der in den ersten Wochen bei den Stadtwerken an der Kaiserallee untergebrachten Stadtverwaltung und an Sammelstellen in den Stadtteilen. Tausende von Radiogeräten und Fotoapparaten waren jedoch von französischen Soldaten schon „privat" aus den Wohnungen geholt worden. Gleichfalls am 14. April wurde durch Anschlag das Anbringen von Tafeln mit Namen und Geburtstag jedes Hausbewohners an der Haustür befohlen.[7]

Nach wie vor wurden Männer wie Frauen von der Straße zu Arbeitseinsätzen der unterschiedlichsten Art weggeholt. Frauen unter anderem dazu, blau-weiß-rote Fahnen zu nähen. Die provisorische zivile Verwaltung, über deren Tätigkeit noch gesondert zu berichten sein wird, hatte zur Ermöglichung der Dokumentation, daß Karlsruhe „französisch" geworden war, 100 Fahnenmasten zu besorgen. Viele entzogen sich der ständig bestehenden Möglichkeit, aus den Wohnungen heraus oder auf der Straße Arbeitskommandos zugeteilt zu werden – oder auch aus der damals weitverbreiteten Befürchtung heraus, zum Arbeitseinsatz nach Frankreich verbracht zu werden –, indem sie sich versteckten. Manch einer, wie etwa (der bereits erwähnte) Max Singer, griff auch zu einer List von Schwejkschem Einfallsreichtum. Singer: *„Ich habe einen Stock genommen und mir das rechte Bein mit diesem Stock zusammen vom Oberschenkel bis hinunter zum Knöchel bandagiert. So war es mir unmöglich, normal zu gehen. Wenn ich dann nach meiner Verletzung gefragt wurde, habe ich geantwortet, daß mich eine Mitrailleuse getroffen habe. Auf diese Weise bin ich allen Razzien entgangen."*[8]

Wer eine irgendwie geartete Beziehung zum Ausland, zu Frankreich vor allem, ins Spiel bringen konnte, versuchte diese zu seinem persönlichen und zum Schutz seiner Habe geltend zu machen. Eduard Fink beispielsweise, Tagebuch-Kronzeuge vom April 1945, der nach dem 1. Weltkrieg vom Elsaß nach Karlsruhe gekommen war, brachte an seiner Wohnungstür ein Schild mit der Aufschrift an: *„Ici demeure un Alsacien avec sa famille, Edouard Fink, employé de la mairie"* (Hier wohnt ein Elsässer mit seiner Familie, Eduard Fink, Angestellter des Bürgermeisteramtes)."[9]

## Registrierung und nächtliche Razzia

Mit Hilfe einer umfassenden Registrierung der männlichen Bewohner versuchten die Franzosen in der zweiten Aprilhälfte, aller aktiven Nationalsozialisten habhaft zu werden. Am Sonntag, dem 15. April, mußten sich laut Anschlag an den Bekanntmachungstafeln zunächst alle männlichen Personen zwischen 16 und 45 Jahren in der Knielinger Rheinkaserne melden. Unruhe löste die Aufforderung aus, jeder habe zwei Decken sowie Verpflegung für zwei Tage mitzubringen. Das Gerücht, es werde zu einer Deportation großen Stils nach Frankreich kommen, ging um. Gleichwohl fanden sich an jenem Vormittag nach Schätzung von Ernst Göhringer (1913-1983) an die 2000 Karlsruher in der Rheinkaserne ein. Die Drohung, nur mit einem bei dieser Gelegenheit abgestempelten Personalausweis dürfe man sich noch auf die Straße begeben, verfehlte ihre Wirkung nicht. Die Zweitausend lagerten bei sonnigem Frühlingswetter auf dem Wiesengelände der Kaserne, ohne daß weder an diesem Tag noch in der darauffolgenden Nacht etwas geschah. Die Befürchtung, man werde nach Frankreich deportiert, zerstreute sich am folgenden Tag zumindest für jene, die nicht der nationalsozialistischen Partei angehört hatten. Nach der Registrierung, an der auch zwei deutsche Zivilisten – Antifaschisten, die im Zweifelsfall eingriffen – mitwirkten, wurden die Unbelasteten (Göhringer: *„Das war sicher die Mehrheit"*) nach Hause entlassen. Die Belasteten wurden in der zum Karlsruher Interniertenlager verwandelten Kaserne zurückgehalten.[10]

Am 17. April verbot die Militärregierung der Bevölkerung die Benutzung von Fahrrädern. Zuwiderhandlungen würden mit der Beschlagnahme des Fahrrads und mit 50 RM Geldstrafe geahndet.[11] Am gleichen Tag mußten sich aufgrund eines neuen Befehls vom 16. April auch alle 14-18jährigen sowie die 45-60jährigen zur Registrierung in Knielingen melden. Aus der – sicher nicht unberechtigten – Befürchtung der Franzosen, zahlreiche Karlsruher entzögen sich, aus welchen Gründen auch immer, der Registrierung, wurde in der Nacht vom 21. zum 22. April in mehreren Stadtbezirken eine zusätzliche „Erfassungsaktion" durchgeführt. In einer Notiz, die der von den Franzosen eingesetzte kommissarische Bürgermeister Josef Heinrich noch am gleichen Abend diktierte, ist der Vorgang wie folgt beschrieben: *„Auf Befehl der Kommandantur (Herr Oberstleutnant Mathieu) wurden heute abend (20.15) in Begleitung von Hauptmann Kleinmann folgende Bezirksleiter mittels Kraftwagen zur Kommandantur (Karlstraße) beordert* (es folgen die Namen und Anschriften von sieben Vorstehern der inzwischen in 16 Bezirke eingeteilten Stadtteile; d. Verf.). *Die Genannten erhielten nach ihrem Eintreffen (21.45) von Oberstleutnant Mathieu den Befehl, mit Unterstützung der französischen Gendarmerie (je 8 Mann für einen Bezirk) die männlichen Bewohner der oben angeführten Bezirke im Alter von 18-45 Jahren zusammenzufassen und sofort nach der Rheinkaserne in Knielingen zu verbringen (Wolldecke etc. und Verpflegung für 1-2 Tage sollen die Erfaßten mitnehmen). Ausgenommen von der Erfassung bleiben: Ärzte, Apotheker, Sanitäter, Geistliche und die Gefolgschaft der Stadtverwaltung, Metzger, Bäcker und sonstige Lebensmitteleinzelhändler. Die Bezirksleiter und Gendarmen rückten mit Kraftwagen um 22 Uhr ab. Wv. am 23. April 1945. Der kommiss. Bürgermeister: Hch."*[12]

Durch diese Aktion wurden zwischen 200 und 250 Personen „erfaßt" und zur Rheinkaserne nach Knielingen gebracht. Mitbetroffen war der in der Baumeisterstraße in der Südstadt wohnende, wegen Krankheit zwei Jahre zuvor aus der Wehr-

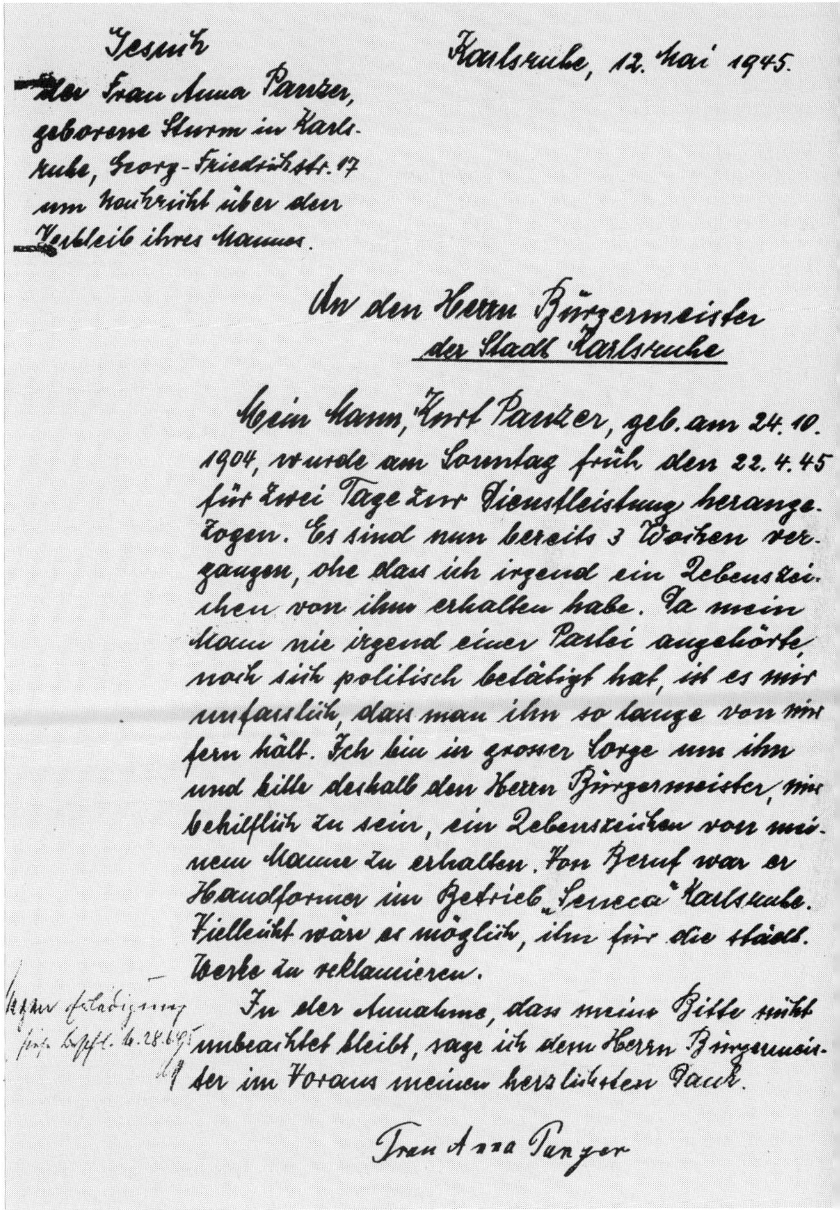

Gesuch

Der Frau Anna Panzer, geborene Sturm in Karlsruhe, Georg-Friedrichstr. 17 um Nachricht über den Verbleib ihres Mannes.

Karlsruhe, 12. Mai 1945.

An den Herrn Bürgermeister der Stadt Karlsruhe

Mein Mann, Karl Panzer, geb. am 24.10.1904, wurde am Sonntag früh den 22.4.45 für zwei Tage zur Dienstleistung herangezogen. Es sind nun bereits 3 Wochen vergangen, ohne dass ich irgend ein Lebenszeichen von ihm erhalten habe. Da mein Mann nie irgend einer Partei angehörte noch sich politisch betätigt hat, ist es mir unfasslich, dass man ihn so lange von mir fern hält. Ich bin in grosser Sorge um ihn und bitte deshalb den Herrn Bürgermeister, mir behilflich zu sein, ein Lebenszeichen von meinem Manne zu erhalten. Von Beruf war er Handformer im Betrieb „Seneca" Karlsruhe. Vielleicht wäre es möglich, ihn für die städt. Werke zu reklamieren.

In der Annahme, dass meine Bitte nicht unbeachtet bleibt, sage ich dem Herrn Bürgermeister im Voraus meinen herzlichsten Dank.

Frau Anna Panzer

**„Gesuch um Nachricht". Nachdem ihr Mann vor drei Wochen von einer „Dienstleistung" für die Franzosen nicht zurückgekehrt war, schrieb Anna Panzer diesen Brief. Im Bürgermeisteramt gingen in jenen Tagen zahlreiche ähnliche Briefe von Frauen ein, deren Männer wahllos aufgegriffen und in Lagern verschwunden waren.**

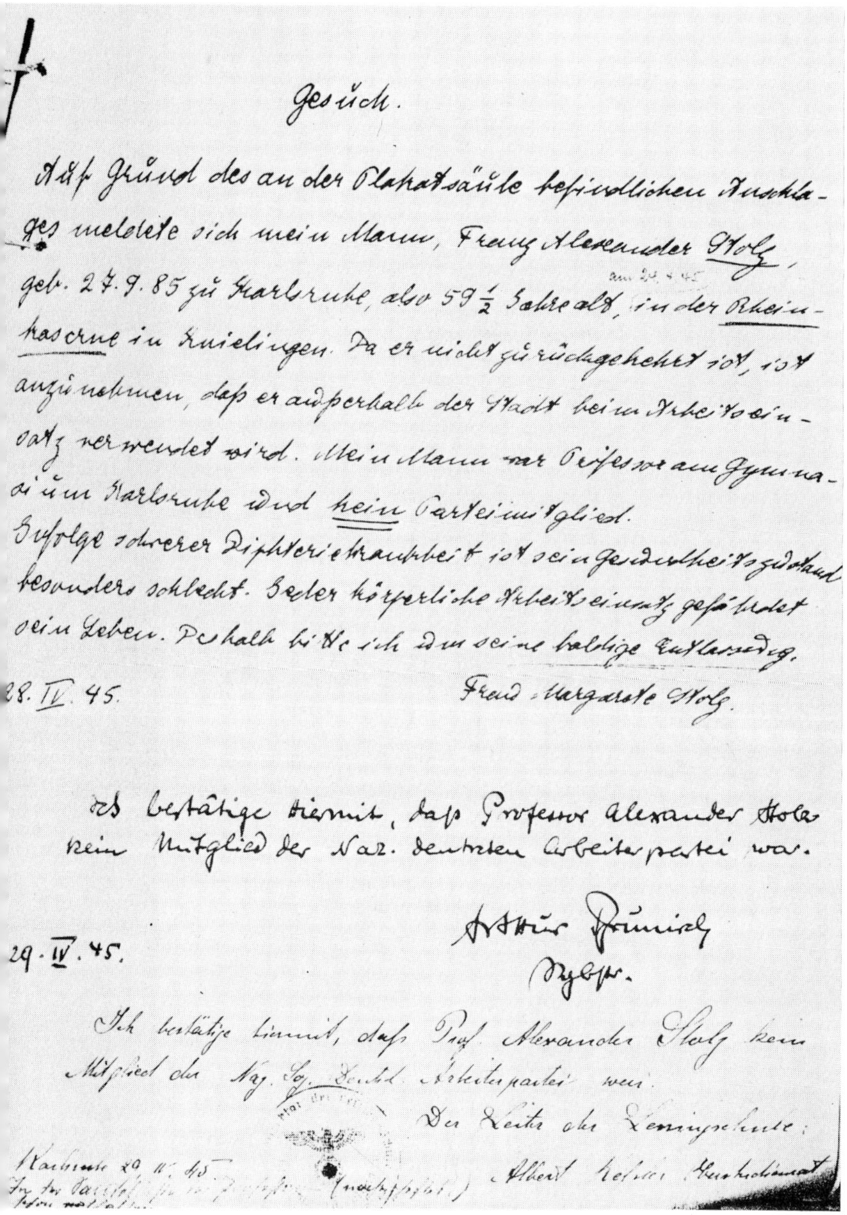

Gesuch.

Auf Grund des an der Plakatsäule befindlichen Anschlages meldete sich mein Mann, Franz Alexander Stolz, am 24.4.45 geb. 27.9.85 zu Karlsruhe, also 59 ½ Jahre alt, in der Rheinkaserne in Knielingen. Da er nicht zurückgekehrt ist, ist anzunehmen, daß er außerhalb der Stadt beim Arbeitseinsatz verwendet wird. Mein Mann war Professor am Gymnasium Karlsruhe und kein Parteimitglied. Infolge schwerer Diphtheriekrankheit ist sein Gesundheitszustand besonders schlecht. Jeder körperliche Arbeitseinsatz gefährdet sein Leben. Deshalb bitte ich um seine baldige Entlassung.

28. IV. 45. Frau Margarete Stolz.

Ich bestätige hiermit, daß Professor Alexander Stolz kein Mitglied der Naz. deutschen Arbeiterpartei war.

29. IV. 45. Arthur [illegible]

Ich bestätige hiermit, daß Prof. Alexander Stolz kein Mitglied der Naz. Soz. Deutsch. Arbeiterpartei war.

Der Leiter der Lessingschule: Albert [illegible] Oberstudienrat

Karlsruhe 29. IV. 45 [illegible]

**_Franz Alexander Stolz, Professor am Bismarckgymnasium, dessen Freilassung seine Frau mit diesem Gesuch erbittet, war einer der 300 Karlsruher Bürger, die in Fußmärschen nach Offenburg gebracht und dort als Geiseln interniert wurden. Obschon kein Angehöriger der Partei, kam Stolz erst nach vier Wochen frei._**

macht entlassene Kaufmann Willy Hauser (*1915). Etwa um vier Uhr nachts läutete es. Hauser: *„Ich ging ganz unbeschwert ans Fenster und fragte: ‚Was ist los?' Da standen unten französische Soldaten und haben mir befohlen, sofort runterzukommen. Man hat mich aufgefordert, eine Decke und ein Eßgeschirr mitzunehmen, ich sei verhaftet."* Unten warteten schon mehrere Schicksalsgefährten. Von der Baumeisterstraße aus zog die Gruppe noch durch alle bis dahin nicht durchkämmten Straßen der Südstadt, in denen auf die gleiche Weise weitere Männer „eingesammelt" wurden. Etwa um sieben Uhr war die Aktion zu Ende. Dann ging es im Fußmarsch nach Knielingen.[13]

## 300 Karlsruher in Offenburg interniert

Noch am gleichen Tag wurde teils aus den bei Nacht Festgenommenen, teils aus den schon zuvor in Knielingen Internierten eine etwa 60-70 Mann starke Kolonne zusammengestellt und im Fußmarsch nach Rastatt gebracht. Auch Willy Hauser befand sich in dieser Gruppe, die, nach Übernachtung in einer Rastatter Schule, am folgenden Tag bis zur Heil- und Pflegeanstalt Illenau weitermarschierte. Nachts flüchteten von dort mehrere der Inhaftierten, nachdem sie sich aus den oberen Stockwerken an Feuerwehrschläuchen abgehangelt und ins Freie gerettet hatten.
Das verbliebene Gros, von dem niemand Grund und Ziel der Aktion kannte, marschierte am dritten Tag nach Offenburg. Dort wurden die Karlsruher – mit vielen anderen Inhaftierten aus den von den Franzosen inzwischen besetzten Gebieten – in die Exerzierhalle der Ihlefeldkaserne gebracht. Am 23. und 24. April kam es von Knielingen aus erneut zu solch mysteriösen Märschen Richtung Offenburg. Ende April waren in der teilzerstörten Halle der Offenburger Kaserne 985 Gefangene, unter ihnen etwa 300 Karlsruher, der jüngste 16, der älteste 78 Jahre alt, unter katastrophalen sanitären Bedingungen, die meisten ihrer persönlichen Habe, viele ihrer Schuhe beraubt, zusammengepfercht – ein buntes Gemisch aus allen Bevölkerungskreisen.[14] Unterm 7. Mai zitiert Dekan Kobe in seinem Tagebuch den Brief eines der inhaftierten 62 Knielinger, die bei der Registrierung in Knielingen festgehalten und samt und sonders nach Offenburg verbracht worden waren: *„So sitzen wir hier seit über zwei Wochen, an Wäsche und Kleidung nur,*

*was wir auf dem Leibe haben, ohne Seife, ohne Handtuch, ohne Rasierzeug usw. Die Verpflegung ist sehr unzureichend."* Im Gottesdienst vom 13. Mai gab der Knielinger Dekan den Angehörigen, von denen die meisten über das Schicksal der Ihrigen im ungewissen waren, Namen und Aufenthaltsort der Inhaftierten bekannt.[15]
Die Internierung in Offenburg war ohne Rücksicht darauf erfolgt, ob der Betreffende der Partei angehört hatte oder politisch unbelastet war. Zu den letzteren zählte neben Willy Hauser auch der 59jährige Franz Stolz, Professor am Bismarckgymnasium, der sich laut eigener Tagebucheintragung während dieser Zeit auf dem nur dünn mit Stroh oder Holzwolle bedeckten Zementboden der Exerzierhalle eine schwere Bronchitis geholt hatte.[16] Ein halbes Jahr später verstarb er. Bemühungen von Bürgermeister Heinrich um Entlassung städtischer „Gefolgschaftsmitglieder" aus der Internierung in Knielingen und Offenburg – unter ihnen neben Franz Stolz andere Professoren, Studienräte, Lehrer, Handwerker und Angestellte – blieben zunächst erfolglos.[17]
Am 14. Mai wurden dann immerhin die über 60jährigen, danach die 14- und 15jährigen, die über 50jährigen sowie einige Schwerkriegsbeschädigte aus dem Lager Offenburg entlassen. Inzwischen war erkennbar geworden, daß es sich bei den „Offenburgern" um willkürlich Festgenommene handelte, die laut Mitteilung des Lagerführers als Geiseln („otages") bzw. Sicherungsgefangene („réquisitionnés") – vermutlich für den Fall blutiger Werwolf- und ähnlicher Aktionen gegenüber der französischen Besatzungsmacht – dienen sollten. Diese Äußerung ist glaubhafter als eine Auskunft, die Dekan Kobe von „Offenburger" Knielingern erhielt. Danach sei beabsichtigt gewesen, die Gefangenen bei befürchteten Gegenangriffen deutscher Truppen aus der Schwarzwaldrandstellung heraus zu Schanzarbeiten in den französischen Linien einzusetzen.
Als in der zweiten Maihälfte die überwiegende Mehrheit der nach Offenburg verbrachten Karlsruher, auch 16jährige, noch immer nicht zurückgekehrt war, versuchte Adolf Kühn (1886-1968), der damals vorübergehend in städtische Dienste übergetretene Oberregierungsrat (vormaliger Zentrums- und späterer CDU-Landtagsabgeordneter), mit einem Husarenritt die Freilassung einer Anzahl Karlsruher Inhaftierter. Er fuhr, zusammen mit einer Halbjüdin, deren Mann sich ebenfalls im dortigen Lager befand, am 18. Mai mit einem Lkw nach Offenburg, um, einen Auftrag von Bürgermeister Heinrich in der Tasche, die Freilassung von etwa 40 der zu jenem Zeitpunkt noch 192 inhaftierten Karlsruher zu erreichen. Das Unternehmen mißlang jedoch fast völlig: Nur der Mann der Halbjüdin und ein weiterer Internierter, dieser allerdings nur als Urlauber, wurden entlassen (vgl. obigen Berichts-Auszug).
Als am 7. Juni 1945 die letzten Knielinger aus Offenburg zurückkehrten, befanden sich im dortigen Interniertenlager immer noch zahlreiche Inhaftierte, vor allem aus Karlsruhe und Pforzheim. Laut Schreiben von Bürgermeister Heinrich an die Militärregierung, wurden am 21. Juni noch zwischen 110 und 130, am 27. Juni noch 30-40 Karlsruher in Offenburg festgehalten. Die letzten von ihnen, mit Ausnahme einiger weniger, die als politische Häftlinge in andere Lager kamen, wurden Anfang Juli entlassen. Ein Lagerinsasse berichtet in einer Schilderung der Verhältnisse im Offenburger Interniertenlager von einer eindringlichen Warnung des dortigen Stadtkommandanten bei der Entlassung der über 50jährigen: *„In einer Rede sagte der Stadtkommandant, daß er jeden, der sich in der Heimat nachteilig über die Lagerführung äußere und versuche, Leute aufzuhetzen, wieder sofort einsperren lasse. Dabei berief er sich auf die Behandlung in den Konzentrationslagern, speziell in Dachau, und das Wüten der SS."*

*„Ich wollte vor allem wenigstens erreichen, die Gebrechlichen, Kranken und Unfallverletzten mit heim nehmen zu dürfen, aber ich fand keinerlei Gehör. Daraufhin suchte ich Gelegenheit, durch nähere Unterhaltung mit Internierten persönliche Eindrücke zu gewinnen. Später machte ich erneut einen Versuch, um nochmals zu einer Unterredung mit dem Leutnant zu gelangen, aber ich wurde in drohendem Ton aus dem Kasernenhof hinausgejagt und erhielt noch nicht einmal, trotz meines ausdrücklichen Wunsches, die übergebenen Papiere (Auftrag und Namensverzeichnis) zurück. Unter diesen Umständen waren wir nur imstande, zwei Internierte – davon einen als Urlauber – mit nach Hause zu nehmen."*

Aus einem Bericht von Adolf Kühn vom 19. 5. 45 über seinen am Tag zuvor unternommenen Versuch, in Offenburg internierte Karlsruher freizubekommen. (StAK, H. Reg. A 752)

## Interniertenlager und Gefängnis

Im Gegensatz zu Offenburg war das „einheimische" Interniertenlager in der Knielinger Kaserne an sich nur für politisch Belastete eingerichtet worden. In die Rheinkaserne wurden allerdings auch Dutzende von Männern ohne „braune Flecken" gebracht, hauptsächlich Leute, die von Militärstreifen willkürlich aufgegriffen worden waren. Meist wurden sie beschuldigt, keine gültigen Ausweise zu haben.

Bei allen jenen aber, die sich ab 17. April 1945 gemäß öffentlichem Aufruf nach Knielingen begaben, erfolgte gemäß Zugehörigkeit zur Partei bzw. Nicht-Parteizugehörigkeit eine mehr oder minder klare Scheidung: Die „weißen Schafe" wurden nach Hause geschickt, die „schwarzen" mußten bleiben. Diese füllten, wiederum getrennt entsprechend vermuteter geringerer oder größerer Nazi-Aktivität, die so gekennzeichneten Blöcke A, B oder C des Knielinger Kasernements. Die von den Franzosen als „schwerste" Fälle eingestuften Nazis kamen in das sogenannte „Russenlager", ein Barackenlager, in dem bis dahin russische Zwangsarbeiter gewohnt hatten. Im „Russenlager" waren hauptsächlich höhere Funktionäre der Partei und SS-Leute untergebracht, aber auch elsässische Lehrer und Pfarrer, denen Kollaboration vorgeworfen wurde.[1]

Die Maximalbelegung des Knielinger Lagers während der folgenden Wochen belief sich auf etwa 700 Mann. Während die Insassen des „Russenlagers" die Kaserne nicht verlassen durften, wurden die Inhaftierten der Blöcke A, B und C unter Bewachung bei Arbeitskommandos unterschiedlichster Art eingesetzt: Straßen mußten von Trümmerschutt freigemacht, Bombentrichter – z. B. im Hochschulstadion – aufgefüllt, Ruinen, die eine Gefährdung darstellten, abgerissen werden. Den Franzosen war offensichtlich daran gelegen, durch die Sistierung der Nazis jenen Personenkreis unter Kontrolle zu bringen, von dem ihrer Meinung nach eine Gefährdung der Besatzungsmacht oder ihrer Einrichtungen ausgehen konnte. Gleichzeitig sollte die Arbeitskraft dieser Männer sinnvoll eingesetzt werden.

Gefürchtet waren die Angehörigen der Gendarmerie, die „Chocs", denen die Bewachung des Lagers während der ersten Wochen anvertraut war. Ernst Göhringer, der als ehemaliger Angehöriger der deutschen Botschaft Madrid in Knielingen interniert war: *„Die waren rücksichtslos, hart und drohten uns. Man mußte Angst vor ihnen haben. Die haben uns bei einem Marsch nach Maximiliansau am 29. April an eine Mauer gestellt und so getan, als wenn Erschießungen im Gange wären. Jeder hat daran gedacht zu fliehen, dann aber doch davor zurückgeschreckt, um nicht auf der Flucht erschossen zu werden".* Ein harmloseres „Spiel" der französischen Gendarmen war es, die Inhaftierten über das Kasernengelände marschieren und mit erhobener Hand das Horst-Wessel-Lied singen zu lassen.

Als die Gendarmen durch Kolonialtruppen abgelöst wurden, ging es im Knielinger Interniertenlager vergleichsweise leger zu. Göhringer berichtet, daß er sich, der Verwaltungsbeamte, als Friseur gemeldet und Algerier rasiert habe und daß er tagelang damit „beschäftigt" war, den von einem Marokkaner „organisierten", scheinbar defekten Radioapparat wieder in Gang zu bringen.

### NS-Frauen und Dirnen in Knielingen

Trotz seines Laisser-passer von General Valluy war auch der Karlsruher Arzt Dr. Carlos Schleipen (vgl. „Ich bin badischer Ministerpräsident") in Knielingen interniert worden. Er allerdings – vielleicht wegen seines Ansehens, das er bei den Franzosen genoß – war zum einen als Lagerarzt des „Russenlagers", zugleich aber als dessen Lagerkommandant (unter französischer Aufsicht) bestimmt. Er berichtet über eine sehr verständnisvolle Zusammenarbeit mit dem kommunistischen Knielinger Bezirksvorsteher, Arthur Wiesemann, später mit Gustav Michel, die zusammen mit den dortigen Pfarrern ihr Mögliches taten, um nach einer Zeit, in der es im Interniertenlager kaum etwas zu essen gab, wenigstens eine Minimalverpflegung zu ermöglichen. Michel half u. a. dadurch aktiv mit, daß er mit den zehn Gespannen, die er – zusammen mit 35 Handwerkern und 15 Küchenfrauen – auf Weisung des Knielinger Ortskommandanten täglich in die Rheinkaserne zu bringen hatte, Kartoffeln und Gemüse einschleuste. Einmal ließ er, so erinnert sich Dr. Schleipen, mit einem Zugpferd ein Kalb

mit in die Kaserne laufen, das dann eben nicht mehr zurückkehrte.[2]
In Knielingen waren auch zwischen 10 und 15 Frauen interniert, die Führungspositionen in der Karlsruher NS-Frauenschaft hatten. Ernst Göhringer berichtet andererseits über eine Internierung mit pikantem Hintergrund. Eines schönen Tages wurden ins dritte Geschoß des Blocks B, in dem er untergebracht war, an die 20 Prostituierte eingeliefert. Diese hatten sich durch Flucht der Verbringung in die offiziellen Bordelle zu entziehen versucht. Man fing sie ein und internierte sie in der Kaserne. Allerdings konnte man nicht verhindern, daß sich nun die Knielinger Wachmannschaften mit ihnen vergnügten. Zum Vorteil übrigens der ein Stockwerk tiefer festgehaltenen Männer. Göhringer: *„Die Mädchen haben von ihren Fenstern aus an ihren Strümpfen Zigaretten und Lebensmittel, die sie bekommen hatten, für uns heruntergelassen."*[3]
Die Internierten in Knielingen waren in der Mehrzahl Parteigenossen, denen außer ihrer nominellen Zugehörigkeit zur Partei nichts vorzuwerfen war. Aus diesem Grund, aber auch, weil die Internierung von fast 1500 Karlsruhern – jene in Offenburg und im Gefängnis Riefstahlstraße eingeschlossen – eine empfindliche Schwächung des Arbeitspotentials auf allen Gebieten bedeutete, kam es in der Folgezeit zu einer Flut von Gesuchen um Entlassung an das Bürgermeisteramt. In einem mit Bleistift geschriebenen Gesuch um Hilfe mit dem Ziel einer baldigen Entlassung vom 9. Juli 1945 an den *„Kriegskamerad Heinrich"* schilderte ein Internierter namens Hermann, der, weil seit 1933 in der NSDAP, seit Ende Mai unter der Kennzeichnung „dangereux" im „Russenlager" interniert war, auch die Zustände im Lager: *„Vom 13. 6. ab wurden alle Insassen des Lagers eine Woche lang schwer mißhandelt. Ich selbst habe das Gehör am rechten Ohr verloren. Jedoch sind weit unmenschlichere Mißhandlungen unsäglicher Art hauptsächlich von jungen elsässischen Soldaten vorgenommen worden. Natürlich wurden die meisten von uns ausgeraubt. Viele Schuhe wurden den Insassen abgenommen, so daß selbst Männer über 60 Jahre barfuß herumlaufen müssen."*[4] Bürgermeister Heinrich gab solche Bittschriften in aller Regel mit der Bitte um *„wohlwollende Prüfung"* an die Militärregierung weiter. Daneben reichte Heinrich auch zahlreiche Entlassungsgesuche für städtische Bedienstete ein, insbesondere für Handwerker, die auf allen Gebieten fehlten.

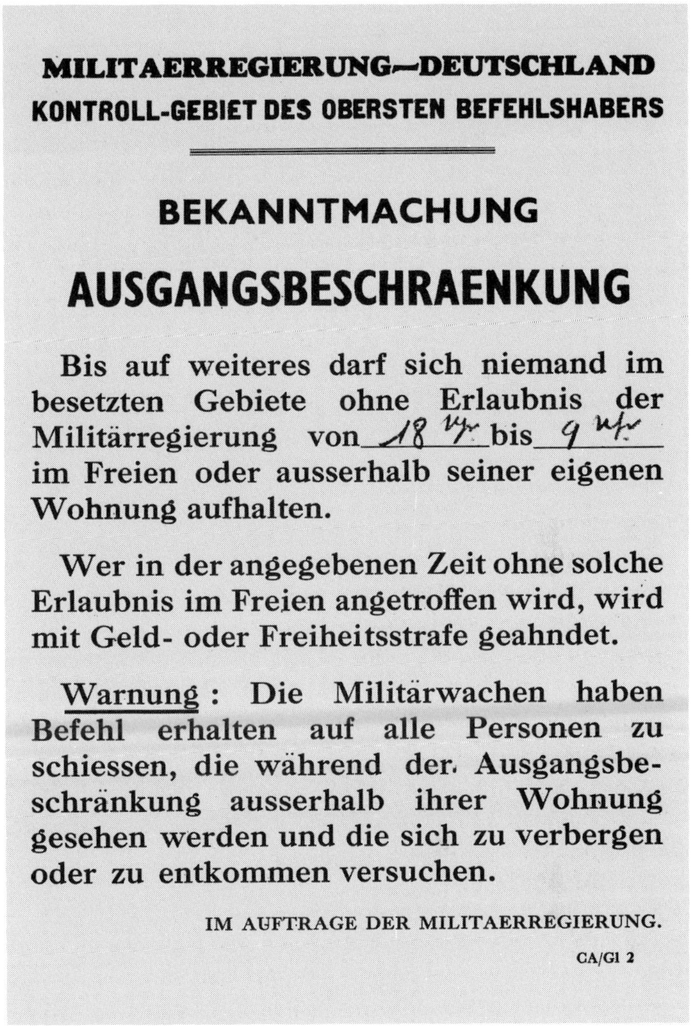
MILITAERREGIERUNG—DEUTSCHLAND
KONTROLL-GEBIET DES OBERSTEN BEFEHLSHABERS

BEKANNTMACHUNG

AUSGANGSBESCHRAENKUNG

Bis auf weiteres darf sich niemand im besetzten Gebiete ohne Erlaubnis der Militärregierung von 18 Uhr bis 9 Uhr im Freien oder ausserhalb seiner eigenen Wohnung aufhalten.

Wer in der angegebenen Zeit ohne solche Erlaubnis im Freien angetroffen wird, wird mit Geld- oder Freiheitsstrafe geahndet.

Warnung: Die Militärwachen haben Befehl erhalten auf alle Personen zu schiessen, die während der Ausgangsbeschränkung ausserhalb ihrer Wohnung gesehen werden und die sich zu verbergen oder zu entkommen versuchen.

IM AUFTRAGE DER MILITAERREGIERUNG.

CA/GI 2

## Hermann Veit inhaftiert

Kennzeichnend für die Turbulenzen jener Wochen und die daraus resultierende Unberechenbarkeit von Maßnahmen der Besatzungsmacht war die Ende April erfolgte Internierung von Hermann Veit im „Russenlager". Obschon als Gegner des NS-Regimes bekannt, war der Karlsruher Rechtsanwalt in Baden-Baden festgenommen und im Lastwagen nach Knielingen gebracht worden. Nach der Erinnerung von Dr. Schleipen, des Verantwortlichen für das „Russenlager", war Hermann Veit

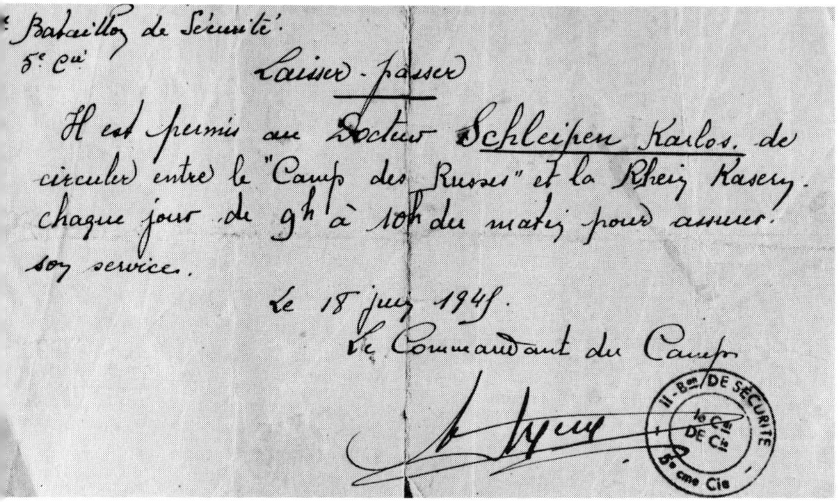
Bataillon de Sécurité.
5e Cie
Laissez-passer
Il est permis au Docteur Schleipen Karlos. de circuler entre le "Camp des Russes" et la Rhein Kaserne. chaque jour de 9h à 10h du matin pour assurer son service.
Le 18 juin 1945.
Le Commandant du Camp


*„mit Sicherheit"* 14 Tage in diesem Lager. Er kümmerte sich intensiv um die Verbesserung der sanitären und hygienischen Verhältnisse. Auf Intervention Heinrichs sowie des Rechtsanwalts Gerhard Caemmerer wurde Hermann Veit um den 10. Mai aus der Internierung entlassen. Frau Erika Veit (*1901): *„Bei Nacht und Nebel kam er in unsere Wohnung zurück. Er hatte zwischen 10 und 20 Pfund abgenommen."*[5]
War Veit, der Unbelastete, wie ein Hauptbelasteter ins „Russenlager" gesteckt worden, so hielten es die Franzosen umgekehrt für richtig, Walter Köhler, den formal schwerbelasteten badischen Ministerpräsidenten während der Naziherrschaft, nach dreiwöchiger Haft im Gefängnis Riefstahlstraße in Knielingen zu den einfachen Parteigenossen zu stecken. Daß er nicht ins „Russenlager" eingewiesen wurde, bezeichnete Köhler als im Grunde *„beleidigend"*. Es sei ihm peinlich gewesen, daß kleine Ortsgruppenleiter ins „Russenlager" kamen, während er selbst zum Arbeiten in die Stadt gehen durfte und auf diese Weise Verbindung mit seinen ehemaligen Mitarbeitern aufnehmen konnte.[6] Abgesehen von der mangelnden Systematik und Konsequenz bei der Einstufung der Internierten könnte im Falle Köhler allerdings erneut dessen guter Leumund positiv bewertet worden sein.

***Vormittags zwischen 9 und 10 Uhr konnte sich dank dieses „Laisser-Passer" der Karlsruher Arzt Dr. Carlos Schleipen zwischen dem „Russenlager" und der Rheinkaserne frei bewegen. Im „Russenlager" waren höhere NS-Funktionäre interniert.***

## „Deutscher Gruß": Fünf Monate Haft

Völlig überfüllt war schon wenige Tage nach der Besetzung der Stadt das Gefängnis in der Riefstahlstraße. Dorthin wurden die nach Meinung der Franzosen schwersten politischen „Fälle" gebracht, daneben in den ersten Wochen aber auch viele Leute, die keinen Ausweis bei sich hatten oder der Trikolore gegenüber unmißverständlich ihre Mißachtung bekundet hatten. Aus einem erhalten gebliebenen vollständigen Verzeichnis der Personalien derer, die beim Übergang der Besatzungshoheit von den Franzosen auf die Amerikaner Anfang Juli noch in der Riefstahlstraße einsaßen, geht hervor, daß sich unter den 421 politischen Gefangenen 41 Angehörige der SS (= Schutzstaffel), des SD (= Sicherheitsdienst) und der Gestapo (= Geheime Staatspolizei) befanden. 120 von ihnen waren als „politische Leiter" identifiziert, wovon die überwiegende Mehrheit als Block- und Zellenleiter oder als Mitarbeiter der DAF (= Deutsche Arbeiterfront), der NSV (= Nationalsozialistische Volkswohlfahrt) und der Reichsbauernschaft den unteren Chargen angehörten. Die übrigen 260 waren einfache Parteigenossen, nicht wenige von ihnen aufgrund falscher Anschuldigungen inhaftiert, wobei die Denunzianten häufig nur persönliche Rechnungen zu begleichen suchten.[7]
Eines der Opfer einer falschen Anschuldigung war Dr. Emil Gutenkunst (*1903), der spätere langjährige Erste Bürgermeister. Als gelernter Jurist arbeitete er schon bald nach der Besetzung beim Wiederaufbau einer geordneten Verwaltung bei der Stadt mit. Am 7. Mai wurde er jedoch ohne Angabe von Gründen in seinem Büro im Rathaus Beiertheimer Allee verhaftet und ins Gefängnis Riefstahlstraße eingeliefert. Dr. Gutenkunst: *„Weder zu Beginn noch während der zehnwöchigen Haft wurde ich auch nur eine Minute über die Gründe meiner Verhaftung informiert und vernommen."* Bei seiner Entlassung legte ein französischer Sergeant Dr. Gutenkunst ein Papier mit der Behauptung vor, er habe dem Volksgerichtshof Berlin angehört. Gemacht war diese falsche Anschuldigung laut Gutenkunst von dem damaligen Karlsruher Polizeipräsidenten, einem ehemaligen deutschen Fremdenlegionär.[8]
Unter den Anfang Juli gemeldeten Inhaftierten des Gefängnisses in der Riefstahlstraße befanden sich auch zwölf Kriegsgefangene, davon sechs Holländer bzw. Belgier, sowie 57 als kriminell geführte Personen. Bei letzteren reichten die Vergehen, derentwegen sie von einem Militärgericht verurteilt wur-

den, von Paßvergehen bis zu Diebstahl und Plünderung, von Waffenbesitz bis zu Fluchthilfe. Aber auch Übertretungen des Ausgehverbots, Aufenthalt auf der Straße ohne Papiere, „Tätlichkeiten gegen Franzosen" und „Befehlsverweigerung" waren als Grund genannt. Bei vielen war der Haftgrund „unbekannt".[9]

Im Frauengefängnis an der Akademiestraße befanden sich laut Aufzeichnung vom Juli 1945 115 Häftlinge, unter ihnen viele Angehörige der NS-Frauenschaft, BDM-Führerinnen und Frauen von SS-Männern, aber auch alle Schreibkräfte der Gestapo, derer man habhaft werden konnte. Auch als *„friend of HJ-Führer"* oder als *„daughter of politischer Leiter Robert Roth"* aus Liedolsheim kam man ins Gefängnis. Bei einigen der aus politischen Gründen Einsitzenden war „denunciation" (Anzeige) genannt. Bei den „Kriminellen" unter den inhaftierten Frauen überwogen Diebstahl, Plünderei und Prostitution. Den „Deutschen Gruß" französischen Soldaten gegenüber büßte eine 48jährige Karlsruherin mit 5 Monaten Gefängnis. Eine 27jährige Frau, die am 12. April zu zwei Monaten verurteilt worden war, saß am 12. Juli immer noch in der Zelle.

Ohnehin nahm man es in den beiden Gefängnissen offensichtlich nicht so genau. Dies auch mit einer für die Häftlinge positiven Wirkung. Zeitweise durften diese fast uneingeschränkt Besuch und Lebensmittel empfangen. Auch gab es in einigen Fällen „Urlaub auf Ehrenwort", weshalb bald das Wort vom „fröhlichen Gefängnis" umging. Die dann und wann lasche Bewachung führte dazu, daß nach Mitteilung des von den Amerikanern Anfang Juli eingesetzten deutschen Gefängnischefs *„in der Zeit der französischen Besatzung ca. 50 Häftlinge ausgebrochen sind"*. Der neue Gefängnisdirektor angesichts der Tatsache, daß deren Namen nicht bekannt sind, lakonisch: *„Eine Nachforschung ist nicht möglich."*

## Pfarrer Löw bewahrt Soldaten vor Deportation nach Frankreich

Eine böse Erfahrung machten in der Zeit der französischen Besatzung Wehrmachtsangehörige, die aus amerikanischer oder englischer Gefangenschaft entlassen worden waren. Eine ganze Anzahl unter ihnen wurde von Militärs teils auf offener Straße, teils bei ihrer Registrierung festgenommen und in erneute, nun allerdings wesentlich längere Gefangenschaft über die Grenze gebracht. Alfred Behnle (*1914) konnte diesem Schicksal entgehen, nachdem er um den 18. Mai beobachtet hatte, daß die Franzosen Dutzende von Männern, meist entlassene Kriegsgefangene, bei der Registrierung im Gouvernement militaire an der Karlstraße festnahmen, auf Lastkraftwagen verluden und nach Frankreich brachten. Er selbst besorgte sich den erforderlichen Stempel dann über den im September 1933 aus politischen Gründen (*„da er nicht die Gewähr dafür bietet, jederzeit rückhaltlos für den nationalen Staat einzutreten, unter Widerruf der ihm verliehenen Beamteneigenschaft"*) entlassenen,[10] im Mai 1945 als Leiter der Stadtwerke nach Karlsruhe zurückberufenen Baurat Dr. Karl Möhrle.[11]

Um Mitbürgern zu helfen, die sich aus Angst vor einer befürchteten Deportation nach Frankreich an den bekannten Altstadtpfarrer Hanns Löw wandten, verfiel dieser, wie dessen Frau, Deta Löw, berichtet, zusammen mit einem befreundeten Arzt auf die List, die betreffenden Personen auf der französischen Kommandantur als Lungenkranke zu melden. Deta Löw: *„Keine Krankheit fürchteten die Franzosen so sehr wie diese. Daher gelang es Hanns in vielen Fällen, ihre prekäre Lage zu überbrücken und sie vor dem Zugriff der Franzosen zu schützen."*[12] Auf diese Weise wurde auch einer Anzahl von Soldaten die persönliche Registrierung, die Gefangennahme und die Verbringung nach Frankreich erspart. (Der Verfasser schlug, nachdem er am 17. Juni 1945 aus amerikanischer Gefangenschaft in einem Kohlenzug bis Durlach gekommen war, auf dringenden Rat von Durlacher Frauen einen Bogen um die französischen Kontrollstellen, wanderte an der Vorbergzone entlang bis an den Nordrand von Ettlingen, ließ sich, dort erneut gewarnt, im Zivilrock auf einem Heuwagen durch die Sperren fahren und kehrte, die Heugabel als Tarnung, in solch unsoldatischer Aufmachung unbehelligt vom Krieg nach Hause zurück.)

## Erste Schritte einer neuen Rathaus-Verwaltung

Wenn für die Franzosen nach der Besetzung der badischen Hauptstadt die militärischen Aufgaben auch Vorrang hatten, so versuchten sie doch überraschend schnell, eine zivile Verwaltung in Gang zu bringen. Kaum, daß General Valluy, der Kommandeur der 9. Kolonial-Infanteriedivision, im Polizeipräsidium am Marktplatz sein Hauptquartier aufgeschlagen hatte, erschien – schon gegen 12.30 Uhr des Einmarschtags vom 4. April 1945 – im damaligen Büro von Direktor Josef Heinrich, des designierten Nachfolgers von Oberbürgermeister Dr. Hüssy, in der Oberfinanzdirektion an der Moltkestraße in Begleitung eines gefangengenommenen Karlsruher Polizeibeamten ein französischer Offizier. Er forderte ihn auf, mit zum Polizeipräsidium zu kommen. Dort wurde Heinrich viele Stunden lang von drei Offizieren eingehend verhört. Die Vernehmung, für Stunden unterbrochen, während derer Heinrich als Internierter gefangengehalten wurde, zog sich bis gegen Mitternacht hin. Danach wurde Josef Heinrich als „maire" (Bürgermeister) der Stadt Karlsruhe eingesetzt. Heinrich, der diesen Vorgang tags darauf in einer Aktennotiz festhielt, führte *„aus eigener Entschließung"* die Bezeichnung „kommissarischer Bürgermeister". Zu seinen Stellvertretern im Verhinderungsfall bestimmte er Oberrechtsrat Gut sowie – für die Belange der Versorgungsbetriebe – Oberbaudirektor Eglinger.[1]
Gut gab dem städtischen Personal die Veränderung an der Spitze der Stadt am 9. April – zu einem Zeitpunkt, als deutsche Truppen noch im Albtal und südlich Ettlingen standen – durch ein Rundschreiben an die zögernd zurückkehrenden städtischen Beamten und Angestellten bekannt.

Einen Bürgermeister hatte Karlsruhe auf diese Weise also wieder erstaunlich rasch. Ebenso wichtig wie die Ernennung eines ihnen verantwortlichen Stadtoberhaupts schien den Franzosen jedoch die Installierung eines Verantwortlichen für die Polizei. Als Oberrechtsrat Gut am 5. April auf der Suche nach Josef Heinrich ins Polizeipräsidium kam, wurde er von den Franzosen kurzerhand zum Chef der Polizei bestimmt. Man stellte ihn den im Präsidium gefangengehaltenen Karlsruher Polizisten gegenüber und forderte ihn auf, Kommandos zu geben. Dies tat Gut, ein militärisch völlig ungewandter Mann, eigenem Bekunden nach mehr schlecht als recht.[2] Doch Gut wurde die Last des ungewünschten Amtes schon wenige Stunden später wieder los. Von höherer Stelle war der Befehl gekommen, die gesamte Polizei formell gefangenzunehmen und nach Frankreich zu verbringen.

*„In Durchführung eines von Herrn Oberbürgermeister Dr. Hüssy erteilten Auftrags setzte sich nach dem am Donnerstag, den 5.4.1945 erfolgten Einmarsch französischer und englischer Truppen Direktor Josef Heinrich mit den Besatzungsbehörden ins Benehmen und teilte ihnen Charakter und Inhalt seines Auftrages mit. Direktor Heinrich wurde sofort als derzeitiger Chef der Stadtverwaltung anerkannt mit dem Hinzufügen, daß die Besatzungsbehörden lediglich mit ihm und den von ihm beauftragten Personen verhandeln und in keiner Weise daran denken, mit irgendwelchen staatlichen oder sonstigen Behörden Fühlung zu nehmen."*

Aus einem Rundschreiben von Oberrechtsrat Fritz Gut vom 9. April 1945 an die städtischen Bediensteten (bezeichnend für die Turbulenz jener Tage die Fehler im Datum des Einmarsches und bei der Nennung der daran beteiligten Truppen; Stadtarchiv Karlsruhe, H-Reg. A 2894)

Heinrich und Gut machten sich in den folgenden Tagen daran, eine provisorische neue Verwaltung zu organisieren. Vorläufiger Sitz des Bürgermeisteramtes war das Verwaltungsgebäude der Stadtwerke an der Kaiserallee. Schon am 9. April hatte Gut, dem Heinrich die Leitung der „allgemeinen Verwaltung" anvertraut hatte (und der von noch lebenden städtischen Beamten jener Zeit – August Furrer jr., Dr. Emil Gutenkunst, Emil Mangler und Karl Ziegler – übereinstimmend als der führende Kopf der neuen Stadtverwaltung bezeichnet wird), einen ersten Organisationsplan fertig. Im Auftrag von

***Ruinenlandschaft Marktplatz. Nur das Polizeipräsidium (links von der Pyramide im Hintergrund) war verschont geblieben.***

Heinrich übertrug Gut 28 namentlich genannten Personen die Verantwortung über die wichtigsten Ämter und Abteilungen.[3] Unter ihnen tauchten erstmals Namen von Personen auf, die in den kommenden Jahren eine Rolle in kommunalen und politischen Leben spielen sollten: Dr. Emil Gutenkunst (der spätere 1. Bürgermeister, der mit der Leitung des Rechts- und Polizeiamtes beauftragt wurde), Friedrich Töpper (Oberbürgermeister ab Januar 1947, jetzt in der Wirtschaftsverwaltung eingesetzt) und Adolf Kühn (der frühere Zentrums- und spätere CDU-Landtagsabgeordnete, jetzt zusammen mit seinem Gesinnungsfreund und Gewerkschaftssekretär Fridolin Heurich, der bald zum Bürgermeister ernannt werden sollte, zuständig für das Sozialwesen). Auf Fragebögen hatten alle

verantwortlich Tätigen u. a. Rechenschaft über die Zugehörigkeit zur NSDAP oder deren Gliederungen zu geben. Konsequenzen ergaben sich aus den sogenannten „braunen Flekken" für die Betroffenen zunächst noch nicht.

### Das System der Bezirksverwaltungen

Mit dem genannten Rundschreiben vom 9. Mai, das zugleich die erste Dienstanweisung der neuen städtischen Verwaltung an ihre Bediensteten darstellte, wurde eine einschneidende organisatorische Maßnahme verfügt. *„Um eine einheitliche Durchführung von Polizei-, Verwaltungs- und Erfassungsmaßnahmen zu gewährleisten"*, wurde das Stadtgebiet in 16 Bezirke eingeteilt, die unter Leitung von Bezirksvorstehern eine Art Bezirksbürgermeisterämter darstellten. Die Dezentralisierung der Verwaltung, eine Idee hauptsächlich von Oberrechtsrat Gut, entsprang der Einsicht, daß angesichts der Schwierigkeiten durch und mit der Besatzungsmacht sowie des langandauernden Ausfalls öffentlicher Verkehrsmittel eine halbwegs geregelte Versorgung der Bevölkerung nur über vorgeschobene Verwaltungsinstanzen gewährleistet würde. Nur mit Hilfe von Dienststellen, bei denen die Verhältnisse in den jeweiligen Stadtteilen in etwa bekannt waren, schien es auch möglich, die bisweilen in die Tausende gehende Zahl von Arbeitskräften zu „erfassen", die täglich von der Militärregierung angefordert wurden.

***Vier Monate lang trug der 67jährige Joseph Heinrich nach dem Zusammenbruch die Last eines kommissarischen Bürgermeisters.***

Das Stadtgebiet wurde in folgende 16 Bezirke eingeteilt: 1. Innenstadt-Ost, 2. Innenstadt-West, 3. Südstadt, 4. Südweststadt, 5. Weststadt, 6. Mühlburg (mit Albsiedlung und Rheinhafen), 7. Grünwinkel (mit Stadtrandsiedlung), 8. Daxlanden (mit Rheinstrandsiedlung), 9. Knielingen, 10. Beiertheim-Bulach, 11. Weiherfeld-Dammerstock, 12. Rüppurr-Gartenstadt, 13. Oststadt, 14. Rintheim, 15. Hagsfeld, 16. Durlach und Aue.
Als Bezirksvorsteher wurden Männer eingesetzt, die wegen ihrer politischen Vergangenheit als „demokratisch zuverlässig" galten, unter ihnen beispielsweise die späteren SPD-Fraktionsvorsitzenden im Karlsruher Gemeinderat Karl Konz und Hermann Walter, der spätere SPD-Stadtrat und Vorsitzende der Arbeiterwohlfahrt Karlsruhe Karl Siebert, aber auch, als Stellvertreter in Innenstadt-West, der spätere CDU-Stadtrat Franz Sprauer. 14 der Bezirksvorsteher bekannten sich zur SPD, zwei zur KPD.
Ihre Weisungen erhielten die Bezirksvorsteher vom Bezirksverwaltungsamt. Mit der Leitung dieses Amtes wurde – unter anfänglicher juristischer Assistenz von Dr. Emil Gutenkunst – August Furrer beauftragt, ein im März 1933 zusammen mit Ludwig Marum, Adam Remmele, Gustav Heller u. a. unter dem Gejohle Zehntausender von Karlsruhern in schmachvoller Zurschaustellung durch die Stadt gefahrener und danach ins KZ Kislau gebrachter ehemaliger badischer Polizeibeamter.
Die Bezirksverwaltungen bestanden anfangs aus dem Bezirksvorsteher, seinem Stellvertreter, einem Dolmetscher, einem „Arbeitsvermittler" (den man richtiger als „Arbeitskräftevermittler" bezeichnet hätte), sowie je einem Angestellten zur Erledigung von Aufgaben des Wohnungsamtes und des Ernährungsamtes. Mit der Zunahme an Arbeit als Folge des Rückstroms der Evakuierten wuchs die Zahl der Beschäftigten bei einzelnen Bezirksverwaltungen auf über 20 hinaus.

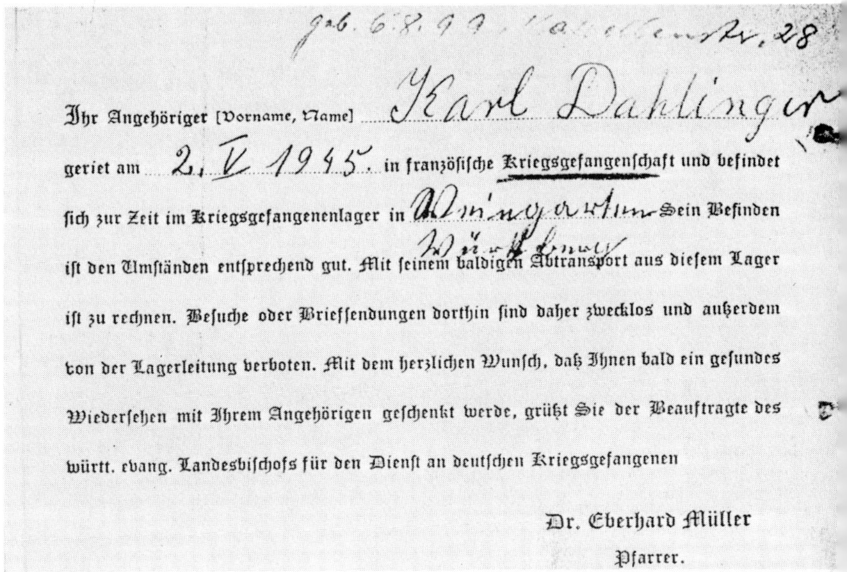
geb. 6.8.99 Kapellenstr. 28

Ihr Angehöriger [Vorname, Name] Karl Dahlinger

geriet am 2. V 1945 in französische Kriegsgefangenschaft und befindet sich zur Zeit im Kriegsgefangenenlager in Weingarten Württemberg. Sein Befinden ist den Umständen entsprechend gut. Mit seinem baldigen Abtransport aus diesem Lager ist zu rechnen. Besuche oder Briefsendungen dorthin sind daher zwecklos und außerdem von der Lagerleitung verboten. Mit dem herzlichen Wunsch, daß Ihnen bald ein gesundes Wiedersehen mit Ihrem Angehörigen geschenkt werde, grüßt Sie der Beauftragte des württ. evang. Landesbischofs für den Dienst an deutschen Kriegsgefangenen

Dr. Eberhard Müller

Pfarrer.

**_Das erste Lebenszeichen. Glücklich war, wer – wie die Familie Dahlinger aus der Kapellenstraße – so früh, noch vor dem Waffenstillstand, die Gewißheit erhielt, daß ihr Angehöriger in Gefangenschaft kam und lebt. Viele warteten jahrelang vergebens auf eine solche Nachricht._**

Untergebracht waren die Bezirksverwaltungen teils in den Rathäusern ehemals selbständiger Vororte, teils in bisherigen Polizeirevieren und Schulen, aber auch in Privatwohnungen von Funktionären der NSDAP. Der Dienstbetrieb zwischen der zentralen Verwaltung und den Bezirken wurde wegen des monatelangen Darniederliegens jeglichen Post- und Telefonverkehrs durch Botendienst ermöglicht, den Straßenbahnschaffner und Oberschüler versahen.[4] Zur Entgegennahme von Aufträgen und Weisungen mußten sich die Bezirksvorsteher anfangs täglich, später dreimal wöchentlich im Bezirksverwaltungsamt einfinden.

Die Bezirksverwaltungen waren viel strapaziert, aber auch viel gescholten. Wohl nie sonst in der Geschichte der Stadt waren irgendeiner Behörde undankbarere Aufgaben übertragen worden als diesen aus der Not geborenen, in die einzelnen Wohnbezirke vorgeschobenen verlängerten Arme der Verwaltung. Praktisch täglich erreichten die Bezirksverwaltungen Aufträge der Besatzungsmacht, Wohnungen, Einrichtungsgegenstände, Bett- und Tischwäsche, Geschirr und anderes zu beschlagnahmen oder Arbeitskräfte für die Franzosen zu rekrutieren. Die Bezirksverwaltungen waren darüber hinaus die Klage- und Beschwerdestelle für jede Not, jede Sorge, jede Ungerechtigkeit. Vor allem auch bei Übergriffen der Besatzungsmacht und den noch lange anhaltenden Plünderungen durch einen Teil der zunächst in Lagern und Kasernen untergebrachten Tausenden von Ostarbeitern waren die Bezirks-„Rathäuser" die erste Anlaufstelle der von solchen Plagen heimgesuchten Bewohner. Viel Kraft und Durchstehvermögen forderte es auch, das Wenige, das es gab, gerecht zu verteilen, Streit zu schlichten zwischen zurückgekehrten Wohnungsinhabern und inzwischen in deren Wohnung einquartierten Familien.

Die dem Bezirksverwaltungsamt und damit den Bezirksverwaltungen in jenen Wochen und Monaten zugefallenen zusätzlichen Aufgaben waren von erstaunlicher Vielfalt. Sie reichten von der Organisation umfangreicher Kartoffelkäfer-Suchaktionen (pro Käfer und Larve erhielt jedes Kind zunächst einen Pfennig, später jedoch, wegen des massenhaften Auftretens dieses Ungeziefers, nur noch einen Zehntelpfennig!), über die Einrichtung einer „Möbelausgleichsstelle", den Wochenendeinsatz von politisch Belasteten zu Schuttbeseitigungsaktionen sowie Bevölkerungs- und Viehzählungen bis zur Betreuung von KZ-Häftlingen, Kriegsgefangenen und später von Ostflüchtlingen. Die von August Furrer, der selbst politisch verfolgt war, eingerichtete Betreuungsstelle für politisch und rassisch Verfolgte und deren Angehörige sowie die Richtlinien für die Betreuung dieses Personenkreises wurden, weil als vorbildlich beurteilt, in der Folge von mehreren anderen Städten übernommen.[5]

## Mahnung zu Korrektheit

Bei Eingriffen in den persönlichen Besitz, aber auch für die Bildung von Arbeitskommandos, die man überall in langen Kolonnen durch die Stadt ziehen sah, hielten sich die Bezirksstellen in erster Linie an die ehemaligen Mitglieder der NSDAP und deren Gliederungen. Eine „Erfassung" der Einwohner aller Stadtteile, auch nach ihrer politischen Zugehörigkeit, bildete die Grundlage. *„Zur Überwachung der Nazis"*, so hieß es in einer Anweisung Furrers an die Bezirksvorsteher vom 16. April, *„muß für jede Straße ein Vertrauensmann eingesetzt*

*werden. Jeder Bezirksleiter hat sich eine Liste der Nazi-Funktionäre anzulegen".*[6]
Daß es, als Folge solcher Bespitzelung mit umgekehrtem Vorzeichen und aufgrund von Denunziationen, häufig zu ungerechtfertigten Willkürmaßnahmen kam, daß mancher Beschlagnahmeakt falsche Anschuldigungen als Ursache hatte oder schlicht der persönlichen Bereicherung diente, läßt sich nicht verschweigen. Umwälzungen der Totalität, wie sie sich im Jahre 1945 als Folge des Zusammenbruchs des Dritten Reichs und des verlorenen Krieges vollzogen, sind offenbar nicht möglich, ohne daß sich dabei auch eine Hefe aus Schmutz und Unrat bildet. Immer wieder mußte August Furrer, der Leiter des Bezirksverwaltungsamtes, seine Bezirksvorsteher, von denen einige an politischen Gegnern offenbar auch persönliche Rache zu üben versuchten, zu korrektem Verhalten ermahnen und vor Amtsanmaßungen warnen. Über die Grenzen ihrer Rechte belehrte auch Dr. Emil Gutenkunst, der dem Bezirksverwaltungsamt beigegebene Jurist, die Bezirksvorsteher. Eindringlich wies er sie darauf hin, *„daß sie nur Beauftragte des Bürgermeisteramtes sind und grundsätzlich nicht selbständig, sondern nur nach den vom Bürgermeister und seiner Zentralverwaltung getroffenen Anordnungen und Richtlinien handeln dürfen".*[7]
Solche Einschränkung ihrer Rechte mißfiel den Bezirksvorstehern um so mehr, als sie sich, in bewußtem Kontrast zu den Rathaus-Beamten, in denen sie zu allemhin überwiegend „Nazis" sahen, als Angehörige eines politischen Gremiums bzw. als Vertreter der politischen Parteien betrachteten. Dies allerdings mit Einschränkung: Die 16 Bezirksstellen waren anfangs ausschließlich von ehemaligen Angehörigen der SPD und KPD besetzt. Von der These, nur Anhänger dieser Parteien seien in der Lage, einen klaren antifaschistischen Kurs zu steuern, war man im Gremium der Bezirksvorsteher sosehr überzeugt, daß Furrers Stellvertreter Julius Gretschmann die – danach, wenn auch ohne Konsequenz, in die Form eines Antrags gebrachte – Auffassung vertrat, der Bezirkshauptverwaltung und den Bezirksverwaltungen dürften als Amtsvorstände, Stellvertreter, Bürovorsteher und in den beiden nachfolgenden Positionen nur Mitglieder der SPD und KPD angehören.[8] Karl Konz, der Bezirksvorsteher Südstadt, erhob zusätzlich die Forderung, *„da es noch nicht möglich war, einen Stadtrat zu bekommen, sollten die 16 Bezirksvorsteher Kontrollorgan der Stadtverwaltung sein".*[9]

Die Meinung, eine wichtige politische Aufgabe und die Qualifikation hierfür zu haben, verfestigte sich sosehr, daß der Bezirksvorsteher Weststadt, Wilhelm Maier, noch am 30. August – fünf Tage vor der ersten Sitzung des von den Amerikanern ernannten ersten Stadtratskollegiums – den Antrag stellte, der Oberbürgermeister solle die Militärregierung ersuchen, von der Ernennung ehrenamtlicher Stadträte Abstand zu nehmen und diese Funktion den Bezirksvorstehern übertragen. Dieser Antrag wurde allerdings, wie der Protokollführer vermerkte, *„stillschweigend übergangen".*[10]
Daß die Bezirksverwaltungen trotz überspitzter politischer Forderungen ihrer Vorsteher und trotz manchen Mißbrauchs der ihnen zugeflossenen Macht insgesamt wichtige und nützliche Arbeit geleistet haben, darf als gesichert gelten. Ohne die Bezirksverwaltungen, die verhältnismäßig schnell zu funktionierenden Scharnieren zwischen Zentralverwaltung und Bürgerschaft wurden, wäre in den ersten Nachkriegsmonaten eine einigermaßen geordnete Versorgung der Bevölkerung kaum möglich gewesen.

**Alle Bezirksvorsteher verhaftet**

Die Franzosen bestanden darauf, daß ihre Anweisungen prompt ausgeführt wurden. Wo dies nicht geschah, griffen sie rigoros durch. Aus nichtigen Gründen kam es immer wieder zu Festnahmen mit Einlieferung ins Gefängnis oder ins Interniertenlager Knielingen. Leidtragende waren in der zweiten Junihälfte auch die 16 Bezirksvorsteher. Dr. Gutenkunst, zu jener Zeit aufgrund einer falschen Anschuldigung ins Gefängnis Riefstahlstraße gesteckt (vgl. „Interniertenlager und Gefängnis"), erinnert sich, daß ihm eines Tages beim Spaziergang im Gefängnishof aus den Zellen die Bezirksvorsteher zuwinkten.[11]
Die Verhaftung sämtlicher Bezirksvorsteher hatte eine kuriose Vorgeschichte. Am 19. Juni hatte ein französischer Offizier Bürgermeister Heinrich den Befehl übermittelt, bis zum nachfolgenden Tag, 12 Uhr, müßten sämtliche Plakatsäulen innerhalb des Stadtgebiets gereinigt sein. Die dicken Papierschichten mit unzähligen Plakaten aus der NS-Zeit müßten entfernt und die Säulen weiß gestrichen werden. Diesen Befehl gab Heinrich dem Tiefbauamt weiter, das ihn auf die Bezirksverwaltungen übertrug. Wilhelm Maier, Vorsteher des

Stadtbezirks Weststadt, hierzu in einem Tätigkeitsbericht an das Bürgermeisteramt zu Ende des Jahres 1945: *„Die Ausführung dieses Befehls war in der angegebenen Zeit einfach unmöglich, zudem etwa 20 Plakatsäulen allein in unserem Bezirk in Frage kamen und für jede Säule zwei Mann, mit Spaten und Beilen bewaffnet, etwa drei Stunden . . . zu tun gehabt hätten."*[12] Ähnlich war die Situation in anderen Stadtteilen.
Zu Beginn der Besprechung der Bezirksvorsteher vom 20. Juni teilte Amtsvorsteher Furrer mit, um 14.30 Uhr des gleichen Tages hätten sich alle Bezirksvorsteher auf der Kommandantur an der Karlstraße einzufinden.[13] Dort wurden sie von einem Oberst *„wegen Nichtausführung eines Befehls"* kurzerhand festgenommen, unter militärischer Bewachung zur Riefstahlstraße gebracht und – je ein Bezirksvorsteher in einer Zwei-Mann-Zelle, in der sich jeweils bereits fünf Nationalsozialisten befanden – inhaftiert. Sowohl Heinrich als auch Rechtsanwalt Veit bemühten sich, zunächst vergebens, um die Freilassung der Bezirksvorsteher. Erst am 23. Juni, nachdem mit Baudirektor Kemmer, dem Tiefbauamtschef, sowie dessen Mitarbeiter, Oberinspektor Weiß, die „Schuldigen" ermittelt und ins Gefängnis gesteckt worden waren, wurden die 16 Bezirksvorsteher auf freien Fuß gesetzt. Lt. Niederschrift von Wilhelm Maier entließ Capitaine Germain die Bezirksvorsteher mit der Bemerkung, *„man wollte uns nur zeigen, daß nicht wir, sondern die Franzosen in Karlsruhe regieren"*.[14]
Der Vorfall war dem Bürgermeister Anlaß, um – am 25. Juni – erstmals selbst einer Besprechung der Bezirksvorsteher beizuwohnen. *„Es ist mir eine Genugtuung"*, so versicherte er, *„Sie heute wieder hier versammelt zu sehen, nachdem Sie ganz unerwartet aus Ihrem Wirkungskreis mit seinen umfangreichen Aufgaben herausgerissen und hinter Schloß und Riegel gesetzt worden waren."*[15]

## Bürgermeister Heinrich im Gefängnis

Heinrich selbst hatte zu diesem Zeitpunkt seine eigene Bekanntschaft mit dem Gefängnis Riefstahlstraße bereits hinter sich. Josef Heinrich war nämlich schon wenige Tage nach seiner Ernennung durch die Franzosen, am 9. April, festgenommen worden. Zu Beginn der üblichen Dienstbesprechung teilte ein neuer Chef der Militärregierung dem erstaunten kommissarischen Bürgermeister mit, er müsse ihn auf Verlangen seines Vorgängers wegen Nichtausführung eines von diesem erteilten Auftrags bestrafen. Die geringste Strafe sei ein Tag Haft. Heinrich wurde von einem Gerichtsoffizier zur Riefstahlstraße gebracht. Am folgenden Tag wurde die Haftentlassung formell vollzogen, dann jedoch ohne Begründung wieder aufgehoben. Heinrich verbrachte danach, ohne jemals den Grund seiner Inhaftierung zu erfahren, noch weitere fünf Tage im Gefängnis. Am 15. April von einem Offizier aus dem Gefängnis abgeholt und zur Militärregierung gebracht, vernahm Heinrich vom Stadtkommandanten in Anwesenheit zahlreicher Offiziere das Bedauern über den Vorfall. Ohne

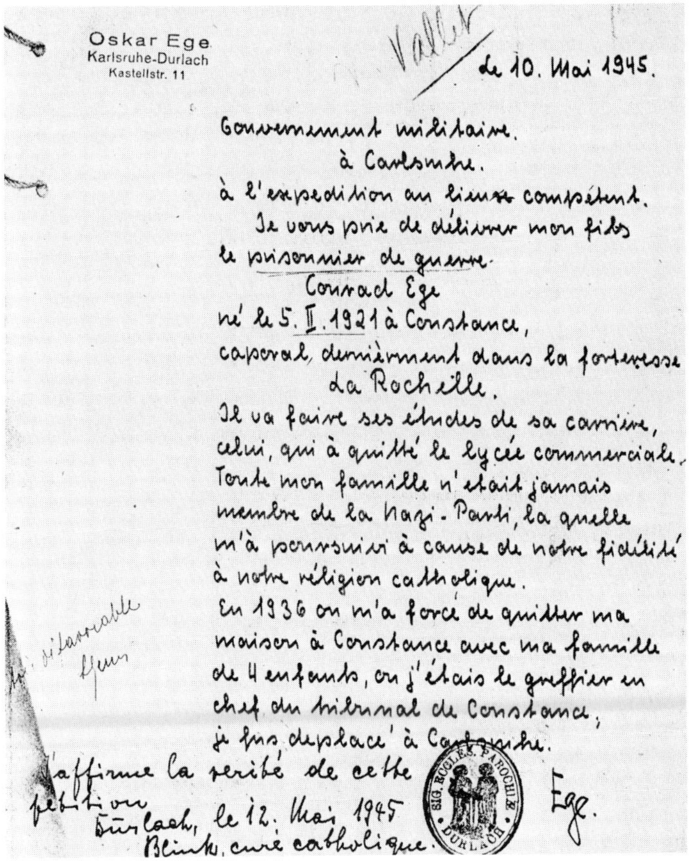
Oskar Ege
Karlsruhe-Durlach
Kastellstr. 11

le 10. Mai 1945.

Gouvernement militaire.
à Carlsruhe.
à l'expedition au lieu compétent.
Je vous prie de délivrer mon fils
le prisonnier de guerre
Conrad Ege
né le 5. II. 1921 à Constance,
caporal, dernièrment dans la forteresse
la Rochelle.
Il va faire ses études de sa carrière,
celui, qui à quitté le lycée commerciale.
Toute mon famille n'etait jamais
membre de la Nazi-Parti, la quelle
m'à poursuivi à cause de notre fidélité
à notre réligion catholique.
En 1936 on m'a forcé de quitter ma
maison à Constance avec ma famille
de 4 enfants, ou j'étais le greffier en
chef du tribunal de Constance,
je fus deplacé à Carlsruhe.
Ege.

J'affirme la verité de cette
pétition
Durlach, le 12. Mai 1945
Blink, curé catholique.

SIG. ECCLES. PAROCHIÆ DURLACH

*Gesuch um Freilassung eines in der Festung La Rochelle in Gefangenschaft geratenen Soldaten, unterstützt von dem – später von einem US-Posten erschossenen – Durlacher Pfarrer Friedrich Blink.*

auch bei dieser Gelegenheit den Grund seiner Inhaftierung zu erfahren, wurde Heinrich gemäß eigener Bekundung *„in Ehren wieder als Bürgermeister eingesetzt".*[16]

Nach der Inhaftierung Heinrichs hatten die Franzosen Oberrechtsrat Gut kommissarisch mit dem Amt des Bürgermeisters beauftragt. Dieser weigerte sich zunächst, das Amt anzunehmen, um seine Frau und seine fünf Kinder, die nach Landshut evakuiert waren, vor drohender Sippenhaft zu schützen. Der Krieg war ja noch in vollem Gange, Landshut noch in der Hand der deutschen Wehrmacht. *„Aber wenn ich es Ihnen befehle?",* war die fragende Antwort des für die Kommunalverwaltung zuständigen Capitaine Klein. Gut willigte dann ein. Allerdings unter dem Vorbehalt, daß über seine Ernennung nichts publiziert bzw. im Rundfunk gemeldet würde.[17]

### Separatistische Bestrebungen in Durlach

Wenige Tage nach seiner Entlassung hatte sich Heinrich mit einer unangenehmen Nachricht zu beschäftigen. Der Stellvertreter des Durlacher Bezirksvorstehers, Friedrich Hetzel, hatte von einer Zusammenkunft bürgerlicher Kreise berichtet, die die Ausgemeindung von Durlach betrieben. Dieser Vereinigung habe sich bereits ein *„größerer Personenkreis"* angeschlossen. Außerdem spiele sich *„ein gewisser Müller",* bisher am Ernährungsamt in Durlach, als Durlacher Bürgermeister auf. Aus einem Aktenvermerk des Karlsruher kommissarischen Bürgermeisters vom 20. April 1945 geht hervor, wer hinter der „Los-von-Karlsruhe-Bewegung" stand: *„Es ist hier bekanntgeworden, daß in Durlach separatistische Bestrebungen durch Oberlandesgerichtsrat Kämmerer* (gemeint war Gerhard Caemmerer; d. Verf.) *unter Billigung des Kommandanten betrieben werden." „Letzterer",* so fuhr Heinrich fort, *„müßte darüber aufgeklärt werden, daß Durlach ein Teil von Karlsruhe bildet, und daß daher die für die Stadt bestehende Verwaltungsorganisation zu respektieren ist".*[18]

Der Ortskommandant von Durlach wurde von der Stadtkommandantur wunschgemäß auch tatsächlich „belehrt". Der vom Durlacher Ortskommandanten als Bürgermeister in Durlach eingesetzte Amtmann Josef Müller aber wurde von dem gleichen Offizier Anfang Mai *„von seinen Funktionen enthoben".* Womit der Durlacher „Separatismus" fürs erste gebremst war.

## Die neue Polizei – ein unrühmliches Kapitel

Zu einem unrühmlichen Kapitel der ersten Monate Karlsruher Nachkriegsgeschichte wurden die Anfänge einer neuen Polizei. Die Beamten der (vormals staatlichen) Polizei waren, soweit sie sich nicht von Karlsruhe abgesetzt hatten, als Kriegsgefangene nach Frankreich gebracht worden. Da die Besatzungsmacht den Neuaufbau der Zivilverwaltung bis auf weiteres nur auf kommunaler Ebene betrieb, mußte eine neue Polizei in diesen Rahmen eingebaut werden. Nachdem Oberrechtsrat Fritz Gut das Angebot, Polizeichef zu werden, abgelehnt hatte, übernahm August Furrer – er war in der Weimarer Republik Polizeisekretär gewesen – auf Weisung des kommissarischen Bürgermeisters diesen Auftrag. Als juristischer Berater sollte ihm Dr. Emil Gutenkunst beistehen.

In Ermangelung von ausgebildeten Polizeibeamten wurde – angesichts der Gewißheit, daß die Straßenbahn noch lange nicht verkehren würde – eine Anzahl jüngerer Straßenbahner als Hilfspolizisten eingesetzt. Später meldeten sich dann auch andere Leute zur Polizei, doch mußten von 50 Polizeianwärtern schon nach kurzer Zeit 20 wegen politischer bzw. krimineller Belastung wieder entlassen werden. Sieben schieden freiwillig aus dem Dienst. Die Uniform bestand teils aus Straßenbahner-, teils aus blau eingefärbten Parteiuniformen. Eine Armbinde kennzeichnete die Männer als Hilfspolizisten, Holzknüppel waren ihre „Waffe".[1]

Bei der ersten Zusammenkunft solcher Polizeianwärter am 8. April im Hof der Firma Graebener an der Kaiserallee (heute Wohnanlage der EWG) stellte sich zum Erstaunen aller der 46jährige Georg Kaenemund als der von den Franzosen beauftragte neue Polizeipräsident vor. *„Eine Nachfrage bei der französischen Militärregierung bestätigte den Vorgang, ohne daß jedoch eine schriftliche Verfügung erging"*[2] (Gut). Kaenemund machte noch am gleichen Tag August Furrer zu seinem Adjutanten. Doch wie einige andere, die der Führungsspitze des neuen Polizeipräsidenten zugeordnet waren, lehnte Furrer die Zusammenarbeit mit Kaenemund schon nach wenigen

Tagen ab und stellte sich der im Aufbau begriffenen neuen städtischen Verwaltung zur Verfügung (wo er, wie schon dargelegt, Aufbau und Leitung des Bezirksverwaltungsamtes übernahm).

**Konzentrationslager für Kinder vorgeschlagen**

Polizeichef Kaenemund, ein Berliner, der, seit 1933 in Frankreich, 1939 der Fremdenlegion beigetreten, 1941 von der Gestapo verhaftet und in verschiedene Lager und Gefängnisse gebracht worden war, hatte sich seit Herbst 1944 in Karlsruhe auf freiem Fuß befunden. Große Unruhe lösten teils in der Öffentlichkeit, teils in seiner nächsten Umgebung Kaenemunds Vorschläge für „Sofortmaßnahmen" aus. Mit Datum vom 12. April 1945 schlug er der Militärregierung die Einrichtung von Bordellen für die französische Besatzungsmacht sowie die *„Errichtung von zwei Konzentrationslagern, eines für männliche und eines für weibliche Gefangene"* vor. In der Erläuterung heißt es: *„Ich schlage vor, sämtliche Jugendlichen im Alter von 12 bis 17 Jahren (einschließlich) vorläufig in diesen Lagern zu lassen zwecks genauer Prüfung und Umschulung. Ich bin der Ansicht, daß ich* (!) *den evtl. noch vorhandenen oder sich konstituierenden Geheimorganisationen der NSDAP dadurch wesentlich den Boden entziehe".*[3] Daß sich Dr. Gutenkunst, zu diesem Zeitpunkt noch juristischer Mitarbeiter im Polizeipräsidium, weigerte, an solchen Maßnahmen – u. a. die sofortige Räumung eines fünfgeschossigen, bewohnten Hauses in der Kapellenstraße und dessen Einrichtung als Bordell – mitzuarbeiten, hat ihm nach eigener Überzeugung die falsche Anschuldigung Kaenemunds und eine fast zehnwöchige Gefängnishaft eingebracht (vgl. „Interniertenlager und Gefängnis").[4]

**Bordelle werden eingerichtet**

Kaenemunds abstruser Idee, in Karlsruhe Kinder-Konzentrationslager zu schaffen, wurde von der Militärregierung glücklicherweise keine Beachtung geschenkt. Um so dankbarer griffen sie seinen Vorschlag auf, Bordelle einzurichten, zumal dies auch eigenen Absichten entsprach. Die Polizei hatte geeignete Häuser ausfindig zu machen und räumen zu lassen. Unter den der Besatzungsmacht gemeldeten Anwesen zur Einrichtung eines Bordells befand sich auch das der evangelischen Kirche gehörende „Christliche Hospiz zum Herzog Berthold" in der Adlerstraße, das von 1941-1944 als Hilfskrankenhaus gedient hatte. Als dies bekannt wurde, protestierte der bekannte evangelische Mittelstadt-Pfarrer Hanns Löw (1889-1967) bei Kaenemund mit allem diesem streitbaren Mann eigenen Nachdruck. Über seinen Protestschritt hat Pfarrer Löw einen Bericht angefertigt, in dem er folgende Passage des Gesprächs wörtlich wiedergibt: Kaenemund: *„Was halten Sie für christlicher, aus dem Hospiz ein Bordell zu machen oder zuzusehen, wie weiter täglich 200 Frauen vergewaltigt werden?"* Pfarrer Löw: *„Ich wünsche weder eine weitere Vergewaltigung deutscher Mädchen und Frauen, die ich ohnedies für eine Kulturschande halte, noch wünsche ich, wenn es schon sein muß, daß ein ausgesprochen christliches Haus Bordellzwecken zugeführt werden soll. Er* (Kaenemund; d. Verf.) *solle sich einmal vorstellen, wie die katholische Bevölkerung reagieren würde, hätte er etwa das Kolpinghaus für diese Zwecke beschlagnahmt!"*[5]

Pfarrer Löw ging dann auf Kaenemunds Rat zusammen mit einem Polizeibeamten selbst zur Militärregierung, um bei Lt. Bouthier, dem Offizier für Kirchen-, Erziehungs- und Gesundheitswesen, die Verschonung des Christlichen Hospizes zu erreichen. Löw hatte Erfolg. Nicht das Hospiz, statt dessen aber ein großes Wohnhaus wurde zum Bordell bestimmt. Der begleitende Polizist erhielt dann, während der Offizier auf die Uhr schaute, nach Löws Aufzeichnung folgenden Befehl: *„Es ist jetzt 11.45 Uhr. Um 2.00 Uhr melden Sie mir, daß das Bordell steht."*

Die Einrichtung von Bordellen, so schockierend dieser Vorgang für die Karlsruher war, bewirkte, daß die Exzesse gegenüber der weiblichen Bevölkerung der Stadt erheblich zurückgingen. Die Polizei, in den ersten Monaten ihrer Existenz nichts anderes als ausführendes Organ der Militärregierung, befand sich angesichts des Umstandes, daß für diesen Zweck Wohnhäuser beschlagnahmt werden mußten, in einer wenig beneidenswerten Lage. Aus einem Bericht von Kriminalobersekretär Willi Bensching (*1899), der in jenen Tagen sowohl mit dem Aufbau der Schutzpolizei als auch mit dem einer Kriminalpolizei beauftragt war, wird deutlich, wie man sich dieser Aufgabe entledigte. Bensching führt zunächst an, er habe an einem jener Tage (zwischen dem 10. und 15. April) bis

18 Uhr zwei Bordelle einrichten müssen. Wörtlich fährt er dann fort: *„Anschließend erhielt ich den Befehl, ein weiteres Bordell nach denselben Bestimmungen einzurichten. Die hierfür ausgesuchten Häuser, Kriegsstraße 122-124 und Kapellenstraße 70, waren bewohnt, und es wurde auch den Bewohnern Gelegenheit gegeben, ihren Umzug durchzuführen. Ebenso wurde im Haus Kriegsstraße 126 für die Überwachung der Bordelle eine Wache, bestehend aus drei eingerichteten Räumen, errichtet."* Wieviel Verzweiflung sich bei den Betroffenen hinter der Bemerkung verbirgt, die Bewohner hätten ihren „Umzug" durchführen können, läßt sich nur ahnen. Übrigens war das Haus Kapellenstraße 70 jenes, dessen Räumung durchzuführen Dr. Gutenkunst ablehnte.

## Polizeichef schluckt Schusternägel

Kaenemund wurde von den Franzosen am 7. Juni abgelöst. Sein Nachfolger wurde Erich Krebs aus Malsch, früher Bevollmächtigter für den Straßenverkehr beim Gauleiter und Reichsverteidigungskommissar Robert Wagner. Zur Genugtuung von Dr. Gutenkunst, der ihn eines schönen Tags an der Riefstahlstraße begrüßen konnte, wurde Kaenemund nach dreiwöchigem Gastspiel als Leiter der Abteilung I a (= politische Abteilung) der Polizei von den Franzosen Ende Juni ebenfalls ins Gefängnis gesteckt.[6]

Nicht anders erging es unter den Amerikanern Kaenemunds Nachfolger Erich Krebs. Ihn hatten, wie Polizeibeamte aus jener Zeit zu wissen glauben, die Franzosen in sein Amt gebracht, weil er dem französischen Militär Stellungen der Wehrmacht südlich Ettlingen verraten hatte. Die Amerikaner aber warfen ihm vor, beschlagnahmte Rundfunkgeräte und Fotoapparate nach Frankreich geschafft und dort verkauft zu haben.[7]

*„Im Gefängnis Riefstahlstraße",* so der damalige Polizist Hermann Nack (*1915), *„schluckte Krebs eine Handvoll kleine Schusternägel, um auf diese Weise ins Krankenhaus zu kommen. Dort* ( im Diakonissenkrankenhaus; d. Verf.) *wurde er operiert, sein Zimmer jedoch ständig von Polizeibeamten bewacht".* Während die deutsche Polizei damals keine Waffen besaß, hatten die Amerikaner der Wache für Krebs Karabiner gegeben, dazu die Weisung, bei einem Fluchtversuch des Bewachten von der Waffe Gebrauch zu machen. Nack über das nachfolgende Geschehen: *„Ich selbst hatte eines Abends zwischen 20 und 22 Uhr Wache vor dem Krankenzimmer von Krebs. Während der Schicht von 22-24 Uhr gelang es Krebs dann, an den schlafenden Polizisten vorbei aus seinem Zimmer zu einer Freundin nach Karlsruhe zu entkommen. Von hier floh er in die französische Zone, nach Ötigheim, wo ihn jedoch die Amerikaner ‚bei Nacht und Nebel' festnahmen und erneut ins Gefängnis Riefstahlstraße brachten. Durch Verschlucken eines Löffels versuchte Krebs erneut ins Krankenhaus zu kommen. Daran ist Erich Krebs jedoch gestorben."*

Außer mangelnder Qualifikation oder charakterlicher Ungeeignetheit ihrer ersten Chefs litt die Karlsruher Polizei während der französischen Besatzungszeit darunter, daß sie trotz späterer formeller Unterstellung unter das Bürgermeisteramt ihre Befehle von der Militärregierung erhielt, daß also eine deutsche Obrigkeit – es gab zunächst nur Gemeindeverwaltungen – keine Weisungsbefugnis hatte. Auch die Hoffnung von August Furrer, dem Chef des Bezirksverwaltungsamtes, die Bezirksvorsteher könnten in Personalunion zugleich das Amt des Reviervorstehers übernehmen, zerschlug sich. So war die Karlsruher Polizei während der französischen Besatzungszeit de facto eine Art „Staat im Staate", ohne daß die zivile Verwaltung Einfluß hätte nehmen können. Als sich im Juni 1945 unter den Direktiven der französischen Militärregierung eine neue badische Landesverwaltung aufzubauen begann, äußerte Bürgermeister Heinrich die Hoffnung, die Polizei wieder der Landesbehörde eingliedern zu können.[8] Vergeblich.

An dieser Situation änderte auch die amerikanische Militärregierung nichts, die eine staatliche Polizei bis auf weiteres rundweg ablehnte. Die Amerikaner beendeten allerdings mit einem Federstrich die unbefriedigenden Zuständigkeitsverhältnisse für die Polizei. Am 4. August, an dem Tag, an dem Hermann Veit zum Oberbürgermeister ernannt wurde, erhielt er zugleich die Befehlsgewalt über die Karlsruher Polizei. Polizeichef war seit dem 15. August Karl Julius Krauth (1892-1953). Krauth, den die Franzosen im Juni zum Leiter der Polizei von Baden-Baden ernannt hatten, den die Amerikaner jedoch auf Wunsch von Oberbürgermeister Veit von dort nach Karlsruhe zu bringen verstanden, war schon in der Weimarer Republik Chef der Karlsruher Polizei gewesen.[9] Nach zwölf Jahren in seine Heimatstadt zurückgekehrt, führte Krauth zunächst den Titel eines Polizeidirektors. Am 15. April 1946 wurde er zum Polizeipräsidenten ernannt. Für Krauth fachlich

**_Szene beim Hotel „Hohenzollern". Neugierig beobachten Zivilisten eine Gruppe französischer Soldaten, die sich in der südlichen Kronenstraße sammeln._**

und charakterlich wertvolle Stützen waren der – damals schon 58jährige – Kriminalkommissar Andreas Heil, den die Franzosen gegen den Widerstand Kaenemunds Anfang Juni 1945 zum Chef der Kriminalpolizei gemacht hatten, sowie der aus Gefangenschaft zurückgekehrte Polizeimajor Edgar Heller, der gegen Ende des Jahres die Leitung der Schutzpolizei übernahm.

## „Wer hat die Russen nach Deutschland gebracht?"

Völlig machtlos war die Karlsruher Polizei während der französischen Besatzungszeit gegenüber Übergriffen der zahlreichen, in Lagern und Kasernen konzentrierten Polen und Russen. Allein im Fremdenarbeiterlager der DWM (heute IWKA) waren zeitweise bis zu 9000 Personen untergebracht. Eine Minderheit dieser Leute raubte und plünderte, wann immer man sich sicher fühlte vor Militärstreifen, vor allem in den Außenbezirken. Diese Leute rächten sich auf ihre Weise für die Zwangsverschleppung aus ihrer Heimat und für die in der Fremde oft menschenunwürdige Behandlung. Frau Maria Brauch (*1911) schildert ein Erlebnis, das sie wenige Tage nach der Besetzung der Stadt in der Durlacher Allee hatte: *„Fremdarbeiter hatten einen großen Wagen mit Gepäck beladen. Davor hatten sie einen deutschen Soldaten, es war ein Unteroffizier oder ein Feldwebel, gespannt. Mit Schlägern in den Händen liefen sie neben dem Wagen her und schlugen immer wieder auf den Soldaten ein. Sein Gesicht hatte er fast auf dem Boden. Da war mir bewußt, wie hilflos wir den Siegern ausgeliefert sind."*[10]

In den während der französischen Besatzungszeit dem Bezirksverwaltungsamt gelieferten Berichten aus den 16 Stadtbezirken nehmen bewegte Klagen über Plünderungen und andere Vergehen durch Zwangsarbeiter den größten Umfang ein. In einer zusammenfassenden Darstellung des Bezirksverwaltungsamtes vom 22. Mai an Bürgermeister Heinrich heißt es beispielsweise aus Weiherfeld-Dammerstock: *„Raubüberfälle auf der Straße Scheibenhardt-Rüppurr sind an der Ta-*

*gesordnung"*; aus Mühlburg: *„Mühlburg meldet weiter schwere Plünderungen durch russische Zivilarbeiter. In der Berliner Straße wurde der Sohn der Familie Pflästerer erschossen"*; aus Rintheim: *„Schwere Sorgen bereiten der Bevölkerung die Fremdarbeiter, die in der Mackensenkaserne untergebracht sind. Es werden laufend Feldfrüchte gestohlen und, was noch schlimmer ist, Kartoffelpflanzen herausgerissen, so daß keine Ernte zu erwarten ist. Die Landwirte sehen keinen Ausweg aus ihrer Not, da sie von keiner Seite Hilfe bekommen."* Resignation auch in der Weststadt: *„Ein besonders trübes Kapitel in unserem Bezirk bildet die Plünderung durch Ost- und andere Fremdarbeiter, die sich zu ganzen Banden vereinigt haben und die z. Tl. etwas abgelegenen Häuser des Hardtwaldstadtteils restlos ausplündern. Auch Gärten werden ausgeplündert, Fahrräder wahllos weggenommen. Es macht sich eine große Mutlosigkeit unter den Einwohnern bemerkbar, da sie vollkommen rechtlos sind."* Und aus Beiertheim-Bulach wird gemeldet: *„Der Bezirk ist durch Plünderungen der Fremdarbeiter schwer heimgesucht. Die Restbestände an Groß- und Kleinvieh werden von diesen Arbeitern aus den Ställen geholt. Die Bevölkerung verhält sich allmählich völlig apathisch, weil sie auf keinen Schutz seitens der Besatzungsbehörde hoffen kann."*[11]
In der Besprechung aller 16 Bezirksvorsteher mit Cpt. Germain von der Militärregierung am 23. Mai berichtete Amtschef Furrer von der schwierigen Lage der Bevölkerung als Folge der fortwährenden Diebstähle und Raubüberfälle der ausländischen Arbeiter. Mit Messer und Pistole würde die Herausgabe oft der letzten Reste an Kleidung und Lebensmittel erzwungen. Erst in der Nacht zum 23. Mai seien in den nördlichen Stadtbezirken Russen in größerer Zahl erschienen, hätten Fenster und Türen eingeschlagen, geraubt und Frauen vergewaltigt. Cpt. Germain sagte zu, daß ab sofort vermehrt Militärpatrouillen eingesetzt würden. Man habe allerdings zu wenig Kräfte in Karlsruhe. Andererseits stellte Germain seinen Gesprächspartnern die simple Frage: *„Wer hat denn eigentlich die Russen nach Deutschland gebracht?"* Vorerst sei das Problem nicht befriedigend zu lösen, weil es keine Transportmittel zur Rückführung der Russen in ihre Heimat gebe. Alle hätten nun unter den Folgen des Krieges zu leiden, Freund und Feind. Die Deutschen sollten im übrigen daran denken, daß von ihnen Frankreich *„vollständig desorganisiert und systematisch ausgeplündert"* worden sei.[12]

## Selbsthilfe in der Not

Die Arbeit an der Spitze der Stadtverwaltung vollzog sich in den ersten Wochen nach Kriegsende unter kaum vorstellbaren Schwierigkeiten. Es gab stadtteilweise zunächst keinen Strom, kein Gas, da und dort auch kein Wasser. Nur sehr allmählich löste sich die Stadt aus dem Chaos eines totalen Zusammenbruchs. Ein Teil der Bevölkerung hatte sich auf dem Weg des „Organisierens" wenigstens für einige Zeit mit Lebensmitteln eingedeckt.
Es war die Verwaltung des Nichts, des Elends und der Trümmer im Gebauten und im Geistigen, die den Verantwortlichen aufgeladen wurde. Daß sie es, unterstützt von einer partiell gutmeinenden, jedoch oft ungeschickten Militärregierung, fertigbrachten, die Bevölkerung aus der größten Not und allmählich auch aus totaler Lethargie herauszuführen, ist ein nicht hoch genug einzuschätzendes Verdienst. Erneut muß man sich hierbei vergegenwärtigen, daß nach der Besetzung der Stadt in großen Teilen des Deutschen Reichs noch mehr als vier Wochen lang Krieg war. Erst ab 9. Mai 1945, mit Inkrafttreten des Waffenstillstandes, der von den „Karlsruher" Franzosen mit einem Feuerwerk aus scharfer und Leuchtspur-Munition gefeiert wurde, brauchten die Alliierten ihre Kraft nicht mehr der Niederschlagung der Wehrmacht zu widmen. Von diesem Zeitpunkt an trat dann im Verhältnis zwischen französischer Besatzung und Karlsruher Bevölkerung eine spürbare Besserung ein.

### Schwierige Lebensmittelversorgung

Das vordringlichste, aber auch schwierigste Problem war die Versorgung der Bevölkerung mit dem Lebensnotwendigsten, vor allem mit Lebensmitteln. Zuständig hierfür war seit der Besetzung der Stadt das Ernährungsamt Karlsruhe-Stadt und Land, aus dem sich auf Weisung der Militärregierung unter Leitung von Dr. Hermann Oechsler wieder ein Landesernährungsamt bildete.[1]

Die Beschaffung von Lebensmitteln war ungemein schwierig. Eine übergeordnete Erfassung von Lebensmitteln in den landwirtschaftlichen Gebieten gab es nicht, also mußte das Ernährungsamt mit mühsam beschafften Holzvergaserlastern Kartoffeln, Getreide, Gemüse und Milch selbst heranholen. Zudem war der Bewegungsradius für Lastwagen der Zivilbevölkerung begrenzt. Mit einer Fahrerlaubnis auf eine Entfernung von lediglich 40 km kamen die Fahrzeuge nicht an das wichtige Versorgungsgebiet des Baulandes heran. Hinzu kamen Engpässe, deren Ursachen Dr. Landwehr, der Leiter der Landwirtschaftsstelle beim Ernährungsamt Karlsruhe-Stadt und Land, am 27. April wie folgt beschreibt: *„Es laufen täglich Berichte ein, daß Milchkühe, hochtragende Kühe, Muttersauen, sogar Zuchteber rücksichtslos als Schlachttiere ausgehoben werden. Das mit großer Mühe aufgebrachte Saatgut wird häufig noch am gleichen Tag für Nahrungszwecke abgezogen."*[2]
Letztmals, und zwar für die 73. Zuteilungsperiode, waren Anfang März Lebensmittelkarten ausgegeben worden, die statt bis zum 8. April bis zum 15. April reichen sollten. Auf diese Karten wurden Ende April Abschnitte für einige wenige Lebensmittel aufgerufen. In der Not appellierte Bürgermeister Heinrich an das Gewissen der Karlsruher und forderte sie mit öffentlicher Bekanntmachung vom 1. Mai (der natürlich, erstmals seit zwölf Jahren, kein Feiertag war) auf, die nach der Besetzung der Stadt geplünderten Sachen zurückzugeben. Als Abgabestellen wurden die Firma Riempp (für Lebensmittel), die Firma Leipheimer & Mende (für Textilien) und das Schuhhaus Rieß (für Schuhe und anderes) genannt. Der Erfolg war jedoch gering. Die „Pflicht", sich von den „organisierten" Lebensmitteln wieder zu trennen, vermittelte sich so gut wie niemandem.

### Versorgungs-Tiefpunkt: 623 Kalorien!

Die ersten Lebensmittelkarten nach dem Zusammenbruch, als 74. Zuteilungsperiode gewertet, gab es am 8. Mai. Auf diese Karten erhielt man für die Zeit vom 11.–20. Mai 1945 2000 g Brot, 100 g Reis, 2 kg Kartoffeln sowie 500 g Spargel. Die von der Militärregierung dem Normalverbraucher für bewirtschaftete Lebensmittel zugestandene Kalorienzahl von täglich 1550 konnte jedoch nicht zuletzt wegen Transportschwierigkeiten nicht erreicht werden. In Wahrheit hatten die der Karlsruher Bevölkerung in der 75. Zuteilungsperiode (30. April–24. Mai 1945) ausgegebenen Lebensmittel einen Wert von nur 1057 Kalorien. In der ersten Hälfte der 76. Zuteilungsperiode (25. Mai–7. Juni 1945) betrug die Kalorienzahl der an die Bevölkerung verteilten Lebensmittel 1210, in der zweiten Hälfte 1004 kcal je Tag. In der 77. Zuteilungsperiode, der dritten seit Besetzung der Stadt (22. Juni–23. Juli 1945) – es war die Zeitspanne, in der Bürgermeister Heinrich wie in Panik dazu aufforderte, Produkte jeglicher Art nur im Tausch gegen Lebensmittel zu liefern[3] – sank die Kalorienzahl auf 775, also auf 50 Prozent des Solls.
In den ersten beiden Wochen der 78. Zuteilungsperiode

***Das Verwaltungsgebäude des Katholischen Oberstiftungsrates, später von der Stadt erworben, diente seit Kriegsende als Rathaus.***

(24. Juli–5. August 1945) schließlich, nun voll unter US-Besatzung, erreichte die den Karlsruhern zur Verfügung stehende Tagesration mit nur 623 kcal ihren absoluten Tiefpunkt. Dabei hatte das Städtische Ernährungsamt unter Zugrundelegung der Anfang Juli schon erreichten 100000-Bewohner-Marke bei einer Tagesration von 1550 kcal bereits am 10. Juli 1945 für eine Zuteilungsperiode folgende Berechnung aufgemacht:[5]

| | **Gesamtbedarf** | **Bedarf je Person** |
|---|---|---|
| Brot | 800000 kg | 8 kg |
| Fleisch | 50000 kg | 500 g |
| Käse | 25000 kg | 250 g |
| Fett | 25000 kg | 250 g |
| Nährmittel | 60000 kg | 600 g |
| Kartoffeln | 1200000 kg | 12 kg |
| Kartoffelmehl | 25000 kg | 250 g |
| Zucker | 60000 kg | 600 g |
| Kaffeersatz | 15000 kg | 150 g |

Die in den Bedarfsrechnungen gemeldeten Lebensmittelmengen standen so gut wie nie zur Verfügung. Im ersten Besatzungsjahr nie, in den Jahren 1946 und 1947 nur selten wurde die von den Alliierten zur Versorgung der deutschen Bevölkerung für erforderlich gehaltene Kalorienzahl erreicht.

Bezeichnend für die Situation in jenen Wochen ist auch ein Vorgang im Ernährungsamt Karlsruhe-Stadt und Land, durch den erstmals seit dem Zusammenbruch eine Fleischverteilung dokumentiert ist. In Rüppurr hatten ein Schwein und eine Kuh notgeschlachtet werden müssen, woraufhin am 9. Mai 1945 angeordnet wurde, daß *„zur raschen Verwertung des angefallenen Fleisches und vorbehaltlich einheitlicher Regelung auf Abschnitt 25/100 g Fleischwaren abgegeben werden"*. Der betreffende „Beschluß" endet mit dem optimistischen Vermerk: *„Dabei nehmen wir an, daß in Bälde auch für die anderen Stadtteile die gleiche Menge zur Verfügung steht."*[6] Zunächst konnte allerdings für die Allgemeinheit nur Fleisch von notgeschlachteten Pferden ausgegeben werden, das nun gemäß Anordnung der Wirtschaftsabteilung in die Markenbewirtschaftung „eingebaut" wurde, doch gab es davon je Person immerhin 250 Gramm.[7]

Als ein Lichtblick und als ein fast unerwartetes Geschenk wurde es registriert, als die Bürgermeister von Eggenstein und Liedolsheim als erste und aus freien Stücken die vor dem Umsturz üblichen Lebensmittellieferungen wieder aufnahmen. Mehrere Wagenladungen mit Kartoffeln, Eiern, Milch und Gemüse aus diesen Gemeinden erreichten in den Wochen, in denen jegliche freiwillige Versorgungslieferung versiegt war, die Stadt. Wenigstens die Krankenhäuser konnten auf diese Weise für einige Zeit versorgt werden. Der Kaufmann Ernst Stuffer, der seit Mitte April die Wirtschaftsabteilung der Stadtverwaltung leitete, anerkannte in einem Dankschreiben ausdrücklich dieses vorbildliche Verhalten.[8]

## Hamstern, Schwarzhandel, Tauschgeschäfte

Ab Mai 1945 kam mit einer gewissen Regelmäßigkeit auch Milch nach Karlsruhe, freilich nicht entfernt soviel, wie benötigt wurde. Der damalige kommissarische Leiter der Milchzentrale Karlsruhe, Friedrich Jung, bezifferte die ankommende Menge auf knapp ein Drittel der Lieferung des Vorjahres. Immerhin konnten in Karlsruhe je Tag im Durchschnitt 10000 Liter Vollmilch und 7700 Liter Magermilch ausgegeben werden. Jung schrieb in einem Bericht über die Milchversorgung während der französischen Besatzung: *„Es darf nicht außer acht gelassen werden, daß wir während der Franzosenzeit täglich 1360 Liter Vollmilch und wöchentlich 100 Liter Rahm an die Besatzung bzw. Ausländerlager zu liefern gehabt haben."* Jung führte die rapid gesunkene Milchanlieferung neben der Beschlagnahme oder Schlachtung von Milchkühen auf das zunehmende Hamsterunwesen zurück: *„Man macht sich kein Bild, wie die Leute hamstern, und welche Preise bezahlt werden. So wurden für einen Liter Milch bis zu 2 RM gegenüber dem Normalpreis von 20 Pfennigen bezahlt. Es ist begreiflich, daß man in der Stadt keine Milch bekommt, wenn die Leute solche Preise anbieten."*[9]

Tatsächlich lag in jenen Monaten mit ihrem Mangel an Lebensmitteln aller Art die Geburtsstunde von Hamsterei und eines Schwarzhandels, wie dies in der Karlsruher Geschichte noch nie erlebt worden war. Da war zum einen der Schwarzhandel mit den Besatzungstruppen, anfangs mit den Franzosen, später mit den Amerikanern. Erwin Fr. Kramer (*1933) erinnert sich, daß dieser Schwarzmarkt schon ein bis zwei Wochen nach der Besetzung der Stadt in Gang kam: *„Im*

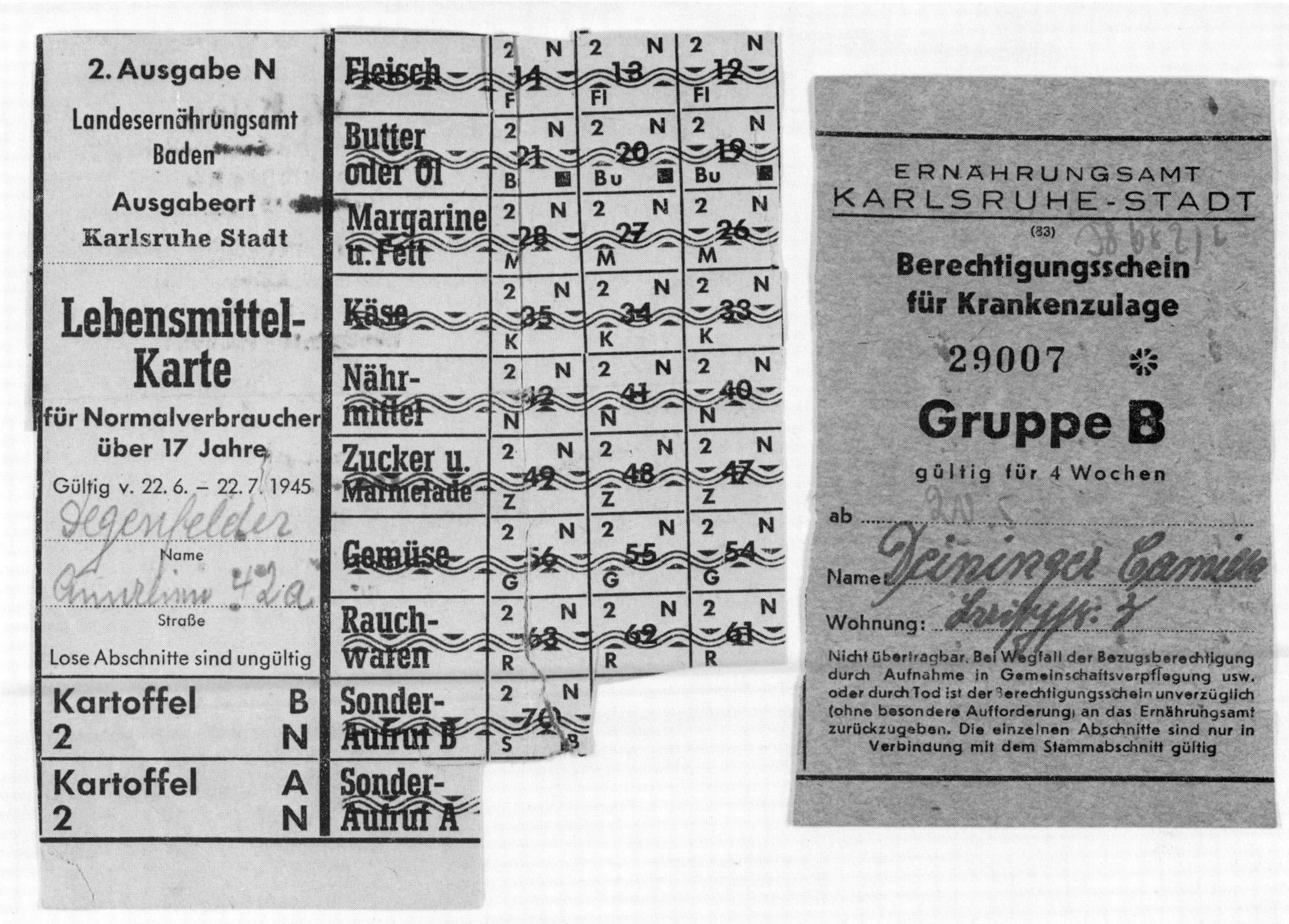
2. Ausgabe N
Landesernährungsamt Baden
Ausgabeort Karlsruhe Stadt
Lebensmittel-Karte
für Normalverbraucher über 17 Jahre
Gültig v. 22. 6. – 22. 7. 1945
Name
Straße
Lose Abschnitte sind ungültig
Kartoffel B 2 N
Kartoffel A 2 N
Fleisch
Butter oder Öl
Margarine u. Fett
Käse
Nähr-mittel
Zucker u. Marmelade
Gemüse
Rauch-waren
Sonder-Aufruf B
Sonder-Aufruf A

ERNÄHRUNGSAMT KARLSRUHE-STADT
Berechtigungsschein für Krankenzulage
29007
Gruppe B
gültig für 4 Wochen
ab
Name
Wohnung:
Nicht übertragbar. Bei Wegfall der Bezugsberechtigung durch Aufnahme in Gemeinschaftsverpflegung usw. oder durch Tod ist der Berechtigungsschein unverzüglich (ohne besondere Aufforderung) an das Ernährungsamt zurückzugeben. Die einzelnen Abschnitte sind nur in Verbindung mit dem Stammabschnitt gültig

***Das in Jahren praktizierte System der Versorgung über Lebensmittelkarten wurde nach dem Zusammenbruch fortgeführt. Die Zuteilungsmengen lagen jedoch weit unter dem vorgesehenen Mindestsatz.***

*Nymphengarten war zu jener Zeit der Schwarzmarkt ganz groß. Wenn ich Schwarzmarkt sage, so meine ich auch, daß es ein Markt vor allem mit Schwarzen war. Welcher Ur-Karlsruher kannte diesen Markt nicht. Meine Mutter hatte einen unechten Ehering im Besitz. Der wurde aufpoliert und dem Schokoladenverkäufer gegen drei Tafeln wasserdicht verpackte Schokolade, zwei Päckchen Keks, zwei Gläschen Kaffee und zwei kleine Dosen Erdnußbutter überreicht. Wir hatten in jener Zeit immer zu leben, wenn auch sehr wenig."*[10]

Aber auch an zahlreichen anderen Stellen wurden Dinge, auf die man verzichten konnte, gegen Lebensmittel getauscht. Heini Werner Seith: *„Die haben uns Lebensmittel aller Art, auch ihre Kampfrationen, angeboten und dafür Schmuck, Fotoapparate oder Kleidungsstücke erhalten. Ein französischer Soldat war ganz verrückt nach der Lederhose meines Bruders, die diesem nicht mehr gepaßt hat. Die wollte er seinem*

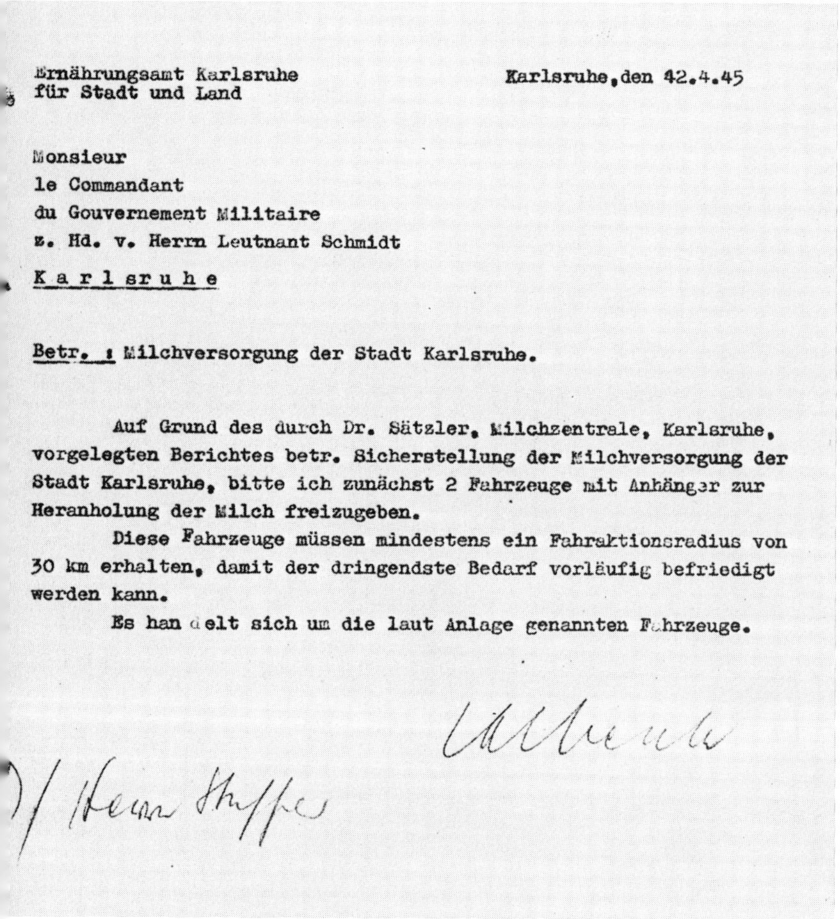

Ernährungsamt Karlsruhe
für Stadt und Land

Karlsruhe, den 42.4.45

Monsieur
le Commandant
du Gouvernement Militaire
z. Hd. v. Herrn Leutnant Schmidt
K a r l s r u h e

Betr. : Milchversorgung der Stadt Karlsruhe.

Auf Grund des durch Dr. Sätzler, Milchzentrale, Karlsruhe, vorgelegten Berichtes betr. Sicherstellung der Milchversorgung der Stadt Karlsruhe, bitte ich zunächst 2 Fahrzeuge mit Anhänger zur Heranholung der Milch freizugeben.

Diese Fahrzeuge müssen mindestens ein Fahraktionsradius von 30 km erhalten, damit der dringendste Bedarf vorläufig befriedigt werden kann.

Es handelt sich um die laut Anlage genannten Fahrzeuge.

*Jungen nach Frankreich bringen. Jeder wollte ja irgendein Beutestück oder schönes Mitbringsel mit nach Hause nehmen."*[11]

Der zweite Schwarzhandelsmarkt vollzog sich innerhalb der Zivilbevölkerung, vor allem zwischen der Stadt- und der Landbevölkerung. Als das Bürgermeisteramt ab 6. Juni die Erlaubnis bekam, selbst Passierscheine auszustellen – allerdings nur für einen Radius von 15 km ab der Gemarkungsgrenze[12] – zogen die Karlsruher mit Wäsche, Silberbesteck, ja selbst mit Teppichen aufs Land, um mit Speck, Butter, Eiern und Mehl

***Der Einsatz jedes Fahrzeugs zur Versorgung der Bevölkerung bedurfte der Genehmigung durch die Besatzungsmacht.***



zurückzukehren. Am Hunger der Städter einerseits, an der den Bauern sich bietenden Chance andererseits, für ihre Lebensmittel mehr zu bekommen als inflationäres Geld, scheiterten auf Jahre hinaus alle Bemühungen um eine lückenlose Erfassung der landwirtschaftlichen Produkte und eine befriedigende Versorgung der Verbraucher.

Bald wußte sich auch die Stadtverwaltung zur Sicherung der Ernährung keinen anderen Rat, als Karlsruher Firmen offiziell zu Tauschgeschäften zu ermuntern, ja zu verpflichten. Zwischen dem 12. und 14. Juli teilte Bürgermeister Heinrich mehreren Karlsruher Betrieben unter Schilderung der Notlage (*„außerordentliche Mittel sind jetzt notwendig"*) mit, er lege angesichts der großen Versorgungsengpässe die Hand auf die Produktion der betreffenden Firmen. Dies mit der Auflage, Verkäufe nicht zu tätigen, ohne vorher vom Ernährungsamt die Genehmigung erhalten zu haben. Heinrich: *„Die Genehmigung erhalten sie sofort, nachdem ein Austauschgeschäft zustande gekommen ist."* Unter den Firmen, die dieses Schreiben erhielten, befanden sich u. a. Wolff & Sohn, Sinner und das Oberrheinische Blechpackungswerk.[13]

## Erste Lebensmittelzüge

Es wäre ungerecht, der französischen Besatzungsmacht die Hauptschuld dafür geben zu wollen, daß in den ersten Nachkriegsmonaten nur Hungerrationen ausgegeben werden konnten. Beschlagnahmungen von Warenlagern, in den ländlichen Vororten (gegen Bezahlung) auch von Vieh, gab es noch bis in die letzten Wochen der französischen Besatzung, ja sogar in der ersten Zeit nach dem Besatzungswechsel. Als Folge der „Eingriffe der Besatzungstruppe" war, wie Dr. Landwehr am 16. Mai in einer Besprechung der für die Versorgung zuständigen Beamten des Landes und der Stadt berichtete, *„die Zuchtviehgrundlage ... restlos vernichtet worden".*[14] Aber kann man es den Siegern verargen, daß ihnen die Versorgung ihres eigenen – gleichfalls hungernden – Volkes vorging?

Aufschlußreich andererseits das Verhalten des im Détachement de Bade für die Ernährung zuständigen Offiziers, Capitaine Hubert. In einer Besprechung mit der Karlsruher Verwaltungsspitze rügte Hubert am 28. Mai nachdrücklich die Tatsache, daß die Bevölkerung schon wochenlang kein Fleisch er-

hielt. Er verlangte, daß wöchentlich, und zwar freitags oder spätestens samstags, Fleisch bzw. Wurst ausgegeben werde. Den Einwand, weder Fleisch noch Wurst seien vorhanden, ließ Hubert nicht gelten. Er kenne, so versicherte er, die Verhältnisse sehr gut, sei auch über den Bestand gut unterrichtet und in manchen Sachen besser im Bild als die Deutschen selbst.[15]
Mag dieser Offizier die wirklichen Verhältnisse auch beschönigt haben, so konnten ihm seine Karlsruher Verhandlungspartner guten Willen und Fürsorglichkeit sicher nicht absprechen. Hubert hatte übrigens eine unerwartete Intimkenntnis dieser Materie einzubringen: Unter der deutschen Besatzung hatte er, wie er mitteilte, in Frankreich die Konzentration der Fleischwaren-Herstellung in wenigen Großbetrieben durchgeführt und auf diese Weise größere Versorgungsschwierigkeiten überwunden. Er schlug vor, im Raum Karlsruhe ebenso zu verfahren. Scharf rügte er die Karlsruher Gesprächspartner, als Ende Mai noch immer kein Käse aufgerufen war. Auf die Antwort, es seien nur wenige Kilogramm davon da, gab Hubert barsch zurück, er wisse genau, daß in der Milchzentrale erhebliche Käsemengen vorhanden seien, die für eine Ausgabe an die Bevölkerung ausreichten. In der ersten Juniwoche konnten in Karlsruhe dann immerhin 140 Zentner Butter ausgegeben werden.
Eine gewisse Verbesserung bei der Heranführung von Lebensmitteln trat ein, als am 28. Mai erstmals Lebensmittelzüge auf den Strecken Ispringen – Karlsruhe und Eppingen – Bretten – Bruchsal – Karlsruhe verkehren konnten.[16] Im übrigen lief aber in jenen Monaten einer ungemein schwierigen Versorgungslage nichts ohne persönliche Initiative, ohne größtes Engagement und ohne Phantasie. Oft auf abenteuerliche Weise, häufig behindert von den Ortsansässigen und unterwegs von französischen Kontrollen, wurden aus entfernten Dörfern Lebensmittel herangeschafft. Beispielsweise gelang es Alfred Behnle (*1914), nach Rückkehr aus der Gefangenschaft seit 25. Mai Vertreter von Amtschef Walderich im Ernährungsamt I, in zu jener Zeit riskanten Fahrten, bei den Firmen Knorr und Maggi Lebensmittelvorräte und in Hühnerfarmen des Raumes Reutlingen so viele Eier aufzukaufen, daß jedem Karlsruher ein Ei zugeteilt werden konnte.[17] Dank ähnlicher Bemühungen konnten am 25. Mai neben Spargel von dem schon durch Sonderaufruf vom 9. Mai je Person 500 g verteilt worden waren,[18] erstmals auch Blumenkohl und Obst aufgerufen werden. Tags darauf machte Ernst Stuffer dem ihm bekannten Schweizer Konsul Dr. Regli in Baden-Baden den Vorschlag, Obst aus Mittelbaden, von dem aus Mangel an Transportmöglichkeit viel verlorenginge, im Tausch gegen Nahrungsmittel, die hier dringend benötigt würden, nach der Schweiz zu exportieren.[19] Ob dieser Vorschlag realisiert werden konnte, ist nicht bekannt.

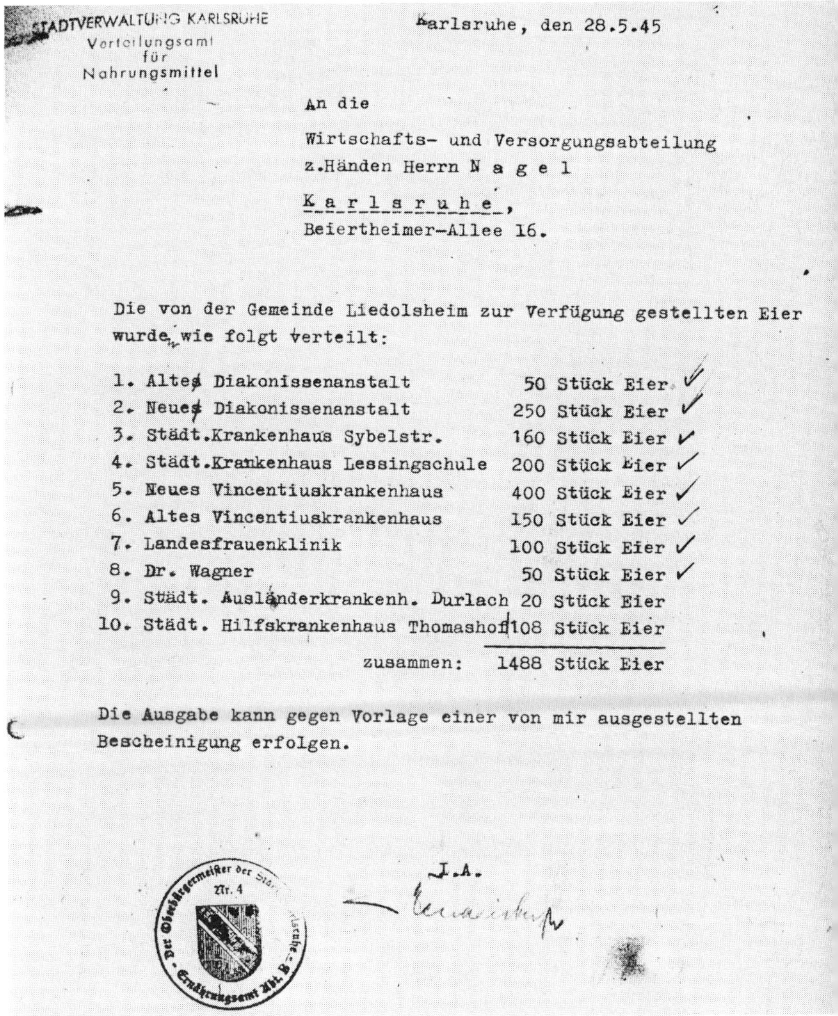
STADTVERWALTUNG KARLSRUHE
Verteilungsamt
für
Nahrungsmittel

Karlsruhe, den 28.5.45

An die
Wirtschafts- und Versorgungsabteilung
z.Händen Herrn N a g e l
K a r l s r u h e ,
Beiertheimer-Allee 16.

Die von der Gemeinde Liedolsheim zur Verfügung gestellten Eier wurde wie folgt verteilt:

| | | |
|---|---|---|
| 1. | Altes Diakonissenanstalt | 50 Stück Eier |
| 2. | Neues Diakonissenanstalt | 250 Stück Eier |
| 3. | Städt.Krankenhaus Sybelstr. | 160 Stück Eier |
| 4. | Städt.Krankenhaus Lessingschule | 200 Stück Eier |
| 5. | Neues Vincentiuskrankenhaus | 400 Stück Eier |
| 6. | Altes Vincentiuskrankenhaus | 150 Stück Eier |
| 7. | Landesfrauenklinik | 100 Stück Eier |
| 8. | Dr. Wagner | 50 Stück Eier |
| 9. | Städt. Ausländerkrankenh. Durlach | 20 Stück Eier |
| 10. | Städt. Hilfskrankenhaus Thomashof | 108 Stück Eier |
| | zusammen: | 1488 Stück Eier |

Die Ausgabe kann gegen Vorlage einer von mir ausgestellten Bescheinigung erfolgen.

I.A.

***Die Versorgung der Krankenhäuser war das vordringliche Anliegen des städtischen „Verteilungsamtes für Nahrungsmittel".***

## Evakuierte drängen zurück

Eine ernste Gefährdung der ohnehin sehr angespannten Ernährungslage – schon wurden dem Brotmehl, für das auch Hafer und Gerste verwendet wurden, Kartoffeln und feingemahlene Zuckerrübenschnitzel beigemengt – bildete die täglich wachsende Zahl zurückkehrender Evakuierter. Schon seit dem 15. April war, nach Erhalt eines Passierscheins, die Rückkehr von Evakuierten aus einem Umkreis von 50 km gestattet. Der daraufhin einsetzende Rückkehrerstrom wurde verstärkt durch das sich schnell verbreitende Gerücht, wer nicht bis zum 15. Mai 1945 nach Karlsruhe zurückkehre, verliere sein Wohnrecht.[20] Hinzukam, daß die Landgemeinden in Baden und Württemberg, in denen die Karlsruher Evakuierten untergekommen waren, auf Rückkehr der da und dort ohnehin nur ungern gesehenen „Gäste" drängten (die man bei der Zwangsevakuierung zu Beginn des Krieges im Schwäbischen als „Westwallzigeuner" beschimpft hatte). Auch die Militärregierung glaubte, zur Normalisierung des Lebens beitragen zu können, indem sie die Evakuierten anwies, in ihre Heimatorte zurückzukehren. Vergebens bat der kommissarische Bürgermeister den Vertreter der Militärregierung, Capitaine Germain, in einer Besprechung mit den Bezirksvorstehern, zu verhindern, daß die „Landbürgermeister" evakuierte Karlsruher zurückschickten.[21] Verschiedentlich wurden die Karlsruher sogar zwangsweise in ihre Heimatstadt verfrachtet. Verläßlich ist dies aus dem gesamten Landkreis Konstanz sowie aus den Evakuierungsorten St. Georgen im Schwarzwald und Hoffenheim bei Sinsheim bekannt.

Durch solche und viele weitere Transporte stieg die Bevölkerungszahl viel schneller, als angesichts der angespannten

***Die Evakuierten kehren zurück. Pferdegespanne, Leiterwagen und Kinderwagen dienen den Heimkehrern als Transportmittel.***

Lage wünschenswert gewesen wäre. Eine einzige Zahl steht für viele: Allein in der Woche vom 28. Mai bis 2. Juni wurden in der Weststadt 1379 Rückkehrer gemeldet.[20] Die Zahl der Einwohner, die bei der Besetzung der Stadt etwa 50000 betragen hatte, stieg bis zur ersten Ausgabe von Lebensmittelkarten für die 74. Zuteilungsperiode (8. Mai 1945) auf 65989 und erreichte am 23. Juni 1945 bereits die Zahl 88406. (Die weitere Bevölkerungsentwicklung im Jahr 1945: Am 6. Juli = 101182, am 30. Juli = 110374, am 19. September = 130702, am 23. November = 140532, am 29. Dezember = 144455 Einwohner.)[23]

Die evakuierten Karlsruher drängten allerdings verständlicherweise selbst darauf, so bald wie möglich nach Hause zurückkehren zu können. Die Nachrichten von den unerfreulichen Vorgängen in Karlsruhe hatten sich in den zunächst noch unbesetzten Gebieten wie ein Lauffeuer verbreitet. Nachdem der Krieg beendet war, wollte jeder so schnell wie möglich mit eigenen Augen sehen, was aus seiner Wohnung, seinem Hab und Gut geworden war. Oft auf abenteuerlichen Wegen, häufig auf Lastwagen mit Lebensmitteln, nach Wieder-Ingangkommen eines beschränkten Verkehrs für die Alliierten auch auf Waggons mit Nachschub für deren Streitkräfte, vielfach aber auch in tagelangen Fußmärschen wurde die Heimat erreicht. Als am 21. Mai erstmals auch ein regulärer Sonderzug mit Evakuierten aus dem Landkreis Konstanz eintraf, den die Franzosen zum Sperrgebiet erklärt hatten, wurden die Rückkehrer am Hauptbahnhof auf Veranlassung des Bürgermeisteramtes von älteren Schülern und Schülerinnen erwartet, die die Habe ihrer Mitbürger in Leiterwagen und auf Handkarren nach Hause brachten.[24] Weit weniger gut ging es den Nicht-Karlsruhern, die nach Kriegsende in die Stadt kamen.

***Glücklich darf sich schätzen, wem es gelang, für die Rückkehr nach Karlsruhe einen Platz auf einem Lastkraftwagen zu finden.***

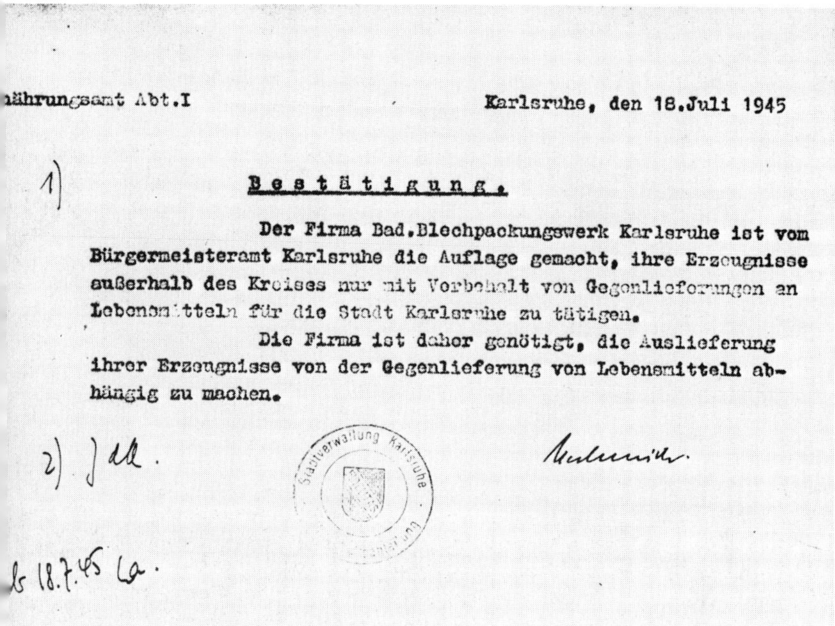

ährungsamt Abt.I — Karlsruhe, den 18.Juli 1945

1)

**Bestätigung.**

Der Firma Bad.Blechpackungswerk Karlsruhe ist vom Bürgermeisteramt Karlsruhe die Auflage gemacht, ihre Erzeugnisse außerhalb des Kreises nur mit Vorbehalt von Gegenlieferungen an Lebensmitteln für die Stadt Karlsruhe zu tätigen.

Die Firma ist daher genötigt, die Auslieferung ihrer Erzeugnisse von der Gegenlieferung von Lebensmitteln abhängig zu machen.

2) J dk.

Stadtverwaltung Karlsruhe

18.7.45 La.

Da die Militärregierung schon im April eine Zuzugssperre für Fremde erlassen hatte, wurden solche Personen nur geduldet. Wohnungen erhielten sie nur in ganz besonders gelagerten Fällen, eine Wohlfahrtsunterstützung gab es grundsätzlich nicht. Von diesen Beschränkungen ausgenommen waren Flüchtlinge aus den Ostgebieten.

### „Verwirrung" in den Eigentumsverhältnissen

Bei weitem nicht alle Rückkehrer konnten jedoch in ihre Wohnungen einziehen. Hunderte von Wohnungen waren beschlagnahmt, Hunderte belegt von ausgebombten Familien und Leuten, die ihrerseits aus ihren Wohnungen vertrieben worden waren und sich weigerten, die Wohnungen ihren Eigentümern zurückzugeben. Die damaligen Verhältnisse beschreibt Dr. Adolf von Grolmann so: *„Der Rückkehrerstrom begann, und mit ihm wurde alles viel verwickelter. Denn längst waren die Daheimgebliebenen in zweite und dritte Wohnungen umgezogen, je nachdem die Feindeinwirkung sie vertrieb oder die Beschlagnahme durch die Besatzung jähe Veränderungen hervorrief . . . Das schuf eine große Verwirrung in den Eigentumsverhältnissen und erhöhte manche Nervosität. Haushaltsdinge, Fahrräder, Vorräte wechselten Besitzer und Ort."*[25] Über Monate sich hinziehende unerfreuliche Auseinandersetzungen waren die Folge. Um solcher Streitigkeiten Herr zu werden, wurde die Bildung eines Polizeiorgans nach Art der früheren Vollzugspolizei ins Auge gefaßt. Adolf Kühn, Ende Juni 1945 noch immer bei der Stadtverwaltung, schlug angesichts der Tatsache, daß es noch keine Gerichte gab und die Polizei keine Richterfunktionen ausüben durfte, die Einrichtung einer städtischen Schiedsstelle vor.[26]

Klare Verhältnisse wurden schließlich durch ein Machtwort der französischen Militärregierung geschaffen. Diese bestimmte, daß grundsätzlich der Erstbewohner Anspruch auf die betreffende Wohnung habe.[27] Was aber geschah für diejenigen, die vor abgebrannten oder von den Franzosen besetzten Häusern standen? Für die Obdachlosen wurden in Schulen, Gastwirtschaften und leerstehenden Fabrikhallen Notquartiere eingerichtet. Auch der Luftschutzbunker in Dammerstock diente als Notunterkunft. Im übrigen wurde die während des Kriegs praktizierte Wohnraumbewirtschaftung nahtlos fortgeführt. Etwa ein Drittel der Bewohner mußte im Laufe des Jahres 1945 als Untermieter in fremde Wohnungen eingewiesen werden.

*In Karlsruhe und Umgebung haben sich zahlreiche Zivilpersonen aus Geschäften und Lagerhallen Lebensmittel, Schuhe, Textilien und sonstige Waren unberechtigt angeeignet. Die beschleunigte Rückgabe dieser Waren ist für die allgemeine Versorgung dringend notwendig. Wer sich dieser selbstverständlichen Pflicht entzieht, hat behördliches Einschreiten zu erwarten.*

Aufruf des kommissarischen Bürgermeisters Josef Heinrich am 1. Mai 1945 (Stadtarchiv Karlsruhe, H-Reg. A 927)

***Die Stadtverwaltung weist die Karlsruher Firmen an, Lieferungen nur noch im Tausch gegen Lebensmittel durchzuführen.***

## Neuartige Aufgaben

Um die beispiellose Ausnahmesituation voll erfassen zu können, in der sich die neuformierte Spitze der Karlsruher Stadtverwaltung in der Zeit der französischen Besatzung befand, ist es notwendig, einige besondere Probleme zu nennen, die sich den Verantwortlichen stellten, und das Bemühen aufzuzeigen, Aufgaben von bisher nie dagewesener Vielfalt und Schwierigkeit zu lösen. Diese Aufgaben mußten in den ersten Wochen von einem kleinen Stamm von Mitarbeitern angepackt werden. Von den beim Zusammenbruch noch vorhandenen Bediensteten hatten sich einige Dutzend mit Wehrmacht und Volkssturm von Karlsruhe abgesetzt und kamen nur zögernd zurück. Andere waren interniert und konnten nur allmählich freigefordert werden. Wieder andere hielten sich zunächst auf Distanz, wollten erst einmal abwarten, wie sich die Dinge entwickeln. Solcher Zurückhaltung kam der Umstand entgegen, wie bei den auf Verstärkung Hoffenden bald bekannt und beklagt wurde, daß die Beamten ihr Gehalt Ende März für ein Vierteljahr im voraus erhalten und deshalb keine Eile hatten, an ihren Arbeitsplatz zurückzukehren.[1] Bald auch wurden von den Franzosen einige führende Beamte, später jeder Parteigenosse oder Angehörige einer NS-Organisation bis zur „Entnazifizierung" aus dem Dienst entfernt bzw. durften nur als Arbeiter beschäftigt werden. Der erste öffentliche Anschlag der französischen Besatzungsmacht mit einer Liste von suspendierten Beamten und Angestellten erfolgte am 29. Mai 1945.[2] Von diesem Zeitpunkt an wurden in Plakaten fast wöchentlich neue Listen mit Namen von vorläufig oder endgültig ihres Dienstes enthobenen Angehörigen des öffentlichen Dienstes veröffentlicht, vom Hausmeister, Boten und Vorarbeiter bis zum kleinen Angestellten, Verwaltungsinspektor, Stadtveterinär und Chefarzt.

Das vorläufige Fehlen staatlicher Instanzen und anderer wichtiger Einrichtungen zwang die Stadt, für eine Übergangszeit Aufgaben zu übernehmen, mit denen die Kommune an sich nichts zu tun hatte. So die schon erwähnte Beschaffung von Lebensmitteln, das vordringlichste und schwierigste aller Probleme. Das vorübergehend gebildete Ernährungsamt Karlsruhe-Stadt und -Land, in der Kunsthalle in zwei getrennten Bereichen untergebracht, war nicht nur wie bisher für die Lebensmittelkarten und die Verteilung der Lebensmittel (Ernährungsamt II mit Oberinspektor Josef Köchling) zuständig, sondern auch für die ungemein schwierige Beschaffung (Ernährungsamt I mit Amtmann Karl Walderich). Um auch die auf Karlsruher Gemarkung selbst vorhandenen Quellen einer Er-

***Wer immer mit einem Fahrzeug die Stadt verläßt, muß eine Kontrolle des französischen Militärs über sich ergehen lassen.***

nährungsbeihilfe zu erschließen, wurden den Bezirksämtern in den ländlichen Vororten landwirtschaftliche Beauftragte beigegeben.[3] Auch das in einem Bürogebäude der Fa. Graebener an der Kaiserallee untergebrachte Wirtschafts- und Beschaffungsamt unter Ernst Stuffer, vordem angelehnt an den Verteilungsapparat des Gauwirtschaftsamtes, war auf sich allein gestellt. Anfang Mai wurde unter Stuffer ein Gewerbeausschuß gebildet, der alle Gesuche um Erweiterung, Neueinrichtung, Verlegung oder Übernahme von Einzelhandelsbetrieben zu beurteilen und der Militärregierung zur Entscheidung weiterzugeben hatte.[4]

## „Städtisches" Arbeitsamt

Als sich in der ersten Maihälfte das Landesernährungsamt wieder konstituierte, ruhte die Last der Lebensmittelbeschaffung wenigstens nicht mehr allein auf den Schultern städtischer Bediensteter. Die Gesamtverantwortung hierfür wurde der Stadt allerdings für Wochen unversehens erneut aufgeladen, als die französische Besatzung im Juli aus Karlsruhe abzog. Mit Datum vom 12. Juli schrieb Bürgermeister Heinrich an Karlsruher Firmen: *„Infolge des Wechsels der Besatzungsmacht haben die überörtlichen Behörden, die ihre Vollmachten von der französischen Militärregierung hatten, ihre bisherige Tätigkeit eingestellt. Auch das Landesernährungsamt arbeitet für unseren Bezirk nicht mehr. Die Stadt ist nunmehr wie zu Beginn der Besetzung auf sich allein gestellt."*[5]
Neben der Belastung eines lange Zeit auf sich selbst gestellten Ernährungsamtes und des gleichfalls von der Nabelschnur einer vorgesetzten Behörde abgeschnittenen Wirtschaftsamtes hatte die neue Rathausspitze in den ersten Monaten nach dem Zusammenbruch ein ihr bisher gänzlich fremdes Amt einzurichten und zu führen – ein Arbeitsamt. Dieses war nicht zuletzt wegen der anfänglichen Weigerung der französischen Besatzungsmacht notwendig geworden, andere als nichtkommunale Behörden zu dulden. Dem Sozialamt (damals Adolf Kühn, dem früheren Zentrums- und späterern CDU-Landtagsabgeordneten unterstehend) eingegliedert, hatte das städtische Arbeitsamt alle Arbeitskräfte zu erfassen, diese bevorzugt dem – ebenfalls neu installierten – Stadthandwerksmeister zuzuweisen, im übrigen täglich eine Reserve von 40 Männern und 20 Frauen für von der Militärregierung kurzfristig angeordnete Arbeitseinsätze zu halten. Die Verwirklichung der von den Franzosen schon Anfang Juni geäußerten Absicht, das Arbeitsamt wieder zu verstaatlichen, verzögerte sich, bis die Amerikaner kamen. Im Protokoll einer Referentenbesprechung vom 5. Juli, angefertigt von dem damaligen Ratschreiber Emil Mangler, ist hierzu nachzulesen: *„Die Frage der Verstaatlichung des bisher der Stadtverwaltung angegliederten Arbeitsamtes ist noch nicht entschieden worden, weil der zuständige Offizier im Augenblick noch auf Urlaub ist. Die städtische Finanzverwaltung wird nun einen in Höhe von 30000 RM beantragten Zuschuß ablehnen und durch Weiterschiebung dieser Forderung an den Staat eine Klärung der Frage zu erzwingen suchen."*[6]

## Stadthandwerksamt gebildet

Um die in der Stadt vorhandenen Handwerker zu erfassen und bei den von Verwaltung und Militärregierung als vordringlich erachteten Arbeiten sinnvoll einsetzen zu können, verfügte Bürgermeister Heinrich am 31. Mai 1945 die Bildung eines Stadthandwerksamtes und die Ernennung eines Stadthandwerksmeisters.[7] Mit diesem bislang ungekannten Amt wurde Kurt Haag beauftragt, ein angesehener, unbelasteter Malermeister, den die Franzosen in Alternative zu Josef Heinrich als Bürgermeister im Visier gehabt hatten. Als Aufgaben wurden dem Stadthandwerksmeister zugewiesen: a) die Anforderung der vom gesamten Handwerk benötigten Arbeitskräfte beim Arbeitsamt; b) der zentrale Arbeitseinsatz für das gesamte Handwerk. Sämtliche Aufträge an die einzelnen Handwerksbetriebe, hauptsächlich solche des Bauhandwerks, sollten von nun an über den Stadthandwerksmeister laufen. Eine zentrale Lenkung des Einsatzes durch den Stadthandwerksmeister war angeordnet. Die Instandsetzung leicht beschädigter Wohnungen, um die durch Rückkehr der Evakuierten lawinenartig anschwellende Zahl der Wohnungssuchenden versorgen zu können, war die vordringliche Aufgabe des Karlsruher Handwerks.[8]

***Ruinen, wohin das Auge blickt. Szene aus der Kaiserstraße zwischen Hauptpost und Kaiserplatz (oben) bzw. zwischen Wald- und Herrenstraße (unten), nachdem der Schutt in den Straßen geräumt, die Enttrümmerung der Grundstücke jedoch noch nicht begonnen ist.***

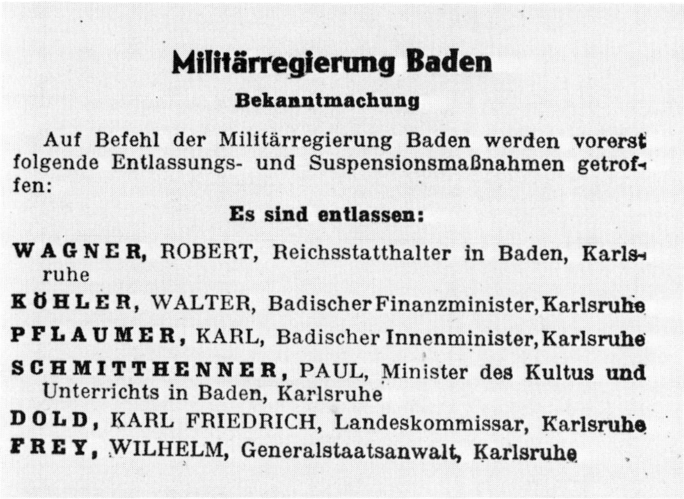

**Militärregierung Baden**

**Bekanntmachung**

Auf Befehl der Militärregierung Baden werden vorerst folgende Entlassungs- und Suspensionsmaßnahmen getroffen:

**Es sind entlassen:**

**WAGNER**, ROBERT, Reichsstatthalter in Baden, Karlsruhe

**KÖHLER**, WALTER, Badischer Finanzminister, Karlsruhe

**PFLAUMER**, KARL, Badischer Innenminister, Karlsruhe

**SCHMITTHENNER**, PAUL, Minister des Kultus und Unterrichts in Baden, Karlsruhe

**DOLD**, KARL FRIEDRICH, Landeskommissar, Karlsruhe

**FREY**, WILHELM, Generalstaatsanwalt, Karlsruhe

Nicht minder wichtig war zunächst die Ingangsetzung, danach die Leistungssteigerung aller Zweige der Versorgungsbetriebe, die dank der Vernunft der Deutschen Wehrmacht und der damaligen Führungsspitze im Rathaus vor der Räumung der Stadt nicht zerstört, deren Leitungssysteme jedoch vielfach unterbrochen waren. Dies mit der Wirkung, daß ganze Stadtteile keinen Strom, kein Gas oder Wasser hatten. *„Deshalb"*, so erinnert sich Willi Weingartner, *„haben wir uns in den ersten acht Tagen der französischen Besatzung zu viert darangemacht, eine Versorgung für die vom Strom abgeschnittenen Stadtteile südlich des Hauptbahnhofs herzustellen. Diese Leitung mußte vom Stephanienbad durch die Alb und die Bahnunterführung an den Rangierbahnhofübergang zum Weiherfeld geführt werden. Nach Tagen hatte das Diakonissenkrankenhaus dann endlich wieder Strom."*[9]

Angesichts des Mangels an Kohle und Koks für die Strom- und Gasversorgung sollte es allerdings noch lange dauern, ehe wieder eine halbwegs geregelte Versorgung möglich war. Das Gaswerk beispielsweise, das trotz zahlreicher Luftangriffe immer noch eine Erzeugungskapazität von täglich 60000 cbm hatte, konnte wegen Kohlemangels im Juni 1945 nur 4000 bis 5000 cbm Gas erzeugen – soviel, wie erforderlich war, um die Öfen nicht kalt werden zu lassen und um wenigstens die Oststadt stundenweise mit Gas zu versorgen. Die Benzolanlage im Gaswerk mit einer Kapazität von 20000 Litern je Tag mußte gleichfalls auf Minimalproduktion umgestellt werden. Durch Verwendung des anfallenden Waschöls konnten täglich gerade noch 120 Liter erzeugt werden.[10]

Die Besatzungsmacht ihrerseits sparte nicht mit Licht und Gas. Während die Stadt ansonsten wie während des Kriegs noch immer in völligem Dunkel lag, verlangten die Franzosen Mitte Juni die Beleuchtung der Karl-Wilhelm-Straße vom Durlacher Tor bis zur (beschlagnahmten) Villa Hoepfner.[11] Innerhalb kürzester Zeit und deshalb in Tag- und Nachtarbeit mußte zur gleichen Zeit eine umfangreiche Installation rings um die Oberpostdirektion vorgenommen werden: Das Gebäude, Sitz der französischen Militärregierung für Baden, wurde bei Nacht von allen Seiten hell angestrahlt. Für die Karlsruher, die ihre Stadt seit Kriegsbeginn nur im Dunkeln gesehen hatten, war dies ein faszinierender Anblick – zumindest für jene, die ein Laisser-passer auch für die „Sperrstunde" hatten. Diese hatten die Franzosen unmittelbar nach dem Einmarsch auf die Zeit von 18–9 Uhr festgelegt, ab 20. April dann auf die Stunden von 20–7 Uhr reduziert.[12] Die Sperrstunden brachten manche Karlsruher in beträchtliche Schwierigkeiten. Willi Weingartner löste sein spezielles Problem, das darin bestand, daß seine Frau in der Frühe des 27. Juni, Stunden vor Ende der Sperrzeit, zur Entbindung gebracht werden mußte, auf seine Weise. Damals Angehöriger der Polizei, war er befugt, ein Fahrrad zu benutzen. Weingartner zog seiner Frau seinen Polizeirock an, ließ sie auf der Lenkstange seines Fahrrads Platz nehmen und fuhr sie so unbehelligt von Kontrollen der Franzosen von Rüppurr zum Vincentius-Krankenhaus, wo dem Ehepaar eine Stunde später ein Sohn geboren wurde.[13]

### Der Marktplatz erhält seinen Namen zurück

Gemessen an den meist sehr schwierigen Auflagen und Aufgaben während der französischen Besatzungszeit war die Weisung, an die zwei Dutzend Namen Karlsruher Straßen und Plätze umzubenennen, vergleichsweise leicht zu erfüllen. Straßenschilder mit Namen bekannter NS-Größen hatten die Franzosen schon selbst beseitigt und in der Regel als Souve-

***Ordnung muß sein: Im Amtsblatt der Militärregierung vom 14. Juni 1945 wird die „Entlassung" des Reichsstatthalters Robert Wagner sowie der Mitglieder der badischen Regierung mitgeteilt.***

nirs an sich genommen. Namen weniger bekannter „alter Kämpfer" oder „Märtyrer" mußten auf Veranlassung der Bezirksvorsteher durch prominente Parteigenossen entfernt werden. Vom Tiefbauamt ausgearbeitete Namensvorschläge wurden auf Anregung von Adolf Kühn einer aus Vertretern der alten Parteien bestehenden Kommission zur Begutachtung vorgelegt. Diese Kommission, der u. a. Karl Konz und Friedrich Töpper (beide SPD), Adolf Kühn und Franz Sprauer (beide Zentrum), Prof. Albert Keßler (DP) und Berthold Riedinger (KPD) sowie seitens der Verwaltung Oberrechtsrat Gut angehörten, legte Mitte Juni für über 20 Straßen und Plätze mit NS-bezogenen Bezeichnungen neue Namen fest, wobei in den meisten Fällen die früheren Bezeichnungen reaktiviert wurden.[14] Im einzelnen gab es folgende Umbenennungen:

| Bisher | Ab Mai 1945 |
|---|---|
| Dietrich-Eckart-Straße | Entenfang |
| Hermann-Göring-Platz | Gottesauer Platz |
| Wilhelm-Gustloff-Straße | August-Dosenbach-Straße |
| Reinhard-Heydrich-Straße | Reinhold-Frank-Straße |
| Adolf-Hitler-Platz | Marktplatz |
| Adolf-Hitler-Straße | Pfinztalstraße |
| Holzweberstraße | Alter Graben |
| Walter-Köhler-Straße | Am Steinbruch |
| Fritz-Kröber-Straße | Karlsruher Allee |
| Maikowskystraße | Gänsloch |
| Herbert-Norkus-Straße | Hagdornstraße |
| Planettastraße | Grenzstraße |
| Platz der SA | Festplatz |
| Hans-Schemm-Straße | Ruschgraben |
| Fritz-Todt-Straße | Ettlinger Straße |
| Horst-Wessel-Ring | Parkring |
| Albert-Leo-Schlageter-Straße | An der Bahn |
| Robert-Wagner-Allee | Durlacher Allee |
| Forstnerstraße | Kanalweg |
| Günther-Quandt-Straße | Gartenstraße |
| Albert-Leo-Schlageter-Hain | Alter Friedhof |

Namensänderungen aus politischem Grund gab es auch für die Reichsstraße, die in Ebertstraße umbenannt wurde, sowie für die Maxaustraße, die den Namen des ehemals an dieser Straße wohnhaften, 1934 in Kislau ermordeten Rechtsanwalts Ludwig Marum erhielt. Auch für die Wahl der nach Reinhold Frank benannten Straße gab es einen direkten Bezug: Reinhold Frank hatte sein Büro an der früheren Westend-, der späteren Reinhard-Heydrich-Straße, präzis im Haus Hoffstraße 2. Schulen, die während der NS-Herrschaft nach Opfern politischer Auseinandersetzungen benannt worden waren, erhielten ihre alten Namen zurück: Die Herbert-Norkus-Schule wurde wieder Hardtschule, die Fritz-Kröber-Schule Gartenschule und die Wilhelm-Gustloff-Schule Neue Grünwinkler Schule genannt. Die „Musikschule für Jugend und Volk" nannte sich seit dem Frühsommer 1945 „Städtisches Konservatorium für Musik".[15]

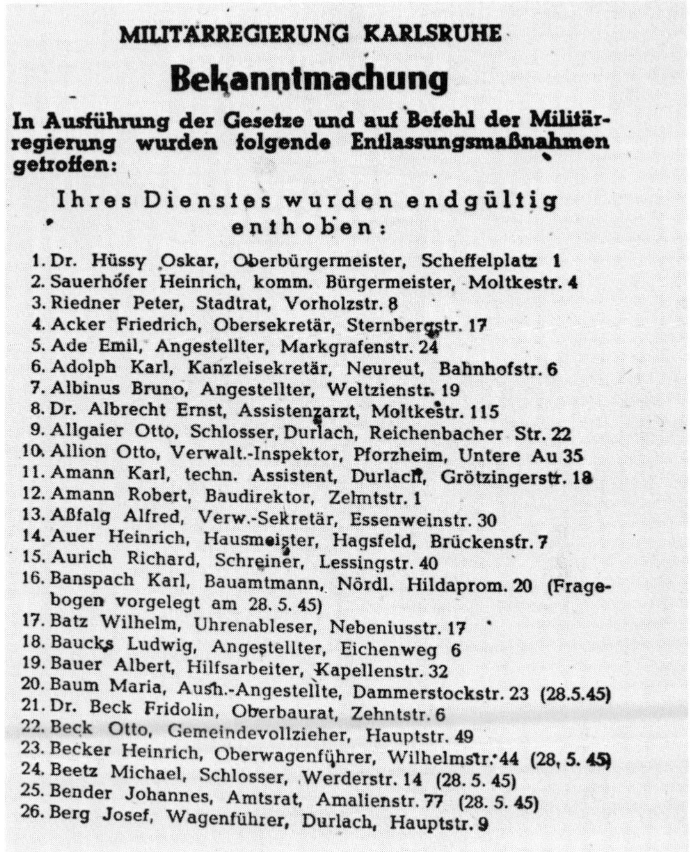

MILITÄRREGIERUNG KARLSRUHE

**Bekanntmachung**

**In Ausführung der Gesetze und auf Befehl der Militärregierung wurden folgende Entlassungsmaßnahmen getroffen:**

**Ihres Dienstes wurden endgültig enthoben:**

1. Dr. Hüssy Oskar, Oberbürgermeister, Scheffelplatz 1
2. Sauerhöfer Heinrich, komm. Bürgermeister, Moltkestr. 4
3. Riedner Peter, Stadtrat, Vorholzstr. 8
4. Acker Friedrich, Obersekretär, Sternbergstr. 17
5. Ade Emil, Angestellter, Markgrafenstr. 24
6. Adolph Karl, Kanzleisekretär, Neureut, Bahnhofstr. 6
7. Albinus Bruno, Angestellter, Weltzienstr. 19
8. Dr. Albrecht Ernst, Assistenzarzt, Moltkestr. 115
9. Allgaier Otto, Schlosser, Durlach, Reichenbacher Str. 22
10. Allion Otto, Verwalt.-Inspektor, Pforzheim, Untere Au 35
11. Amann Karl, techn. Assistent, Durlach, Grötzingerstr. 18
12. Amann Robert, Baudirektor, Zehntstr. 1
13. Aßfalg Alfred, Verw.-Sekretär, Essenweinstr. 30
14. Auer Heinrich, Hausmeister, Hagsfeld, Brückenstr. 7
15. Aurich Richard, Schreiner, Lessingstr. 40
16. Banspach Karl, Bauamtmann, Nördl. Hildaprom. 20 (Fragebogen vorgelegt am 28. 5. 45)
17. Batz Wilhelm, Uhrenableser, Nebeniusstr. 17
18. Baucks Ludwig, Angestellter, Eichenweg 6
19. Bauer Albert, Hilfsarbeiter, Kapellenstr. 32
20. Baum Maria, Aush.-Angestellte, Dammerstockstr. 23 (28.5.45)
21. Dr. Beck Fridolin, Oberbaurat, Zehntstr. 6
22. Beck Otto, Gemeindevollzieher, Hauptstr. 49
23. Becker Heinrich, Oberwagenführer, Wilhelmstr. 44 (28. 5. 45)
24. Beetz Michael, Schlosser, Werderstr. 14 (28. 5. 45)
25. Bender Johannes, Amtsrat, Amalienstr. 77 (28. 5. 45)
26. Berg Josef, Wagenführer, Durlach, Hauptstr. 9

***Eine lange Liste von Dienstenthebungen städtischer Bediensteter durch die französische Militärregierung wird angeführt von Oberbürgermeister Dr. Hüssy und dem kommissarischen Bürgermeister Sauerhöfer.***

## „Gazette officielle" und „Military Government Gazette"

Ohne Erfolg blieb das Bemühen des Bürgermeisters, die durch das Fehlen von Zeitungen bewirkte Kommunikationslücke zwischen Verwaltung und Bevölkerung durch ein städtisches Amtsblatt zu schließen. Schon bei der ersten protokollierten Besprechung der Dienststellenleiter vom 29. April berichtete Amtmann Emil Mangler, die erste Nummer eines städtischen Nachrichtenblatts sei vorbereitet und könne nach Genehmigung der Besatzungsbehörde sofort erscheinen. Auf die Freigabe dieses Blattes wartete man jedoch vergebens. *„Trotz Anerkennung von den höchsten militärischen Dienststellen",* wie in der Referentenbesprechung vom 6. Juni mitgeteilt wurde, erhielt auch ein von dem früheren „Volksfreund"-Redakteur Josef Eisele im Bürstenabzug vorgelegtes weiteres Amtsblatt nicht die Genehmigung der Franzosen.[16] Anschläge auf weißem Papier waren Anordnungen der Besatzungsmacht vorbehalten.

Erstmals am 28. Mai hatten die Franzosen selbst ein Amtsblatt herausgebracht.[17] Es wurde im Verlag der Badischen Presse an der Waldstraße gedruckt und erschien unter der Bezeichnung „Gazette Officielle du Gouvernement du Pays de Bade (Zone Française) – Amtsblatt der Militärregierung Baden (Französische Zone)". Dieses Amtsblatt enthielt zweisprachig auf 24 Seiten hauptsächlich die von den Siegermächten erlassenen Gesetze, vom Verbot der NSDAP bis zur Einführung der „alliierten Militär-Mark" als zweitem Zahlungsmittel, vom Gesetz über die Vermögenssperre inhaftierter Personen bis zum Gesetz über die Einstellung jedes Fernsprech-, Fernschreib-, Telegrafen- und Rundfunkverkehrs. Es handelte sich um Gesetze, die ganz offensichtlich von den Amerikanern von langer Hand vorbereitet worden waren. Die berühmte „Proklamation Nr. 1" von General Dwight D. Eisenhower, des Obersten Befehlshabers der alliierten Streitkräfte, die gleich nach der Besetzung der Stadt an allen Anschlagtafeln zu lesen war, nahm denn auch den ersten Platz dieses Amtsblattes ein.

Am 28. Juni erschien schließlich noch die erste (und letzte) Ausgabe eines – gleichfalls zweisprachigen – Mitteilungsblatts der französischen Militärregierung für den Kreis Karlsruhe-Stadt. Es enthielt, für viele Karlsruher ein schockierender Vorgang, über acht Seiten hinweg die Namen von Personen, die wegen ihrer politischen Belastung teils endgültig, teils vorläufig ihres Dienstes enthoben und entlassen wurden. Allein bei der Stadtverwaltung Karlsruhe wurden lt. diesem Katalog 388 Beamte, Angestellte und Arbeiter endgültig, 19 weitere städtische Bedienstete vorläufig entlassen. 34 Entlassungen gab es bei der Städtischen Sparkasse. Die ansonsten akkurat alphabetisch geführte Liste war angeführt von „Dr. Hüssy Oskar, Oberbürgermeister, Scheffelstraße 1" (der zu diesem Zeitpunkt längst im Internierungslager Freiburg gelandet war).[18] Die Franzosen, Angehörigen der NSDAP und ihrer Gliederungen gegenüber anfangs nachsichtig, griffen jetzt – vermutlich auf Druck der Amerikaner – härter durch.

In dem genannten Amtsblatt vom 28. Juni konnte die Stadtverwaltung erstmals auch eigene Bekanntmachungen veröffentlichen, so u. a. eine Liste der in Karlsruhe praktizierenden Ärzte und der geöffneten Apotheken. Angesichts des bei Erscheinen des französischen „Karlsruher" Amtsblatts vorhersehbaren baldigen Ablösung der französischen Besatzung durch die Amerikaner erschien von dem „Karlsruher" Amtsblatt der Franzosen keine weitere Ausgabe. Die amerikanische Militärregierung setzte jedoch mit einem ab dem 19. Juli wöchentlich erscheinenden Amtsblatt („Military Government Gazette") für die Städte Karlsruhe und Pforzheim sowie die Landkreise Karlsruhe, Bruchsal und Pforzheim (= Landeskommissariatsbereich Karlsruhe, US-Zone) die Absicht der Franzosen fort, die Bevölkerung über ein Organ der Militärregierung mit den wichtigsten Nachrichten zu versorgen.

Ein Aufatmen ging durch die nachrichtenhungrige Bevölkerung, als am 5. September 1945 mit der „Rhein-Neckar-Zeitung" erstmals wieder eine deutsche Zeitung erschien, sie sogar mit einem Karlsruher Lokalteil. Eine Karlsruher Zeitung – die „Badischen Neuesten Nachrichten" – konnte erst im März 1946 erscheinen. Auf die Genehmigung zur Herausgabe eines städtischen Amtsblatts dagegen, das schon so früh ausgedacht worden war, mußte man – im Gegensatz etwa zu Mannheim, wo ein solches „Mitteilungsblatt" erstmals schon am 17. April 1945 erschienen war – im Karlsruher Rathaus noch bis zum Jahr 1947 (!) warten.

Verzögerungen bei der Bekanntgabe wichtiger Informationen des Bürgermeisteramtes über die „Military Government Gazette" an die Bevölkerung waren unausbleiblich: Die Mitteilung, daß ein Teil der Wannenbäder des „Vierordtbath" ab Montag, den 10. 12. 1945, der Zivilbevölkerung wieder zur Verfügung stehe, erschien erst zu Weihnachten.[19]

# Odyssee der Krankenanstalten

Die städtischen Einrichtungen wieder funktionsfähig zu machen, von den Stadtwerken und Verkehrsbetrieben bis zu den Friedhöfen – der stark zerstörte Schlachthof nicht zu vergessen –, war eine der drängendsten Aufgaben der neuen Stadtverwaltung nach dem Zusammenbruch. Stellvertretend für alle anderen Betriebe und Einrichtungen soll nachstehend von den Geschicken der Städtischen Krankenanstalten berichtet werden, kurz auch von jenen der anderen Krankenhäuser. An keinem Beispiel können die Schwierigkeiten um die dringend notwendige Versorgung der Bevölkerung mehr verdeutlicht werden als an diesem, keiner Einrichtung war schon während des Kriegs, aber auch danach, ein ähnlich abenteuerliches Schicksal beschieden.
Als die Städtischen Krankenanstalten an der Moltkestraße nach dem schweren Angriff vom 4. Dezember 1944 zum zweiten Mal schwer getroffen waren, reduzierte sich die Krankenversorgung dort auf einige Kellergeschosse. Nur noch 140 Betten standen zur Verfügung, und diese ausschließlich für akute Notfälle, hauptsächlich bei Verwundungen nach Bomben-, bald auch durch Jabo- und Artillerieangriffe.[1] Mit dem Näherkommen der Front fanden auch verwundete Wehrmachtsangehörige an der Moltkestraße Aufnahme.

### Hilfskrankenhäuser von Bretten bis Baden-Baden

Schon lange zuvor war das Gros der Kliniken aus Sicherheitsgründen in einer umfassenden Dezentralisationsmaßnahme in alle Winde verstreut worden. Seit dem Sommer 1941 befand sich ein Hilfskrankenhaus mit 120 Betten im „Christlichen Hospiz zum Herzog Berthold" an der Adlerstraße.[2] Die ärztliche Leitung dieses Hauses, das schon nach kurzer Zeit Infektionskrankenhaus für Erwachsene und Kinder wurde, hatte von November 1941 bis Kriegsende Dr. Rudolf Huffer. Bei dem Angriff vom 4. Dezember 1944 schwer beschädigt, mußte das „Christliche Hospiz" aufgegeben werden. Am 10. Dezember erfolgte die Verlagerung der etwa 80 Patienten und der noch intakten Einrichtung nach dem Thomashof.[3] (Über Erlebnisse Dr. Huffers bei Kriegsende vgl. auch „Der Krieg zieht sich von Karlsruhe zurück".)
Im März 1944 waren drei Abteilungen der medizinischen Klinik der Städtischen Krankenanstalten mit 50 Betten ins Mädchenheim der Inneren Mission in Bretten verlegt worden, wohin im Dezember auch das Röntgeninstitut nachfolgte. Im Juli 1944 war mit 120 Betten, ein Hilfskrankenhaus im Staatlichen Jugenderziehungsheim „Schloß Flehingen" eingerichtet, im Dezember des gleichen Jahres die Chirurgische Abteilung des Krankenhauses an der Moltkestraße mit 100 Betten ins ehemalige Wichernstift nach Weingarten verlegt worden. Schon im Frühjahr 1944 war auch die Wöchnerinnenstation verlegt und mit 66 Betten im Hotel „Kaiserin Elisabeth" in Baden-Baden eingerichtet worden.[4]
Baden-Baden schien mit seinem reichen Angebot an Hotels und Pensionen und dank des Fehlens fast jeglicher Industrie auch der geeignete Platz, um dorthin das Kinderkrankenhaus zu verlegen. Im Hotel „Frankfurter Hof" und in drei Fremdenheimen hat sich diese Klinik bereits im Dezember 1943 eingerichtet. Bei Höchstbelegung waren im „Frankfurter Hof" 120, in den drei Fremdenheimen je 50 Patienten unterzubringen. Das Baden-Badener Refugium platzte gleichwohl aus allen Nähten, als das – trotz der Evakuierungsmaßnahmen immer noch erhaltene – Stammhaus der Kinderklinik an der Karl-Wilhelm-Straße bei einem Bombenangriff auf die Oststadt am 8. September 1944 schwer getroffen und die dort untergebrachten Patienten, meist Infektionskranke, ebenfalls nach Baden-Baden verbracht worden waren. Zehn Kinder und eine Schwester waren bei dem genannten Angriff umgekommen.[5]
Ein Hilfskrankenhaus für Ausländer, um die Liste der von den Städtischen Krankenanstalten betreuten Häuser zu vervollständigen, befand sich seit Oktober 1943 in einem 120-Betten-Barackenlazarett in der Albuferanlage westlich Bulach, nach weitgehender Zerstörung durch einen Luftangriff seit Januar 1945 im ehemaligen Spital Durlach.[6]
Nach der Inbesitznahme des Areals an der Moltkestraße am Vormittag des 4. April durch die Franzosen durfte tagelang kein Arzt oder sonstiger Angehöriger des Personals das Krankenhaus verlassen. Der Tod des Hausmeisters Stahl (vgl. „Ich bin badischer Ministerpräsident") war die tragische Folge der unbeabsichtigten Nichtbefolgung dieses Befehls. Die Franzo-

sen richteten an der Moltkestraße ein Notlazarett ein und beschlagnahmten alle Lebensmittelvorräte. Die Versorgung der deutschen Verwundeten und Kranken war aus diesem Grund tagelang sehr kritisch. Immerhin erlaubten die Franzosen dem deutschen Personal noch drei Wochen lang die Mitbenutzung des Krankenhauses, bis dann am 23. April der Befehl zur Räumung kam. Ein Teil der deutschen Pfleger wurde von den Franzosen für deren Lazarett dienstverpflichtet.[7]

### Elendszug zur Lessingschule

Als Ausweichquartier für das Areal Moltkestraße hatten die Franzosen auf Vorschlag des Bürgermeisteramtes die Lessingschule an der Sophienstraße bestimmt. Diese Schule hatte während des Kriegs russischen Zwangsarbeitern als Unterkunft gedient und war wenige Tage zuvor frei geworden. Dr. Otto Ebbecke, damals Vertreter des Verwaltungschefs der Krankenanstalten, berichtet: *„Frauen aus allen Schichten der Bevölkerung waren es, die nun vom Dachgeschoß bis zum Parterre das Haus ausmisteten und Reinschiff machten. Es war auch der Badische Frauenverein vom Roten Kreuz, der half, und die Landesfrauenklinik konnte mit Betten und Zubehör aushelfen."*[8]

Die materielle Hilfe seitens der Landesfrauenklinik war allerdings auch dringend nötig angesichts der Tatsache, daß die Krankenhausverwaltung von der Moltkestraße außer Betten und Nachttischen praktisch nichts mitnehmen durfte. Der Transport der Schwerkranken und Verwundeten von der Moltke- zur Sophienstraße gestaltete sich zu einem einzigen Elendszug. Auf Handkarren, Pritschen und Leiterwagen, die von Hand gezogen oder geschoben wurden, lagen und saßen zwischen 30 und 40 gehunfähige Patienten. Den einzigen Krankenwagen, über den die Städtischen Krankenanstalten noch verfügten, zu benutzen, hatte man keinen Mut. Aus Furcht vor einer Beschlagnahme hatte man ihn sorgfältig versteckt. Hierzu Dr. Ebbecke: *„Was man erhalten wollte oder dringend brauchte, mußte in jenen Tagen unsichtbar gemacht werden."*[9] Für den Transport einiger Schwerkranker stellten die Franzosen jedoch einen Armee-Saniwagen zur Verfügung. Sie waren auch behilflich, indem sie auf Lastkraftwagen Betten zur Lessingschule fuhren.[10]

*„Recht und schlecht"*, wie es der spätere Verwaltungsinspektor Ludwig Stumpf charakterisiert, wurde danach die Lessingschule unter Verwaltungsdirektor Josef Wegel zum chirurgischen Hilfskrankenhaus eingerichtet. Die Verpflegung erfolgte aus im Schulhof aufgestellten kohlebeheizten Kesseln. Die damalige Krankenhaus-Telefonistin Helene Talmon versuchte beim Exodus aus der Moltkestraße von dort Bettücher nach der Lessingschule zu bringen. Ein mutiges, jedoch schlecht belohntes Unterfangen: Die „Diebin" wurde bei diesem Unternehmen von den Franzosen erwischt und zu 14 Tagen Gefängnis verurteilt. Dankbar war man in der Lessingschule andererseits dafür, daß die Franzosen dem Krankenhauspersonal erlaubten, die Sterilisierungsanlage im Anwesen Moltkestraße mitzubenutzen.

### Rückführung der evakuierten Kliniken

Die auswärts eingerichteten Hilfskrankenhäuser bestanden nach Kriegsende teils einige Wochen, teils noch längere Zeit weiter. Sie waren von der Zentralverwaltung, die sich seit dem 23. April 1945 ebenfalls in der Lessingschule befand, praktisch völlig abgeschlossen. Eine briefliche Mahnung der Verwaltungsdirektion vom 2. Juni an die Entbindungsanstalt in Baden-Baden, die sich auf die Lohnliste vom März d. J. bezieht, kennzeichnet die Situation jener Tage: *„Schon lange* [hätte] *irgendeine Person nach Karlsruhe zu Fuß* (!) *oder mit dem Fahrrad kommen können, um die Lohnliste zur richtigen Auszahlung in Empfang zu nehmen."*[11]

Die genannte Anstalt wurde auf Befehl der Franzosen, die das Hotel „Kaiserin Elisabeth" für das in Baden-Baden etablierte Hauptquartier beschlagnahmten, schon wenige Tage später, am 8. Juni, aufgelöst.[12] Aus gleichem Grund mußte bald auch das Kinderkrankenhaus von Baden-Baden nach Karlsruhe zurückverlegt werden: Am 30. Juni wurden das Hotel „Frankfurter Hof", in der ersten Augusthälfte auch die drei in Baden-Baden angemieteten Pensionen geräumt. In Räumen des nur aufs Notdürftigste instandgesetzten Anwesens Karl-Wilhelm-Straße sowie in einem Seitenflügel des Anwesens Blumenstraße 2a fand das Kinderkrankenhaus eine provisorische Unterkunft. Eine Entbindungsstation wurde mit 20 Betten in der Lessingschule eingerichtet.[13]

Im Sommer 1945 wurden auch die Hilfskrankenhäuser Bretten und Flehingen geschlossen. Patienten und Inventar wur-

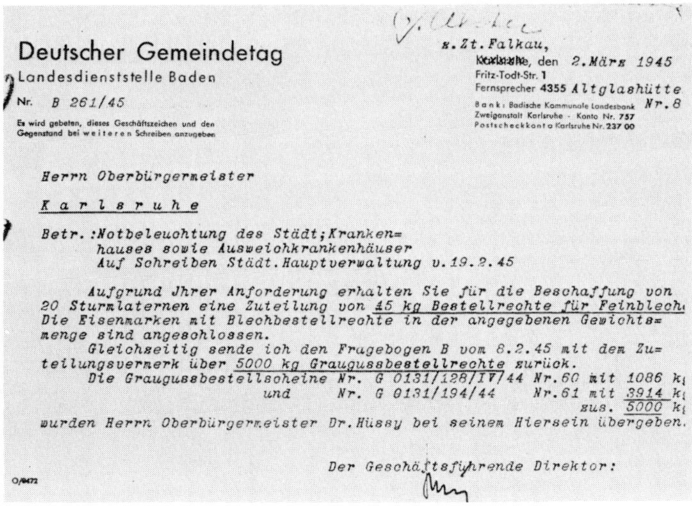

Deutscher Gemeindetag
Landesdienststelle Baden
Nr. B 261/45
Es wird gebeten, dieses Geschäftszeichen und den Gegenstand bei weiteren Schreiben anzugeben

z.Zt. Falkau,
Karlsruhe, den 2. März 1945
Fritz-Todt-Str. 1
Fernsprecher 4355 Altglashütte Nr. 8
Bank: Badische Kommunale Landesbank Zweiganstalt Karlsruhe - Konto Nr. 757
Postscheckkonto Karlsruhe Nr. 237 00

Herrn Oberbürgermeister

Karlsruhe

Betr.: Notbeleuchtung des Städt; Kranken=
hauses sowie Ausweichkrankenhäuser
Auf Schreiben Städt. Hauptverwaltung v. 19.2.45

Aufgrund Jhrer Anforderung erhalten Sie für die Beschaffung von 20 Sturmlaternen eine Zuteilung von 15 kg Bestellrechte für Feinblech. Die Eisenmarken mit Blechbestellrechte in der angegebenen Gewichtsmenge sind angeschlossen.

Gleichzeitig sende ich den Fragebogen B vom 8.2.45 mit dem Zuteilungsvermerk über 5000 kg Graugussbestellrechte zurück.

Die Graugussbestellscheine Nr. G 0131/128/IV/44 Nr. 60 mit 1086 kg
und Nr. G 0131/194/44 Nr. 61 mit 3914 kg
zus. 5000 kg
wurden Herrn Oberbürgermeister Dr. Hüssy bei seinem Hiersein übergeben.

Der Geschäftsführende Direktor:

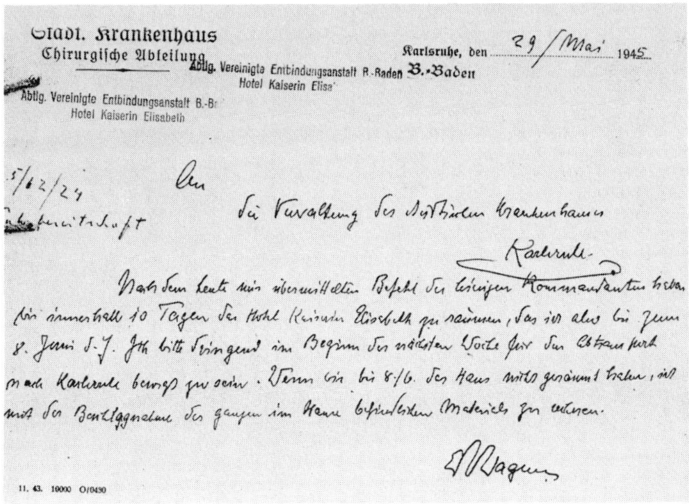

Städt. Krankenhaus
Chirurgische Abteilung
Abtlg. Vereinigte Entbindungsanstalt B.-Baden
Hotel Kaiserin Elisabeth

Karlsruhe, den 29/Mai 1945
B.-Baden

An
die Verwaltung des Städtischen Krankenhauses
Karlsruhe.

Nach dem heute mir übermittelten Befehl der hiesigen Kommandantur haben wir innerhalb 10 Tagen das Hotel Kaiserin Elisabeth zu räumen, das ist also bis zum 8. Juni d.J. Ich bitte dringend im Beginn der nächsten Woche für den Abtransport nach Karlsruhe besorgt zu sein. Wenn wir bis 8/6. das Haus nicht geräumt haben, ist mit der Beschlagnahme des ganzen im Hause befindlichen Materials zu rechnen.

Wagner

den ins Sybelheim gebracht, wo die Medizinische Hauptabteilung eine neue Bleibe fand.[14] Der Rückverlegung der drei Brettener Stationen der Medizinischen Abteilung setzte übrigens der damalige Brettener Bürgermeister Dr. Alfred Neff (Chef der Fa. Neff und späterer Präsident der Industrie- und Handelskammer Karlsruhe) energischen, aber vergeblichen Widerstand entgegen. Sein Vorschlag, diese Kliniken in Brettener Regie zu übernehmen oder sie mit Karlsruhe gemeinsam zu führen, fand im Bürgermeisteramt Karlsruhe verständlicherweise kein Gehör. Immerhin war auf solche Weise die Notwendigkeit eines eigenen Krankenhauses in Bretten schon zu einem Zeitpunkt reklamiert worden, als an eine Verwirklichung noch kein Mensch zu glauben wagte.[15]

Am längsten unter den während des Kriegs eingerichteten Hilfskrankenhäusern hielten sich jene in Weingarten und auf dem Thomashof. Nach der Verlegung der in Weingarten untergebrachten Chirurgischen Abteilung in die Lessingschule wurde das ehemalige Weingartener Wichernstift in ein Siechenkrankenhaus umgewandelt, in dem etwa 100 ältere Karlsruher Mitbürger Unterkunft fanden. Vergeblich protestierte der Weingartener Bürgermeister später bei Oberbürgermeister Veit gegen eine solche Verwendung des Hauses. Hermann Veit in einer Aktennotiz über die telefonisch übermittelte Weingartener Beschwerde: *„Die Gemeinde Weingarten würde dadurch mit Kosten belastet, weil häufig Beerdigungen stattfinden; außerdem sei es höchst unerwünscht, daß eine Reihe geistig offenbar beschränkter Personen sich im Heim aufhalten, die in der Gemeinde begreiflicherweise nicht gern gesehen werden."*

Die Einrichtung einer Entbindungsstation für Wöchnerinnen aus Weingarten und Umgebung sowie einer Unfallstation versöhnte die Weingartener jedoch möglicherweise mit dem ungeliebten Karlsruher Siechenkrankenhaus, das dann noch bis zum Jahr 1949 Bestand hatte. Genau ein Jahr lang nach Kriegsende wurde auch noch, mit einer Tuberkolose-Abteilung, das Hilfskrankenhaus auf dem Thomashof aufrechterhalten, doch schloß sich der Räumung durch die Stadt strittiger Miethöhe wegen noch ein zweijähriger Prozeß zwischen den Eignern des Thomashofs und der Stadt Karlsruhe an.

Während der französischen Besatzungszeit wurde neben der Lessingschule, wie schon erwähnt, auch das Sybelheim als Notkrankenhaus eingerichtet: Bis zu 150 Patienten wurden in den hier eingerichteten Stationen für innere Krankheiten betreut. Nach dem Mitte Juli 1945 vollzogenen Wechsel der Be-

**Sturmlaternen und Räumungsbefehl – zwei Dokumente aus schweren Zeiten des Städtischen Krankenhauses. Mit dem Schreiben vom 2. März 1945 genehmigt der nach Falkau evakuierte Deutsche Gemeindetag der Stadt Karlsruhe die Zuteilung von 15 kg „Bestellrechten" zur Anschaffung von Sturmlaternen als Notbeleuchtung. Knapp drei Monate später erhalten die nach dem Hotel „Kaiserin Elisabeth" in Baden-Baden verlagerte Chirurgie und Gynäkologie den Befehl zur Räumung des Hauses innerhalb von zehn Tagen.**

satzungsmacht befahlen die Amerikaner im Blick auf die hohe Zahl von Geschlechtskranken die Einrichtung eines eigenen Hilfskrankenhauses für Geschlechtskranke. Dieses wurde im September 1945 in den Gebäuden der Friedrich-Leopold- und Sophienstiftung an der Blumenstraße 2, das während der NS-Zeit Sitz eines Kriegsgerichts gewesen war, eröffnet. Bedarf und Andrang waren so groß, daß die Patienten – gleichzeitig bis zu 150 – in zweigeschossigen Bettstellen untergebracht werden mußten. Im Nachbargebäude, Erbprinzenstraße 17, wurde gleichzeitig eine Infektionsabteilung des Kinderkrankenhauses eingerichtet. Auch die Behelfs-Hautklinik an der Blumenstraße hielt sich sehr lange. Erst im Juli 1949 erfolgte ihre Rückverlegung nach der Moltkestraße.[16]

***Von Bomben schwer getroffen wurde das Städtische Kinderkrankenhaus. Im Bild der zerstörte Kapellenflügel.***

## Fünf Chefärzte suspendiert

Zu den Schwierigkeiten, die sich aus der Zerstückelung der Krankenanstalten, aus der Verlagerung von Teilbereichen und aus den innerhalb der Stadt eingerichteten Provisorien mit ihrer völlig unzureichenden Ausstattung ergaben, kamen enorme personelle Engpässe: Mitte Mai hatten die Franzosen fünf Chefärzte der Krankenanstalten wegen ihrer Zugehörigkeit zur NSDAP ihres Amtes enthoben, die Chirurgische und die Innere Medizin, das Kinderkrankenhaus, die Haut- und Geschlechtsabteilung sowie die Hals-Nasen-Ohrenabteilung waren verwaist.[17] In einem Schreiben vom 21. Mai bat deshalb Prof. Dr. Richard Böhmig, der neue ärztliche Direktor der Städtischen Krankenanstalten, den kommissarischen Bürgermeister Heinrich um umgehende Neubesetzung der Fehlstellen, *„weil sonst Ansehen, Ruf und Fortbestand des Städtischen Krankenhauses ernstlich geschädigt werden"*. Seiner Bitte glaubte Dr. Böhmig mit folgender Feststellung Nachdruck verleihen zu sollen: *„Durch Verlagerung mehrerer Abteilungen und Fehlen der Chefärzte fließt Krankengut mehr denn je den konfessionellen Krankenhäusern zu, bei denen die Rückverlagerung nicht so schwierig ist."* Nach und nach wurden für die bis dahin bestehenden Abteilungen sieben neue Chefärzte ernannt. Nur Prof. Böhmig, der Leiter der Prosektur, wurde von der Besatzungsmacht akzeptiert.
Das Bemühen der Stadt um Freigabe der Traditionsgebäude der Städtischen Krankenanstalten an der Moltkestraße ist gekennzeichnet von einer Serie von Wechselbädern aus Hoffnung, Versprechungen und Enttäuschungen. Als Anfang Juli durchsickerte, die Amerikaner würden in wenigen Tagen die Franzosen als Besatzungsmacht ablösen, war man im Rathaus an der Beiertheimer Allee voller Optimismus. Dies um so mehr, als ein amerikanischer Offizier schon am 9. Juli, noch vor Übernahme der Verantwortung durch die US-Army, die Freigabe der „Moltkestraße" in Aussicht gestellt hatte.[18] Vorsorglich nutzten jedoch Angehörige des Pflegepersonals im Krankenhaus Lessingschule die eineinhalb Tage zwischen dem Abzug der Franzosen und der Ankunft der Amerikaner im

Krankenhaus Moltkestraße, um den Krankenanstalten einen Teil der von den Franzosen nicht mitgenommenen Einrichtungsgegenstände und der zurückgelassenen Wäsche zu sichern.
Am 25. Juli wurde die beschlossene Freigabe der „Moltkestraße" dem von den Amerikanern ernannten Chef des öffentlichen Gesundheitsdienstes im Landeskommissariatsbezirk Karlsruhe, Dr. Alois Geiger, offiziell bekanntgegeben. Schon einen Tag später kam es zum Widerruf dieser Zusage. Eine der ersten Amtshandlungen von Oberbürgermeister Hermann Veit, der am 4. August in sein Amt eingeführt wurde, war der Antrag an die Amerikaner, anstelle des von ihnen als 302. Army-Hospital genutzten Areals an der Moltkestraße die Telegrafenkaserne als deutsches Krankenhaus zur Verfügung zu stellen. Der Antrag wurde insoweit genehmigt, als am 5. September drei größere Bauten für diesen Zweck freigegeben wurden. Das Hochbauamt begann mit Entwesungs- und Renovierungsarbeiten, und ein Schild am Haupteingang der Kaserne verkündete unmißverständlich: *„Off Limits! This building is reserved for the City-Hospital. By order of Military Government."*
Solch klarer Zweckbestimmung zum Trotz wurde die Telegrafenkaserne am 19. September voll beschlagnahmt. Der nach einer Intervention Veits verfügten Freigabe von acht Kasernenbauten, in denen 750 Krankenbetten hätten untergebracht werden können, folgte Mitte November die Belegung durch amerikanisches Militär.[19]

## Veit wehrt sich gegen Theaterbau für US-Soldaten

Mit Schreiben vom 5. November an die Militärregierung wehrte sich Oberbürgermeister Veit gegen einen Befehl der 7. US-Army an das städtische Hochbauamt, im Krankenhausareal ein Gebäude zu errichten, in welchem ein Theater für 400 Personen sowie eine Gymnastikhalle untergebracht werden sollten. Die Kosten des auf 470000 RM veranschlagten Projekts sollten zwar durch Einsatz deutscher Kriegsgefangener und Bereitstellung der erforderlichen Baumaterialien durch die Amerikaner auf 200000 RM gemindert werden. *„Auch dieser Aufwand"*, so Veit in seinem Schreiben, *„ist noch so erheblich, daß er im Hinblick auf die schwierige finanzielle Lage der Stadt eine äußerst schwere Belastung für uns darstellt."*[20]
Noch schwerwiegender sei jedoch im Blick auf die umfangreichen Zerstörungen in der Stadt der für das Vorhaben erforderliche Abzug von Fachkräften.
Veits nachhaltige Bitte um „Überprüfung" des Projekts, für das Kriegsgefangene bereits die Baugrube ausgehoben hatten, wurde erfüllt. Die Absicht, für verwundete und kranke Angehörige der amerikanischen Armee ein Theater zu bauen, wurde aufgegeben, nachdem die 7. US-Armee die Entscheidung getroffen hatte, die Gebäude an der Moltkestraße für den zivilen Gebrauch freizumachen. Die schriftliche Räumungsanweisung an das Hospital Nr. 113, das inzwischen das Krankenhausareal belegt hatte, erfolgte am 28. Dezember.[21] Tatsächlich dauerte es noch mehr als drei weitere Monate, bis die Amerikaner die Krankenanstalten geräumt hatten. Erst am 15. April 1946 konnte die Krankenhausverwaltung nach einem Großumzug von der Lessingschule, vom Sybelheim und vom Thomashof das Zentralkrankenhaus an der Moltkestraße wieder in Besitz nehmen – über ein Jahr nach der Beschlagnahme durch die Franzosen.

## Ordensschwester deckt Krankenhausdach

Mit jenen der Städtischen Krankenanstalten vergleichbar schwierige Zeiten hatten während des Kriegs und unmittelbar danach auch die anderen Karlsruher Krankenhäuser zu überstehen: Die Vincentius- und die Diakonissenkrankenhäuser sowie die Landesfrauenklinik.
Bei dem schweren Luftangriff in der Nacht zum 3. September 1942 waren beide Vincentius-Krankenhäuser getroffen worden, sehr schwer das alte Haus an der Karlstraße. In diesem war während des Kriegs allerdings ein Lazarett eingerichtet, weshalb es dort nur eine sehr eingeschränkte private Krankenbetreuung gab. Spätere Angriffe, vor allem jener vom 4. Dezember 1944, legten auch Teile des Neuen Vincentiuskrankenhauses an der Südendstraße in Trümmer. Die beherzte Oberin, Schwester Amalberga, fand jedoch immer wieder Wege, um die Versorgung der Kranken fortzuführen. Nach dem Angriff vom 4. Dezember beispielsweise wußte sie 6000 Ziegel zu beschaffen, und sie selbst deckte danach zusammen mit dem Gärtner *„unter ständiger Gefahr der Fliegerangriffe oder Beschießung durch die Jagdflieger"* große Teile der zerstörten Dächer wieder ein.[22]

Nach der vom Badischen Innenministerium Anfang 1944 erlassenen Verordnung zur „Auflockerung" der Krankenhäuser waren einige Stationen des Neuen Vincentiuskrankenhauses mit zunächst 90 Betten im März des gleichen Jahres in den „Tannenhof" bei Baden-Baden verlegt worden. Zum 1. Dezember mietete die Verwaltung Räume des Reichsbahn-Erholungsheimes in Baden-Baden hinzu. Nach dem Angriff vom 4. Dezember wurden auch die letzten – seit einigen Wochen im Luftschutzkeller des Neuen Vincentiushauses untergebrachten – Patienten dieses Krankenhauses aus Karlsruhe weggebracht. Sie kamen nach „Maria Halden", etwa 30 Minuten vom „Tannenhof" entfernt. Im Alten Vincentiuskrankenhaus zurückgeblieben waren neben einem Notlazarett Reste der Augenklinik unter Prof. Dr. Max Baurmann, der in den zehn Tagen nach dem Dezemberangriff rund 2000 an Rauchvergiftungen oder sonstwie verletzte Augenpatienten zu versorgen hatte.
Unter großen Schwierigkeiten erfolgte im Juni und Juli 1945 die Rückverlegung der Kliniken aus Baden-Baden nach Karlsruhe. Während im zerstörten Alten Vincentiuskrankenhaus bis auf weiteres nur eine ambulante Versorgung möglich war, hatten im neuen Haus Ende 1945 schon wieder 300 Patienten Aufnahme gefunden.

***Während das Alte Diakonissenkrankenhaus an der Sophienstraße stark zerstört wurde, kam das neue Haus in Rüppurr – im Bild mit dem Roten Kreuz auf dem Dach – glimpflich davon.***

### Französischer Hauptverbandsplatz im Diakonissenkrankenhaus

Das Diakonissenkrankenhaus Karlsruhe bestand seit dem Jahr 1933 aus zwei Häusern: Aus dem Stammhaus an der Sophienstraße, in dem bis auf weiteres die Gynäkologie und Geburtshilfe sowie die Kinder-, HNO- und Augenabteilung untergebracht waren, und dem neuen Haus in Rüppurr mit der Inneren Abteilung, der Chirurgie und der Bäderabteilung.[23] (Nach dem Bau der Frauenklinik und der Verlegung dieser letzten Abteilung nach Rüppurr wurde das Haus an der Sophienstraße im Jahr 1964 aufgegeben.)
Bis dahin unversehrt geblieben, wurden die beiden Häuser im September 1944 teils schwer, teils stark beschädigt. In hellen Flammen stand das Alte Diakonissenkrankenhaus nach dem schweren Angriff vom 27. September 1944. Dank des Umstandes, daß das Haus im Frühjahr 1944 eine Motorspritze erhalten und das Personal in abendlichen Übungsstunden den Umgang mit der Spritze erlernt hatte, konnte in dreitägigem Löscheinsatz verhindert werden, daß das Stammhaus völlig ausbrannte. Zwei Tage später, am 29. September, wurden im neuen Krankenhaus an der Diakonissenstraße alle Türen und Fenster zertrümmert und das Dach abgedeckt.[24]
Schon im April 1944 hatten auch die Diakonissenkrankenhäuser in Baden-Baden ein Ausweichkrankenhaus bezogen. Im dortigen Golf-Hotel wurden mit je 35 Betten sowohl eine chirurgische als auch eine Station für innere Krankheiten eingerichtet. Die Operationen wurden in aller Regel in Rüppurr durchgeführt, die Kranken danach nach Baden-Baden verlegt. Um die zahlreichen Verletzten vom Angriff des 4. Dezembers aufnehmen zu können, mußte das Diakonissenkrankenhaus wenige Tage später im hauseigenen Sanatorium „Höhenblick" in Baden-Baden eine weitere Krankenabteilung mit 35 Betten einrichten.
Nach der Besetzung der Stadt richteten die Franzosen in der chirurgischen Frauenabteilung in Rüppurr einen Hauptverbandsplatz ein. Die chirurgischen Fälle wurden, weil kein fran-

zösischer Chirurg vorhanden war, von Dr. Werner Kühlewein versorgt. Neben zahlreichen verwundeten französischen Soldaten wurden auch viele in Kriegsgefangenschaft geratene deutsche Soldaten behandelt und operiert. Als im Juli 1945 die französische von der amerikanischen Besatzung abgelöst wurde, drohte eine Beschlagnahmung des gesamten Hauses. Dr. Kühlewein: *„Durch zähes Verhandeln konnten wir dies abwenden."*[25] Die neue Besatzungsmacht gab sich statt dessen mit dem Areal der Städtischen Krankenanstalten an der Moltkestraße zufrieden.

## Entbindungssaal im Betonbunker

In der Landesfrauenklinik an der Kaiserallee, bei den Großangriffen des Jahres 1944 gleichfalls aufs schwerste getroffen, trotzte eine praktisch unzerstörbare Entbindungsstation allen Stürmen des Kriegs. Es handelte sich um einen massiven Bunker, der nach den Weisungen von Professor Dr. Georg Linzenmeier, dem Chefarzt der Klinik, gebaut worden war. Dr. Robert Volz beschreibt diesen Bunker als *„eine durch Laufgänge vom Hauptbau erreichbare und mit modernster Feuchtluftanlage, einem Lichtwerk, Pumpstation und Heizung versehene Festung, in der eng und doch leistungsfähig ein Operations- und Entbindungssaal sowie Vorbereitungsräume und Krankenzimmer untergebracht waren".*[26] In diesem Betonkern in der Tiefe der Landesfrauenklinik erblickten während des Kriegs, aber auch nach Kriegsende, viele hundert Karlsruher Kinder das – freilich vorerst nur künstliche – Licht der Welt. (Der Entbindungsbunker an der Kaiserallee erwies sich übrigens als so brauchbar, daß er noch zu Ende der 50er Jahre für sogenannte „Hausschwangere" – für Frauen, die für rund 75 Tage freiwilliger, leichter Arbeit Behandlung, Verpflegung, Entbindung und achttägige Ruhezeit erhielten – benutzt wurde.)

## Karlsruhe Schwerpunkt der Arzneimittelversorgung

Der Wiederaufbau des externen Gesundheitswesens war nach dem Zusammenbruch nicht weniger schwierig als jener in den Krankenhäusern. Der ohnehin bestehende Mangel an Ärzten – die meisten waren, zur Wehrmacht eingezogen, in Gefangenschaft geraten – wurde bald noch verstärkt durch das Verbot für politisch Belastete, ihre Praxis wiederzuöffnen. Gleiches galt für die Apotheken. Erst nach der Rückkehr unbelasteter Ärzte und Apotheker aus Gefangenschaft entspannte sich die Lage.

Von der französischen Militärregierung war zunächst Dr. Alois Geiger mit der Aufgabe betraut worden, sich um das Gesundheitswesen zu kümmern. Dr. Geiger war es auch, ein frei praktizierender Hautarzt, der unter der amerikanischen Besatzung den Auftrag erhielt, an der Blumenstraße das Hilfskrankenhaus für Geschlechtskranke einzurichten. Eine geradezu panische Angst der Amerikaner vor Infektionskrankheiten jeder Art stand lt. Dr. Otto Heck (* 1899) hinter allen Maßnahmen der Amerikaner auf dem Gesundheitssektor. Dr. Heck, seit 1944 Assistent, dann Leiter der Inneren Abteilung des Diakonissenkrankenhauses, wurde von Cpt. Arent, dem Gesundheitsoffizier der US-Militärregierung – Professor der Zoologie an einer amerikanischen Universität –, im Oktober 1945 mit dem Wiederaufbau des Staatlichen Gesundheitsamtes Karlsruhe beauftragt. Zwei Räume einer Wohnung in der Baumeisterstraße waren der erste Amtssitz. Die Umsicht des Gesundheitsoffiziers bezeichnet Dr. Heck bei aller übertriebenen Furcht vor ansteckenden Krankheiten als *„beispielhaft"*, die Zusammenarbeit mit ihm als *„sehr gut"*.[27]

In seiner Eigenschaft als Amtsarzt hatte sich Dr. Heck auch um die sehr schwierige Arzneimittelversorgung zu kümmern. Er wurde dabei außer von den Ärzten Dr. Otto Rist und Dr. Geiger – dieser wurde später zum Präsidenten der Ärztekammer ernannt – unterstützt von dem Apotheker Eduard Gerritzen, dem späteren Präsidenten der Apothekenkammer. Dieser betrieb in den Wochen vor und nach Kriegsende an der Kaiserstraße beim Marktplatz die einzige noch halbwegs intakte Notapotheke. Dem erschreckenden Mangel an Arzneimitteln aller Art begegneten die genannten Männer, von der Stadtverwaltung mit einem Holzvergaser ausgestattet, indem sie *„von der Nordsee bis zu den Alpen"* die für die Arzneimittelherstellung erforderlichen Grundstoffe aufspürten und nach Karlsruhe brachten, so beispielsweise Opium, Wismut, Jod und Chinin, Spiritus, Öle und Zucker.[28] Karlsruhe wurde dank dieser Initiativen zu einem Schwerpunkt der Arzneimittelbeschaffung und -versorgung, von dem aus auch Krankenhäuser und Apotheken in Südbaden und der Pfalz beliefert wurden.

# Unterm Sternenbanner

## Fraternisierungsverbot und Amiliebchen

Drei Monate nach der Besetzung Karlsruhes, am 7. Juli 1945, wurde die französische Besatzung durch amerikanische Truppen abgelöst. Vorausgegangen waren hartnäckige, aber letztlich erfolglose Bemühungen de Gaulles, die Hauptstädte der Länder Badens und Württembergs in französischer Hand zu behalten. Nicht zuletzt aus dem Willen, eine maximale französische Einflußzone in Süddeutschland zu schaffen, hatte der Chef des französischen Widerstands seine Armee angetrieben, allen Schwierigkeiten zum Trotz nördlich von Karlsruhe eilig über den Rhein zu setzen und Karlsruhe und Stuttgart in französische Hand zu bringen.[1] Als mit der Berliner Deklaration vom 5. Juni die Besatzungszonen endgültig festgelegt worden waren, weigerte sich de Gaulle zunächst strikt, der amerikanischen Aufforderung, Karlsruhe und Stuttgart zu räumen, Folge zu leisten. Auch eine Intervention von General Eisenhower, dem Oberkommandierenden der alliierten Streitkräfte in Deutschland, ja selbst eine Botschaft des amerikanischen Präsidenten Truman blieben ohne Erfolg. Wirkung hatte erst die Androhung einer Blockierung des Nachschubs für die französischen Streitkräfte in Deutschland.[2]
De Gaulle, der insgeheim gehofft hatte, möglicherweise ganz Baden und Württemberg französischer Kontrolle unterwerfen zu können, mußte dem Druck wohl oder übel nachgeben. Den Amerikanern war unabhängig von ihrer Entschlossenheit, die beiden Landeshauptstädte in ihrer Einflußsphäre zu haben, vor allem daran gelegen, die – bisher von den Franzosen beherrschte – Autobahn zwischen Karlsruhe und Ulm verläßlich in amerikanische Hand zu bekommen, Voraussetzung einer ungestörten Versorgung der in Bayern stationierten US-Streitkräfte. Entsprechend dieser Maxime wurden alle von diesem Autobahn-Teilstück durchzogenen Stadt- und Landkreise Badens und Württembergs der amerikanischen Zone zugeschlagen. Wobei sich sehr bald die für Karlsruhe schwerwiegenden Konsequenzen dieser Zonen-Grenzziehung zeigten (vgl. „Eingeschnürt in Zonengrenzen"). Am 7. Juli räumten die Franzosen Karlsruhe. Nur ein paar kleinere Einheiten blieben noch einige Tage zurück. Einen Tag später, am 8. Juli, wurde an der Hauptpost, dem ersten Sitz der US-Militärregierung in Karlsruhe, in einer feierlichen Zeremonie das Sternenbanner gehißt.[3]

### Kleiderabgabe für die Franzosen

Dem Abzug der Franzosen voraus ging eine Auflage des französischen Stadtkommandanten, die beträchtliche Verbitterung auslöste. Am 23. Juni hatte die Stadtverwaltung bekanntgegeben, daß jede deutsche Familie bis zum 25. Juni einen vollständigen Anzug mit Weste einschließlich Körperwäsche (1 Hemd mit Kragen, 1 Unterhose, 1 Krawatte, 1 Hut, 1 Paar Socken und zwei Taschentücher) sowie 1 Paar Schuhe *„in tadellosem Zustand"* abzugeben habe. Der Knielinger Dekan Fritz Kobe hierzu in einer Tagebuchnotiz vom 23. Juni: *„Nachdem wir seit Jahren nicht mehr in der Lage waren, etwas Neues von dem Geforderten anzuschaffen, bedeutete gerade diese Abgabe ein schweres Opfer."*[4] Bürgermeister Heinrich, der sich bei der Militärregierung bemühte, für entlassene KZ-Häftlinge und Fliegergeschädigte eine Befreiung von der Abgabepflicht zu erreichen, erhielt zur Antwort, der Befehl müsse so ausgeführt werden, wie er gegeben wurde. Schließ-

ten der Armee entwaffnet. Mit einer unter Leitung der UNRRA (= United Nations Relief and Rehabilitation Administration) gewährleisteten ausreichenden Ernährung schwand auch die Versuchung, sich in Geschäften oder Privathaushalten „einzudecken". Hatte zunächst das Ernährungsamt der Stadt die Lebensmittel für die DP's zu beschaffen, so setzten der Leiter des Ernährungsamtes I, Karl Walderich, und Alfred Behnle beim US-Stadtkommandanten Major Hallstein überraschend schnell die Versorgung der Ausländer aus US-Beständen durch.[12] Behnle selbst, ein ehemaliger Verpflegungsoffizier der Wehrmacht, wurde vom UNRRA-Chef für Nordbaden, Major Cammeron, mit der Verpflegung aller rund 100000 DP's im Landeskommissariatsbezirk Karlsruhe beauftragt. So groß war in der zweiten Julihälfte 1945 noch immer die Zahl der ausländischen Arbeiter, obschon von den bei Kriegsende in Deutschland vorhandenen 5,8 Millionen Verschleppten und Fremdarbeiter bis zum 2. Juli schon 3260000 in ihre Heimatländer zurückbefördert waren.[13] Mit der Übergabe der Verwaltung des Verpflegungslagers im Blickerbau an der Brauerstraße und einem Personal zwischen 80 und 100 Personen, die meisten von ihnen Polen, mit der Verantwortung vor allem für die Versorgung aller DP's war einem Deutschen ein für jene Zeit erstaunliches Vertrauen entgegengebracht worden. Was Behnle nicht wußte: Major Cammeron ließ sich in einmonatiger Beobachtung, die von Ende Juli bis Ende August 1945 dauerte, durch einen Deutschpolen und vier DP's Behnles korrekte Geschäftsführung bestätigen.

### Amerikaner – anfangs kalt und abweisend

Die Karlsruher nahmen den Wechsel der Besatzungsmacht mit unverhohlener Erleichterung zur Kenntnis. Die Zwangsabgabe an Kleidern und Wäsche hatte große Teile der Bevölkerung erneut gegen die Franzosen aufgebracht. Um so erstaunter waren sie, daß die Amerikaner ihnen mit unerwarteter Kälte, teilweise mit erkennbarer Verachtung und Feindschaft begegneten. Anders als die Franzosen, die sich – sieht man von den Übergriffen und Exzessen in den ersten Besatzungswochen ab – im persönlichen Verkehr mit den Deutschen umgänglich, oft auch hilfsbereit und vielfach geradezu freundschaftlich gaben, kapselten sich die Amerikaner entsprechend dem ihnen befohlenen Fraternisierungsverbot völlig ab. Über kurze Dienstgespräche hinaus gab es keinerlei Unterhaltung mit den Deutschen.

Emil Mangler, zu jener Zeit Leiter der Ratschreiberei im Rathaus: *„Wir hatten damals den Eindruck, daß die Ablösung der französischen Armee durch die Amerikaner für Karlsruhe in mancher Beziehung nachteilig war. Sie haben eine starke Beunruhigung in die Bevölkerung gebracht. In den Gesprächen mit amerikanischen Offizieren fehlte die menschliche Nähe und Wärme, wie sie bei den Franzosen durchweg üblich war."*[14] Und auch Oberrechtsrat Fritz Gut, der damalige „zweite Mann" im Rathaus, erinnert sich: *„Die Franzosen waren im persönlichen Verkehr sehr vornehm. Dies hörte unter den Amerikanern völlig auf. Nun wurde man zum Stadtkommandanten ‚befohlen', man erhielt dann die merkwürdigsten ‚Befehle'. So sollte ich einmal schnellstens eine Trompete besorgen. Dieser ‚Befehl' endete mit der Drohung: ‚Und wenn Sie das Instrument bis heute abend nicht haben, werden Sie eingesperrt.'"*[15]

Aufschlußreich auch die nachstehende Erinnerung Alfred Behnles über die erste Begegnung mit seinem Vorgesetzten, Major Cammeron, dem UNRRA-Chef für Nordbaden: *„Major Cammeron schritt die Treppe zu meinem Büro herauf. Ich stand auf und grüßte ihn freundlich in deutscher Sprache. Major Cammeron ging eilig an mir vorbei, schaute mich nicht an. Ich war für ihn Luft. Grußlos verließ er mein Büro wieder . . . Immer wenn Major Cammeron kam, fühlte ich den Haß, den er gegen alle Deutschen empfand."* Nicht weniger bezeichnend das Verhalten der amerikanischen Sekretärin im UNRRA-Büro, die es, obwohl sie perfekt deutsch sprach, ablehnte, Behnle selbst oder dessen Sekretärin anzusprechen, statt dessen ihren eigenen Chef bei der Vermittlung von Auskünften durch die deutschen Mitarbeiter einspannte.[16]

An der da und dort zu spürenden Verachtung der Sieger gegenüber den Besiegten waren die Letzteren allerdings nicht immer schuldlos. Es gab, vor allem im Zusammenhang mit Vernehmungen von NS-Funktionären durch die Amerikaner, viele Fälle von Charakterlosigkeit und Unterwürfigkeit. Max Singer, damals in der Bezirksstelle Innenstadt-Ost tätig, berichtet, kaum einer der Parteigenossen, die in der Bezirksstelle in seinem Beisein von amerikanischen Offizieren vernommen wurden, sei zu dem gestanden, was er war und tat. Viele hätten sich kaum glaubhafte Demütigungen gefallen lassen. Ein Vorkommnis ist Singer in besonders guter Erinnerung. Bei der Vernehmung eines „alten Kämpfers" habe der betreffende Offizier wiederholt versichert, wenn etwas verlangt werde, was gegen die Menschlichkeit verstoße, brauche dies nicht ausgeführt zu werden, die Nichtausführung werde nicht geahndet. Dennoch befolgte der NS-Funktionär in dieser Situation die Aufforderung des US-Offiziers, sich auf Hände und Füße niederzulassen. Noch einmal erinnert, er brauche einen Befehl, der gegen die menschliche Würde verstoße, nicht auszuführen, wurde der Karlsruher daraufhin aufgefordert, in der nun eingenommenen Stellung zu bellen wie ein Hund. Und dies geschah dann zum Entsetzen der Beobachter auch tatsächlich.[17]

Eindeutig waren Verhaltensmaßregeln, die der deutschen Zivilbevölkerung von der neuen Besatzung gegeben wurden. In Nr. 2 der „Military Government Gazette", dem Amtsblatt der Militärregierung für den Landeskommissariatsbezirk Karlsruhe, heißt es in einer „Die Stellung der Fahne" überschriebenen Anordnung: *„Zu Feierlichkeiten, bei welchen die* (amerikanische; d. Verf.) *Nationalhymne oder ein ähnliches Fahnenlied irgendeiner vereinten Nation gespielt wird, haben die männlichen Zivilisten, einschließlich der Deutschen, die Kopfbedeckung abzunehmen und stillzustehen. Sie haben auch dann stillzustehen, wenn eine entrollt getragene Fahne oder Standarte irgendeiner Nation an ihnen vorübergetragen wird . . ."*[18] In der gleichen Anordnung wurde der Zivilbevölkerung untersagt, Angehörige der deutschen Streitkräfte, also Kriegsgefangene, zu grüßen.

In jener Zeit trugen viele aus Kriegsgefangenschaft heimgekehrte Soldaten mangels anderer Kleidung Uniformstücke. Die Amerikaner verfügten jedoch, deutsche Uniformen dürften nur getragen werden, wenn sie gefärbt und *„nicht ohne weiteres"* als Uniform erkennbar wären.[19]

**Wiedereröffnung der Bäder**

Bezeichnend für die bewußte Distanzierung des Siegers gegenüber dem Besiegten ist auch die Tatsache, daß die Amerikaner das – im Dezember 1944 geschlossene, im Juli 1945 wieder geöffnete – Vierordtbad monatelang ausschließlich zur eigenen Benutzung reservierten. Erst im Dezember wurde der Zivilbevölkerung erlaubt, im Vierordtbad medizinische Bäder zu nehmen und die Wannenbad-Abteilung zu benutzen.[20] Ein Wannenbad I. Klasse kostete –,90 RM, ein Wannenbad II. Klasse –,50 RM. Die Schwimmhalle sowie die Kurabteilung blieben jedoch noch über das Jahr 1945 hinaus den Amerikanern vorbehalten. Für die Karlsruher eine enttäuschende Regelung angesichts der Tatsache, daß das zweite Hallenbad, das Friedrichsbad, bei dem Angriff vom 4. Dezember 1944 völlig zerstört worden war.

Im Gegensatz zum Vierordtbad waren die Freibäder schon frühzeitig auch für die Karlsruher wiedereröffnet worden. Auf Weisung der französischen Besatzungsmacht hatten die „Schwimm- und Sonnenbäder Durlach und Rheinhafen" am 13. bzw. 16. Juni ihre Tore geöffnet.[21] Diese Bäder wurden auch von den französischen Soldaten eifrig benutzt, doch vergnügten sich diese badend auch gerne in den in allen Stadtteilen vorhandenen, erst im Laufe des Sommers abgeräumten Feuerlöschteichen. Das Rheinstrandbad Rappenwört, auf dessen Wiedereröffnung die französische Militärregierung die Stadt immer wieder gedrängt hatte, konnte wegen der Notwendigkeit, die dort zahlreich vorhandenen, zu Beginn des Jahres gebauten Stellungen sowie Sperren gegen ein Übersetzen des Gegners über den Rhein zu beseitigen, erst in der zweiten Augusthälfte, unter der amerikanischen Militärregierung, freigegeben werden.[22]

Der Besuch der Freibäder war allerdings mehr als bescheiden. Wurden in Durlach während des Sommers 1945 immerhin 10615 deutsche Badegäste gezählt, so beliefen sich die Zahlen im Rheinhafenbad und in Rappenwört auf nur 3207 bzw. 1459 Personen. Im Vierordtbad wurden jedoch im Jahr

---

*„Ein Höhepunkt der letzten Tage war ein Besuch im Zirkus . . . An die Tatsache, daß bei den Veranstaltungen „Amerika" stark vertreten ist, müssen wir uns gewöhnen . . . Was „Amerika" tut, wird von uns natürlich stark kritisiert! Da heißt es, „die rauchen", wo doch überall steht „no smoking" – ein anderer sieht, daß sie mit dem Beifall sehr spärlich sind, und wieder jemand merkt, daß sie fest geklatscht haben usw. Auf alle Fälle gefiel es mir, daß sie den Kindern, die im Zirkus auftraten, viel Süßigkeiten zuwarfen. Die Kleinen hatten ihre helle Freude, das ist auch kein Wunder in unserer armen Zeit."*

Marianne Kiefer, Tagebucheintrag vom 29. September 1945 (Privatbesitz)

---

1945 127 987 Badegäste gezählt – Beweis für die Badefreudigkeit der amerikanischen Soldaten. Das vom Prießnitzverein (Naturheilverein) im Jahr 1908 auf Bundesbahngelände an der Alb zwischen Dammerstock und Beiertheim errichtete, wegen Zerstörung durch Bombenangriffe seit 1944 nicht mehr benutzbare „Luft-, Sonnen- und Schwimmbad" wurde nicht mehr instandgesetzt. Das Areal wurde angesichts der ungenügenden Lebensmittelversorgung in ein Kleingartengelände verwandelt und an Bahnbedienstete verpachtet.[23]

## 2000 Wohnungen beschlagnahmt

Hatten die Franzosen noch während ihrer Besatzungszeit eine Anzahl der von ihnen im Sperrbezirk nördlich der Kaiserallee belegten Wohnungen wieder freigegeben, so kam es unter den Amerikanern zu einer Welle neuer rigoroser Wohnungsbeschlagnahmungen. Die Amerikaner suchten hierfür gezielt Ein- und Zwei-Familienhäuser in bester Lage aus. Folgerichtig mußten vor allem in Rüppurr, in Weiherfeld, am Hanggebiet von Durlach sowie in der Weststadt zahlreiche Häuser geräumt werden, oft straßenweise. Nicht weniger als 2000 Wohnungen wurden von den Amerikanern belegt.[24] Hatten die Franzosen den Inhabern da und dort immerhin Zutritt zu ihren Wohnungen erlaubt, durften manche sogar in einem oder zwei Räumen neben den Franzosen wohnen, so verwehrten die Amerikaner jedem Deutschen rücksichtslos den Zutritt zu den beschlagnahmten Wohnungen. Die Order, kein Amerikaner dürfe mit einem Deutschen ein persönliches Wort sprechen, wurde zur Enttäuschung der aus ihren Wohnungen Vertriebenen strikt auch ihnen gegenüber befolgt. Erst nach der Weisung Eisenhowers in einer Botschaft an das Deutsche Volk vom 6. August 1945, *„Militärpersonen"* unter seinem Befehl sei ab sofort *„gewöhnlicher Umgang"* mit den Deutschen gestattet, beendete nach und nach die den Amerikanern im Verkehr mit den Besiegten verordnete „Eiszeit".[25]

## Geschlechtskrankheiten nehmen überhand

Die Kehrseite der Liberalisierung ließ nicht lange auf sich warten. Sehr schnell entstand ein Problem, das den wenigen vorhandenen Ärzten schon unter den Franzosen zu schaffen gemacht hatte: Die Geschlechtskrankheiten nahmen überhand. Wie ein Kometenschweif folgten vielen GI's aus deren früheren Standorten ganze Scharen erlebnishungriger, nach Schokolade, Erdnußbutter und Chesterfields gierigen deutschen Mädchen. Die „Amiliebchen", wie sie schnell genannt wurden, fanden teils in beschlagnahmten Wohnungen, meist jedoch – mit US-Lebensmitteln und Zigaretten als Lockmitteln – als Untermieterinnen in Wohnungen von Karlsruhern Unterkunft. Da viele von ihnen geschlechtskrank waren, lag auch der US-Militärregierung daran, die Plage einzudämmen. Am 25. August, einem Samstag, führte deshalb deutsche und amerikanische Polizei in allen Lokalen, Parks und öffentlichen Straßen eine Großrazzia nach Frauen und Mädchen durch, die verdächtig waren, Umgang mit amerikanischen Soldaten zu pflegen. Hierbei wurden rund 500 Frauen und Mädchen angetroffen, von denen ein Großteil geschlechtskrank war.[26]

In einer Entschließung vom 29. August wurde Bürgermeister Riedinger vom Oberbürgermeister beauftragt, Maßnahmen vorzuschlagen, wie einer Gefährdung der allgemeinen Volksgesundheit begegnet werden könne. *„Gegebenenfalls"*, so heißt es in einer Entschließung, *„ist mit den kirchlichen und caritativen Verbänden in Verbindung zu treten und diese um Mitarbeit zur Überwindung dieses moralischen Tiefpunktes zu ersuchen."* Das Bezirksverwaltungsamt wurde gleichzeitig beauftragt, Vorkehrungen zu treffen, um solche Frauen und Mädchen zur Pflichtarbeit heranzuziehen.

Der Befehl der Militärregierung zur Einrichtung eines Hilfskrankenhauses für Geschlechtskranke in der Blumenstraße (vgl. „Odyssee der Krankenanstalten") und dessen Eröffnung im September 1945 vermochte das Übel naturgemäß nicht zu beseitigen. In einem Tätigkeitsbericht der 16 Bezirksverwaltungen vom 11. Oktober führt der Bezirksvorsteher von Innenstadt West aus: *„In letzter Zeit mehren sich die Fälle, daß eine große Zahl von Frauen durch Razzien erfaßt werden, wobei festgestellt wurde, daß sie in großer Zahl geschlechtskrank sind, und trotzdem verkehren sie ausschließlich bei amerikanischen Soldaten."* Im gleichen Bericht heißt es aus Rüppurr lapidar: *„Am 24. 9. wurde durch die amerikanischen Truppen eine Razzia im neuen Viertel durchgeführt, wobei 15 Frauen verhaftet wurden, die den amerikanischen Truppen aus dem Rheinland nachgereist waren und sich hier ‚wild' aufhielten. Bei der Untersuchung stellte sich heraus, daß 7 Frauen geschlechtskrank und 4 schwanger waren."*

## 5000 Decken für DP's in Knielingen

Schon wenige Tage nach der „Wachablösung" wurde das Internierungslager Knielingen geschlossen. NS-Funktionäre kamen nach den Internierungslagern Ludwigsburg und Kornwestheim. In die Knielinger Kasernen wurden zunächst DP's eingewiesen. Als sich im Sommer 1945 zur Besichtigung dieses Lagers General Eisenhower anmeldete, forderte der Lagerkommandant das Wirtschafts- und Beschaffungsamt auf, 5000 Decken zu besorgen. *„Wenn diese nicht beschafft werden könnten"*, so protokollierte Alfred Behnle die Drohung des Lagerkommandanten, *„wird General Eisenhower wahrscheinlich den Befehl geben, entsprechend viele Decken bei der Karlsruher Bevölkerung und den Karlsruher Krankenhäusern zu requirieren."* Als alle anderen Bemühungen scheiterten, riet der Verpflegungsoffizier der UNRRA, Major Anderson, die Decken vorübergehend aus dem US-Hospital in den Krankenanstalten an der Moltkestraße zu entleihen. Unter großen Bedenken willigte die leitende Chefärztin ein. Behnle zu diesen Coup: *„Wir konnten die Decken in Empfang nehmen, mit dem Lastwagen nach der Knielinger Kaserne verbringen und dort pro Person zwei Decken verteilen. Natürlich war es unangenehm, die Decken vier Wochen nach der Besichtigung des General Eisenhower wieder zurückfordern zu müssen. Doch eine für die Karlsruher Bevölkerung unter Umständen schlimme Situation hatte vermieden werden können. General Eisenhower war ja zur damaligen Zeit als Deutschenhasser bekannt."*[27]

***Männliche und weibliche Angehörige der US-Armee halten sich anfangs strikt an das ihnen auferlegte Fraternisierungsverbot.***

## Organisation der US-Militärregierung

Die amerikanische Militärverwaltung brauchte in Nordbaden, und speziell in Karlsruhe, lange, bis sie ihre endgültige organisatorische Form gefunden hatte. Und dies, obschon die für die Zivilverwaltung in Deutschland vorgesehenen Offiziere schon seit dem Jahr 1944 in Manchester für ihre Aufgabe geschult worden waren. Die Leitung des Trainingsprogramms für die Zeit nach der Besetzung Deutschlands hatte in den Händen des damaligen Majors William Dawson gelegen, eines Professors der Rechtswissenschaften, der im Herbst 1945 die Führung der Militärregierung im Bereich des neugeschaffenen Landes Württemberg-Baden in Stuttgart übernahm.

Die Gründe der anfänglichen organisatorischen Unsicherheit waren vor allem im Vorgehen der Franzosen zu suchen: *„Die eigenmächtige und mit den Verbündeten nicht abgesprochene Besetzung von Südbaden und Südwürttemberg-Hohenzollern durch französische Truppen machte die amerikanischen Pläne für den Aufbau einer Militär- wie auch Zivilverwaltung teilweise zunichte."*[28] Tatsächlich hatte Col. Walters von der European Civil Affairs Division (ECAD), wie sich die für die Übernahme der Zivilverwaltung gebildete Truppe nannte, am 6. April, zwei Tage nach der Besetzung der Stadt durch die Franzosen, mit seinem Detachment G 1 E 2 versucht, in Karls-

ruhe eine amerikanische Verwaltung einzurichten. Er hatte damit jedoch offensichtlich keinen Erfolg. Der Grund: Die Franzosen hatten die Stadt sofort vollständig unter ihre Kontrolle gebracht. Die normative Kraft des Faktischen veranlaßte Walters, die Verwaltung am 26. April auch offiziell der französischen Armee zurückzugeben. Am 6. Juli, schon ein Tag vor dem offiziellen Wechsel der Besetzung, kehrte das genannte Detachment nach Karlsruhe zurück und begann am 8. Juli mit seiner Arbeit, nun allerdings, unter Colonel Sottong, für den gesamten amerikanisch besetzten Teil des Landeskommissariatsbezirks Karlsruhe. Ihm gehörten die Stadt- und Landkreise Karlsruhe und Pforzheim sowie der Landkreis Bruchsal an. Der reichen Palette von Ministerien einer großen Regierung vergleichbar, war die Militärverwaltung, die ab dem 1. Oktober die Bezeichnung „Office of Military Government" (OMG) erhielt, in 15 Ressorts aufgeteilt mit Aufgabenbereichen wie Verwaltung, Wirtschaft, Finanzen, Justiz, Soziales, Schulen und Kirchen, Kultur usw. Je ein Detachment gab es für den Stadt- und Landkreis Karlsruhe, letzteres mit Sitz in Ettlingen, wo auch der Landrat residierte.
Erst am 11. Oktober wurde Karlsruhe, wo sich inzwischen die von den Amerikanern eingesetzte Landesverwaltung für Nordbaden etabliert hatte (vgl. „Karlsruhe verliert den Rang der Landeshauptstadt"), anstelle von Mannheim, Sitz der US-Militärregierung für ganz Nordbaden (Office of Military Government for North Baden = OMGNB). Dies geschah unter gleichzeitiger Auflösung der Militärverwaltung für den Landeskommissariatsbezirk Karlsruhe. Weitere Zentralisierungen waren im November die Vereinigung des Detachments für Karlsruhe-Land mit jenem von Karlsruhe-Stadt und im Februar 1946 schließlich die Auflösung der Militärregierung Nordbaden. Von diesem Zeitpunkt an waren die Detachments der Kreise direkt der Militärregierung für Württemberg-Baden (OMGWB) unter dem – inzwischen zum Oberst avancierten – William Dawson unterstellt.

### Deutsche Gerichte wiedereröffnet

In den ersten Monaten nach dem Zusammenbruch lag die Gerichtsbarkeit ausschließlich bei der Besatzungsmacht. Am 14. Juni hatte die französische Militärregierung in Karlsruhe ein „Mittleres Militärgericht" eröffnet. Bei dieser Gelegenheit erklärte ein ohne Namensangabe als „Oberst und Adjutant beim Kommandierenden General" genannter Offizier zu der Frage, ob *„der zwischen Frankreich und Deutschland aufgerissene Abgrund jemals eines Tages überbrückt werden kann: Die Antwort wird von Deutschland kommen, sie muß von Deutschland kommen."*[29]
Mitte Juli, nur wenige Tage nach dem Wechsel der Besatzung, nahm in Karlsruhe ein „Einfaches Militärgericht" der amerikanischen Militärregierung seine Arbeit auf. In Sitzungen, die jeweils dienstags und donnerstags im Landgericht stattfanden, wurden Vergehen aller Art behandelt, in der Mehrheit Übertretungen der Ausgangsbeschränkung, die in der Regel mit 100 RM Geldstrafe oder 10 Tagen Haft geahn-

**Vor der Hauptpost übernehmen die Amerikaner am 8. Juli in einer feierlichen Zeremonie die Besatzungshoheit für Karlsruhe-Stadt und -Land.**

det wurden. Hierbei handelte es sich vorwiegend um „Amiliebchen", die von der US-Militärregierung in den Sperrstunden – diese waren seit dem 19. Juli auf die Zeit von 21.30 bis 5 Uhr, ab 24. Juli auf die Zeit von 22.30 bis 5 Uhr reduziert – auch dann festgenommen wurden, wenn sie sich in Begleitung amerikanischer Soldaten befanden.
Die regelmäßig in der „Military Government Gazette" veröffentlichten Urteile ahndeten Delikte wie „Ungehorsam" gegenüber Organen der Militärregierung (14 Tage Gefängnis), „Unhöflichkeit gegenüber deutscher Polizei" (30 RM Geldstrafe oder 3 Tage Haft) und „Schwarzmarkt" (5000 RM Geldstrafe oder 6 Wochen Haft). Andere Vergehen waren „Nazigruß" (14 Tage Gefängnis), „Falsche Angaben auf dem Fragebogen" (zwischen einem halben und einem Jahr Gefängnis) oder „Beleidigung und Nichtrespektierung von Alliierten" (ein Jahr Gefängnis).[30]
Das gleiche „Einfache Militärgericht" enthob *„mit Wirkung vom 5. 10. 45, 12 Uhr"* den in Ettlingen residierenden Landrat des Landkreises Karlsruhe, Fritz Strauss, wegen falscher Angaben bzw. Betrugs seines Postens. Zum gleichen Zeitpunkt berief die Militärregierung den Brettener Industriellen Dr. Alfred Neff zum Landrat.[31]
Schon am 29. August hatten die Amerikaner mit der Wiedereröffnung des Landgerichts Karlsruhe sowie der Amtsgerichte Karlsruhe, Ettlingen, Bruchsal und Pforzheim eine deutsche Gerichtsbarkeit zugelassen. Oberst Sottong führte in einer Feier im Schwurgerichtssaal des Landgerichts Dr. Ludwig Ganter, den Ende Mai von den Franzosen mit der Leitung des Justizministeriums beauftragten Ministerialdirektor, in sein Amt als Landgerichtspräsident ein. Mit ihm wurden 18 weitere Richter bzw. Staatsanwälte ernannt. Oberst Sottong sprach bei dieser Gelegenheit den Wunsch aus, *„daß die Bevölkerung des Landeskommissariatsbezirks Karlsruhe die Eröffnung der Gerichte als Symbol betrachtet für das Tempo des Wiederaufbaus aller anderen Einrichtungen, die dazu dienen, Deutschland einen Platz in der Familie der Völker sicherzustellen"*. Der neue Landgerichtspräsident Dr. Ludwig Ganter aber erklärte in seiner Gegenrede: *„Der heutige Tag bedeutet für unseren Bezirk den Anfang einer Entwicklung, deren Inhalt die Abwehr von dem Rechtsgedanken und den Rechtsgestaltungen der letzten zwölf Jahre und die Rückkehr zu den Ideen und Anschauungen der zweiten Hälfte des letzten Jahrhunderts sein muß"*.[32]

## Hermann Veit Oberbürgermeister

Josef Heinrich, der 67jährige Chef der Stadtverwaltung, ließ aller Wahrscheinlichkeit nach die amerikanische Militärregierung bei der er sich wöchentlich mehrmals seine Weisungen zu holen hatte, nicht im Zweifel, daß er das Amt des Bürgermeisters nur kommissarisch übernommen habe. Hatte er doch beispielsweise am 25. Juni 1945, bei seiner ersten Besprechung mit den Bezirksvorstehern versichert, daß er sich um diesen Posten nicht bemüht habe und sich auch nur *„als Wegbereiter für einen anderen, der nach mir kommt"*, betrachte. Dieser, so meinte Heinrich, werde es leichter haben als er. Zu seiner Ablösung werde es dann kommen, wenn der Bürgermeister wieder (indirekt) vom Volk gewählt werden dürfe. Es sei zu hoffen, daß diese Zeit wieder kommen werde.[1]
Die Zeit für freie Wahlen hielt die amerikanische Militärregierung vorerst noch nicht gekommen. Andererseits schien den führenden Leuten der zunächst in losen Zirkeln sich neu formierenden demokratischen Parteien der Wechsel der Besatzungsmacht der gegebene Zeitpunkt, um statt des vom NS-Bürgermeister Dr. Hüssy vorgeschlagenen und von den Franzosen beauftragten (als Parteiloser von einigen der Bezirksvorsteher jedoch nur widerwillig akzeptierten) Josef Heinrich einen befähigten Mann aus ihren Reihen an die Spitze der Verwaltung zu bekommen. Dem ersten Kreis von Männern ohne „braune Flecken", die sich um das kommunalpolitische Geschehen kümmerten, gehörten u. a. an: August Franz Hoffmann, Karl Konz, Fritz Töpper und Hermann Veit von der SPD, Fridolin Heurich, Dr. Siegfried Kühn und Franz Sprauer vom ehemaligen Zentrum, Prof. Albert Keßler und Karl Trautwein von der DP, sowie Berthold Riedinger und Fritz Aschinger von der KPD. Männer dieses Kreises hatten sich schon während der französischen Besatzungszeit getroffen, um zu beraten, was geschehen müsse, wenn die Parteien wieder Einfluß auf die Geschicke der Stadt nehmen könnten.
Am 16. Juli erhielten neun Angehörige des obengenannten Kreises von der US-Militärregierung die Order, sich in der Wohnung von Hermann Veit, Akademiestraße 17, einzufin-

den. *„Ohne Umschweife wurde ihnen erklärt, daß sie eine Persönlichkeit als Oberbürgermeister vorzuschlagen hätten."*[2] Diese einigten sich innerhalb nur weniger Minuten auf die Person von Hermann Veit. Frau Erika Veit (*1901) erinnert sich: *„In diesem Büro haben sie einstimmig beschlossen, ihn zum Oberbürgermeister vorzuschlagen. Als er zu uns in die Küche kam und uns dies sagte, haben wir alle geheult."*[3] Weder Frau Veit noch die damals 13- und 15jährigen Kinder des Ehepaars wünschten, daß Hermann Veit dieses Amt übernehme.

## Dank an den kommissarischen Bürgermeister

Doch Hermann Veit, im Urteil aller, die ihn kannten, der qualifizierteste Mann für das vorgesehene Amt, stellte sich der schweren Aufgabe. Mit einer Jüdin verheiratet, hatte der bekannte Rechtsanwalt während der NS-Herrschaft ebenso wie Reinhold Frank immer wieder Gegner des Nationalsozialismus vor Gericht verteidigt. Daß die Franzosen ausgerechnet auch ihn vorübergehend internierten (vgl. „Interniertenlager und Gefängnis"), war offensichtlich ein aus der Turbulenz der ersten Besatzungszeit herrührendes Versehen. Die amerikanische Militärregierung jedenfalls akzeptierte den Vorschlag des Karlsruher „Wahlkollegiums" und führte Hermann Veit schon am 3. August im Amtsgebäude des Stadtkommandanten (im ehemaligen Bankhaus Veit L. Homburger) offiziell in sein Amt ein.[4]
An der Amtseinführung nahmen der Chef der US-Militärregierung in Nordbaden, Generalmajor Stroh, der Kommandant der Militärregierung für das Landeskommissariat Karlsruhe, Oberst George V. Sottong, sowie der Kommandant der Militärregierung für den Stadtkreis Karlsruhe, Major Maxwell S. Pullen, teil. Von deutscher Seite waren Vertreter der sich neu formierenden staatlichen Behörden sowie städtische Amtschefs zur Stelle. Wie wichtig den Amerikanern dieser Akt war, mag man daraus erkennen, daß die bevorstehende Ernennung Veits zum Oberbürgermeister im Amtsblatt der Militärregierung schon am Tag zuvor, am 2. August, gemeldet wurde. Major Pullen eröffnete die denkwürdige Sitzung mit einer Erklärung, in der es u. a. hieß: *„Wir sind nun drei Wochen hier und haben gemerkt, daß Bürgermeister Heinrich unseres Vertrauens und des Vertrauens der Bevölkerung vollkommen würdig ist. Jetzt beginnt ein neuer Zeitabschnitt, in dem Deutschland lernen muß, was Demokratie heißt und bedeutet. Es ist selbstverständlich, daß in diesem Zeitabschnitt die politische Tätigkeit ein breites Feld einnehmen muß. Aus diesem Grund haben wir uns entschlossen, als Oberbürgermeister einen Mann zu ernennen, der besonders große politische Erfahrung hat. Nach vielen Besprechungen mit den Vertretern der Stadt Karlsruhe hat die Militärregierung folgende Entscheidung getroffen: Wir stellen Ihnen hiermit einen Mann vor, der sich des vollsten Vertrauens der Karlsruher Bevölkerung erfreut, und benennen als Oberbürgermeister der Stadt Karlsruhe Hermann Veit."*[5]
Der kommissarische Bürgermeister Josef Heinrich bestätigte bei dieser Gelegenheit, daß er die Übertragung des Amtes an ihn nur als vorübergehende Lösung betrachtet habe: *„Ich habe die verantwortungsvolle Aufgabe seinerzeit ohne persönliche Motive, in der Gewißheit einer zeitlichen Begrenzung meiner Tätigkeit übernommen, denn mir war klar, daß die oberste Leitung der Stadtverwaltung – früher oder später – parteipolitisch ausgerichtet werden muß bzw. wird."* Hermann Veit seinerseits beschränkte seine kurze Ansprache auf den Dank gegenüber seinem Vorgänger: Bürgermeister Heinrich habe in aufopferungsvoller, rastloser Arbeit die Grundlagen für eine neue Stadtverwaltung gelegt, auf denen man auf-

MILITARY GOVERNMENT GAZETTE - GERMANY

Amtsblatt der Militärregierung - Deutschland

For the Cities of Karlsruhe and Pforzheim and the Landkreise Karlsruhe, Bruchsal, Pforzheim — Published at Karlsruhe by Det. G 1 E 2

Für die Städte Karlsruhe und Pforzheim und die Landkreise Karlsruhe, Pforzheim und Bruchsal. — Herausgegeben von der Militärregierung Karlsruhe.

No. 3 — 2. August 1945 — No. 3

**New Oberbürgermeister appointed for City of Karlsruhe**

Effective 3 August 1945, Mr. HERMANN VEIT is officially announced as Oberbürgermeister of the City of Karlsruhe, vice Mr. Josef Heinrich, former Bürgermeister.

By order of Military Government.

**Ein neuer Oberbürgermeister für die Stadt Karlsruhe ernannt**

Wirksam mit dem 3. August 1945 wird Rechtsanwalt Hermann Veit offiziell zum Oberbürgermeister der Stadt Karlsruhe ernannt, an Stelle des bisherigen Bugermeisters, Herrn Josef Heinrich.

Auf Befehl der Militärregierung.

**DIRECTIVE**

**TO ALL GERMAN CITIZENS IN THE LANDKREISE KARLSRUHE, BRUCHSAL AND PFORZHEIM AND THE STADTKREISE KARLSRUHE AND PFORZHEIM**

**Registration of Employable Persons**

I. GENERAL

All male persons between 14 and 65 years of age and all female persons between 14 and 45 years of age are ordered to report personally at the ARBEITSAMT Office servicing the area which they reside for the purpose of registration.

Both the employed and the unemployed will be registered.

**Hermann Veit zum Oberbürgermeister ernannt. Diese wichtige Nachricht gibt das US-Amtsblatt schon einen Tag zuvor bekannt.**

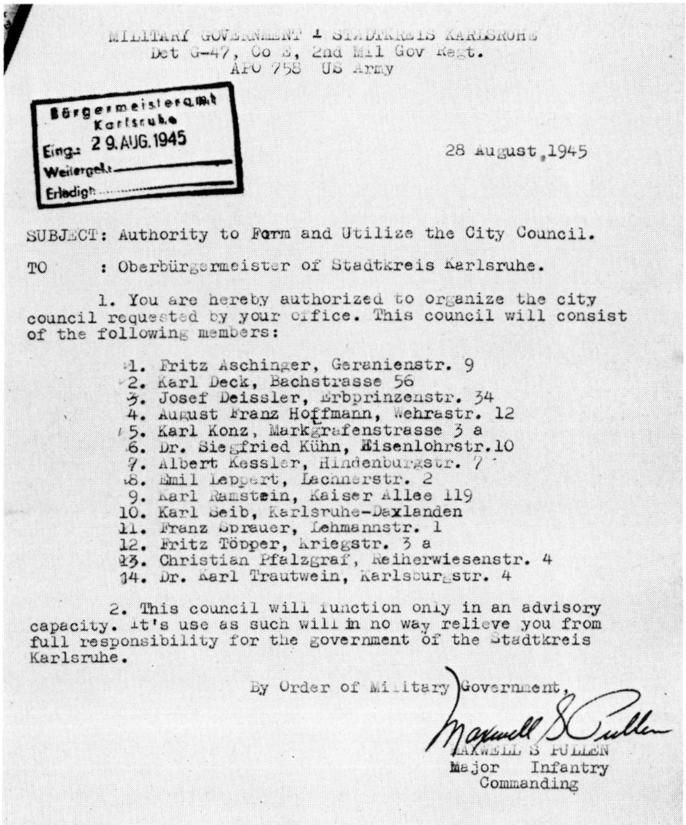

MILITARY GOVERNMENT 1 STADTKREIS KARLSRUHE
Det G-47, Co E, 2nd Mil Gov Regt.
APO 758 US Army

Bürgermeisteramt
Karlsruhe
Eing.: 29. AUG. 1945
Weitergel.:
Erledigt:

28 August, 1945

SUBJECT: Authority to Form and Utilize the City Council.

TO : Oberbürgermeister of Stadtkreis Karlsruhe.

1. You are hereby authorized to organize the city council requested by your office. This council will consist of the following members:

1. Fritz Aschinger, Geranienstr. 9
2. Karl Deck, Bachstrasse 56
3. Josef Deissler, Erbprinzenstr. 34
4. August Franz Hoffmann, Wehrastr. 12
5. Karl Konz, Markgrafenstrasse 3 a
6. Dr. Siegfried Kühn, Eisenlohrstr.10
7. Albert Kessler, Hindenburgstr. 7
8. Emil Leppert, Lachnerstr. 2
9. Karl Ramstein, Kaiser Allee 119
10. Karl Seib, Karlsruhe-Daxlanden
11. Franz Sprauer, Lehmannstr. 1
12. Fritz Töpper, Kriegstr. 3 a
13. Christian Pfalzgraf, Reiherwiesenstr. 4
14. Dr. Karl Trautwein, Karlsburgstr. 4

2. This council will function only in an advisory capacity. It's use as such will in no way relieve you from full responsibility for the government of the Stadtkreis Karlsruhe.

By Order of Military Government,

Maxwell S Pullen
MAXWELL S PULLEN
Major Infantry
Commanding

***Wie der Oberbürgermeister und die Bürgermeister werden auch die Mitglieder des ersten Stadtrats nicht gewählt, sondern ernannt.***

bauen könne. *„Ihm ist es zu verdanken"*, so Veit wörtlich, *„daß unserer Stadt noch schwerere Erschütterungen erspart geblieben sind . . . Das soll ihm nie vergessen werden, und dafür gebührt ihm unser aufrichtiger Dank."*

Im Einvernehmen mit Major Pullen, dem Kommandanten der US-Militärregierung, ernannte Oberbürgermeister Veit Josef Heinrich zu seinem ständigen Vertreter *„bei den täglichen Besprechungen mit der Militärregierung"*.[6]

Die Militärregierung billigte Veits Vorschlag, die Spitze der Stadtverwaltung um zwei Bürgermeister zu erweitern. Schon am 4. August 1945 nahmen Fridolin Heurich, vor 1933 Sekretär der christlichen Gewerkschaften und Zentrumsabgeordneter im Badischen Landtag, als 1. Bürgermeister und Berthold Riedinger, ein führender Kopf der KPD, als 2. Bürgermeister ihre Arbeit auf. Einen Tag nach dem Amtsantritt Veits wurde den städtischen Bediensteten auch schon der vom Oberbürgermeister ausgearbeitete neue Organisationsplan veröffentlicht. Veit unterstellte sich selbst die Hauptverwaltung, die Finanzverwaltung, das Bezirksverwaltungsamt, die Polizeidirektion, das Schul- und Kulturamt, das Personalamt, das Rechtsamt sowie die städtischen Betriebe einschließlich Rheinhäfen und Badverwaltung. Zum Ressort des 1. Bürgermeisters gehörten die technischen Ämter einschließlich Stadtplanung, die Baupolizei, die Berufsfeuerwehr sowie das Quartier- und Wohnungsamt, während dem 2. Bürgermeister die Allgemeine Wohlfahrts- und Gesundheitsverwaltung mit den Krankenanstalten, das Wohlfahrts- und Jugendamt sowie die undankbare Wirtschafts- und Versorgungsverwaltung anvertraut waren. Mit dem letztgenannten Amt wurde Dr. Dr. Hermann Hagen beauftragt, der zum 1. August die Dienstgeschäfte Ernst Stuffers übernommen hatte.[7]

### Militärregierung ernennt erstes Stadtratsgremium

Hermann Veit war erkennbar daran gelegen, die kommunalpolitisch wichtigsten Ämter selbst in der Hand zu behalten. Er ging mit großem Elan an die Arbeit und schonte sich nicht. Karl Ziegler (*1910), sein damaliger Sekretär, über Veits Arbeitsstil: *„Oberbürgermeister Veit war ein ausgesprochenes Arbeitstier. Ich habe vorher nie erlebt, auch nicht unter Oberbürgermeister Dr. Finter in der Weimarer Zeit, daß ein Mann eine solche Arbeitsleistung vollbringen kann. Er kam zwar täglich spät ins Büro, weil er ein Nachtarbeiter war. Er hat nächtelang zu Hause gearbeitet, wie mir seine Frau erzählte. Ich wurde in jener Zeit auch außerhalb der Dienststunden immer wieder in Veits Wohnung gerufen, auch an Sonntagen. Ich habe es gerne getan, denn ich bewunderte ihn."*[8]

Veits Bürgermeisterkollegen – Fridolin Heurich von Beruf Maurer, Riedinger ein ehemaliger Straßenbahnschaffner – war die ungewohnte Verwaltungstätigkeit und Verantwortung anfangs möglicherweise mehr Last als Freude. Aber auch Heurich und Riedinger gingen mit großer Energie an die Aufbauarbeit. Auch über diese Männer gibt es Urteile Karl Zieglers, der eng mit ihnen zusammenzuarbeiten hatte. Über Heurich: *„Ich weiß, daß er die für ihn völlig neue Aufgabe in er-*

*staunlicher Weise gemeistert hat. Ich kann nur bestätigen, daß er auf seinem Fachgebiet ein Könner war."* Die Meinung über Riedinger betrifft vor allem eine charakterliche Eigenschaft: *„Ich muß sagen, Herr Bürgermeister Riedinger war ein ausgesprochen fairer Mann, ein Idealist. Eigentlich habe ich es bedauert, daß er nicht mehr Bürgermeister hat sein können, als sich nach den ersten Wahlen die Zusammensetzung des Gemeinderats geändert hat."*

Exakt einen Monat nach der Amtseinführung von Hermann Veit, am 3. September, konstituierte sich das aus Männern der SPD, des ehemaligen Zentrums, der DVP und der KPD gebildete erste Nachkriegs-Stadtratskollegium. Wie der Oberbürgermeister und die beiden Bürgermeister wurden allerdings auch die Stadträte von der Militärregierung ernannt. Angelehnt an die Stärke der jeweiligen Partei gegen Schluß der Weimarer Republik, erhielten von den insgesamt nur 14 Mandaten die SPD fünf, die CDU vier, die KPD drei, die DVP zwei Mandate. Von der SPD kamen Josef Deißler, August Franz Hoffmann, Karl Konz, Fritz Töpper und Christian Pfalzgraf, aus dem ehemaligen Zentrum, das bald in die CDP bzw. CDU überging (vgl. „Die Wiedergründung der Parteien"), Dr. Siegfried Kühn, Emil Leppert, Karl Ramstein und Franz Sprauer. Für die FDP gehörten Prof. Albert Keßler und Dr. Karl Trautwein, für die KPD Fritz Aschinger, Karl Deck und Karl Seib dem Gremium an.[9]

## 800 städtische Bedienstete entlassen

In der zweiten Sitzung des Stadtrats, am 1. Oktober, wurde die Bildung folgender acht Ausschüsse beschlossen: Fürsorgeausschuß, Ausschuß für die Städtischen Werke, Ausschuß für das Schulwesen, Kulturausschuß, Wohnungsausschuß, Bauausschuß, Personalausschuß, Denazifizierungsausschuß. Oberbürgermeister Veit ließ allerdings keinen Zweifel, daß *„alle Gremien . . . nach den eindeutigen Anordnungen der Militärregierung nur die Aufgabe* [haben], *den Oberbürgermeister zu beraten"*. Mit anderen Worten: Bindende Beschlüsse konnten dieses erste Stadtratskollegium und die Ausschüsse nicht treffen, vielmehr hatte der Oberbürgermeister gegenüber der Militärregierung die Verantwortung für alle Entscheidungen.

Die schwierigste, zeitraubendste und menschlich belastendste Arbeit hatte der Denazifizierungsausschuß zu bewältigen, der sich seinerseits wieder in drei Ausschüsse mit je drei bzw. vier Mitgliedern aufgliederte. Diesen Ausschüssen gehörten neben Mitgliedern des Stadtrats auch Männer aus der Bürgerschaft an, unter ihnen Wilhelm Baur, der spätere Mitherausgeber der „Badischen Neuesten Nachrichten", und Karl Flößer, der bald Gewerkschaftsvorsitzender in Karlsruhe wurde.

Unter den von der De- bzw. Entnazifizierung, wie sie bald genannt wurde, ausgelösten personellen Schwierigkeiten hatte die Aufbauarbeit des neuen Oberbürgermeisters erheblich zu leiden. Hatten die Franzosen auf Bitten der Verwaltung immer wieder ein Auge zugedrückt, wenn von ihnen formell eine vorübergehende oder endgültige Entlassung verfügt worden war, so griffen die Amerikaner rigoros durch. Ohnehin mußten sämtliche städtischen Bediensteten den ominösen Fragebogen mit seinen 131 Fragen nach dem Wechsel der Besatzungshoheit erneut ausfüllen, weil die Franzosen den über-

***Ab dem 3. August 1945 leitet der Sozialdemokrat Hermann Veit, ein Rechtsanwalt, als Oberbürgermeister die Geschicke der Stadt.***

wiegenden Teil der bereits ausgefüllten Fragebögen aus Karlsruhe weggeschafft hatten.[10] Innerhalb weniger Wochen wurden über die von den Franzosen verfügten Entlassungen hinaus weitere 300 städtische Beamte und Angestellte entlassen. Wer immer der Partei oder einer ihrer Gliederungen angehörte, mußte auf Weisung der Amerikaner aus dem Dienst entfernt werden, ausgenommen einfache Arbeiter. Oberbürgermeister Veit versuchte als überzeugter Gegner des Nationalsozialismus trotz der davon ausgelösten Schwierigkeiten für die Entnazifizierungsmaßnahmen der US-Militärregierung Verständnis zu wecken. In einer Besprechung mit den „Respizienten und Amtsvorständen" im Rathaus an der Beiertheimer Allee erklärte er am 26. September: *„Die Entlassungsmaßnahmen sind unverkennbar schwer, aber man muß bedenken, wie teilnahmslos das deutsche Volk zugesehen hat, als ein großer Volksteil in die Konzentrationslager geschickt und dort unmenschlich behandelt wurde."* In der gleichen Sitzung erklärte Veit: *„Das Schicksal der Betroffenen ist nicht zu vergleichen mit dem der Verfolgten des vergangenen Regimes. Damals bestand keine Aussicht für die Zukunft. Im Gegensatz dazu braucht jetzt keine Hoffnungslosigkeit Platz zu greifen."*[11]

„Hoffnung" konnten entlassene Beamte und Angestellte aus der Tatsache schöpfen, daß sie – vorausgesetzt, sie hatten sich in der NS-Zeit politisch nicht hervorgetan – nach ihrer Entlassung als einfache Arbeiter neu eingestellt werden konnten und wurden. Wer aber auch nur einen einzigen Bediensteten unter sich hatte, galt nicht als „einfacher Arbeiter". Zu den solchermaßen vom Amtschef zum Arbeiter Degradierten gehörten beispielsweise der Hochbauamtschef Walther Merz, der Leiter des Ernährungsamtes I, Karl Walderich, sowie Veits Sekretär Karl Ziegler. Für diesen übernahm ab Herbst 1945 offiziell August Furrer jr. das OB-Sekretariat, doch teilte er sich die umfangreiche Arbeit mit dem „Arbeiter" Karl Ziegler. Veit selbst ordnete, nachdem der Stadtkommandant eine entsprechende Anregung gegeben hatte, in einem Rundschreiben an, über die von den Amerikanern befohlenen Entlassungen hinaus sollten von den Ämtern alle Bediensteten erfaßt werden, *„die eine Entlassung verdient hätten, ohne daß sie* unter die bisherigen Richtlinien fallen würden". Der Oberbürgermeister begründete diese Haltung mit der Meinung: *„Je sauberer die Entnazifizierung durchgeführt wird, je eher hat man in Zukunft mit Ruhe zu rechnen. Vielleicht wird sich später, wenn einmal die große Zahl der Entlassungen gemeldet ist, ein Weg zur teilweisen Wiedereinstellung öffnen".*[12]

Soweit für die Aufrechterhaltung des Dienstbetriebs unerläßlich notwendig, wurden unbelastete Leute eingestellt. Auf diese Weise kamen im Herbst 1945 zahlreiche Karlsruher, die ursprünglich nicht daran gedacht hatten, zu einer Behörde zu gehen, vor allem entlassene Kriegsgefangene, überraschend schnell zu einem sicheren Arbeitsplatz.

Die Amerikaner bestimmten als Stichtag, bis zu dem die Entnazifizierung bei der Stadtverwaltung abzuschließen sei, den 15. Oktober. Seit eineinhalb Wochen, so berichtete Oberbürgermeister Veit in einer Besprechung der Amtsverbände am 17. Oktober, sitze man *„Abend für Abend zusammen, um in den Kommissionen die Denazifizierungsbeschlüsse zu fassen".* Bis zu diesem Zeitpunkt waren schon 800 städtische Bedienstete aus den Ämtern entfernt, viele davon jedoch als einfache Arbeiter, meist innerhalb des alten Arbeitsbereiches, neu eingestellt worden. Jeden Tag, so klagte nun doch auch Veit, träfen seitens der Militärregierung andere Weisungen ein. Jetzt müßten sogar die NSV-Blockwarte (die untersten Funktionäre der NS-Volkswohlfahrt) entlassen werden. Die Annahme, nach dem 15. Oktober *„Ruhe zu bekommen",* so der Oberbürgermeister, erweise sich als trügerisch angesichts der Ankündigung, daß nun auch jene Beamten *„gefährdet"* seien, die man halten zu können hoffte. (Zu diesen gehörte auch Hafendirektor Jakob Langfritz, der wenige Tage später entlassen werden mußte). Die Haltung der Amerikaner, urteilte Veit, versteife sich mehr und mehr. Resigniert stellte der Oberbürgermeister fest, es sei niederdrückend, daß die Stadt z. Zt. an keine Aufbauarbeit gehen könne, sondern nur *„negative Maßnahmen"* durchzuführen habe.

### Viele Betriebe erhielten Treuhänder

Mit Nachdruck betrieb die Militärregierung parallel zur Entnazifizierung bei den Behörden die politische Säuberung der Wirtschaft. Die Anweisung hierfür lieferte das am 26. September 1945 für die amerikanische Zone in Kraft getretene „Gesetz Nr. 8", in dessen § 1 es hieß: *„Die Beschäftigung eines Mitglieds der NSDAP oder einer ihr angeschlossenen Organisationen in geschäftlichen Unternehmungen aller Art in einer beaufsichtigenden oder leitenden Stellung oder in irgendeiner* *anderen Stellung als der eines gewöhnlichen Arbeiters ist gesetzeswidrig."*[13] Ausgenommen von dieser Bestimmung waren jene Personen, *„die nach deutschem Recht"* der HJ bzw. dem BDM angehörten, vorausgesetzt, sie hatten keine Führerstellung inne. Verschont blieben auch jene, die nach dem 1. März 1944 zur Waffen-SS einberufen worden waren – ausgenommen Offiziere und Unteroffiziere –, womit der Tatsache Rechnung getragen wurde, daß die Einberufung zur Waffen-SS ab dem genannten Zeitpunkt wie zu jeder anderen Waffengattung erfolgt war.

Die amerikanische Militärregierung in Karlsruhe hatte jedoch schon vor der Verkündung des Gesetzes Nr. 8 gegen Parteigenossen innerhalb der Wirtschaft hart zugegriffen. In der Referentenbesprechung vom 19. September berichtete Dr. Dr. Hagen, die Stadt Karlsruhe habe in der laufenden Woche *„ein schwerer Schlag getroffen, denn ein großer Teil des Führungspersonals der Karlsruher Wirtschaft wurde von der Militärregierung abgesetzt".*[14] Die Lage verschärfte sich noch erheblich nach Bekanntwerden des Gesetzes. Schätzungsweise 90 Prozent der Karlsruher Industrie, des Handels und des Handwerks waren betroffen, denn nur wenige der Unternehmer, Handwerksmeister und sonstigen Verantwortlichen hatten weder der NSDAP noch einer ihrer Gliederungen angehört.

## Die Stadt „in Aufruhr"

Mit dem Vollzug der Entnazifizierung in der Karlsruher Wirtschaft wurde die Stadtverwaltung beauftragt. Auf Weisung der Militärregierung bildete der Stadtrat in seiner Sitzung vom 18. Oktober einen von Oberbürgermeister Veit geleiteten elfköpfigen „hauptamtlichen" Prüfungsausschuß, dem neben zwei Mitarbeitern der Militärregierung und der Gewerkschaften die Wirtschaftsgebiete Industrie, Einzelhandel, Großhandel, Handwerk, Verkehr, Gaststätten und „sonstige Fachgebiete" angehörten. Entsprechend der Meinung Veits, der Ausschuß dürfe sich nicht damit beschäftigen, welcher Betrieb zugelassen werde, sondern welcher für eine Schließung in Frage komme, sollte vorrangig geprüft werden, wer als „aktiver Nazi" zu betrachten sei. Der Oberbürgermeister urteilte realistisch, als er unter Hinweis darauf, daß schon jetzt unzählige Gesuche zur Belassung in dem jeweiligen Amt bzw. Betrieb vorlägen, ankündigte, der Ausschuß werde sich ungemein schwierigen Aufgaben gegenübersehen. Stadtrat und Rechtsanwalt Hoffmann von der SPD bestätigte diese Meinung indirekt durch den Hinweis, das Gesetz Nr. 8 bringe die ganze Stadt *„in Aufruhr".*[15]

Die Konsequenzen der Entnazifizierungsverfahren für die Wirtschaft waren in der Tat schwerwiegend. Von den Verfahren betroffen waren Groß-, Mittel- und Kleinbetriebe, von Industrieunternehmen mit Tausenden von Beschäftigten bis zum kleinen Handwerksbetrieb, vom Betriebsdirektor und leitenden Angestellten bis zum Inhaber eines Handwerksbetriebs oder eines winzigen Einzelhandelsgeschäfts. Eine nicht geringe Zahl von Ein-Mann-Betrieben wurde geschlossen. Wer immer unter dem betreffenden Personenkreis der Partei oder einer ihrer Gliederungen angehörte, mußte entlassen, konnte ggf. in niedrigster Stellung weiterbeschäftigt werden. Anstelle von eliminierten Betriebsinhabern wurden für die Führung des Betriebs Treuhänder eingesetzt, die teils aus den betreffenden Betrieben ausgesucht wurden, teils von außen kamen. Voraussetzung war, hier wie dort, daß sie politisch unbelastet waren.

Auf diese Weise kam bis Ende des Jahres 1945 der überwiegende Teil der Karlsruher Groß- und Mittel- sowie vieler Kleinbetriebe unter treuhänderische Verwaltung. In einer Reihe von

***Zu Bürgermeistern ernannt: Der frühere Zentrums-Landtagsabgeordnete Fridolin Heurich (links) und der Kommunist Berthold Riedinger.***

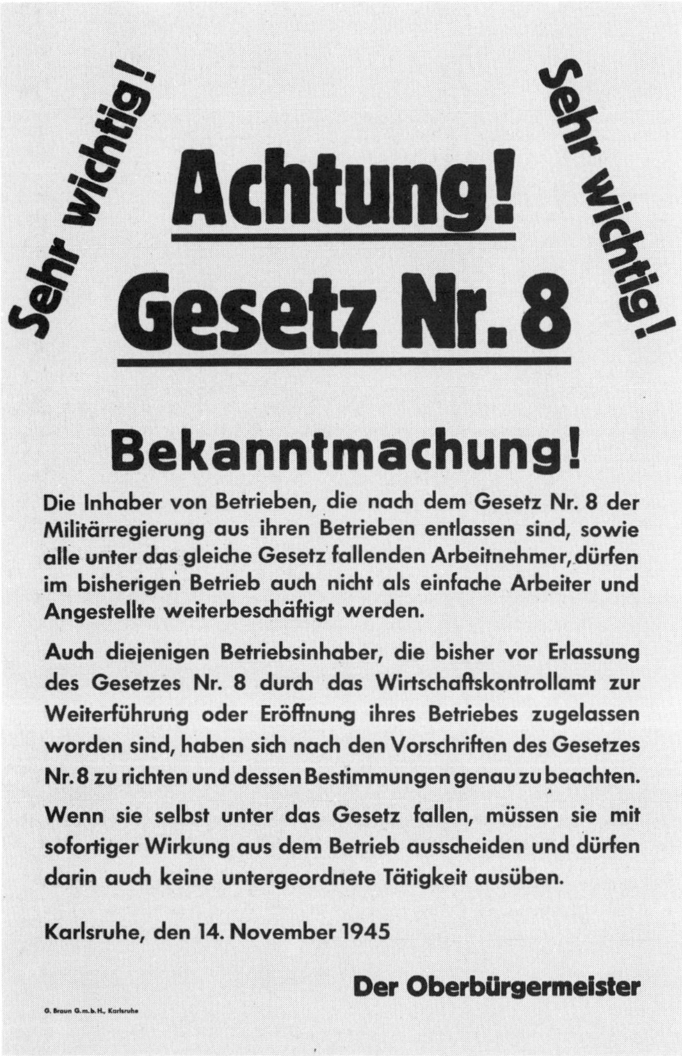
Sehr wichtig!

Sehr wichtig!

# Achtung!

# Gesetz Nr. 8

## Bekanntmachung!

**Die Inhaber von Betrieben, die nach dem Gesetz Nr. 8 der Militärregierung aus ihren Betrieben entlassen sind, sowie alle unter das gleiche Gesetz fallenden Arbeitnehmer, dürfen im bisherigen Betrieb auch nicht als einfache Arbeiter und Angestellte weiterbeschäftigt werden.**

**Auch diejenigen Betriebsinhaber, die bisher vor Erlassung des Gesetzes Nr. 8 durch das Wirtschaftskontrollamt zur Weiterführung oder Eröffnung ihres Betriebes zugelassen worden sind, haben sich nach den Vorschriften des Gesetzes Nr. 8 zu richten und dessen Bestimmungen genau zu beachten.**

**Wenn sie selbst unter das Gesetz fallen, müssen sie mit sofortiger Wirkung aus dem Betrieb ausscheiden und dürfen darin auch keine untergeordnete Tätigkeit ausüben.**

**Karlsruhe, den 14. November 1945**

**Der Oberbürgermeister**

G. Braun G.m.b.H., Karlsruhe

Fällen wurden die Betriebe verantwortungsbewußt und sachkundig geführt. Aber es gab auch Fälle, in denen den Treuhändern zum Schaden der Betriebe die fachliche oder charakterliche Eignung abging, wenn nicht gar beide Voraussetzungen fehlten.

Die amerikanische Militärregierung, die im Gesetz Nr. 8 ausdrücklich zubilligte, Personen, die sich aufgrund dieses Gesetzes ungerecht behandelt glaubten, könnten bei der örtlichen Militärregierung „Vorstellung erheben", sah sich in der Folgezeit einer Flut von Gesuchen und Beschwerden gegenüber, angereichert in den meisten Fällen durch sogenannte „Persilscheine", eidesstattliche oder sonstige Erklärungen anderer, daß man immer schon gegen die Nazis gewesen sei, politisch Verfolgte unterstützt oder Juden geholfen habe.

### Denazifizierung der Wirtschaft lähmt Wiederaufbau

Nach dem verlorenen Krieg war die Zahl der Karlsruher Mitbürger, die offen, mutig und ohne Einschränkung bekannten, an Hitler geglaubt und sich für seine Politik eingesetzt haben, zu einem winzigen Häuflein zusammengeschmolzen. Die Rigorosität der amerikanischen Entnazifizierungsmaßnahmen erleichterte freilich vielen die Flucht in den Opportunismus.

Eingedeckt mit unzähligen Briefen, die wegen des „Verbots der Beschäftigung von Mitgliedern der NSDAP in geschäftlichen Unternehmen und für andere Zwecke mit Ausnahme der Beschäftigung als gewöhnlicher Arbeiter" (Gesetz Nr. 8) zur US-Residenz in der Karlstraße gelangt waren, wußten sich die Amerikaner keinen anderen Rat, als sich mit folgender Bekanntmachung an die Öffentlichkeit zu wenden: *„Die Militärregierung im Stadtkreis Karlsruhe erhielt in zunehmendem Maße Zuschriften, die für die Bevölkerung als Gesamtheit unwesentlich sind. Aus Zeitmangel ist es nicht möglich, alle persönlichen Angelegenheiten zu beantworten."*[16] Daß es sich bei den Verfassern dieser „Zuschriften" hauptsächlich um Betroffene gemäß Gesetz Nr. 8 handelte, kann der folgenden Passage entnommen werden: *„Es wird . . . für die Zukunft angeordnet, Zuschriften und Briefe zum Zweck einer vorläufigen Überprüfung an die Stadtverwaltung, Industrie- und Handelskammer oder Handwerkskammer zu richten."*

Als Dr. Dr. Hagen am 7. November in einer Referentenbesprechung im Rathaus von einer Städteverbandstagung berichtete, die wenige Tage zuvor in Stuttgart stattgefunden hatte, brachte er einen Hoffnungsschimmer für das Entnazifizierungsverfahren in der Wirtschaft mit. Dieser bestand in der Mitteilung, der kurz zuvor gegründete Städteverband für die US-Zone Nordbaden und Nordwürttemberg bemühe sich, wenigstens zu erreichen, daß bei Ein-Mann-Handwerksbetrieben für den belasteten Ehemann die Ehefrau den Betrieb übernehmen könne . . .[17]

In Wahrheit lähmte die Denazifizierung der Wirtschaft gemäß

Gesetz Nr. 8 den auch von den Amerikanern gewünschten Wiederaufbau und die allgemeine Versorgung empfindlich. Aus dieser Erfahrung, aber auch aus dem Wissen um die durch die Schwächen des Gesetzes in vielen Fällen geschaffenen neuen Ungerechtigkeiten sind „Erklärungen" zu verstehen, die im US-Amtsblatt für den Landeskommissariatsbezirk Karlsruhe veröffentlicht wurden. Darin werden die Mängel des Gesetzes Nr. 8 ziemlich unverhohlen zugegeben: *„Es war nicht die Absicht der Militärregierung, damit auch jene Personen zu treffen, die unschuldigerweise in den riesigen Parteiapparat verwickelt waren."*[18] Gleichzeitig wurde angekündigt, daß zur Beschleunigung von Einspruchsverfahren „Berufungsausschüsse" gebildet würden und daß Inhaber von zur Sicherstellung der Versorgung wichtigen Betrieben und Geschäften beim Oberbürgermeister „besondere Erlaubnisausweise" erhalten könnten. Diese Ausweise berechtigten zur Führung des Betriebs bis zur Entscheidung über Einsprüche durch die Berufungsinstanzen.
Die Denazifizierung der Wirtschaft sollte ursprünglich bis zum 20. Oktober abgeschlossen sein. Da dieser Termin nicht eingehalten werden konnte, wurde ein Moratorium bis zum 15. November eingeräumt. Die von der US-Militärregierung befohlene Entnazifizierung der Wirtschaft zog sich jedoch noch bis ins folgende Jahr hin, um dann in das am 8. März 1946 von der Landesregierung Württemberg-Baden erlassene „Gesetz zur Befreiung vom Nationalsozialismus" einzumünden.

### Hermann Veit Vorsitzender des Städteverbandes

Der obengenannte Verband von Städten in der US-Zone Nordbadens und Nordwürttembergs hatte sich auf Initiative von Dr. Dr. Hagen gebildet. Die Stuttgarter Vertreter reklamierten, wie Bürgermeister Heurich am 7. November 1945 vor den Amtschefs empört feststellte, *„in bekannter Manier Sitz und Vorstand des neugegründeten Städteverbandes"* für Stuttgart. Dazu kam es dank des Ansehens des Karlsruher Oberbürgermeisters allerdings nicht. Vielmehr wurde bei einer Tagung des Verbandes Mitte November Hermann Veit zum Vorsitzenden gewählt. Gleichzeitig wurde Dr. Dr. Hagen zum Geschäftsführer ernannt. Auf diese Weise wurde Karlsruhe automatisch Sitz des Städteverbandes Württemberg-Baden.[19]

**Bekanntmachung über**

**Einführung einer Fahrradkarte**

Zur Bekämpfung der zunehmenden Fahrraddiebstähle wurde mit Ermächtigung der Militärregierung für den Bereich der Stadt Karlsruhe eine Fahrradkarte eingeführt.

Ab 1. November 1945 muß jeder Benutzer eines Fahrrades eine Fahrradkarte bei sich führen, aus der das Eigentumsrecht und die Art und Nummer des Fahrrades hervorgeht.

Die Fahrradkarte wird vom Paßamt ausgestellt. Der Antrag auf Ausstellung einer Fahrradkarte ist vom Eigentümer des Fahrrades zu stellen. Für Personen unter 17 Jahren ist der Antrag durch den Vater, bei dessen Fehlen oder Abwesenheit durch die Mutter, und in allen übrigen Fällen durch den Vormund zu stellen. Die Antragformulare sind bei dem für die Wohnung des Eigentümers zuständigen Polizeirevier erhältlich, das auch die bestellten Anträge entgegennimmt und die Fahrradkarte zur gegebenen Zeit an den Besitzer aushändigt.

Bei Antragstellung wird eine Gebühr von 2 RM. erhoben.

Anträge auf Ausstellung von Fahrradkarten werden von den zuständigen Polizeirevieren

**täglich (auch an Sonntagen) in der Zeit von 8 – 20 Uhr**

wie folgt entgegengenommen:

Buchstaben A – G vom 3. bis 9. Oktober 1945
Buchstaben H – M vom 10. bis 16. Oktober 1945
Buchstaben N – Z vom 17. bis 23. Oktober 1945

Jeder Radfahrer, der nach dem 31. Oktober 1945 ohne die vorgeschriebene Fahrradkarte betroffen wird, hat mit Beschlagnahme des Fahrrades zu rechnen.

Karlsruhe, den 1. Oktober 1945

**Der Polizeidirektor.**

Eine Bewährungsprobe eigener Art hatte Hermann Veit in der Nacht zum 28. September 1945 zu bestehen. Wahrscheinlich als Folge von Schweißarbeiten, die tags zuvor auf dem Dachboden des Rathauses an der Beiertheimer Allee durchgeführt worden waren, war der gesamte Mittelteil des Dachstuhls in Brand geraten. Im Feuerwehrbericht über diesen Brand, dem das gesamte Rathaus zum Opfer zu fallen drohte, heißt es, daß auch städtische Beamte sowie *„ca. 15 Frauen von Feuerwehrmännern und anderen Anwohnern zum Aufnehmen von Wasser eingesetzt"* wurden.[20] Erika Veit erinnert sich: *„Da hat mein Mann nachts die ganzen Leute aus der Ritterstraße antreten lassen mit Eimern und Putzlumpen".*[21]

*Männer der „ersten Stunde" im Karlsruher Rathaus. Amtschefs aus dem Jahr 1945, die die Geschicke der Stadt auch in den nachfolgenden Jahren maßgeblich beeinflußten.*

*1. Reihe:*
*Fritz Gut (Rechtsreferat), August Furrer (Bezirksverwaltungsamt), Emil Mangler (Hauptamt), Josef Köchling (Ernährungsamt), v.l.n.r.*

*2. Reihe:*
*Dr. Karl Möhrle (Stadtwerke), Walter Merz (Hochbauamt), Adolf Wittinger (Tiefbauamt), Dr. Jakob Langfritz (Rheinhafen).*

*3. Reihe:*
*Dr. Franz Gurk (Stadtkämmerei), Dr. Emil Gutenkunst (Rechtsreferat im Polizeipräsidium).*

# Karlsruhe verliert den Rang der Landeshauptstadt

Der Übergang der Besatzungshoheit in Karlsruhe von den Franzosen auf die Amerikaner hatte für die Stadt folgenschwere Konsequenzen. Unversehens lag sie im „toten Winkel" des württemberg-badischen US-Besatzungsgebiets, das sich auf der zivilen Ebene noch im Jahr 1945 zu einem neuen Land formierte. Das alte Land Baden hörte auf zu existieren. Karlsruhe aber verlor den Rang einer Landeshauptstadt, der ihr mit Bildung des Großherzogtums Baden im Jahr 1806 zugefallen war. Von dieser Entscheidung wurde die Stadt über die von Krieg und Diktatur geschlagenen Wunden hinaus aufs schwerste getroffen – ein Verlust, der, allen ausgleichenden Bemühungen zum Trotz, nicht mehr wiedergutgemacht werden konnte.

## Die erste badische Regierung

Dabei hatte es in der Zeit der französischen Besatzung zunächst durchaus den Anschein, als würde Karlsruhe die Stellung der badischen Kapitale, die nach Bildung des Gaues Baden-Elsaß im Jahr 1940 und nach Übersiedlung des Gauleiters und Reichskommisssars Robert Wagner nach Straßburg in Frage gestellt war, unangefochten zurückerhalten. Nur einen Monat währte der Zustand, daß die Besatzungsmacht den Okkupierten Aktivitäten lediglich auf der untersten, auf der Gemeinde- und Kreisebene, erlaubte. Schon ab Anfang Mai beauftragte Brigadegeneral Morlière, der in der Reichspostdirektion am Ettlinger Tor residierende Kommandeur für den Distrikt Baden, einige politisch nicht oder kaum belastete höhere Beamte der ehemaligen badischen Regierung mit dem Aufbau der wichtigsten Ressorts einer späteren badischen Landesregierung. Der erste unter ihnen war Dr. Alfred Bund, dem Morlière am 2. Mai 1945 schrieb: *„Ich habe mich entschlossen, Ihnen bis auf weiteres die Verantwortung für den Wiederaufbau und für die Leitung der öffentlichen Finanzverwaltung in Baden unter der Kontrolle und Übereinstimmung mit der Militärregierung zu übertragen."* Gleichzeitig stellte Morlière Dr. Bund *„neue Instruktionen, die Ihren Wirkungskreis erweitern werden"*, in Aussicht.[1]

Tatsächlich wurde Bund wenig später zum primus inter pares, zum ersten unter vier Landesdirektoren (neben ihm Adolf Schwarz für Inneres, Dr. Karl Ott für Kultur und Unterricht und Ludwig Ganter für die Justiz) bestimmt, der ersten badischen Regierung nach dem Zusammenbruch. Offiziell im Amt bestätigt, nun auch als Wirtschaftsminister, wurde Dr. Bund am 1. Juni, nachdem Morlière die Stadt Karlsruhe angewiesen hatte, für den Mann seines Vertrauens eine „standesgemäße" Wohnung zu beschaffen und die erforderlichen Büros bereitzustellen. Eingerichtet wurde dieses Büro in der Münze.[2]

Parallel zu der von den Franzosen eingesetzten Karlsruher Landesverwaltung war in Mannheim eine von der dortigen amerikanischen Militärregierung beauftragte Zivilverwaltung tätig geworden. Sie wurde geleitet von dem emeritierten Professor der TH Karlsruhe, Dr. Karl Holl, der den Titel eines Oberpräsidenten (für den Landeskommissariatsbezirk Mannheim-Heidelberg) führte.

Unbeschadet der Tatsache, daß sich – ebenso wie im Falle Badens – ein größerer Teil Nordwürttembergs unter amerikanischer Kontrolle befand, ernannte die französische Militärregierung in Stuttgart eine Zivilregierung auch für ganz Württemberg. Die Franzosen hatten die feste Absicht, die beiden Landeshauptstädte in ihrer Hand zu behalten. Die Deklaration von Berlin (5. Juni 1945) mit der endgültigen Festlegung der Besatzungszonen durchkreuzte jedoch diese Absicht und zerstörte erst recht die vage Hoffnung de Gaulles, wenn nicht Baden und Württemberg, so doch das ganze Land Baden als französisches Besatzungsgebiet und Pufferzone im Osten Frankreichs zugesprochen zu bekommen.

Die von den Franzosen eingesetzte provisorische badische Regierung blieb zunächst auch noch nach dem Besatzungswechsel in Karlsruhe im Amt. Sie selbst hatte das Bestreben und die Hoffnung, das Land Baden unbeschadet der Zonengrenzen von Karlsruhe aus verwalten zu können, wobei Dr. Bund in einem Memorandum vom 7. Juli anbot, einen kleinen Verbindungsstab in Freiburg, dem neuen Sitz der französischen Militärregierung für Baden, einzurichten. Im übrigen solle die badische Regierung Weisungen von beiden Militärregierungen entgegennehmen.[3]

## Frankreich wünscht die Erhaltung Badens

Diese Absicht entsprach ganz offensichtlich auch dem Konzept Frankreichs, dem – allerdings mehr des Fernziels eines von Frankreich abhängigen Rheinbundes wegen – an der Einheit Badens sehr gelegen war. Ein Protokoll über eine Besprechung am 18. Juli 1945 mit Oberst Arnal, dem Vertreter des von Karlsruhe nach Freiburg übergesiedelten Kommandanten des Distrikts Baden, Generalmajor Morlière, liefert die Bestätigung: *„Arnal bedauert die Trennung Badens. Man solle in Karlsruhe vorarbeiten für die Einheit des Landes Baden bei der amerikanischen Militärregierung. Die Anwesenheit der Zivilverwaltung in Karlsruhe sei wichtig, um in dieser Richtung auf die amerikanische Militärregierung Einfluß zu nehmen. Es wäre zu wünschen, daß die Einheit Badens nicht zerstört wird. Das sei auch der Wunsch der alliierten Kontrollkommission."*[4] Schon einen Tag später, am 19. Juli, kam für den Repräsentanten der badischen Landesverwaltung in Karlsruhe die kalte Dusche. Als Dr. Bund an diesem Tag dem damaligen Chef der amerikanischen Militärregierung in Mannheim, Oberst Sottong, von seinem Freiburger Gespräch berichtete, machte der amerikanische Oberst gemäß einem Protokoll von Dr. Bund deutlich, *„daß nunmehr die badische Regierung unter US-Befehlsgewalt stehe und von niemand anderem Befehle entgegenzunehmen habe. Ohne Genehmigung der amerikanischen Militärregierung dürfe auch kein Ersuchen der französischen Regierung ausgeführt werden."* An Deutlichkeit nichts zu wünschen übrig ließ die folgende Schlußbemerkung von Sottong: *„You must forget that there exist French"* (Die Franzosen sollten Sie vergessen)[5].

*„Zum Schluß wurde von Oberst Sottong noch darauf hingewiesen, daß nunmehr die badische Regierung unter US-Befehlsgewalt stehe und von niemandem anders Befehle entgegenzunehmen habe. Ohne Genehmigung der amerikanischen Regierung dürfen auch keine Ersuchen der französischen Regierung ausgeführt werden. Ob der badischen Regierung nun jede weitere Tätigkeit für Baden-Süd unmöglich gemacht werden soll, ist nicht einwandfrei geklärt."*

Aus dem Protokoll von Ministerialdirektor Dr. Alfred Bund vom 19. Juli 1945 über eine Besprechung mit Oberst Sottong (Generallandesarchiv, Nachlaß Bund 50)

Dessen ungeachtet setzten die Franzosen zunächst weiterhin auf die gesamtbadische – und damit auf die Karlsruher – Karte. Sie begnügten sich zunächst mit Außenstellen, die von den Karlsruher Verwaltungsressorts in Freiburg, dem neuen Sitz der französischen Militärregierung in Baden, eingerichtet wurden. Hin- und hergerissen von dem Vertrauen der Franzosen und der Weisung der Amerikaner, mit jenen nicht zusammenzuarbeiten, pendelten die Chefs der Ministerien, Dr. Bund an ihrer Spitze, zwischen Karlsruhe und Freiburg hin und her, bestrebt, in dieser verworrenen Situation nur ja engen Kontakt mit beiden Militärregierungen zu halten.

## Badener gegen schwäbische Hegemoniebestrebungen

Offiziell hatten die Amerikaner einem solchen „Pendelbetrieb" schon mit der am 14. Juli verfügten Änderung des Gesetzes Nr. 161 vorgebeugt.[6] Diese Gesetzesänderung, die den „Ein- und Ausgangsverkehr in der US-Zone" rigoros einschränkte – es sei denn, man verfügte über eine besondere Genehmigung –, wurde allerdings erst drei Wochen später veröffentlicht. Ausnahmegenehmigungen zu erhalten, war offensichtlich selbst für die vorerst höchsten badischen Regierungsbeamten sehr schwierig. In einem Brief an die französische Militärregierung in Freiburg vom 15. August entschuldigte sich Dr. Bund, daß er zu einem vereinbarten Termin nicht habe erscheinen können. Gleichzeitig aber versicherte er in der Manier eines gewandten Diplomaten: *„Sollten wir wider Erwarten unter Umständen für einige Zeit von Freiburg fernbleiben müssen, so legen wir für alle Fälle Wert auf die Feststellung, daß wir trotz aller Schwierigkeiten uns an die von uns übernommenen Pflichten der französischen Militärregierung gegenüber nach wie vor gebunden fühlen."*[7]
Eine auch aus Karlsruher Sicht dramatische Wende nahmen die Ereignisse durch das Bekanntwerden einer Denkschrift vom 22. August, in der Cpt. C. B. Lewis namens der US-Militärregierung in Stuttgart die politischen Ziele für Baden-Württemberg in schonungsloser Deutlichkeit aufdeckte. Danach sollten die von den Amerikanern besetzten Gebiete von Nordbaden und Nordwürttemberg zu einem Land vereinigt (*„the area North Württemberg – North Baden"*) und dieses Land in drei Landesbezirke (Mannheim, Karlsruhe und Nord-Württemberg) aufgeteilt werden.[8] Von einem Land Baden oder der

Möglichkeit einer gemeinsamen Regierung war mit keinem Wort die Rede. Zu allemhin war in der genannten Denkschrift Stuttgart als Landeshauptstadt des von den Amerikanern in unbekümmerter Mißachtung historischer Gegebenheiten programmierten neuen Landes vorgesehen.

Obschon diese Denkschrift den Franzosen mit Sicherheit nicht unbekannt blieb, sprach de Gaulle am 5. September in Freiburg gegenüber den vier von der französischen Militärregierung eingesetzten, sowohl in Karlsruhe wie in Freiburg residierenden Landesdirektoren in einer *„hochpolitischen Zusammenkunft" – „der Ton war friedlich, freundlich, nett"* (Dr. Bund) – den Wunsch nach der „Einheit Badens" aus.[9] Oberst Arnal, jetzt Chef der französischen Militärregierung in Freiburg, erklärte bei dieser Gelegenheit, er hoffe nach wie vor auf das Einverständnis der Amerikaner zur Verschmelzung Nord-, Mittel- und Südbadens.

Sich hinsichtlich der Einheit Badens auf Wünsche und Hoffnungen der Franzosen zu verlassen, schien den verantwortlichen deutschen Politikern angesichts der Eindeutigkeit der Ziele der US-Militärregierung wenig sinnvoll. Man mußte die Amerikaner selbst zu überzeugen versuchen, daß sie einen falschen Weg gingen. Dies geschah offenbar unabhängig voneinander auf mehreren Wegen.

In die Front der Gegner einer Teilung Badens hatte sich früh schon Erzbischof Dr. Conrad Gröber eingereiht. In einem Brief vom 27. Juli an die US-Militärregierung in Mannheim hatte Dr. Gröber darauf hingewiesen, daß *„kirchlicherseits das größte Interesse daran* [besteht], *daß das Land Baden einheitlich verwaltet wird durch die in Karlsruhe von den alliierten Mächten beauftragte Regierung".*[10] Der Freiburger Metropolit begründete die Forderung zur Wahrung der Einheit u. a. mit dieser Feststellung: *„Das Land hat durch den Krieg und den Umbruch eine so schwere Erschütterung erfahren, daß es zur Überwindung der bestehenden Not und zur Erfüllung seiner ins Ungemessene gewachsenen Aufgaben der alten Geschlossenheit und Einheit bedarf, in der bisher die Wurzeln seiner Kraft lagen."*

Parallel dazu bemühten sich auch die von den Franzosen eingesetzten kommissarischen Chefs der Reichsbahn- sowie der Reichspostdirektion Karlsruhe, der der Stadt aus den Bereichen Bahn und Post drohenden Auspowerung zu begegnen. Die Amerikaner hatten sich nämlich auf die Aufhebung der Karlsruher Direktionen von Reichsbahn und Reichspost bzw. ihre Verschmelzung mit den württembergischen Direktionen am Sitz der in Aussicht genommenen Landesregierung festgelegt. Der kommissarische Präsident der Reichspostdirektion Karlsruhe, Paul Albrecht, vermutete, wie aus einem Memorandum vom 4. August hervorgeht, hinter diesem Plan schwäbische Hegemoniebestrebungen: *„Der Wunsch Württembergs, an den Rhein zu kommen, besteht seit langem und ist kein Geheimnis. Württemberg wird bei seiner bekannten Zielstrebigkeit diesen Gedanken mit aller Macht zu verwirklichen versuchen."*[11] Der Karlsruher Reichsbahnpräsident Dr. Walter Ruß aber stellte am 6. August den förmlichen Antrag, die Grenzen der Reichsbahndirektion Karlsruhe und Stuttgart beizubehalten.[12] Wenigstens diese Proteste blieben nicht ganz erfolglos: Die Post behielt in Karlsruhe eine Direktion, eine weitere wurde allerdings, als Konsequenz der Teilung Badens, in Freiburg eingerichtet. Die Reichs- (und spätere Bundes-)bahndirektion Karlsruhe blieb ebenfalls bestehen (auf Jahre hinaus freilich nur zuständig für die französische Zone).

## Denkschrift des Karlsruher Oberbürgermeisters

Als im Zusammenhang mit der Stuttgarter Denkschrift über die Bildung eines Landes Nordwürttemberg-Nordbaden auch schon durchgesickert war, die Amerikaner hätten den ehemaligen wüttembergischen Reichstagsabgeordneten Dr. Reinhold Maier als Ministerpräsidenten des neu zu schaffenden Landes in Aussicht genommen, war aus badischer und Karlsruher Sicht keine Zeit mehr zu verlieren. Bei dem Bemühen, die Einheit Badens doch noch zu retten, spielte jetzt die Stadt Karlsruhe eine wichtige Rolle.

Mit dem 5. September war der ehemalige Reichsminister Dr. Heinrich Köhler, einer der großen Zentrumspolitiker der Weimarer Republik – ein gebürtiger Karlsruher – auf die Bühne der badischen Politik zurückgekehrt. Ihn hatte Oberst Lisle, Chef des – zunächst in Mannheim stationierten – für Nordbaden zuständigen Detachments der Militärregierung, an diesem Tag anstelle des in Ungnade gefallenen Dr. Holl zum Oberpräsidenten der deutschen Verwaltung im Landeskommissariatsbezirk Mannheim-Heidelberg mit der Bemerkung ernannt: *„Die Regierung ist von heute ab in Ihren Händen."*[13] Köhler und die Karlsruher Regierung Dr. Bunds einigten sich allem Anschein nach darauf, in der heiklen Länderfrage zunächst nicht in den Vordergrund zu treten, sondern einen Mann an die Front zu schicken, der eigennütziger Motive unverdächtig war. Die Wahl fiel auf Hermann Veit, den von den Amerikanern wenige Wochen zuvor auf den Thron des Karlsruher Oberbürgermeisters gehobenen Karlsruher Rechtsanwalt. Die von den Franzosen ins Amt gebrachten – und von den Amerikanern für die Verwaltung des Landeskommissariatsbezirks Karlsruhe (mit den Städten Karlsruhe und Pforzheim und den Landkreisen Karlsruhe, Bruchsal und Pforzheim) noch immer tolerierten – Chefs der badischen Ministerien arbeiteten Veit mit Beiträgen zu.[14] Mit Ausnahme eines Schriftstücks waren diese Stellungnahmen bezeichnenderweise handgeschrieben (vielleicht, um bei möglichen Kontrollen des ministeriellen Schriftverkehrs durch die Militärregierung nicht den Verdacht einer konspirativen Aktion auszulösen?).

Am 11. September schließlich übermittelte Veit dem inzwischen zum Chef der US-Militärregierung in Nordbaden avancierten Oberst Sottong seine, wie er in einem Begleitbrief schrieb, *„von mir verfaßte Denkschrift . . ., worin ich meine Bedenken gegen den geplanten Zusammenschluß der Verwaltungen von Baden und Württemberg, soweit diese amerikanisch besetzt sind, kurz zusammengefaßt habe."*[15] Nach Darstellung der Bedenken gegen die beabsichtigte Fusion der beiden Länderteile unterbreitete Veit Gegenvorschläge, die sich kurz so zusammenfassen lassen:

- Die bisher getrennt verwalteten Landeskommissariatsbezirke Mannheim-Heidelberg (Nordbaden) und Karlsruhe (Mittelbaden) sollten eine gemeinsame Verwaltungsspitze erhalten.
- Diese Verwaltung solle sich zusammensetzen aus Badenern, die „ihr" Verwaltungsrecht kennen.
- Die beiden Landeskommissariatsbezirke könnten unter dieser Verwaltungsspitze weiterbestehen.
- Der oberste Verwaltungschef für Baden (*„ob mit dem Titel Ministerpräsident oder mit einer anderen Bezeichnung ist gleichgültig"*) sollte in Stuttgart, am Sitz der Militärregierung für die von den Amerikanern besetzten Gebiete Badens und Württembergs, eine Dienststelle unterhalten, über die er der amerikanischen Militärbehörde für die Entgegennahme von Weisungen zur Verfügung stünde.

Diese Vorschläge sind dem eigentlichen Motiv der Denkschrift wie schützend vorangestellt, doch wird deren letztliche Zielsetzung dem Kundigen offenbar, wenn es gegen Schluß des Memorandums heißt: *„Diese Lösung hätte den Vorzug, falls die amerikanische Militärregierung damit einverstanden ist, daß nach der bisherigen Übung von den zentralen Verwaltungsstellen der Länder Württemberg und Baden aus die französisch besetzten Teile nach Maßgabe der von der französischen Militärregierung gegebenen Richtlinien mitverwaltet werden können, wodurch die Verwaltung geschichtlich gewordener und in Jahrhunderten vereinter Gebiete, an der man nicht ohne Not rütteln sollte, aufrecht erhalten bliebe."* Heinrich Köhler selbst sekundierte Veits Demarche in einem Schreiben an die US-Militärregierung in Stuttgart mit der Feststellung, es wäre *„unverantwortlich"*, durch *„Anbindung Nordbadens an das staatsrechtlich fremde Gebiet Nordwürttembergs die unter allen Umständen zu erhaltende Einheit der zusammengehörigen Landesteile zu erschweren oder gar zu vereiteln"*.[16]

Die Hoffnung auf einen Erfolg der Bemühungen um die Wahrung der Einheit Badens scheint zu diesem Zeitpunkt nicht mehr groß gewesen zu sein. Vorsorglich forderte Köhler in seinem Brief nach Stuttgart, bei einem Zusammenschluß von Nordbaden und Nordwürttemberg müßten Haushaltsplan und Beamtenstellenplan sowie Einnahmen und Ausgaben beider Gebiete streng voneinander getrennt geführt werden.

### Heinrich Köhler Chef der „Landesregierung Baden"

In einem Punkt kam die US-Militärregierung den badischen Politikern entgegen: Sie billigte die Vereinigung von „Nordbaden", d. h. des Landeskommissariatsbezirks Mannheim, und „Mittelbadens", wie damals der von den Amerikanern beherrschte Teil des Landeskommissariatsbezirks Karlsruhe genannt wurde, unter einer gemeinsamen Verwaltung. Heinrich Köhler selbst wurde schon wenige Tage nach seiner Berufung zum Mannheimer Oberpräsidenten zum „Präsidenten der Landesregierung Baden" ernannt (womit natürlich nur der amerikanisch besetzte Teil des Landes gemeint war).

Köhler ließ sich von den Amerikanern umgehend folgende Männer mit dem Titel von Landesdirektoren als Chefs der Ministerien bestätigen: Gustav Zimmermann, Inneres; Dr. Fritz

Cahn-Garnier, Finanzen; Gustav Frei, Wirtschaft, Ernährung und Verkehr, jedoch schon wenig später von Dr. Edmund Kaufmann abgelöst, sowie Prof. Dr. Franz Schnabel, Kultus und Unterricht. Als Arbeits- und Sozialminister kam einige Wochen danach noch der Kommunist Max Bock hinzu. Georg Keidel, der im „Dritten Reich" entlassene, noch im Jahr 1945 erneut berufene Präsident des Badischen Raiffeisenverbandes, wurde zum gleichen Zeitpunkt zum Chef des Landesernährungsamtes ernannt.[17]

Die Landesdirektoren, ebenso wie ihr erster Mitarbeiterstab so gut wie ausschließlich von der in Mannheim gebildeten Zivilverwaltung gekommen, nahmen teils in der Hauptpost, teils in den staatlichen Verwaltungsgebäuden an der Hildapromenade und Stabelstraße ihren Dienst auf. Die Hoffnung, eine Teilung Badens bzw. ein Zusammenschluß von Nordbaden und Nordwürttemberg könne doch noch verhindert werden, brach endgültig in sich zusammen mit Dwight D. Eisenhowers „Proklamation Nr. 2" an „das deutsche Volk in der amerikanischen Zone" vom 19. September 1945.[18] Artikel I dieser Proklamation legte unmißverständlich fest: *„Innerhalb der amerikanischen Besatzungszone werden hiermit Verwaltungsgebiete gebildet, die von jetzt ab als Staaten bezeichnet werden; jeder Staat wird eine Staatsregierung haben. Die folgenden Staaten werden gebildet: Groß-Hessen, Württemberg-Baden, Bayern".* Dem neuen Land Württemberg-Baden wurden gemäß dieser Proklamation aus Baden zugeschlagen: Der Landeskommissariatsbezirk Mannheim (mit dem gesamten badischen Hinterland), die Landkreise Bruchsal, Karlsruhe und Pforzheim sowie die Stadtkreise Karlsruhe und Pforzheim.

Unbeschadet dieser unmißverständlichen Regelung residierten in Karlsruhe noch eine Zeitlang zwei badische Regierungen: Jene für das französisch besetzte Südbaden unter Alfred Bund in der Münze und die Regierung Heinrich Köhler für das amerikanisch besetzte Nordbaden in der Hauptpost. Eine gewisse Rivalität zwischen den beiden badischen Landesverwaltungen vermochte die Zusammenarbeit im Interesse der Erhaltung der Einheit Badens nicht zu stören. Köhler äußerte auf einer gemeinsamen Sitzung der beiden badischen Landesverwaltungen am 9. Oktober die Überzeugung, eine Fusion von Nordbaden und Nordwürttemberg stünde nur auf dem Papier und sei in Wirklichkeit *„nicht durchführbar"*. Mehr noch: Mit ihm vertrete auch Ministerpräsident Reinhold Maier die Auffassung, jedes Land solle seine Selbständigkeit behalten. Köhler verwies auf eine entsprechende Vereinbarung mit Maier.[19]

## „Unglückstag für das badische Volk"

Doch die Amerikaner ließen sich von ihrem Ziel nicht abbringen. Sie überrumpelten Heinrich Köhler, den stärksten Widerpart ihrer Fusionsentscheidung für Nordbaden und Nordwürttemberg, am 29. Oktober in seinem Amt in der Karlsruher Hauptpost mit einem folgenschweren Besuch. Bei ihm erschienen an diesem Tag der Direktor der US-Militärregierung Württemberg-Badens, Oberst Dawson, dazu der „Beauftragte der US-Militärregierung in Deutschland", Prof. Dr. Walter Dorn, und Reinhold Maier. Unmißverständlich erklärten die

***Reichsminister a.D. Dr. Heinrich Köhler wird zum ersten Präsidenten des Landesbezirks Nordbaden ernannt.***

beiden Amerikaner Heinrich Köhler bei dieser Gelegenheit, Ministerpräsident Maier und seine Regierung seien für Nordwürttemberg und Nordbaden zuständig. Köhler wurde aufgefordert, das Amt eines stellvertretenden Ministerpräsdidenten zu übernehmen.[20]
Für Köhler scheint dies eine der schwersten Entscheidungen seines Lebens gewesen zu sein. Denn er selbst bezeichnete diesen 29. Oktober als einen *„Unglückstag für das badische Volk"* und das von Oberst Dawson nach dem „Befehlsempfang" gegebene Mittagessen als eine *„Henkersmahlzeit"*.[21] Wenige Tage später, bei einer Konferenz der Oberbürgermeister, Landräte und Bürgermeister von Nordbaden, durchgeführt am 2. November im Mannheimer Ufa-Haus, kommentierte Köhler den Fusionbeschluß der amerikanischen Besatzungsmacht als eine Entscheidung, die *„Herz und Gefühl und Stammeszugehörigkeit weniger sprechen lassen konnte als den kühlen, nüchternen Verstand"*. Die *„Zerreißung von Baden und Württemberg in je zwei von verschiedenen Besatzungsmächten besetzte Besatzungszonen"* sei andererseits *„geschaffen nicht für die Ewigkeit"*.[22]

## Teilung Badens festgeschrieben

Den Amerikanern, erfüllt von ihrem politischen Ziel eines Landes Württemberg-Baden, lag nun daran, in Karlsruhe klare Verhältnisse zu schaffen. Die Präsenz einer badischen Regierung französischer Provenienz mochten sie nicht länger hinnehmen. Deshalb wiesen sie die Franzosen an, die für ihr Besatzungsgebiet zuständige badische Landesverwaltung vollends aus Karlsruhe abzuziehen. In einer Bekanntmachung von Divisions-General Schwartz, des „Obervertreters" der französischen Besatzungsmacht in Baden, liest sich der Exodus „seiner" badischen Regierung von Karlsruhe nach Freiburg wie folgt: *„Im Einverständnis mit der amerikanischen Militärregierung in Karlsruhe wurde vereinbart, daß der Sitz sowohl als auch der Dienst, das Personal, das Archiv der Verwaltung des Landes in der französisch besetzten Zone so rasch wie möglich nach Freiburg zu verlegen sind . . . Es ist notwendig, daß die ganze Landesverwaltung, die von Karlsruhe nach Freiburg übersiedeln muß, die verlangten Aktionen vor Ende des Monats November 1945 beendigt hat."*[23]
Als das Amtsblatt mit der vorstehenden Bekanntmachung erschien – am 6. Dezember – war der Umzug der Regierung Bund nach Freiburg bereits abgeschlossen. Zurück blieb nur ein Büro in der Münze an der Stephanienstraße. Dieses hatte den Auftrag, Verbindung zu halten zur „Regierung" in Karlsruhe, der trotz der nun endgültigen Teilung Badens die Erledigung einiger gesamtbadischer Aufgaben oblag.[24] Festgelegt wurden die „Gemeinsamkeiten", zu denen u. a. Fragen der Forstwirtschaft, der Wasserwirtschaft und der Energieversorgung gehörten, in einer Ende Dezember 1945 zwischen dem „Präsidenten der Landesverwaltung Baden, amerikanisches Besatzungsgebiet" (Dr. Köhler) und dem „Präsidenten der Landesverwaltung Baden, französisches Besatzungsgebiet" (Dr. Bund) getroffenen „Vereinbarung". In ihr mußten die beiden Repräsentanten badischer Regierungen festschreiben, wogegen sie sich so zäh, aber vergeblich zur Wehr gesetzt hatten: die Teilung Badens. In der Präambel dieser Vereinbarung heißt es unmißverständlich: *„Die beiden Zivilverwaltungen des Landes Baden im amerikanischen und französischen Besatzungsgebiet sind gleichgeordnet. In jedem Besatzungsgebiet wird hiernach die Verwaltung grundsätzlich getrennt und selbständig geführt."*
Der überwiegende Teil der Beamten, aber auch eine größere Zahl von Angestellten aus der von den Franzosen in Karlsruhe gebildeten badischen Landesverwaltung war dem Ruf nach Freiburg trotz vorübergehender familiärer Trennung und der sich ergebenden Wohnungsschwierigkeiten nicht ungern gefolgt. Zum einen waren die maßgeblichen Positionen in der von den Amerikanern unter Heinrich Köhler gebildeten Landesverwaltung bereits besetzt. Andererseits hatte man die Franzosen im privaten und Dienstverkehr als um- und zugänglicher erkannt, als es die Amerikaner zu diesem Zeitpunkt noch waren. Schließlich aber schreckte viele die Härte und Unerbittlichkeit der Entnazifizierung unter den Amerikanern.

## „Köhler hätte zurücktreten müssen"

In der Zwischenzeit hatte Heinrich Köhler nach Art klassischer Ministerien seine – „Landesverwaltung Baden" genannte – Karlsruher Regierung gebildet. Ihr gehörten neben ihm selbst die schon im September ernannten Landesdirektoren an. Köhler selbst, der den Titel „Landesbezirkspräsident und stellvertretender Ministerpräsident" erhielt – in und außer

Dienst jedoch wurde er, seiner höherrangigen früheren Stellung gemäß, grundsätzlich mit „Herr Reichsminister" angesprochen –, hatte es in jener Zeit vor allem gegenüber seinen eigenen Parteifreunden nicht leicht, die Hinnahme der Teilung Badens bzw. des Zusammenschlusses von Nordbaden und Nordwürttemberg zu vertreten. Während einer Sitzung am 14. November 1945 in seinem Präsidium räumte er ein, daß er wegen der Vereinigung Nordbadens mit Nordwürttemberg starker Kritik ausgesetzt sei und daß die Forderung erhoben wurde, *„Köhler und die Verantwortlichen hätten zurücktreten müssen."*[25]

Heinrich Köhler blieb jedoch im Amt und tat, vielbefehdet von denen, die die Teilung Badens nicht hinnehmen mochten, sein Mögliches, um die badischen Interessen gegenüber den vielerorts behaupteten württembergischen Hegemoniebestrebungen zu vertreten. So mahnte beispielsweise Köhlers Parteifreund Bürgermeister Fridolin Heurich in einer Konferenz der städtischen Referenten und Amtsvorstände am 7. November: *„Die Entwicklung läuft zuungunsten von Baden".* Es werde dazu kommen, daß man nur noch Befehle von Stuttgart entgegenzunehmen habe.[26]

Eine Episode, die sich am 31. Dezember in der Staatskanzlei in Stuttgart abspielte, belegt die Vorsicht, aber auch das Mißtrauen des Badeners Heinrich Köhler gegenüber dem Schwaben Reinhold Maier. Als jener im Kabinett vor amerikanischen Offizieren behauptete, Zentrum und SPD Nordbadens seien in ihrer Mehrheit für die Vereinigung Nordbadens und Nordwürttembergs, wurde ihm von Köhlers Parteifreund, dem Minister Josef Andre, entgegengehalten, nirgendwo in Nordbaden habe er Zustimmung zu diesem „Projekt" gefunden. Köhler kommentierte den Vorgang wie folgt: *„Die Aussage des Herrn Dr. Maier vor den amerikanischen Offizieren richtete sich damit von selbst, läßt aber einen Einblick tun in so mancherlei, dem Außenstehenden unverständliche Dinge."*[27]

Aufschlußreich auch der Inhalt von Glückwunschtelegrammen zum Jahreswechsel 1945. Maier an Köhler: *„Möge es unseren gemeinsamen Bemühungen gelingen, in stetig fortschreitender Arbeit die Vereinigung von Württemberg und Baden vorzubereiten".* Köhlers zurückhaltende Antwort: Eine sinnvoll gegliederte Vereinigung sollte so vollzogen werden, *„wie die politisch reife und in demokratischer Tradition geschulte schwäbische und badische Bevölkerung es von ihren Führern erwartet."*[28]

## Karlsruhe – Stadt minderen Gewichts

Die Bildung des Landes Württemberg-Baden durch die Amerikaner beantworteten die Franzosen nach einigem Zuwarten mit der Neugründung eines Landes Baden. Eines Landes, das statt früher 15000 qkm immerhin noch eine Fläche von 10000 qkm hatte, dessen Bevölkerung – nach den Zahlen von 1939 – mit 1,27 Millionen allerdings auf die Hälfte der Einwohnerzahl des ehemaligen Landes geschrumpft war. Während auf solche Weise Freiburg Landeshauptstadt wurde, verlor Karlsruhe diesen Rang und wurde, als Folge der unglückseligen, starren Zonengrenze, die geographisch, wirtschaftlich und stammesmäßig Zusammengehöriges auseinanderriß, zur Stadt im „toten Winkel". Die Amerikaner, bar jeglichen Gespürs für historisch Gewachsenes – wohl auch ohne tiefere Kenntnis der Geschichte der beiden Länder – hatten aus nüchterner Besatzungs-Zweckmäßigkeit die Länder Baden und Württemberg ausgelöscht und dabei Karlsruhe zu einer Stadt minderen politischen Gewichts degradiert. Daß sie damit unbewußt und ungewollt den Grundstein legten zu dem späteren Groß-Land Baden-Württemberg, steht auf einem anderen Blatt. Andererseits darf, ohne damit ein verfrühtes Urteil über spätere Ereignisse fällen zu wollen, als gesichert gelten, daß das Land Baden wie in 140 Jahren zuvor ohne Einschränkung auch in Zukunft lebensfähig geblieben wäre.

## Rückkehr aus Konzentrationslagern und Emigration

Eine weniger vom Umfang, als vom menschlichen Einfühlungsvermögen her schwierige Aufgabe kam in der zweiten Hälfte des Jahres 1945 mit der Betreuung der aus den Konzentrationslagern entlassenen oder aus Emigration zurückkehrenden Mitbürger auf die Stadtverwaltung zu. Es handelte sich dabei um Menschen, die während der NS-Herrschaft Opfer rassischer, politischer oder religiöser Verfolgung geworden waren. Die „KZ'ler", in der Behördensprache anfänglich „Konzentrationäre" genannt, genossen in der Bevölkerung zunächst keine sonderliche Sympathie. Zu tief verwurzelt war die durch NS-Propaganda vermittelte Meinung, bei KZ-Insassen handle es sich überwiegend um Landesverräter, Kriminelle und Asoziale. Zu allemhin trugen einige von ihnen, weil sie nicht sofort einen Zivilanzug bekommen konnten, wie anklagend ihre gestreifte Häftlingskleidung.

Die Stadtverwaltung nahm sich der aus dem KZ zurückgekehrten Mitbürger jedoch sofort mit großer Hilfsbereitschaft an. Am 11. Juni 1945 verfügte der kommissarische Bürgermeister Heinrich: *„Die aus den KZ's zurückkehrenden Einwohner sind hinsichtlich der Ernährung besonders bevorzugt zu behandeln."*[1] Selbständig, ohne Billigung irgendeiner vorgesetzten Behörde, ordnete Heinrich an, daß den ehemaligen KZ-Häftlingen doppelte Lebensmittelkarten auszuhändigen seien. Außerdem seien sie bei der Wohnungsvermittlung bevorzugt zu behandeln.

Zu jenen, die aus Konzentrationslagern zurückkehrten, gehörten auch katholische Geistliche, die an Karlsruher Pfarreien gewirkt hatten. So Kaplan Ferdinand Maurath von der Pfarrei St. Peter und Paul in Mühlburg, der, nach verbotenem Versand religiöser Schriften an Karlsruher Soldaten, im Frühjahr 1941 verhaftet, ins KZ Dachau gekommen und dort nach entsetzlichen Erlebnissen kurz vor der Befreiung durch die Amerikaner im April 1945 entlassen worden war.[2] In jenen Tagen erhielt auch Kaplan Franz Weimann, von 1936–1939 gleichfalls Kaplan an St. Peter und Paul, seine Freiheit zurück. Er war nach seiner Versetzung nach Mannheim aufgrund einer Denunziation durch einen in seine Jugendgruppe eingeschleusten Spitzel gleichfalls in das berüchtigte KZ im Norden von München gekommen.[3] Teils vor, teils während des Kriegs waren zwei weitere katholische Geistliche Opfer ihres Bekennermuts geworden: Karl Becker, damals Kaplan an St. Bernhard, war zu einer Geldstrafe und zu Landesverweis verurteilt worden;[4] Geistl. Rat Dr. Richard Dold schließlich, der Pfarrer von St. Bonifatius, war verhaftet und in verschiedene Gefängnisse verbracht, auf dem Weg ins KZ Dachau jedoch durch die erfolgreiche Fürsprache eines Ritterkreuzträgers freigelassen worden.[5]

### Beratungsstelle für politisch und rassisch Verfolgte

In August Furrer sen., dem Leiter des Bezirksverwaltungsamtes, hatten die aus dem KZ Zurückkehrenden einen engagierten Fürsprecher und Helfer. August Furrer, 1933 in Schutzhaft gekommen, kannte Leben und Entbehrungen in einem Konzentrationslager aus eigener Erfahrung. *„Diese Armen",* so schrieb Furrer in einem Brief vom 13. Juni 1945 an den Bürgermeister, *„die zahllose Mißhandlungen, körperliche und geistige Folterungen erdulden mußten, haben Anspruch darauf, daß man sich ihrer besonders annimmt. Sie sind ausgehungert und besitzen in den meisten Fällen keine anderen Kleider als diejenigen, die sie auf dem Leibe tragen."*[6]

Auf Furrers Vorschlag hin wurde im Bezirksverwaltungsamt unter Fritz Winter, der selbst politisch verfolgt war, zum 1. Juli 1945 eine Beratungsstelle für politisch und rassisch Verfolgte eingerichtet. Dadurch konnte diesem Personenkreis das entnervende Herumgereichtwerden von einer zur anderen Dienststelle erspart werden. Anfang Juli setzte sich die Stadt mit der Forderung, ehemaligen KZ-Häftlingen für die Dauer von mindestens drei Monaten doppelte Lebensmittelkarten zu gewähren, gegen das Landesernährungsamt durch, das eine einmalige Ausgabe doppelter Lebensmittelrationen für ausreichend gehalten hatte.[7] Die Arbeit der Karlsruher Betreuungsstelle für rassisch und politisch Verfolgte wurde schnell auch anderwärts bekannt, so daß deren – von August Furrer formulierte – *„Richtlinien zur Betreuung der aus Konzentrationslagern und Zuchthäusern Entlassenen und der wegen*

*der Hitler-Rassentheorie Verfolgten"* auch von anderen Städten übernommen wurden.[8]
Erst allmählich, von vielen anfangs nicht geglaubt und als Feindpropaganda bezeichnet, war in den Wochen nach Kriegsende die Existenz von Vernichtungslagern und die Ermordung von Millionen Menschen, von Juden vor allem, bekannt geworden. Die Gewißheit, daß sich unter den in Konzentrationslagern Umgekommenen auch Hunderte Karlsruher Mitbürger befanden, darunter solche, die man kannte, öffnete manchem nachhaltiger die Augen über die verflossenen zwölf Jahre NS-Herrschaft als der verlorene Krieg.

## 61 Opfer politischer Verfolgung

Erst nach dem Ende des NS-Regimes war es möglich, aber auch notwendig, eine erste Karlsruher „Bilanz" der Gewaltherrschaft zu ziehen. Danach belief sich die Zahl der in der Zeit zwischen 1933 und 1945 hingerichteten oder in Konzentrationslagern ums Leben gekommenen Mitbürger, die aus politischen Gründen verhaftet worden waren, nach Ermittlungen des Statistischen Amtes auf 61 Personen.[9] Mit August Dosenbach, dem etwa 30jährigen Kommunisten, der nach einem Kurierdienst ins Elsaß an der Maxauer Rheinbrücke bei Nacht ermordet wurde, hatte im Oktober 1933 die Blutspur begonnen.[10] Sie führte im März 1934 nach dem KZ Kislau, wo der ehemalige SPD-Reichstagsabgeordnete und jüdische Rechtsanwalt Ludwig Marum im Schlaf erwürgt wurde. Die letzten Opfer waren der 70jährige Gustav Schulenburg, ehemaliger Kartellvorsitzender der Metallarbeiter Badens und SPD-Stadtverordneter in Karlsruhe, der Ende Dezember 1944 im KZ Dachau umkam,[11] sowie der 48jährige, aus dem katholischen Zentrum kommende Karlsruher Rechtsanwalt Reinhold Frank, der im Februar 1945 in Berlin-Plötzensee durch den Strang hingerichtet wurde (vgl. auch das Kapitel „Karlsruher Kriegsalltag 1945").
Erst nach Kriegsende, vor allem durch Josef Seitz, einen städtischen Bediensteten, der von 1938 bis 1939 zunächst im Gefängnis, danach im Konzentrationslager Buchenwald inhaftiert war und im Sommer 1945 einen erschütternden Bericht über seine Erlebnisse schrieb,[12] wurde auch der Umfang der Verfolgung der Ernsten Bibelforscher (Zeugen Jehovas) während der NS-Herrschaft bekannt. Von der etwa 60 Personen

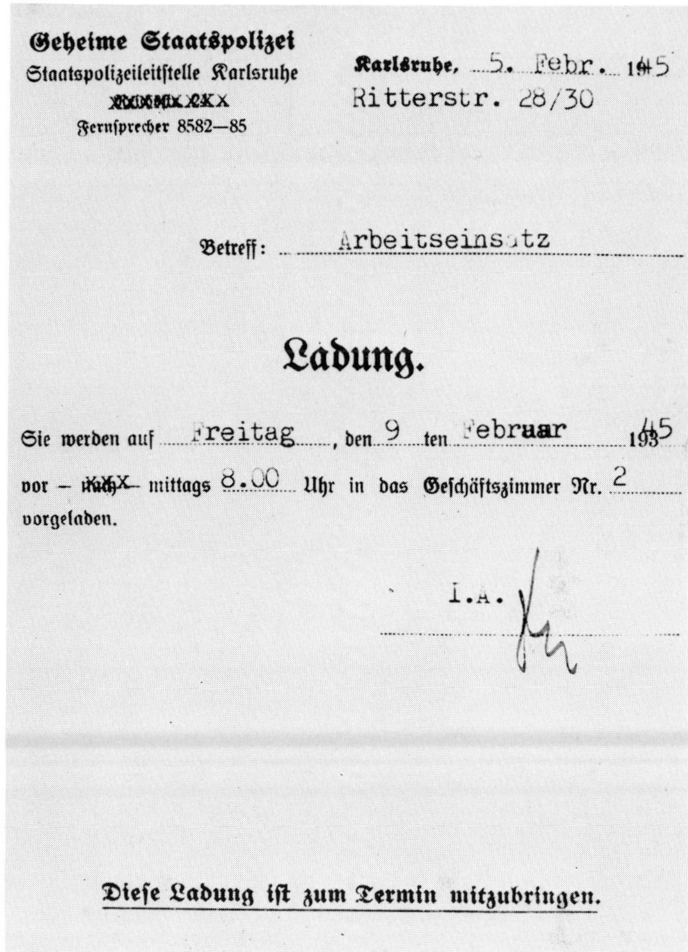

Geheime Staatspolizei
Staatspolizeileitstelle Karlsruhe
Fernsprecher 8582—85

Karlsruhe, 5. Febr. 1945
Ritterstr. 28/30

Betreff: Arbeitseinsatz

Ladung.

Sie werden auf Freitag, den 9 ten Februar 1945 vor – mittags 8.00 Uhr in das Geschäftszimmer Nr. 2 vorgeladen.

I.A.

Diese Ladung ist zum Termin mitzubringen.

zählenden Karlsruher Gruppe dieser Vereinigung waren 47 zu Gefängnis oder Zuchthaus verurteilt, 14 von ihnen anschließend zur „Überhaft" nach Konzentrationslagern gebracht worden, die fünf von ihnen nicht überlebten.[13] Der Karlsruher Julius Engelhardt, als führender Kopf der Bibelforscher und Verfasser des illegal herausgegebenen „Wachtturms" von der Gestapo jahrelang gesucht, war im Frühjahr 1944 in Oberhausen-Sterkrade gefaßt, vom Volksgerichtshof Berlin wegen

***Am 9. Februar 1945 wurde den letzten Karlsruher Juden nach dieser Vorladung eröffnet, daß sie zum Arbeitseinsatz abtransportiert würden. Ziel und Endstation waren das Konzentrationslager Theresienstadt.***

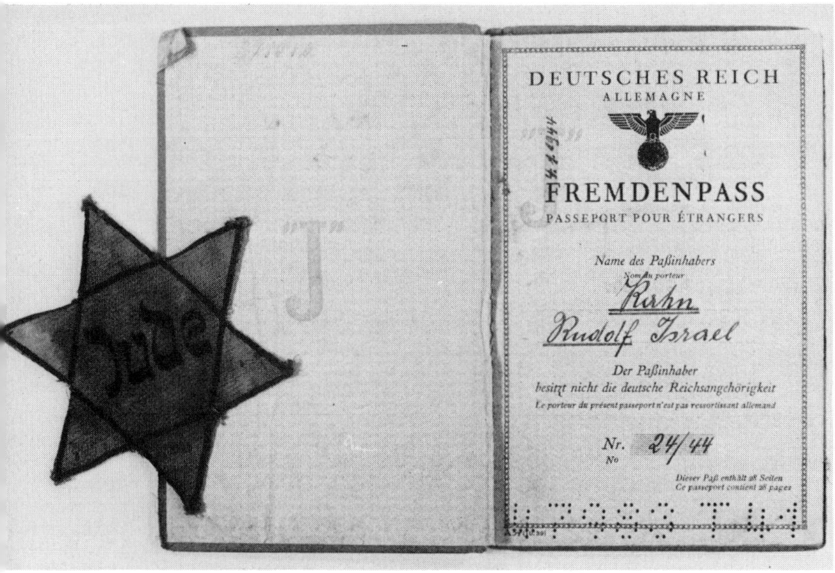


***Paß und Judenstern. Die Pässe von Juden waren mit einem „J" gekennzeichnet. Juden mußten sich zusätzlich die Vornamen „Israel" und „Sara" zulegen. Die deutsche Staatsangehörigkeit war ihnen aberkannt.***

Hochverrats zum Tode verurteilt und im August 1944 hingerichtet worden.[14]

Die Liste der Opfer der Gewalt wäre unvollständig ohne Erwähnung der im Rahmen der Aktion „Beseitigung unwerten Lebens" Ermordeten. Nicht weniger als 386 debile Karlsruher Patienten wurden durch Injektionen oder Gas umgebracht, die meisten in Pflegeanstalten, einige auch in Konzentrationslagern.[15] Die Asche von 289 getöteten kranken Mitbürgern wurde später in einem Ehrenfeld auf dem Hauptfriedhof beigesetzt. Die Überreste der fast 100 übrigen Opfer befinden sich in Familiengräbern. Das von dem Karlsruher Bildhauer Carl Egler entworfene Ehrenmal trägt als mahnende Inschrift die Worte des 5. Gebots: „Du sollst nicht töten!"

## 909 Juden fanden den Tod

Um ein Vielfaches übertroffen wurde das politischen Gegnern und mutigen Geistlichen, Angehörigen einer religiösen Gemeinschaft und wehrlosen Kranken zugefügte Unrecht durch die gnadenlose Verfolgung, der die Juden während der NS-Diktatur ausgesetzt waren. Sie hatte zur Folge, daß die mit 3337 Personen im Jahr 1933 noch stattliche jüdische Gemeinde in Karlsruhe bei Kriegsende ausgelöscht war.[16] Übriggeblieben waren zunächst nur einige wenige Juden, die sich in Verstecken am Turmberg und Ettlingen der im Februar 1945 erfolgten letzten Deportation hatten entziehen können.

Von dieser Deportation, durchgeführt am 14. Februar 1945, waren etwa 30 badische Juden bzw. Halbjuden betroffen, darunter 17 aus Karlsruhe.[17] Es handelte sich um Juden aus sogenannten „privilegierten", d. h. Mischehen, und um Kinder aus solchen Ehen. Nach zweitägiger Fahrt endete der unter dem Kennzeichen „Arbeitseinsatz" geführte Transport im Konzentrationslager Theresienstadt in Nordböhmen, wo sich zu jener Zeit noch etwa 17000 Juden befanden. Eine der deportierten – seit ihrer Heirat im Jahr 1919 der evangelischen Kirche zugehörigen – Karlsruher Jüdinnen, damals 48 Jahre alt, konnte von den erschütternden Erlebnissen in Theresienstadt Tagebuchnotizen machen, durch welche die Qualen der zuletzt ins KZ gebrachten Karlsruher Juden festgehalten sind.[18] Nach der Besetzung von Theresienstadt durch die russische Armee am 5. Mai 1945 dauerte es noch einen vollen Monat, bis die Karlsruher Gruppe mit Leopold Ransenberg als Organisator die Rückkehr nach Karlsruhe antreten konnte. Zehn Tage währte diese unter schwierigsten Umständen durchgeführte Reise. Am 16. Juni endlich kehrten die zuletzt deportierten 17 Karlsruher Juden und Halbjuden völlig entkräftet, aber glücklich und vollzählig nach Karlsruhe zurück.

## In Gartenhütten versteckt

Der Deportation vom Februar entgangen war mit Hilfe von nichtjüdischen Freunden der damals 50jährige Kaufmann Adolf Loebel, der am Werderplatz ein Konfektionsgeschäft hatte. Zusammen mit zwei zehn- bzw. fünfzehnjährigen Söhnen einer anderen jüdischen Familie fand er Unterschlupf in der auf Ettlinger Gemarkung befindlichen Gartenhütte von Otto Hörner, einem Tabakwareneinzelhändler aus der Marienstraße. Nachts schliefen die drei in einem Heuschober neben Hörners Gartenhütte. Wie Loebel und die beiden Jungen überlebten auch Frau Loebel und zwei Töchter des Ehepaares, die sich in Württemberg und im Schwarzwald versteckt

hatten, die NS-Zeit. Noch im April 1945 kam es nach jahrelanger Trennung in Ettlingen zu einer von französischen Offizieren herbeigeführten bewegenden Wiedervereinigung der Familie.[19] Der unweit des Ettlinger Friedhofs in die Nähe der Hörnerschen Gartenhütte führende Weg erhielt noch im Jahr 1945 die Bezeichnung Otto-Hörner-Weg – Gedenken an das mutige Verhalten des Karlsruher Menschenfreundes.
In ähnlicher Weise, versteckt in einer Gartenhütte am Turmberg, entzogen sich der ehemalige Amtsgerichtsrat Karl Eisenmann, Vorsitzender des Bezirks Baden-Pfalz der im Juli 1939 von den Nationalsozialisten gebildeten „Reichsvereinigung der Juden in Deutschland",[20] sowie die Geschwister Renate (*1922) und Rudolf Kahn (1914-1984) noch wenige Wochen vor Kriegsende der Deportation nach Theresienstadt. Der mit Eisenmann gut bekannte damalige Oberlandesgerichtsrat Gerhard Caemmerer (1905-1961) hatte um den 10. Februar 1945 durch einen Durlacher Kriminalkommissar von der unmittelbar bevorstehenden Deportation von Juden ins KZ Theresienstadt erfahren. In der Hütte eines Freundes von Caemmerer unweit des Schützenhauses – Kahn: *„Hier haben wir den Tag zur Nacht gemacht und die Nacht zum Tag, wobei unser Freund Caemmerer uns jede Nacht mit Brot und ganzen Mahlzeiten versorgte"* – erlebten Karl Eisenmann und die Geschwister Kahn das Ende des Krieges.[21]

## 2159 Juden konnten emigrieren

Nach und nach erst wurde die Karlsruher Schreckensbilanz zwölfjähriger Judenverfolgung bekannt. Die mehr oder minder erzwungene Flucht ins Ausland war zwischen 1933 und 1940 2159 Karlsruher Juden geglückt.[22] Über ein Drittel von ihnen (842) fand Aufnahme in Nordamerika. Eine beachtliche Zahl (466) konnte, nach teilweise abenteuerlicher Odyssee, nach Palästina auswandern. Etwa 25 Juden aus Karlsruhe und Umgebung hatte der Karlsruher Ingenieur Otto Hafner in den Jahren zwischen 1934 und 1938 illegal über die Grenze nach Frankreich in Sicherheit gebracht, eine Aktion, in deren Folge er wegen „Anknüpfung landesverräterischer Beziehungen" zu Gefängnis verurteilt wurde und danach bis Kriegsende schwere Jahre in Konzentrationslagern bzw. im Strafbataillon Dirlewanger erlebte.[23]
Nicht weniger als 909 Karlsruher Juden aber hatten den Tod

gefunden, in Konzentrationslagern ermordet, in Lagern als Folge unmenschlicher Lebensverhältnisse und harter Sklavenarbeit gestorben oder auf Transporten umgebracht. Von insgesamt 1267 aus Karlsruhe deportierten Juden, darunter zuvor aus dem Landkreis Zugezogene, überlebten nur 309,[24] von denen die meisten teils legal, teils illegal hatten emigrieren können.

## Anfänge einer neuen jüdischen Gemeinde

Zur Betreuung der aus Theresienstadt und einigen aus anderen Lagern zurückgekehrten Karlsruher Juden hielt sich im Büro der vormaligen Reichsvereinigung der Juden, Kriegsstraße 14, Karl Eisenmann bereit. Die Bezirksvorsteher wurden am 27. Juni von einem Beamten des Finanzministeriums

***In dieser Gartenhütte hielten sich der jüdische Kaufmann Adolf Loebel und zwei jüdische Jugendliche versteckt. Ihre Schlafstelle unterm Dach erreichten sie über diese Leiter.***

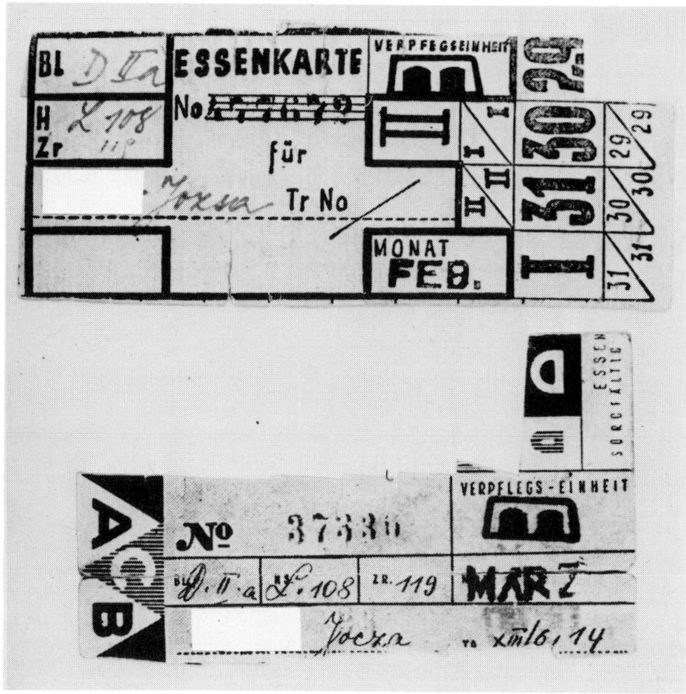


gebeten, Juden mit ihren Anliegen zu Eisenmann zu schikken.[25] Andererseits verfügte der kommissarische Bürgermeister Heinrich, allen Juden *„im Hinblick auf starke gesundheitliche Schädigungen"* ein halbes Jahr lang doppelte Lebensmittelrationen zu gewähren. Der von den Franzosen mit der Führung des Badischen Finanz- und Wirtschaftsministeriums beauftragte Ministerialrat Dr. Bund machte daraufhin in einem Erlaß auf die Karlsruher Regelung aufmerksam und wies die *„übrigen badischen Städte"* an, ebenso zu verfahren.[26]

Zaghaft nur begann unter Leopold Ransenberg als erstem Sprecher und später unter Otto Nachmann als erstem Oberrat der Israeliten Badens im Sommer 1945 das Leben einer neuen, kleinen Jüdischen Gemeinde in Karlsruhe. Unter dem Datum vom 4. August findet sich in einem Aktenvermerk des kommissarischen Bürgermeisters Josef Heinrich folgende Passage: *„Im Auftrag des Oberrats der Israeliten hat in den letzten Tagen Herr Loebel aus Ettlingen* (der nämliche Textilkaufmann aus der Südstadt, der im Versteck einer Gartenhütte das NS-Regime überlebte; d. Verf.) *bei dem U. vorgesprochen und darauf hingewiesen, daß die israelitische Gemeinde in der Kronenstraße 15 noch einen größeren Raum evtl. im 3. Stock benötigt."*[27] Es handelt sich um die erste amtliche Notiz nach Kriegsende, in der von einer israelitischen Gemeinde die Rede ist.

**Reste von „Essenkarten". Eine Karlsruher Jüdin (der Name ist wunschgemäß unkenntlich gemacht) brachte sie aus Theresienstadt mit.**

Ende November gab die amerikanische Militärregierung die Zustimmung zur Gründung einer „Jüdischen Kultusgemeinde für Karlsruhe und Umgebung". Die Gründungsversammlung am 7. Dezember im „Weißen Berg", zu der Leopold Ransenberg eingeladen hatte, eröffnete dieser *„mit einer Gedächtnisrede für die gefallenen Opfer in den Konzentrationslagern".*[28] Ransenberg wurde einstimmig zum 1. Vorsitzenden, Adolf Durst zu seinem Stellvertreter gewählt. Bei gleicher Gelegenheit wurde ein Ausschuß für rassisch Geschädigte gebildet. Im Haus Kronenstraße 15, neben den letzten Resten der zerstörten Synagoge, wurde der erste Gebetssaal der Jüdischen Kultusgemeinde eingerichtet. Über die amerikanische Militärregierung bemühte man sich um Gebetbücher und andere Ritualgegenstände.

Auf die Hilfe der Besatzungsmacht war die Jüdische Gemeinde angewiesen, weil das Vermögen der Jüdischen Gemeinden in der amerikanischen Zone an die Jewish Restitution Successor Organization (IRSO) übergegangen war. Heinrich Freund, der langjährige Geschäftsführer des Oberrats der Israeliten Badens (1913–1983), über die damalige Situation: *„Die wenigen Juden, die nach und nach wieder nach Karlsruhe kamen, standen praktisch vor einem Nichts . . . Die Jüdische Gemeinde Karlsruhe . . . mußte selbst die Mittel aufbringen, um ihre meist alten und kranken, durch die Verfolgung geschwächten Mitglieder dürftigst zu unterhalten."*[29]

Auch der später gegründete Oberrat der Israeliten Nordbadens war längere Zeit ohne Vermögen. Die Genehmigung zur Wiedergründung eines Oberrats hatten im Juni, also während der französischen Besatzungszeit, Leopold Ransenberg und Rudolf Kahn von General König schon persönlich in Baden-Baden erhalten. König erwies seinen Karlsruher Besuchern, die die Unterhaltung in Französisch begannen, bei dieser Gelegenheit eine unerwartete Aufmerksamkeit, indem er ihnen anbot, das Gespräch in deutscher Sprache zu führen.[30]

Mit Schreiben vom 2. November baten Leopold Ransenberg und andere die US-Militärregierung um eine Bestätigung der von den Franzosen erteilten Genehmigung. Die Amerikaner ließen sich jedoch Zeit. Inzwischen hatten die Franzosen mit Sitz in Freiburg für Südbaden längst einen eigenen Oberrat zugelassen. Tatsächlich konnte der Oberrat für das amerikanisch besetzte Baden erst am 23. Mai 1946 ins Leben gerufen werden. Otto Nachmann wurde zum Vorsitzenden gewählt, Leopold Ransenberg zu seinem Vertreter.[31]

Otto Nachmann war mit seiner Frau Hertha, geb. Homburger, im Jahr 1939 nach Frankreich emigriert, nachdem der damals 13jährige Sohn Werner bereits ein Jahr zuvor in Paris in Sicherheit gebracht worden war. Mit Hilfe von Freunden überlebten die Eltern Nachmann in einem Versteck zwischen Digne und Sisteron, während Werner Nachmann der französischen Widerstandsbewegung beitrat und nach der Besetzung als französischer Offizier nach Karlsruhe zurückkehrte.[32]

Wie die Nachmanns wagten im Laufe des Jahres 1945 und in der Folgezeit eine Anzahl Karlsruher Juden, die im Ausland hatten überleben können, die Rückkehr in ihre Heimatstadt. Im Mittelpunkt der menschlichen Zuwendung ihrer Glaubensgenossen standen naturgemäß jene wenigen, die die Konzentrationslager überlebt hatten. Nur zwei Karlsruher Juden waren der Hölle von Auschwitz entronnen: Frieda Heimann, geb. Marx, sowie Ernst Michel (*1916), dessen Odyssee durch zahlreiche Konzentrationslager mit der Deportation von 5600 badischen Juden nach dem südfranzösischen Lager Gurs im Oktober 1940 begonnen hatte. In Auschwitz erlebte Michel, daß Häftlinge sogar lebend in die Krematorien geworfen wurden. In einem im Juni 1945 geschriebenen Bericht über seine Erlebnisse in den Konzentrationslagern schreibt Ernst Michel hierzu: *„In diesem Falle war das ganze Lager in Aufruhr, und die SS-Bewachung hatte erhöhte Alarmbereitschaft, die von diesem Schicksal betroffenen Häftlinge in Schach zu halten. Die Todesschreie der brennenden Personen waren kilometerweit zu hören."*[33]

Bei einer ersten Erhebung im Juni 1946 lebten in Karlsruhe wieder 91 jüdische Mitbürger – gegenüber 3337 im Jahr 1933! –, darunter einige Juden aus osteuropäischen Ländern, die nicht wieder in ihre Heimat zurückkehren wollten. In Ettlingen, Grötzingen, Marxzell und Rotensol lebten zu der genannten Zeit weitere 14 Juden.[34]

Neben der wiedererstandenen Jüdischen Gemeinde und der genannten städtischen Beratungsstelle nahm sich ab der Jahreswende 1945/46 das zu diesem Zweck ins Leben gerufene Wiedergutmachungsamt beim Landesbezirkspräsidenten von Nordbaden der Juden an, ein Amt, das zugleich die Opfer politischer und religiöser Verfolgung betreute. Mit dem Aufbau und der Führung dieses Amtes beauftragt wurde der Karlsruher Diplom-Ingenieur Otto Hafner, der während des „Dritten Reichs" etwa 25 Juden von Karlsruhe aus bei Nacht illegal nach Frankreich gebracht hatte und später selbst jahrelang KZ-Häftling war, auch in Auschwitz.[35]

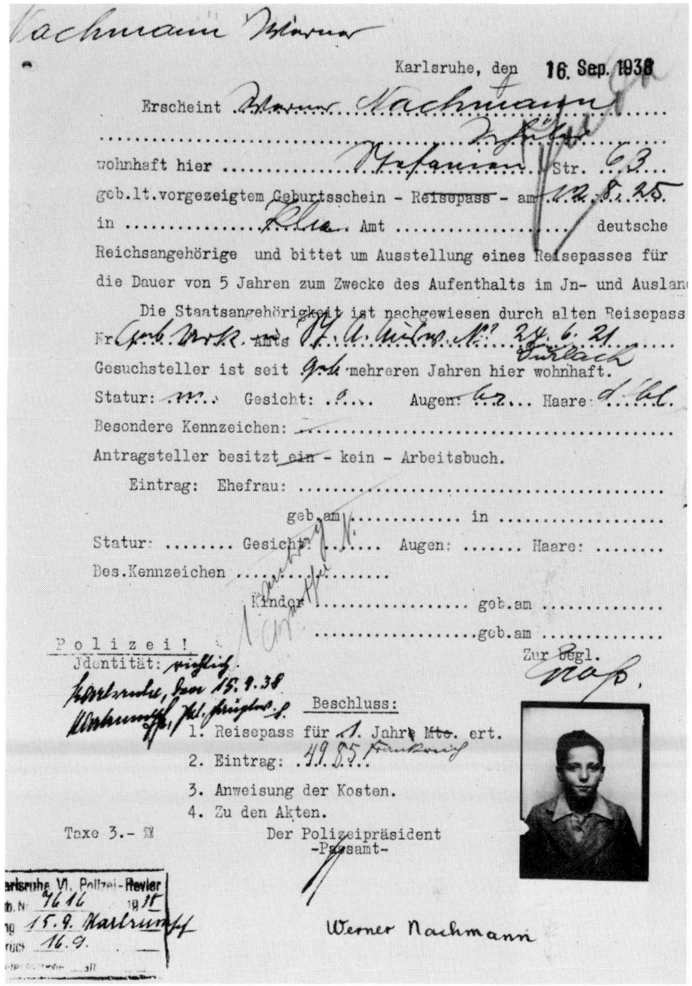
Karlsruhe, den 16. Sep. 1938
Erscheint Werner Nachmann
wohnhaft hier ... Str. 63
geb.lt.vorgezeigtem Geburtsschein - ~~Reisepass~~ - am 12.8.25
in ... Amt ... deutsche
Reichsangehörige und bittet um Ausstellung eines Reisepasses für
die Dauer von 5 Jahren zum Zwecke des Aufenthalts im Jn- und Auslan[d]
Die Staatsangehörigkeit ist nachgewiesen durch alten Reisepass
Gesuchsteller ist seit mehreren Jahren hier wohnhaft.
Statur: ... Gesicht: ... Augen: ... Haare: ...
Besondere Kennzeichen: ...
Antragsteller besitzt ~~ein~~ - kein - Arbeitsbuch.
Eintrag: Ehefrau: ...
geb.am ... in ...
Statur: ... Gesicht: ... Augen: ... Haare: ...
Bes.Kennzeichen ...
Kinder ... geb.am ...
... geb.am ...
Polizei!
Identität: richtig.
Karlsruhe, den 15.9.38
Zur Begl.
Beschluss:
1. Reisepass für 1 Jahr ert.
2. Eintrag:
3. Anweisung der Kosten.
4. Zu den Akten.
Taxe 3.- RM
Der Polizeipräsident
-Paßamt-
Karlsruhe VI. Polizei-Revier
Werner Nachmann

**_Genehmigung eines Reisepasses auf ein Jahr für den damals 13jährigen jüdischen Schüler Werner Nachmann. Nachmann tauchte in Frankreich unter und kehrte erst nach sieben Jahren zurück._**

# Geflohen und vertrieben

Waren die nach Kriegsende zurückgekehrten oder neu in Karlsruhe seßhaft gewordenen Juden sowie die aus Konzentrationslagern entlassenen politischen Häftlinge wegen ihrer geringen Zahl eine von der Verwaltung vergleichsweise leicht zu betreuende Gruppe, so wurden die Flüchtlinge und Vertriebenen bald zu einem ernsthaften Problem. Aus dem Millionenheer derer, die, geflohen oder vertrieben aus den deutschen Ostgebieten oder geschlossenen deutschen Kulturlandschaften Polens, der Tschechoslowakei, Ungarns, Jugoslawiens und Rumäniens, im Innern Deutschlands Zuflucht suchten, ergoß sich ein breiter Strom auch nach Karlsruhe. Unterbringung und Versorgung der Tausende von Menschen führten vielerorts zu großen Belastungen.

Während des Jahres 1945 hatte es die Stadt Karlsruhe streng genommen noch nicht mit Vertriebenen, wohl aber mit Flüchtlingen zu tun. Flüchtlinge waren die rund 1,64 Millionen Menschen,[1] die im Kriegswinter 1944/45 unter größten Schwierigkeiten und Strapazen aus den deutschen Ostgebieten evakuiert wurden, ebenso wie jene, die schließlich in letzter Minute und aus eigenem Entschluß in den Westen flohen. Zu den Flüchtlingen zählten schließlich die beim Näherkommen der Front in den ersten Oktobertagen 1944 überstürzt aus ihrer jugoslawischen und ungarischen Heimat geflohenen Deutschen.[2] Sie, die sogenannten Donauschwaben, waren die erste große und geschlossene Gruppe von Flüchtlingen bzw. Vertriebenen, die in Karlsruhe eine Bleibe fanden.

Noch ehe im Spätsommer 1945 die ersten Flüchtlinge aus dem Südosten angekündigt wurden, waren einige tausend Menschen aus dem Osten nach Deutschland gekommen. Seit dem 1. April 1945, so meldete das Einwohnermeldeamt unterm 28. September 1945, seien 9180 Nicht-Karlsruher zugezogen, davon etwa 50 Prozent Ostflüchtlinge.[3] Mit Schreiben vom 16. Oktober an den Präsidenten der nordbadischen Landesverwaltung wurde die Zahl der aus den „östlichen Reichsgauen" und aus den russisch besetzten Gebieten geflohenen Deutschen mit 6120 angegeben. In dieser Zahl befanden sich nun offensichtlich auch Flüchtlinge aus dem Gebiet der heutigen DDR. Wenige Tage zuvor hatte der amtierende Chef der Inneren Verwaltung, Min. Direktor Paul Martin Haußer, die Stadt, im Blick auf das damals noch immer bestehende Zuzugsverbot, aufgefordert, dieses Verbot zwar für Flüchtlinge und Ausgewiesene aus nicht-deutschen Gebieten zu mildern, dagegen die aus der russisch besetzten Zone Geflüchteten zurückzuschicken.

Die Ankündigung eines ersten großen Flüchtlingstransports war voller Dramatik. Oberbürgermeister Veit, erst zwei Tage im Amt, war am Abend des 5. August vom Wohlfahrtsoffizier der Militärregierung, Cpt. White, darüber informiert worden, ein Transport von 5000 bis 10000 Flüchtlingen sei nach Karlsruhe unterwegs. Die Stadt müsse für deren Unterbringung sorgen. Diese Weisung gab Veit spät abends in einem Telefongespräch an Alfred Behnle (*1914), damals noch städtischer Beauftragter zur Versorgung der DP's (s. auch „Fraternierungsverbot und Amiliebchen"), weiter. Behnle: *„Ich setzte mich zuerst einmal auf einen Stuhl, um das eben Gehörte zu verdauen . . . Ich überlegte mir, was man tun muß, wenn 5000 bis 10000 Menschen hier ankommen."* Die Reihenfolge der zu klärenden Fragen war für ihn: 1. Wann und woher kommen diese Menschen? 2. Wo und wie kann man sie unterbringen? 3. Wie kann man sie versorgen? Behnle: *„Daß ich in dieser Nacht kein Auge zumachte, dürfte verständlich sein."*[4]

### Der Begriff „Volksdeutsche" war ein Fremdwort

Die ersten Flüchtlingstransporte gestalteten sich jedoch weit weniger dramatisch als befürchtet. Als sich Alfred Behnle in der Frühe des 6. August 1945, einem Montag, bei der Militärregierung Klarheit zu verschaffen suchte, erfuhr er zu seiner Erleichterung, die Flüchtlinge seien bereits eingetroffen und in den Knielinger Kasernen untergebracht.[5] Tatsächlich war zwei Tage zuvor bereits ein Transportzug mit 1429 Flüchtlingen aus Slawonien und Kroatien auf dem Westbahnhof angekommen, wo Amerikaner die Flüchtlinge auf Lastkraftwagen verladen und in die Kasernen nach Knielingen gebracht hatten. Dieser gesamte Transport war von den Russen aus Thüringen nach Jugoslawien geschickt worden, doch hatten die Jugoslawen ihnen die Einreise verweigert.[6] Ebenso erging es einem Transport von 450 Slawoniendeutschen (= Deutsche

***Das Flüchtlingslager in der Artilleriekaserne wird Tausenden von Flüchtlingen zur vorübergehenden Heimat. Ohne Listen und Karteikästen geht es auch hier nicht.***

aus dem Siedlungsgebiet ostwärts Agram mit der Donau als östlicher, der Drau als nördlicher und der Save als südlicher Grenze), die, ebenfalls über Thüringen nach Karlsruhe gekommen, in der Artilleriekaserne untergebracht und am 30. Juli per Bahn Richtung Jugoslawien in Marsch gesetzt worden waren. Auch sie kehrten nach einer entbehrungsreichen Odyssee schließlich wieder nach Karlsruhe zurück, jetzt gleichfalls in Knielingen im Quartier. Dort befanden sich ab etwa 10. September insgesamt 2229 deutsche Flüchtlinge aus Jugoslawien, neben jenen, die vergeblich versucht hatten, in ihre Heimat zurückzukehren, noch 360 weitere Personen, die, gleichfalls aus Thüringen, schon am 22. Juli in Karlsruhe eingetroffen waren.

Bei dem letztgenannten – und zugleich ersten – Flüchtlingstransport, der Karlsruhe erreicht hatte, handelte es sich um Donauschwaben aus dem Raum Siwatz, Parabut und Kernei (Jugoslawien), die in mehrmonatigem, mühseligem Treck Schlesien erreicht hatten, dort vor den herannahenden Russen erneut geflohen und schließlich in Thüringen gelandet waren. Von dort wurden sie, nachdem die amerikanische Besatzung das Gebiet geräumt hatte, von den Russen am 18. Juli, wie damals üblich, in Viehwagen auf die Schiene gebracht, angeblich in Richtung Heimat. An der russisch-amerikani-

x1 heute: Zagreb
x2 ehem. "Sau"

schen Zonengrenze bei Eisenach, so beschrieb später Johann Bär (–), einer der Flüchtlinge aus Siwatz, den Vorgang, *„erwarteten uns zwei amerikanische Soldaten, von denen einer auf den hintersten und vordersten Waggon das Wort Karlsuhe, also nicht Karlsruhe, schrieb".*[7] In Knielingen war Endstation. Große Garagenhallen der Rheinkaserne wurden als Unterkunft hergerichtet. Versorgt und verpflegt wurden die donauschwäbischen Flüchtlinge von der durch die Allierten zur Betreuung der DP's (Displaced Persons = Verschleppte Personen) geschaffenen Organisation UNRRA (= United Nations Relief and Rehabilitation Administration) und zwar mit den gleichen Rationen wie einige hundert in der gleichen Kaserne untergebrachte Zwangsarbeiter aus Polen und Jugoslawien.

Die anfangs recht gute Behandlung in Knielingen verdankten die Flüchtlinge aus Jugoslawien mit großer Wahrscheinlichkeit dem Umstand, daß die Amerikaner diese Leute längere Zeit nicht einzuordnen wußten. Für sie war die Staatsangehörigkeit (Jugoslawien) maßgebend. Der Begriff „Volksdeutsche" war ihnen ein Fremdwort. Nur so ist es auch erklärlich, daß die Amerikaner – nicht anders als die Russen mit den 1429 Deutschen aus Slawonien und der Slowakei verfahren waren – die 450 Slawoniendeutschen in Richtung Heimat in Marsch gesetzt hatten, wo man ihnen die Einreise verweigerte (s. oben). Wegen der anfänglichen Gleichstellung mit den DP's wurden die Flüchtlinge für die Stadtverwaltung erst nach Monaten ein Thema und Problem.

Die Belegungsstärke im Lager Knielingen wechselte teils durch Verlegung einzelner Gruppen, teils durch die Ankunft neuer Transporte jedoch ständig. In einem Bericht vom 29. September 1945 schilderte Dr. Fichtl, der Direktor der Städtischen Wohlfahrtsverwaltung, der sich trotz UNRRA-Betreuung um die Flüchtlinge kümmerte, die Verhältnisse im Lager Knielingen so: *„Es sind in zwei Gebäuden 1709 Personen, darunter 555 Kinder bis zu 14 Jahre, untergebracht. Die Wohnverhältnisse sind äußerst primitiv; in einem kleinen Zimmer hausen 2-3 Familien. Die Verpflegung, die von der UNRRA gestellt wird, ist ausreichend und gut. Herr Wolf (Lagerführer) klagte aber darüber, daß sich seine Leute Lebensmittel vom Mund absparen würden, um sie gegen Kleider, Wäsche und Schuhe einzutauschen."* Dr. Fichtl schlug deshalb in seinem Bericht vor, den Flüchtlingen ein Taschengeld gestaffelt zwischen 3 und 6 RM, zu zahlen, was einen monatlichen Gesamtaufwand von 8000 RM erfordert hätte. Im Rathaus war man jedoch nur bereit, monatlich bis zu 1700 RM zu bezahlen. Eine Aktennotiz vom 16. November beschließt diesen Vorgang: *„Wie das Fürsorgeamt fernmündlich mitteilte, soll der Lagerführer Wolf es abgelehnt haben, sich mit einer solch geringen Summe* (je Person eine Mark; d. Verf.) *zufrieden zu geben. Da nun weiterhin von dem Lagerführer nichts mehr gehört wurde, kann die Sache vorläufig beruhen".*[8]

**„Registrierung", „Lageraufnahme", „Flüchtlingsausweise": Nach Flucht und Vertreibung beginnt im Lager für Tausende ein neues Leben.**

## Artilleriekaserne wird Flüchtlingslager

Ein neues Kapitel Karlsruher Flüchtlingsgeschichte begann, als den Donauschwaben der Status von Displaced Persons aberkannt wurde. Zwar wußte der amerikanische UNRRA-Lagerkommandant Lehmann, wie einer der Lagerinsassen berichtet, bald, *„daß es sich bei den Volksdeutschen nicht um DP's handelte, er hat jedoch ein Auge zugedrückt"*.[9] Als aber Lehmann im November von einem holländischen Lagerkommandanten abgelöst wurde, habe dieser befohlen: *„Die Hitlerbande muß raus!"* Kurze Zeit später, am 24. November, wurden sämtliche Flüchtlinge nach der Artilleriekaserne an der Moltkestraße gebracht.[10]

Diese Umquartierung entsprang allerdings hauptsächlich städtischer Initiative. Auf solche Weise wurde erreicht, daß die in der Artilleriekaserne untergebrachten Polen, die mit vereinzelten Plünderaktionen für die Nachbarschaft noch immer eine gewisse Belästigung darstellten, in die – von Wohngebieten abgelegene – Mackensenkaserne verlegt wurden. Vor allem dem Bemühen von Generaldirektor Dr. Möhrle war es zu verdanken, daß diese Umsetzung vorgenommen werden konnte. Den Zustand der Artilleriekaserne nach dem Auszug der Polen beschreibt Alfred Behnle so: *„Die Polen hatten vor ihrem Auszug gründliche Arbeit geleistet. Fenster waren kaum noch vorhanden, die Lichtleitungen und Böden herausgerissen, die Beleuchtungskörper zerstört und die Türen eingeschlagen."*[11] Gerechterweise muß jedoch gesagt werden, daß die Zerstörungen zum Teil auf den Mangel an Brennstoffen zurückzuführen waren, sodaß verfeuert wurde, was nicht niet- und nagelfest war. Ähnlich, so gesteht einer der damaligen neuen Bewohner, der oben erwähnte Siwatzer Karl Müller (*1919), hätten sich auch die Flüchtlinge beholfen: *„In der Kaserne fehlte Heizmaterial. Alles Brennbare wurde deshalb von den Flüchtlingen ausgebaut, die Holzverkleidungen im Offizierskasino, ja selbst Dachlatten."* Die Flüchtlinge in der Artilleriekaserne wußten sich allerdings auch sonst zu helfen: Aus Trümmerbergen bargen sie Öfen und Ofenrohre, und ein gußeiserner Hydrantdeckel wurde aus der Fahrbahn der Stößerstraße ab- und als Herdplatte neu montiert.[12]

Mit der Verlegung der donauschwäbischen Flüchtlinge von der Knielinger in die Artilleriekaserne war die Verantwortung für die Versorgung der zunächst 2000, dann aber bald auf bis zu 5000 Personen anschwellende Zahl von Flüchtlingen auf die Stadt übergegangen. Die Verwandlung der nach dem Auszug der Polen praktisch nicht mehr bewohnbaren Kaserne in eine einigermaßen wohnliche, vor allem aber funktionsfähige Unterkunft für mehrere tausend Menschen war unter den damaligen Verhältnissen eine ebenso schwierige wie erstaunliche Leistung. Sie oblag überwiegend dem von Oberbürgermeister Veit zum Referenten für das Flüchtlingswesen ernannten Alfred Behnle, der allerdings das Glück hatte, eine Reihe hochqualifizierter Beamter bei sich beschäftigen zu können, die „brauner Flecken" wegen aus ihren Positionen entfernt worden, jedoch dankbar waren, für einen Stundenlohn von 50 Pfennig in der Verwaltung des Flüchtlingslagers arbeiten zu können. Aus dem Nichts mußten eine Verwaltung aufgebaut und die ärztliche Versorgung organisiert werden, von einem 100-Betten-Revier bis hin zu einer Säuglingsstation und zur Sterbekammer. Bettwäsche, Bekleidung, vor allem aber die Lebensmittel waren zu beschaffen, doch bald gab es auch Gottesdienste, ja sogar Unterhaltungs-, Kino- und Musikabende. Alfred Behnle später über seine Mitarbeiter, denen es zu verdanken war, *„daß diese riesige Organisa-*

***Die fast anmutige Szenerie verbirgt die drangvolle Enge, die zeitweise im Flüchtlingslager an der Moltkestraße herrschte.***

*tion in kürzester Zeit aus dem Boden gestampft"* werden konnte: *„... den Herren, die damals in der Verwaltung tätig waren, bin ich heute noch dankbar, daß sie mir bei einem so geringen Stundenlohn treu zur Seite gestanden sind, denn ohne sie hätte ich dieses unlösbar scheinende Problem nie zu einem guten Ende führen können."*[13]

Ab dem Spätherbst kamen immer neue Flüchtlingstransporte nach Karlsruhe. Zur ersten Versorgung der Ankommenden wurde bei Gleis 16 des Karlsruher Hauptbahnhofs eine Verpflegungs- und Unterkunftsbaracke zur Aufnahme von 2000 bis 3000 Menschen eingerichtet. Die Bunkerräume unter den Bahnsteigen dienten als Schlafkammern. Auch der Luftschutzbunker im Dammerstock wurde als Notunterkunft hergerichtet. Größere Transporte wurden zum Westbahnhof geleitet, wo jeder Flüchtling einen Entlausungs- bzw. Seuchenzug zu durchlaufen hatte. Eine weitere Entlausungsstation befand sich bei den Industriewerken. Im Hauptbahnhof hatte die Stadtverwaltung außerdem eine Flüchtlingsleitstelle eingerichtet, die durchreisende entlassene Kriegsgefangene und Flüchtlinge beriet und weiterleitete. Die Kaserne in der Moltkestraße war damals das Flüchtlingsauffang- und Durchgangslager für ganz Mittelbaden.

Von der Artilleriekaserne aus wurden die Flüchtlinge zunächst vor allem auf die ländlichen Bereiche aufgeteilt, wobei versucht wurde, sie nach Herkunftsorten geschlossen zu halten. Beispielsweise organisierte Bert Reuter (*1923), ein Offizier, der sich – ohne Entlassungspapiere – nach Karlsruhe durchgeschlagen hatte, die Unterbringung seiner 160 Siwatz-Landsleute, die er auf die Gemeinden Weingarten, Grötzingen, Eggenstein, Linkenheim und Hochstetten aufteilte. Am besten trafen es die 28 Siwatzer in Eggenstein, denen eine unbenutzte große Arbeitsdienstbaracke zur Verfügung gestellt wurde.[14] Dort verbrachte die zunächst 28köpfige Gruppe, die durch hinzukommende Verwandte bald auf 80 Personen anwuchs, den Winter 1945/46. Katharina Scheuermann (*1904), heute noch in Eggenstein lebend: *„Wir alle waren froh, daß wir auf diese Weise zusammenbleiben konnten".*[15]

## 27700 Flüchtlinge und Vertriebene in Karlsruhe

Schon im Herbst 1945 wurde deutlich, daß es mit der Aufnahme und Betreuung der Flüchtlinge aus dem Südosten am Hauptbahnhof und in der Artilleriekaserne nicht sein Bewenden haben würde. Die – später richtiger Vertreibung genannte – Umsiedlung von fast 12 Millionen Deutschen, ein Vorhaben, das in jenen Monaten immer mehr zur Gewißheit wurde, mußte sich auch unmittelbar auf die Stadt selbst, auf ihre Bewohner und den zur Verfügung stehenden Wohnraum auswirken. Aufgrund von Informationen des Städtetags von Württemberg-Baden teilte Dr. Dr. Hagen, der Leiter der Wirtschaftsverwaltung, dem im Rathaus für das Flüchtlingswesen zuständigen Dezernenten, Bürgermeister Riedinger, schon am 26. Oktober 1945 mit, Karlsruhe müsse sich auf die Aufnahme von 20000 Flüchtlingen vorbereiten.[16]

Riedinger, Anfang November zum Kommissar der Stadt Karlsruhe für das Flüchtlingswesen ernannt, wurde von Oberbürgermeister Veit beauftragt, durch Vorsprache bei der Landesregierung und Militärregierung zu erreichen, *„daß das für Karlsruhe vorgesehene Flüchtlingskontingent im Hinblick auf die Übervölkerung der Stadt und die schweren Fliegerschäden, die die Stadt erlitten hat, auf ein Mindestmaß gesenkt wird".*[17] Dieser Auftrag wurde erteilt vor dem Hintergrund, daß die Städte Ulm, Heilbronn und Stuttgart von Flüchtlingen verschont bleiben sollten, eine Tatsache, die dann auch zu langdauernden, bis in die Mitte des Jahres 1946 sich hinziehenden, letztlich jedoch fruchtlosen Vorstellungen der Stadt Karlsruhe bei der Landesverwaltung Nordbaden führten. Karlsruhe, so ließ der Landesbezirkspräsident Dr. Köhler den Karlsruher Oberbürgermeister wissen, sei keine Stadt mit *„kritischer Wohnraumlage".* Die ländliche Bevölkerung verweise mit Recht darauf, daß städtische Wohnungen weit besser seien als ländliche. Wenn ländlichen Kreisen wie Tauberbischofsheim oder Buchen eine Flüchtlingsbelegung von 50 Prozent der Friedenseinwohnerzahl hinnehmen müßten, sei den Großstädten unter Berücksichtigung der Kriegsschäden auch die Aufnahme von 10-15 Prozent Flüchtlingen, gemessen an der früheren Einwohnerzahl, zuzumuten.

10 bis 15 Prozent der Vorkriegseinwohnerzahl von rund 190000 Personen – das entsprach einer Zahl zwischen 19000 und 29500 Flüchtlingen. Tatsächlich erreichte die Zahl der ab dem Winter 1945/46 zur Unterbringung in Karlsruhe zugewiesenen Flüchtlinge mit 14,6 Prozent der Vorkriegseinwohnerzahl fast die angekündigte Höchstziffer: Auf 27701 Personen belief sich in einer abschließenden Meldung die Zahl der Flüchtlinge und Vertriebenen.[18] Bezogen auf die Heimatländer

schlüsselten sich die „Karlsruher" Flüchtlinge wie folgt auf: Tschechoslowakei: 11953; ehemalige deutsche Reichsgebiete östlich der Oder und Neiße: 6946; Jugoslawien: 2346; Polen: 1841; Ungarn: 966; Österreich: 926; Rumänien: 322; Rußland: 159; sonstige Länder: 2242. Mit 14790 : 12911 überwog das weibliche Geschlecht.[19]

Für die Stadtverwaltung war die Unterbringung, Versorgung und Eingliederung der Tausende von Vertriebenen eine Aufgabe, deren Bewältigung die äußerste Anspannung der Verantwortlichen erforderte. Der überwiegende Teil der Karlsruher begegnete den neuen Mitbürgern mit Verständnis, großenteils auch mit Hilfsbereitschaft. Die Vertriebenen selbst aber, die – vor allem, soweit sie aus Jugoslawien und Ungarn geflüchtet waren – anfangs immer noch die Erlaubnis zur Rückkehr in ihre Heimat erwartet hatten,[20] brachten nach dem Verlöschen dieser Hoffnung mit ihrem unbeugsamen Willen, sich bei uns eine neue Existenz zu schaffen, viel Optimismus und zusätzliche Kraft in die Stadt. Nicht schon bei der Ankunft der Flüchtlingstransporte oder bei der Einweisung der Vertriebenen in die Wohnungen der Einheimischen, aber für letztere doch früh genug, um die Neu-Karlsruher zu respektieren und ihre Leistung zu schätzen, stellte sich heraus, daß der Wiederaufbau des zerschlagenen Rest-Deutschlands, die Stadt Karlsruhe eingeschlossen, ohne die zupackende Hilfe der „Neubürger", wie man sie nannte, ungleich schwieriger gewesen wäre und länger gedauert hätte.

Die schwere, für einen großen Teil der Betroffenen schreckliche Zeit der Flucht und Vertreibung zu schildern, ist hier nicht der Platz. Viele verloren das letzte Hab und Gut, viele ihr Leben. Alle aber hatten ihre Heimat verloren – späte Opfer von Gewalt und Gegengewalt.

***Flüchtlinge aus Donauschwaben. Mit ihrer unverwechselbaren Kleidung bringen sie einen Hauch exotischer Fremdheit in die Stadt.***

# Stadt im toten Winkel

## Eingeschnürt in Zonengrenzen

Die mit der Teilung Badens in zwei Besatzungszonen aufgekommene Befürchtung, Karlsruhe werde wegen seiner Lage nahe der Zonengrenze unter den neuen Verhältnissen besonders zu leiden zu haben, bestätigte sich umgehend. Wie die Amerikaner den Franzosen untersagten, in der US-Zone Vieh, Lebensmittel und sonstige Ware zu kaufen, fiel umgekehrt die französische Zone zur Versorgung der Zivilbevölkerung in der amerikanischen Zone weitgehend aus.
Keine deutsche Großstadt in den westlichen Gebieten war als Folge der Zonengrenzziehung so weitgehend von ihrem Hinterland abgeschnürt wie Karlsruhe. Im Westen wurde der Rhein wegen der Zugehörigkeit der Pfalz zur französischen Zone eine unübersteigbare Barriere.
Nicht anders war die Situation im Süden. Die Grenze zwischen den Landkreisen Karlsruhe und Rastatt wurde zur Zonengrenze, beiderseits bewacht, als handle es sich um Staatsgrenzen. An den damals noch Reichsstraßen genannten Hauptverbindungen zwischen Karlsruhe und Rastatt, südlich Malsch und Mörsch, standen bei Tag und Nacht die Kontrollposten der beiden Besatzungsmächte. Die Züge hielten zur Ausweiskontrolle und zum Wechsel der Zug„wache" an. In ein amerikanisch und französisch besetztes Gebiet geteilt wurde, als Folge der unglücklichen Landkreisgrenze, die nun Zonengrenze war, selbst das Albtal im Südwesten. Das vordere Albtal war „amerikanisch", das hintere Albtal, ab einer imaginären, dank Militärposten zwischen Frauenalb und Herrenalb nun plötzlich sichtbar gewordenen Grenze, „französisch", für Karlsruher ohne besonderen Ausweis nicht erreichbar.
Ohne schriftliche Genehmigung der Militärregierung durfte niemand von der einen in die andere Zone reisen, eine Anordnung, die noch bis nach der Währungsreform im Jahr 1948 praktiziert wurde. (Als der Verfasser sehr viel später, im Januar 1948, nachdem bei Maxau eine provisorische Eisenbahnbrücke gebaut war, in Rastatt statt in einen Zug nach Karlsruhe in einen „Zonen-Zug" der Franzosen einstieg, der, ohne in Karlsruhe zu halten, über den Westbahnhof nach der Pfalz fuhr, wurde er in Maximiliansau festgenommen, unter militärischer Bewachung nach Wörth gebracht und erst nach langem Verhör mit einem Papier ausgestattet, das ihm die Rückkehr über den Rhein ermöglichte.) Im Karlsruher Hauptbahnhof residierte andererseits ein amerikanischer Bahnhofskommandant, der mit einer starken militärischen Einheit dafür sorgte, daß kein „Unbefugter" in die Stadt kam.

### Nordbaden der Reichsbahndirektion Stuttgart unterstellt

Die Karlsruher Situation als Folge der Festlegung der Zonengrenzen wurde später in den „Deutschen Wirtschaftsheften" so geschildert: *„Vor allem erwies sich die Teilung Badens in das amerikanisch besetzte Nordbaden und das französisch besetzte Südbaden durch die etwa 9 km südlich der Stadtgrenze verlaufenden Zonengrenzen für den Wirtschaftsraum Karlsruhe von besonders nachträglicher Wirkung, da sich Karlsruhe durch diese Abschnürung plötzlich eines großen Teiles seines Hinterlandes beraubt sah."*[1]
Bald nach dem Wechsel der Besatzungshoheit wurden die nordbadischen Bahnlinien der Reichsbahndirektion Stuttgart unterstellt (s. auch „Karlsruhe verliert den Rang der Landeshauptstadt"), während die am Ort verbliebene Reichsbahndirektion Karlsruhe ausschließlich für die südbadischen Strecken zuständig war. Nach der Behebung der größten Schäden im Streckennetz, die vor allem auf Brückensprengungen beim Rückzug der Wehrmacht zurückzuführen waren, verkehrten

zunächst nur Transportzüge der Alliierten. Sowohl Franzosen wie Amerikaner verhielten sich allerdings angesichts der Tausende von Evakuierten, die auf den Bahnhöfen oft tagelang auf eine Fahrgelegenheit warteten, gegenüber den Deutschen vielfach großzügig und hilfsbereit. Wo immer möglich, erlaubten sie ihnen die Mitfahrt. Es war abenteuerlich, wie Kohlen- und andere Güterzüge der Besatzungsmächte, auf denen und an denen oft dicke Menschentrauben klebten, durch die Landschaft schaukelten.

Die Amerikaner eröffneten den zivilen Zugverkehr durch Anweisung der 7. US-Army vom 10. August 1945 mit der Einführung einiger „Dienstpersonenzüge", mit denen allerdings nur Arbeiter befördert werden durften. *„Ein öffentlicher Reiseverkehr mit der Eisenbahn"*, so teilte die Reichsbahndirektion Stuttgart mit Rundschreiben vom 15. August mit, *„ist vorläufig nicht erlaubt."*[2] Ab 18. August durfte die Reichsbahn im amerikanisch besetzten Gebiet immerhin auch einige Güterzüge auf den Weg bringen. Mitte September verfügte die – für Nordbaden zuständige – Stuttgarter Reichsbahndirektion erneut, nur Berufstätige, und diese nur auf Entfernungen bis 40 km, dürften die Personenzüge benutzen.

Schon seit dem 8. September hatte die Reichsbahndirektion Karlsruhe zwischen Karlsruhe und Freiburg ein Eilzugspaar eingesetzt, doch mußte in Offenburg umgestiegen werden.[3] Diese Züge fuhren auf der sogenannten „strategischen Linie" über Durmersheim, weil der Verkehr auf der „Ettlinger Strecke" wegen einer Brückensprengung nördlich Malsch nicht möglich war. Exakt einen Monat später fuhr das genannte Eilzugspaar von und bis Basel, jetzt ohne Umsteigezwang in Offenburg. Ein Abenteuer für sich war der Zugverkehr zwischen Durlach und Bretten. Wegen Brückensprengungen mußten die Reisenden auf dieser Strecke zweimal umsteigen.

Mit einem schweren Unglück hatten sich die US-Militärpolizei und das Militärgericht wenige Tage nach ihrer Etablierung in Karlsruhe zu beschäftigen. Bei Weingarten stieß am 13. Juli ein amerikanischer Truppenzug mit einem leeren deutschen Güterzug zusammen, wobei sechs amerikanische Soldaten ums Leben kamen. Weitere 28 Soldaten wurden verletzt. Alle befanden sich auf dem Transport nach Bremen, von wo aus sie die Heimreise nach den Vereinigten Staaten antreten sollten. Unter dem Verdacht der Fahrlässigkeit wurde der Durlacher Stellwerkmeister August Lindemeier, der dem Güterzug die Strecke freigegeben hatte, von der US-Militärpolizei festgenommen und der amerikanischen Militärgerichtsbarkeit überantwortet.[4] Schon am 20. Juli wurde Lindemeier dem Karlsruher „Einfachen Militärgericht" vorgeführt, das den Fall jedoch *„wegen der Schwere der Anklage an das Obere Militärgericht übergab"*.[5] Aus der Tatsache, daß über den Fall in der Öffentlichkeit nichts mehr verlautete, kann geschlossen werden, daß der Durlacher Stellwerkmeister freigesprochen wurde.

***Deutschland ist viergeteilt. Mit dieser Karte unterrichten die Amerikaner die Bevölkerung über die „endgültigen Zonen".***

## Maxauer Hafen „wiederentdeckt"

Unter der Abschnürung durch die Zonengrenze zu leiden hatte Karlsruhe vor allem mit seiner wichtigen Versorgungsstation am Wasser, dem Rheinhafen. Der Verkehr zwischen Karlsruhe und den südlichen Oberrheinhäfen ruhte – auch nach der Beseitigung der Trümmer der Rheinbrücke Wintersdorf – auf lange Zeit hinaus fast völlig. Die Hoffnung, über das schnell wieder instandgesetzte Kanalsystem Saar-Rhein noch im Jahr 1945 Saarkohle nach Karlsruhe zu bekommen, erwies sich als trügerisch. Die Franzosen brachten diese Kohle ins eigene Land, geringe Mengen auch in die von ihnen besetzten Gebiete.

Durch die Zonengrenze war Karlsruhe abgeschnitten von Holzlieferungen aus dem Schwarzwald. Weder zu Wasser, noch auf der Bahn oder auf der Straße kamen im Jahr 1945 nennenswerte Mengen Holz in die Stadt. Die Sägewerke lagen so gut wie ausschließlich in der französischen Zone. Auch Betriebe in solch unmittelbarer Nähe wie dem Holzbachtal durften nicht nach Karlsruhe liefern. Die Behebung leichterer Kriegsschäden wurde durch das Fehlen von Holz teils stark erschwert, teils erheblich verzögert. Besorgt stellte Hafendirektor Langfritz in einer Referentenbesprechung vom 19. September die Frage, ob die Plätze der Holzspediteure angesichts des Darniederliegens jeglichen Holzumschlags weiterhin für diesen Zweck reserviert bleiben könnten. Gleichzeitig hoffte Langfritz auf ein Machtwort der Amerikaner. Diese müßten doch einsehen, daß die Franzosen das Holz aus dem Schwarzwald nicht für sich allein verbrauchen könnten.[6]

Der Verkehr auf dem Rhein ab Karlsruhe konnte allerdings auch in nördlicher Richtung erst sehr spät aufgenommen werden. Zum einen mußten zunächst die Kai- und Gleisanlagen instandgesetzt werden, die bei dem schweren Angriff vom 4. Dezember 1944 weitgehend zerstört worden waren. Tatsäch-

***Als ein unübersehbares Trümmerfeld präsentiert sich im Sommer 1945 als Folge der zahlreichen Bombenangriffe der Rangierbahnhof südlich des Hauptbahnhofs.***

lich hatte seit jenem Datum kein Schiff mehr im Karlsruher Hafen einlaufen können, weil in den Hafenbecken zahlreiche Schiffe lagen, die durch Bombenabwurf versenkt oder als Folge von Bränden gesunken waren. Nach den zahlreichen Brückensprengungen in der letzten Phase des Kriegs war im übrigen zunächst der gesamte Rhein zwischen Karlsruhe und Wesel unpassierbar geworden. Dem US-Transportation Corps gelang es, die Strecke Rheinmündung – Mannheim ab August 1945 abschnittsweise befahrbar zu machen. Während das erste Kohlenschiff aus dem Ruhrgebiet am 15. September in Mannheim eintraf, mußte Karlsruhe noch bis zum November warten. Der Grund: Die Beseitigung von Teilen des Stahlgewirrs der teils zerbombten, teils gesprengten Maxauer Brücke erwies sich als ungemein schwierig. Ab 1. August beteiligten sich an diesen Arbeiten auch französische Pioniere. Unter amerikanischer Flagge war auch das Hafenboot „Karlsruhe" eingesetzt. Weil sich die Arbeiten mehr als erwartet in die Länge zogen, ließ Hafendirektor Langfritz den Maxauer Hafen als Nothafen herrichten. Anfang Oktober konnte auf diese Weise zwischen Karlsruhe und Mannheim ein mäßiger Schiffsverkehr aufgenommen werden.

Auch noch in seiner Zerstörung bietet der Karlsruher Hauptbahnhof ein imposantes Bild.

## Telegramm an Eisenhower: Karlsruhe braucht Kohlen!

Bei den ersten Transporten ab dem Hafen Maxau handelte es sich um Koksgrus aus dem Karlsruher Gaswerk, der zur Brikettierung nach Mannheim verschifft wurde. Die danach wieder nach Karlsruhe zurücktransportierten Briketts bildeten die erste bescheidene Zufuhr fester Brennstoffe seit Kriegsende. Als in der ersten Oktoberhälfte die ohnehin geringen Kohlenvorräte zur Versorgung der Krankenhäuser, Gaswerke und anderer lebenswichtiger Einrichtungen zur Neige gingen, wußte sich die Stadt keinen anderen Rat, als die bedenkliche Karlsruher Situation General Eisenhower in einem Telegramm darzustellen.[7] Möglicherweise als Frucht dieses couragierten Bemühens konnte Dr. Dr. Hagen, der Leiter der Wirtschafts- und Versorgungsverwaltung, das Bürgermeisteramt und die Amtschefs am 17. Oktober davon unterrichten, daß Karlsruhe jetzt endgültig Kohlen zugesagt seien: 1183 t für das Gaswerk, 137 t für das Fernheizwerk und 42 t für die Bäckereien – eine bescheidene Zuteilung.
Der Karlsruher Rheinhafen selbst war noch unter den Franzosen wieder beschränkt betriebsbereit gemacht worden. Dazu gehörte auch die Instandsetzung von vier Kränen. Es fehlte jedoch an Lagerraum. Zwei der städtischen Werfthallen waren bei dem Angriff vom 4. Dezember 1944 zerstört worden. Die noch benutzbare Werfthalle III hatten die Amerikaner beschlagnahmt. Eine Verzögerung der Schiffahrt zum und ab dem Karlsruher Rheinhafen ergab sich übrigens auch daraus, daß die Stadt Mannheim über die US-Militärregierung darauf drängte, den Güterumschlag bis auf weiteres in Mannheim durchzuführen. Außerdem, so klagte in einer Sitzung der Amtsvorstände am 28. November 1945 Hafendirektor Emil Pfeiff, Nachfolger des im Rahmen der Denazifizierung kurz zuvor entlassenen Jakob Langfritz, habe die Stadt Mannheim entgegen der Vereinbarung noch nicht die Hebewerkzeuge nach Karlsruhe geschickt, die für die Bergung der im Rheinhafen gesunkenen Schiffe erforderlich waren. Pfeiff gab bei dieser Gelegenheit gegenüber Mannheim noch eine andere

Klage zu Protokoll: *„Getreide, das nach Karlsruhe gehörte"*, sei auf Veranlassung des mit Mannheimer Spediteuren verflochtenen Badischen Getreidewirtschaftsverbandes auf dem Bahnweg nach Mannheim transportiert und dort verteilt worden.[8]

Schon am 13. Oktober hatte die US-Militärregierung mitgeteilt, daß die Schiffahrt von Rotterdam bis Karlsruhe freigegeben sei. Als im Dezember trotz weitgehender Wiederherstellung der Umschlagsanlagen immer noch kein Schiff zum Entladen oder Beladen in den Karlsruher Hafen eingelaufen war, gab Hafendirektor Pfeiff der Karlsruher Enttäuschung in einem Bericht der Rhein-Neckar-Zeitung unverhohlenen Ausdruck. Nach Aufzählung der täglichen Umschlagskapazität in den einzelnen Gütersparten forderte Pfeiff, den Karlsruher Rheinhäfen den Teil des Verkehrs auf dem Oberrhein wieder zurückzugeben, *„der ihnen nach ihrer Lage und ihrer Ausstattung gebührt"*.[9] Es war offensichtlich, daß der Karlsruher Hafen, der zwischen den beiden Kriegen der Nähe der Reichsgrenze wegen Mannheim gegenüber stark ins Hintertreffen geraten war, jetzt wegen der Zonenrandlage erneut vernachlässigt wurde – zum Vorteil von Mannheim und der Schiffahrt auf dem Neckar.

***Neben der von tonnenschweren Sprengsätzen zerstörten Maxauer Rheinbrücke haben die Franzosen eine Pontonbrücke errichtet.***

## Straßenbahnverkehr schrittweise wiederaufgenommen

Schneller als der Eisenbahn- und der Schiffsverkehr, der von der Abschnürung der Zonengrenze stark behindert wurde, lief nach Kriegsende der Karlsruher „Binnenverkehr" der Straßenbahn wieder an. Allerdings dauerte es nach der Besetzung der Stadt noch acht Wochen, ehe am 30. Mai mit der Inbetriebnahme der Linie 1 zwischen Weinweg – Durlacher Tor – Rüppurrer Tor – Mathystraße – Kühler Krug der Anfang gemacht werden konnte.[10] Die Karlsruher, in der Bewegungsmöglichkeit zusätzlich eingeschränkt durch den Umstand, daß ihnen die Benutzung von Fahrrädern unter den Franzosen lange Zeit überhaupt nicht, später nur mit Ausweis gestattet war, empfanden das Wiederauftauchen einer Straßenbahn schon als wichtigen Auftakt zu einem normalen Leben.

Am 2. Juni konnte dann auch die Linie 8 zwischen Rintheim und Schlachthof, sowie – nach Reparatur des im Jahr 1938 stillgelegten „Dreischienengleises" zwischen Friedhof und Durlacher Tor – die Linie 11 zwischen Durlacher Tor und Hagsfeld verkehren.

Weitere Teilstrecken wurden zwischen Mühlburger Tor und Weinbrennerplatz (Linie 4, am 11. Juni), zwischen Mühlburger Tor und Stösserstraße/Hertzstraße (Linie 5, am 16. Juni) sowie zwischen Mühlburger Tor und „Westendhalle" an der Philippstraße (Linie 2, am 20. Juli) in Betrieb genommen werden. Zuvor, am 27. Juni, war die Linie 4 vom Weinbrennerplatz bis zum Friedhof verlängert worden, um am 1. August wieder auf der vollen Route Kühler Krug – Friedhof zu fahren. Ebenfalls am 1. August gab es – mit dem Zwang zum Umsteigen an der zerstörten Brücke beim Weinweg – eine Verbindung der Linie 1 von Durlach Untermühlstraße nach Knielingen und, immerhin, einen Pendelwagen der Linie 2 zwischen Mühlburg (Entenfang) und Römerhof, eine Linie, die zum 30. August bis zur Ludwig-Dürr-Brücke verlängert wurde. Die Linie 5 schließlich verkehrte am 30. August von der Mathystraße bis zur Hertzstraße. – Erst zwei Jahre später jedoch, am 20. 7. 1947, konnte die Straßenbahn – nach Beendigung der Schutträumung in diesem Bereich – auch wieder auf der Strecke Marktplatz-Hauptpost verkehren.

Am 25. Dezember 1947 schließlich war die traditionelle Strecke der Linie 1 von Knielingen bis Durlach Endstation/Grötzinger Straße wieder voll befahrbar. Am längsten auf „friedensmäßigen" Vollverkehr warten mußte die Linie 2. Erst im Juli 1948, nach Wiederaufbau der August-Dürr- und der Altrheinbrücke, verkehrte diese Linie 2 wieder bis Daxlanden bzw. Rappenwört.

## „Helden-Express" Albtalbahn

Die Albtalbahn, von den Karlsruhern während des Kriegs mit der Spottbezeichnung „Helden-Express" versehen, weil abends zahlreiche Bewohner vor nächtlichen Alarmen und Angriffen zu Verwandten und Bekannten in die überfüllten Albtaldörfer flohen – andere übersetzten die Kurzform BLEAG (= Badische Lokal-Eisenbahn-Gesellschaft) gemütvoller mit „***B***ummelt ***l***angsam, ***e***ntgleist ***a***uch ***g***ern"[11] – nahm ihren Verkehr am 12. Juni 1945 auf. Die Albtalbahn war etwa drei Monate lang das einzige schienengebundene Verkehrsmittel, mit dem man aus Karlsruhe herauskommen konnte. Wegen der Zerstörung der Brücke über den Rangierbahnhof konnte die Bahn stadtwärts jedoch nur bis südlich der Rangierbahnhofgleise fahren. Das Gleis endete stumpf, die Züge waren an beiden Zugenden mit Lokomotiven bzw. Triebwagen bestückt. Für die Fahrgäste aber gab es an diesem Endpunkt der Bahn keinen Wind- und Wetterschutz.
Zwischen Karlsruhe und Ettlingen durfte jedermann ohne Behinderung fahren; über Ettlingen hinaus kam jedoch nur, wer im Besitz eines Passierscheins war. Den Gemeinschaftsverkehr zwischen den Verkehrsbetrieben und der Albtalbahn gab es schon ab 1. November wieder.
Die Bedeutung der Albtalbahn auch in dem turbulenten Jahr 1945 erhellt aus der Fahrgastzahl. Diese betrug im Jahr 1945 immerhin 2,4 Millionen Personen gegenüber 6,1 Millionen im Jahr 1946. Die Beförderungszahlen der Straßenbahn zum Vergleich: Im Jahr 1945 fuhren 17,5 Millionen Personen mit der Straßenbahn, im Jahr 1946 72 Millionen.[12]
Unvorhergesehen zusätzliche Bedeutung erhielt die Albtalbahn im Jahr 1945 für den Güterverkehr. Der Grund: Es dauerte lange, bis die gesprengte Wolfartsweierer Autobahnbrücke wieder passierbar gemacht worden war. So wurde die Albtalbahn ein wichtiger Verkehrsträger nicht nur ins Albtal, sondern auch – dank des Anschlusses Ittersbach – Pforzheim – nach Pforzheim. – Erst im Juli 1947, und erst auf starken Druck der Militärregierung, wurde über den Karlsruher Rangierbahnhof am Platz der zerstörten eine Behelfsbrücke fertiggestellt und so der lästige, zeitraubende Verkehrsbruch zwischen Straßenbahn und Albtalbahn beseitigt.
Im Sommer 1945 ging auch schon wieder die Turmbergbahn in Betrieb. Immerhin 10476 Karlsruher (im Jahr 1946: 309160) nutzten im Jahr 1945 die Möglichkeit, aus dem grauen Nachkriegsalltag herauszukommen.[13]
Als eine der wichtigsten, sehnlichst begrüßten Maßnahmen empfanden es die Bürger der Stadt „im toten Winkel", als, wenigstens für das amerikanisch besetzte Gebiet, der Postverkehr wieder aufgenommen wurde. Ab 27. August, fast fünf Monate nach der Besetzung der Stadt, durften privat immerhin Postkarten, außerdem geschäftliche Briefe bis zu 100 g verschickt werden.[14] Zwei Wochen danach, am 10. September, wurde die Versanderlaubnis für Briefe auf Sendungen bis zu 250 Gramm erweitert. Außerdem waren Einschreib- und Paketsendungen zugelassen.[15] „Genehmigte Geschäftsunternehmen" durften seit dem 27. August auch telefonieren. Der gesamte Postdienst war allerdings auf lange Zeit hinaus der Zensur unterworfen.

***Warten auf die Albtalbahn. Wegen der zerstörten Brücke über den Rangierbahnhof liegt die Endstation bis 1947 an der Ettlinger Allee.***

# Mühsamer wirtschaftlicher Neuanfang

Die einheimische Wirtschaft wieder in Gang zu bringen, war die vordringlichste, aber auch schwierigste Aufgabe nach dem verlorenen Krieg. Die Voraussetzungen für eine Ankurbelung der Wirtschaft als Basis eines allmählichen Wiederaufbaus konnten in Wahrheit schlechter nicht sein, als sie es im Jahr 1945 waren. Zum einen war ein Drittel der Karlsruher Betriebe der Industrie, des Handels und des Handwerks zerstört. Zum zweiten fehlte es an Kohle und folglich auch an Strom, jedoch ebenso an Rohstoffen und Verarbeitungsgütern. Drittens lähmte die Denazifizierungspolitik der Amerikaner die Fähigkeit und die Bereitschaft weiter Kreise, sich für den Wiederaufbau zu engagieren. Viertens war der Arbeitsmarkt völlig zusammengebrochen. Ursache hierfür war unter anderem der schnell erkennbare Währungszerfall mit dem formalen Festhalten an der alten Währung einerseits und den Möglichkeiten des schwarzen und grauen Marktes andererseits, auf dem bisweilen das 50-, ja 100fache des offiziellen Preises bezahlt wurde. Zu diesen Schwierigkeiten kam im Falle Karlsruhe fünftens die schon erwähnte Abschnürung der Stadt von einem großen Teil seines Hinterlandes, den Wirtschaftsgebieten Südbaden und Pfalz, als Folge der Zonengrenzziehung.

### Leben aus der Substanz

Der wichtigste Grund der allgemeinen Lethargie, über welche das erkennbare Wiederaufbaubemühen der Karlsruher Stadtverwaltung unter Oberbürgermeister Veit nicht hinwegtäuschen konnte, lag in der inneren Leere eines enttäuschten und getäuschten Volkes. Eines Volkes, das sich erschreckend bewußt wurde, daß sein Idealismus und seine Opferbereitschaft aufs schlimmste mißbraucht worden waren, und das, erfüllt auch von Mißtrauen gegenüber den Siegern und den von ihnen eingesetzten Statthaltern, nach dem Zusammenbruch weitgehend in Abwartestellung ging. Der Karlsruher Oberbaurat Dr.-Ing. Eugen Wagenmann (geb. 1896) beschreibt als Zeuge der Zeit die innere Verfassung der meisten seiner Mitbürger wie folgt: *„Die aus dem Selbsterhaltungstrieb resultierenden Bemühungen um die Ingangsetzung normaler wirtschaftlicher Verhältnisse waren aufs schwerste gehemmt durch die hinterlassene Erbschaft des zusammengebrochenen NS-Regimes: Die Depression eines in den Überanstrengungen des Kriegs ausgebluteten Volkes, das aus dem unentrinnbaren Druck des Diktators in ein Vakuum entlassen war, in eine auch in Umrissen unerkennbare Zukunft, die zunächst als Leere erschien. Der Sieger hatte die Verantwortung für das primitive, nackte Leben eines großen Volkes übernommen, ohne genauere Vorstellung über das spätere Zusammenleben mit diesem Volk zu haben."*[1]

Der größte Teil der Karlsruher Bevölkerung lebte in den ersten Monaten nach Kriegsende aus der Substanz, d. h. von den Ersparnissen. Überraschend schnell, schon am 23. April 1945, war der Städtischen Sparkasse erlaubt worden, den Zahlungsverkehr, wenn auch in beschränktem Umfang, wieder aufzunehmen. Bald darauf konnten auch die anderen Bankinstitute ihre Tore wieder öffnen.[2] Geld durfte jedoch nur zur Bestreitung des Lebensunterhalts abgehoben werden, je Familie monatlich 300 RM. Mitte Juni gaben die Franzosen bekannt, Personen, deren Vermögen gemäß Gesetz Nr. 52 der Militärregierung gesperrt und unter Beaufsichtigung gestellt war – hierzu gehörten praktisch alle, die während der NS-Zeit halbwegs verantwortliche Stellungen innegehabt hatten –, dürften über ihre Sparkonten nicht verfügen.[3] Jedermann aber hatte seiner Sparkasse oder Bank von jetzt ab eine polizeilich beglaubigte Erklärung vorzulegen, daß er nicht unter den Personenkreis gem. Gesetz Nr. 52 falle. Die Amerikaner hoben diese Auflage jedoch schon vier Wochen später auf und gestatteten wieder jedermann die Abhebung von monatlich 300 RM, einschließlich Familienmitgliedern bis zu monatlich 500 RM.[4]

Die Unsicherheit, wie lange man über seine Sparkonten verfügen könne, führte dazu, daß viele Leute dazu übergingen, Geld zu horten. Aus dem gleichen Grund bestanden Lieferanten gegenüber der Stadt fast durchweg auf Barzahlung. In der Annahme, eine – damals schon befürchtete – Geldentwertung würde die Geldscheine mit kleinen Werten unangetastet lassen, wurden vor allem Banknoten unter 100 Mark gehortet. Auch die Ankündigung der Militärregierung von Anfang Juni,

20- und 100-Mark-Reichsbanknoten der Jahre 1944 und 1945 (mit Hakenkreuz) würden demnächst aus dem Verkehr gezogen,[5] schuf Unsicherheit, weil befürchtet wurde, für die eingezogenen Geldscheine werde kein Ersatz geleistet. Mit Wirkung vom 23. August wurde die „Alliierte Militär-Mark" zum gleichberechtigten Zahlungsmittel erklärt. Diese Banknoten, die die Kennzeichnung „Alliierte Militärbehörde" trugen, gab es schon für die Werte 50 Pfennig und 1 Mark. Der höchste Nennwert betrug 1000 RM.[6]

### Schwieriger erster Nachkriegshaushalt

Die finanzielle Situation der Stadt war anfangs völlig undurchsichtig. In Erwartung einer für unvermeidlich gehaltenen Kürzung der Gehälter wurden diese in den ersten Monaten nur mit 200-RM-Abschlagszahlungen gezahlt. In einem ersten Überblick über die finanzielle Lage vertrat Sparkassendirektor Franz Zoller, der zunächst auch für die Kämmereiverwaltung zuständig war, die Auffassung, das Haushaltsjahr 1945 werde mit einem Fehlbetrag von 25 Millionen RM schließen. Statt erwarteter 40 Millionen RM Steuereingänge, so Zollers Prognose in einem Bericht vom 29. April, könnte man bestenfalls mit 15-20 Millionen RM Steuereinnahmen rechnen.[7] Angesichts solch düsterer Lage nahm die Finanzverwaltung die Anordnung der Militärregierung, an außerhalb des „Dienstortes" befindliche städtische Bedienstete keine Gehälter und Löhne mehr zu bezahlen, vermutlich mit Erleichterung zur Kenntnis. An Familien von Wehrmachtsangehörigen (sprich: Kriegsgefangenen) durften Gebührnisse lediglich bis maximal 200 RM und nur noch bis Ende August 1945 bezahlt werden.
Schon aus solchen Auflagen der Militärregierung wurde deutlich, daß dem Entscheidungsspielraum der Stadtverwaltung auch im finanziellen Bereich enge Grenzen gesetzt waren. Tatsächlich war für jedes finanzwirksame Vorhaben die Zustimmung des Finanzoffiziers bei der Militärregierung einzuholen. Maßgeblich hierfür war die Proklamation Nr. 2 der Alliierten Kontrollbehörde–Kontrollrat vom 20. September, in der es unter Punkt 14 hieß: *„Über das Eigentum, die Guthaben, Recht, Anrechte und Interessen ... der städtischen oder kommunalen Behörden ... darf in keiner Weise ohne die Genehmigung der Alliierten Vertreter disponiert werden."*[8]
Als dem Karlsruher Stadtrat am 18. Oktober in wenigen groben Zahlen der erste Nachkriegshaushalt – für das gesamte Jahr 1945 – zur Beratung vorgelegt wurde, brauchte Direktor Zoller die finanzielle Lage nicht mehr ganz in den düsteren Farben zu schildern wie im April. *„Unter Auswertung aller Möglichkeiten"* sei man jetzt für 1945 auf einen Fehlbetrag von rd. 13 Mio. RM gekommen. Die wichtigsten Gründe dieser nicht mehr überraschenden, gleichwohl erschreckenden finanziellen Situation: 1. Die Einnahmen aus Grundsteuern gingen mit erwarteten 3 Mio. RM auf die Hälfte des Ertrages von 1944 zurück, weil Eigentümer zerstörter und beschädigter Gebäude nicht mehr oder nur teilweise zur Grundsteuer herangezogen werden konnten; 2. an Gewerbesteuer wurde mit ca. 1 Mio. RM nur ein Zehntel des Aufkommens früherer Jahre erwartet; 3. von den städtischen Werken, aus deren Erträgen früher 2-3 Mio. RM zur Finanzierung des ordentlichen Haushalts zur Verfügung standen, war im Jahr 1945 nichts zu erhoffen.[9]
Eine Möglichkeit, das 13-Millionen-Defizit auszugleichen, gab es nicht. Allerdings erklärte sich der Stadtrat damit einverstanden, die Grundsteuer von einem 172-Prozent-Hebesatz auf 212 Prozent anzuheben und die Hundesteuer rückwirkend ab 1. Juli von 36 RM auf 72 RM zu verdoppeln. Die finanziellen Auswirkungen dieser Korrektur waren allerdings mäßig. Statt einer rechnerischen Einnahme-Verbesserung bei der Grundsteuer in Höhe von 1,5 Mio. RM wurden wegen der Freistellung Tausender von Ausgebombten nur 700000 RM Mehreinnahmen erwartet, während die Hundesteuererhöhung mit ihrem Mehrbetrag von 30000 RM wohl mehr dem Wunsch entsprang, die Militärregierung möge den guten Willen der Stadtverwaltung zur Einschränkung des Defizits erkennen und anerkennen. Einem wiederholten Vorschlag von Hafendirektor Langfritz entsprechend wurde in der Stadtratsitzung vom 18. Oktober erstmals die Einführung von Hafenliege- und Ufergeld beschlossen, eine Maßnahme, von der man sich – bei bisher jährlich 250000 bis 300000 RM Defizit – eine Verbesserung des Haushalts um 100000 RM versprach.
Die zunächst schwierige finanzielle Situation nach dem Zusammenbruch hinderte die Stadt nicht daran, Gewerbetreibenden mit großem Fliegerschaden Kredite zum Aufbau einer neuen Existenz zu geben. Auch die Sparkasse erklärte am 29. August durch Direktor Zoller ihre Bereitschaft, *„60-80 Millionen RM für die Finanzierung des Wiederaufbaus zur Verfügung zu stellen"*, sobald die beim Reich angelegten Mittel frei-

gegeben würden.[10] Bei 400 Milliarden RM Reichsschulden und 200 Milliarden Verpflichtungen über nicht liquidierte Rüstungsaufträge (lt. Dr. Cahn-Garnier) blieb die Hoffnung, an die Reichsanleihen heranzukommen, vergeblich.[11]
Im Gegensatz zur zeitgenössischen Beurteilung der städtischen Finanzlage nimmt sich diese im Rückblick des am 19. Oktober von Oberbürgermeister Veit zum Stadtkämmerer ernannten damaligen Finanzoberinspektors Dr. Franz Gurk (1898–1984)[12] gar nicht so schlecht aus. Man habe, *„viele, viele Reichsmark-Bestände"* gehabt und sei deshalb *„eigentlich nicht sosehr auf Steuereinnahmen angewiesen"* gewesen. Die Schwierigkeit habe allerdings darin bestanden, daß die Unternehmer von Bargeld nicht viel wissen wollten. Dr. Gurk: *„Ich habe zum Beispiel, was man heute einem Stadtkämmerer als Verbrechen ankreiden würde, einmal gesagt: ‚Bitte schlagen Sie in den Preisen auf!' Da haben mich die Unternehmer ausgelacht und erklärt: ‚Geben Sie uns Lebensmittel, an erhöhten Preisen sind wir nicht interessiert!'"*[13]
Übrigens zeichnete sich der Karlsruher Haushalt 1945 und seine Verabschiedung durch einige kuriose Fakten aus. Erstmals wurde dem Stadtrat eine Haushaltssatzung ohne Haushaltsplan vorgelegt. Einen solchen Plan aufzustellen, wäre in der Turbulenz jener Zeit weder materiell, noch personell möglich gewesen. In der Haushaltssatzung aber standen trotz der völlig veränderten Verhältnisse exakt die gleichen Zahlen wie im Jahr 1944: 61329680 RM für den ordentlichen und 400000 RM für den außerordentlichen Haushalt. Daraus geht hervor, daß die Verabschiedung der Haushaltssatzung keine ernstzunehmende Handlung, sondern lediglich eine von der Militärregierung gestellte Pflichtaufgabe war. Schließlich konnte der Haushalt nicht wie sonst üblich vom Stadtrat verabschiedet werden, denn dieser hatte nur beratende Funktion. Die Haushaltssatzung wurde vielmehr durch *„Entschließung"* des gegenüber der Militärregierung alleinverantwortlichen Oberbürgermeisters und *„vorbehaltlich der Genehmigung der Militärregierung"* erlassen.[14]

## 5340 Anträge auf Betriebseröffnungen

Die Betriebe der Karlsruher Industrie, des Handels und Handwerks sowie des Gaststättengewerbes versuchten, so gut es die Umstände im Sommer und Herbst 1945 zuließen, aus eigenen Kräften wieder in Gang zu kommen. Der Mangel an Waren und Produktionsmaterial war das größte Hindernis. Dazu kamen die schon an anderer Stelle (s. „Hermann Veit Oberbürgermeister") geschilderten Beschränkungen als Folge der von den Amerikanern angeordneten Entnazifizierung der Wirtschaft. In einem „Aus der mittelbadischen Wirtschaft" überschriebenen Bericht der „Rhein-Neckar-Zeitung", der seit September 1945 zweimal wöchentlich erschienenen ersten lizenzierten Zeitung Württemberg-Badens, gab es hinsichtlich der Karlsruher Verhältnisse immerhin schon optimistische Töne. Dort war zu lesen: *„In den stark zerstörten Städten Karlsruhe und Bruchsal regt sich in den Ruinen wieder das wirtschaftliche Leben. So kann man mit Befriedigung feststellen, daß bereits eine größere Anzahl von Industriebetrieben ihre Produktion im Rahmen ihres Friedensprogramms wieder aufgenommen hat."*[15] Unter den wiedereröffneten Betrieben befanden sich über ein Dutzend aus dem Bereich der Nahrungsmittelindustrie sowie 20 Betriebe der metallverarbeitenden Industrie.
Federführend für die Eröffnung von Betrieben jeder Art – ausgenommen Industriebetriebe, für die sich die Militärregierung die Entscheidung selbst vorbehielt – war das städtische Wirtschaftskontrollamt, das die Anträge in Zusammenarbeit mit einem gemäß Gesetz Nr. 8 der US-Militärregierung gebildeten Prüfungsausschuß prüfte und entschied. Bis zum 13. November 1945 gingen bei diesem Amt nicht weniger als 5340 Anträge zur Wieder- oder Neueröffnung von Betrieben ein. Für die Genehmigung von Betrieben des Handels war neben der politischen Unbedenklichkeit das Vorhandensein von Ware maßgebend. Unter diesem Aspekt erhielten im Einzelhandel 734 von 1694, im Großhandel nur 217 von 472 Antragstellern eine Genehmigung. Aus politischen Gründen wurden 188 Anträge abgelehnt, der Rest zurückgestellt. Die höchste Zulassungsquote gab es angesichts des großen Bedarfs an Handwerkern aller Art beim Handwerk, wo von 2400 geprüften Anträgen 1533 positiv beschieden wurden. Im Gaststättengewerbe erhielten 148 von 272 Antragstellern eine Zusage, im Verkehrsgewerbe, das begreiflicherweise vielen verlockend schien, von 296 Interessenten nur 65. Für das Wirtschaftskontrollamt war auch das starke Interesse an einem Einstieg in das vielversprechende Metier des Großhandels auffällig.[16]
Eine für das allmähliche Wiederanlaufen der Karlsruher Wirtschaft wichtige Funktion kam dem Arbeitsamt zu. Die in der

NS-Zeit gültige Regelung, daß Arbeitskräfte nur vom Arbeitsamt vermittelt werden dürften, wurde in der Praxis unverändert übernommen. Das während der französischen Besatzungszeit der Stadt unterstellte Arbeitsamt – mit Büros, die in die Bezirksverwaltungen vorgeschoben waren –, wurde unter der US-Militärregierung umgehend wieder „staatlich". Die Amerikaner ernannten Karl Konz zum Chef des Arbeitsamtes. Am 3. September kehrte das Arbeitsamt – nach wochenlangem Tauziehen mit der Reichspostdirektion, die, ihres (von der Besatzungsmacht beschlagnahmten) Sitzes am Ettlinger Tor beraubt, die Überlassung des Gebäudes Kapellenstraße 17 (des heutigen Sitzes des Landesvermessungsamtes) betrieb – an diesen seinen Stammplatz zurück.[17]

***Szenerie am Rheinhafen. Die Wiederaufnahme des Hafenbetriebs verzögert sich sowohl durch die Zerstörung mehrerer Lagerhallen als auch durch das Hindernis zahlreicher Schiffe, die bei den schweren Luftangriffen getroffen wurden und auf dem Grund der Hafenbecken liegen.***

## „Erfassung von Arbeitskräften"

Eine Serie von Registrierungen bildete anfangs die Hauptaufgabe des Arbeitsamtes. In den ersten Augusttagen mußten sich alle männlichen Einwohner zwischen 14 und 65 Jahren sowie alle weiblichen Mitbürgerinnen zwischen 14 und 45 Jahren zur „Erfassung der Arbeitskräfte" melden. Mit Datum vom 6. September ordnete die Militärregierung die Registrierung aller Arbeitslosen durch das Arbeitsamt an. Entlassene Wehrmachtsangehörige mußten sich binnen 48 Stunden beim Arbeitsamt melden. Den Sinn dieser Erfassungsaktionen beschrieb Karl Konz (1896-1966) in einer „Anordnung des Hauptarbeitsamtes Karlsruhe an alle Deutschen, die im Landeskommissariatsbezirk (Karlsruhe) wohnhaft sind" u. a. so: *„Es ist die Aufgabe des Arbeitsamtes, Arbeiter für Aufräumungsarbeiten, Hausinstandsetzungen und andere dringende Arbeiten zu vermitteln. Die deutsche Bevölkerung in* *diesem Gebiet muß alle persönlichen Wünsche zurückstellen und da arbeiten, wo die Not am größten ist. Das deutsche Volk trägt die Verantwortung, seine Städte und Dörfer wiederaufzubauen."*[18]

Ohne eine vom Arbeitsamt ausgestellte „Arbeitsnachweiskarte" bzw. einen entsprechenden Freigabevermerk für Arbeitslose gab es keine Lebensmittelkarten. Gleichzeitig richtete das Arbeitsamt Lehrgänge zur Umschulung von Arbeitskräften für die in großer Zahl benötigten Berufe des Bauhandwerks ein, für Gipser, Maurer, Schreiner und Schlosser. Nicht wenige, die nach dem verlorenen Krieg vor dem Nichts standen oder beruflich aus der Bahn geworfen waren, nutzten die Gelegenheit, um sich für einen Beruf umschulen zu lassen, der angesichts der Kriegsverwüstungen eine sichere Existenz versprach.

In einem Aufruf, an diesen (kostenfreien) Kursen teilzunehmen, hieß es, Stellungslose hätten durch die Bauhandwerkskurse auch Gelegenheit, *„den Glauben wiederzugewinnen und ein nützliches Glied der Nation zu sein"*, ferner *„ein befriedigendes Gefühl zu erringen, tatkräftig beteiligt zu sein am Wiederaufbau unserer zerstörten Wirtschaft"*.[19]

Aus den schon genannten Gründen fielen solche Appelle jedoch selbst bei vielen der vorerst Arbeitslosen nicht auf fruchtbaren Boden. Beispielsweise gehörte es für viele Parteigenossen, die von den Bezirksverwaltungen an den Wochenenden zur Schutträumung herangezogen wurden (vgl. „Die Schutträumung beginnt"), zum guten Ton, sich mittels generös gewährter ärztlicher Atteste von der lästigen Arbeit entbinden zu lassen. Die Arbeitsmoral war darüber hinaus auch allgemein so schlecht, daß Oberbürgermeister Veit als Vorsitzender des Städtetags Wüttemberg-Baden am 8. Dezember in Heidelberg die Einführung des Arbeitszwangs vorschlug, eventuell *„durch Rückgriff auf Nazi-Gesetze mit Dienstverpflichtung und Strafandrohung"*. Veit begründete diesen erstaunlichen Vorschlag so: *„Es gibt zu viele Drückeberger, die nur mit Zwang an die Arbeit heranzubringen sind"*.[20]

## Motor-Pool zur Bekämpfung des Schwarzmarktes

Ein düsteres Kapitel war auch das private Transportwesen. Wer über die Erlaubnis zu Überlandfahrten verfügte, war mächtig, konnte sich erfolgreich am Schwarzen Markt beteiligen. Nicht wenige unterlagen dieser Versuchung. Unerfreuliche Erfahrungen dieser Art, aber auch der Wille, durch eine Kontrolle über das Transportwesen die Versorgung der Bevölkerung sicherer zu machen, führten Ende August 1945 zur Gründung eines der Stadtverwaltung unterstehenden Motor-Pools. Durch ihn wurde der Einsatz aller städtischen, aber auch aller privaten Lastkraftwagen gelenkt. 101 von insgesamt 317 Fahrzeugen, die am 5. September im Motor-Pool zur Verfügung standen, waren für Lebensmitteltransporte eingesetzt, allerdings auch, unter Aufsicht des Landesernährungsamtes, zur Versorgung des Landkreises.[21] Die Leitung des Motor-Pools befand sich im Areal der DWM (Deutsche Waffen- und Munitionsfabrik) an der Gartenstraße. Dort erfolgten die Treibstoff- und die Kraftwagenzuteilung. Auch eine zentrale Reparaturwerkstätte einschließlich Reifenbewirtschaftung war eingerichtet. Der Fahrbereitschaft oblag zugleich die „Rückwandererfürsorge", d. h. die Abholung von Evakuierten, die eine Zuzugsgenehmigung hatten. Zur Bekämpfung des Schwarzfahrer-Übels wurde ein scharfes Kontrollsystem ausgebaut. Auf diesem Gebiet besserten sich danach die Verhältnisse, doch gelang es listigen Fahrern und Spediteuren auch weiterhin, sich erfolgreich am Schwarzen und Grauen Markt zu beteiligen.

## Mangel an Textilien

Nur zögernd und unter größten Schwierigkeiten kamen Teile des Karlsruher Einzelhandels wieder in Gang. Während der französischen Besatzungszeit waren im wesentlichen nur Lebensmittelgeschäfte geöffnet. Textil- und Schuhgeschäfte, deren Waren für die Versorgung von Ausgebombten und entlassenen Kriegsgefangenen so dringend benötigt worden wären, blieben auf Anordnung der französischen Militärregierung geschlossen. Anfang Juni wurde eine „Blockade" für alle Erzeugnisse der Textil- und Lederbranche verfügt und ein striktes Verkaufsverbot an deutsche Staatsangehörige angeordnet.[22] Die Bemühungen der Industrie- und Handelskammer, bei der Militärregierung wenigstens die Freigabe von Bezugsrechten für Mütter- und Säuglingswäsche zu erreichen, blieben vergeblich. Die vorhandenen Läger, auch jene von Karlsruher Firmen auf dem flachen Land, wurden von den Franzosen weitgehend geräumt. Den eigenen, durch Inanspruchnahme der französischen Wirtschaft für die Bedürfnisse des Reichs über Jahre hinweg unterversorgten Landsleuten zukommen zu lassen, was immer man Nützliches im besetzten Deutschland vorfand, war der erkennbare Auftrag der Militärbehörden. Den gleichen Beweggrund hatte die Ende Juni von den Franzosen verfügte „Kleiderabgabe", von der alle Karlsruher Haushaltungen betroffen waren.

Einen Tag vor dem offiziellen Wechsel der Besatzung, am 6. Juli, erteilte Capitaine Hubert den Herren Lessle und Schultz vom Kaufhaus Union den Befehl, die in den Karlsruher Textilgeschäften noch vorhandene Ware ausnahmslos im sogenannten Albtal-Block an der Ebertstraße abzuliefern. Der damalige Chef der Wirtschaftsverwaltung in einer Aktennotiz vom gleichen Tag: *„Wenn der Befehl restlos ausgeführt wird, sind in den Karlsruher Geschäften keinerlei Textilwaren mehr vorhanden."*

Daß es, mit Mut und List, während der französischen Besatzung in Einzelfällen möglich war, an Ausweichlager heranzukommen, bewies der Mühlburger Textilkaufmann Ernst Föhr. Dessen Geschäft in der Nähe des heutigen Entenfang sowie zwei Ausweichlager waren in den Tagen nach dem 4. April teils von den Franzosen, teils von Karlsruher Mitbürgern geplündert worden. In einer abenteuerlichen Expedition gelang es Föhr in den ersten Julitagen, die Ware aus einem unangetastet gebliebenen Lager in Wildbad nach Organisieren von Benzin auf einen Lkw zu laden und glücklich durch die Zonenkontrolle bei Frauenalb und nach Karlsruhe zu bringen. Mit diesem Grundstock, später mit nicht mehr benötigten Decken und Mänteln aus dem Besitz der amerikanischen Armee, konnte das Geschäft nach dem Wechsel der Besatzungshoheit wieder in Gang kommen.[23]

Mit einem weiteren Ausweichlager, das sich in Söllingen befand, hatte Föhr zuvor kuriose Erfahrungen gemacht. Ernst Föhr (*1903): *„Der dortige französische Ortskommandant hatte eine Reihe von Stoffballen an sich genommen, die übrige Ware dann durch die Leiterin meiner Zweigstelle an die Bevölkerung verkaufen lassen. Meine Mitarbeiterin mußte den Erlös aus dem Verkauf in Höhe von 12 000 RM auf ein von dem Ortskommandanten bei der dortigen Sparkasse eingerichtetes Konto einbezahlen."* Föhr, von dem Vorgang unterrichtet, fuhr mit dem Rad nach Söllingen und erreichte eine Sperrung des fraglichen Kontos. Unmittelbar danach wechselte die Besatzung, die Franzosen zogen ab, Föhr behielt sein Geld. –

C. F. DÜRR GEGR. 1819
GARNE- UND KURZWAREN-GROSSHANDLUNG G. M. B. H.
Postscheck-Konto 1123 Amt Karlsruhe
Reichsbank-Giro-Konto 7/7 / Bank-Konto: Dresdner Bank Fil. Karlsruhe
Städtische Sparkasse Karlsruhe 7373
KARLSRUHE
Adlerstraße 20 Fernsprech-Anschluß Nr. 172
Geschäftszeit: 8–12 und 2–6 Uhr, Samstags 8–1 Uhr

An das
städtische Wirtschafts-
u. Beschaffungsamt
Karlsruhe

KARLSRUHE, den 7. Juni 1945
Adlerstraße 20

Betr.: Lagerbestände.

Hiermit erstatten wir Fehlmeldung mit der Begründung, dass die vorhandenen Waschmittel restlos bei der Besetzung geplündert wurden.

C. F. Dürr G. m. b. H.
ppa.

Föhrs Erfahrungen als Einzelhändler sind ein nicht untypisches Beispiel ähnlicher oder anderer Vorkommnisse in den turbulenten ersten Monaten nach dem Zusammenbruch.

In einem Bericht von Direktor Bercher, dem Leiter des Städtischen Wirtschaftsamtes, wurde die Situation des Karlsruher Groß- und Einzelhandels im ersten Nachkriegsjahr so beschrieben: *„Praktisch genommen war nichts mehr vorhanden, die wenigen übriggebliebenen Geschäfte größtenteils geplündert und die Ausweichlager infolge der Unsicherheit der Verhältnisse noch nicht zurückgeführt."*[24] An dieser Situation vermochte auch der Einzelhandelsverband Mittelbaden nichts zu ändern, der, bestehend aus Julius Überle und Fridl Lauinger, im Haus der IHK, Karlstraße 6, schon unter französischer Besatzung seine Tätigkeit wieder aufgenommen hatte.

Als Folge dieser Verhältnisse konnten im Sommer und Herbst, also auch nach Ablösung der Franzosen durch die Amerikaner, so gut wie keine Bezugsscheine für Kleider, Schuhe und Haushaltsgeräte ausgestellt werden. Erst mit der Order des Oberbürgermeisters vom 8. Oktober an alle Einzel- und Großhandelsfirmen, ihre – inzwischen zum Teil von auswärts zurückgeführten – Warenbestände zu melden, konnte das Wirtschaftsamt unter der Leitung von Franz Bercher eine halbwegs sinnvolle Tätigkeit wieder aufnehmen.

Die ersten Bezugsscheine für Kleider aller Art und Schuhe waren allerdings ungewollt den Franzosen zu danken, von deren vielkritisierter Kleidersammlung angesichts des schnellen Besatzungswechsels der überwiegende Teil in der Stadt zurückgeblieben war (s. „Fraternisierungsverbot und Amiliebchen").

Hauptsächlich an zurückgekehrte Kriegsgefangene, Flüchtlinge und Ausgebombte konnten aus diesem Bestand 31 500 Anzüge und Wäschestücke sowie 3500 Paar Schuhe ausgegeben werden. Für eine Neuerung eigener Art sorgten die Amerikaner, die im August 1945 die Ausstellung von Schuhinstandsetzungsscheinen verlangten, um auf diese Weise der häufig beklagten Willkür von Schuhmachern begegnen zu können. Bis Ende 1945 konnte das Städtische Wirtschaftsamt keine Haushaltsartikel ausgeben, von einigen hundert Öfen, Herden und Gaskochern abgesehen.
Groß war der Unwille breiter Kreise der Bevölkerung, daß es auf die ausgegebenen Raucherkarten monatelang nichts zu kaufen gab. Erst die Eigeninitiative einiger Tabakhändler brachte kleinere Mengen der – schnell in den Rang eines begehrten Schwarzmarktartikels angehobenen – Ware in die Stadt. Einigermaßen ausreichend war in jener Zeit nur die Versorgung mit Seife und Waschmitteln, wobei die Qualität naturgemäß sehr zu wünschen übrig ließ.
Was aber die politische Belastung von Geschäftsinhabern anging, so übte die amerikanische Militärregierung eine gewisse Toleranz nur gegenüber Geschäften mit Grundnahrungsmitteln. In vielen Fällen mußten die betreffenden Betriebe aber auch hier pro forma von den Ehefrauen oder anderen unbelasteten Familienangehörigen geführt werden.

**Fritz Töpper IHK-Präsident**

Die Industrie- und Handelskammer Karlsruhe, im „Dritten Reich" als Kammerbezirk Karlsruhe in die neugebildete Gauwirtschaftskammer eingegliedert und während des Kriegs nach Straßburg verlegt, kehrte nach der Einnahme Straßburgs (23. November 1944) in das zerbombte Karlsruhe zurück. Bei dem Angriff vom 27. September 1944 war das der Kammer gehörende Prinz-Max-Palais zur Ruine ausgebrannt. Die immerhin noch etwa 70 Mitarbeiter fanden in den gleichfalls der Kammer gehörenden Häusern Karlstraße 6 und 8, den Nachbargebäuden des Prinz-Max-Palais', Unterkunft, wo sie sich, soweit nicht inzwischen zum Wehrdienst und Volkssturm verpflichtet oder evakuiert, noch am Osterdienstag 1945, einen Tag vor der Besetzung der Stadt, einfanden, *„aus Pflichttreue, nicht zu sachlicher Arbeit"*, wie Dr. Hans Th. Bauer (* 1911), ein späterer Geschäftsführer der Industrie- und Handelskammer Karlsruhe schrieb. Die damalige Stimmung wird aus dieser Bemerkung Bauers ersichtlich: *„Die in vielen Jahrzehnten angesammelte Substanz der Karlsruher Wirtschaft schien bis auf Reste vertan."*[25]
Gleichwohl versuchte die Kammer schon bald nach der Einnahme der Stadt durch die Franzosen einen Neuanfang. Unter Dr. Tröndle, dem Hauptgeschäftsführer, wurden Kontakte sowohl zur Stadtverwaltung, als auch zur Militärregierung aufgenommen. Das früheste der sehr spärlichen, noch vorhandenen Dokumente aus jener Zeit stammt vom 3. Mai und hatte das Verbot der Militärregierung zum Inhalt, Textil- und Schuhgeschäfte zu öffnen.[26]
Aus dem Protokoll einer Sitzung der Kammer vom 6. Juni, zu diesem Zeitpunkt noch immer „Wirtschaftskammer Karlsruhe" genannt, ist zu erfahren, daß die Franzosen die Verschmelzung von Handwerks- und Wirtschaftskammer verlangten. Die neue Kammer sollte die Bezeichnung „Industrie-, Handels- und Wirtschaftskammer" führen. Die Kammerbezirke sollten deckungsgleich sein mit den Grenzen der Landeskommissariate Karlsruhe, Freiburg und Konstanz.[27] Zum Präsidenten der vorgesehenen Gemeinschaftskammer ernannte die französische Militärregierung den Sozialdemokraten Fritz Töpper. Neuer Geschäftsführer wurde Dr. Krienen. Die Geschäftsstelle befand sich in den Gebäuden Karlstraße 6-8.
Zu der von der französischen Militärregierung geforderten Fusion der Wirtschafts- und der Handelskammer kam es jedoch wegen des Besatzungswechsels vom 7. Juli nicht mehr. Die Amerikaner hatten bezüglich der Neuorganisation der Wirtschaftsverbände ohnehin gänzlich andere Vorstellungen. Sie akzeptierten zwar den von den Franzosen ernannten Präsidenten der Wirtschaftskammer, die sich ab jetzt wieder, wie vor 1933, Industrie- und Handelskammer nannte, zerschlugen jedoch ohne Verständnis für deutsche Organisationsformen das bisherige Organisationsgebilde und gestatteten die Bildung neuer Kammern nur noch auf kleinregionaler Ebene. Sowohl Industrie- und Handelskammern als auch Handwerkskammern sollten gemäß Anordnung der Militärregierung nicht lediglich in Karlsruhe als dem Sitz des Landeskommissariats, sondern auch in Pforzheim und Bruchsal, in Bretten, Graben und Philippsburg gebildet werden.[28]
Erst nach schwierigen Verhandlungen gestatteten die Amerikaner die Beschränkung auf drei Kammern. Zu bilden waren

diese Kammern lt. Erlaß des Badischen Finanz- und Wirtschaftsministers vom 27. August in Karlsruhe, Pforzheim und Bruchsal. Wiederum erst aufgrund nachhaltiger Vorstellungen von deutscher Seite erlaubten die Amerikaner, neben den drei örtlichen Kammern übergeordnete Bezirkskammern für Industrie und Handel sowie für das Handwerk zur Erledigung der *„allgemeinen und grundsätzlichen sowie der finanziellen und personellen Fragen"* zu tolerieren. Damit hatten die beiden Kammern auf Umwegen die frühere Organisationsform in etwa wiederhergestellt. Die Hoffnung, auch die vormals zu den Karlsruher Kammern gehörenden mittelbadischen Gebiete Rastatt, Baden-Baden, Bühl und Achern dem Karlsruher Kammerbezirk zuordnen zu können, blieb allerdings vergeblich. Weder die Amerikaner noch die Franzosen duldeten einen zonenüberschreitenden Verbund.

## Arbeitsstreik bei der IHK

Während die Pforzheimer Industrie- und Handelskammer völlig selbständig arbeitete, gab es die Bruchsaler Kammer praktisch nur auf dem Papier. Zwar wurden ein Präsident und ein Geschäftsführer eingesetzt, und auch ein Büro wurde eingerichtet. Doch die Geschäfte wurden ausschließlich von Karlsruhe aus geführt. Mit der Geschäftsführung der Bruchsaler Scheinkammer beauftragt wurde Dr. Robert Glenz (*1909), der schon im Juli 1945 aus Kriegsgefangenschaft zur IHK Karlsruhe zurückgekehrt war. Hier hatte er sich vor allem um Rechtsangelegenheiten zu kümmern. In Bruchsal wurde Dr. Glenz von dem „roten" Fritz Töpper mit der Bemerkung eingeführt: *„Do hent'r Euren Schwarze!"* Dr. Glenz über die damals übliche Art, zu seinem Arbeitsplatz zu kommen: *„Da es keine Verkehrsmittel gab, war ich auf ein Fahrrad angewiesen, das sich in meiner Verwandtschaft befand. Mit dem bin ich dann auf der Autobahn – rechte Fahrbahn ganz rechts – zwei-, dreimal in der Woche nach Bruchsal gefahren."*[29]
Zu den ersten Aufgaben der Industrie- und Handelskammer gehörten die Mitwirkung bei der Entnazifizierung der Wirtschaft und bei der Wieder- und Neuzulassung von Betrieben, die Beratung bei der Einsetzung von Treuhändern in Firmen von politisch belasteten Inhabern und die Ausgabe von „Unbedenklichkeitsbescheinigungen" zur Ausstellung von Passierscheinen in andere Zonen. Nicht mehr zuständig war die Kammer für das Gebiet der Industrieförderung. Der Weisung der Militärregierung entsprechend oblag diese Aufgabe jetzt der Stadt. Dr. Dr. Hagen, der Leiter der Wirtschaftsverwaltung, erklärte hierzu in einer Besprechung der städtischen Referenten am 5. September nicht ohne Genugtuung: *„Der Übergang dieser hoheitlichen Funktion von der Industrie- und Handelskammer auf die Stadt bedeutet eine Stärkung der hoheitlichen Gewalt der Stadt."*[30]
Einer der Schwerpunkte der Arbeit der Industrie- und Handelskammer in jener Zeit war die Vermittlung von Kompensationsgeschäften. Dr. Glenz: *„Damals hat jeder getan, was er konnte, ob Schwarzhandel oder nicht, man hatte keine andere Wahl. Man stand unter dem Druck, irgendetwas, das man brauchte, zu beschaffen, um den Betrieb oder den Handel wieder in Gang zu bringen."* Töpper selbst nutzte seine Möglichkeiten als Zigarrengroßhändler, um Baumaterialien zu beschaffen. Tatsächlich gelang es ihm auf diese Weise, wenigstens das Souterrain des in Trümmer liegenden Prinz-Max-Palais' wiederaufzubauen und benutzbar zu machen. Glenz: *„Das war eine Riesenarbeit."*[31]

***Wie hier die Werkhallen von Junker & Ruh liegen nach Kriegsende die meisten Karlsruher Industriebetriebe in Trümmern.***

Eine Begebenheit aus der Anfangszeit der Industrie- und Handelskammer erhellt zugleich die besonderen Verhältnisse jener Zeit. Lt. McCarthy, bei der Militärregierung Karlsruhe damals zuständig für Fragen der Wirtschaft, ordnete Ende August/Anfang September aus heiterem Himmel an, die Bezirkskammer Karlsruhe, die damals schon um die 20 Mitarbeiter zählte, dürfe nur noch fünf Personen beschäftigen. Im Falle der Mißachtung dieses Befehls drohte der Offizier die Schließung der Kammer an. In der Kammer kam es daraufhin – eine Kuriosität eigener Art – zu einem Arbeitsstreik. Gleichzeitig beschwerte sich IHK-Präsident Friedrich Töpper an höherer Stelle nachdrücklich über das Vorgehen des Leutnants. Dies mit dem – für die damalige Zeit – bemerkenswerten Erfolg, daß McCarthy aus Karlsruhe abberufen wurde.
Für den IHK-Präsidenten selbst drohte die erfolgreiche Beschwerde über einen US-Offizier zum Bumerang zu werden. Fritz Töpper, dem von der amerikanischen Militärregierung vorgeworfen wurde, *„zu jedermann zu gut zu sein, einschließlich zu einer nicht geringen Zahl von Nazis"*, sollte durch Verfügung der Militärregierung Nordbaden vom 4. Februar 1946 aus seinem Amt entlassen werden. Die Begründung: *„Seine Weiterbeschäftigung widerspricht den Interessen der amerikanischen Besatzungstruppen."* Der Beirat der Industrie- und Handelskammer ignorierte die Anordnung der Besatzungsmacht jedoch mit bemerkenswertem Mut und wählte Töpper im Frühjahr 1946 erneut zum IHK-Präsidenten.[32]

### Handwerkskammer und Kreishandwerkerschaft

Die Handwerkskammer Karlsruhe, im Jahre 1933 zur Einheitskammer für ganze Baden ausgeweitet und am 1. April 1943 als Handwerksabteilung unter Verlegung nach Straßburg der Gauwirtschaftskammer angegliedert, hatte sich nach der Flucht aus der elsässischen Hauptstadt in den Räumen der Kreishandwerkerschaft, Karlstraße 1, eingemietet. Nach dem Einmarsch der Franzosen versuchte sie hier unter ihrem Geschäftsführer Fritz Garloff ihre Arbeit in der bisherigen Weise fortzuführen. Der Ende Mai 1945 vom kommissarischen Bürgermeister Heinrich zum Stadthandwerksmeister berufene Malermeister Kurt Haag wurde von der französischen Militärregierung beauftragt, die Handwerkskammer wiederaufzubauen. Wegen unterschiedlicher Auffassungen zwischen ihm und der Militärregierung, aber auch zwischen Handwerkskammer und Industrie- und Handelskammer bezüglich der Organisation des Handwerks, glaubte Haag in der – vermutlich ersten – Beiratssitzung vom 20. August 1945 für sich persönlich die Konsequenzen ziehen und sein Amt als kommissarischer Leiter der Handwerkskammer zur Verfügung stellen zu müssen. Die anwesenden 14 Mitglieder des 15köpfigen vorläufigen Beirats baten Haag jedoch einmütig, sein Amt beizubehalten. Kurt Haag willigte ein, doch wurde auf seine Bitte hin ein Stellvertreter – der Steinhauermeister Julius Gretschmann – und ein dreiköpfiger vorläufiger Vorstand gewählt, bestehend aus dem Malermeister Jakob Buchleiter, dem Zimmermeister Eduard Jüngert und dem Schlossermeister Josef Armbrust.[33]
Nach Abtrennung des französisch besetzten „Südbereichs" wurde die Handwerkskammer Karlsruhe unter amerikanischer Oberhoheit ebenso parzelliert wie die Industrie- und Handelskammer. Fritz Garloff blieb Geschäftsführer der übergeordneten Bezirkshandwerkskammer. Kurt Haag, dessen Stadthandwerksamt am 15. September wieder aufgelöst wurde,[34] wurde durch Verordnung des Badischen Finanz- und Wirtschaftsministeriums vom 27. August nun auch von deutscher Seite als Präsident bestätigt. Noch im Herbst aber mußte Haag auf Weisung der Militärregierung aus dem Amt scheiden. Nachfolger wurde sein Vertreter Julius Gretschmann, der die Bezirks- und Ortshandwerkskammer Karlsruhe auf Jahre hinaus führte.
Ein erstes demokratisches Verfahren im Bereich der Karlsruher Wirtschaft gab es während des Jahres 1945 lediglich bei der Kreishandwerkerschaft. Ohne die Militärregierung zu fragen, wählten gegen Ende des Jahres die Innungsobermeister des Stadt- und Landkreises Karlsruhe Otto Tensi, den Obermeister der Buchbinderinnung, zum Kreishandwerksmeister. Tensi gehörte danach 20 Jahre lang dem Vorstand der Handwerkskammer an, war Landesinnungsmeister seiner Innung und führte zeitweilig auch die Bundesinnung der Buchbinder. Otto Tensi (1893-1984) über die Arbeit der Kreishandwerkerschaft nach seiner Wahl: *„Und dann haben wir für die Materialbeschaffung und für die Heizung in den Betrieben sorgen müssen. Der Kammerpräsident und ich waren dauernd mit neuen Aufgaben unterwegs, nahmen an Sitzungen mit dem Oberbürgermeister teil. Das Handwerk wurde damals zu allem herangeholt."*[35]

# Vor einem schweren Winter

In den ersten Monaten der Besatzungszeit wurde den Karlsruhern schnell bewußt, daß die Stadt angesichts des Mangels an allem vor einem ungemein schweren Winter stand. Wie hypnotisch war das Interesse des überwiegenden Teils der Bevölkerung auf die existentiellen Dinge wie Ernährung, Wohnung und Heizmaterial gerichtet. Kritischen Beobachtern konnte es damals scheinen, als verdrängten die Menschen unbequeme Erkenntnisse, als flüchteten sie, indem sie sich voll von den materiellen Bedürfnissen gefangennehmen ließen, vor der ganz persönlichen, inneren Auseinandersetzung mit dem Nationalsozialismus. Auch das Bemühen um politische „Persilscheine" vermochte nicht darüber hinwegzutäuschen, daß für jene, die Hitlers „Drittem Reich" teils gläubig, teils blind vertrauend, teils wider bessere Einsichten und Erfahrungen angehangen hatten, der Prozeß der Abkehr und des Umdenkens noch lange nicht abgeschlossen war – wenn er überhaupt schon begonnen hatte. Doch Tatsache war auch, daß der überall sichtbare Mangel eine Überlebensphilosophie erzeugte, die für anderes als für den täglichen Bedarf und die Vorsorge für die nächsten Monate, für den ersten Nachkriegswinter vor allem, keinen Raum ließ.

### 90 000 Karlsruher obdachlos

Ein bedrückendes Bild bot die Wohnungssituation. In Fortschreibung der den Behörden schon vor der Besetzung der Stadt bekannten Zahlen zerstörter oder teilzerstörter Wohnungen hatte der damalige Leiter des Wohnungsamtes, Direktor Prestel, schon am 15. Juni 1945 mitgeteilt, 90 000 Karlsruher seien obdachlos. 70 Prozent aller Wohnungen seien entweder unbewohnbar oder stark beschädigt.[1]
Wohnungen waren also Mangelware erster Ordnung. Die Beschlagnahme von 2000 Wohnungen durch die Amerikaner verschärfte das Problem zusätzlich. Die Wohnungsbewirtschaftung, den Karlsruhern nach den schweren Bombenangriffen ohnehin nichts Neues, mußte mit aller Schärfe durchgeführt werden. Als Faustregel galt, die noch benutzbaren Wohnungen mit der doppelten Personenzahl zu belegen. Angesichts der steigenden Flut der in die Stadt zurückdrängenden Evakuierten – im Juli 1945 meldeten sich täglich zwischen 500 und 1000 Karlsruher zurück[2] – mußten in größere Wohnungen auch bis zu drei und vier Parteien eingewiesen werden. Tatsächlich konnte ein Ehepaar, ob Eigentümer einer Wohnung oder nicht, im Streitfall nur ein einziges Zimmer beanspruchen. Hausbesitzer bzw. Wohnungseigentümer hatten nur insofern einen Vorteil, als sie das Recht hatten, zu bestimmen, welche Zimmer sie selbst benutzen wollten. Bei der in den meisten Fällen unerläßlichen Gemeinschaftsbenutzung der Küche kam es naturgemäß vielfach zu erheblichen Schwierigkeiten.
Doch diese waren eine Bagatelle verglichen mit den Problemen, die sich bei der Einweisung von Wohnungssuchenden für das Wohnungsamt und die Bezirksverwaltungen, für diese als die ausführenden Organe an vorderster „Front", ergaben. Innerhalb einer Woche mußten von der Bezirksverwaltung eines einzigen Stadtteils oft bis zu hundert ausgebombter Rückkehrer mit einer Wohnung versorgt werden. Als der Zustrom von Evakuierten fast nicht mehr zu bewältigen war, schlug der Bezirksvorsteher der Oststadt vor, Nationalsozialisten in Schulen und Baracken zusammenzufassen.[3]

### Zuzugsverbot nach Karlsruhe

Dazu kam es jedoch nicht. Statt dessen erließ die amerikanische Militärregierung, die der Stadtverwaltung Ende Juli zur Auflage gemacht hatte, bis Herbst müsse jedermann in Karlsruhe ein gesichertes Obdach haben, mit Wirkung vom 1. August 1945 ein striktes Zuzugsverbot nach Karlsruhe.[4] Dieses hatte seinen Grund allerdings nicht nur im Mangel an Wohnungen, sondern auch in der extrem schlechten Ernährungslage. Selbst Karlsruher, deren Wohnung unbeschädigt war oder die gar ein eigenes, unzerstörtes Haus besaßen, mußten gemäß dem Befehl der Militärregierung abgewiesen werden. August Furrer jr. (* 1917), damals bei seinem Vater im Bezirksverwaltungsamt tätig, beschreibt die Schwierigkeiten, die sich für die mit der Durchsetzung des Zuzugsverbots beauftragten Bediensteten der Bezirksverwaltungen ergaben, so:

*„Es war furchtbar, daß man diesen Leuten nicht helfen konnte. Schließlich handelte es sich um Karlsruher Familien, die man zurückschicken mußte, meist Frauen mit Kindern, die zu allemhin in der Regel nichts über das Schicksal ihrer Männer und Väter wußten. Dies war das Schlimmste, was man damals machen mußte. Da haben sich furchtbare Szenen abgespielt."*[5]

Eine andere Erfahrung machte Furrers Kollege im Rathaus, Walter Weber, der am 20. September ins Sekretariat von Bürgermeister Fridolin Heurich gekommen war. Schnell hatte sich herumgesprochen, daß es hier, im Referat Zuzugs- und Wohnungswesen, das Weber bald leitete, eine Beschwerdestelle und letzte Entscheidungsinstanz für jene gab, die in den Bezirksverwaltungen, im Bezirksverwaltungsamt oder im Wohnungsamt abgewiesen worden waren. Walter Weber (*1916): *„Vor meinem Dienstzimmer standen täglich wenig gerechnet zwischen 40 und 60 Personen."*[6] Gemäß Heurichs Weisung wurden Ausnahmen im Zuzugsverbot gewährt, wo immer es nur ging. Dies verständlicherweise zur Verärgerung der Bezirksvorsteher, die gehalten waren, sich strikt an die Anordnung der Militärregierung zu halten. Im Dezernat Heurich wurden auch manche ungesetzlichen Eigenmächtigkeiten der Bezirksverwaltungen korrigiert, die unter anderem darin bestanden, daß politisch Belasteten der Einzug in die eigene Wohnung verwehrt wurde. Die von Fridolin Heurich verfügte Entlassung eines Angestellten des Wohnungsamtes, der sich von Wohnungssuchenden mit Lebensmitteln hatte bestechen lassen, löste jedoch auch bei den Bezirksverwaltungen Genugtuung aus.[7]

Zuzugsgenehmigung wurde ohne Einschränkung entlassenen politischen Häftlingen sowie entlassenen Kriegsgefangenen gewährt. Die Bezirksverwaltungen in den Stadtteilen konnten eine Zuzugsgenehmigung aber auch erteilen, wenn sie „im öffentlichen Interresse" stand. So erhielten beispielsweise in der Weststadt im Laufe des Monats Oktober acht entlassene politische und 287 entlassene Kriegsgefangene die Erlaubnis zum Zuzug, ferner 207 Personen, die der genannten Kategorie des „öffentlichen Interesses" angehörten, hauptsächlich städtische Bedienstete und Angehörige dringend benötigter Bau- und Handwerksberufe.[8] Darüber hinaus hatte die Bezirkshauptverwaltung das Recht, aus eigenem Urteil auch anderen Personen Zuzugsgenehmigungen zu erteilen. Im Falle der Weststadt geschah dies im Oktober 1945 in 464 Fällen. Der Gesamtzahl der 966 genehmigten Zuzüge standen in der Weststadt 470 Ablehnungen gegenüber, von denen im Sekretariat Heurich ein Teil ebenfalls in einen positiven Entscheid verändert wurde. Andererseits beantwortete Heurich ein Ersuchen des Landrats von Tölz vom 15. August, 48 nach dort evakuierten Karlsruhern die Rückkehrgenehmigung zu geben, erst am 23. Oktober und abschlägig: *„Die Lage der Stadt Karlsruhe ist inzwischen noch schwieriger geworden. Die Existenz der hiesigen Bevölkerung ist tatsächlich aufs höchste gefährdet. Ich bin daher zu meinem Bedauern z. Zt. nicht in der Lage, die in Ihrem Kreis befindlichen Evakuierten aus der hiesigen Stadt aufzunehmen."*[9]

Auf abenteuerliche Weise, viele zu Fuß, ihre armselige Habe auf Leiterwagen, Schubkarren oder Kinderwagen gepackt, manche später auch auf Lastwagen der „Rückwandererfürsorge" des städtischen Motor-Pools, kehrten unbeschadet des Rückkehrverbots im Sommer und Herbst Zehntausende von Karlsruhern in ihre Heimatstadt zurück (vgl. auch „Selbsthilfe in der Not"). Bei weitem nicht alle, die erfuhren, sie erhielten keine Zuzugsgenehmigung, ließen sich abweisen. Viele tauchten bei Bekannten unter und hielten sich erfindungsreich, wenn auch mühsam über Wasser, denn – Lebensmittelkarten erhielten sie nicht. August Furrer sen. beklagte in einem „Tätigkeitsbericht der Stadtbezirke" an Oberbürgermeister Veit vom 11. Oktober diesen Zustand: *„Ich habe festgestellt, daß Personen (in den meisten Fällen handelt es sich um PG's), denen der Zuzug abgelehnt wurde, einfach irgendwo hier untertauchen und illegal leben. In den meisten Fällen sieht man diese Leute auf der Straße wieder und muß sich nur wundern, daß sie ohne Lebensmittelzuteilung leben können. Ich habe festgestellt, daß die Ehefrauen sowie Kinder solcher Personen ihr Leben damit fristen, daß sie in der Kaserne bei den amerikanischen Truppen das Essen holen."*[10]

Wieder in der Heimatstadt zu sein und ein „gesichertes Obdach" zu haben, ob dieses Zuhause die behördliche Zustimmung hatte oder nicht, bedeutete unzähligen Karlsruhern im Blick auf den bevorstehenden Winter die Erfüllung des dringlichsten Wunsches seit Kriegsende. So läßt sich unschwer die Verbitterung jener Karlsruher Evakuierten ausmalen, die auf Weisung des Stadtkommandanten auch Anfang Dezember 1945 noch rücksichtslos zurückgeschickt wurden, wenn sie aus der französischen Zone kamen. Bürgermeister Riedinger bat angesichts dieser unmenschlichen – kurz vor Weihnachten erfolgten! – Verfügung den US-Transportoffizier, solche Zurückweisungen nicht erst am Karlsruher Hauptbahnhof, sondern schon an den „Zonen-Übergangsstationen" vorzunehmen.[11]

## Stromsperrtage

Große Sorgen bereitete der Stadtverwaltung das Fehlen von Kohle und als Folge davon der Mangel an Energie. Dabei lagen im Herbst 1945 laut einer Meldung der „Rhein-Neckar-Zeitung" vom 1. Dezember 1945 im Revier an der Ruhr 5 Millionen Tonnen Kohle auf Halde! Die Hauptursache der Unmöglichkeit, nennenswerte Mengen Kohle auch für die Zivilbevölkerung heranzuschaffen, war zu diesem Zeitpunkt längst erkannt: Es fehlte an ausreichender Schiffstonnage auf dem Rhein, vor allem aber an Waggons im Schienenverkehr. Allein im Bereich des Güterbahnhofs Karlsruhe wurden 1700 Waggons gezählt, die zu Wracks ausgebrannt oder stark beschädigt waren. Eine beschleunigte Reparatur aber scheiterte am Fehlen der erforderlichen Materialien.[12]

Als Folge des Kohlemangels arbeitete das Karlsruher Gaswerk nur mit stark gedrosselter Kraft. Zwar sorgten sowohl die Franzosen als später auch die Amerikaner des eigenen Interesses wegen dafür, daß das Gaswerk den Betrieb nicht stillzulegen brauchte. Die in der ersten Augusthälfte von 5000 cbm auf eine Tagesmenge von 10000 cbm gebrachte Produktion mußte im September aus Mangel an Kohle wieder so stark gedrosselt werden, daß eine Belieferung mit Gas nur noch in Gebieten möglich war, in denen Amerikaner in Privatquartieren wohnten. In einem Bericht vom 13. September kommentierte Stadtwerkechef Oberbaudirektor Eglinger diesen Sachverhalt hintergründig wie folgt: *„Dabei ist es nicht zu umgehen, daß die eine oder andere Privatwohnung, die in der Nähe der Gasleitung liegt, ebenfalls die Möglichkeit erhält, mit Gas zu kochen."*[13] Mit Rücksicht auf die Versorgung der Besatzung kam es in der Folgezeit zu weiteren Kohlelieferungen für das Gaswerk. Am 7. November konnte Dr. Karl Möhrle,[14] der seit 1. Oktober im Amt befindliche Nachfolger Eglingers, mit Genugtuung berichten, daß sich dank einer Totalabschaltung der Leitungen bei Nacht jetzt 27000 cbm Gas in den Behältern befänden. Außerdem lägen gegenwärtig 3000 t Kohle zur Verarbeitung im Gaswerk.[15]

**Verbot des Zuzugs und der Rückwanderung der Flüchtlinge nach Karlsruhe**

In Übereinstimmung mit der Allgemeinen Politik der Militärregierung für das besetzte Deutschland, betreffs der Reisebeschränkungen für die Zivilbevölkerung, ist hiemit allen Zivilpersonen der Zuzug nach Stadtkreis Karlsruhe verboten. Dieser Befehl ist wirksam ab 1. August 1945. Dieses bezieht sich auf jede Person, die von Karlsruhe evakuiert war oder aus irgend einem anderen Grunde nicht vor dem 1. August 1945 in diesem Gebiet anwesend war. Es bezieht sich außerdem auf Personen, die Häuser in Karlsruhe besitzen.

Personen, die diesem Befehl entgegen handeln, erhalten keine Lebensmittelkarten und Wohnraum.

Personen ,die jetzt im Stadtkreis Karlsruhe wohnen und jemanden helfen oder unterstützen bei der Überschreitung dieses Befehls, müssen sich vor einem Gericht der Militärregierung verantworten.

Etwa erforderliche Auskünfte über dieses Verbot erteilen die zuständigen Bezirksvorsteher. Anfragen dürfen nicht an die Militärregierung gerichtet werden.

**Auf Befehl der Militärregierung.**

**Einrichtung einer Betreuungsstelle**

Die Stadt Karlsruhe hat eine Betreuungsstelle für die aus Konzentrationslagern und Gefängnissen entlassenen Personen eingerichtet. Sie befindet sich im Neuen Rathaus, Beiertheimer Allee 16, Zimmer 217.

**Im Auftrag der Militärregierung.**

Kritisch war dagegen die Situation bei der Stromversorgung. Das – ebenso wie das Gaswerk – trotz Kriegsbeschädigungen betriebsfähig gebliebene städtische E-Werk verfügte über Monate hinweg über einen Notvorrat von nur 270 t Kohle, eine Menge, die die Stromversorgung für drei Tage sichergestellt hätte, falls das Badenwerk aus irgendeinem Grund keinen Strom mehr hätte liefern können. Tatsächlich war die Stadt in der Stromversorgung vollständig auf das Badenwerk angewiesen, und damit auf Strom aus Wasserkraft. Aus den Werken Schwarzenbachtalsperre/Forbach und Schluchsee aber wurden große Mengen Strom über die Schweiz nach Frankreich geliefert. Dies mit der Folge, daß der Strom –, vor allem, als die Tage kürzer wurden, – nicht mehr ausreichte. Stromsperrtage waren deshalb unvermeidlich. Sie wurden ab 12. November angeordnet, für Karlsruhe jeweils mittwochs und donnerstags von 8-17 Uhr. Ausgenommen von der Stromsperre waren lediglich Krankenhäuser, Straßenbahn, die Kläranlage und Großbäckereien.[16] Als sich Anfang Dezember her-

***„Rückwanderung" nach Karlsruhe untersagt. Trotz des strikten Verbots der Militärregierung gelingt Tausenden von Evakuierten die Rückkehr.***

ausstellte, daß diese Einschränkungen nicht ausreichten, wurde die Stromsperre für die Industrie und gewerbliche Großabnehmer an den ersten drei Wochentagen durchgehend von 7.30–17 Uhr, an allen Werktagen von 22–6 Uhr festgesetzt.[17] In den Haushaltungen waren die Steckdosen ab diesem Zeitpunkt jeweils montags und mittwochs von 8–17 Uhr ohne Strom. Ein von Oberbürgermeister Veit vor dem Städtetag Württemberg-Baden gemachter Vorschlag, die dreitägige Stromsperre für die Industrie in den Großstädten wechselweise auf zwei Stadtbereiche zu verteilen, damit nicht zuviele Arbeiter gleichzeitig auf der Straße lägen, war ohne Resonanz geblieben.[18]

An der Tatsache, daß Kohle im Winterhalbjahr 1945/46 ausschließlich für den Bedarf der US-Besatzung geliefert wurde, änderte sich bis auf zwei Ausnahmen nichts mehr. Zum einen war dem städtischen Wirtschaftsamt erlaubt worden, sogenannte „Bergungskohle" – rund 5500 t Kohle, Koks und Briketts, die in zerstörten oder beschlagnahmten Häusern vorgefunden wurden – an Krankenhäuser, Bäckereien, Metzgereien und Ärzte abzugeben. Zum anderen war die Militärregierung bereit, aus ihren Beständen an Haushaltungen ohne Gas pro Kopf, zusätzlich zur Zuteilung von Sterholz, 20 kg Kohle abzugeben. Die Gesamtmenge dieser Aktion betrug 2000 t.[19]

Im Gegensatz zu allen anderen Bereichen der Städtischen Werke gab es wenigstens in der Wasserversorgung keine allzu großen Schwierigkeiten. Die tägliche Erzeugungsmenge betrug dank der Tatsache, daß der Hauptstrang vom Wasserwerk Mörsch intakt geblieben war, schon im August wieder 35000 cbm gegenüber 55000 cbm in normalen Zeiten.[20]

### Heizmaterial aus Wäldern, Alleen und Gärten

Mit der Tatsache, daß im ersten Nachkriegswinter für Heizzwecke keine Kohle zur Verfügung stehen werde, hatte man sich in Karlsruhe schon früh vertraut gemacht. Die Forstbehörden und die Stadtverwaltung waren sich einig, daß keine andere Wahl blieb, als den Bedarf an Heizmaterial aus den stadteigenen Wäldern zu besorgen. Nach einer den Bezirksvorstehern durch Forstrat Dr. Bauer vom Forstamt Karlsruhe bereits am 15. Juni 1945 vorgelegten Berechnung mußten 100000 Ster Holz geschlagen werden, um die Bevölkerung im bevorstehenden Winter einigermaßen mit Heizmaterial zu versorgen. Dieser Zahl lag die Absicht zugrunde, jeder der – bis Jahreswende erwarteten – 40000 Familien (= 120000 Einwohner) zwei Ster Holz abzugeben, den Rest Bäckereien sowie wichtigen öffentlichen Einrichtungen zugutekommen zu lassen.[21]

Vorbereitet noch unter französischer Herrschaft, durchgeführt jedoch erst in der Zeit der amerikanischen Besatzung, begann im Sommer 1945 die umfangreichste „Holzauktion", die Karlsruhe je erlebte. Zwar bereitete der Mangel an Arbeitskräften, an geeignetem Werkzeug und Transportfahrzeugen anfangs große Schwierigkeiten. Viele Familien schlugen sich ihr Holz unter Anleitung von Forstarbeitern selbst. Zur Versorgung von Haushaltungen, die hierzu nicht imstande waren, wurden beschäftigungslose Männer zum Holzfällen über die Bezirksverwaltungen dienstverpflichtet, je Bezirk 10 bis 12 Mann. Mit Hilfe des Arbeitsamtes gelang es im Albtal außerdem, 500 Arbeitskräfte zur Holzversorgung von Karlsruhe aufzubieten.[22]

Gleichwohl reichte der personelle Einsatz nicht aus. Ein Einfall des für die Versorgung der verschleppten ausländischen Arbeiter mitverantwortlichen Alfred Behnle verkleinerte den personellen Engpaß. Als Major Cammeron von der UNRRA seine Karlsruher Mitarbeiter in der zweiten Septemberhälfte anwies, zur Winterversorgung der in Karlsruher Lagern befindlichen DP's innerhalb acht Tagen 10000 Ster Holz bereitzustellen, erreichte Behnle in Absprache mit Oberbürgermeister Veit nach anfänglicher Weigerung Cammerons dessen Zustimmung zu dem Vorschlag, als Zwangsarbeiter nach Karlsruhe gebrachte Polen für die Holzfälleraktion einzusetzen. Dies allerdings nicht sofort. Im Gegenteil. Behnle: *„Die Folge davon* (seines Hinweises auf die Unterernährung der Karlsruher im Vergleich zu den Polen mit ihrer erheblich höheren Kalorienzuteilung; d. Verf.) *war, daß Major Cammeron mich hinauswarf und mir drohte, ich werde eingesperrt werden, wenn ich ihm nicht in zwei Tagen einen besseren Vorschlag machen würde."*[23] Noch am gleichen Tag wurde der Plan zur Überraschung Behnles dennoch akzeptiert. In der Folgezeit, nachdem Behnle Anfang Oktober in einer abenteuerlichen Expedition, an der auch Karlsruher Großhändler teilnahmen, auf 23 Lkw's aus dem Rheinland Holzfällergeräte aller Art – aber auch Baubeschläge und Waschmittel – nach Karlsruhe gebracht hatte, waren in den städtischen Wäldern auch mehrere hundert Polen zum Holzeinschlag eingesetzt.

**Typische Karlsruher Nachkriegsszene: Zwischen Trümmern stehen die Menschen bei „Kissel" an der Kaiserstraße nach Lebensmitteln an.**

Die Karlsruher Bilanz der Brennstoffversorgung aus den eigenen Wäldern konnte die Verantwortlichen in der Tat mit Genugtuung erfüllen. Nicht lediglich 100 000, sondern 151 407 Ster Holz waren geschlagen worden, davon zwei Drittel durch Selbsteinschlag der Bürgerschaft. Der Rest, rund 50 000 Ster, war durch die Forstverwaltung und Firmen für den Bedarf von Gewerbe und Industrie, für Krankenhäuser und andere caritative Einrichtungen, Schulen, städtische und staatliche Dienstgebäude sowie für die Ausländerlager geschlagen worden.[24] Berge von Sterholz vor praktisch jedem Haus in der Stadt bewirkten ein so schon lange nicht mehr gekanntes Straßenbild. Uralte, von Haus zu Haus fahrende Sägemaschinen aber feierten ab Herbst 1945 unversehens Wiederauferstehung. Die „Karl-Konz-Eiche" im Hardtwald erinnert an einen der maßgeblichen Initiatoren dieser großen Vorsorge- und Selbsthilfeaktion vor dem ersten Nachkriegswinter.
Die einzigartige Aktion, die zu dem Ergebnis führte, daß die Karlsruher, wenn teilweise auch erst im Dezember beliefert, bei sparsamem Verbrauch im Winter 1945/46 nicht zu frieren brauchten, machte allerdings auch vor Bäumen im Stadtinnern nicht halt. Reihenweise wurden für städtische und andere wichtige Einrichtungen durch das Tiefbauamt kranke oder durch Bombensplitter beschädigte Bäume in Straßen und Anlagen gefällt. *„Auch die frühere Allee zwischen Karlsruhe und Rüppurr",* so hatte eine Entschließung der städtischen Referenten schon am 25. Juli gefordert, *„kann zu zwei Dritteln verschwinden. Die Rücksicht auf Naturschutzgesetze soll bei all diesen Maßnahmen nicht in erster Linie entscheidend sein".*[25] Mit dem überwiegenden Teil der Ettlinger Allee fielen auch Tausende von Bäumen aus Privatgärten der Säge zum Opfer. Bei der Stadt war man sich einig: *„Wenn ein Eigentümer* (eines Privatgartens; d. Verf.) *nicht da ist, muß die Stadt das Recht für sich in Anspruch nehmen, überflüssige Bäume wegzunehmen."*
Schon am 19. September konnte Dr. Dr. Hagen berichten, keine Stadt sei hinsichtlich der Vorsorge auf den Winter durch umfangreiche Holzeinschläge so weit vorgeschritten wie Karlsruhe. Und Bürgermeister Heurich bestätigte: *„Die Stadtverwaltung hat in der Holzversorgung das Äußerste getan, was ihr möglich war. Auch von seiten der Militärregierung wird bestätigt, daß die Stadt Karlsruhe die rührigste gewesen sei in Südwestdeutschland."*

## Herstellung von Bier untersagt

Daß es angesichts anhaltender Versorgungsschwierigkeiten besonderer Vorkehrungen bedürfen würde, um die Bevölkerung über den ersten Nachkriegswinter zu bringen, war allen Verantwortlichen bewußt, als schon im Sommer 1945 eine Katastrophe im Bereich der Ernährung befürchtet wurde. Hauptsächlich die Engpässe bei der Heranschaffung von Lebensmitteln waren ausschlaggebend gewesen für das zum 1. August von den Amerikanern verfügte Zuzugsverbot nach Karlsruhe. Schon unmittelbar nach dem Wechsel der Besatzungshoheit, am 18. Juli, hatte Ernst Stuffer, der damalige Leiter des Wirtschaftsamtes, versichert, daß die Stadt *„jetzt unmittelbar vor der seit Wochen erwarteten Katastrophe"* stehe, verursacht durch den übermäßigen Abtransport von Lebensmitteln durch die französische Besatzungsarmee, aber auch durch die Beschaffungslücke nach Abzug des Landesernährungsamtes mit den Franzosen nach Freiburg und durch die Abschnürung der Zonengrenze. Stuffer damals in einer Besprechung der städtischen Amtschefs voller Bitterkeit: *„Zur Zeit essen 10 000 in Karlsruhe kasernierte Russen ebensoviel Fleisch oder gar etwas mehr als die über 100 000 Einwohner."*[26]
Das bald darauf sich formierende Ernährungsamt für den Landeskommissariatsbezirk Karlsruhe brachte im organisatorischen Bereich Erleichterung. Dennoch klagte am 20. August auch Josef Köchling, der damalige Leiter des Karlsruher Ernährungsamtes I, verschiedene Bäckereien hätten wegen des Mangels an Mehl schließen müssen. Eine Katastrophe habe nur dadurch vermieden werden können, daß auf bescheidene Vorräte zurückgegriffen werden konnte, die man für den Fall der äußersten Not geschaffen habe.[27]
In der Zuteilungswoche vom 8.-14. September 1945 sank die dem Normalverbraucher zur Verfügung stehende tägliche Kalorienzahl auf 842 cal. Lebensmittelsammlungen, die in dieser Zeit auf Initiative des Altstadtpfarrers Hanns Löw in Rußheim und Leopoldshafen durchgeführt wurden, kamen nicht zu den vorbestimmten Karlsruher Wohlfahrtsverbänden, weil die dortigen Bürgermeister die Abgabe untersagten. Im Blick auf die angespannte Lage bei der Brotversorgung verbot die Militärregierung am 18. Oktober mit sofortiger Wirkung die Herstellung von Bier. In den Brauereien vorhandene Vorräte durften nur an Einheiten der US-Besatzungsmacht abgegeben wer-

den. Eine Minimalversorgung wenigstens der Krankenhäuser mit Eiern hoffte der „Milch-, Eier- und Wirtschaftsverband Nordbaden" dadurch sicherstellen zu können, daß er den Geflügelhaltern für die Wintermonate eine Ablieferungspflicht von monatlich mindestens zwei Eiern je Henne verordnete.[28]

## Öl aus Buchenwäldern

Als ein Geschenk des Himmels zur rechten Zeit mußte es erscheinen, daß sich wenigstens einem Teil der darbenden Bevölkerung im Herbst 1945 in den Wäldern unerwartet eine wichtige Ernährungshilfe erschloß. Ausgerechnet in diesem Hungerjahr kam es zu einer so seit Menschengedenken nicht erlebten Bucheckernschwemme. In Scharen fuhren die Karlsruher mit dem Rad oder der Albtalbahn zu den Buchenwäldern bei Ettlingen und im Albtal, um kniend zwischen dem welken Laub und mühsam die winzigen Früchte zusammenzuklauben. Zwischen acht und zehn Pfund Bucheckern mußte man bei den Ölmühlen abliefern, um einen Liter Öl zu erhalten – eine unschätzbare Kostbarkeit. Der riesigen Bucheckernernte wegen liefen die Ölmühlen damals monatelang auf Hochtouren.
Die letzte Zuteilungsperiode im Jahr 1945, in Fortschreibung der Lebensmittelbewirtschaftung während des Kriegs die 83. Zuteilungsperiode genannt, hatte dem Normalverbraucher für den Vier-Wochen-Zeitraum vom 10. Dezember 1945 bis 6. Januar 1946 nur folgende Lebensmittelmengen vorgesehen: 250 g Butter, 150 g Margarine, 600 g Fleisch- und Wurstwaren, 600 g Nährmittel, 150 g Kaffee-Ersatz, 10300 g Brot, 16000 g Kartoffeln, wöchentlich einen Liter Magermilch. Noch vor Weihnachten gab es allerdings eine dankbar entgegengenommene Festtags-Sonderzuteilung von 400 g Zucker, 250 g Marmelade, 1 Päckchen Backpulver, 100 g Fleisch und – besonders freudig begrüßt – 1000 g amerikanischem Weizenmehl.[29] Diese Sonderzuteilung war möglich, nachdem der vormals für die Verpflegung der DP's zuständige, inzwischen als Beauftragter für das Flüchtlingswesen eingesetzte Alfred Behnle von einem riesigen, unter Zeltplanen befindlichen US-Lager mit Lebensmitteln erfuhr, die den Amerikanern nicht mehr verwendungsfähig schienen und die er in mehreren Bahntransporten nach Karlsruhe brachte, wo sie in der Brauerei Sinner eingelagert wurden. Dank dieses Vorrats konnte in jenen Wochen auch die allgemeine Lebensmittelzuteilung einigermaßen gesichert werden.[30]
*„Sie sind im Badischen schlechter dran als wir in Württemberg":* Der württemberg-badische Wirtschaftsminister Andre war es, der am 15. Dezember in Pforzheim dieses offene Geständnis machte, zugleich aber gelobte, sich für eine Gleichbehandlung einzusetzen.[31] Oberbürgermeister Veit lieferte in einem Schreiben vom 17. Dezember die Bestätigung für die immer wieder beklagte Schlechterbehandlung Nordbadens, indem er die Lebensmittelrationen der 83. Zuteilungsperiode in Stuttgart und Karlsruhe miteinander verglich. Danach bekamen die Karlsruher nur drei Viertel der den Stuttgartern zugebilligten Fleischmenge, die Jugendlichen zwischen 12 und 18 Jahren nur halb so viel Fleisch und Butter, und während die Schwerstarbeiterzulagen bei Brot in Stuttgart 9200 g betrugen, mußten sich die Karlsruher Schwerstarbeiter mit 6000 g zufrieden geben.[32]

## Karlsruher Notgemeinschaft organisiert Winterhilfe

Die alarmierenden Engpässe in der Ernährung, der Mangel an allem bei Tausenden von Fliegergeschädigten und die offenkundige Not vor allem der älteren Mitbürger mündeten im Herbst 1945 in die Gründung einer einzigartigen Hilfsorganisation ein, der Notgemeinschaft Karlsruhe. In ihr waren unter Federführung des kommunistischen Sozialdezernenten Berthold Riedinger die Caritas, die Innere Mission, der Israelitische Wohlfahrtsverband, die Arbeiterwohlfahrt, die sich zu diesem Zeitpunkt noch „Sozialistische Wohlfahrt" nannte[33] – ein von der französischen Militärregierung verordneter Name –, und das Rote Kreuz zusammengeschlossen. Wichtigste Aufgabe war die Wiederinbetriebnahme der Großküchenanlage im Anwesen Scheffelstraße 37, das dem Roten Kreuz gehörte, sowie die Einrichtung von Wärmestuben. Mit Geldsammlungen sollte diese von der Stadt und den caritativen Verbänden aus eigener Kraft ins Leben gerufene Winterhilfe finanziert werden.[34]
Als Bürgermeister Riedinger das Stadtratskollegium am 18. Oktober über Einzelheiten der geplanten Maßnahmen informierte, gab Oberbürgermeister Veit zu bedenken, ob es nicht vertretbar wäre, für die Notgemeinschaft von allen Beschäftigten einen festen monatlichen Betrag zu erheben.[35] Zu einer

solchen Zwangsabgabe kam es jedoch nicht. Vielmehr appellierte Hermann Veit in einem Aufruf Ende Oktober (Losung: *„Keiner darf hungern! Keiner darf frieren!"*[36]) an die Solidarität der Karlsruher in der Not. Und dies mit unerwartet großem Erfolg. Es bedurfte hierzu allerdings großer Anstrengungen der caritativen Organisationen. Hanne Landgraf (* 1915), Tochter des Arbeiterwohlfahrt-Vorsitzenden Karl Siebert, erinnert sich: *„Es fanden monatlich Haussammlungen statt, bei denen die Stadtbezirke auf die Verbände aufgeteilt waren. Der Arbeiterwohlfahrt waren die Stadtteile Innenstadt-Ost, Oststadt, Rintheim und Hagsfeld übertragen worden. Von uns waren nicht weniger als 200 Sammler eingesetzt."*[37]

**Eine segensreiche Tätigkeit entfaltet die Karlsruher Notgemeinschaft. Schülerspeisung durch die Arbeiterwohlfahrt.**

Insgesamt hatten die caritativen Verbände an den Sammeltagen jeweils zwischen 700 und 800 Sammler aufgeboten. Die am 19. November 1945 begonnene erste Haussammlung erbrachte den Betrag von über 100 000 RM. Dr. Fichtl, der Geschäftsführer der Notgemeinschaft, in einem Bericht vom 30. November an den Oberbürgermeister: *„Es wurden Beträge gezeichnet, die weit über denen des Winterhilfswerks* (in der NS-Zeit; d. Verf.) *lagen."*[38]

In der Folgezeit wurden aus der am 10. Dezember in der

Scheffelstraße eröffneten Großküche des Roten Kreuzes[39] täglich über 2000 Essensportionen zu den Ausgabestellen gefahren, die sich in leerstehenden Gaststätten, Schulen usw. von sieben Stadtteilen befanden. Von der öffentlichen Speisung, für die Lebensmittelkarten abzugeben waren, machten Bedürftige aus allen Schichten, vor allem aber ältere Menschen, Gebrauch. Parallel dazu wurden in mehreren Stadtteilen Wärmestuben sowie Nähstuben eröffnet. In der Uhlandschule wurde ein Lager der Notgemeinschaft für Sachspenden eingerichtet, wo sich bald Bekleidung aller Art, Hausrat – von Waschschüsseln über Bratpfannen und Kochtöpfe bis zu Tellern und Eßbestecken – sowie Möbel stapelten.[40] Der Bedarf blieb allerdings weit größer als das Angebot.
Neben monatlichen Haussammlungen wurden ebensolche in vielen Betrieben durchgeführt, auch bei der Stadtverwaltung, wo Oberbürgermeister Veit zu einer „Sonderspende der städtischen Bediensteten" und zu einem regulären Wettbewerb unter den städtischen Ämtern aufrief. Der Karlsruher Notgemeinschaft konnten im Winter 1945/46 aus Haussammlungen monatlich zwischen 100000 und 130000 RM zugeführt werden, aus Betriebssammlungen und einmaligen Spenden noch einmal ähnlich hohe Beträge. Eine zusätzliche Einnahme erbrachte ein vom Oberbürgermeister auf Vorschlag von Dr. Fichtl verfügter Aufschlag von 10 Prozent zugunsten der Notgemeinschaft auf alle Veranstaltungen, für die Vergnügungssteuer erhoben wurde. Aus den Geldspenden wurden viele mittellose Mitbürger auch mit Bargeld versorgt.
Die Bereitschaft, den Bedürftigen zu helfen, den Winter ohne allzugroße Not zu überstehen, war fast uneingeschränkt in der gesamten Bevölkerung vorhanden. Aufschlußreich, auch seines „politischen" Gehalts wegen, ein Brief, den der in Durlach wohnhafte A. A. am 1. Februar 1946 dem Oberbürgermeister aus Kirchberg/Jagst schrieb (nachstehend im Auszug): *„Als ehemaliger PG* (= Parteigenosse in der NSDAP; d. Verf.) *mit Aufnahmejahr 1937 halte ich es heute mehr denn je für meine Pflicht zu helfen, wo ich helfen kann . . . Glauben Sie mir, daß ich nie PG geworden wäre, wenn ich nur einen Bruchteil von dem gewußt oder auch nur geahnt hätte, was mir heute durch die Zeitungen bekannt wird . . . Die Spende von 300 RM sowie mein freiwilliger Einsatz in der Landwirtschaft seit meiner Entlassung vom Volkssturm im Mai 1945 stellen einen Teil der Strafe dar, die ich mir selbst für meine Leichtgläubigkeit auferlegt habe."*[41]

## Die Schutträumung beginnt

Die schweren Bombenangriffe während des Kriegs hatten große Teile der Stadt in Trümmer gelegt. Verheerend sah es in der Innenstadt aus. Die Kaiserstraße samt dem Marktplatz glich einem einzigen Trümmerfeld, innerhalb dessen die unbeschädigt gebliebenen Gebäude an zwei, drei Händen abzuzählen waren. Seine Eindrücke über das Wiedersehen mit Karlsruhe, nachdem er in der zweiten Julihälfte 1945 aus amerikanischer Gefangenschaft entlassen worden war, schildert Dr. Robert Glenz (vgl. auch „Mühsamer wirtschaftlicher Neuanfang") so: *„Daß es mir, als ich von der Durlacher Allee her in die Kaiserstraße hereinkam, nicht schlecht geworden ist, verstehe ich heute noch nicht. Ich war von Rußland her manches gewöhnt. Seine Heimatstadt so in Trümmern zu sehen, war aber ein furchtbares Erlebnis. Zwischen Durlacher Tor und Marktplatz habe ich etwa sechs Häuser gezählt, die noch ganz waren."*[1]
Die Straßen und Gehwege passierbar zu machen, war schon unmittelbar nach der Besetzung der Stadt das wichtigste Anliegen der Besatzungsmacht wie der städtischen Verwaltung. Die Periode der willkürlichen Festnahme von Karlsruhern durch die Franzosen, um sie zu Aufräumungsarbeiten einzusetzen, wurde beendet, als das Internierungslager Knielingen eingerichtet und die dort Inhaftierten für diese Arbeit herangezogen wurden. Gleichzeitig erhielten die Bezirksverwaltungen in den einzelnen Stadtteilen den Auftrag, die ehemaligen Parteigenossen an den Wochenenden zum Räumungsdienst zu rekrutieren.
Diese Zwangsarbeit, die als Sühnebeitrag der „Nazis" bis Ende November 1945 praktiziert wurde, hatte unterschiedliche Wirkungen. Der stellvertretende Leiter des Bezirksverwaltungsamtes, Julius Gretschmann, glaubte zwar in einem Bericht an den Oberbürgermeister feststellen zu können, daß der Einsatz *„praktisch und lohnend"* sei, und daß die meisten der eingesetzten PG's mit Lust und Liebe arbeiteten.[2] Unverkennbar empfanden jedoch viele der jeweils samstags und sonntags – an Samstagen teilweise in drei Schichten – zu je vier

Stunden Schutträumung Dienstverpflichteten diesen Arbeitseinsatz, für den es natürlich keine Entlohnung gab, als eine ungerechtfertigte Willkür- und Strafaktion. Immer wieder führten die Bezirksvorsteher Klage darüber, daß sich Dienstverpflichtete mit Entschuldigungen aller Art vor der Arbeit drückten. Sie forderten, jedoch offenbar vergeblich, wiederholt die Bestrafung der Säumigen durch die Militärregierung. Gretschmann bestätigte die „Drückebergerei" in dem genannten Bericht durch folgende Bemerkung: *„Bei 80 Personen, die man einsetzen will, kann man allerdings mit ⅓ Abgang rechnen, die nicht erscheinen. Diese Drückeberger setzen sich meist aus gutbürgerlichen Kreisen zusammen, Beamte, Angestellte usw., die in den meisten Fällen jederzeit ein ärztliches Attest in Händen haben, das ebenfalls von einem PG-Arzt ausgestellt ist."*

## Schutttransport mit Straßenbahnwagen und Pferdefuhrwerken

Oberbürgermeister Veit, von der Militärregierung zu einer schnelleren Lösung des Schuttproblems gedrängt – diese erhebe hierwegen immer wieder Beanstandungen und werde schon ungeduldig, mahnte der OB in einer Referentenbesprechung vom 15. August 1945 –, hielt jedoch aus Mangel an Arbeitskräften zunächst an dieser Methode der Schutträumung fest. Unter der Verantwortung des Tiefbauamtes, das Mühe hatte, die erforderliche Zahl von Arbeitsgeräten zur Verfügung zu stellen, wurden die Räumungstrupps vorwiegend in der Kaiserstraße, in der Karlstraße und in der Südstadt eingesetzt. Schwierigkeiten bereitete in besonderem Maß das Fehlen ausreichender Transportmittel. In der Südstadt (Rüppurrer und Stuttgarter Straße) sowie in der Karl-Friedrich-Straße zum Schloßplatz konnte der Schutt zwar schon früh mit Hilfe von Loren auf Schienen weggebracht werden. Die dringend benötigten Lastkraftwagen zum Abtransport der Trümmer aus anderen stark zerstörten Bereichen waren jedoch Mangelware. Man behalf sich mit ausgebrannten, jedoch noch fahrbereiten Straßenbahnwagen, die zu Kastenwagen umgerüstet wurden, vor allem aber mit Pferdegespannen. Die mit Holzvergaser angetriebenen Lastwagen und die Pferdefuhrwerke brachten den Schutt auf Zwischendeponien am Schmiederplatz, Friedrichsplatz, Schloßplatz und Engländerplatz, wohin schon während des Kriegs die Trümmer geschafft worden waren, und wo jetzt allmählich ansehnliche Schuttberge in die Höhe wuchsen. Wegen des dringenden Bedarfs der Landwirtschaft wurden die Pferde von den Bauern allerdings zunehmend zurückgehalten. Mit der Begründung, die Pferde, die wochentags für den Ernteeinsatz benötigt würden, müßten geschont werden, verfügte 1. Bürgermeister Heurich, der für die Schutträumung zuständige Dezernent, für den 16. September erstmals den Verzicht auf die sonntägliche Schutträumung.

Mit dieser Entscheidung kam Heurich gleichzeitig der Forderung Karlsruher Kirchengemeinden entgegen, die Sonntagsarbeit mit Rücksicht auf den Kirchenbesuch aufzugeben. Tatsächlich entzogen sich zahlreiche dienstverpflichtete Parteigenossen mit der Entschuldigung, den Gottesdienst besuchen zu wollen, dem sonntäglichen Arbeitsdienst. Von 270 Mann, die auf den 7. Oktober zur Schutträumung einbestellt waren, kamen beispielsweise nur 150. Als zuvor schon einige der – ausschließlich „links" orientierten – Bezirksvorsteher den Kirchen vorgeworfen hatten, die „Nazis" zu schützen, indem sie sich gegen die Sonntagsarbeit wandten, nahm Oberbürgermeister Veit die Kirchen in der Stadtratssitzung vom 1. Oktober ausdrücklich in Schutz. Er könne nicht zulassen, so erklärte er, daß die Kirchen schlechthin beschuldigt werden, sich vor die Nazis zu stellen.[3]

Noch im Monat Oktober begann sich auch in den Kreisen der Bezirksvorsteher die Einstellung gegenüber den nominellen Nationalsozialisten zu ändern. Nachdem Amtmann Tröndle vom Tiefbauamt in einer Besprechung im Bezirksverwaltungsamt das magere Ergebnis der Schutträumung am Wochenende vom 13./14. Oktober (234 cbm) mit der Bemerkung kommentiert hatte: *„Bei Samstags- und Sonntagsarbeit kommt nicht viel heraus"*,[4] waren in diesem Gremium erstmals objektive und versöhnliche Töne gegenüber den politisch Belasteten zu hören. Gustav Scheib, Bezirksvorsteher für Grünwinkel und die Stadtrandsiedlung, erklärte: *„In Betrieben arbeiten viele Nazis, weil die anderen Arbeiter sich zu wenig einsetzten. Wir dürfen uns nicht zu weit von den Nazis entfernen. Sie dürfen die Schuttaktion nicht als Rache empfinden, sondern als Wiedergutmachung."* Der Chef des Bezirksvorsteheramtes, August Furrer, dem die Bezirksvorsteher unterstanden, vertrat die gleiche Ansicht: *„Wir wollen die Nazis nicht von uns stoßen, sondern mit ihnen zusammen in den Betrie-*

*ben arbeiten."* Die konsequente Schlußfolgerung bestand für ihn darin, *„die bisherige Aktion gegen die Nazis ein*[zustellen]", d. h. die Arbeitspflicht für sie zu beenden.
Ein entsprechender Vorschlag Furrers an OB Veit wurde von diesem in einem Antwortschreiben vom 19. November unter Hinweis darauf, daß durch den Arbeitseinsatz der PG's die Hauptverkehrsstraßen und Gehwege von Trümmern freigelegt seien, grundsätzlich gutgeheißen. Schon Mitte Oktober hatte der Tiefbauamts-Mitarbeiter Tröndle auf die Frage nach dem Stand der Schutträumung in den Straßen festgestellt: *„Durchlaufen kann man überall, mit Ausnahme an der Hauptpost."* Mit einem Arbeitseinsatz am letzten November-Wochenende wurde die Schutträumung mit Hilfe zwangsverpflichteter PG's endgültig aufgegeben.

***Schuttsammelstelle Schmiederplatz. Pferdewagen und holzgasbetriebene Lastwagen bringen die Trümmer zur Zwischendeponie vor der Goetheschule.***

## 35 Firmen schließen sich zur Aufräumungsgemeinschaft zusammen

In der Zwischenzeit war längst erkannt, daß es des jahrelangen Großeinsatzes einer eigens hierfür zu schaffenden Organisation bedürfen würde, um die riesigen Schuttmengen aus der Stadt zu schaffen. Die Arbeitsverpflichtungen politisch Belasteter hatten ja im wesentlichen nur das Ziel, Gehwege und Straßen passierbar zu machen. Längs der Straßen und auf den Plätzen türmte sich jedoch weiterhin der Schutt, und von der bisherigen Trümmerbeseitigung gänzlich unberührt geblieben waren die Tausende von Grundstücken, deren Gebäude zerstört worden waren.
Der Umfang der Kriegsschäden wurde nach dem Zusammenbruch erstmals in einem Memorandum niedergelegt, das der Leiter des Amtes für Stadterweiterung und Siedlung, Oberbaurat Karl Peter Pflästerer, in der ersten Julihälfte dem kommissarischen Bürgermeister Heinrich übermittelt hatte. Da-

**_Alltagsszene am Rande der Schutträumung: Auf selbstgebastelten Feuerstellen machen sich Arbeiter inmitten der Trümmerfelder das mitgebrachte Essen warm._**

nach waren in Karlsruhe von rund 30000 Haupt- und Nebengebäuden 7790 hundertprozentig zerstört, 4535 schwer (zu 59 bis 80%) und 5280 mittelschwer (zu 30 bis 50%) beschädigt.[5] Ausschließlich nach Wohnhäusern berechnet, waren gemäß einer späteren Aufstellung von Bürgermeister Heurich nur 3414 von 17134 Häusern unbeschädigt geblieben. Von 57227 Wohnungen waren 12037 total zerstört, 7450 schwer, 10864 mittelschwer und 14859 leicht beschädigt.[6] Pflästerer war der erste, der in der erwähnten Denkschrift den Vorschlag machte, die Schuttmassen auf den Straßen und innerhalb der Häuser mit Hilfe von „Gleistransporten" aus der Stadt hinaus und in das „Auffüllgebiet" des Rheinhafens zu schaffen.

Einige Wochen später, in einem – „Abbeförderung der Schuttmassen aus der Stadt" genannten – Gutachten vom 18. August 1945, machte auch der neue Chef des Tiefbauamtes, Oberbaurat Adolf Wittinger, unmißverständlich klar, daß *„bei der heute behelfsmäßigen Art der Schuttbeseitigung, für die in der Hauptsache nur Pferdefuhrwerke und spärliche Handarbeiter zur Verfügung stehen, naturgemäß eine nennenswerte Leistung nicht zu erzielen ist."*[7] Der Abtransport setzte eine *„große organisatorisch-technische Leistung"* voraus, über die Klarheit geschaffen werden müsse, ehe der Transport der Trümmer in größerem Maßstab aufgenommen werde. Die Schaffung einer leistungsfähigen Organisation sei unerläßlich. Auch Wittinger plädierte für die Auffüllung des Hafengeländes um das zu verlängernde Ölbecken.

Die „leistungsfähige Organisation" formierte sich unter maßgeblicher Mit-Initiative des Tiefbauamtes sehr schnell. Unter Federführung der Baugewerksinnung Karlsruhe schlossen sich 35 Firmen dieser Innung, der Fachgruppe Bauindustrie sowie der Innung des Bauhandwerks zu einer Arbeitsgemeinschaft zusammen. Baumeister Günther Klotz (Fa. Jordan), Dipl.-Ing. Ernst Morlock (Fa. Pfisterer) und Baumeister Jakob Daubenberger (Fa. Siegrist) waren die vorläufigen Geschäftsführer. Das Unternehmen nannte sich anfangs etwas umständlich „Arbeitsgemeinschaft zur Auswertung der durch Fliegerangriff entstandenen Bauruinen und deren Schuttmassen". Eine Arbeitsgemeinschaft des ähnlichen Firmenkreises mit der Aufgabe, die Fliegerschäden zu beseitigen, hatte es, mit Dipl.-Ing. Ernst Morlock als Geschäftsführer, schon während des Kriegs gegeben. Die selbstgegebene Auftrag der neuen Vereinigung lautete: *„Die Arbeitsgemeinschaft übernimmt den Ausbau der brauchbaren Materialien, Abbruch der*

*Gebäudereste, Herausschaffen und Abfahren des Schuttes aus den über 50 % beschädigten und vom Städt. Hochbauamt bezeichneten Gebäude.“*[8]

**Der Vertrag mit der AAK**

Statt des Hochbauamtes wurde jedoch das Tiefbauamt mit der Bauaufsicht über die Trümmerbeseitigung beauftragt. Schon im September war der Entwurf eines Vertrags zwischen der Aufräumungs-Arbeitsgemeinschaft Karlsruhe (=AAK) und der Stadtverwaltung fertiggestellt, der, in seiner Endfassung maßgeblich von Oberrechtsrat Gut formuliert, am 31. Oktober 1945 auch die Zustimmung von Major Maxwell S. Pullen, dem Chef der Militärregierung in Karlsruhe, fand.[9] In dem Vertrag verpflichtete sich die AAK zur „Auf- und Ausräumung aller Fliegerschäden” in Karlsruhe. Das Ausmaß dieser Schäden wurde nach der Menge anfallender Kubikmeter vom Tiefbauamt wie folgt geschätzt: Stadtkern zwischen Durlacher und Mühlburger Tor: 700000 cbm; Oststadt: 150000 cbm; Südstadt: 250000 cbm; Weststadt südlich der Kaiserallee und Südweststadt mit Beiertheim: 150000 cbm; Weststadt nördlich der Kaiserallee: 130000 cbm; Mühlburg und Rheinhafen: 120 000 cbm; Vororte 80000 cbm, hiervon in Knielingen und Durlach je 20000 cbm. Für das Wegschaffen der insgesamt fast 1,6 Millionen cbm Trümmer wurde ein Zeitraum von 5 Jahren vorgesehen. Als voraussichtliche Gesamtkosten wurden dem Stadtrat in seiner Sitzung vom 1. 10. 1945 8-10 Millionen RM genannt. Für die anlaufenden Arbeiten im – bis 31. 03. 1946 laufenden – Haushaltsjahr 1945/46 wurde noch in der gleichen Sitzung ein Betrag von 500000 RM bereitgestellt.[10]
In dem genannten Vertrag wurde festgelegt, daß die Masse der anfallenden Trümmer in das aufzufüllende Hafengebiet zu schaffen sei. Rund 200000 cbm Schutt aus der Südstadt sollten jedoch wie bisher auf Kipploren in das fast 1 km lange, zwischen 100 und 150 breite, 2 m unter Straßenniveau liegende, von Bomben zerwühlte Kleingartengelände zwischen Stuttgarter Straße und dem Bahndamm ostwärts der Rüppurrer Straße geschafft werden. Für diese Aktion wurde zwischen der Stadtverwaltung und der – seit dem 1. September 1945 für Nordbaden zuständigen – Eisenbahndirektion Stuttgart ein eigener Vertrag abgeschlossen. Dieser verpflichtete die Stadt zur Entschädigung der betroffenen Kleingärtner und zur Wiederherstellung des Areals als Kleingartengelände binnen Jahresfrist.
Die Aufräumungs-Arbeitsgemeinschaft Karlsruhe machte sich mit enormem Elan, aber auch mit Ungeduld an die Arbeit. In den letzten Monaten des Jahres 1945 übte die AAK immer wieder Kritik, daß das Arbeitsamt nicht in der Lage sei, die für den Abbruch einsturzgefährdeter Fassaden und das Verlegen der Transportgleise innerhalb der Stadt und zum Rheinhafen angeforderten Arbeitskräfte zu stellen. Statt der beantragten 500 Mann, so klagte Günther Klotz in einem Bericht vom 17. Dezember an das Tiefbautamt, seien der AAK nur 115 Mann zur Verfügung gestellt worden.[11]
Klotz war der Chef einer der beiden Bauleitungen, in die sich die AAK gliederte. Die Bauleitung A, zuständig für den Ab-

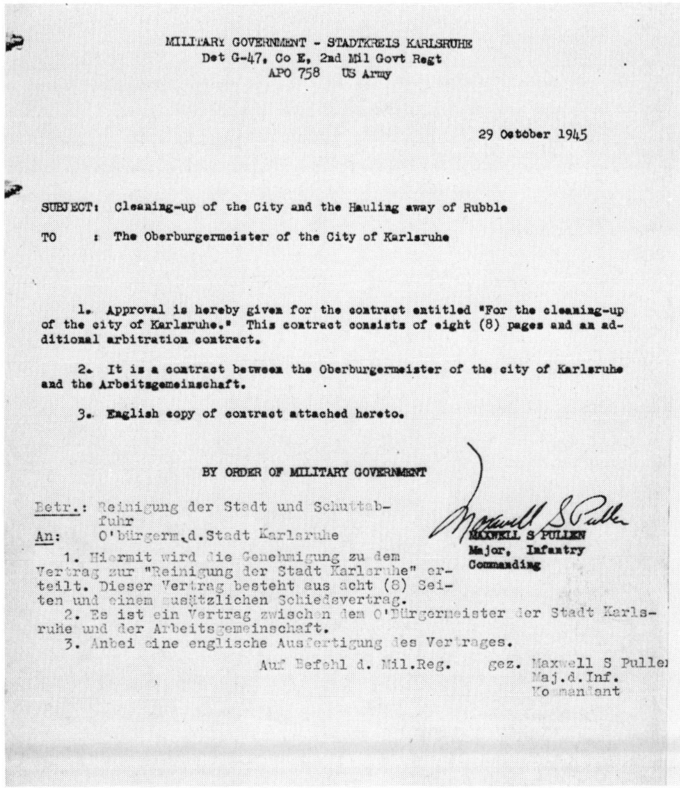

MILITARY GOVERNMENT - STADTKREIS KARLSRUHE
Det G-47, Co E, 2nd Mil Govt Regt
APO 758 US Army

29 October 1945

SUBJECT: Cleaning-up of the City and the Hauling away of Rubble

TO : The Oberburgermeister of the City of Karlsruhe

1. Approval is hereby given for the contract entitled "For the cleaning-up of the city of Karlsruhe." This contract consists of eight (8) pages and an additional arbitration contract.

2. It is a contract between the Oberburgermeister of the city of Karlsruhe and the Arbeitsgemeinschaft.

3. English copy of contract attached hereto.

BY ORDER OF MILITARY GOVERNMENT

MAXWELL S PULLEN
Major, Infantry
Commanding

Betr.: Reinigung der Stadt und Schuttabfuhr
An: O'bürgerm.d.Stadt Karlsruhe

1. Hiermit wird die Genehmigung zu dem Vertrag zur "Reinigung der Stadt Karlsruhe" erteilt. Dieser Vertrag besteht aus acht (8) Seiten und einem zusätzlichen Schiedsvertrag.
2. Es ist ein Vertrag zwischen dem O'Bürgermeister der Stadt Karlsruhe und der Arbeitsgemeinschaft.
3. Anbei eine englische Ausfertigung des Vertrages.

Auf Befehl d. Mil.Reg. gez. Maxwell S Pullen
Maj.d.Inf.
Kommandant

***Mit diesem Bescheid genehmigt Major Maxwell S. Pullen namens der Militärregierung den Vertrag über die „Reinigung der Stadt Karlsruhe“.***

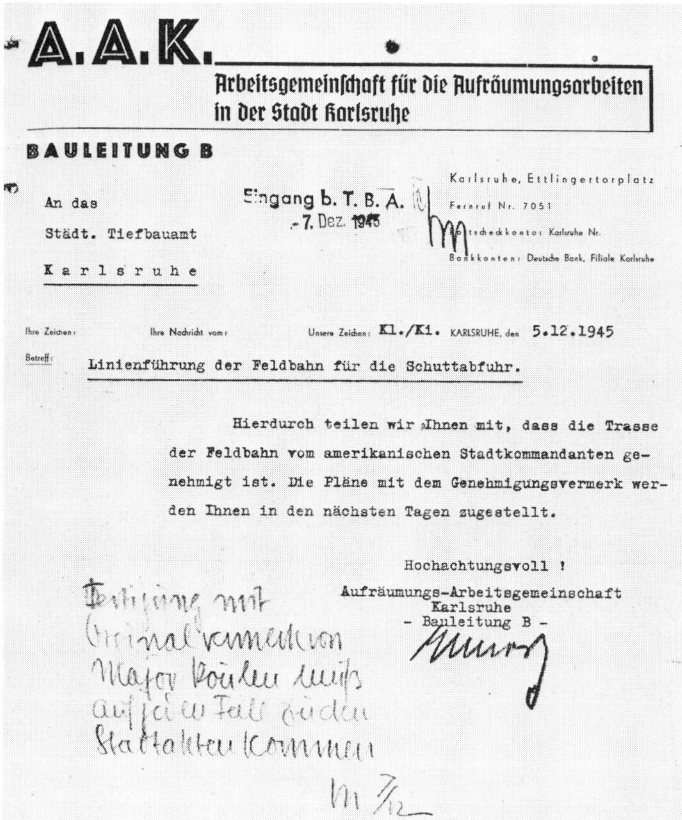

A.A.K.

Arbeitsgemeinschaft für die Aufräumungsarbeiten in der Stadt Karlsruhe

BAULEITUNG B

An das
Städt. Tiefbauamt
Karlsruhe

Eingang b. T. B. A. -7. Dez. 1945

Karlsruhe, Ettlingertorplatz
Fernruf Nr. 7051
Postscheckkonto: Karlsruhe Nr.
Bankkonten: Deutsche Bank, Filiale Karlsruhe

Ihre Zeichen: Ihre Nachricht vom: Unsere Zeichen: Kl./Ki. KARLSRUHE, den 5.12.1945

Betreff: Linienführung der Feldbahn für die Schuttabfuhr.

Hierdurch teilen wir Ihnen mit, dass die Trasse der Feldbahn vom amerikanischen Stadtkommandanten genehmigt ist. Die Pläne mit dem Genehmigungsvermerk werden Ihnen in den nächsten Tagen zugestellt.

Hochachtungsvoll !

Aufräumungs-Arbeitsgemeinschaft
Karlsruhe
- Bauleitung B -

Bestätigung mit
Originalvermerk von
Major Pullen muß
auf jeden Fall zu den
Stadtakten kommen
M 7/12

bruch gefährdeter Fassaden, für die Bergung brauchbarer Stoffe, sowie den „Seitentransport" der Trümmer, worunter das Herausschaffen der Trümmer aus den Grundstücken zur Straße zu verstehen war, wurde anfangs von Dipl.-Ing. Ernst Morlock (Fa. Pfisterer) geführt. Seine frühere nominelle Zugehörigkeit zur NSDAP ließ es Morlock ratsam erscheinen, den unbelasteten Reg. Baumeister Fritz Schäfer (Fa. Julius Schäfer) zu bitten, die Führung der Bauleitung A zu übernehmen. Satzungsgemäß bestätigte ein fünfköpfiger Beirat der Mitglieder der Arbeitsgemeinschaft Schäfer in dieser Tätigkeit. Im Gegensatz hierzu wurde der Geschäftsführer der Bauleitung B, Günther Klotz, von den Firmen Jordan und Siegrist gestellt. Da nur diese beiden Firmen über ausreichendes Gleismaterial, über Transportwagen, Kohle- und Diesellokomotiven verfügten, oblag ihnen allein der der Bauleitung übertragene Betrieb der Lade- und Transportarbeiten von der Stadt zum Rheinhafengelände bzw. zur Stuttgarter Straße. Klotz hatte schon während des Kriegs als Bauleiter der Fa. Jordan angehört, als diese in Linz Eisenvorkommen abbaute, und war nach dem Krieg Geschäftsführer dieser Baufirma geworden. Das Verhältnis zwischen den beiden Bauleitungen war nach Erfahrung und Beobachtung von Ernst Morlock (* 1903) *„ausgezeichnet"*. Eine kollegialere Zusammenarbeit habe man sich nicht denken können.[12] Umfang und Bedeutung des übernommenen Auftrags, eine Aufgabe ohne Beispiel in der Geschichte der Stadt, schmiedeten die Geschäftsführer der AAK und ihre Mitarbeiter zu einer verschworenen Gemeinschaft zusammen. Das Wissen, daß ein Wiederaufbau der schwer getroffenen Stadt erst beginnen könne, wenn zuvor die Trümmer weggeschafft würden, beflügelte alle an diesem gewaltigen Werk Verantwortlichen, auch jene im Tiefbauamt.

***Günther Klotz, Chef der Bauleitung B der AAK, unterrichtet das Tiefbauamt: Die Trasse der Feldbahn für den Schutttransport ist genehmigt.***

## „Verschönerungsoffizier" erhebt Einspruch

In den ersten Monaten ihrer Tätigkeit beschäftigte sich die AAK außer mit dem Niederreißen einsturzgefährdeter Fassaden vor allem mit dem Verlegen von Zubringergleisen zur Schuttbahn sowie mit der Vorbereitung der Trasse für diese Bahn. Vom Schloßplatz führte die Trasse des „Schuttexpreß", wie die Schuttbahn im Volksmund bald genannt wurde, durch den Botanischen Garten und der Orangerie zur Bismarckstraße und dann weiter nach Westen.

Unvorgesehener Widerstand seitens der Militärregierung gegen die Aktivitäten am Schloßplatz beschrieb der Chef des Tiefbauamtes in einem Brief vom 5. November 1945 an Oberbürgermeister Veit so: *„Nach fernmündlicher Mitteilung des Domänenamtes (Ob. Reg. Rat Schaub) beanstandet der ‚Verschönerungsoffizier' der Militärregierung, Karlstraße, daß wir den Schloßplatz als vorläufigen Schuttablageplatz benutzen. Dies geschah seit Jahren bereits nach Bombenangriffen."*[13]

Es handelte sich hier um einen Einspruch des „Offiziers für Kunst und Denkmalschutz" bei der Militärregierung, Cpt. van Nortwick. Veit, der daraufhin bei van Nortwicks Vorgesetztem, Major Pullen, um Verständnis bat, daß bei der Schutträumung *„ästhetische Gesichtspunkte zur Zeit keine Rolle spie-*

***Zubringergleis vom Marktplatz zum Schloßplatz, wo der „Bahnhof" für den zum Rheinhafen führenden „Schuttexpress" eingerichtet wurde.***

*len* [können]"[14], vermochte wenigstens das Zugeständnis zu erwirken, daß kleinere Schuttmassen an den den Schloßplatz umgrenzenden Straßen deponiert werden könnten, wenn der Verkehr nicht behindert werde. Keinesfalls dürfe allerdings Schutt auf der Innenfläche des Schloßplatzes gelagert werden. Und unter allen Umständen verboten sei die Ablagerung von Schutt auf den Rasenflächen. Bald entwickelte allerdings das „Großunternehmen Trümmerbeseitigung" gerade am Schloßplatz als zentralem Umschlagsbahnhof für die auf Kipploren herangeführten und dann auf den „Schuttexpreß" umgeladenen Trümmermassen eine solche Eigendynamik, daß die Auflagen des „Verschönerungsoffiziers" nicht mehr durchsetzbar waren.
Bürgermeister Heurich hatte sich in jener Zeit außer mit der immer wieder aufgeworfenen Frage, ob aus dem Schutt nicht an Ort und Stelle neues Baumaterial gewonnen werden könne – alle gemachten Vorschläge erwiesen sich jedoch als unpraktikabel –, mit einer höchst kuriosen Anregung zu beschäftigen. Ein Karlsruher Bürger machte nämlich den Vorschlag,

***Sie organisierten die legendäre Karlsruher Schutträumung (v.l.n.r.): Baudirektor Adolf Wittinger, Bürgermeister Fridolin Heurich, Günther Klotz (Bauleitung B der AAK) und Fritz Schäfer (Bauleitung A).***

den Trümmerberg am Schmiederplatz so anzulegen, daß daraus später ein Freilichttheater in der Art einer griechischen Arena gestaltet werden könne. Heurich antwortete: Wenn überhaupt, dann freilich solle ein aus Trümmern errichtetes Freilichttheater am Schloßplatz oder am Engländerplatz entstehen . . .[15]
Die AAK achtete im übrigen darauf, daß verwertbare Baustoffe wo immer möglich ausgesondert wurden. Die rechtliche Grundlage bildete eine auf Antrag des Oberbürgermeisters vom Chef der Karlsruher Militärregierung am 17. September 1945 erlassene Verfügung,[16] wonach das gesamte Material von Häusern, die abgebrochen werden müßten oder in absehbarer Zeit nicht repariert werden könnten, beschlagnahmt wurde, die so dringend benötigten Öfen und Herde sowie Heizmaterial inbegriffen. Der Wert der beschlagnahmten Baustoffe und Einrichtungsgegenstände wurde den Eigentümern unter Abzug der Kosten für die Bergung gutgeschrieben. In einem mit Datum vom 15. Dezember 1945 der Stadt vorgelegten Angebot für die Gesamtschutträumung in Karlsruhe quantifizierte Günther Klotz die wiederverwertbaren Baustoffe mit 30000 cbm Backsteinen, 30000 cbm Bruchsteinen, 5000 cbm Holz und 2000t Eisenteilen.[17]
In dem gleichen Angebot wurde die Gesamtschuttmenge mit 1,54 Millionen cbm angegeben, wofür Kosten in Höhe von 10,1 Millionen RM errechnet wurden. Tatsächlich belief sich die Menge des von der AAK in der Folgezeit abgefahrenen Schutts aus Kriegsschäden nach Abschluß der Trümmerbeseitigung auf 2,6 Millionen cbm,[18] je Bewohner etwa 13 cbm. Ein Teil des beachtlichen Mehraufkommens war übrigens mitverursacht von einem bisweilen rigorosen Abbruch von durchaus wiederaufbaufähigen Gebäuden und Fassaden, eine Tatsache, die zum Verlust stadthistorisch wichtiger Gebäude führte. Die bis 1954, unter Nichteinrechnung der Ausgaben für die Beseitigung von damals noch vorhandenen 400000 cbm Schutt, der Stadt von der AAK in Rechnung gestellten Ausgaben beliefen sich auf 11,8 Millionen RM und 11,4 Millionen DM.[19]
Dank der Initiativen der Bauwirtschaft und der Verwaltung hatte die Schutträumung in Karlsruhe frühzeitiger, planmäßiger und umfassender begonnen werden können als in den meisten anderen deutschen Großstädten. Als Oberbürgermeister Veit im Frühjahr 1946 die Bürgerschaft zum „Ehrendienst" bei der Beseitigung der Trümmer aufforderte, melde-

ten sich Tausende freiwillig. Auf diese Weise wurde nicht nur das schwierige Problem der Gewinnung von Arbeitskräften gelöst. Durch das große Gemeinschaftswerk der Schutträumung wurde vielmehr gleichzeitig erstmals seit Kriegsende erfolgreich bürgerschaftlicher Gemeinsinn geweckt. Dies mit der Folge, daß sich politische Klüfte, welche die Diktatur und der Zusammenbruch gerissen hatten, einzuebnen begannen, daß die Bereitschaft aktiviert wurde, am Neuaufbau der Stadt mitzuarbeiten, und daß Hoffnungslosigkeit in neue Hoffnung einmündete.

***Der „Mitläufer": Eine von AAK-Arbeitern gestaltete Persiflage auf die Entnazifizierung.***

## Keine Änderung des „Plansystems"

Wenn es bisweilen auch scheinen konnte, das Riesenwerk der Karlsruher Schutträumung geschähe, losgelöst von einer übergeordneten Zielsetzung, um seiner selbst willen, so war den Verantwortlichen doch von allem Anfang an klar, daß ihm nur die Funktion zukam, die Voraussetzungen für den Wiederaufbau zu schaffen. Frühzeitig, schon im Juni 1945, stellte der mit Planungsaufgaben betraute Oberbaurat K. P. Pflästerer in einem „Wiederaufbau der Stadt Karlsruhe"[20] bezeichneten Memorandum Leitlinien für den Wiederaufbau auf, nach denen in der Folgezeit dann auch tatsächlich verfahren wurde. Pflästerers wichtigste Empfehlung betraf die Beibehaltung des vorhandenen Plansystems von Baublöcken und offener Bebauung. Vor allem mit Rücksicht auf die Vorgabe der weitgehend erhalten gebliebenen Versorgungsleitungen und der Kanäle hielt er es für unverantwortlich, am Verlauf der Hauptverkehrsstraßen, Bahnanlagen sowie der Straßenbahnlinien Änderungen vorzunehmen. Andererseits setzte er sich für eine Auskernung in den Baublöcken ein und plädierte in der Kaiserstraße für eine *„möglichst gleichmäßige Pfeilerstellung und Dimensionierung"*.

***Karlsruher aus allen Schichten helfen mit, ihre Stadt von den Trümmern zu befreien.***

# Neuanfang der Karlsruher Schulen und Hochschulen

## Wie der Schulbetrieb in Gang kam

Nur Schritt für Schritt und unter größten Schwierigkeiten und Mühen konnte nach Kriegsende an den Karlsruher Schulen und Hochschulen der Unterrichts- und Lehrbetrieb wieder aufgenommen werden. Einerseits machten die umfangreichen Zerstörungen einen ordnungsmäßigen Schulbetrieb auf lange Zeit hinaus unmöglich. Andererseits war der Wiederbeginn des Unterrichts und der Lehre in allen Kategorien von Schulen und Hochschulen ganz erheblich erschwert durch einen eklatanten Mangel an Lehrkräften. Erfüllt von dem Willen, die deutsche Nachkriegsjugend verläßlich jedem Einfluß von Lehrern und Professoren mit NS-Vergangenheit fernzuhalten, betrieb in Karlsruhe schon die französische Besatzungsmacht – erst recht danach die amerikanische – die politische Säuberung in diesem Bereich mit unnachsichtiger Härte.
Seit dem Herbst 1944 hatte es an den Karlsruher Schulen so gut wie keinen Unterricht mehr gegeben. Nur in einigen Vororten wurde der Schulbetrieb noch einige Wochen lang mühsam aufrechterhalten.[1] Nach dem letzten schweren Angriff vom 4. Dezember 1944 wurden die noch erhaltenen Schulen zur Unterbringung Obdachloser oder für deren Verpflegung benutzt. Die Lehrer waren im Luftschutz und in der Bahnhofsmission, bei der Kinderlandverschickung und Evakuiertentransporten, in Rüstungsbetrieben, im Stellungsbau und im Volkssturm eingesetzt.
Bereits am 26. April 1945 – fünf Tage zuvor war erst Stuttgart gefallen! – beauftragte der kommissarische Bürgermeister Heinrich den Konrektor Karl Klupp mit der „Erfassung" aller Lehr- und Verwaltungskräfte der Karlsruher Volks- und Hauptschulen.[2]

Mit dem 26. April nahm das Stadtschulamt seine Arbeit wieder auf. In einem Bericht des Schulamtes über diese Anfänge heißt es: *„Zunächst mußten die zerstörten, durchwühlten, ausgeplünderten und beschmutzten Büroräume in Ordnung gebracht werden."*[4] Als französische Truppen am 7. April das Gebäude samt dem dazugehörigen – damals Hebelschule genannten – Schulgebäude belegten, wich das Stadtschulamt in das Gebäude der Handelsschule Kriegsstraße 118 aus. Erst Ende Juli konnten die Räume in der Kreuzstraße wiederbezogen werden.

### Handarbeitslehrerinnen nähen Fahnen der Alliierten

Karl Klupp war nur einer jener „Männer der ersten Stunde" aus dem Schulbereich, die sich mit der undankbaren Aufgabe beschäftigten, den seit Herbst 1944 völlig darniederliegenden Schulbetrieb wieder in Gang zu bringen. Mit Oberstudiendirektor Engelbert Bohn hatte Heinrich nach Genehmigung durch die französische Militärregierung, ebenfalls schon im April 1945, einen Hauptbeauftragten für die öffentlichen Schulen in Karlsruhe ernannt. Mitte Mai wurden Sonderbeauftragte für die verschiedenen Schulsparten nominiert: Oberstudiendirektor Albert Keßler für die Höheren Lehranstalten, Studienrat Dipl.-Ing. Josef Ebert für die Gewerbeschulen und der – zum Leiter des Stadtschulamtes ernannte – Hauptschullehrer Karl Heß für die Volks- und Fortbildungsschulen. Das „Ressort" Handelsschulen behielt sich Engelbert Bohn selbst vor.[5]
Seinen Sitz hatte dieses Gremium im Gebäude Kriegsstraße 120. Die Schulbeauftragten erwirkten bei der Militärregierung ein Verbot zum Betreten von Schulgebäuden und der Be-

schlagnahme von Lehrmitteln und Einrichtungsgegenständen, wodurch wenigstens ein Teil des Lehrmaterials und Schulmobiliars gerettet werden konnte. „Vollmachten" und „Bescheinigungen" von Emil Mangler, dem Kulturbeauftragten der Stadt, ermächtigten einige Lehrkräfte und andere Persönlichkeiten, Unterrichtsmittel, Sammlungen und Bibliotheken in Kellern von Schulgebäuden sicherzustellen.[6] Um sie vor fremdem Zugriff zu bewahren, wurden Schulbibliotheken zum Teil in Privatwohnungen untergebracht. Engelbert Bohn

***In ähnlichem Zustand wie hier die Gutenbergschule befanden sich nach Kriegsende die meisten Karlsruher Schulen.***

selbst wurde auch bei der Neubildung der ersten nordbadischen Unterrichtsverwaltung (unter den Franzosen) zu Rate gezogen.

Der genannte Auftrag, die Lehrer zu „erfassen", hatte zunächst ein recht mageres Ergebnis. Mitte Mai umfaßte die Liste des Konrektors Klupp die Namen von 54 männlichen und 62 weiblichen anwesenden Volksschullehrern. Nicht besser sah es bei den Berufsschulen aus: Nur 13 Gewerbe- und 13 Handelsschullehrer wurden gezählt. Die meisten dieser, aber auch der allmählich aus der Evakuierung oder vom Volkssturm zurückkehrenden Lehrer kamen in der Folgezeit wegen ihrer Parteizugehörigkeit ohnehin auf die „schwarze Liste".

MILITÄRREGIERUNG KARLSRUHE

**Bekanntmachung**

**In Ausführung der Gesetze und auf Befehl der Militärregierung werden folgende weitere Entlassungsmaßnahmen getroffen:**

**Ihres Dienstes werden endgültig enthoben:**

Eine Ausnahme von der erzwungenen Untätigkeit fast aller Lehrer in jenen Monaten bildete bis in die ersten Wochen der amerikanischen Besatzung hinein eine ganze Anzahl von Handarbeitslehrerinnen. Sie wurden, „zugewiesen" von Emil Mangler, durch das Wirtschafts- und Beschaffungsamt zum Nähen von Fahnen der vier Siegermächte eingesetzt. Deren Herstellung bereitete den Lehrerinnen teils wegen Mangels an weißem Stoff, teils wegen der komplizierten Fahnengestaltung nicht geringe Schwierigkeiten. Man behalf sich, indem man die weiße Farbe z. T. durch einen Maler aufmalen ließ. Direktor Konrad Herle vom Wirtschafts- und Beschaffungsamt äußerte in einem Bericht vom 16. Juni an den kommissarischen Bürgermeister Heinrich seine Bedenken über dieses Verfahren: *„Ob die amerikanische Besatzungsbehörde auch künftighin mit der Herstellung der Sterne durch Farbe sich einverstanden erklärt, muß abgewartet werden."*

## Notschulräume für Volksschulen in Gasthäusern

Die ersten, von der amerikanischen Militärregierung wieder zugelassenen Schulen waren die Volksschulen. Ihre Wiedereröffnung, zumindest für die unteren vier Klassen, forderte die Besatzungsmacht zum 15. September 1945. Als dem – damals noch so genannten – badischen Ministerium des Kultus und Unterrichts verschiedentlich gemeldet wurde, der Termin könne wegen des Mangels an Lehrern bzw. Schulraum nicht eingehalten werden, machte das Ministerum die Oberbürgermeister der Städte Karlsruhe, Pforzheim und Bruchsal mit Schreiben vom 15. August darauf aufmerksam, die Militärregierung *„hat uns wissen lassen, daß sie gewillt ist...gegen ein Versäumnis des Termins strafend einzuschreiten"*.[7]

Gleichwohl setzte die Stadt Karlsruhe durch, daß der Termin für die Wiedereröffnung der Volksschulen um zwei Wochen verschoben wurde. Die Bekanntgabe erfolgte durch Anschlag, in den Vororten außerdem durch die Ortsschelle und schließlich durch einen Aufruf in der „Military Government Gazette", dem Amtsblatt der Militärregierung, vom 27. September. Danach mußten sich die Schüler der Klassen V bis VIII am 1. Oktober um 8 Uhr, jene der Klassen II bis IV um 10 Uhr in den Schulhäusern „zur Erfassung" einfinden. Angemeldet wurden an diesem 1. Oktober 12910 Volksschüler[8], eine Zahl, die sich allerdings mit der anhaltenden Rückkehr weiterer Evakuierter ständig erhöhte.

Von insgesamt 35 Schulgebäuden des Volks-, Haupt- und Sonderschulbereichs waren neun große Häuser total zerstört: Die Karl-Wilhelm-Schule, die Schillerschule, die Schule an der Gartenstraße, die Uhlandschule I, die Hans-Thoma-Schule II, die Gutenbergschule II sowie die Schulen in Bulach, Beiertheim und Grünwinkel. Fast alle übrigen Schulen waren so stark beschädigt, daß ein Unterricht zunächst nicht möglich war. Tatsächlich konnte der Unterricht nur in 19 Schulhäusern aufgenommen werden, da und dort jedoch erst, weil Bewohner der betreffenden Stadtteile die Gebäude in freiwilligem Arbeitseinsatz gesäubert und benutzbar gemacht hatten. In Beiertheim und Bulach wurden in zwei Gasthäusern Notschulräume eingerichtet. In fast allen der genannten 19 Gebäude stand jedoch trotz eilig vorgenommener Reparaturen nur ein Teil der Klassenzimmer zur Verfügung.

In diesem Zusammenhang ist eine Bilanz der „Kriegsverluste" an Schulräumen in Karlsruhe aufschlußreich. Von 477 Klassenzimmern in Volksschulen waren nach Kriegsende nur 176 benutzbar. 187 Klassenräume waren zu über 50 Prozent, 114 unter 50 Prozent zerstört, jedoch nicht benutzbar. Von 152 Klassenräumen der Höheren Schulen waren nur noch 77 intakt, von 37 Klassenzimmern der Handelsschulen nur 22. Am

***Durch Plakatanschlag werden die Namen von über 500 entlassenen Karlsruher Lehrern, Direktoren und Professoren bekanntgegeben.***

glimpflichsten davongekommen waren die Gewerbeschulen am Lidellplatz bzw. in Durlach, in denen von 64 Klassenräumen nur 15 ganz oder teilzerstört waren, während es die Hauswirtschaftliche Berufsschule am schwersten getroffen hatte: Nur zwei von 21 Klassenzimmern waren noch benutzbar! Im Bereich der Sonder-Unterrichtsräume war das Verhältnis das gleiche. Ganz schlimm sah es bei den Turnhallen aus: Von 25 Turnhallen (19 an Volks- und sechs an Höheren Schulen) waren nur fünf heil geblieben.[9]
Im Munzschen Konservatorium (dem späteren Sitz des Kammertheaters) an der Waldstraße, einem der wenigen intakten Säle innerhalb der Stadt, fand aus Anlaß der Wiedereröffnung der Volksschulen am 1. Oktober eine Feier statt, bei der Oberst Sottong, der Chef der Militärregierung für den Landeskommissariatsbezirk Karlsruhe, seiner Genugtuung darüber Ausdruck gab, daß *„die Fesseln eines von Nazis beherrschten Erziehungssystems beseitigt* [sind]*"*.[10] Für die Karlsruher Lehrerschaft versicherte Schulrat Heß, den die Amerikaner wenige Wochen später für den Bereich Jugenderziehung in Karlsruhe zum *„rechtmäßig eingesetzten und beauftragten Vertreter"*[11] ernannten, die Lehrerschaft werde *„ihre Ehre darein setzen, der Humanitas zu dienen"*. Nur zehn Tage später, am 10. Oktober, wurde, in Fortsetzung des 1933 aufgelösten badischen Lehrervereins, eine „Lehrervereinigung" gegründet. Einberufer zur Gründungsversammlung waren der nach zwölfjähriger Ausschaltung aus dem Schuldienst an die Spitze des badischen Volksschulwesens berufene Alois Kimmelmann, der noch im Herbst 1945 zum Ministerialrat ernannt wurde, und der Leiter des Stadtschulamtes, Karl Heß.[12]

### Statt 550 nur 113 Lehrer

Ein vordergründig ungleich dringlicheres Problem, als der Schule einen neuen Geist zu vermitteln, war es, den Unterricht überhaupt wieder in Gang zu bringen. In den 176 benutzbaren Schulräumen mußten 349 Klassen untergebracht werden.[13] Nachdem die amerikanische Militärregierung den überwiegenden Teil der Karlsruher Lehrer wegen Zugehörigkeit zur NSDAP oder einer ihrer Gliederungen entlassen hatte, standen bei Schulbeginn nur noch 178 Lehrkräfte zur Verfügung, unter ihnen eine größere Anzahl sogenannter „Schulhelfer", die gerade einen vierwöchigen Ausbildungslehrgang absolviert hatten (vgl. „Schnellkurse an der Lehrerbildungsanstalt"). Für 65 von ihnen wurde die Zulassung nachträglich zurückgezogen, so daß die genannten 349 Klassen ab 17. Oktober von 113 Lehrern (gegenüber 550 vor dem Krieg) unterrichtet werden mußten. Jeder Lehrer hatte im Durchschnitt drei Klassen zu unterrichten, doch kam es vor, daß ein Lehrer auch vier, ja fünf Klassen betreuen mußte. Die den Lehrern gestellte Aufgabe war unter diesen Umständen nur dadurch zu bewältigen, daß der Unterricht je Klasse auf wöchentlich 7-9 Stunden beschränkt wurde, verteilt auf drei Tage in der Woche. Der Mangel an Klassenzimmern machte es außerdem an den meisten Schulen notwendig, Unterricht auch in den Mittagsstunden und abends bis 18 Uhr einzuplanen.
An einen normalen Unterricht war – auch angesichts der Tatsache, daß eine Klasse zwischen 40 bis 50, ja bis zu 60 Schüler zählte – nicht zu denken. Der damalige Rektor der Uhlandschule, Otto Hanser (*1892), verwies in einem Bericht über die Verhältnisse an den Karlsruher Volksschulen im Schuljahr 1945/46 auf weitere Tatsachen: *„Erschwerend kommt* (außer dem Mangel an Lehrkräften; d. Verf.) *hinzu, daß alles, was zum Unterricht benötigt wird, gar nicht oder nur in ganz unzureichenden Mengen vorhanden ist. Es fehlt aber vor allem an Heften und Federn. Das Papier der wenigen Hefte ist so schlecht, daß die Kinder kaum darauf schreiben können. Weiterhin fehlt es an geeigneten Lehrbüchern. Die für die Schulanfänger gelieferte Fibel ist völlig unbrauchbar. Eine auf un-*

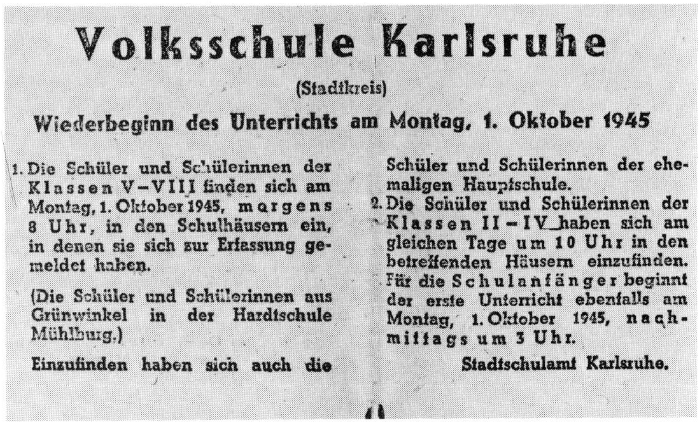
**Volksschule Karlsruhe**

(Stadtkreis)

**Wiederbeginn des Unterrichts am Montag, 1. Oktober 1945**

1. Die Schüler und Schülerinnen der Klassen V–VIII finden sich am Montag, 1. Oktober 1945, morgens 8 Uhr, in den Schulhäusern ein, in denen sie sich zur Erfassung gemeldet haben.

(Die Schüler und Schülerinnen aus Grünwinkel in der Hardtschule Mühlburg.)

Einzufinden haben sich auch die Schüler und Schülerinnen der ehemaligen Hauptschule.

2. Die Schüler und Schülerinnen der Klassen II–IV haben sich am gleichen Tage um 10 Uhr in den betreffenden Häusern einzufinden. Für die Schulanfänger beginnt der erste Unterricht ebenfalls am Montag, 1. Oktober 1945, nachmittags um 3 Uhr.

Stadtschulamt Karlsruhe.

***Nach einjähriger Zwangspause öffnen die Volksschulen wieder ihre Tore. Eine Bekanntmachung in der „Military Government Gazette".***

*sere Verhältnisse zugeschnittene Fibel ist längt druckfertig, es fehlt aber das notwendige Papier."*[14] Hanser in einer späteren Rückerinnerung an jene Zeit: *„Erst allmählich gelang es, den Schulkarren in eine, wenn auch langsame Fahrt zu bringen. So standen wir frierend in Mänteln vor den Schülern und versuchten, ihnen wenigsten die elementaren Grundkenntnisse beizubringen."*[15]
Krankheit, Unterernährung, mangelnde Kleidung und fehlendes Schuhwerk führten zu vielen Schulversäumnissen. Otto Hanser zitiert den Brief einer Mutter, in dem es heißt: *„Wie Sie wissen, fehlt mein Sohn nun schon drei Tage. Ich muß Ihnen gestehen, daß wir bereits seit acht Tagen weder einen Bissen Brot noch ein Flöckchen Fett haben. Der Junge ist stark im Wachsen begriffen und tut mir so leid, wenn er klagt: ‚Mutter ich habe so Kopfweh, Mutter ich habe so Hunger'. Ich werde trotzdem bestrebt sein, meinen Sohn bis Montag wieder zur Schule zu schicken, wenn ich Gelegenheit habe, der ganzen Familie wieder eine Mahlzeit vorzusetzen, die mit Fett zubereitet ist."*[16]
Beängstigend war das Ergebnis ärztlicher Untersuchungen von Volksschülern. Als Beispiel nachstehend Zahlen der Uhlandschule in der Südstadt: Von 801 untersuchten Kindern dieser Schule erhielten 509 das Prädikat „schlecht", 41 die Note „kaum ausreichend", 200 die Note „ausreichend" und nur 51 das Prädikat „gut". Bezogen lediglich auf die vier unteren Jahrgänge war das Bild noch erschreckender: Von 468 Kindern dieser Altersgruppe wurde der Gesundheitszustand bei 344 als „schlecht" bei 23 Kindern als „kaum ausreichend" befunden.[17]
Angesichts der in jeder Hinsicht völlig unzulänglichen Voraussetzungen für einen geordneten und erfolgreichen Schulbetrieb empfanden es verantwortungsbewußte Lehrer als Erleichterung, als am 15. Dezember wegen Mangel an Heizmaterial alle Karlsruher Volksschulen geschlossen werden mußten. Erst am 29. Januar 1946 wurden sie wieder geöffnet.[18]

## „Combined High School of Karlsruhe"

Nachdem Anfang Oktober unter enormen Schwierigkeiten der Unterrichtsbetrieb an den Volksschulen wieder in Gang gekommen war, forderte die Militärregierung auch die Wiedereröffnung der Höheren Schulen. So nachhaltig die Amerikaner gemäß ihrer selbstgestellten missionarischen Aufgabe, das deutsche Volk umerziehen zu müssen, in den Schulbetrieb einzugreifen versuchten, *„so scheiterten sie doch schnell an der über die Katastrophe hinaus wirkenden Kraft einer schulischen Tradition, die eineinhalb Jahrhunderte lang ihr Bestes aus dem idealistischen Geist der Klassik gezogen hatte".*[1] So jedenfalls bewertete Oberstudiendirektor Dr. Bertold Sütterlin, der spätere Chef des Markgrafengymnasiums Durlach, die damalige Situation.
Der – letztlich erfolgreiche – Widerstand Karlsruher Lehrer an Höheren Schulen gegen eine von der Militärregierung gewünschte Übernahme des amerikanischen Unterrichtssystems wird auch von dem im Herbst 1945 zum Leiter der Goetheschule ernannten Prof. Joseph Dolland (*1883) bestätigt. Nachdem Stadtkommandant Pullen ihn eines Tages nach Heidelberg „geschleppt" hatte, um ihm dort „live" den amerikanischen Schulbetrieb vorzuführen, erklärte Dolland auf der Rückfahrt in aller Offenheit, er sei keineswegs beeindruckt. Schon eine zu Ende der 20er Jahre zum Studium der Verhältnisse an amerikanischen Schulen unternommene Reise habe ihm kaum positive Erfahrungen vermittelt.[2] Das Ergebnis solcher und vermutlich zahlreicher ähnlicher Bemerkungen mündete ein in die Entscheidung, daß die drei bewährten Formen Höherer Schulen, wie sie noch bis in die Anfangsjahre des „Dritten Reichs" bestanden, wiedereingeführt wurden: das humanistische Gymnasium, die neusprachliche und die mathematisch-naturwissenschaftliche Oberschule, ein Terzett, das am Durlacher Markgrafen-Realgymnasium sogar nebeneinander vereinigt war.
Vorerst nannten sich die Höheren Lehranstalten, vom Bismarckgymnasium abgesehen, noch „Schule", also Goethe-

schule usw., und ungleich schwieriger als die inhaltliche Gestaltung des Lehrplans waren zunächst auch hier die räumlichen und personellen Verhältnisse. Die Goetheschule war total zerstört, die Lessingschule zum Krankenhaus verwandelt. Die Helmholtzschule aber war schon kurz nach Kriegsende als Durchgangslager für sogenannte „Rückwanderer" eingerichtet, für Evakuierte, die auf dem Weg vom Schwarzwald und dem Bodensee nach dem Rheinland und ins Ruhrgebiet in Karlsruhe Station machten. Bis zu 1200 Evakuierte waren in der Helmholtzschule gleichzeitig untergebracht.[3] Das Gymnasium, die Kantschule und das Markgrafen-Realgymnasium waren durch Bombenangriffe mehr oder minder stark beschädigt. Auch die Fichteschule, wie die Lessingschule eine Höhere Lehranstalt für Mädchen, war stark beschädigt.
Nach den Vorstellungen von Prof. Dr. Franz Schnabel, dem Landesdirektor für Kultus und Unterricht, sollte der Unterricht an den Höheren Schulen der Stadt Karlsruhe zum 1. November 1945 wiederaufgenommen werden.[4] Schnabel forderte die Stadt auf, als Voraussetzung hierzu das Durchgangslager Helmholtzschule zu verlegen und die Gebäude des Bismarckgymnasiums sowie der Kantschule beschleunigt instandzusetzen. Oberbürgermeister Veit beantwortete diese Weisung mit der Feststellung, zum vorgesehenen Termin sei der Unterricht an keiner dieser drei Schulen möglich.
Tatsächlich konnte mit dem Unterricht an den Höheren Lehranstalten erst in der zweiten Dezemberhälfte begonnen werden. Aus Mangel an zugelassenen Lehrkräften und intakten Schulgebäuden, aber auch aus Mangel an Brennmaterial wurden die vier höheren Knabenschulen – das Gymnasium, die Helmholtzschule, die Goetheschule und die Kantschule – räumlich zunächst vereinigt.[5] Sie wurden untergebracht im Gebäude der Helmholtzschule, nachdem dort immerhin sieben Räume des Durchgangslagers für schulische Zwecke freigemacht waren. Die Amerikaner gaben dieser Schule die Bezeichnung „Combined High School of Karlsruhe".[6] „Kombiniert" war allerdings nur der Unterrichtsbetrieb der Helmholtz- und der Goetheschule. Sowohl das Gymnasium, dessen Bibliothek die Stadtverwaltung übrigens im Mai in zwei beschlagnahmten Räumen der Wohnung von Prof. Franz Stolz in der Bunsenstraße sichergestellt hatte,[7] als auch die Kantschule führten den Unterrichtsbetrieb in eigener Regie. Mit der Leitung der vereinigten Helmholtz- und Goetheschule war Joseph Dolland beauftragt worden.[8]

## Stufenweiser Wiederbeginn des Unterrichts

Der Unterricht für Jungen in der Helmholtzschule, aber auch jener für Mädchen an der Fichteschule, in der zugleich die Lessingschule untergekommen war, wurde am 17. Dezember aufgenommen.[9] Einen Tag später, am 18. Dezember, eröffnete auch das Durlacher Realgymnasium seine Pforten.[10] Zum Unterricht einberufen wurden gemäß Weisung des Landesdirektors für Kultus und Unterricht zunächst nur Schüler der Unter- und Oberprima, bei den Jungen so gut wie ausschließlich Kriegsteilnehmer. Unterricht gab es bis auf weiteres nur in den Kernfächern sowie in Religion. An der vereinigten Helmholtz-Goetheschule beispielsweise erteilten insgesamt sieben Lehrer je vier Wochenstunden Unterricht in Deutsch, Englisch, Mathematik und Latein, je zwei Stunden in Religion und Physik.[11]
Nach und nach, entsprechend dem Grad der Instandsetzung weiterer Schulräume und der Zulassung einiger zunächst gesperrter Lehrkräfte durch die Amerikaner, wurde der Unterricht im Laufe des Winters 1945/46 – in der Reihenfolge Obersekunda bis Quinta – auch für die übrigen Altersstufen eröffnet, im Frühjahr 1946 auch für die neu eintretenden Sextaner.
Für eine Reihe von Schülern des Bismarckgymnasiums, mit dessen Leitung Prof. Dr. Oskar Blank beauftragt wurde, hatte der Unterricht inoffiziell schon lange vor dem genannten Termin begonnen. Der Religionslehrer Prof. Joseph Fluck sowie Prof. Albin Heidelberger waren es, die im Josephshaus in der Südstadt bzw. in Heidelbergers Wohnung ab Herbst 1945 für einige Schülergruppen privat in Latein Unterricht gaben.[12] Mit der Instandsetzung einiger Schulräume des bei dem Angriff am 27. September 1944 schwer getroffenen Gymnasiumsgebäudes an der Bismarckstraße war zwar schon im Herbst 1945 begonnen worden, doch war der Unterricht im „eigenen" Haus erst im Spätwinter 1945/46 möglich. Der – vornehmlich als Folge der Entnazifizierungsmaßnahmen – allenthalben spürbare Lehrermangel hatte im Falle des Bismarckgymnasiums eine zusätzliche Ursache. Nach einem Bericht von Prof. Dr. Karl Vivell waren mehrere Lehrer teils als Dolmetscher in der Unterrichtsverwaltung, teils zur Ausbildung des Lehrernachwuchses sowie in Vorsemesterkursen an der Technischen Hochschule eingesetzt.[13]
Lehrer und Schüler der in den oberen Stockwerken zum Skelett ausgeglühten Goetheschule waren zufrieden, in der Helm-

holtzschule eine Unterkunft gefunden zu haben. Zunächst mit der gemeinsamen Leitung beider Schulen beauftragt, war der bald als endgültig bestätigte Direktor Joseph Dolland froh, als mit dem Freiwerden weiterer Räume im Gelände der Helmholtzschule und mit dem Hinzukommen einiger Lehrkräfte die Möglichkeit bestand, die übergroßen Klassen und damit die beiden Anstalten verwaltungsmäßig zu trennen. Karl Broßmer wurde zum Direktor der Helmholtzschule eingesetzt. Das Nebeneinander von zwei Direktoren funktionierte allerdings nicht reibungslos. Hausherr Broßmer, der sich der Raumnot wegen mit Dolland das Direktorenzimmer teilen mußte, mutete diesem zu, sich eine nicht benötigte Abortanlage als Dienstzimmer einrichten zu lassen. *„Dann gehe ich lieber zu den Affen"*, versicherte Dolland und richtete im Naturalienkabinett eine Ecke für sich ein.[14]

Als der Platz für die ständig zunehmende Schülerzahl nicht ausreichte, wurden einige Klassen der Goetheschule in die Gewerbeschule ausgelagert. Die Zwangsehe von Goethe- und Helmholtzschule im gleichen Haus sollte allerdings noch Jahre andauern. Erste Klassen der Goetheschule konnten im Jahre 1949, die gesamte Schule im Jahr 1950 ins Traditionsgebäude der Anstalt am Schmiederplatz zurückkehren. Der Hausmeister Josef Emmerich, der die erhalten gebliebenen wertvollen Sammlungen im Sommer 1945 persönlich vor Plünderungen und das Gebäude mit der Durchbohrung von vier Decken zum Ableiten des Regenwassers, Regenablaufrinnen und wetterfestem Anstrich vor dem Verfall geschützt hatte, wurde später mit der Bundesverdienstmedaille geehrt.

*„Eine nicht immer leichte Frage war die Eingliederung der ehemaligen Wehrmachtsangehörigen. Nach Lebensalter und früherer Klassenzugehörigkeit waren sie recht ungleich, und ebenso verschieden waren die Klassenstufen und Zeugnismodalitäten, mit denen sie die Schule verlassen hatten. Mehrfach war auch zu prüfen, ob der Bewerber für eine obere Klasse überhaupt noch zum Schulbesuch verpflichtet war. Ein Erlaß des Unterrichtsministeriums... klärte diesen ganzen Sachverhalt. Danach waren ehemalige Schüler mit Reifevermerk oder Reifezeugnis, das nach 1942 erteilt worden war, in die Oberprima aufzunehmen und in den zwei sprachlichen Fächern zu unterrichten, die sie im letzten Jahr betrieben hatten... Schüler, die bei ihrem Weggang zur Wehrmacht den Vorsemestervermerk erhalten hatten, traten jetzt in die nächsthöhere Klasse über. Alle übrigen Schüler sollten in der Klasse verbleiben, in der sie im Schuljahr 1944/45 waren."*

Aus dem Bericht „1945/46 – Die Wiedereröffnung der Schule" (Archiv Helmholtz-Gymnasium)

## Turnlehrer erteilt Latein-Unterricht

Hauptsächlich in Eigenarbeit, wobei auch hier dem Hausmeister das Hauptverdienst zukam, hatten zurückgekehrte Lehrkräfte die teilzerstörte Kantschule in den Sommer- und Herbstmonaten soweit hergerichtet, daß der Unterricht nach kurzem Gastaufenthalt in der Helmholtzschule wieder im eigenen Haus aufgenommen werden konnte. Oberstudienrat Dr. Oskar Kohler (*1902) über das Engagement der Lehrerschaft: *„Sie* (eine Gruppe von acht bis zehn Lehrern; d. Verf.) *machten Dackdeckerarbeiten, dichteten Fenster ab, setzten Türen ein, entfernten Schutt und Trümmerstücke."*[15] In der Turnhalle stapelten sich zu jener Zeit meterhoch Möbel, die ausgebombte Oststädter noch aus ihren Wohnungen hatten bergen können. Oberstudienrat a. D. Erwin Volk (*1898), seit Mitte der 20er Jahre Lehrer an der Kantschule, über die damaligen Verhältnisse an seiner Schule: *„Die geringe Zahl von Lehrern machte es notwendig, daß mancher unter ihnen in völlig ‚fremden' Fächern unterrichtete. Ich selbst mußte beispielsweise Latein, Mathematik und Deutsch geben, da meine Fächer – Turnen, Biologie und Erdkunde – anfangs nicht gefragt waren."*[16] Dr. Rudolph Raab, der älteste aus dem Kollegium, übernahm als politisch Unbelasteter die Leitung der Schule und wurde später von der Militärregierung als deren Direktor bestätigt. *„Jede Woche"*, so Erwin Volk zur Überwachung der Lehrerschaft durch die amerikanische Militärregierung, *„mußte auf Weisung der Amerikaner an gut sichtbarer Stelle ein Verzeichnis der an der Schule tätigen Lehrer angebracht werden, in dem die politische Laufbahn jedes einzelnen klar aufgezeichnet werden mußte."*[17] Wie anderwärts wurden auch an der Kantschule zunächst die entlassenen Kriegsgefangenen in die Schule aufgenommen, zu Kriegsteilnehmerkursen zusammengefaßt und nach einem besonderen Lehrplan zum Abitur geführt.

Die Initiative, den Unterricht an den Höheren Schulen der

Stadt so bald wie möglich wiederaufzunehmen, war vom damaligen Realgymnasium Durlach ausgegangen. Im Jahresbericht dieser Schule 1945/46 ist jedenfalls festgehalten, daß im August 1945 – vermutlich von dem zum Anstaltsleiter ernannten Direktor Rudolf Imgraben – der Antrag an das damalige badische Ministerium des Kultus und Unterricht gestellt wurde, *„mit unbelasteten Lehrern"* baldigst einen Notunterricht aufzunehmen, ein Antrag, dem die anderen Höheren Schulen der Stadt danach gefolgt seien. Der Durlacher Vorstoß erfolgte, nachdem die französischen Truppen als Folge des Besatzungswechsels das Gebäude geräumt hatten, das Schulhaus frei und durch Lehrkräfte *„in mühevoller Arbeit instandgesetzt"* war. Der Behauptung in dem genannten Jahresbericht, das Kantgymnasium sei *„aus Mangel an Räumen"* in der Durlacher Anstalt zunächst *„zu Gast"* gewesen, widerspricht sowohl Oberstudienrat a. D. Volk von der damaligen Kantschule als auch Oberstudienrätin a. D. Maria Wettling (*1906), die dem Lehrkörper der Durlacher Anstalt seit Dezember 1945 angehörte. Maria Wettling, mit damals 39 Jahren die jüngste von sieben Lehrern am Realgymnasium Durlach – die übrigen waren alle über 60 Jahre alt –, erinnert sich darüberhinaus: *„So arbeitswillige und lernbegierige Schüler wie jene Oberprimaner, die fast ausschließlich Kriegsteilnehmer waren, habe ich nie wieder erlebt."*[18] Sie seien zwar häufig zum Fenster in die Klasse hereingekommen statt durch die Tür, doch daran habe sich niemand gestört…

## „Schönes gemeinsames Arbeiten"

Schwierigkeiten, wie sie gelegentlich an der Helmholtz-Goethe-Doppelschule auftraten, sind von dem „Zwilling" der Höheren Mädchenschule, der Fichte- und Lessingschule, nicht bekannt. Zum einen hatten die beiden Mädchenschulen „Übung" im Zusammenleben unter einem Dach: Nach dem ersten schweren Angriff auf Karlsruhe in der Nacht vom 3./4. September 1942, bei dem das 4. Stockwerk der Lessingschule ausbrannte – zwei weitere Geschosse waren vom Luftschutz-Sicherheitsdienst belegt –, war die Lessingschule in die Fichteschule übergesiedelt. Was die Angehörigen beider Schulen möglicherweise zusätzlich verband, war das – im Herbst 1945 ein Jahr zurückliegende Erlebnis des gemeinsamen, angesichts häufiger Jabo-Angriffe nicht ungefährlichen

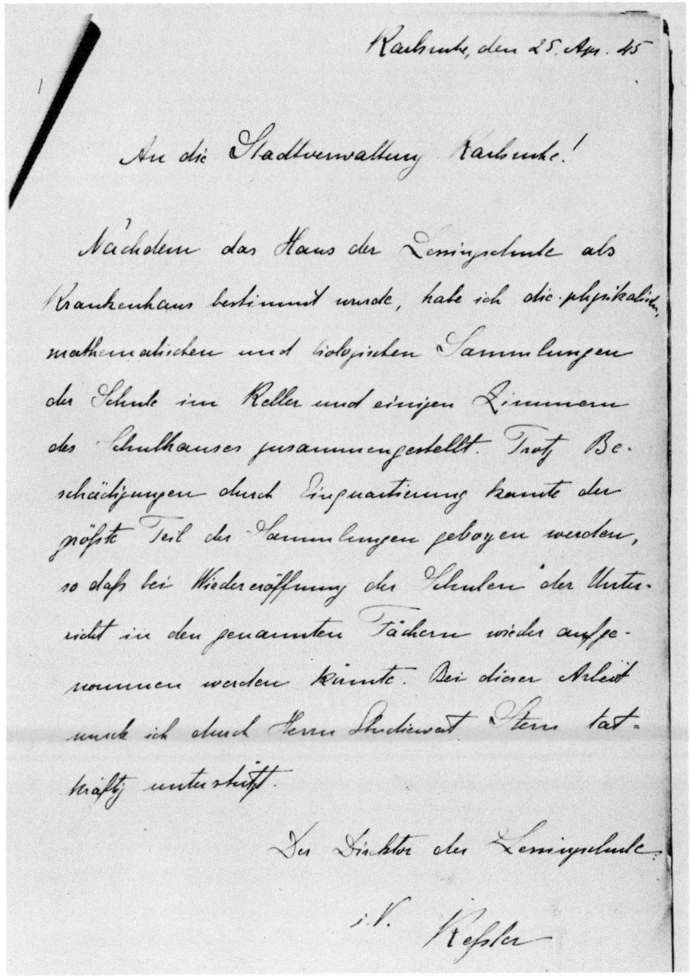

Karlsruhe, den 25. Apr. 45

An die Stadtverwaltung Karlsruhe!

Nachdem das Haus der Lessingschule als Krankenhaus bestimmt wurde, habe ich die physikalisch mathematischen und biologischen Sammlungen der Schule im Keller und einigen Zimmern des Schulhauses zusammengestellt. Trotz Beschädigungen durch Einquartierung konnte der größte Teil der Sammlungen geborgen werden, so daß bei Wiedereröffnung der Schulen der Unterricht in den genannten Fächern wieder aufgenommen werden könnte. Bei dieser Arbeit wurde ich durch Herrn Studienrat Stern tatkräftig unterstützt.

Der Direktor der Lessingschule

i.V. Keßler

Schanzeinsatzes, zu dem Lehrer und Lehrerinnen beider Schulen samt den über 15jährigen Schülerinnen eine Zeitlang in die Rheinniederung westlich Forchheim und Mörsch gefahren worden waren (s. auch „Aktion ‚Maulwurf' und Volkssturm").
Nach dem Einsatz im Stellungsbau und den schweren Angriffen vom September und Dezember 1944 hatte es auch an den

***Prof. Albert Keßler, gegen Ende des Jahres Vorsitzender der Konferenz der Direktoren an den Höheren Schulen, meldete der Stadtverwaltung im April die Bergung der Sammlungen in der Lessingschule.***

Höheren Schulen keinen Unterricht mehr gegeben. Johanna Schlechter (*1894), damals als Professorin an der Lessingschule (später Direktorin des Fichtegymnasiums und als solche die erste Frau, die in Nordbaden eine Höhere Schule leitete), hatte, selbst ausgebombt, im Pfarrhaus Burbach eine Unterkunft gefunden. Hier, aber auch in Marxzell, Pfaffenrot und Frauenalb, bisweilen mit Skiern unterwegs, gab Frau Schlechter insgesamt 24 Schülern Unterricht, darunter einigen aus ihrer Schule. Diese Tätigkeit war von ihr als Kriegseinsatz beantragt (Dr. Schlechter: *„Arbeit in einer Munitionsfabrik hätte ich aus Gewissensgründen verweigern müssen"*) und vom Kultusministerium überraschend auch anerkannt worden.[19]

Von der Kultusverwaltung vorgeschlagen und von der Militärregierung bestätigt, hatte im Herbst 1945 Studiendirektor Wilhelm Baumann die Fichteschule, Prof. Albert Keßler die Leitung der Lessingschule übernommen.[20] Keßler wurde von seinen Kollegen sogleich zum Vorsitzenden der Konferenz der Direktoren an den Höheren Schulen gewählt.[21] Angesichts der Belegung der Lessingschule durch die Krankenanstalten lag es nahe, beide Schulen wie bisher im Anwesen Fichteschule unterzubringen. Die Raumnot an dieser Schule war jedoch so groß, daß vor Weihnachten nur die Oberprimen zum Unterricht einberufen werden konnten. Die Enge hatte ihren Grund in den starken Kriegsschäden: Das Rückgebäude des Fichtegymnasiums war eine einzige Ruine, während das erheblich in Mitleidenschaft gezogene Vordergebäude erst nach provisorischer Instandsetzung Schritt für Schritt benutzbar war. Erst der Auszug der Krankenanstalten aus der Lessingschule und die Zurückverwandlung des Schulgebäudes vom Hilfskrankenhaus zur Schule im April 1946 schaffte Luft.

Der von den Lehrern aller Höheren Schulen Karlsruhes gerühmte Lerneifer der ersten Schülergenerationen nach dem Krieg war auch an den beiden Mädchen-Oberschulen zu finden. Dr. Johanna Schlechter über die Primanerinnen an der Lessingschule: *„Es war ein schönes, gemeinsames Arbeiten."*[22] Dr. Luise Wacker (*1898) von der Fichteschule, später Studiendirektorin: *„Es war eine Freude, mit diesen Schülerinnen zu arbeiten."*[23]

Ein weiteres Merkmal jener Zeit war die vergleichsweise große Disziplin, der sich im Falle der Knaben-Oberschulen auch die ehemaligen Soldaten willig einordneten. Als sich, als Ausnahme von dieser Regel, ein Oberprimaner der Goetheschule, ein früherer Hauptmann der Wehrmacht, partout nicht an das Rauchverbot halten wollte, hieß ihn der Direktor schließlich seine Bücher packen und nach Hause gehen. Dolland: *„Nach 14 Tagen kam er reuevoll zurück und befolgte von da an das Rauchverbot."*[24]

Zu erwähnen bliebe, daß es bis auf weiteres an keiner Schule Geschichtsunterricht gab. Der Name „Hitler" oder die Bezeichnung „Drittes Reich", so Dolland, wurden auch im übrigen Unterricht ausgespart, als habe es diesen Namen oder Begriff nie gegeben.[25]

### Gewerbelehrer arbeiten für 90 Pfennig Stundenlohn

Als letzte unter den Karlsruhern Schulrichtungen konnten die Gewerbe- und die Handelsschulen den Unterricht wieder aufnehmen. Das imposante Gebäude der Gewerbeschule am Lidellplatz war durch Bombenangriffe zwar beschädigt, doch nicht so stark, daß nicht der größere Teil der Räume während der französischen Besatzungszeit als Truppenunterkunft hätte dienen können. Der von den Franzosen als Beauftragter für das Gewerbeschulwesen eingesetzte Studienrat Dipl.-Ing. Ebert machte sich schon im Juni 1945 mit sieben Lehrern – bei einem Stundenlohn von 90 Pfennigen – an die Aufräumungs- und an erste Instandsetzungsarbeiten.[26] Auf diese Weise gelang es, mit dem Unterricht an der Gewerbeschule im Januar 1946 wieder zu beginnen. Der Entnazifizierung wegen waren Lehrer auch hier Mangelware. Andererseits waren Gewerbeschüler besonders willkommene Kräfte, um den Wiederaufbau fortzusetzen. Der praktische Unterricht der Bauklassen einschließlich der praktischen Prüfungen konzentrierte sich ausschließlich auf das „Objekt" Gewerbeschule.

Nicht nur der Teilzerstörung des Gebäudes wegen – das 4. Stockwerk war bei einem Luftangriff im Jahr 1944 ausgebrannt –, sondern auch wegen eines Zugriffs der amerikanischen Militärregierung auf das Inventar war der Wiederbeginn des Unterrichts an der Gewerbeschule Durlach längere Zeit behindert. Diese Anstalt hatte, wie Studienrat Heinrich Bosch dem Hochbauamt schon unterm 10. August 1945 meldete, dadurch einen Verlust erlitten, daß eine im Physiksaal aufgestellte Orgel aus dem Besitz der früheren Orgelbauanstalt Voith während der französischen Besatzungszeit *„von den im Schulhaus einquartierten Soldaten derartig mißhandelt* [wurde]...*sodaß diese nicht mehr reparierbar"* war".[27] Mit Zustimmung der Stadt wurden die Orgeltrümmer der Orgelbauanstalt Carl Hesse zum Preis von 200 RM verkauft. Nach dem Besatzungswechsel im Juli luden Angehörige der 160th Division Artillery Information and Education School 115 Stühle, 28 lange und sieben kleine Tische, vier Schultafeln und 25 Reißbretter aus der Durlacher Gewerbeschule auf Lastwagen und verbrachten sie nach Bretten (wo sie sich trotz Intervention von Oberbürgermeister Veit Mitte Januar 1946 noch immer befanden).[28] Der ursprünglich für den 1. November vorgesehene Unterrichtsbeginn der Durlacher Gewerbeschule verschob sich aus diesem Grund ins erste Quartal des darauffolgenden Jahres.

## Jugendkurse an der Handelsschule

Oberstudiendirektor Engelbert Bohn, unter Kultusminister Professor Dr. Willy Hellpach in den 20er Jahren der legendäre Begründer der Wirtschaftsschulen in Deutschland und Vorkämpfer der Wirtschaftsgymnasien, war seit der Zerstörung des Gebäudes der Handelslehranstalt I am Zirkel 22 sowie der Gebäude Gartenstraße 47 und Kriegsstraße 118 der Handelslehranstalt II ab Ende 1944 Leiter der an der Kriegsstraße zentrierten „Vereinigten Handelslehranstalten Karlsruhe". Als „Hauptbeauftragter für die Verwaltung des Schulwesens"[29] kümmerte er sich ab Mai 1945 verständlicherweise nicht zuletzt um die Handelsschulen, ein Bereich, der ihm ohnehin gesondert anvertraut war. Das benutzbar gebliebene Gebäude Kriegsstraße 120 war allerdings schon unmittelbar nach dem Einmarsch der Franzosen durch amerikanische Truppen belegt worden – frühzeitige US-Präsenz in einer Stadt, die sich die Amerikaner ihrem Besatzungsgebiet einzuverleiben trachteten. Nach der Freigabe des Gebäudes legten die zurückkehrenden Lehrer auch hier bei Instandsetzungsarbeiten selbst Hand an und schufen so die Voraussetzung für die Wiederaufnahme des Unterrichts.
Als Vorstufe eines geordneten Schulbetriebs an den Handelsschulen waren Jugendkurse in Stenographie, Maschinenschreiben und Fremdsprachen zu betrachten, die für die überwiegend beschäftigungslosen Jugendlichen im November 1945 eingerichtet wurden. An 26 solchen Kursen nahmen nicht weniger als 600 Jugendliche teil. Am 21. Januar 1946 konnte dann zunächst der Unterricht für die Primen der Wirtschaftsoberschule, einen Monat später jener für zwei Obersekunden und fünf Klassen der kaufmännischen Berufschulen aufgenommen werden. Der Raum- und Lehrermangel machte es allerdings notwendig, den Unterricht auf 16-20 Wochenstunden zu beschränken und den Unterricht in drei bis vier Schichten durchzuführen.

***Bei einem Luftangriff schwer getroffen wurden das Durlacher Markgrafen-Gymnasium und die im gleichen Gebäude untergebrachte Gewerbeschule.***

# Schnellkurse an der Lehrerbildungsanstalt

## Staatstechnikum, Musikhochschule und Kunsthochschule vor und nach dem Zusammenbruch

Das Gebäude der Lehrerbildungsanstalt Karlsruhe an der Bismarckstraße, an der in den letzten Kriegsjahren vorwiegend weibliche Studierende sowie Kriegsversehrte oder wehrdienstunfähige männliche Studenten immatrikuliert waren – unter ihnen auch eine namhafte Zahl von Elsässern –, war am 27. September 1944 in Flammen aufgegangen. Lehrpersonal samt Studenten setzten sich daraufhin mit dem wenigen, was noch gerettet werden konnte, nach der Lehrerbildungsanstalt Bad Peterstal ab. Dort wurde schon am 9. Oktober der Lehrbetrieb wieder aufgenommen.[1] Das Gastspiel des Karlsruher Instituts im hinteren Renchtal war jedoch nur von kurzer Dauer. Am 20. Oktober folgte, möglicherweise, weil das Gebäude der Peterstaler Lehrerfortbildungsanstalt von der Wehrmacht beschlagnahmt wurde, der Umzug zur Lehrerbildungsanstalt Lahr. Die Studierenden wurden jedoch angesichts der Situation an der Westfront – am 23. November 1944 war Straßburg gefallen – am 30. November teils nach Hause geschickt, teils mit einer vorläufigen Bescheinigung in den „erweiterten schulpraktischen Einsatz" bzw. in ein „Landschulpraktikum" entlassen. Nach einem Abschlußlehrgang im März 1945 konnten die Angehörigen des Entlaßsemesters Ende März bis April 1945 in Bad Rippoldsau noch ihre Prüfung ablegen. Dort, in Bad Rippoldsau, war der zusammengeschmolzene Lehrkörper samt Verwaltung der Karlsruher Lehrerbildungsanstalt schließlich gelandet, nachdem man sich von dem bedrohten Lahr aus nach Villingen abgesetzt und im dortigen Kreisschulamt niedergelassen hatte.[2]
Die Zeit provisorischer Unterkünfte sollte aber auch nach Kriegsende noch lange anhalten. Als Engelbert Bohn (vgl. „Wie der Schulbetrieb in Gang kam") im Mai 1945 von der Handelsschule an der Kriegsstraße aus versuchte, zusammen mit Verantwortlichen für die verschiedenen Schulsparten die Voraussetzungen für eine spätere Wiedereröffnung des Schulbetriebs zu schaffen, gehörte auch die Lehrerbildungsanstalt in das Betreuungsprogramm. Studienrat Franz Geierhaas „erbat" sich die Zuständigkeit für dieses Institut. Aus den Kellern des zerstörten Gebäudes ließ er Tausende von Bänden der weitgehend erhalten gebliebenen Bibliothek *„Wägele für Wägele"* (Geierhaas) zum Kreisschulamt nach der Sophienstraße bringen.[3]
Offiziell mußte die Lehrerbildungsanstalt trotz des dringenden Bedarfs an Lehrern – dieser hauptsächlich verursacht durch die stringente Entnazifizierung – noch lange auf ihre Neueröffnung warten. Die gleichwohl im Schnellverfahren in Gang gebrachte Lehrerausbildung erfolgte zwar gewissermaßen an der Lehrerbildungsanstalt vorbei, wurde jedoch von dieser später als Wiederbeginn ihrer Tätigkeit in Anspruch genommen. In der „Military Government Gazette" für den Distrikt Karlsruhe wurden *„im Auftrag der Militärregierung"* politisch unbelastete Personen *„mit entsprechender Vorbildung"* aufgefordert, sich für einen Ausbildungslehrgang zum Lehrerberuf zu melden. Vielen jungen Leuten, die der Zusammenbruch auch persönlich in ein Tief voller Hoffnungslosigkeit warf, schien die Möglichkeit, Lehrer zu werden, zunächst die Chance, wieder Fuß zu fassen. Das galt vor allem für Abiturienten, die, als Soldaten, RAD-Angehörige oder Flakhelfer aus Kriegsgefangenschaft entlassen, einen Neuanfang suchten.

## „Gottgläubige haben keine Chance"

Für den ersten Ausbildungskurs von „Schulhelfern", wie sie, in Anlehnung an die Sprachregelung nach Schnellkursen der Lehrerbildungsanstalt im Jahr 1944 zunächst genannt wurden, meldeten sich 334 Bewerber, unter ihnen 188 Abiturienten. Im damaligen Badischen Ministerium des Kultus und Unterrichts entschied man sich, zu diesem ersten Kurs ausschließlich Abiturienten zuzulassen. Verheiratete, entlassene Soldaten und Bewerber aus den besetzten Ostgebieten wurden bei der Auswahl der 150 einzuberufenden Lehrer-Aspiranten (tatsächlich wurden es dann 151, davon 83 männliche und 68 weibliche Bewerber) bevorzugt berücksichtigt. Angehörige der katholischen und evangelischen Konfession hielten sich ungefähr die Waage. In einem Protokoll vom 31. August

*Die Schule ist ihrer großen menschenbildenden Aufgabe wieder zuzuführen. Der Geist der Humanität muß hineinstrahlen in die Schulsäle. Unter Abkehr von den verderblichen Irrlehren des Nationalsozialismus muß die Schule die Kinder wieder hinführen zu allem Hohen und Erhabenen und zur Achtung vor der Heiligkeit menschlichen Lebens, und die Kinder wieder bilden zu bescheidenen, tüchtigen, religiös-sittlichen Menschen und brauchbaren Gliedern der menschlichen Gemeinschaft.*

Ministerialrat Alois Kimmelmann bei der Eröffnung der Schnellkurse für Schulhelfer (Rhein-Neckar-Zeitung vom 17. Oktober 1945)

1945 wurde zu der Tatsache, daß sieben der ausgewählten Kursteilnehmer zur Frage nach der Konfession keine Angaben gemacht hatten, vermerkt: *„Die Konfession muß nachträglich noch angegeben werden. Gottgläubige* (ein Terminus für Konfessionslose aus dem Dritten Reich; der Verf.) *werden nicht zugelassen."*[5]
Mit Datum vom 30. August 1945 erhielten die 151 Schulhelfer-Anwärter zusammen mit der Aufforderung *„Für Unterkunft und Verpflegung müssen Sie selbst Sorge tragen"*,[6] den Zulassungsbescheid.
Der erste Ausbildungskurs begann am 5. September in der als Hilfs-Lehrerbildungsanstalt genutzten Leopoldschule. Er war auf ganze vier Wochen beschränkt, eine aus der Not und dem Willen, zum Unterrichtsbeginn an den Volksschulen (1. Oktober) zusätzlich eine Anzahl von Schulhelfern einsetzen zu können, geborene „Schnellbleiche". Kursleiter war der als Chef der Abteilung Volksschulen an die Unterrichtsverwaltung berufene ehemalige Karlsruher Oberschulrat Alois Kimmelmann, der im Jahr 1933 aus politischen Gründen *„zur Sicherstellung der Gesundheit in den Ruhestand versetzt"*[7] worden war. Kimmelmanns Stellvertreter war Studienrat Geierhaas. Die Kurse wurden in Gruppen zu je 30 bzw. 31 Teilnehmern durchgeführt. Insgesamt 19 Lehrbeauftragte versuchten, in die jungen Leute, die so schnell schon auf die Schüler losgelassen werden sollten, soviel an Wissen und schulischer Erfahrung hineinzupumpen, wie die kurze Zeit dies zuließ.
Daß auf die Spezialfächer der Unterrichtenden da und dort keine Rücksicht genommen werden konnte, geht aus dem nachfolgenden Auszug einer Schilderung des seinerzeit als Lehrbeauftragter an die Karlsruher „Lehrerschnellausbildungsstätte" in der Leopoldschule berufenen Rektors Otto Hanser hervor: *„Da ich einmal Vorsitzender des Lehrerturnvereins war und in ganz Karlsruhe kein ‚unbelasteter' Fachmann aufzutreiben war, mußte ich auf Veranlassung des damaligen Ministerialrats Kimmelmann statt wie vorgesehen ‚Deutsch' das Fach ‚Leibesübungen für Knaben' übernehmen. Dafür stand nur ein Klassenzimmer zur Verfügung. Ich mußte mich auf jede ‚Vorlesung' stundenlang vorbereiten, nahm auch meistens zwei oder drei Schüler mit, welche die von mir angeführten Übungen vorturnten."*[8]

## „Auf den Boden der Tatsachen gestellt"

Der zweite Ausbildungslehrgang, zu dem (in ihrer Ausgabe vom 25. Oktober) erneut die „Military Government Gazette" *„Personen im Alter von 20-35 Jahren, die nicht der Partei angehörten"*, eingeladen hatte, war im Gegensatz zum ersten Lehrgang schon auf vier Monate terminiert. Zu diesem Lehr-

***Wie eine Zeichnung auf dem Reißbrett wirkt die Ruine der Lehrerbildungsanstalt an der Bismarckstraße aus der Vogelperspektive.***

GAZETTE - GERMANY

Amtsblatt der Militärregierung - Deutschland

No. 4 9. August 1945 No. 4

dents from six
f age

ssessing the necessary educa-
ble to teach children from the
ocal Kreis- and Stadtschulamt
add to the report a handwrit-
igion, former job, and exact

e admission to the training

f the Military Government,

**Gesucht: Lehrer für Kinder im Alter von 6 bis 10 Jahren**

Personen, die nicht in der Partei waren, über die entsprechende Vorbildung verfügen und nun nach vollwertiger Ausbildung in der Lage wären, sechs- bis zehnjährige Kinder zu unterrichten, werden aufgefordert, sich bei den zuständigen Kreis- und Stadtschulämtern Karlsruhe, Bruchsal und Pforzheim zu melden. Der Meldung ist ein handgeschriebener Lebenslauf beizufügen, aus dem Alter, Bekenntnis und bisherige Beschäftigung hervorgehen. Außerdem muß er nähere Angaben über den Bildungsgang des Bewerbers enthalten.

Die Aufnahme von Nichtabiturienten in den Ausbildungslehrgang wird von einer Prüfung abhängig gemacht.

Im Auftrag der Militärregierung.

gang, der laut Ausschreibung *„zur Anstellung als Volksschullehrer befähigt*[e]", meldeten sich 478 Interessenten. Ausgewählt wurden 198 Bewerber, von denen 128 in vier Lehrgängen in Karlsruhe, die übrigen 70 in Pforzheim und Bruchsal unterrichtet wurden.[9]

Für den im Laufe des zweiten Kurses erkrankten (im April 1946 im Alter von 59 Jahren verstorbenen) Ministerialrat Alois Kimmelmann übernahm Oberstudienrat Friedrich Jauch die Leitung der Lehrerausbildung in Karlsruhe. Jauch, später zum Professor ernannt, galt dann als der erste Leiter der Lehrerbildungsanstalt Karlsruhe nach dem Krieg.[10]

In einem ausführlichen Bericht über das Ergebnis dieses Lehrgangs bezeichnete Studienrat Heinz Zweifel den *„allgemeinen Kenntnisstand der Kursteilnehmer, der Vergangenheit entsprechend* [als] *gering"*.[11] *„Geradezu auffallend"*, so heißt es in dem Bericht, klafften die *„Lücken in der formalen Bildung in Deutsch, Rechnen, Erdkunde und Musik"*. Andererseits wurde das *„große Interesse und Verlangen nach geistiger Nahrung"* positiv bewertet. Das abschließende Urteil Zweifels könnte die Haltung der Jugend in jener Zeit insgesamt charakterisieren, nachdem sie sich von dem Schock des totalen Zusammenbruchs erholt hatte: *„Die Jugend hat sich auf den Boden der gegebenen Tatsachen gestellt, erkennt ihre Lücken und ist bereit zu lernen."* Franz Geierhaas schildert das Ergebnis der Schnellkurse für die dringend benötigten Lehrer so:

***Lehrer gesucht! Nach der Entlassung der meisten Lehrer herrscht an Erziehern akuter Mangel. Mit Schnellkursen versucht man Ersatz zu schaffen.***

*„Vorzügliche Menschen, oft mit begonnenem Studium, manche aus dem Gleis geraten, kamen mit gutem Willen zu der Ausbildung als Lehrer und Erzieher in die überfüllten Klassen in Stadt und Land, ohne Rat der Älteren, ohne Erfahrung."*[12] Dank längerer Fortbildung und viel Eigenarbeit seien später viele von ihnen in führende Stellungen gekommen.

Obschon Ministerialrat Dr. Hermann Franz von der Landesdirektion für Kultus und Unterricht in jener Zeit erklärte, an die Wiedererrichtung einer Lehrerbildungsanstalt werde z. Zt. nicht gedacht[13], bedeuteten die beiden Schnellkurse an der Leopoldschule, denen sich ein dritter von einem Jahr und ein vierter für Spätheimkehrer anschloß, de facto die Wiedergeburt der Lehrerbildungsanstalt Karlsruhe. Diese war noch bis 1950 *„mehr als kläglich"*[14] in der Leopoldschule untergebracht, siedelte 1950 in die wiederaufgebaute Goetheschule über und kehrte, inzwischen zum Pädagogischen Institut umbenannt, erst im Jahr 1957 in das wiederaufgebaute Domizil an der Bismarckstraße zurück.

## Staatstechnikum war nach Konstanz evakuiert

Wie die Lehrerbildungsanstalt hatte sich Ende 1944 als Folge der schweren Zerstörungen auch das Badische Staatstechnikum genötigt gesehen, seine Zelte in Karlsruhe abzubrechen. Bei dem Luftangriff vom 27. September 1944 von unzähligen Brandbomben getroffen, brannte das Traditionsgebäude des Technikums, das sogenannte „Bauschulgebäude" an der Moltkestraße, *„an allen Ecken und Enden"*.[15] Aus dem Bericht anläßlich der 75-Jahr-Feier des Staatstechnikums im Jahr 1953 geht hervor, daß es Prof. Albert Finck in der Nacht vom 27./28. September mit Hilfe auswärtiger Feuerwehrleute gelang, von einem Feuerlöschbecken am Engländerplatz eine Schlauchleitung zu legen und so wenigstens den Zwischenbau einschließlich des Treppenhauses sowie die unteren Stockwerke des Nordflügels zu retten.

Während die Bau-Fachbereiche in dem Zwischenbau notdürftig untergebracht werden konnten, wurden die elektrotechnische und die Maschinenabteilung nach Konstanz evakuiert und der dortigen Staatlichen Ingenieurschule zugeteilt. Nach dem weiteren Angriff vom 4. Dezember 1944 entschied man sich statt für eine Einstellung des Lehrbetriebs angesichts der als kriegswichtig angesehenen Ausbildung von In-

genieuren für die Verlagerung auch der Baubereiche sowie der Verwaltung, und zwar ebenfalls nach Konstanz. Die Baudisziplinen wurden in der dortigen Gewerbeschule untergebracht.
Die Karlsruherin Hilde Grether (*1921), als Angehörige der Verwaltung um den 10. Dezember 1944 nach Konstanz gekommen, erinnert sich: *„Für die Verwaltung hatten wir nur einen Raum zur Verfügung. Dort konnten wir bis abends 21 oder 22 Uhr bleiben. Das war wichtig, weil wir für die uns zugewiesenen Privatunterkünfte kein Brennmaterial hatten. Ein völlig neues Erlebnis war es, nach über fünf Kriegsjahren erstmals wieder in einer nicht verdunkelten Stadt zu wohnen. Wegen der direkten Nachbarschaft zu der schweizerischen Stadt Kreuzlingen brauchte man in Konstanz zumindest in der Nacht keinen Luftangriff zu befürchten. Aus den Nachbarorten kamen dann abends viele Leute in die Stadt, um vor Angriffen sicher zu sein."*[16]
In Konstanz ging der Lehrbetrieb unter Leitung des Direktors, Prof. Dr.-Ing. Theodor Krauth, verhältnismäßig ungestört weiter. Am Ende des Wintersemesters konnten noch 20 Studierende des Technikums und der Konstanzer Ingenieurschule die Ingenieurprüfung ablegen. Unbeschadet der Tatsache, daß der Zusammenbruch erkennbar unmittelbar bevorstand, eröffnete das Badische Staatstechnikum gar noch am 15. März 1945 – zweieinhalb Wochen vor der Besetzung Karlsruhes durch die Franzosen! – das Sommersemester 1945. Mit Schreiben vom 27. März 1945 legte Direktor Krauth dem nach Meersburg evakuierten Badischen Ministerium des Kultus und Unterrichts noch korrekt den Lehrplan für dieses Semester vor. Das Sommersemester 1945 wurde offiziell am 26. April 1945 abgebrochen, einen Tag nach der Besetzung von Konstanz durch die Franzosen.[17]
Der innere wie der äußere Wiederaufbau des Badischen Staatstechnikums gestaltete sich wie bei den Hochschulen als ungemein schwierig. Schon Mitte Mai 1945 traf sich Prof. Krauth, damals noch im Dienst, mit einigen Professoren, um über die Bergung und Sicherstellung von Maschinen und Apparaten zu beraten, die bei der Teilzerstörung des Technikums unversehrt geblieben waren. Nachdrücklich und erfolgreich kümmerte man sich zugleich um die Rücksiedlung der nach Konstanz verlagerten Einrichtungen der Lehranstalt. Tatsächlich schienen die Fachbereiche Hochbau, Tiefbau und Vermessungswesen Mitte Oktober schon ziemlich intakt. Als

---

*„Zum Ende unseres Ausbildungskurses hatte sich eine Kommission der amerikanischen Militärregierung angekündigt, um unsere Personalien zu überprüfen. Da die meisten unter uns Offiziere gewesen waren, war die Skepsis groß, ob wir als Lehrer akzeptiert würden. Alois Kimmelmann half uns jedoch aus der Verlegenheit. Er rief uns angesichts der drohenden Gefahr zusammen, wies uns auf die Schwierigkeiten hin und schloß seine Ausführungen mit der lapidaren Ermahnung: „Wenn sie Euch fragen – es war keiner mehr als Feldwebel".“*

Hans Leopold Zollner (Stadtarchiv Karlsruhe, Unterlagen zur Stadtgeschichte 107)

---

Folge der Entnazifizierung wurde jedoch in jenen Wochen der alte Lehrkörper völlig zerschlagen. Anstelle von Krauth übernahm der im Jahr 1938 aus politschen Gründen entlassene Prof. Berthold Schmitt (*„der seiner Zeit beliebteste Dozent"*, wie der Verein der Fachhochschule Karlsruhe e.V. später feststellte)[18] kommissarisch die Leitung des Staatstechnikums. Nach und nach wurden unbelastete Dozenten eingestellt, die sich eilends auf ihre neue Tätigkeit vorbereiteten.

## Notdach sichert Neuanfang

Als erster der wegen nomineller politischer Belastung entlassenen Lehrer kehrte Prof. Wilhelm Lochstampfer in das Technikum zurück. Gegen die Meinung des Bezirksbauamtes, das die Ruine des Staatstechnikums bereits abgeschrieben hatte, setzte er die Sicherung des Baukörpers und eine provisorische Instandsetzung durch. Im Herbst 1945 wurde begonnen, mit Hilfe von Baumaterialien aus anderen zerstörten Gebäuden im Zwischenbau Lehrsäle einzurichten und dem Nordflügel, dessen Obergeschoß abgebrannt war, ein Notdach aufzusetzen. Angehende Studenten des Technikums verdingten sich als Bauhilfsarbeiter und schufen so die Voraussetzung für die Zulassung zum Studium. Otto Gamer (*1921, später Assistent, zuletzt Laborleiter an der Fachhochschule Karlsruhe) über jenen Einsatz: *„Ich selbst war beim Aufbringen des Notdachs auf dem Nordflügel des Staatstechnikums eingesetzt. Wir arbeiteten damals ohne Gerüst und Sicherung. Die Back-*

*steine wurden in kleinen Kisten, der ,Speis' eimerweise an einem dünnen Wäscheseil nach oben befördert. Ich weiß noch, wie mir die Hände brannten von dieser Arbeit. Da keine Baustoffe zur Verfügung standen, wurde das leicht beschädigte Fachwerkhaus der Schloßgartengärtnerei am Ahaweg abgebrochen und die Steine und das Holz in das Gebäude des Staatstechnikums eingebaut".*[19]

Im Begleitschreiben eines Antrags des Baubüros des Staatstechnikums auf Fertigstellung des Notdachs vom 15. Dezember 1945 wird der Neuanfang dieses Instituts nach dem Krieg wie folgt beschrieben: *„Nach dem Zusammenbruch des NS-Regimes führte der Weg verschiedener, aus der Gefangenschaft entlassener Soldaten, ehemals Studierender am Technikum, nach Karlsruhe in der stillen Hoffnung, hier das Studium wieder fortsetzen zu können. Leider fanden sie das Technikum als Ruine, doch ein leiser Hoffnungsschimmer blieb, denn in dem Chaos versuchten verschiedene Dozenten Ordnung zu schaffen – ein Zeichen, daß nicht alles aufgegeben war. Es wurde in den folgenden Wochen vieles geleistet in freiwilliger Arbeit von Studenten und von dem Lehrkörper".*[20]

Ehe das Staatstechnikum noch an die Wiederaufnahme des Lehrbetriebs denken konnte, hatte sich die Verwaltung mit Rechnungen aus Konstanz für aus der Evakuierung entstandene Miet-, Heizungs-, Wasser-, Beleuchtungs- und Reinigungskosten herumzuschlagen. Während diese Kosten – Gesamtbetrag 3789,62 RM – schließlich anerkannt und bezahlt wurden, lehnte die Verwaltung die volle Erstattung einer Wasserrechnung der Stadtwerke Konstanz für das 2. Vierteljahr 1945 mit dem Hinweis ab, daß der Lehrbetrieb des Badischen Staatstechnikums in Konstanz am Tag des Einmarschs der französischen Truppen zu Ende ging.[21]

Noch im Winter 1945/46 fanden in provisorisch instandgesetzten Räumen des Hauses an der Moltkestraße erste Vorbereitungskurse statt. Der eigentliche Lehrbetrieb wurde jedoch erst am 1. April 1946 aufgenommen. Bald danach hatte sich das Karlsruher Technikum der Ansprüche der Stadt Mannheim zu erwehren, der die NS-Regierung Baden im Jahr 1938 vertraglich zugesagt hatte, die Abteilung Maschinenbau und Elektrotechnik in die Quadratestadt zu verlegen. In nachdrücklichem Abwehrkampf von Prof. Dipl.-Ing. Karl Ederle, dem Nachfolger von Prof. Berthold Schmitt als Direktor des Staatstechnikums, wurde die von Mannheim geforderte Amputation des Karlsruher Instituts jedoch verhindert.[22]

## Musikhochschule wird „städtisch"

Die Staatliche Hochschule für Musik im Palais Bürklin an der Kriegsstraße samt dem benachbarten – seit 1939 „Städtische Musikschule für Jugend und Volk" genannten – Badischen Konservatorium an der Sophienstraße, waren bei dem bis dahin schwersten Luftangriff auf Karlsruhe in der Nacht vom 2./3. September 1942 zerstört worden. Der Lehrbetrieb der Musikhochschule, die fast alle Instrumente und Lehrmittel, die Bibliothek und sämtliche Akten verloren hatte, wurde danach in Räumen der Lehrerfortbildungsanstalt, zum Teil auch in Privatwohnungen durchgeführt[23], jener der Musikschule für Jugend und Volk teils im Bismarckgymnasium, teils im Haus Solms. Zum 1. Oktober 1944 wurden beide Institutionen geschlossen, nachdem vier Tage zuvor ohnehin auch die Ausweichquartiere Lehrerbildungsanstalt und Gymnasium vernichtet worden waren. Im Kurhaus Herrenalb wurden allerdings noch bis zum Dezember 1944 Prüfungen abgenommen.[24]

Emil Mangler, der damalige Kulturbeauftragte der Stadt, bemühte sich schon im Juli 1945 nachhaltig um die Wiedereröffnung der Musikschule, als deren gemeinsamer Leiter Kirchenmusikdirektor Wilhelm Rumpf, der Musikbeauftragte im Ev. Oberkirchenrat, in Aussicht genommen wurde. Die Zusammenfassung beider Anstalten und die Absicht, sie unter städtischer Regie wiederzueröffnen, bestätigte Oberrechtsrat Fritz Gut in der Stadtratssitzung vom 18. 10. 1945. Allerdings sollten – im Gegensatz zu früher, als jährlich ein Zuschuß von 80000 bis 100000 RM gewährt werden mußte – die Personalkosten aus den eingehenden Schulgeldern bzw. Studiengebühren gedeckt werden. Mit Interesse wurde das Vorhaben aufgenommen, das bestehende katholische kirchenmusikalische Institut unter Eingliederung eines gleichen Instituts der evangelischen Landeskirche in Heidelberg zu einem Kirchenmusikalischen Seminar zur Ausbildung von Kirchenmusikern beider Konfessionen auszubauen.[25]

Die Stadt stellte der Musikhochschule nach hartnäckigem Drängen von Wilhelm Rumpf das – an das Areal der Kunstakademie angrenzende – Schönlebersche Palais Ecke Reinhold-Frank- und Jahnstraße zur Verfügunge. Im benachbarten Gebäude der Jahnstraße 20, das die Stadt dazukaufte, wurde die städtische Musikschule untergebracht. Diese führte jetzt wieder die Bezeichnung „Badisches Konservatorium Karlsruhe".

Mit dem Namen „Badische Hochschule für Musik" für die Musikhochschule verband die Stadt nach der Überzeugung Eugen W. Veltes (damals Student, später Professor und Rektor der Anstalt) die Hoffnung, die Musikhochschule möge bald wieder in staatliche Obhut übergehen.[26]
Die schwierige Aufgabe, innerhalb weniger Wochen ein Lehrerkollegium zusammenzustellen, das politisch unbelastet, zugleich aber qualifiziert war, meisterte Wilhelm Rumpf hervorragend. Zu den Karlsruher Musikpädagogen der „ersten Stunde" zählten neben Wilhelm Rumpf Rolf und Heide Knieper, Irene Slavin, Elisabeth Neumann-Weizäcker, Hans von Geldern, Johannes Hartwig, Dr. Gerhard Nestler und Prof. Hans Emge – Künstler, die das Karlsruher Musikleben der Nachkriegszeit maßgeblich mitprägten – sowie Solokräfte des Badischen Staatstheaters. Die bevorstehende Wiedereröffnung der beiden Karlsruher Musikanstalten wurde sowohl von der „Rhein-Neckar-Zeitung" als auch von den „Süddeutschen Mitteilungen", dem Nachrichtenblatt der Militärregierung, in der Weihnachtsausgabe 1945 bekanntgegeben. Die „Süddeutschen Mitteilungen" bereicherten die Nachricht mit einem Kommentar, in dem es u. a. hieß: *„Nicht, was einer ist, was einer war oder zu sein vorgibt, sondern was einer kann und zu lernen bestrebt ist, wird den Ausschlag geben. Ist es verwunderlich, daß heute, nach einer Zeit politischer und geistiger Anarchie, wieder Stimmen laut werden, die nach einem freien, tendenzlosen Kulturschaffen drängen?"*[27] Eröffnet wurden die beiden Karlsruher Musikinstitute am 8. Januar 1946. Die Musikhochschule zählte schon nach kurzer Zeit 100 Studierende, das Konservatorium 600 Schüler.

### Kunsthochschule in der Agonie

Im Gegensatz zu den vorstehend behandelten Hochschulen erwachte die Badische Hochschule der Bildenden Künste im Jahr 1945 nicht wieder aus der Agonie, in die sie die Zerstörung ihrer schönen Gebäude und der Zusammenbruch geworfen hatten. Bei dem Luftangriff vom 2./3. September 1942 zum ersten Mal stark getroffen, war die Akademie am späten Abend des 27. September 1944 endgültig in Schutt und Asche gesunken: Das Gebäude an der damaligen Westendstraße (der späteren Reinhold-Frank-Straße) wurde dabei total zerstört, während das Rückgebäude bis zum Erdgeschoß niederbrannte. Teile der Kunsthochschule wurden, soweit dies noch möglich war, ausgelagert, so die Handweberei, die nach Salem kam.[28] Offiziell wurde in Realisierung des „Totalen Kriegs" wie die Musikhochschule auch die Hochschule der Bildenden Künste zum 1. Oktober 1944 geschlossen. Ihr Direktor, Prof. Otto Haupt, wurde Ende November 1944 vom badischen Kultusminister Dr. Schmitthenner der Generaldirektion der Oberrheinischen Museen für Bergungsmaßnahmen zugeteilt (vgl. „Unersetzliche Werte gerettet und vernichtet"). Mit Hermann Goebel, dem Leiter der Meisterklasse für Malerei, starb noch vor dem Kriegsende, am 9. März 1945, der namhafteste Lehrer der Akademie.
Die übrigen Professoren und Lehrbeauftragten zogen sich nach dem Zusammenbruch teils aus politischen Gründen, teils wegen der Aussichtslosigkeit eines baldigen Neuanfangs zurück. Einige unter ihnen arbeiteten in den erhalten gebliebenen Ateliers an der Hoffstraße. Sofort wieder Fuß fassen konnte nur Otto Haupt, der Ende 1945 zur Technischen Hochschule überwechselte und dort die Fakultät für Architektur übernahm. Erst im Jahr 1947 wurde die traditionsreiche Karlsruher Kunsthochschule wiedereröffnet, jetzt unter dem Namen „Staatliche Akademie der Bildenden Künste Karlsruhe".

***Das vom 2./3. September 1942 ausgebrannte repräsentative Palais Bürklin an der Kriegsstraße wurde bedauerlicherweise nicht wieder aufgebaut. Heute befindet sich dort das SDR-Studio Karlsruhe.***

## Gefahr für die TH: Verlegung oder Auflösung?

Angesichts der enormen materiellen und personellen Engpässe nach dem Zusammenbruch war die Wiedereröffnung der Karlsruher Hochschulen besonders schwierig. Ob Technische Hochschule oder Lehrerbildungsanstalt, Badisches Staatstechnikum, Musik- oder Kunsthochschule: War der Grad der Zerstörung ihrer Lehranstalten auch unterschiedlich, so tappten die wenigen Lehrer und Professoren, die an den einzelnen Instituten einen Neuanfang versuchten, zunächst völlig im Dunkeln, ob überhaupt, wann und unter welchen Bedingungen ein Neuanfang möglich sein würde.

Besonders schwer getroffen waren die Gebäude und Anlagen der Technischen Hochschule. Einen frühen Vorgeschmack späterer, noch schwererer Luftangriffe hatte die „Fridericiana" in der Nacht vom 2./3. September 1942 bekommen. Bei jenem Angriff waren das Institut für Holz, Stein und Eisen total, die Maschinenbauabteilung, das Institut für Beton und Stahlbeton, das Chemische Institut, der Ostflügel der Verwaltungsgebäudes an der Kaiserstraße sowie das Aulagebäude schwer getroffen worden. Unter Berufung auf wichtige Kriegsforschungsaufträge des Heeres und der Luftwaffe hatte der damalige Rektor, Prof. Dr.-Ing. Rudolf Georg Weigel, den Gauleiter und Reichsstatthalter Robert Wagner in einem Brief vom 8. September um Hilfe angerufen: *„Im Bewußtsein meiner Verantwortung für die Rettung der Gebäude und für die Aufrechterhaltung des Betriebes, zugleich aber in der Erkenntnis meiner eigenen Ohnmacht rufe ich den Beistand des Herrn Gauleiters und Reichsstatthalters an und bitte um die entscheidende Hilfe."*[1]

### 93 000 Bücher und 70 000 Dissertationen verbrannt

Statt „entscheidende" Hilfe von außen zu bekommen, mußte sich die Karlsruher TH im wesentlichen selbst behelfen. Die teilweise erhalten gebliebenen Einrichtungen des abgebrannten Hallenlaboratoriums des Lichttechnischen Instituts beispielsweise, in dem Kriegsforschung betrieben wurde, wurden in die Kegelbahn der alten Hoepfner-Brauerei an der Englerstraße verlegt[2], und die Bibliothek brachte wesentliche Teile ihres Bücherbestandes in den Salzbergwerken Heilbronn und Kochendorf, im Siedehaus der Saline Jagstfeld sowie im Haus Solms in Baden-Baden in Sicherheit.[3]

Beim Angriff vom 27. September 1944 erhielt die Technische Hochschule dann den Todesstoß. Tausende von Brandbomben zischten hernieder und führten zu einer 80prozentigen Zerstörung des Areals. Die Bibliothek verlor durch Brand 93 000 Bücher und 70 000 Dissertationen. Das Bezirksbauamt Karlsruhe beschloß in einem Schreiben vom 29. November 1944 an den „Leiter der Sofortmaßnahmen Karlsruhe" die Darstellung der Schäden an der „Fridericiana" mit der hilflosen, angesichts des Umfangs der Zerstörung zugleich verständlichen Feststellung, *„die Anträge auf Entschädigung wollen wir nach Beendigung des Krieges vorlegen"*.[4]

Nach diesem Angriff war der Lehr- und Forschungsbetrieb zum Erliegen gekommen. Einzelne Institute führten an weit verstreuten Evakuierungsplätzen in Thüringen und Bayern, Württemberg, Baden und in der Pfalz noch ein Scheindasein. Die Verwaltung der Technischen Hochschule befand sich in den letzten Kriegsmonaten in Eschelbronn bei Heidelberg, während sich der Rektor in der Geroldsauer Mühle bei Baden-Baden niedergelassen hatte.

Zu der Handvoll Professoren, die nach Kriegsende den Mut hatten, einen Neuanfang zu versuchen, gehörten Dr. Rudolf Plank und Dr. Theodor Pöschl. Als eine Art „Primus inter pares" kümmerte sich zunächst vor allem Pöschl um die Sicherung der in den Trümmern noch vorhandenen Einrichtungen und Apparaturen. Zum Schutz gegen Plünderungen durch Angehörige der Besatzungsmacht, durch Marodeure unter den Fremdarbeitern und in der Zivilbevölkerung bat er in einem Schreiben vom 23. Mai 1945 Capitaine Sigman, den Offizier für Erziehung und Kultur beim „Détachement du Gouvernement Militaire de Bade", das gesamte Areal der Technischen Hochschule unter militärische Bewachung zu stellen.[5]

Ein unerfreulicher Fund war Pöschl Veranlassung, sich schon vier Tage später erneut an die Militärregierung zu wenden: Im Keller waren sechs 2-cm-Schnellfeuer-Geschütze gefunden worden! Der Absender versicherte, die alte Direktion habe vor ihrem Abzug niemanden vom Vorhandensein der Waffen Mit-

teilung gemacht.[6] Die Franzosen nahmen die Beute an sich, ohne daß der späte Waffenfund Folgen gehabt hätte.

## Rudolf Plank erster Nachkriegsrektor

Mit den Professoren Dr. Kammüller, Dr. Kirschbaum, Kluge, Dr. König, Dr. Richter, Dr. Plank und Dr. Pöschl, einem Assistenten und drei Angehörigen der Verwaltung als Teilnehmer fand am 14. Juni im erhalten gebliebenen Botanischen Institut die erste Sitzung eines Nachkriegs-Gremiums der Technischen Hochschule statt. Dabei einigte man sich nicht ohne Mut: *„Über die Weiterführung der Hochschule wird beschlossen, daß so verfahren werden soll, als ob der Betrieb weiterginge."*[7]

**Dies war einmal der Große Physik-Hörsaal der Technischen Hochschule Karlsruhe.**

Zuvor hatte die französische Militärregierung Hoffnungen auf eine rasche Herstellung der notwendigen räumlichen Voraussetzungen allerdings mit der Auflage gedämpft, Gebäude der Technischen Hochschule dürften *„nur insoweit"* repariert werden, *„als erhaltene und alsbald verwendbare Gebäudeteile durch Instandsetzung wieder verwendungsfähig werden"*.[8] Unter der amerikanischen Besatzung wurde gleichfalls deutlich, daß der TH keine Wiederaufbau-Priorität zuerkannt wurde. Als der Badische Minister des Kultus und Unterricht für *„Notmaßnahmen zur Erhaltung der Substanz der TH Karlsruhe"* 12 t Zement, 12 t Kalk, 4 t Gips, 13000 Dachziegel, 18000 Backsteine, 25 cbm Holz, 75 qm Glas, 50 kg Nägel und 280 qm Dachpappe anforderte, erklärte sich die Militärregie-

**_Blick in das Auto- und Brennkraftlabor des zerstörten Maschinenbaus der „Fridericiana"._**

rung mit der Zuweisung einverstanden *„unter der Voraussetzung, daß dadurch die Maßnahmen für die Volksschulen in Karlsruhe nicht behindert werden"*.[9]

In der Professorenbesprechung vom 21. Juni übernahm Dr. Rudolf Plank den Vorsitz. Er begründete dies damit, Cpt. Sigman habe ihn, nachdem sich herausgestellt hatte, daß Plank den in Paris wohnhaften Onkel des Offiziers kannte, gebeten, ihm bei der Wiederingangsetzung der Technischen Hochschule behilflich zu sein und kommissarisch das Rektorat zu übernehmen. Er habe das letztere Angebot jedoch abgelehnt mit der Begründung, er wolle die Tradition des *„befohlenen Rektors"* nicht fortsetzen. Ein Rektor müsse sich vielmehr auf das Vertrauen der Kollegen stützen, also ein *„Wahlrektor"* sein. Trotz seiner Bitte, ihn mit Rücksicht auf seine Arbeit und seine Gesundheit von diesem Amt zu verschonen, wurde Rudolf Plank durch die anwesenden 14 Kollegen noch an diesem 21. Juni einstimmig zum Rektor, Prof. Dr. Hermann Backhaus, ebenfalls einstimmig, zum Prorektor gewählt.[10]

Schon im Spätherbst 1945 schied Prof. Backhaus aus dem Lehrkörper aus. Auf Ersuchen der Franzosen wurde er von den Amerikanern verhaftet und ins Gefängnis gesteckt. Eine Verbindung von Backhaus zu dem Abwehrchef Canaris in Paris, wo der Karlsruher Hochschullehrer eine Dependance seines Instituts für Hochfrequenztechnik hatte, erschien den Franzosen suspekt. Sie setzten bei den Amerikanern die Verhaftung von Backhaus und seine Einlieferung ins Gefängnis durch. Backhaus, der nie der Partei oder einer ihrer Gliederungen angehörte, wurde jedoch nach etwa 8 Wochen auf freien Fuß gesetzt und erhielt, in einer Art Wiedergutmachungshandlung der Amerikaner, unverzüglich einen Forschungsauftrag für die US-Navy.[11]

## Verlegung nach Ettlingen geplant

Die vordringliche Sorge des Professorenkollegiums, das bald in das Gremium eines Senats einmündete, galt der Frage, ob und wo die Technische Hochschule angesichts der weitgehenden Zerstörung ihrer Gebäude und Einrichtungen den Lehr- und Forschungsbetrieb überhaupt werde aufnehmen können. Ohnehin zögerte der von der amerikanischen Militärregierung mit der Leitung des Badischen Kultusministeriums beauftragte Professor Dr. Franz Schnabel, ehemals Angehöriger des Lehrkörpers der TH Karlsruhe, der im „Dritten Reich" vom Dienst suspendiert worden war, aus Angst, es könne zu besatzungsfeindlichen Kundgebungen von noch der NS-Ideologie verhafteten Studenten kommen, mit der – von den Amerikanern im Grundsatz genehmigten – Wiedereröffnung der Hochschulen.[12] Dr. Heinrich Köhler aber, der Landesbezirkspräsident, vertrat in einer gemeinsamen Konferenz der bisherigen (von den Franzosen eingesetzten) und der neuen (von den Amerikanern gebildeten) Landesverwaltung am 9. Oktober die Meinung: *„Für ein Bettelvolk sind nicht viele Universitäten notwendig."*[13] Plank selbst gab, um die Existenz der Hochschule zu sichern, zu überlegen, ob die TH verwaltungsmäßig nicht an die Universität Heidelberg bzw. Freiburg angegliedert werden solle, ein Gedanke, der jedoch ohne Resonanz blieb. Gleichzeitig machte der Rektor, der in Ettlingen seinen Wohnsitz hatte, den Vorschlag, die TH nach Ettlingen zu verlegen, wo in der ehemaligen Unteroffizierschule und späteren Rheinlandkaserne ausreichende und gut geeignete Räume zur Aufnahme des Lehrbetriebs zur Verfügung stünden.[14]

Die Idee einer Verlegung nach Ettlingen, von Rudolf Plank erstmals in der gleichen Sitzung ausgebreitet, in der er zum Rektor gewählt wurde, verdichtete sich in der Folgezeit rasch zu einem konkreten Konzept, das von den meisten Professoren, aber auch vom Ministerium für Kultus und Unterricht, mitgetragen und von der Stadt Ettlingen sowie dem Landratsamt Karlsruhe nachdrücklich unterstützt wurde. In Briefen an den Kultusminister, den späteren Landesdirektor für Kultus und Unterricht, Professor Schnabel, und den Chef der badischen Landesverwaltung, Dr. Köhler, setzte sich Prof. Plank engagiert für sein Ettlinger Projekt ein. Während Köhler bat, das Einverständnis der Militärregierung zur Überlassung der – damals noch von polnischen Zwangsarbeitern belegten – Ettlinger Rheinlandkaserne für die TH zu erwirken, versicherte Plank seinem früheren Kollegen Schnabel: *„Nach Aussprache mit einem großen Kreis von Professoren besteht ... kein Zweifel, daß die Überlassung dieser Gebäude sämtliche Schwierigkeiten für eine Wiederaufnahme des Hochschulbetriebs beheben würde."*[15] Der damalige Ettlinger Bürgermeister Dr. Otto Carnier sicherte der TH ausreichendes Gelände zum späteren Bau notwendiger Einrichtungen, einschließlich eines Hochschulstadions, zu, knüpfte daran allerdings die

**Unter den ersten Bewerbern um einen Studienplatz an der TH Karlsruhe befinden sich auch zahlreiche Kriegsversehrte.**

Forderung, daß Ettlingen nicht nur Ausweichquartier, sondern ständiger Sitz der Technischen Hochschule werde.[16]

## Westhochschule in der Telegrafenkaserne

Währenddessen bestand allerdings die Gefahr, daß die einzige Technische Hochschule Badens überhaupt verschwand. Sowohl die Abgabe der einzelnen Fakultäten an die Universität Heidelberg als auch die Vereinigung der „Fridericiana" mit der TH Stuttgart mit Sitz in der württembergischen Landeshauptstadt wurde erwogen. In einem Schreiben vom 14. November 1945 an Präsident Dr. Heinrich Köhler gab Prof. Plank zu bedenken: *„Nachdem der Stadt Karlsruhe schon vieles auf dem Gebiet der Verwaltung genommen wurde, sollte nicht auch noch die TH zugunsten eines gleichen Instituts in Stuttgart ihren Platz räumen müssen."*[17] Und Oberbürgermeister Veit schrieb einen Monat später unter Hinweis auf eine *„verläßliche Mitteilung"* über eine bevorstehende Fusion der TH Karlsruhe mit jener in Stuttgart in einem Memorandum an Köhler und Schnabel: *„Es kann nicht der Sinn der angestrebten Vereinfachungsmaßnahmen sein, daß sich nicht nur alle wirtschaftliche Kraft, sondern auch alle wichtigen kulturellen Institute in Stuttgart konzentrieren und Karlsruhe noch mehr seines Ansehens und seines Einflusses entkleidet wird."*[18] Für den Weiterbestand der „Fridericiana" machte sich mit dem Argument, die Technische Hochschule Karlsruhe passe zu keiner Universität, am wenigsten zu Heidelberg, auch der frühere badische Kultusminister Professor Dr. Willy Hellpach stark.

Dank der vereinten Bemühungen aller, die sich verantwortlich fühlten, gelang es, daß der Plan, die Karlsruher Technische Hochschule aufzugeben, fallengelassen wurde. Andererseits hatte Professor Plank trotz nachhaltiger Unterstützung durch den Bauausschuß der TH (mit den Professoren Müller, Dr. Kammüller, Dr. Fritz und Dr. Wechler) keinen Erfolg mit seinen Ettlinger Plänen. Vielmehr entschieden sich die Amerikaner überraschend noch in den letzten Monaten des Jahres 1945 für die Freigabe der von DP's belegten Telegraphenkaserne, in der dann die sogenannte Westhochschule eingerichtet wurde.

**Rektor und Prorektor: Zum ersten Nachkriegsrektor wurde Prof. Rudolf Plank (links), zum Prorektor Prof. Dr. Hermann Backhaus gewählt.**

## Studenten zur Schutträumung verpflichtet

Parallel zu den Bemühungen, ein Ausweichquartier für das zerbombte Areal der „Fridericiana" zu erhalten, liefen hier Aufräumungs- und Instandsetzungsarbeiten. Jeder Student, der sich an der TH einschreiben ließ, mußte sich zu einem vierwöchigen Arbeitsdienst verpflichten, der schon im Herbst 1945 begann. „Motor" der Schutträumung in der TH war Oberinspektor Karl Zippelt vom Staatlichen Hochbauamt, dem der von den Amerikanern zum Aufbau und zur Leitung einer Wetterberatungsstelle am Flugplatz Erzbergerstraße verpflichtete Meteorologe Max Diem, Privatdozent an der TH, auf Umwegen zu einem Waggon Zement zur Wiederherstellung des Redtenbacher-Hörsaals verhalf. Diem organisierte, nachdem ihm bekannt geworden war, daß dem Chef der Besatzungstruppen alle Objektive gestohlen worden waren, Benzinmarken, tauschte diese in Heidelberg gegen ein Leitz-Objektiv und erhielt hierfür den gewünschten Waggon Zement. Wegen des Mangels an Arbeitskräften mußten hierfür allerdings 20 Studenten drei Wochen lang im Zementwerk Leimen arbeiten.[19]

Vorausgegangen war ein vielmonatiges Bemühen des Rektors, von der Militärregierung die Zustimmung zur Wiederer-

öffnung der „Fridericiana" zu erhalten. Einem vorläufigen Antrag, der schon am 21. August 1945 eingereicht worden war – in ihm wurden die Namen von Tulla und Weinbrenner, von Hertz, Haber, Rehbock und anderen genannt, zugleich aber die Fotografie von der Verleihung der Ehrendoktorwürde an Herbert Hoover, den großen amerikanischen Präsidenten und Philantropen, beigelegt –, folgten am 17. September die offiziellen „Anträge zur Durchführung der Wiedereröffnung der Technischen Hochschule in Karlsruhe".[20] In diesem ausführlichen Dokument fehlte es nicht an damals üblichen Versicherungen demokratischer Verläßlichkeit und Unterwerfung unter die Kontrolle der Militärregierung. So, wenn die drei Antragsteller – die Professoren Plank, Pöschl und Backhaus – versichern: *„Von uns aus wurden im Frühjahr 1945 wegen ihrer nationalsozialistischen Betätigung aus dem Verbande der Hochschule ausgeschieden und durch die Militärregierung entlassen: 9 Professoren, 1 Dozent, 1 Direktor."* Oder wenn sie erklären: *„Die Lehr- und Forschungstätigkeit unterwirft die Technische Hochschule jeder gewünschten Kontrolle der Militärregierung."*
In dem Antrag wurde die Zustimmung zur Wiedereröffnung der TH nach einem Zwei-Stufen-Plan erbeten. Zum 1. November 1945 sollten die Allgemeine Abteilung (mit Mathematik, Mechanik, Physik, Rechts- und Wirtschaftswissenschaft, Geographie, Geschichte, Philosophie, Kunst und Moderne Sprachen) sowie die Abteilungen Bauingenieurwesen und Architektur ihre Lehrtätigkeit aufnehmen, zum 1. April 1946 die Abteilungen für Maschinenbau und Elektrotechnik sowie für Chemie. Für Nicht-Abiturienten sollte am 1. Oktober ein Vorbereitungskurs beginnen. Die im Wintersemester 1945/46 erwartete Zahl von Studenten wurde mit 800-1000 angegeben.

## Ehrung für Robert Ley aberkannt

Während das Rektorat vergeblich auf die Zusage der Amerikaner wartete, führten einige Professoren in ihren Privatwohnungen für kleine Gruppen von Studenten Unterricht durch, nahmen auch Prüfungen ab, die später als vollgültig anerkannt wurden. Andere Probleme, mit denen sich der erste Nachkriegssenat zu befassen hatte, war die Aberkennung der Würde eines Ehrensenators, die dem „Reichsleiter" Robert Ley während der NS-Zeit von der TH Karlsruhe verliehen worden war – und zwar gleich von allen (!) Fakultäten –, die provisorische Unterbringung von Instituten in den Wohnungen von Professoren und wissenschaftlichen Mitarbeitern, sowie – im Benehmen mit der Militärregierung – die Nachforschung nach dem Schicksal verlagerter Institute. Die Genehmigung zur Wiedereröffnung der „Fridericiana" erfolgte am 11. Januar 1946. Die offizielle Eröffnung war am 1. Februar, der Vorlesungsbeginn am 10. Februar, die Eröffnungsfeier am 15. Februar 1946.

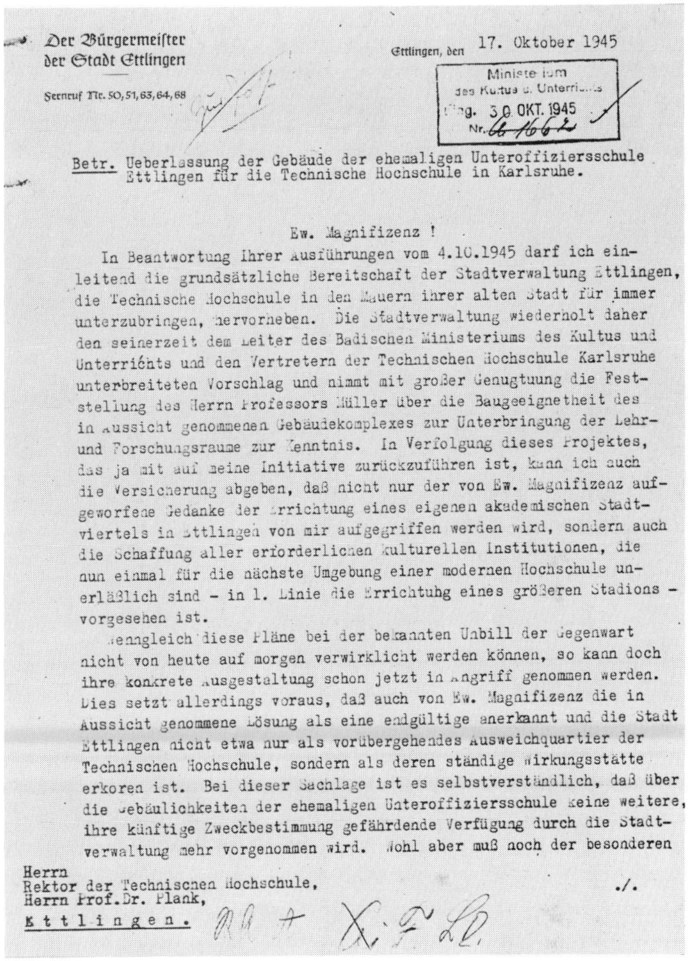

Der Bürgermeister
der Stadt Ettlingen

Fernruf Nr. 50, 51, 63, 64, 68

Ettlingen, den 17. Oktober 1945

Ministerium des Kultus u. Unterrichts
Eing. 30. OKT. 1945
Nr. 6 1662

Betr. Ueberlassung der Gebäude der ehemaligen Unteroffiziersschule Ettlingen für die Technische Hochschule in Karlsruhe.

Ew. Magnifizenz !

In Beantwortung Ihrer Ausführungen vom 4.10.1945 darf ich einleitend die grundsätzliche Bereitschaft der Stadtverwaltung Ettlingen, die Technische Hochschule in den Mauern ihrer alten Stadt für immer unterzubringen, hervorheben. Die Stadtverwaltung wiederholt daher den seinerzeit dem Leiter des Badischen Ministeriums des Kultus und Unterrichts und den Vertretern der Technischen Hochschule Karlsruhe unterbreiteten Vorschlag und nimmt mit großer Genugtuung die Feststellung des Herrn Professors Müller über die Baugeeignetheit des in Aussicht genommenen Gebäudekomplexes zur Unterbringung der Lehr- und Forschungsraume zur Kenntnis. In Verfolgung dieses Projektes, das ja mit auf meine Initiative zurückzuführen ist, kann ich auch die Versicherung abgeben, daß nicht nur der von Ew. Magnifizenz aufgeworfene Gedanke der Errichtung eines eigenen akademischen Stadtviertels in Ettlingen von mir aufgegriffen werden wird, sondern auch die Schaffung aller erforderlichen kulturellen Institutionen, die nun einmal für die nächste Umgebung einer modernen Hochschule unerläßlich sind – in 1. Linie die Errichtuhg eines größeren Stadions – vorgesehen ist.

Wenngleich diese Pläne bei der bekannten Unbill der Gegenwart nicht von heute auf morgen verwirklicht werden können, so kann doch ihre konkrete Ausgestaltung schon jetzt in Angriff genommen werden. Dies setzt allerdings voraus, daß auch von Ew. Magnifizenz die in Aussicht genommene Lösung als eine endgültige anerkannt und die Stadt Ettlingen nicht etwa nur als vorübergehendes Ausweichquartier der Technischen Hochschule, sondern als deren ständige Wirkungsstätte erkoren ist. Bei dieser Sachlage ist es selbstverständlich, daß über die Gebäulichkeiten der ehemaligen Unteroffiziersschule keine weitere, ihre künftige Zweckbestimmung gefährdende Verfügung durch die Stadtverwaltung mehr vorgenommen wird. Wohl aber muß noch der besonderen

Herrn
Rektor der Technischen Hochschule,
Herrn Prof.Dr. Plank,
Ettlingen. ./.

***Mit diesem Schreiben bestätigt der Ettlinger Bürgermeister Dr. Otto Carnier das Angebot, die TH Karlsruhe in Ettlingen aufzunehmen.***

# Die Musen und Museen kehren zurück

## Unersetzliche Werte gerettet und vernichtet

**Kunsthalle – Landesmuseum – Armeemuseum – Landessammlungen für Naturkunde**

Karlsruhe, über 200 Jahre lang Residenz und während rund 140 Jahren Landeshauptstadt, wurde dank dieser Mittelpunktsfunktionen schon früh Sitz aller zentralen Museen, einer Landesbibliothek und eines Landesarchivs. Mit der Staatlichen Kunsthalle, dem Badischen Landesmuseum, den Landessammlungen für Naturkunde und dem – ab 1933 aus dem Landesmuseum entwickelten – Armeemuseum befanden sich am Schloß- und Friedrichsplatz museale Zentren von hohem Rang. Die unschätzbaren kulturellen Werte dieser Museen, die das Ansehen und die Bedeutung der Stadt schon immer maßgeblich mitbestimmten, so gut wie möglich vor den Kriegswirren zu schützen, bemühten sich die Verantwortlichen mit unterschiedlichem Erfolg. Überstand die Staatliche Kunsthalle den Krieg praktisch ohne jeden Verlust, so erlitten das Badische Landesmuseum und das Armeemuseum schmerzliche, die Landessammlungen für Naturkunde sehr schwere Einbußen. Bei den Luftangriffen vom 2./3. September 1942 bzw. 27. September 1944 waren die Museumsgebäude ausnahmslos zerstört oder aufs schwerste getroffen worden. Wiederaufbau und Neubeginn nach dem Krieg zogen sich infolgedessen über viele Jahre hin. Die Rettung des weit überwiegenden Teils Karlsruher Kunstsammlungen und Museumsgüter andererseits war der Tatsache zu verdanken, daß diese während des Kriegs an sichere Plätze ausgelagert waren. Der im März 1939 zur Staatlichen Kunsthalle Karlsruhe gekommene (spätere Direktor) Dr. Jan Lauts: *„Vorsorge für den erwarteten Kriegsfall war längst getroffen. Ein gemeinsamer Bergungsort für die Karlsruher Kulturinstitute stand bereit, genaue Pläne für die Evakuierung waren ausgearbeitet."*[1]

### Grünewald-Bilder im Gefängnis Pfullendorf

In einem Bericht vom 20. Mai 1945 an die französische Militärregierung Baden nannte der Direktor der Staatlichen Kunsthalle Karlsruhe, Dr. Kurt Martin, eine Liste der Plätze, nach denen die genannten Karlsruher Institutionen „Auslagerungen" ihrer Sammlungen, Bibliotheken und Archivbestände vorgenommen hatten.[2] Die umfangreichsten Transporte waren nach Pfullendorf gegangen, ein nach Martins Hoffnung *„verkehrsmäßig, industriell und aller Voraussicht nach auch militärisch unwichtiger Ort"*.[3] Unterbringungsort war das dortige Gefängnis. Hierzu der Chef der Kunsthalle: *„Das Gebäude war feuersicher, die Zellen waren für die Aufteilung, Lagerung und Kontrolle günstig, eine hohe Mauer um den Gefängnishof schirmte den Bergungsort nach außen ab und erleichterte die Überwachung."*[4] Beträchtliche Karlsruher Museumsbestände waren ferner auf Schloß Langenstein bei Stockach, in Stollen der Salzbergwerke Heilbronn, Kochendorf und Bad Rappenau sowie in den Kellern des Neuen Schlosses Baden-Baden untergebracht.[5]

Schlösser waren, weil angenommen werden durfte, daß sie relativ sicher seien, ohnehin bevorzugte Auslagerungsziele. Kunstschätze und Sammlungen vier staatlicher Museen sowie wertvolle Handschriften, Inkunabeln und Urkunden aus der Badischen Landesbibliothek und dem Generallandesarchiv befanden sich infolgedessen auch auf Schloß Eberstein bei Gernsbach, im Schloß des Barons von Adelsheim, auf Schloß Allcar in Badenweiler, im Schloß des Barons Böcklin von Böcklinsau in Rust, in Salem sowie in Schloß Favorite, unmittelbar nach Kriegsbeginn auch in den Schlössern Königsbach und Bauschlott. Andere Auslagerungsplätze, die Sicherheit insbesondere gegen Luftangriffe zu bieten schienen, waren die Klöster Erlenbad und St. Trudpert im Münstertal, das Rathaus und eine Gaststätte in Lenzkirch, das Rosgartenmuseum in Konstanz und das Staatliche Ausstellungsgebäude in Baden-Baden.

Als Zwischenstation bei den schon unmittelbar nach der Mobilmachung vom 26. August 1939 begonnenen, mit Hilfe zahlreicher requirierter Möbelwagen durchgeführten Auslagerungen der Kunsthalle war das Schloß Bauschlott gewählt worden.[6] Die Absicht, den Abtransport der Bilder geheimzuhalten, indem man sie an der Rückseite der Kunsthalle verlud, mißlang. Der Vorgang sprach sich in der Stadt sofort herum.[7] Dies mit der Folge, daß in Karlsruhe der Satz umging: *„Die Kunsthalle schafft die Bilder weg, es gibt Krieg."*[8] Für den Transport über Bauschlott und Königsbach ins Salzbergwerk Heilbronn wurden Bilder bestimmt, die sich in Förderkörben in die Tiefe bringen ließen. Alle großformatigen Gemälde, unter ihnen die kostbaren Werke von Matthias Grünewald, wurden nach dem Gefängnis Pfullendorf gebracht.

Um die Auslagerung kümmerte sich Dr. Martin in allen Phasen selbst aufs angelegentlichste. Wichtige Helferinnen waren ihm dabei die Restauratorin Margarethe Eschenbach, die viele wertvolle Bilder nach Pfullendorf brachte und dort während des gesamten Kriegs bei strengem Ausgehverbot bewachte, sowie die Bibliothekarin Luise Vernickel. Letztere organisierte vor allem die Transporte der Kunstschätze nach Bauschlott.[9]

Vor der Auslagerung waren die Bilder in drei Kategorien eingeteilt worden. Die wertvollsten Bilder erhielten einen roten, Bilder der nächsten Wertstufe einen blauen Punkt. Bilder geringeren Wertes blieben ohne Kennzeichnung.[10] Während des Kriegs gab es wiederholt Verlagerungen von einem zum anderen Bergungsort. Beispielsweise wurde später der Hauptbestand der Galerie und des Graphischen Kabinetts, der ursprünglich im Salzbergwerk Heilbronn geborgen war, in den geräumigen Kellern des Schlosses Langenstein untergebracht.

### Kulturgut von höchstem Rang gerettet

Nach dem ersten schweren Angriff vom 2./3. September 1942 wurde das Gebäude der praktisch ausgeräumten Kunsthalle beschlagnahmt und dem städtischen Ernährungsamt zur Verfügung gestellt. Bei dem verheerenden Brandbombenangriff vom 27. September brannte nahezu das gesamte Mu-

***Wertvolle Details des Kunsthallengebäudes – hier ein Ausschnitt des Flügels zum Botanischen Garten – sind erhalten geblieben.***

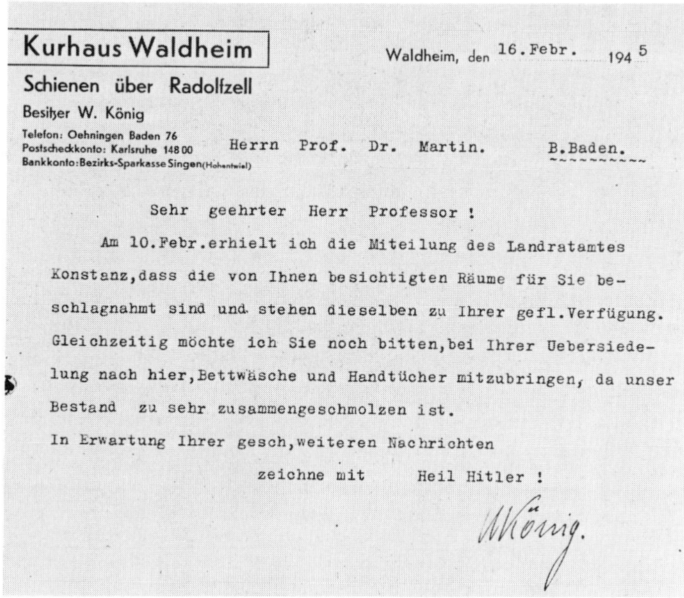

Kurhaus Waldheim

Schienen über Radolfzell

Besitzer W. König

Telefon: Oehningen Baden 76
Postscheckkonto: Karlsruhe 14800
Bankkonto: Bezirks-Sparkasse Singen (Hohentwiel)

Waldheim, den 16.Febr. 1945

Herrn Prof. Dr. Martin. B.Baden.

Sehr geehrter Herr Professor !

Am 10.Febr.erhielt ich die Miteilung des Landratamtes Konstanz,dass die von Ihnen besichtigten Räume für Sie beschlagnahmt sind und stehen dieselben zu Ihrer gefl.Verfügung. Gleichzeitig möchte ich Sie noch bitten,bei Ihrer Uebersiedelung nach hier,Bettwäsche und Handtücher mitzubringen, da unser Bestand zu sehr zusammengeschmolzen ist.

In Erwartung Ihrer gesch,weiteren Nachrichten

zeichne mit Heil Hitler !

W König.

seumsgebäude aus. In dieser Zeit kümmerte sich Dr. Martin, dem der Gauleiter und Reichsstatthalter Robert Wagner im Sommer 1943 alle staatlichen Museen in Baden und im Elsaß unterstellt und den Titel eines Generaldirektors der oberrheinischen Museen verliehen hatte, [11] angesichts der nach der Invasion sich nähernden Front vordringlich um die Rettung der elsässischen Kunstwerke. Um den berühmten Isenheimer Altar und andere Werke aus dem Museum Unterlinden in Colmar, die auf der Hohkönigsburg sichergestellt waren, vor Kampfschäden zu bewahren, ließ Martin in französischer und englischer Sprache Informationsblätter schreiben mit dringlichen Hinweisen auf das in der Burg lagernde *„Kulturgut von höchstem, übernationalem Rang". „Für den Fall eines Wechsels der Besatzung stand eine deutsche Fassung zur Verfügung."*[12] Diese Zettel wurden an die Geistlichen der umliegenden Ortschaften verteilt mit der Bitte, sie der jeweils anwesenden Truppe auszuhändigen. Gegenüber seinem Freund Hans Haug, bis zur Besetzung Frankreichs Direktor des Rohan-Museums in Straßburg, sprach Dr. Martin in einem Brief vom September 1944 die Hoffnung aus, daß nach diesen Vorkehrungen *„durch Plünderungen oder sonstige menschliche Leidenschaften keine Verluste eintreten"*.[13]

Wie die Kunstschätze des Museums Unterlinden auf der Hohkönigsburg wurde dank der Vorsorge der Verantwortlichen und der Umsicht einiger weniger, noch vorhandener Mitarbeiter auch der gesamte Bestand der Karlsruher Kunsthalle gerettet und der Stadt erhalten, ebenso zahlreiche Werke von Wert aus Karlsruher Privatbesitz, die von der Kunsthalle in ihre Auslagerungsaktion einbezogen wurden.[14]

Daß die Schätze der Kunsthalle auch während der schwierigen ersten Zeit nach Kriegsende unangetastet blieben und bald zurückgebracht werden konnten – die Gemälde der ersten Transporte wurden im Keller des Kunstvereins, Bilder der späteren Transporte im Keller der Kunsthalle gelagert[15] –, war vor allem Dr. Kurt Martin selbst zu danken, mit dem die Franzosen in Würdigung seiner Verdienste um die Bewahrung wertvollen Kulturguts im Elsaß sofort zusammenarbeiteten. Aber auch die amerikanische Militärregierung wußte die Kompetenz dieses hervorragenden – zudem unbelasteten – Repräsentanten des deutschen Museumswesens zu schätzen. Die Doppelanerkennung beider Besatzungsmächte hatte zur Folge, daß Martin sowohl sein Amt in Karlsruhe versah als auch eine ähnliche Funktion in Freiburg übernahm, für einige Zeit jeweils zur Hälfte von Regierungen des damaligen Landesbezirks Nordbaden (amerikanische Besatzungszone) und Südbaden (französische Besatzungszone) bezahlt.[16] Seine Verdienste um den Wiederaufbau des künstlerischen und kulturellen Lebens in der französischen Zone – zugleich wohl auch um die Rettung der elsässischen Kunstwerke – wurden Martin seitens der französischen Militärregierung gedankt durch das im Jahr 1948 erfolgte Geschenk von 88 Blättern französischer Druckgraphik der klassischen Moderne für die Staatliche Kunsthalle Karlsruhe. Martins zeitweise einzige Mitarbeiterin Luise Vernickel aber, die das Ende des Kriegs zusammen mit der Restauratorin Eschenbach bei den Schätzen der Kunsthalle im Gefängnis Pfullendorf erlebte und, unter ähnlichen Abenteuern wie bei der Auslagerung, die Rückführung des Kunstgutes der Kunsthalle leitete, erhielt dieser Verdienste wegen später das Bundesverdienstkreuz.[17]

Die Staatliche Kunsthalle als Institution nahm im Sommer 1945 ihren Anfang in einem Kellerraum des zerstörten Gebäu-

***Mit diesem Brief machte das Kurhaus Waldheim bei Radolfzell Prof. Dr. Martin, den „Generaldirektor der Oberrheinischen Museen", darauf aufmerksam, daß er bei seiner „Übersiedelung" Bettwäsche usw. mitbringen müsse.***

des, den das Ernährungsamt ihr überließ. Jan Lauts (*1908): *„Ein fensterloses Kellergelaß bildete das Büro. Von dieser Zelle aus begann der Wiederaufbau, errang sich das Museum Raum um Raum zurück."*[18]

### Mumien durch Brand vernichtet

Mit der Bewahrung seines Kunstgutes weniger Glück als die Kunsthalle hatte das Badische Landesmuseum. Die Auslagerung war diesem Museum teils angesichts des Umfangs und der Sperrigkeit der Bestände, wohl aber auch wegen der zu bewältigenden organisatorischen Probleme eine gefürchtete Aufgabe. Vergeblich bat Dr. Ludwig Moser, der kommissarische Direktor des Landesmuseums, die Kunsthalle-Bibliothekarin Luise Vernickel, auch die Bergung des musealen Guts des Landesmuseums zu übernehmen[19] – sie hatte mit der Sicherstellung der Kunstschätze ihres Instituts genug zu tun. Später, im Sommer 1944, verzichtete Moser auf eine im Salzbergwerk Heilbronn mögliche *„weitere Bergungsarbeit"*, *„weil wir kein Holz* (für Kisten und Regale; d. Verf.) zugestellt bekommen".[20] Den entsprechenden Platz stellte das Landesmuseum der Technischen Hochschule sowie der Landesbibliothek zur Verfügung, denen die Beschaffung von Holz offenbar weniger Mühe machte.

Dennoch wurden große Teile des Museumbestandes verlagert. Die wertvollsten größeren Stücke kamen unmittelbar nach Kriegsbeginn nach Pfullendorf. Dorthin konnte, weil Kunsthallechef Dr. Martin ihm Platz in einem „seiner" Möbelwagen anbot, Dr. Friedrich Wielandt auch Teile des Münzkabinetts bringen.[21] Zu umfangreicheren Auslagerungen kam es

***In dem zur Ruine ausgeglühten Karlsruher Schloß gingen wertvolle Bestände des Badischen Landesmuseums verloren.***

beim Landesmuseum jedoch erst nach der Warnung des Angriffs vom 2./3. September 1942, bei dem der Ostflügel des Schlosses mit der Schloßkirche getroffen und u. a. die unersetzlichen ägyptischen Mumien vernichtet worden waren. Die Schlösser Langenstein und Salem sowie die Salzbergwerke Rappenau und Kochendorf waren die wichtigsten Auslagerungsplätze. Diese Transporte wurden in solcher Eile vorgenommen, daß man versäumte, Listen über das verlagerte Museumsgut anzufertigen, ein Umstand, der nach dem Krieg zu großen Schwierigkeiten führen sollte. Die Masse des Museumsguts aber, auch größere Marmorfiguren, ägyptische Grabreliefs und römische Steindenkmäler, wurden samt der Museumsbibliothek in die Kellerräume des Schlosses geschafft, wo – schon im Juli 1939 – zwei Luftschutzkeller ausgebaut worden waren.[22]

Bei dem schweren Bombenangriff vom 27. September 1944, der das Schloß zu einem Steingerippe ausglühte, blieben die im Keller untergebrachten Bestände weitgehend unversehrt, *„weil die starken Gewölbe den herabstürzenden Bauteilen standhielten”*.[23] Brandschutt, der durch Einsturz der Treppen in den Keller gelangte, führte allerdings u. a. zu schweren Schäden an dem dort gelagerten „Marsyas”.[24] Vernichtet wurden aber alle fest eingebauten Teile der Sammlung, die volkskundliche Sammlung mit den eingerichteten Schwarzwald- und Handwerkerstuben, die Ofensammlung, im Galeriesaal das dort untergebrachte Kriminalmuseum, im Gartensaal Tausende von Kostümen aus dem Fundus des Staatstheaters und natürlich die gesamte Ausstattung des Schlosses. Theodor Hoffmann (*1896), damals Verwaltungschef des Landesmuseums: *„Mein Vorschlag, die eingebauten Zimmer in Sicherheit zu bringen, sie aber zuvor zu fotografieren und zu vermessen, um sie nach dem Krieg wieder aufbauen zu können, war leider zurückgewiesen worden. So ist dann alles kaputtgegangen.”*[25] Der damalige Museumschef Dr. Moser, der diesen Vorschlag ablehnte, hatte seinerseits beantragt, die wertvolle Ofensammlung auszubauen und wegzuschaffen. Dieser Antrag wurde, wie aus einer Notiz des zuständigen Beamten im Kultusministerium hervorgeht, mit der Bemerkung abgetan: *„Sollen im Schloß bleiben!”*[26] Daß nicht auch die wertvolle Museumsbibliothek ein Raub der Flammen wurde, war der Umsicht der Museums-Putzfrau Bell zu danken, die während des Brandes die zu diesem Keller führende schwere Eisentür schloß.[27]

## Zivilwachen gegen Plünderer

Nach der Zerstörung des Schlosses befand sich die Museumsleitung zunächst im Keller der Schloßruine, zog sich jedoch Anfang 1945 nach Neuhausen im Würmtal zurück. Bei der Besetzung der Stadt befand sich nur noch Hausmeister Beideck im Schloß, der sich gegenüber dem im Kolpinghaus zur Lazarettbehandlung befindlichen Leiter des Münzkabinetts, Dr. Wielandt, bitter beklagte, daß man ihn mit den in den Kellern noch befindlichen wertvollen Beständen alleingelassen habe.[28] Er konnte auch nicht verhindern, daß es zu wiederholten „Besuchen” von Franzosen, aber auch von DP's (displaced persons = nach Deutschland verschleppte Polen und Russen) und Plünderungen kam. In seinem Tagebuch, das er während des ereignisreichen Monats April 1945 führte, berichtet der kurz nach der Besetzung der Stadt in städtische Dienste getretene Eduard Fink unterm 22. April: *„Der Hausmeister des Armeemuseums meldet, daß dieses und das Schloß am Sonntag und heute früh erneut von französischen Soldaten geplündert wurde, nachdem die Keller alle erbrochen worden waren.”*[29]

Durch Diebstahl gingen u. a. zahlreiche wertvolle Münzen verloren, im benachbarten Armeemuseum außerdem einige Handwaffen. Vom französischen Kulturoffizier Bouthier wurde Emil Mangler, damals Ratschreiber und städtischer Kulturbeauftragter, gebeten, sich des praktisch verwaisten Landesmuseums anzunehmen.[30] Da die Franzosen die militärische Bewachung des Schlosses und des Marstallgebäudes ablehnten, organisierte Mangler zusammen mit der Bezirksverwaltung Stadtmitte-Ost Mitte April die Bewachung durch Zivilisten, die allerdings kaum eine Möglichkeit hatten, gegen Plünderer einzuschreiten. Marodeure gab es auch unter den Karlsruhern selbst. Beispielsweise gelang es Theodor Hoffmann, der etwa 14 Tage nach Besetzung der Stadt zusammen mit Dr. Moser auf abenteuerliche Weise von Neuhausen nach Karlsruhe zurückgekehrt war, zwei junge Karlsruher zu stellen und ihre Beute abzunehmen. Diese bestand in einer Silberkassette mit dem Herzen eines Angehörigen des badischen Fürstenhauses, die die Plünderer in der damaligen Fürstengruft der Evangelischen Stadtkirche aus einem zerbrochenen Sarg entwendet hatten.[31]

Dr. Moser wurde nach seiner Rückkehr von der französischen Militärregierung zunächst in seinem Amt bestätigt. Die Amerikaner übertrugen jedoch Dr. Arthur von Schneider die Museumsleitung. V. Schneider hatte sich dann bei der – in den Jahren 1948/49 durchgeführten – Rückführung der ausgelagerten Museumsgüter mit den Folgen der Tatsache zu quälen, daß das verlagerte Museumsgut nicht inventarisiert war, was bei der erbetenen Freigabe zu beträchtlichen Schwierigkeiten mit der französischen Militärregierung führte. Große Bestände aus Schloß Langenstein mußten beispielsweise auf dem Weg nach Karlsruhe im Neuen Schloß Baden-Baden zwischengelagert und durften erst nach monatelanger mühevoller „Identifizierung" in die ehemalige Residenz zurückgebracht werden.[32]

## Anfang und Ende des Armeemuseums

Nur eine Lebensdauer von etwas über einem Jahrzehnt war dem Badischen Armeemuseum beschieden. Gebildet aus Beständen des Badischen Landesmuseums und zahlreichen Erwerbungen oder Dauerleihgaben, die der Museumsgründer Oberst a. D. Erich Blankenhorn, bis 1933 Chef der badischen Polizei, allenthalben im Land Baden aufgestöbert und nach Karlsruhe gebracht hatte, war das in den Marstallgebäuden an der Ostseite des Schloßplatzes untergebrachte Museum im Mai 1934 eröffnet worden. Die formelle Aufsicht über das Museum hatte Dr. Kurt Martin, der (nach einer *„ausgezeichneten, überaus geschickten Rede, mit der er, der kein Freund der Nazis war, nicht aneckte, die aber dennoch großen Eindruck machte"*,[23] gehalten zur Eröffnung des Armeemuseums) zum Direktor der Staatlichen Kunsthalle ernannt worden war. Den Umstand, daß das Armeemuseum schnell ein Lieblingskind von Gauleiter Robert Wagner wurde, wußte Dr. Martin, *„ein geborener Diplomat, und hierzu besonders talentiert, weil er zwei Jahre lang Schauspieler gewesen war"*,[34] in der Weise für sich zu nutzen, daß es ihm gelang, sich von der Mitgliedschaft jeglicher NS-Organisation fernzuhalten. Durch Verfügung Wagners wurde das Badische Armeemuseum am 1. Februar 1936 in „Armeemuseum Karlsruhe, Deutsche Wehr am Oberrhein'" umbenannt.[35]

Während der ersten beiden Kriegsjahre war das Museum noch geöffnet. Wie das benachbarte Landesmuseum verlagerte auch das Armeemuseum seine wertvollsten Bestände nach dem ersten Großangriff vom 2./3. September 1942. Bergungsorte waren Schloß Favorite, Schloß Allcard in Badenweiler sowie Lenzkirch, Standorte, mit deren Wahl sich Blankenhorn der Weisung von Gauleiter Wagner widersetzte, der das Museumsgut in Fort Roon bei Straßburg geborgen wissen wollte[36] (wohin andererseits ein Großteil des Bestandes des Generallandesarchivs gelangte; vgl. „Hunderttausende von Büchern verbrannt").

Bei dem Angriff vom 27. September 1944 wurden mit den Museumsgebäuden des ehemaligen Marstalls alle zurückgelassenen großen Stücke – Flugzeuge, Geschütze, Feldwagen – vernichtet. Mit dem Näherkommen der Front hatte Oberst Blankenhorn außer dort schon zuvor deponiertem Museumsgut in Lenzkirch sogenannte „Spitzenwerke" seines Instituts in Sicherheit gebracht, die zuvor in Favorite und Badenweiler gelagert waren, darunter 47 Fahnen der altbadischen Armee und vier Standarten des ehemaligen XIV. Armeekorps.[37]

## Fahnen und Standarten nach Kriegsende versteckt

Der Verbleib eben dieser Feldzeichen führte gegen Kriegsende zu harten Auseinandersetzungen. Als Blankenhorn erfuhr, daß die Fahnen und Standarten Anfang Januar 1945 von der Wehrmacht ohne sein Wissen von Lenzkirch nach Ingolstadt gebracht worden waren, protestierte er aufs energischste gegen die Aktion. Ein *„wilder"* Oberleutnant, so schrieb er unterm 11. Januar 1945 an den offiziellen Museumschef Dr. Martin, habe die Fahnen und Standarten *„mit brutaler Gewalt"* weggenommen.[38] Und dem für die Verlagerung verantwortlichen Generalleutnant Brand, dem Chef der Heeresmuseen in Wien, machte Blankenhorn mit Blick auf die übrigen in Lenzkirch deponierten Museumsbestände in bemerkenswerter Deutlichkeit klar: *„Alles in Lenzkirch befindliche Museumsgut ist Eigentum des badischen Staates und ich bin dessen verantwortlicher Betreuer. Es darf also ohne meine persönliche Anwesenheit kein Stück aus Lenzkirch abgeholt werden, ganz gleich wer es auch sein mag."*[39] Auf Drängen Blankenhorns stellte mit Schreiben vom 6. März auch das Badische Ministerium für Kultus und Unterricht beim Chef der Heeresmuseen vorsorglich fest, daß es sich bei dem überwiegenden Teil der weggeschafften Feldzeichen um Eigentum des Landes Baden handele.[40]

Dank seines persönlichen Einsatzes gelang es Blankenhorn,

die in Badenweiler befindlichen Kisten mit Beständen des Karlsruher Armeemuseums auch in der schwierigen ersten Besatzungszeit unversehrt zu erhalten. Nicht verhindern konnte er, daß zunächst sowohl das in Lenzkirch gelagerte Museumsgut als auch die nach Ingolstadt verbrachten Fahnen und Standarten von den Siegermächten weggeschafft wurden. Die als Siegesbeute von Lenzkirch nach Paris gebrachten Kisten erhielt Blankenhorn vom Direktor des Pariser Armeemuseums, General Blanc, jedoch schon im Februar 1946 zurück, nicht zuletzt in Dankbarkeit dafür, daß er sich während des Kriegs in Frankreich erfolgreich gegen eine *„zwangsweise Trophäisierung deutscher militärgeschichtlicher Gegenstände"* eingesetzt hatte.[41] Die Fahnen und Standarten aber, die von Ingolstadt aus zunächst in die sogenannte „Alpenfestung" gebracht worden waren, wurden nach Vernichtung der Fahnenstangen und -schuhe ab Kriegsende bis 1949 zusammen mit 70 Fahnen der ehemaligen preußisch-deutschen Armee in wechselnden privaten Verstecken Österreichs – Innsbruck, Seefeld, Dornbirn und Landeck –, ab 1949 im Engadin bzw. in Luzern verborgen gehalten.[42] Erst im Jahre 1956 gelang Blankenhorn nach einer mühevollen Suchaktion die Rückführung der badischen Fahnen und Standarten.

Sitz des neuen Museums, das zuvor provisorisch im Neuen Schloß Baden-Baden Quartier bezogen hatte, war nun allerdings das Rastatter Schloß. Anfänglich die Anordnung der Besatzungsmächte, militärische Einrichtungen und Museen zu beseitigen, danach – auch angesichts der Raumnot als Folge der Kriegszerstörungen – das Desinteresse der verantwortlichen nordbadischen Landesbehörden hatten zur Preisgabe des Armeemuseums in Karlsruhe geführt. Seine endgültige Ansiedlung im Südflügel des Rastatter Schlosses, zunächst als „Historisches Museum Schloß Rastatt", nach der Übernahme durch die Bundeswehr 1969 in „Wehrgeschichtliches Museum Schloß Rastatt" umbenannt und zwischenzeitlich empfindlich „entbadenisiert"[43], war vor allem dem gemeinsamen Bemühen Blankenhorns und der Stadt Rastatt zu danken.

In den Kellern des Karlsruher Schlosses verwahrte, zum Teil schwer beschädigte Restbestände des Armeemuseums wurden gemäß einer Vereinbarung mit Oberst a. D. Blankenhorn zwischen dem Badischen Landesmuseum und dem Generallandesarchiv aufgeteilt.[44]

## Die Katastrophe am Friedrichsplatz

Wie für das Badische Landesmuseum und das Badische Armeemuseum begann der wirkliche „Ernst" des Krieges auch für das Museum am Friedrichsplatz – die Landessammlungen für Naturkunde – erst nach dem ersten schweren Luftangriff vom 2./3. September 1942. Für die Landessammlungen ebenso wie für die Badische Landesbibliothek, gemeinsam untergebracht in dem schönen, von Oberbaurat Berckmüller in der zweiten Hälfte des vorigen Jahrhunderts im Erbprinzengarten erbauten Sammlungs- und Bibliotheksgebäude, kam das Erwachen allerdings zu spät. Mit Ausnahme des Ostflügels, wo der Brand im Dachgeschoß hatte gestoppt werden können, brannte das riesige Gebäude vollständig aus. Die Verluste, Folge der Tatsache, daß dieses volkstümliche Museum Auslagerungen *„aus politischen Gründen"*[45] nicht hatte vornehmen dürfen, waren schlechthin katastrophal. Um nur die schwersten zu nennen: Die heimatkundliche biologische Schausammlung der Säugetiere und jene der Vögel gingen verloren, die landeskundliche geologisch-paläontologische und mineralogische Schausammlung, alle Abteilungsbibliotheken und – ein besonders schwerer Verlust – das berühmte badische Landesherbar, eine Sammlung aller bisher in Baden beobachteten Pflanzen.[46]

Die Katastrophe am Friedrichsplatz entbehrt freilich nicht eines tragikomischen Vorgangs: Feuerwehren waren, wie aus Akten hervorgeht, in der Brandnacht zwar schnell zur Stelle, doch wagten sie nicht zu löschen, ehe sie hierzu einen Befehl hatten. *„Als dann schließlich der Einsatzbefehl kam, hatte sich das Feuer in dem Gebäude schon so ausgebreitet, daß es nicht mehr unter Kontrolle zu bringen war."*[47] Eine andere Unverständlichkeit war vorausgegangen. Die ausgedehnten Keller des Sammlungs- und Bibliotheksgebäudes, die sich vorzüglich zur feuersicheren Lagerung wichtigster Bestände beider Kulturinstitute geeignet hätten, waren von Einheiten des Sicherheits- und Hilfsdienstes beschlagnahmt und *„wurden trotz Protesten der Direktion nicht freigegeben"*.[48]

Für den Museumschef Prof. Dr. Max Auerbach noch schmerzlicher als die Verluste durch Brand war die Gleichgültigkeit der zuständigen Stellen gegenüber vermeidbaren Nachfolgeschäden. Zwar hatten die Mitarbeiter des Museums, unterstützt von hierzu befohlenen 50 Karlsruhern Lehrern, noch einen großen Teil der Fossilien und der sehr umfangreichen In-

sektensammlung retten können, indem sie *„so lange Sachen aus dem brennenden Gebäude heraus*[holten], *bis beinahe das Dach über ihrem Kopf zusammenfiel."*[49] Aber *„die folgenden Wochen und Monate waren für Auerbach besonders schmerzlich und zermürbend, mußte er doch zusehen, wie ohne zwingende Not noch große Werte zugrundegingen, weil . . . alle seine Bemühungen auf kein Verständnis stießen, ja mitunter ins Lächerliche gezogen wurden"*.[50] Ein Antrag Auerbachs an das Bezirksbauamt, über dem Ostflügel des Sammlungsgebäudes ein Notdach anzubringen, wurde mit der Bemerkung abgetan, es lägen keine wehrwirtschaftlichen Bedürfnisse und deshalb keine *„besondere Dringlichkeit"*[51] vor. Die tiefe Enttäuschung Auerbachs spricht aus einem Brief, den er am 4. März 1943 dem Kultusministerium schrieb. Darin heißt es: *„Mit dem Verlust vom 2./3. 9. habe ich mich längst abgefunden. Daß ich aber nun zusehen muß, wie ohne jede Notwendigkeit auch die ganzen mit Lebensgefahr geretteten Bestände langsam zugrunde gehen, halte ich nicht aus."*

**Das Sammlungsgebäude (hier das prächtige Treppenhaus) mit den Landessammlungen für Naturkunde und der Badischen Landesbibliothek waren schon im Jahr 1942 zerstört worden.**

Auf diesen Alarmruf hin begann endlich im April 1943 die Auslagerung des Großteils der geretteten, von Witterungseinflüssen zum Teil stark angegriffenen Bestände. Die wertvolle Schmetterlingssammlung wurde auf Schloß Eberstein, ein Teil der Insektensammlung auf Schloß Waisbach im Bezirk Künzelsau, ein anderer Teil auf dem Schloß des Freiherrn Böcklin von Böcklinsau in Rust bei Lahr untergebracht. Die allgemeine zoologische Sammlung kam zusammen mit drei Herbarien ins Karlsruher Schloß, wo sie dann bei dem Angriff vom 27. 9. 1944 vernichtet wurden. In der gleichen Nacht brannte auch das Erbprinzenschlösschen am Nymphengarten nieder, wo u. a. die vom ersten Brand geretteten Skelette, die Vogelbalgsammlung, paläontologische und mineralogische Spezialsammlungen sowie das gesamte Bildmaterial einschließlich aller Negative und Diapositive *„mit Aufnahmen speziell aus der Natur der Heimat"*[52] verlorengingen.
Um die Jahreswende 1944/45 verlegte Prof. Auerbach seine klein gewordene Dienststelle angesichts der weitgehenden Evakuierung Karlsruhes in die Anstalt für Bodenseeforschung Konstanz-Staad. Von dort aus berichtete er unterm 4. April 1945 der zuständigen, nun in Meersburg befindlichen Abteilung des Ministeriums für Kultus und Unterricht, ein Teil der in Rust untergebrachten Bestände sei durch Feindeinwirkung beschädigt worden. Nun habe er dem Oberlaboranten Rudolf Becker – dieser hatte in der Nacht vom 2./3. September 1942 *„in unvorstellbarem Einsatz viele Sammlungsstücke vor der Zerstörung retten"* können[53] – *„anheimgestellt, den Versuch zu machen, von Karlsruhe nach Rust zu gelangen"*, denn dieser sei *„der Einzige, der über die nötige Kraft und Sachkenntnis verfügt"*.[54]
Zu spät: An eben jenem 4. April, als dieser Brief geschrieben wurde, brachten sich die Franzosen in den Besitz der Stadt. Im übrigen hielt sich der Ruster Schaden, verursacht durch ein Artilleriegeschoß, in Grenzen. Über den Versuch, in dem teilzerstörten Ostflügel des Sammlungsgebäudes Ordnung zu schaffen, kamen die Bemühungen einiger zurückgekehrter Mitarbeiter in den Monaten nach Kriegsende nicht hinaus. Um die geretteten Restbestände ihres Museums wieder vorzeigen zu können, benötigten auch die Landessammlungen viele Jahre harter Arbeit.

## Hunderttausende von Büchern verbrannt

**Landesbibliothek – Generallandesarchiv – Stadtbibliothek / Stadtarchiv / Städt. Sammlungen**

So unterschiedlich wie die Kriegs- und Nachkriegsschicksale der staatlichen Museen waren die Geschicke der in Karlsruhe angesiedelten Bibliotheken und Archive. Der zerstörerischen Kraft zahlloser Spreng- und Brandbomben wehrlos ausgesetzt, verlor die Badische Landesbibliothek bei dem Luftangriff vom 2./3.September 1942 fast ihren Geamtbestand, die Bibliothek der Technischen Hochschule (vgl. „Gefahr für die TH: Verlegung oder Auflösung?") den überwiegenden Teil ihres Bücherbestandes. Das Generallandesarchiv jedoch blieb bei dem schweren Bombenangriff vom 27. September 1944 wie durch ein Wunder, allerdings auch dank des beherzten Eingreifens einiger weniger Bediensteter des Hauses, von Verlusten fast verschont. Schwere Einbußen erlitt andererseits das Stadtarchiv, das bei dem Angriff vom Dezember 1944 alle im Rathauskeller gelagerten Bestände verlor.

### Landesbibliothek verliert 98 % ihres Bestandes

Im Falle der Landesbibliothek rächte sich die Tatsache, daß man diese Institution – ebenso wie die im gleichen Komplex untergebrachten Landessammlungen – gehindert hatte, die Masse ihrer wertvollen Bestände wenn schon nicht außerhalb der Stadt, so wenigstens in den geräumigen Kellern des Sammlungs- und Bibliotheksgebäudes am Friedrichsplatz in Sicherheit zu bringen (vgl. „Unersetzliche Werte gerettet und vernichtet"). So aber waren die im Magazingebäude an der Ritterstraße verwahrten Bücher dem von Brandbomben entzündeten Feuer eine willkommene Beute. Es entstand, teils aus Mangel an Hilfskräften, teils aus Folge der Entschlußlosigkeit der von diesem ersten Großangriff wie gelähmten Rettungskräfte, ein Großbrand, der die Bevölkerung tagelang in

Atem hielt. *„Ich erinnere mich noch gut daran"*, so berichtet Hans Heckel, später langjähriger Mitarbeiter der Landessammlungen, *„daß der Brand mehrere Tage andauerte und in der Innenstadt verkohlte Bücherseiten herumwirbelten, die durch die Hitze und Flammen hochgewirbelt und fortgetragen wurden".*[1]

In einem erregenden und bewegenden Bericht hat Dr. Richard Valentin Knab (1883-1968) stellvertretender Direktor der Landesbibliothek, seine Erlebnisse in jener Nacht geschildert. Der ohnmächtige Schmerz über das Geschehen spricht aus folgendem Satz aus der Einleitung zu dem 12seitigen Bericht von Knab: *„Ich aber, den das furchtbare Los getroffen hatte, als Brandwache gegen diesen unerhörten Kulturfrevel ankämpfen zu sollen, mußte mit eigenen Augen mitansehen, wie im schauerlichen Phosphorfeuer feindlicher Bomben, im Prasseln und Fauchen erbarmungsloser Flammen alles zusammenbrach und schmolz, war mir durch Jahrzehnte lieb und über allen privaten Besitz kostbar gewesen war".*[2]

Im Feuer der Nacht zum 3. September 1942 und danach verlor die Landesbibliothek 365000 Bände, d.s. 98% ihres Gesamtbestandes.[3] Gerettet wurden immerhin der größte Teil der etwa 5000 Handschriften und der 1200 Wiegendrucke (aus der Zeit vor 1500), eine Anzahl Drucke des 16. und 17. Jahrunderts, ein Teil der Kartensammlung sowie eine kleine Auslese in Baden erschienener oder auf Baden bezüglicher Druckwerke von besonderer Seltenheit, alles in allem rund 10000 Stück.[4] Diese wertvollsten Bestände hatte man teils noch vor Kriegsbeginn, teils in der Zeit danach, an Bergungsorten wie Pfullendorf, dem Salzbergwerk Heilbronn, Schloß Langenstein und Schloß Eberstein, einiges auch im Lorenzerhof bei Stockach, in Sicherheit bringen können.

## Eine Frau hütet die Bibliothek

Direktion und Personal der Bilbliothek fanden nach der Zerstörung ihres Hauses zunächst in der Bibliothek der Technischen Hochschule, danach im Gebäude des Evangelischen Oberkirchenrats an der Blumenstraße, anschließend in der Staatskanzlei an der Erbprinzenstaße (dem ehemaligen Fürstenberg-Palais) und schließlich im Landtagsgebäude an der Ständehausstraße Quartier. Nach dessen Zerstörung im September 1944 erhielt die Landesbibliothek im Ostflügel des Sammlungsgebäudes an der Lammstraße eine Notunterkunft. Noch während des Kriegs erfolgte, ermöglicht durch Finanzhilfen des Staates sowie durch Schenkungen von Behörden und privater Seite, der Wiederaufbau der Bibliothek, deren Grundstock übrigens etwa 2500 Bücher lieferten, die beim Brand ausgeliehen waren und danach zurückgegeben wurden.[5] Bei Kriegsende belief sich der Bestand der Landesbibliothek immerhin schon wieder auf 60000 Bände,[6] untergebracht in dem genannten Keller an der Lammstraße, bei Tag und Nacht bewacht von der Bibliothekarin Irma Hasenstab, die seit Dezember 1944 in diesem Keller Quartier bezogen hatte.

Aus einer lebendigen Schilderung ihrer Erlebnisse in dem Kellerverlies geht hervor, daß es Irma Hasenstab in den gefährlichen ersten 14 Tagen der französischen Besatzung mit Geschick, offenbar aber auch mit viel Mut gelang, einzelne oder Trupps von Soldaten vor dem Eindringen in die von ihr allein bewachten Räume fernzuhalten.[7] Offizieren, die sich, Pistolen oder Maschinenpistolen in der Hand, doch Einlaß verschafften, zeigte die Bibliothekarin, die alle Sicherungen der noch intakten elektrischen Beleuchtung entfernt hatte, mit der Taschenlampe nur den dunklen vorderen Raum ihres Schutzbe-

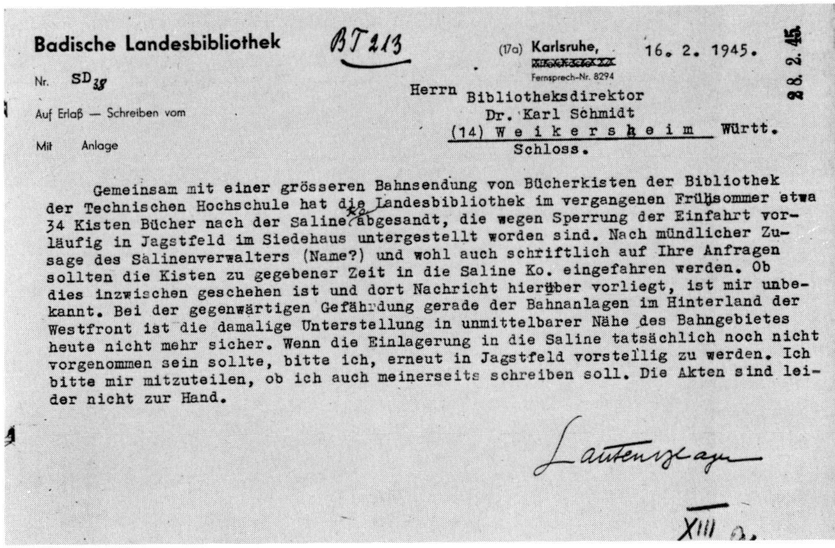

Badische Landesbibliothek BT 213

(17a) Karlsruhe, 16. 2. 1945.

Fernsprech-Nr. 8294

Nr. SD 38

Auf Erlaß — Schreiben vom

Mit Anlage

Herrn Bibliotheksdirektor
Dr. Karl Schmidt
(14) W e i k e r s h e i m Württ.
Schloss.

Gemeinsam mit einer grösseren Bahnsendung von Bücherkisten der Bibliothek der Technischen Hochschule hat die Landesbibliothek im vergangenen Frühsommer etwa 34 Kisten Bücher nach der Saline Ko abgesandt, die wegen Sperrung der Einfahrt vorläufig in Jagstfeld im Siedehaus untergestellt worden sind. Nach mündlicher Zusage des Salinenverwalters (Name?) und wohl auch schriftlich auf Ihre Anfragen sollten die Kisten zu gegebener Zeit in die Saline Ko. eingefahren werden. Ob dies inzwischen geschehen ist und dort Nachricht hierüber vorliegt, ist mir unbekannt. Bei der gegenwärtigen Gefährdung gerade der Bahnanlagen im Hinterland der Westfront ist die damalige Unterstellung in unmittelbarer Nähe des Bahngebietes heute nicht mehr sicher. Wenn die Einlagerung in die Saline tatsächlich noch nicht vorgenommen sein sollte, bitte ich, erneut in Jagstfeld vorstellig zu werden. Ich bitte mir mitzuteilen, ob ich auch meinerseits schreiben soll. Die Akten sind leider nicht zur Hand.

***Mit diesem Schreiben bemühte sich der Direktor der Landesbibliothek um die Sicherstellung von Büchern in der Saline Kochendorf.***

reichs in dem sich einige wenige ältere Bücher befanden, und erklärte, alles andere sei vernichtet. Irma Hasenstab (1894-1974) über ihre damalige Situation: *„Den Keller hielt ich vollkommen dunkel und den Ofen ungeheizt, so daß kein Licht durch die notdürftig mit Pappe verwahrten Fenster eindringen konnte. Schreibmaschine und Fahrrad hielt ich versteckt. Einige Lebensmittel hatte ich mir für den Notfall aufgespart."*
Von Capitaine Sigman, dem Offizier für kulturelle Angelegenheiten beim Gouvernement militaire de Bade, der bald darauf dennoch in das „Allerheiligste" des von Irma Hasenstab gehüteten unterirdischen Reiches vordrang, wurde die Bibliothekarin aufgefordert, vorübergehend die Leitung der Landesbibliothek zu übernehmen. Nachdem sie sich hierzu bereit erklärt hatte, erhielt sie schriftlich die Verantwortung für die Sicherheit der Bücher, des Kellers, ja sogar des Gebäudes. Niemand dürfe ohne schriftliche Genehmigung Sigmans die Bibliothekskeller betreten. Falls sie ihre Aufgabe nicht auftragsgemäß durchführe, werde man den Keller räumen und die Bücher abtransportieren.
Irma Hasenstab: *„Ich sagte zu, denn ich freute mich, auch einmal etwas Besonderes für die Landesbibliothek tun zu können."* Ihren schriftlichen Auftrag vorweisend, widersetzte sie sich an einem der folgenden Tage erfolgreich dem Verlangen des zur Stadtkommandantur Karlsruhe gehörenden Leutnants Bouthier, der in einem vorgefahrenen Lastkraftwagen Teile der Bibliothek fortschaffen wollte. Nach dem Wechsel der Besatzung im Juli 1945 bestätigte der amerikanische Stadtkommandant Pullen den Auftrag an Irma Hasenstab, die Landesbibliothek zu vertreten und zu überwachen.
Direktor Dr. Lautenschlager, der dem Nationalsozialismus eher ablehnend gegenüberstand, war auf nachdrückliches Verlangen seitens des Kultusministeriums noch im Jahr 1944 einer Gliederung der Partei beigetreten.[8] Ob aus diesem oder aus anderen Gründen: Lautenschlager wurde von der französischen Militärregierung unter dem ausdrücklichen Gebot, den Bibliothekskeller nicht mehr zu betreten, entlassen. *„Blinder Formalismus der nachrückenden Amerikaner"* wiederholte diese Amtsenthebung, ein schwerer Schlag für Lautenschager, der zuvor schon in seinem wissenschaftlichen Werk schmerzliche Einbuße erlitten hatte: Französische Soldaten hatten nach der Besetzung in Lautenschlagers Wohnung das Registermaterial zu seiner Bibliographie der badischen Geschichte – mehr als 19 000 Titelkarten – mutwillig verbrannt.[10]
Noch im Jahr 1945 wies die US-Militärregierung der Landesbibliothek Räume im Magazingebäude des Generallandesarchivs zu. Hier wurden die geborgenen und zurückgeführten Bestände der Bibliothek einschließlich der Verwaltung in überaus beengten Räumen untergebracht. Zum kommissarischen Leiter der Bibliothek wurde Dr. Richard V. Knab ernannt, der nach einer halbjährigen Evakuierungs-Odyssee ab August wieder in Karlsruhe war. Im Jahr 1948 kehrte Lautenschlager, der zuvor *„verbittert, aber nicht entmutigt"* das Geschäft der Schrifttumserfassung weiter geführt hatte,[11] an die Spitze der Landesbibliothek zurück. 1950 konnte in dem Notquartier an der Hildapromenade – einem Dauerprovisorium für rund 20 Jahre! – die Buchausleihe wieder aufgenommen werden.[12] Erst im Jahr 1964/65 bekam die Landesbibliothek mit dem neuen Verwaltungsgebäude am Nymphengarten und dem wiederaufgebauten Büchermagazin am alten Platz wieder ihr eigenes Haus.

### Archivalien im Fort Roon

Wäre das Badische Generallandesarchiv an der Nördlichen Hildapromenade, das größte und wichtigste Archiv im Lande Baden, in gleicher Weise getroffen worden wie die Badische

*Gestern bin ich nicht zum Schreiben gekommen . . . Hab nämlich die längst geplante Dienstfahrt nach Pfullendorf (mit dem Fahrrad, hin und zurück über 100 km; d. Verf.) endlich gemacht . . . Dort gab's bei den schatzhütenden Damen Frl. M. Eschenbach und Frl. Vernickel eine Tasse Kaffee mit Marmeladebrot . . . Nachdem das Wichtigste besprochen war, sah ich mir den Rest unserer „geretteten" Handschriften an. 4 Kisten, alles andere ist nach Heilbronn gekommen und dort nun ziemlich sicher in Feindeshand!* (Anm.: Die in den württembergischen Salzbergwerken sichergestellten Kunstwerke, Schriften und Archivalien der Karlsruher Kulturinstitute blieben glücklicherweise unversehrt.)

Aus Tagebucheinträgen des im Februar 1945 mit einer Lkw-Ladung wertvoller BLB-Restbestände und wichtiger Akten nach Friedingen bei Singen evakuierten stellvertretenden Direktors der Badischen Landesbibliothek, Dr. Richard Valentin Knab (Privatbesitz Hans Knab)

Landesbibliothek – der Verlust wäre unauslot- und unersetzbar gewesen. Denn anders als Bücher waren die bis weit ins Mittelalter zurückreichenden Urkunden, Briefe und Akten – allein 1,5 Millionen Aktenhefte wurden schon zur damaligen Zeit in diesem Archiv verwahrt[13] – so gut wie ausschließlich Unikate. Eine Sicherung des Bestandes über Mikrofilm war damals nicht gegeben.

So nimmt es nicht wunder, daß das Generallandesarchiv als einziges der Karlsruher Kulturinstitute schon bei der sogenannten Sudetenkrise im Herbst 1938 seine wertvollsten Bestände in das unterste Geschoß der Magazine und des Verwaltungsgebäudes brachte.[14] Nachdem jener Konflikt scheinbar friedlich gelöst war, wurden die archivalischen Kostbarkeiten an ihre alten Plätze zurückgebracht, um dann bei Kriegsausbruch zusammen mit zahlreichen weiteren wichtigen Archivalien sorgfältig verpackt entweder in den Keller oder aber nach außerhalb verlagert zu werden. Der damals 16jährige Kuno Schmitt (der spätere Karlsruher Stadtsyndikus), bei der allgemeinen Evakuierungsaktion Karlsruhes zu Kriegsbeginn zusammen mit anderen Gleichaltrigen für Sondereinsätze zurückgehalten, war einer jener jungen Leute, die in Gemeinschaft mit Archiv-Personal wochenlang Akten registrierten, in Kisten packten und auf Möbelwagen verluden oder als Pakete in den sandsackgeschützten Kellerräumen unterbrachten.[15] Beträchtliche Teile des Großherzoglichen Familienarchivs sowie ein Teil der Handschriften wurden in den Schlössern Salem und Langenstein sowie im Gefängnis Pfullendorf ausgelagert.[16] Im Jahr 1942 wurde das oberste Magazingeschoß mit Backsteinen abgedeckt und mit einer 10-15 cm hohen Sandschicht gegen Stabbrandbomben gesichert. Im Herbst des gleichen Jahres erfolgte eine zweite, ungleich größere Auslagerungsaktion: 4967 Kisten und Schachteln, zu deren Verpackung Strafgefangene aus der Riefstahlstraße herangezogen worden waren, wurden im Fort Roon nördlich Straßburg in Sicherheit gebracht.

Archivdirektor Dr. Karl Stenzel, im August zum Generaldirektor der Oberrheinischen Staatsarchive ernannt[17] und danach vorwiegend in Straßburg tätig, sah sich nach der Invasion vom 6. Juni 1944 genötigt, die im Fort Roon deponierten Archivalien an einen anderen Platz zu bringen. Nach wochenlangen zeitraubenden Verhandlungen konnte immerhin ein Teil des Archivguts nach der Saline Heilbronn geschafft werden. Eine zweite Rückverlagerung, die am 24. November 1944 erfolgen sollte, war nicht mehr möglich, nachdem Straßburg tags zuvor von den alliierten Truppen eingenommen worden war.

Die Angriffe vom Dezember 1944 verschonten auch das Generallandesarchiv nicht. Teils, weil die zur Luftschutzwache eingeteilten Leute – neben einigen Angestellten Schüler des

***In diesem Gebäude verbrannten Hunderttausende von Büchern. Blick in den Magazinflügel der Badischen Landesbibliothek.***

Bismarckgymnasiums – (nach dem Angriff vom 27. September 1944) sofort alle im Dachgeschloß sprühenden Brandbomben auf die Straße warfen, teils weil drei von vier am 4. Dezember 1944 auf dem Areal des Generallandesarchivs niedergegangenen Sprengbomben Blindgänger waren, überstand dieses Institut die beiden schweren Bombennächte ohne allzu großen Schaden. Die vierte Sprengbombe zerstörte den Verbindungsgang zwischen Verwaltungs- und Magazingebäude und riß ein Loch in den Keller.[18]

### Stephanies Heiratsurkunde verschwunden

Nach dem Angriff vom 4. Dezember 1944 wurden noch einmal 40 Kisten, vorwiegend mit Plänen, im Salzbergwerk Heilbronn in Sicherheit gebracht. Alles in allem hatte dasGenerallandesarchiv damit etwa ein Fünftel seines Bestandes ausgelagert.[19]
Archivdirektor Dr. Stenzel brachte im März 1945 persönlich fünf weitere Kisten nach Heilbronn und setzte sich mit zwei Kisten, davon eine mit den gesamten Akten über die Verlegungsaktionen, nach dem Bodensee und Allgäu ab.[20] In einem Schreiben vom 23. März 1945 gab der GLA-Chef seiner Belegschaft bekannt, er werde gemäß der Weisung von Kultusminister Professor Schmitthenner in den nächsten Tagen *„von Karlsruhe abreisen"*, um im Raum Konstanz eine Ausweichunterkunft für das Generallandesarchiv einzurichten. Seinem Stellvertreter Dr. Krebs erteilte er zugleich den Auftrag, *„die in Karlsruhe verbleibenden Bestände nach Kräften zu sichern". „Sofern nicht höhere Gewalt mich daran hindern sollte"*, wolle er in spätestens drei Wochen nach Karlsruhe zurückkehren.[21]
In der Nacht vom 3./4. April 1945 setzte sich der zusammen mit Dr. Krebs zum Volkssturm befohlene Dr. Rott am Haydnplatz von seiner Gruppe ab, versteckte sich im Magazin, konnte dann die in den Morgenstunden des 4. April in das Gebäude eindringenden französischen Soldaten vom Magazingebäude fernhalten und dieses mit Hilfe von Schildern gegen unbefugtes Eindringen schützen.[22] Das Verwaltungsgebäude des Generallandesarchivs diente während der ersten Besatzungswochen als Truppenunterkunft. Im Hof war eine sogenannte „Menagerie" (Viehhof), im Lesesaal eine Küche eingerichtet. Die Verhältnisse unmittelbar nach dem Waffenstillstand beschreibt Karola Krebs (* 1903) so: *„Da mir mein Mann vor dem Abrücken zum Volkssturm die Schlüssel für sämtliche Archivräume übergeben hatte, konnte ich mir wieder Einlaß verschaffen. Dr. Rott und ich fanden eine Stätte des Grauens vor. Im Keller stand das Wasser mindestens 20 cm hoch, und alles, was in den Schränken war, hatten die Soldaten ins Wasser geworfen, ehe sie das Haus verließen. Die Möbel waren demoliert, es war eine große Wüstenei im ganzen Haus."*[23]
Das Generallandesarchiv überstand jedoch die Besatzungszeit praktisch ohne Verluste, wenn man absieht von dem Verschwinden einer überaus wertvollen Urkunde. Es handelte sich um die mit dem Siegel Napoleons versehene Heiratsurkunde der Großherzogin Stephanie. Diese befand sich in einem Schrank des Großherzoglichen Familienarchivs. Die Panzertür zu diesem Archiv aber war bei dem Bombenangriff vom 4. Dezember 1944 durch Luftdruck aufgesprengt worden und hatte sich danach nicht wieder schließen lassen. Man darf davon ausgehen, daß dieses Dokument als Kriegstrophäe eines Unbekannten seinen Weg nach Frankreich genommen hat.[24]
Dr. Stenzel war in der Zwischenzeit über Waiblingen und Überlingen in Wangen im Allgäu gelandet, wo er einer Nierenerkrankung wegen das Krankenhaus aufsuchen mußte. Während dieser Zeit wurde die in einem Privatquartier verborgene Kiste mit den Archivunterlagen von einem französischen Offizier beschlagnahmt und weggeschafft.[25] Während die in Überlingen zurückgelassene Kiste mit persönlicher Habe die Kriegs- und Nachkriegswirren unangetastet überdauerte, tauchten die unersetzlichen Auslagerungsakten nie mehr auf, ein Umstand, der bei der späteren Rückführungsaktion beträchtliche Schwierigkeiten bereitete.
Für Dr. Stenzel, der an dem Verlust der Archivunterlagen schwer trug und sich nie wieder im Generallandesarchiv sehen ließ (er starb, 57jährig, im Jahr 1947) wurde Oberregierungsrat Dr. Franz Heidelberger zum kommissarischen Chef des Generallandesarchivs ernannt. Noch unter französischer Besetzung wurde der überwiegende Teil des GLA-Verwaltungsgebäudes vom neugebildeten Ministerium für Kultus und Unterricht (unter Ministerialdirektor Dr. Ott) bezogen, und auch die Nachfolgebehörde unter amerikanischer Oberhoheit, die Landesdirektion für Kultus und Unterricht (mit Prof. Schnabel an der Spitze), blieb in dem fast unversehrten Verwaltungstrakt des Generallandesarchivs. Ein Teil des Maga-

zingebäudes aber wurde, wie oben erwähnt, von der Landesbibliothek belegt.
Die alsbald eingeleiteten, von Dr. Krebs und Dr. Miller geführten Verhandlungen zur Rückführung der im Fort Roon verbliebenen Bestände zogen sich sehr lange hin. Zum Glück hatte die Französische Archivverwaltung die Karlsruher Bestände sofort nach Kriegsende aus dem feuchten Fort in die klimatisch einwandfreien Magazine des Bezirksarchivs (Archives départementales) in Straßburg bringen lassen, so daß in den langen Jahren keine Schäden entstanden. (Im Jahr 1954 schließlich kam zwischen der Republik Frankreich und der Bundesrepubik Deutschland ein Vertrag zustande, in dessen Ausführung das GLA seine Archivalien vollzählig und unversehrt zurückerhielt. Das Badische Generallandesarchiv ist damit wohl das einzige deutsche Staatsarchiv, das im Zweiten Weltkrieg keine Archivalienverluste zu beklagen hat. Anders steht es mit Verlusten an archivwürdigem, bei Behörden verwahrtem Material, zu dem im Fall Karlsruhe etwa die Registraturen des bei Kriegsende in Flammen aufgegangenen Badischen Ministeriums des Innern gehören.)[26]

## Bestände der Stadtbücherei werden „entnazifiziert"

Die wichtigsten, der Stadt Karlsruhe selbst gehörenden Kulturinstitute waren die Stadtbücherei, das Stadtarchiv sowie die Kunst- und die Stadtgeschichtliche Sammlung. Während das Stadtarchiv und die Stadthistorische Sammlung schwere Verluste erlitten, überstand die Stadtbücherei den Krieg praktisch ohne Einbußen. Die Städtische Volksbücherei, mit ihren rund 25000 Bänden im Kölleschen Haus am Rondellplatz untergebracht, hatte dieses Gebäude nach dem Angriff vom 4. Dezember 1944 aufgeben müssen. Ein Teil der Bücher wurde ins Haus Solms, der andere in den Keller der Goetheschule gebracht. Noch zwei Wochen vor der Besetzung der Stadt registrierte die Bücherei im Haus Solms eine „lebhafte Inanspruchnahme".[27]
Im Sommer 1945 wurde die rund 10000 Bände umfassende Archivbücherei mit ihrem umfangreichen Bestand an Karlsruhe-Literatur von ihren Auslagerungsorten Langensteinbach ins Haus Solms gebracht und dort zusammen mit den anderen zurückgeschafften Archivbeständen von Dr. Carl Hessemer verwaltet. Gleichzeitig wurden die in der Goetheschule sowie im Haus Solms sichergestellten Bestände der Volksbücherei in den unzerstörten, zum neuen Sitz der Stadtbibliothek bestimmten Ostflügel des Alten Bahnhofs am Ettlinger Tor geschafft. Fritz Ehret (*1920), damals als Notstandsarbeiter beim Städtischen Hochbauamt dienstverpflichtet, erinnert sich: *„Mit Schubkarren brachten wir die vielen tausend Bücher zum Alten Bahnhof und richteten dort die Volksbücherei neu ein."*
Anstelle des vormaligen, wegen hohen Alters noch während des Kriegs ausgeschiedenen Stadtbibliothekars Dr. Erwin Vischer wurde Artur Schmitteckert mit der Führung der Stadtbücherei beauftragt, ein Mitglied des neuentstandenen, der KPD nahestehenden Kulturbundes. Schmitteckert über sich selbst: Er sei *„bemüht . . ., im Geiste fortschrittlichen Denkens in erstrebenswerter Vollendung die Neugestaltung der Volksbücherei ... zu fördern."*[29]

**Das Köllesche Haus (links) am Rondellplatz, Sitz der Städtischen Bücherei, wurde durch Spreng- und Brandbomben ebenso zerstört wie Weinbrenners architektonisch kostbares Markgräfliches Palais (rechts).**

Die vorerst wichtigste Arbeit bestand allerdings darin, anhand umfangreicher Listen der Militärregierung sogenannte nazistische und militaristische Literatur auszusondern, wodurch die Bestände *„wesentlich geschwächt"*[30] wurden. Durch Literatur, die während des „Dritten Reichs" ausgeschieden und in Lagern der Gestapo gelagert war oder über die Schweiz wiederbeschafft wurde, konnte jedoch ein gewisser Ausgleich geschaffen werden. Bei der „Entnazifizierung" des Buchbestandes ergaben sich da und dort kuriose Situationen. So wurden, wegen der guten Bekanntschaft des Autors mit Hitler, Sven Hedins sämtliche Werke auf den „Index" gesetzt, und auch der „Werwolf" von Hermann Löns, den Amerikanern verdächtig wegen der deutschen Widerstandsorganisation gleichen Namens zu Ende des Kriegs, mußte verschwinden. In einigen Fällen, so im Fall des Titels „Um die Eiger-Nordwand" von Heckmair-Vörg-Kasparek-Harrer, bewahrte Ehret das Buch vor der ihm zugedachten Aussonderung, indem er ein paar Blätter herausschnitt und einige Stellen schwärzte, so die Passage von der Übermittlung von Glückwünschen Hitlers an die vier Bergsteiger durch den deutschen Botschafter in Bern.[31]

## Lexika mit dem Rasiermesser ausgebeutet

Die Städtische Volksbücherei im Alten Bahnhof wurde am 6. Februar 1946 eröffnet und *„sofort sehr stark in Anspruch genommen"*.[32] Zur gleichen Zeit wurde im Durlacher Wasserwerk eine Filialbücherei eingerichtet, die von Professor Dr. Rudolph Raab ehrenamtlich geleitet wurde. Den Benutzern der Volksbücherei standen 10er- und 30er-Leihkarten zur Verfügung. Erwachsene zahlten je geliehenes Buch zehn Pfennig, Studenten, Schüler und sonstige Jugendliche fünf Pfennig. Unangenehme Verstümmelungen der im Lesesaal ausliegenden Lexika entstanden dadurch, daß Benutzer, vor allem Studenten, aus Mangel an Fachliteratur mit dem Rasiermesser ganze Seiten oder Teile davon aus den Büchern heraustrennten. Stark frequentiert wurde ein von der Volksbücherei eingerichteter Suchdienst, der mit Hilfe ausgelegter Listen Hinweise auf den Verbleib ehemaliger Wehrmachtsangehöriger und vermißter Zivilisten gab. Schon im Mai 1946 mußte die Volksbücherei auf Anordnung der Militärregierung, die im Alten Bahnhof ein Jugendheim einrichten wollte, in die Telegrafenkaserne verlegt werden, doch kehrte sie, weil der genannte Plan dann in der Weinbrennerstraße realisiert wurde, im Januar 1947 in den Alten Bahnhof zurück.[33]

## Ratsprotokolle verbrannt

Das Stadtarchiv, bestehend aus Zehntausenden von Aktenfaszikeln, den Stadtrats- und Ausschußprotokollen, alten Adreßbüchern, Tausenden von Fotos, Hunderten von Zeitungsbänden sowie gedruckten und geschriebenen Archivalien unterschiedlichster Art, war im 1. Obergeschoß des Rathausflügels Hebelstraße untergebracht. Im Sommer 1943 wurden aus diesem umfangreichen Bestand die ältesten Zeitungsbände, alle Adreßbücher, die bereits genannte Archivbücherei mit rund 10000 Bänden aus der Stadt geschafft, ebenso die Vorortarchive. Gelagert wurden diese wertvollsten städtischen Archivalien im Haus Bethanien in Langensteinbach, wo sie den Krieg verlustlos überstanden.[34] Auch das Durlacher Stadtarchiv, damals noch im Durlacher Rathaus befindlich, blieb unversehrt erhalten.
Die im Karlsruher Rathaus zurückgebliebenen Archivalien sowie alle Akten aus 230jähriger Geschichte der Stadt wurden bei dem Angriff vom 27. September 1944 vernichtet. Am schmerzlichsten ist der Verlust der Ratsprotokolle. Warum diese Bände, die wie keine anderen Dokumente Karlsruher Kommunalpolitik und -geschichte offenlegen könnten, bei der Auslagerungsaktion von 1943 nicht ebenfalls in Sicherheit gebracht wurden, ist unbekannt.

## Die Siegelsche Sammlung gerettet

Wegen der Aussichtslosigkeit, in absehbarer Zeit Räume oder gar ein Gebäude zur Unterbringung einer Städtischen Galerie bereitstellen zu können, und weil demnach keine Möglichkeit bestand, die im Besitz der Stadt befindlichen Bilder und Skulpturen der Öffentlichkeit zugänglich zu machen, überließ die Stadt ihren wertvollsten Kunstbesitz – 27 Gemälde und fünf Plastiken – in den Jahren nach dem Ersten Weltkrieg der Staatlichen Kunsthalle als Dauerleihgabe.[35] Unter den überlassenen Bildern befanden sich Arbeiten von Moritz von Schwind, Thoma, Trübner, Schönleber, Haueisen, Kallmorgen, Schmid-Reutte und Weysser. Auch eine Terrakotta-Arbeit von Carl Egler („Weiblicher Kopf") gehörte zu den ausgeliehenen Kunstwerken. Wie ihren eigenen Bestand sicherte die Kunsthalle auch den ihr anvertrauten städtischen Kunstbesitz durch frühzeitige Auslagerung. Verloren gingen lediglich zwei in Baden-Baden untergebrachte Plaketten mit Bildnissen, wahrscheinlich durch Diebstahl. Alle übrigen Werke blieben erhalten (und wurden der Stadt zur Eröffnung des Prinz-Max-Palais' im Jahr 1981 zurückgegeben). Erhalten blieben der Stadt auch an die 200 weitere Ölgemälde, überwiegend von Karlsruher Malern, sowie die wertvolle Siegelsche Kupferstichsammlung. Diese bestand aus rund 1800 Kupferstichen und Radierungen, darunter Arbeiten von Dürer, Rembrandt und Tischbein. Die Siegelsche Sammlung war der Kunsthalle seinerzeit deshalb nicht in Verwahrung gegeben worden, *„weil der Schenkungsvertrag ausdrücklich den kompletten Verbleib im Besitz der Stadt Karlsruhe vorschrieb".*[36] Diese Sammlung, zuletzt untergebracht im Haus Solms, sowie die Gemälde, die bis dahin vorwiegend in städtischen Büros gehangen hatten, wurden teils im Sommer 1943, teils im Frühjahr 1944 in den Gefängnissen Adelsheim und Boxberg in Sicherheit gebracht. Der damalige städtische Kulturbeauftragte Emil Mangler hatte, um die Transporte selbst durchführen zu können, zuvor eigens die Führerscheinprüfung Klasse II abgelegt.[37] Bei der Rückführung der Siegelschen Kupferstichsammlung im Januar 1946 ergab sich die Kuriosität, daß sich in den Mappen, verglichen mit den Auslagerungsverzeichnissen, ein „Überschuß" von zehn Blättern befand, darunter *„vier Blatt Albrecht Dürer".*[38] Offensichtlich hatte jemand beim Wegbringen der Sammlung falsch gezählt.

## Verlustreiche Dauerleihgabe

Nach dem 1. Weltkrieg hatte die Stadt mit gleichem Erfolg wie für ihre Kunstsammlung auch für die Stadtgeschichtlichen Sammlungen, eine Bleibe gefunden. Vorausgegangen war das Angebot des Badischen Kultusministeriums, diese Sammlung im Schloß auszustellen.[39] Der Vertrag über die *„widerrufliche Dauerleihgabe"*, mit dem sich der Staat verpflichtete, *„die Sammlungen ordnungsgemäß zu verwalten und im Rahmen des Landesmuseums als geschlossenes Ganzes würdig auszustellen",*[40] war im Juli 1923 abgeschlossen worden. Erst am 26. Mai 1926 erfolgte jedoch die Eröffnung dieser Ausstellung, die in – zuvor auf Kosten der Stadt hergerichteten – zehn Räumen des Schlosses untergebracht war. Themen der Dauerausstellung, von der der spätere Museumsdirektor Dr. von Schneider nach Kriegsende sagte, sie gehörte *„zu der beliebtesten Abteilung des Landesmuseums"*, waren u. a. die Gründung der Stadt und ihre Entwicklung im 18. Jahrhundert, die Stadt unter Großherzog Karl Friedrich, das Karlsruher Zunftleben, Weinbrenner und andere bedeutende Persönlichkeiten, die Biedermeierzeit und das Karlsruher Hoftheater. Viele Stücke der Sammlung waren magaziniert, darunter eine rund 12000 Stücke umfassende Sammlung von Bildern, Plänen und Karten.

Während des Krieges zum überwiegenden Teil in den Keller des Schlosses gebracht, galten die Stadtgeschichtlichen Sammlungen nach Kriegsende nach unverbindlicher Auskunft des kommissarischen Museumschefs Dr. Moser *„in der Hauptsache als gerettet"*. Verbrannt seien die Biedermeierkostüme. Plünderungen hätten die Sammlungen *„nur unwesentlich geschädigt"*. Die Wahrheit lag allerdings völlig anders. Durch Brand- und Bombeneinwirkung sowie Plünderungen waren wesentliche Bestände der Sammlung verlorengegangen. Verschwunden waren die gesamte Waffensammlung, der Münzen-, Plaketten- und Medaillenbestand, das Traditionsgut der Bürgerwehr, die Kostümsammlung und etwa ein Drittel der Bilder-, Plan- und Kartensammlung. *„Alles was nach Wertgegenstand aussah oder versprach, sich irgendwie münzen zu lassen"*, so faßte der spätere städtische Archivdirektor Prestel seine Enttäuschung zusammen, *„ist verschwunden"*.

Wie groß der Verlust tatsächlich war, ließ sich nie ermitteln, weil Listen über das in der ersten Hälfte der 20er Jahre dem Landesmuseum übergebenen Sammlungsgut nie aufgefunden wurden, weder bei der Stadt, noch beim Staat, und auch nicht im Generallandesarchiv. Prestel in einem Resumee über die so verlustreiche Dauerleihgabe der Stadtgeschichtlichen Sammlungen an das Badische Landesmuseum: *„Wenn wir heute auch feststellen müssen, daß es ein Fehler war, die Stadtgeschichtlichen Sammlungen aus der Hand gegeben zu haben, so hätten sie während des Kriegs natürlich auch im Stadtbesitz zugrundegehen können. Unverständlich bleibt nur, daß die Übergabe seinerzeit ohne ordnungsgemäße Übergabeverhandlung erfolgt ist".*

# Turbulenter Neubeginn des Staatstheaters

Nach dem Zusammenbruch im Frühjahr 1945 war materielle Not auf allen Gebieten in nahezu jede Familie eingekehrt, doch ebensogroß wie der Bedarf an Nahrungsmitteln und einfachsten Dingen der Versorgung war der Hunger nach seelischer und geistiger Nahrung. Die Gottesdienste beider Konfessionen waren so stark besucht wie nie seit Beginn des „Dritten Reichs". Mit der im Herbst gegründeten Katholischen Arbeitsgemeinschaft und einer gleichartigen Einrichtung auf evangelischer Seite taten die Kirchen, die mit Nähstuben, Kindergärten und Krankenpflegestationen ihr soziales Engagement erheblich verstärkten, ein übriges, um durch Vorträge und Konzerte das große Verlangen nach inneren Werten zu befriedigen.
Das erste öffentliche Konzert nach der Besetzung der Stadt fand zur Überraschung der Karlsruher schon am Spätnachmittag des 10. April – sechs Tage nach dem Einmarsch der Franzosen – in der Markuskirche statt. Dirigent war Kirchenmusikdirektor Wilhelm Rumpf.[1] Obschon die Veranstaltung nur auf mündlichem Wege bekanntgemacht werden konnte, war sie gut besucht. Aufgrund des Gesetzes Nr. 191 der „Militärregierung Deutschland" waren dann in der Folgezeit auf Monate hinaus alle öffentlichen Veranstaltungen, und damit auch alle Konzerte, verboten.[2]

## Künstler nähen Uniformen

Das gleiche Gesetz untersagte auch *„die Tätigkeit in oder den Betrieb von Theatern"*. Bevor dieses Verbot ausgesprochen wurde, hatte Hans Herbert Michels vom kommissarischen Bürgermeister Heinrich am 24. April über den städtischen Kulturbeauftragten Emil Mangler den Auftrag erhalten, kommissarisch die Leitung des Badischen Staatstheaters zu übernehmen.[3] Michels schien für diese Aufgabe als bisheriger Spielleiter für Oper und Schauspiel sowie als Gründer und Leiter der Staatlichen Theaterakademie in besonderem Maße qualifiziert. Er hatte noch die Abschiedsvorstellung mit „Figaros Hochzeit" am 10. Juli 1944 im Alten Haus erlebt und in Durchführung der Maßnahmen nach Verkündung des „Totalen Kriegs" dessen Schließung am 1. September 1944. An diesem Tag hatte Generalintendant Dr. Thur Himmighoffen einen *„schlichten, kriegsmäßigen Betriebsappell"* angesetzt, den er beendete *„in der Hoffnung, mit den ‚Meistersingern' bald wieder das Staatstheater nach errungenem Sieg eröffnen zu können."*[4]
Um zu verhindern, daß das Theaterpersonal, soweit nicht zur Wehrmacht eingezogen, entsprechend der Absicht des Karlsruher Arbeitsamtes in Gruppen auf zahlreiche Rüstungsbetriebe aufgeteilt würde, bat Himmighoffen in gleichlautenden Telegrammen an Reichspropagandaminister Dr. Goebbels, Reichsstatthalter Wagner und die Reichskulturkammer noch am 1. September 1944 um *„rüstungsmäßig geschlossenen Einsatz"*,[5] den die Argus durch Einrichtung eines Zweigbetriebes im Theatergebäude ermöglichen wollte. Das Bemühen des Intendanten hatte Erfolg, doch wurde unter Leitung des technischen Garderobeninspektors Hoenselaers zunächst eine Uniformschneiderei eingerichtet, die mit acht eigenen und 17 Nähmaschinen des ausgebombten Staatlichen Handarbeitslehrerinnenseminars ausgerüstet war.[6] Wenige Tage später installierte die Argus ihre Werkbänke, an denen die Theaterleute Zubehörteile für die sogenannten Vergeltungswaffen (V1 und V2) anfertigten.[7]

## Selbstmord des Generalintendanten

Der makabren Verwandlung des Musentempels in einen Rüstungsbetrieb machte, noch nicht vier Wochen später, der Großangriff vom 27. September 1944 ein Ende, bei dem mit dem Schloß, der Kunsthalle, der Orangerie und nahezu allen Gebäuden am Schloßplatz auch der spätklassizistische Theaterbau von Heinrich Hübsch in Schutt und Asche sank. Das Personal wurde zunächst zu Aufräumungsarbeiten, dann erneut zum Anfertigen von Uniformen bzw. in Rüstungsbetrieben eingesetzt. Wenige Tage vor der Einnahme der Stadt durch die Franzosen waren Mitglieder des Ensembles damit beschäftigt, in der Nähe der Theaterruine Schützengräben auszuheben.[8]

Generalintendant Himmighoffen aber wartete nicht nur vergebens auf den in seiner Abschiedsansprache erhofften Sieg. Er erlebte auch das Ende des Kriegs nicht mehr. Als Hauptmann d. R. zur Wehrmacht eingezogen, habe er, wie einem Nachruf der NS-Zeitung „Der Führer" zu entnehmen war, am 16. November 1944 *„auf einer Dienstfahrt durch einen Unglücksfall den Tod gefunden"*.[9] In Wahrheit erschoß er sich am 12. November in einer Truppenunterkunft in Böblingen, nachdem ihm dieser Schritt nach *„antinazistischen Äußerungen"*, die Himmighoffen in angetrunkenem Zustand im Offizierskasino gemacht hatte, nahegelegt worden war.[10]
Seine eigene Odyssee erlebte gegen Kriegsende Verwaltungsdirektor Reif, der aus Meersburg, dem neuen Sitz des Kultusministeriums, am 27. März 1945 telegrafisch angewiesen wurde, die Generaldirektion des Badischen Staatstheaters in das Staatliche Kunstausstellungsgebäude Baden-Baden zu verlegen. Dr. Martin, Chef der Staatlichen Kunsthalle Karlsruhe und Generaldirektor der Oberrheinischen Museen, der sich dort mit Kunstgut und einigem Mobiliar niedergelassen hatte, weigerte sich jedoch konsequent, dem Theatermann Asyl zu gewähren und verwies ihn gar, wie Reif in einem Beschwerdebrief vom 9. April – ein Tag vor der Einnahme Baden-Badens durch die Franzosen! – an den Chef des Kultusministeriums schilderte, des Hauses.[11] Schließlich erbarmte sich der Direktor des Gymnasiums Hohenbaden des Flüchtlings aus Karlsruhe und stellte ihm in seiner Schule einen Schlaf- und Arbeitsplatz zur Verfügung. Reif nannte auch den Namen des hilfsbereiten Gymnasialdirektors: Leo Wohleb, der spätere badische Staatspräsident.

## Konzerthaus wird Theatergebäude

Hans Herbert Michels verschaffte sich nach dem ihm vom kommissarischen Bürgermeister erteilten Auftrag, kommissarisch die Leitung des Badischen Staatstheaters zu übernehmen, unverzüglich einen ersten Überblick über die Situation am Schloßplatz. Einige Räume in der Theaterruine sowie ein Teil der Nachbargebäude waren noch benutzbar. Angehörige eines französischen Musikkorps hatten jedoch, wie er vom Hausverwalter erfuhr, alle Musikinstrumente, andere Armeeangehörige außerdem Teile des nicht verbrannten oder verlagerten Fundus, vor allem Stoffe, weggeschafft. Michels (1895-1963): *„Der Hausmeister Engel sowie die wenigen in diesem Teil des Schloßbezirks wohnenden kleinen Theaterangestellten waren natürlich nicht in der Lage, sich gegen die mit der Waffe drohenden Soldaten zur Wehr zu setzen und hatten diesem Geschehen wehrlos zusehen müssen."*[12]
Um den restlichen Fundus vor weiteren Zugriffen zu sichern, ließ sich Michels in einer am 26. April 1945 erfolgten ersten Unterredung mit dem Kulturoffizier beim Gouvernement militaire, Lt. Bouthier, „Schutzplakate" aushändigen, die im Thea-

***In der Ruine des am 27. September 1944 zerstörten Badischen Staatstheaters am Schloßplatz. Blick zum Bühnenraum.***

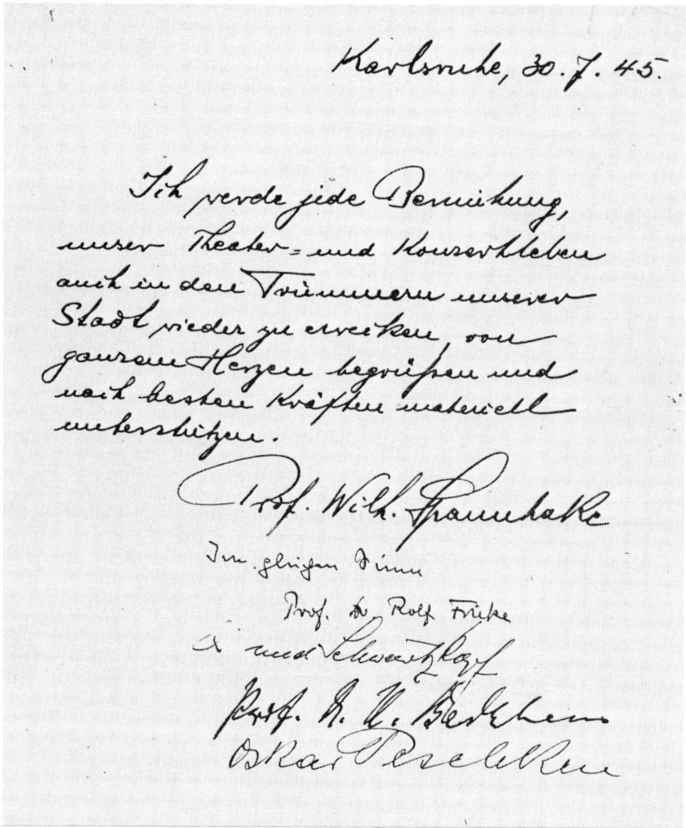

Karlsruhe, 30.7.45.

Ich werde jede Bemühung, unser Theater- und Konzertleben auch in den Trümmern unserer Stadt wieder zu erwecken, von ganzem Herzen begrüßen und nach besten Kräften materiell unterstützen.

Im gleichen Sinne

ter-Areal angebracht wurden. Noch am gleichen Tag kam es in der Ruine des Staatstheaters, wo sich die ortsanwesenden Betriebsangehörigen eingefunden hatten, zu einer spontanen Vertrauens- und Sympathiekundgebung für Michels, der damit für seine Aufgabe als Intendant auch eine Art demokratisches Mandat erhielt. Hannelore Wolf-Ramponi (*1923), die jener Versammlung beiwohnte: *„Wir waren mit Michels jahrelang zusammengewesen. Er war ein hervorragender Schauspieler und prädestiniert, das Theater wiederaufzubauen. Er war der erfahrenste, und deshalb baten wir ihn, diese Aufgabe zu übernehmen."*[13]

Michels erreichte in dem Gespräch mit Lt. Bouthier die Zusage, daß das von der Besatzung belegte Konzerthaus geräumt und dem Staatstheater zur Verfügung gestellt würde. Dieses Gebäude allein bot nach der Zerstörung des alten Hauses am Schloßplatz sowie des „Eintracht"-Saals an der Karl-Friedrich-Straße, der, mit einem Fassungsvermögen für 400 Personen, seit 1940 als „Kleines Theater" gedient hatte, die Aussicht, daß es in Karlsruhe wieder ein Theater geben könne. Seiner schlechten Akustik wegen praktisch nie für die Durchführung von Konzerten benutzt, hatte das Konzerthaus, das von dem bekannten Architekturbüro Curjel & Moser anläßlich des 200jährigen Bestehens der Stadt zwischen 1912 bis 1915 errichtet worden war, in den 20er Jahren mit der Institution einer Sommeroperette schon eine gewisse Theatererfahrung hinter sich gebracht. Seit 1936 jedoch war es als Großkino verwendet worden, Sitz zunächst der „Badischen Lichtspiele", später des Lichtspieltheaters „Capitol".

**Mit einer Unterschriftensammlung setzen sich schon knapp drei Monate nach Kriegsende zahlreiche Bürger für die Wiedererweckung des Karlsruher „Theater- und Konzertlebens" ein.**

Auch das Konzerthaus war bei den zahlreichen Luftangriffen nicht ungeschoren davongekommen – am 3. September 1942 war die Säulenvorhalle samt Albikers schönem Giebelfries zerstört worden –, nach Wiederaufbau des Eingangbereichs in einfachster Form jedoch weitgehend erhalten geblieben. Gleichwohl befand sich das Haus, hauptsächlich als Folge schwerer Schäden durch Luftdruckeinwirkung bei Bombenexplosionen, in einem desolaten Zustand. Michels setzte, nachdem die Stadt Anfang Juni von der Militärregierung beauftragt worden war, *„das städtische Konzerthaus wiederherzurichten und damit für die Wiederaufnahme von Konzerten und Veranstaltungen der Stadt im Dienste der Armee geeignet zu machen"*,[14] das gesamte Personal – 75 „Köpfe", wie er sie zu Beginn seiner Tätigkeit gezählt hatte – für Aufräumungsarbeiten ein. Als Termin zur Erfüllung ihres Auftrags hatten die Franzosen den 20. Juni gesetzt. Michels über den Erfolg dieser Aktion: *„In etwa 12tägiger Arbeit wurde der gesamte Schutt aus dem Haus und von dem Platz um das Gebäude entfernt, das ganze Haus gründlich gereinigt, die Bühne und der Orchesterraum hergerichtet, die Beleuchtungsanlagen durch unsere Techniker instandgesetzt und die Tonfilmapparatur auf der Bühne durch uns ausgebaut."*[15] Gleichzeitig erwirkte Michels die Zustimmung und Hilfe der Militärregierung bei der Rückführung des erhalten gebliebenen restlichen Fundus, der nach Ottenhöfen (Hotel „Edelfrauengrab"), Jockgrim (Gasthaus „Einigkeit"), Heidelberg (Schloß) und nach Durmersheim gebracht worden war.

## Für „Wahrung künstlerischer Höchstleistung"

Mit gleichem Engagement wie den materiellen betrieb Hans Herbert Michels den personellen Wiederaufbau des Badischen Staatstheaters. Nüchtern schilderte er in einem Bericht, den er am 9. Mai 1945 der Stadtverwaltung erstattete, die schwierige Situation: Im Schauspiel stünden nur zwei ältere Herren, in der Oper nur drei Solistinnen zur Verfügung. *„Im Opernchor"*, so beschrieb er die Lage in diesem Bereich, *„verfüge ich auf der männlichen Seite im Augenblick über ein Männerquartett, das sich allerdings aus fast durchweg älteren und daher nicht mehr stimmfrischen Mitgliedern zusammensetzt, auf der Damenseite sind zur Zeit nur drei Mitglieder, und zwar zwei Sopranistinnen und ein Alt, anwesend."*[16]

**_Nach dem Krieg bedauerlicherweise nicht wiederaufgebaut. Auch als Ruine spiegelt das Bauwerk von Heinrich Hübsch die Schönheit und Harmonie der spätklassizistischen Baukunst._**

Trotz schwierigster Umstände materieller und personeller Art setzte sich Michels für die Wiederaufnahme des Spielbetriebs ein hohes Ziel: *„Die Wahrung künstlerischer Höchstleistung, würdig der großen Vergangenheit dieses berühmten Kunstinstituts"*, sei für ihn eine *„selbstverständliche Voraussetzung"*.
Michels beauftragte Kapellmeister Otto Julius Kühn, die Probearbeit mit den vorhandenen Orchestermitgliedern aufzunehmen. Irmgard Silberborth probte mit der Tanzgruppe. Die Musiker brachten ihre eigenen Instrumente mit oder liehen sich solche bei Freunden aus.
Unerläßlich war es für Michels, so schnell wie möglich einen verantwortlichen musikalischen Leiter zu bekommen. Als er

erfuhr, daß sich der nach Schließung des Theaters im September 1944 zur Wehrmacht eingezogene Otto Matzerath, der Leiter der Staatskapelle, in Tuttlingen in französischer Kriegsgefangenschaft befand, bemühte er sich unverzüglich um dessen Freilassung. Den daraufhin nach Konstanz entlassenen Matzerath bedrängte Michels in einem Brief vom 2. Juni: *„Ich möchte dringend raten, und würde mich persönlich außerordentlich freuen, wenn Sie so bald als möglich hierher zurückkehren."*[17] Michels äußerte die Überzeugung, daß es möglich sein werde, im Herbst den Theaterbetrieb wiederaufzunehmen. *„Es wird harte Kämpfe geben"*, so prophezeite er und fügte hinzu: *„Ich wäre froh, wenn ich in Ihrer Person einen Mitstreiter zum mindesten für die musikalischen Belange hätte."*
Im Konzerthaus fand dann am 24. Juni, 17 Uhr, das erste Konzert statt, ausgeführt von knapp 20 Mitgliedern der Stammkapelle, die durch freie Musiker, auch solche aus Baden-Baden, verstärkt wurden. Das Konzert war vorbereitet von Kapellmeister Kühn, wurde jedoch dirigiert vom französischen Capitaine Lamotte. Zum Abschluß der Veranstaltung die nur Angehörigen der französischen Armee zugänglich war, wurden die französische, amerikanische und britische Nationalhymne gespielt. Ein zum 14. Juli, dem französischen Nationalfeiertag, gewünschter abendfüllender Ballettabend war zwar noch vorbereitet worden, entfiel jedoch wegen des am 7. Juli erfolgten Besatzungswechsels.
Noch vor Ablauf des Monats Juni gelang es Otto Matzerath, in einem „Befehlszug" der Reichsbahndirektion Karlsruhe, der gegen Kriegsende in Etappen bis zur Schweizer Grenze gebracht worden war, von Konstanz nach Karlsruhe zurückzukehren.[18] Damit war die wichtigste personelle Voraussetzung für ein neues Musiktheater geschaffen. Zunächst waren jedoch nur Veranstaltungen der „Leichten Muse" möglich und gefragt. Mitglieder des Ensembles wurden in den Sommermonaten in kleineren Gruppen immer wieder zu Bunten Abenden, Musik- und Tanzveranstaltungen der Besatzung (honorarfrei) dienstverpflichtet.

### „Das Staatstheater hat zu existieren aufgehört"

In der Zeit des Verbots öffentlicher Konzerte und Theateraufführungen bekundeten unabhängig voneinander sowohl die Stadtverwaltung als auch das während der französischen Besatzungszeit provisorisch gebildete badische Ministerium für Kultus und Unterricht ihre Skepsis hinsichtlich des Fortbestandes des Theaters. Nach einer Referentenbesprechung vom 13. Juni unter dem kommissarischen Bürgermeister Heinrich, der einige Wochen zuvor noch Michels beauftragt hatte, sich um das verwaiste Theater zu kümmern, schrieb Emil Mangler, damals Ratschreiber und Kulturbeauftragter in einer Person, ins Protokoll: *„Gegenüber den Bestrebungen, das Staatstheater wieder in Gang zu bringen, hat sich die Stadtverwaltung als nicht zuständig erklären müssen, weil das Theater eine staatliche Anstalt ist..."*[19] Die eigentliche Begründung lieferte der „Referent für die Finanzverwaltung" mit dem Hinweis, eine größere finanzielle Beteiligung sei der Stadt nach Wegfall der Reichszuschüsse für die Gemeinden sowie angesichts der hohen Belastungen durch die Besatzungsmacht und für Fürsorgeaufwendungen kaum möglich.
Die Kultusverwaltung aber teilte der Verwaltung des Badischen Staatstheaters – anstelle von Verwaltungsdirektor Reif hatte der Jahre zuvor bereits in den Ruhestand getretene Fritz Rügner erneut die Leitung der Verwaltung übernommen – mit Schreiben vom 28. Juni unmißverständlich mit, die Rechtsgrundlagen für eine Weiterzahlung von Gagen, Gehältern und Löhnen sei erloschen, das Ministerium betrachte die Verträge des Theaterpersonals rückwirkend ab 30. April außer Kraft gesetzt.[20] Einen Tag später erinnerte das Ministerium an das „Theaterverbot" gemäß Gesetz 191 der Militärregierung. Unter Hinweis auf dieses Gesetz untersagte die Kultusverwaltung trotz Zustimmung der amerikanischen Militärregierung auch die Durchführung des ursprünglich für die Franzosen vorbereiteten, am 27. Juli für die Zivilbevölkerung, am 28. Juli für die US-Besatzungstruppe vorgesehenen Tanzabends.[21]
Zwischen Michels und der Kultusverwaltung kam es in der Folgezeit zu einem lange anhaltenden Konflikt. Dem erklärten Willen, das Theater zu erhalten, stand ängstliches Zögern gegenüber, dem zupackenden Elan des kommissarischen Theaterchefs Argwohn und Skepsis der Ministerialbürokratie. Auch Appelle einer aus Universitätsprofessoren, Ärzten, Juristen und Fabrikanten bestehenden ersten Karlsruher „Bürgerinitiative"[22], in denen Hunderte Karlsruher Bürger den Fortbestand ihres Theaters forderten[23], vermochten die distanzierte Zurückhaltung der staatlichen Vertreter nicht zu ändern.
In einer vom kommissarischen Leiter der Kultusverwaltung, Ministerialdirektor Dr. Karl Ott, auf den 17. August 1945 ein-

berufenen Verwaltungsratsitzung, an der u. a. auch Oberbürgermeister Veit und Studiendirektor Leo Wohleb teilnahmen, hatte sich Michels gegen den Vorwurf zu verteidigen, das Theaterensemble noch nicht über den Beschluß vom 28. Juni betr. Schließung des Theaters informiert zu haben. Er tat dies nicht ungeschickt mit dem Hinweis, die amerikanische Militärregierung verlange von ihm, daß das Theater an vier Tagen der Woche für die Besatzung spiele. Er, Michels, stehe zwischen zwei Fronten und könne doch nicht das Ministerium bei den amerikanischen Behörden anschwärzen.
Unmittelbar nach dieser Verwaltungsratsitzung kam es zum Eklat. Anlaß war das von Michels und Matzerath für den 31. August angesetzte, von den Amerikanern genehmigte erste öffentliche Konzert der Staatskapelle. Laut Tagebuchaufzeichnung von Hans Herbert Michels eröffnete ihm der zuständige Referent im Kultusministerium unmißverständlich: *„Das Badische Staatstheater hat zu existieren aufgehört. Ich verbiete es Ihnen, sich um die Belange des Theaters zu kümmern."*[24]

**Bei dem Angriff vom 2./3. September 1942 war der Portikus des Konzerthauses durch eine Bombe zerstört worden. Noch während des Kriegs wurde das Gebäude, in dem das Ufa-Filmtheater „Capitol" untergebracht war, unter Verzicht auf den Portikus provisorisch instandgesetzt.**

**Erlebnis des ersten Nachkriegskonzerts**

Das Konzert fand dennoch statt. In der Vorverkaufsstelle an der Waldstraße rissen sich die Karlsruher um die Karten. Lore Matzerath (*1921), die Frau des Chefs der Badischen Staatskapelle: *„Als der Vorverkauf begann, standen die Menschen in einer Schlange, die vom Nachbargebäude des Kunstvereins bis zur Kaiserstraße reichte. Der Andrang hätte bei einer Sonderzuteilung für Lebensmittel nicht größer sein können."*[25]
Unter Leitung von Otto Matzerath spielte das Theaterorchester Beethovens 5. Symphonie, die „Moldau" von Smetana und das „Capriccio italien" von Tschaikowsky. Das Karlsruher Publikum, das in dem Ereignis dieses ersten Nachkriegskonzerts so etwas wie die Wiederentdeckung einer von der Katastrophe des verlorenen Krieges unbeschädigten Unsterblichkeit deutscher Kultur verspürte, feierte den Dirigenten und sein Orchester mit so vorher und nachher nie erlebten Ovationen.
Noch am Abend des gleichen Tages versicherte der Oberbürgermeister dem Dirigenten in einem handgeschriebenen Brief: *„Sie haben heute für unser Theater, darüber hinaus für die deutsche Kunst und damit für das deutsche Volk mehr geleistet, als wir armen Politiker es in tausend Besprechungen*

**BADISCHES STAATSTHEATER**
LEITUNG: INTENDANT HANS HERBERT MICHELS

Städtisches Konzerthaus - Karlsruhe

**Eröffnung der Spielzeit 1945/46**
Samstag, den 27. Oktober 1945

ERSTAUFFÜHRUNG

**JEDERMANN**

Das Spiel vom Sterben des reichen Mannes
von Hugo von Hofmannsthal

REGIE: HANS HERBERT MICHELS
Bühnenbild . . . . . . . . . . Emil Burkard
Technische Leitung . . . . . Alfred Funkenberg
Kostüme . . . . . . . Margarethe Schellenberg
Musik . . . . . . . . . . . Dr. Gerhard Nestler
Inspektion . . . . . . . . . . . Heinrich Kuhne

*

Beginn: 18.30 Uhr / Ende gegen 20 Uhr

*und Versammlungen vermöchten."*[26] Gleichzeitig bat Veit Matzerath vorsorglich geradezu inständig: *„Bleiben Sie bei uns! Für einen Künstler Ihres Formats ist, das weiß ich, in einer zerstörten Grenzstadt, die sehr arm geworden ist, nicht das Betätigungsfeld, das ihm gebührt, und bald wird man Sie mit Angeboten, denen Sie nicht gewachsen sind, von uns weglocken wollen. Bleiben Sie standhaft. Wir können Ihnen wenig irdische Glückszeiten bieten. Aber wir bieten Ihnen die Liebe und Verehrung aller, die Ihrer Kunst wert sind, und eine über alles materielle Glück hinausragende Aufgabe: Unser Volk aus den Niederungen nationalsozialistischer Geistlosigkeit herauszuheben zu den unvergänglichen Menschheitswerten der deutschen Kunst."*

**Mit Hofmannsthals „Jedermann" wird das Badische Staatstheater am 27. Oktober 1945 auch offiziell wiedereröffnet.**

Matzerath, 1940 als Nachfolger von Generalmusikdirektor Joseph Keilberth nach Karlsruhe gekommen, wegen seiner kaum verhehlten Distanz zum NS-Regime (Lore Matzerath: *„Er war ein überzeugter, ein geradezu militanter Katholik."*[27]) nur mit dem Titel eines „Musikalischen Oberleiters" ausgestattet, blieb, getragen von der Anhänglichkeit der Karlsruher Musikfreunde, in Karlsruhe. Ihm, Michels und Rügner war es eine große Genugtuung, mit dem Konzert vom 31. August das Badische Staatstheater gegen das ausdrückliche Verbot der Landesbehörde zwar inoffiziell, aber de facto wiedereröffnet zu haben.

## Entscheidung über das Theater „bleibt vorbehalten"

Gegen eine Fortdauer solcher Unbotmäßigkeiten der ohne Zutun der provisorischen Landesverwaltung zustandegekommen Theaterleitung hatte jene ein einfaches Mittel: Sie brauchte nur den Geldhahn nicht zu öffnen. Mit Schreiben vom 26. September an das Badische Kultusministerium erklärte der mit der Leitung des Badischen Finanz- und Wirtschaftsministeriums beauftragte Ministerialdirektor Emil Reuß unmißverständlich, eine Weiterführung des Karlsruher Theaters als „Staatstheater" komme bis auf weiteres nicht in Frage. Und dann wörtlich: *„Da unter den gegenwärtigen Verhältnissen ein Theater in Karlsruhe im wesentlichen auf den Kreis der Einwohnerschaft dieser Stadt beschränkt bleibt, muß es der Stadt überlassen bleiben, die Theaterbedürfnisse (!) ihrer Bevölkerung ebenso wie andere badische Städte durch ein städtisches Kunstinstitut zu befriedigen."* Für diesen Fall erklärte sich das Ministerium bereit, jährlich einen Zuschuß zu den Pensionslasten von 50000 RM (!) zu gewähren.[28]
Den aus der Geschichte Badens und seiner Landeshauptstadt resultierenden Vorzug, Sitz eines Staats- oder Landestheaters zu sein, wollte das Kultusministerium der Stadt Karlsruhe freilich nicht völlig streitig machen. Vermutlich aus einer dem Karlsruher Theater gegenüber gewogeneren Einstellung heraus, als sie in der Stellungnahme der Finanzverwaltung

sichtbar wurde, ersuchte Ministerialdirektor Dr. Ott den Intendanten einlenkend, *„alsbald...einen neuen Voranschlag vorzulegen, der den gegebenen Notverhältnissen Rechnung trägt"*. Ein erster Haushaltsentwurf von Michels, der, nach Lockerung der Bestimmungen des Gesetzes Nr. 191, ebenso wie Otto Matzerath inzwischen die damals unerläßliche Lizenz der Militärregierung erhalten hatte, war von einem Jahreszuschuß für das Theater von 1,4 Millionen RM ausgegangen. *„Bis zur Vorlage eines neuen Vorschlags"*, so Ott, *„bleibt die Entscheidung darüber vorbehalten, ob das Theater überhaupt weitergeführt werden kann."* Der Intendant und sein Verwaltungsdirektor arbeiteten daraufhin fieberhaft an einem neuen Haushaltsplan für die Spielzeit 1945/46, der dem Verwaltungsrat in seiner Sitzung vom 3. November vorlag.

## Minimaletat und Krisengagen

Inzwischen hatte sich die von den Amerikanern eingesetzte neue Landesbehörde unter Reichsminister a. D. Dr. Heinrich Köhler stabilisiert, die bisherigen kommissarischen Chefs der badischen Ministerien waren nach Freiburg abgewandert. In der genannten Verwaltungssitzung war die Landesbehörde jetzt durch Fritz Cahn-Garnier und Prof. Franz Schnabel, die Landesdirektoren der Finanzen bzw. des Kultus und Unterrichts, vertreten. Michels' Sparhaushalt, fußend auf einem Personal von nur 94 Mitgliedern, beeindruckte durch die radikalen Abstriche an den Gehältern der Künstler. Vorgesehen waren „Minimalgagen" von durchschnittlich 300 RM. Die Opernsängerin Paula Baumann beispielsweise, deren Monatsgage vorher 1750 RM betragen hatte, sollte nur noch 450 RM erhalten, der bekannte Staatsschauspieler Alfons Kloeble statt 600 RM nur noch 360 RM.

Doch selbst der auf 500000 RM reduzierte Zuschuß dieses Sparhaushalts war dem Verwaltungsrat – ihm gehörten seitens der Stadt Oberbürgermeister Veit, Oberrechtsrat Gut, Sparkassendirektor Zoller und Stadtrat Töpper an – zu hoch. Das Gremium folgte vielmehr einer Empfehlung des zur Vorlage eines Gutachtens aufgeforderten Intendanten Köhler-Helffrich (eines – zum Kulturreferenten für Nordbaden ernannten – Sohnes des Landesbezirkspräsidenten Dr. Heinrich Köhler). Köhler-Helffrich forderte eine drastische Verminderung des Verwaltungsapparates und die Einführung von „Krisengagen", die nicht höher als 250-350 RM bemessen sein sollten. Hierdurch werde es möglich sein, den Zuschuß auf 300000 RM zu reduzieren. Staat und Stadt, so das Gutachten Köhler-Helffrichs, sollten sich in diesen Zuschuß teilen. Die Pensionslasten allerdings sollten ab 1. Oktober 1945 vom Land allein getragen werden.

Mit der Billigung dieses Vorschlags durch den Landesdirektor der Finanzen und den Karlsruher Oberbürgermeister war der Fortbestand des Karlsruher Theaters als „Staatstheater" nach Monaten der Ungewißheit gesichert. In seiner Sitzung vom 29. November nahm der Karlsruher Stadtrat nach Vortrag des Finanzreferenten von der „Entschließung" des Oberbürgermeisters Kenntnis – eine Entscheidungsrecht hatte das von den Amerikanern eingesetzte Gremium noch nicht –, in den (vom 1. April 1945 bis 31. März 1946 terminierten) Haushaltsplan 1945/46 als Zuschuß für das Badische Staatstheater den Betrag von 375000 RM einzustellen, hiervon 75000 RM für die Hinterbliebenenversorgung bis 1. Oktober 1945.[29] Bemerkenswert, daß der Theaterfreund Hermann Veit den Gesamtzuschuß von 300000 RM in den städtischen Etat aufnahm, Vorsorge, wie zu vermuten ist, für den Fall, daß das Land sich einem Zuschuß verweigern würde.

***Intendant und Generalmusikdirektor: Hans Herbert Michels (rechts) setzte gegen starke Widerstände der Kultusverwaltung die frühzeitige Wiedereröffnung des Badischen Staatstheaters durch. Links: Otto Matzerath.***

Michels, der die ihm ursprünglich vom kommissarischen Bürgermeister Heinrich übertragene Aufgabe der Theaterleitung mit viel Elan angepackt hatte, wurde vom Verwaltungsrat als Intendant bestätigt, allerdings nur kommissarisch. Er empfand diese Regelung als große Kränkung, erst recht die ihm vom Landesdirektor für Kultus und Unterricht, Professor Schnabel, am 12. November übermittelte Entscheidung eines Halbjahresvertrags. *„Nach dem großartigen Anlauf des Theaters"*, so reagierte Michels habe er wenigstens auf einen Drei-Jahres-Vertrag gehofft.[30] Die Ministerialbürokratie zahlte Michels offenkundig die Tatsache heim, daß *„Intendant Michels und Verwaltungsdirektor Rügner versuchten..., die Unterstützung der amerikanischen Militärregierung zu erhalten, in der erkennbaren Absicht, sich vom Unterrichtsministerium unabhängig zu machen"*. Freude konnte lediglich Otto Matzerath empfinden. Er wurde, gleichgeordnet mit dem Intendanten, zum Generalmusikdirektor ernannt.

## Eröffnung der Spielzeit mit „Jedermann"

Seinen enttäuschenden Erfahrungen zum Trotz hatte Michels allen Grund, von einem *„großartigen Anlauf"* des Theaters zu sprechen. Mit drei Veranstaltungen der „Leichten Muse" – „Bunte Tänze", „Beschwingte Weisen" und „Opern- und Operettenabende" – sowie der Wiederholung des Symphoniekonzerts vom 31. August übte sich das künstlerische Personal in Durlach (Festhalle), dessen Bewohner fehlender Straßenbahnverbindungen wegen von Karlsruhe abgeschnitten waren, zwischen dem 14. und 25. September auf den bevorstehenden Beginn der ersten Nachkriegsspielzeit ein.[31] Diese wurde dann am 27. Oktober offiziell eröffnet mit Hofmannsthals „Jedermann". Hans Herbert Michels selbst führte die Regie, Oscar Dimroth spielte den Jedermann. Im Laufe des November kamen „Nathan der Weise" unter der Spielleitung von Christian Lennbach und mit dem unermüdlichen Hans Herbert Michels in der Titelrolle, sowie „Die spanische Fliege" auf den Spielplan. Ab Dezember gab es dann so etwas wie einen regulären Spielplan, der erstmals auch in einer Zeitung veröffentlicht wurde.[32] Aufführungen fanden außer im Konzerthaus und in Durlach auch in Ettlingen statt. Als erste Oper wurde am 15. Dezember Humperdincks „Hänsel und Gretel" aufgeführt mit Else Blank (Lore Matzerath: *„Anstelle von Anke Naumann, die noch auf ihre Zulassung durch die Amerikaner wartete"*[33]) als Hänsel und Hannelore Wolf-Ramponi als Gretel.

Bereits am 5. November 1945 hatte die Verwaltung des Badischen Staatstheaters der Militärregierung Listen mit den Namen der von dieser wieder bzw. neu zugelassenen Künstler übersandt.[34] Die Liste der Schauspieler enthielt Namen wie Paul Becker, Lola Kloeble-Ervig, Christian Lennbach, Karl Mehner, Friedrich Prüter und Erich Schudde. In der Namensaufstellung für die Oper und Operette waren Walter Born als Kapellmeister, als Sängerinnen und Sänger Paula Baumann, Else Blank, Edmund Eichinger, Robert Kiefer, Eugen Ramponi, Werner Schupp, Hildegard Thieß, Ernst August Waltz und Hannelore Wolf-Ramponi zu finden. Fürs Ballett engagiert worden waren Rösle Rund, Irmgard Silberborth und Inge Sonntag. Als Ersatz für entlassene Schauspieler und Sänger – unter ihnen beispielsweise Maria Leininger und Adolf Schöpflin – waren Arthur Chwalek, Eugen Fazler, Lore Hansen, Friedrich Knippenberg und Ernie Lorenz, aber doch auch Anke Naumann genannt, während Alfredo Bortoluzzi als neuer Ballettmeister vorgesehen war.

## Mit Mänteln und Decken im unbeheizten Theater

Das Wieder-Ingangkommen des Theaterbetriebs war zweifellos eines der erfreulichsten Kapitel der turbulenten ersten Nachkriegszeit. Daß es für die Bühnenausstattung an allem fehlte, daß es keine Proberäume gab und Gesangsproben deshalb in der Privatwohnung von Otto Matzerath oder in den Wohnungen von Solisten durchgeführt werden mußten, daß die Kostüme bisweilen aus Papier bestanden und die Zuschauer sich im ungeheizten Konzerthaus mit Mänteln und Decken gegen die Kälte schützen mußten, waren die unvermeidlichen Begleiterscheinungen eines Abschnitts Karlsruher Theatergeschichte, der den Künstlern von damals gleichwohl als einer der schönsten in Erinnerung ist. Eugen Ramponi erinnert sich: *„Ich sehe die Hannelore noch, wie sie im Duett von Hänsel und Gretel zitternd vor Kälte am Boden liegen und singen mußte."*[35] Und Hannelore Wolf-Ramponi über das Verhältnis unter den Kollegen: *„Der kollegiale Zusammenhalt war phantastisch. Jeder wußte, es geht um alles, und jeder hat dem anderen geholfen. Für Edmund Eichinger beispielsweise,*

*der wahnsinnig erkältet war, organisierten wir bei einem Bauern in Grötzingen einen Löffel Schweinefett, damit er sich Wikkel machen konnte."*
Als Folge der Entnazifizierung gab es auch im Personal des Badischen Staatstheaters längere Zeit empfindliche Lücken, insbesondere beim Orchester, angesichts mehrerer notwendig gewordener Wiederholungen des 1. Sinfoniekonzerts der Staatskapelle für Matzerath eine sehr unangenehme Belastung. Der theaterbegeisterte Colonel Sottong, Repräsentant der Militärregierung für den Landeskommissariatsbezirk Karlsruhe und später für Nordbaden, drückte jedoch manches Auge zu. Beispielsweise, so erinnert sich Lore Matzerath, erklärte er sich einverstanden, daß einige Orchestermitglieder auf Bitten ihres Mannes jeweils wenigstens von einem Konzert zum anderen eine Spielerlaubnis erhielten.[36]

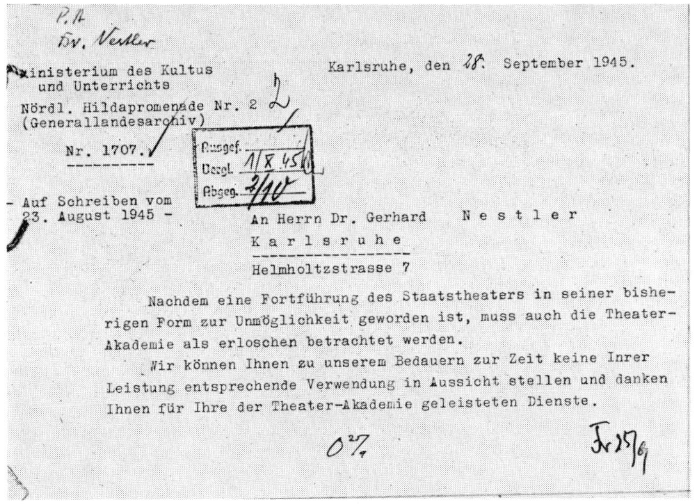

Ministerium des Kultus
und Unterrichts
Nördl. Hildapromenade Nr. 2
(Generallandesarchiv)

Nr. 1707.

Ausgef. ___
Vergl. 1/X 45
Abgeg. 2/10

- Auf Schreiben vom
23. August 1945 -

Karlsruhe, den 28. September 1945.

An Herrn Dr. Gerhard N e s t l e r
K a r l s r u h e
Helmholtzstrasse 7

Nachdem eine Fortführung des Staatstheaters in seiner bisherigen Form zur Unmöglichkeit geworden ist, muss auch die Theater-Akademie als erloschen betrachtet werden.

Wir können Ihnen zu unserem Bedauern zur Zeit keine Inrer Leistung entsprechende Verwendung in Aussicht stellen und danken Ihnen für Ihre der Theater-Akademie geleisteten Dienste.

**Mit diesem Schreiben besiegelt das Badische Ministerium des Kultus und Unterrichts das Ende der im Jahr 1935 gegründeten, in der Orangerie, im Torbogengebäude des Botanischen Gartens und im „Hirschgang" untergebrachten Karlsruher Theaterakademie.**

## Berufsverbot für Hans Herbert Michels

Die nominelle Mitgliedschaft in der Partei (Eugen Ramponi: *„Michels war nie Nationalsozialist"*[37]) bzw. eine angebliche Fragebogenfälschung wurden bald auch Hans Herbert Michels zum Verhängnis. Ausschlaggebend war allerdings ein offener Konflikt zwischen Michels und dem neuen Theateroffizier Sherman, der dem Intendanten vorwarf, gegen die amerikanische Militärregierung zu intrigieren. Gemeint war damit vor allem der Widerstand Michels' gegen Shermans Absicht, in Durlach ein Privattheater zu errichten, das, unter der Bezeichnung „Neues Theater", bald auch zustandekam.[38]
Hans Herbert Michels gebührt das Verdienst, den Neuanfang des Badischen Staatstheaters in schwerer Zeit, unter schwierigsten Verhältnissen und gegen große Widerstände bewirkt zu haben, unterstützt von seinen Kollegen, voran der Generalmusikdirektor und der Verwaltungsdirektor, vom gesamten Ensemble seiner fachlichen Kompetenz wegen geschätzt und als Mensch verehrt.

## Theaterakademie wird geschlossen

Nicht wieder ins Leben gerufen wurde die Staatliche Theaterakademie, die, im Jahr 1935 gegründet, von Hans Herbert Michels geführt worden war, unterstützt von Dr. Gerhard Nestler als musikalischem Leiter. Dieses Institut, dem im letzten Jahr seiner Existenz 15 Lehrkräfte und 56 Schüler angehörten, untergebracht in der Orangerie, im Torbogengebäude des Botanischen Gartens und im sogenannten „Hirschgang", war wie das Theater am 1. September 1944 geschlossen worden.[39] Die auf den 27. September 1944 angesetzte Not-Abschlußprüfung, konnte nach der Zerstörung der Akademieräume als Folge des schweren Angriffs in der Frühe des gleichen Tages naturgemäß nicht durchgeführt werden. Sie wurde jedoch Mitte Oktober 1944 in der Wohnung von Dr. Nestler nachgeholt. Die während des Brandes geretteten Reste der Bibliothek und der Einrichtung wurden während der ersten Tage der Besetzung teils geraubt, teils unbrauchbar gemacht. In einem Bericht über das letzte Schuljahr der Akademie, den er am 5. September 1945 erstattete, räumte Hans Herbert Michels ein, *„eine Fortsetzung der Ausbildung junger Künstler wäre heute nicht mehr zu verantworten..., die Theaterakademie kann unbedenklich wegfallen"*. In einer „Aktenbemerkung" vom 28. September vollzog das Badische Ministerium des Kultus und Unterrichts die Liquidation: *„Die Staatliche Theaterakademie gilt...als endgültig aufgehoben."* Noch bestehende Verträge wurden ohne Einhaltung der Kündigungsfrist gekündigt.

# Demokratie wird neu erlernt

## Selbstbewußter Neuanfang bei den Gewerkschaften

Das so unvergleichlich dramatische und kontrastreiche Geschehen des Jahres 1945 war gekennzeichnet von der Not und dem Mangel in allen Bereichen, aber auch von dem Willen, trotz der furchtbaren Enttäuschungen eines Systems, dem die überwiegende Mehrheit der Bevölkerung mehr oder weniger gläubig angehangen hatte, neu anzufangen. Die gesellschaftliche und politische Neuorientierung, ohnehin überdeckt von den nüchternen Anforderungen einer Zeit, die noch in der NS-Diktatur zu dem geflügelten Wort geführt hatte „Genießt den Krieg, der Friede wird fürchterlich!", suchten bewußt und engagiert anfangs allerdings nur wenige. Die Initiative zur Neugründung der Parteien und zur Wiedergründung der Gewerkschaften lag verständlicherweise ausschließlich bei jenen, die als politische Gegner im „Dritten Reich" entweder verfolgt oder in die innere Emigration gegangen waren.

### Vom FDGB zum ADGB

Ungleich schneller und mit erheblich breiterer Wirkung als die Parteien fanden die Gewerkschaften Resonanz. Die unentwegte zwölfjährige Verteufelung der Demokratie – eine Staatsform, deren Name zum Schimpfwort herabgewürdigt worden war – und der „Parteienherrschaft", aber auch die unseligen Erfahrungen mit der Staatspartei NSDAP wirkten noch lange nach. Dagegen stieß die neue Gewerkschaftsbewegung schon deshalb rasch auf Vertrauen, weil sie sich als überparteiliche Organisation zur Sicherung der persönlichen Rechte aller Arbeitnehmer empfand und empfahl.

Einer Darstellung entsprechend, die Karl Konz bei der konstituierenden Sitzung des Allgemeinen Deutschen Gewerkschaftsbundes (ADGB) am 18. Juli 1954 gab, traten ehemalige Karlsruher Gewerkschafter – vermutlich Karl Konz und Fridolin Heurich – schon acht Tage nach der Besetzung der Stadt an die französische Militärregierung mit der Bitte heran, den Gewerkschaftsbund auf örtlicher Basis neu gründen zu können. Sie konnten sich hierbei beziehen auf General Eisenhowers Zusage vom Dezember 1944, *„die deutschen Arbeiter werden sich, sobald die Umstände es gestatten, zu demokratischen Gewerkschaften zusammenschließen können"*.[1] Auch war inzwischen bekannt geworden, daß in Aachen und Köln schon im März 1945 örtliche Gewerkschaften gegründet worden waren.[2]
Über die ersten Bemühungen zur Wiedergründung von Gewerkschaften in Karlsruhe gibt es einen authentischen Kurzbericht, niedergelegt in einem Brief von August Jülg[3], dem späteren langjährigen Vorsitzenden der Postgewerkschaft Karlsruhe. Danach trafen sich Mitte Mai auf Anregung von August Furrer sen. im Dienstzimmer des Bezirksvorstehers der Südstadt (im Zollamtsgebäude an der Rüppurrer Straße) erstmals ehemalige Gewerkschafter, um über die baldige Wiedererrichtung einer freien Gewerkschaftsbewegung zu beraten. An der ersten Besprechung nahmen Karl Biebricher, Karl Deck, Fridolin Heurich, August Jülg und Karl Konz teil. Diese und nachfolgende Besprechungen, die sämtlich „geheim" stattfanden, mündeten ein in den Willen, eine einheitliche Gewerkschaft mit dem Namen „Allgemeiner Deutscher Gewerkschaftsbund" zu gründen. Die Kollegen Konz (SPD), Heurich (Zentrum) und Deck (KPD) wurden beauftragt, zur Erreichung dieses Ziels Gespräche mit der französischen Militärregierung aufzunehmen.

Schon am 13. Mai 1945 war in Karlsruhe ein Flugblatt erschienen, in dem die von den Alliierten für Aachen und Köln gebilligten gewerkschaftlichen Grundsätze auch für Karlsruhe als verbindliches Programm genannt wurden. Dem Aachen-Kölner Beispiel folgend, wurde die zu gründende Organisation Freier Deutscher Gewerkschaftsbund (FDGB) genannt. Der „Zweck des FDGB" wurde in dem genannten Flugblatt wie folgt beschrieben: *„Bekämpfung und Beseitigung der durch zwölfjährigen Naziterror hervorgerufenen Gleichgültigkeit innerhalb der Arbeiter-, Angestellten- und Beamtenschaft durch antifaschistische Schulung zum Zweck der Wiederherstellung einer Kameradschaft der Werktätigen, fundiert auf Anständigkeit, Ehrlichkeit und Treue zur Erringung der Anerkennung der Internationalen Gewerkschaftsföderation."*
Die von rheinischen Gewerkschaftern erarbeiteten, in Karlsruhe im wesentlichen übernommenen Grundsätze umfaßten 13 Punkte:

1. Mithilfe zur Verständigung der Völker untereinander und Zusammenarbeit mit den Gewerkschaftsbewegungen der Welt
2. Aufklärung durch Wort und Schrift, insbesondere der Jugend und Völkerverständigung
3. Kampf gegen preußischen Militarismus und Faschismus
4. Mithilfe an der Entfernung der Nazis aus Wirtschaft und Verwaltung
5. Vertretung der Gewerkschaften in allen Zweigen des öffentlichen Lebens
6. Regelung der Lohnfragen und Ferien
7. Wiedereinführung des Arbeitsrechts
8. Wiedereinführung des Achtstundentags und der 40-Stundenwoche
9. Wiedereinführung des Streikrechts
10. Unterdrückung der Werkschutzvereine
11. Sicherstellung der Arbeitsfrontbücher
12. 1. Mai als gesetzlicher Feiertag
13. Arbeiter, Angestellte und Beamte, die Mitglieder der Partei waren, können Mitglieder werden, dürfen aber keine Funktion ausüben.

Abweichend von diesem Programm strichen die Karlsruher Gewerkschafter, wie Unterlagen aus den Monaten Juni/Juli beweisen, den Punkt „11" und gaben dem letzten Programmpunkt folgenden Wortlaut: *„Ehemalige Mitglieder und aktive Anhänger der Nazi-Partei und ihrer Gliederungen können wohl Mitglieder der Gewerkschaften werden, dürfen aber keine Funktion ausüben."*
In einem Antrag vom 18. Mai baten die Karlsruher Gewerkschafter Wilhelm Belschner und Karl Hespeler die *„alliierten Militärbehörden in Karlsruhe a. Rh."* auf eigene Faust um Genehmigung zur Bildung des Freien Deutschen Gewerkschaftsbundes, wobei die Versicherung abgegeben wurde:

**Karlsruhe, den 13. 5. 1945.**

Die auf Grund der Zerschlagung des Nazismus geschaffene Lage in Deutschland bedingt den sofortigen Aufbau der freien Gewerkschaften, unter Berücksichtigung der von den Alliierten zugelassenen Organisationsform.

Bis zur einheitlichen Regelung im Reichsmaßstab ist die sofortige Erfassung sämtlicher Berufstätigen eine der dringlichsten Aufgaben.

Als Grundlage zur Bildung des Freien Deutschen Gewerkschaftsbundes gelten die im Rheinland (Köln, Aachen) bestehenden, von den Alliierten Mächten zugelassenen Richtlinien.

**Grundlage des F.D.G.B.**

Der Freie Deutsche Gewerkschaftsbund ist eine Föderation der gesamten Berufstätigen (Arbeiter, Bauern, Angestellte und Beamte), aufgeteilt in Berufsgruppen oder Sektionen.

Die Träger des F.D.G.B. sind: Alle Mitglieder einer [redacted] Gewerkschaft vom Jahr 1933, die durch ihre antifaschistische Haltung während der Naziherrschaft die Grundlage zur Neubildung des F.D.G.B. geschaffen haben.

Funktioär im F.D.G.B. kann nur sein, wer nicht Mitglied der N.S.D.A.P. oder einer ihrer Gliederungen war. Mitglieder der D.A.F., sofern sie keine Funktionäre der D.A.F. waren, fallen nicht unter Funktions-Ausschluß.

**Zweck des F.D.G.B.**

Bekämpfung und Beseitigung der durch zwölfjährigen Naziterror hervorgerufenen Gleichgültigkeit innerhalb der Arbeiter-, Angestellten- und Beamtenschaft durch antifaschistische Schulung zum Zweck der Wiederherstellung einer Kameradschaft der Werktätigen, fundiert auf Anständigkeit, Ehrlichkeit und Treue zur Erringung der Anerkennung in der internationalen Gewerkschaftsförderation.

**Ziel des F.D.G.B.**

Befreiung der Werktätigen aus politischer und wirtschaftlicher Knechtung.

Kampf gegen Faschismus und jede Ausbeutung!

***Mit diesem Aufruf werben Karlsruher Gewerkschafter schon kurz nach Kriegsende für einen „Freien Deutschen Gewerkschaftsbund".***

*„Der Freie Deutsche Gewerkschaftsbund wird im Prinzip, für die Militärregierung ein guter Helfer, in der Ausrottung des Nazismus, sein"* (Interpunktion unverändert; d. Verf.).

### Anfangs nur „leere Versprechungen"

Die Besprechungen mit der französischen Militärregierung zogen sich nach Jülg in die Länge, ohne daß ein Ergebnis erzielt werden konnte. *„Aus dem gleichen Grunde"*, so schrieb er in dem genannten Bericht, *„war auch dem Alleingang der Kollegen W. Belschner und K. Hespeler kein Erfolg beschieden"*. Karl Konz sprach von *„leeren Versprechungen"* der französischen Besatzungsmacht. Deren Hinhaltetaktik entsprang sicherlich der Scheu, den Deutschen demokratische Freiheiten vorschnell zurückzugeben. Zum andern ließ es ihnen wohl auch der sich abzeichnende Wechsel der Besatzungshoheit in Karlsruhe nicht geraten erscheinen, im Bereich Gewerkschaften fertige Tatsachen zu schaffen.
Noch während der französischen Besatzungszeit kam es allerdings zu einer bemerkenswerten betrieblichen Regelung. Am 6. Juni wurde bei der Firma „Badische Presse" in geheimer Wahl ein Betriebsausschuß gewählt, der *„gemäß den Richtlinien des Freien Deutschen Gewerkschaftsbundes die Belange der Belegschaft sowohl wie diejenigen des Betriebes wahrnehmen"* sollte. Es handelte sich hierbei um die erste aktenkundig gewordene Wahl eines Betriebsrats in Karlsruhe nach dem Krieg.

### Illegale konstituierende Sitzung

Am 18. Juli, nur wenige Tage, nachdem die Amerikaner Karlsruhe ihrem Besatzungsgebiet einverleibt hatten, fand, noch immer illegal, weil ohne Genehmigung der Militärregierung, im Sitzungszimmer der Bezirksstelle Südstadt die konstituierende Sitzung zur Bildung des Allgemeinen Deutschen Gewerkschaftsbundes (ADGB) Karlsruhe statt, wie man die Organisation nun, den früheren Namen aufnehmend, wieder nannte. Schon vor dem Abzug der Franzosen, so berichtete Karl Konz bei dieser Gelegenheit, sei man *„den amerikanischen Militärbehörden nach Heidelberg entgegengefahren"*, um sich dort Empfehlungen für die Wiedergründung und den Neuaufbau der Gewerkschaften zu holen. Ungeachtet der Tatsache, daß die Lizenz zur Gründung eines Gewerkschaftsbundes für Karlsruhe fehlte, wurde an jenem 18. Juli ein neunköpfiger geschäftsführender Ausschuß gewählt, dem vier Sozialdemokraten, drei Kommunisten und zwei ehemalige Zentrumsleute angehörten. Karl Konz zu diesem Verfahren: Wenn die Genehmigung der Amerikaner vorläge, könnten *„die Gewerkschaften mit einem Schlage stehen"*.[4] Fridolin Heurich und Karl Konz galten als kommissarische Vorsitzende. Sie waren von der amerikanischen Militärregierung als „Beauftragte" akzeptiert worden.
Schon bei dieser konstituierenden Sitzung wurde Einigkeit darüber erzielt, daß es, anders als vor 1933, nicht wieder zu einer Zersplitterung der Gewerkschaften kommen dürfe. Der ADGB als stärkste Organisation hatte im damaligen Deutschen Reich 30 Berufsverbände mit 13800 Zweigverbänden, die Christlichen Gewerkschaften 19 Berufsverbände mit 5700 Zweigverbänden und die Hirsch-Dunkerschen Gewerkevereine, eine liberale Gruppe, 24 Gewerkevereine mit 1900 Zweigvereinen.[5] Vor allem Fridolin Heurich, ehemals hauptamtlicher Funktionär der Christlichen Gewerkschaften, von 1919 bis 1933 Zentrumsabgeordneter im Badischen Landtag, machte sich für eine Einheitsgewerkschaft stark. Im Interesse der Arbeiterschaft, so erklärte er bei der genannten Sitzung, sei es *„dringender als je notwendig, daß wir gemeinsam zusammenstehen"*.
Der von der KPD kommende Fritz Aschinger präzisierte den Wunsch nach einer Einheitsgewerkschaft mit der Forderung, diese müsse *„grundsätzlich paritätisch, parteipolitisch frei und auf demokratischer Grundlage aufgebaut"* sein. *„Fraktionsbildungen"* dürfe es innerhalb der Gewerkschaften nicht geben.

### Betriebsmännerversammlung wird zur Gründungsversammlung

Den ungeduldig wartenden Karlsruher Initiatoren erteilte die amerikanische Militärregierung Ende August endlich die förmliche Genehmigung zur Gründung des „Allgemeinen Deutschen Gewerkschaftsbundes Karlsruhe und Umgebung". Der im Sommer nach Karlsruhe zurückgekehrte Karl Flößer, bis 1933 Funktionär im damaligen Gemeinde- und Staatsarbeiterverband[6], hatte sich inzwischen dem Kreis um Konz und Heurich angeschlossen. Er war Mitinitiator einer sogenannten Betriebsmännerkonferenz, die auf den 27. August 1945 in die Lagerhalle der Konsumgenossenschaft einberufen wurde, die erste ihrer Art nach dem Krieg. Flößer, bei Beginn dieser Konferenz noch im Ungewissen, ob und wann die Genehmigung zur Gründung der Gewerkschaften erteilt würde, bezeichnete die Großversammlung in seinen Begrüßungsworten als lediglich *„halblegal, so wie auch unsere vergangene Tätigkeit unter denselben Verhältnissen sich abwickelte"*. Doch gegen Schluß dieser Konferenz brachte Karl Deck, soeben von der Militärregierung kommend, die erlösende Botschaft: Die Militärregierung hat den ADGB genehmigt! Karl Flößer war nunmehr auch formell befugt, die Betriebsmännerkonferenz offiziell als Gründungsversammlung des Karlsruher ADGB zu bezeichnen.

Noch war zu diesem Zeitpunkt Karl Konz der 1. Vorsitzende, Fridolin Heurich sein Vertreter. Im Blick auf die ihnen übertragenen Ämter eines Chefs des Arbeitsamtes bzw. eines 1. Bürgermeisters gaben sie ihre Gewerkschaftsfunktionen dann in einer Vorstandssitzung vom 17. September 1945 ab. An ihre Stelle traten Karl Flößer als 1. Vorsitzender und Theodor Kiefer, der von den christlichen Gewerkschaften kam, als 2. Vorsitzender. Flößer und Kiefer sowie der Kommunist Karl Deck, der nach Jahren aus der Emigration zurückgekehrt war, bildeten zugleich den geschäftsführenden Vorstand. Dem engeren Vorstand gehörten an: Wilhelm Nies, Karl Biebricher, Julius Hellmann, Wilhelm Belschner und Karl Hespeler. Außer diesen beiden Gremien gab es noch einen neunköpfigen erweiterten Vorstand. Das erste Büro des ADGB Karlsruhe befand sich im Haus Erbprinzenstraße 31.

Schon einen Tag nach der offiziellen Zulassung des ADGB war dieser mit auf Kleinformat gedruckten „Vorläufigen Satzungen" zur Stelle. Als „Zweck des Bundes" wurde in § 3 der Satzung nun die *„Vertretung und Förderung der geistigen und materiellen Interessen seiner Mitglieder unter Ausschluß aller parteipolitischen und religiösen Fragen"* bezeichnet. In einer in jenen Tagen veröffentlichten Erklärung wurde der Wille zur Einheitsgewerkschaft so begründet: *„Aus der Erkenntnis, daß die Zersplitterung der gewerkschaftlichen Organisationen, wie sie vor 1933 bestanden hat, eine der Voraussetzungen für die Übernahme der Macht durch die Nazis war, ziehen wir die Schlußfolgerung: In Zukunft darf es nur eine Gewerkschaft geben!"* Wiederaufbau und Wiedergutmachung werden als vorrangige Aufgaben bezeichnet, daneben die Sorge um die Mitglieder, die es *„in allen Wechselfällen des Lebens zu schützen"* gelte.

## Politische Betätigung untersagt

In der Folgezeit wurden, nachdem die Militärregierung den Gewerkschaften die Durchführung von Betriebsversammlungen genehmigt hatte, in allen größeren Betrieben Werbeveranstaltungen durchgeführt. Untersagt war den Gewerkschaften jedoch ausdrücklich jegliche politische Betätigung. Der Widerhall der Aktivitäten von Karl Flößer und seiner Vorstandskollegen war so stark, daß der Allgemeine Deutsche

***Im Haus der Konsumgenossenschaft an der Roonstraße wurde der „Allgemeine Deutsche Gewerkschaftsbund Karlsruhe und Umgebung" aus der Taufe gehoben.***

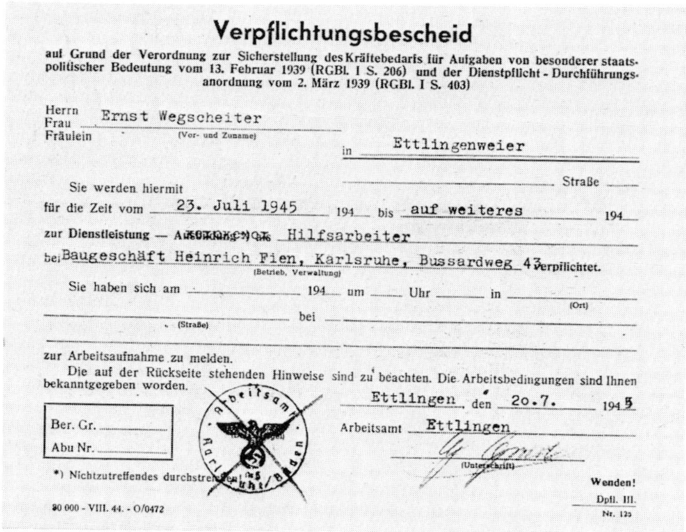

**Verpflichtungsbescheid**

auf Grund der Verordnung zur Sicherstellung des Kräftebedarfs für Aufgaben von besonderer staatspolitischer Bedeutung vom 13. Februar 1939 (RGBl. I S. 206) und der Dienstpflicht - Durchführungsanordnung vom 2. März 1939 (RGBl. I S. 403)

Herrn / Frau / Fräulein Ernst Wegscheiter (Vor- und Zuname)

in Ettlingenweier

Straße

Sie werden hiermit

für die Zeit vom 23. Juli 1945 194 bis auf weiteres 194

zur Dienstleistung — Ausbildung *) als Hilfsarbeiter

bei Baugeschäft Heinrich Fien, Karlsruhe, Bussardweg 43 (Betrieb, Verwaltung) verpflichtet.

Sie haben sich am 194 um Uhr in (Ort)

(Straße) bei

zur Arbeitsaufnahme zu melden.

Die auf der Rückseite stehenden Hinweise sind zu beachten. Die Arbeitsbedingungen sind Ihnen bekanntgegeben worden.

Ettlingen, den 20.7. 1945

Arbeitsamt Ettlingen

(Unterschrift)

Ber. Gr.

Abu Nr.

*) Nichtzutreffendes durchstreichen!

Wenden!

80 000 - VIII. 44. - O/0472

Dpfl. III. Nr. 120

**„Verpflichtungsbescheid" unter Berufung auf ein NS-Gesetz. Der überholte Stempel ist immerhin als ungültig gekennzeichnet.**

Gewerkschaftsbund Karlsruhe und Umgebung Ende Oktober 1945 schon 13357 Mitglieder zählte, darunter 1805 Frauen und 654 Jugendliche. Zum gleichen Zeitpunkt hatte die Karlsruher Gewerkschaftsorganisation bereits 30900 RM auf der Kasse.

Fragen der Ernährung und Versorgung waren anfangs die drängendsten Probleme, mit denen sich wie die Politiker auch die Gewerkschaftsführer herumzuschlagen hatten. Schon am 17. August, also neun Tage vor seiner offiziellen Genehmigung, hatte der ADGB zusammen mit Vertretern des Gewerbeaufsichtsamtes und der Ministerien in seinen Geschäftsräumen eine Konferenz durchgeführt, in deren Mittelpunkt die bedenkliche Ernährungssituation stand. Die Zulagen für Schwer- und Schwerstarbeiter waren so minimal, daß die Arbeitsmoral, aber auch die Arbeitsfähigkeit rapide abgesunken war. Beispielsweise erhielten Schwerstarbeiter in der 3. Ernährungsperiode (vom 22. Juni bis 23. Juli) nur eine Zulage von 4000 Gramm Brot (im Jahr 1944 9600 Gramm), 200 Gramm Fett (1944: 1475 Gramm) und 200 Gramm Fleisch (1944: 2400 Gramm). Kein Wunder, wenn die Baugewerbsinnung mit Schreiben vom 3. August an das Gewerbeaufsichtsamt erklärte, *„bei der heutigen Verpflegungslage läßt die Arbeitsfreudigkeit und damit die Arbeitsleistung sehr zu wünschen übrig, diese können nur durch eine bessere Verpflegungsmöglichkeit behoben werden"*. Ernährung, Kleidung, aber auch die Beschaffung von Fahrradreifen, so wurde in der Konferenz vom 17. August festgestellt, sind *„die dringlichsten Forderungen der Arbeiter"*. Erst Anfang Oktober konnte die Gewerkschaftsführung beim Landesernährungsamt durchsetzen, daß den da und dort eingerichteten Werkküchen Sonderzuteilungen gewährt wurden. Diese bestanden pro Kopf der Betriebsangehörigen aus wöchentlich 750 Gramm Kartoffeln und monatlich 350 Gramm Suppeneinlage (!).

## Betriebsratswahlen und Betriebsräteversammlungen

Ein weiteres brennendes Problem war die Arbeitszeit. Die in den Aachener Thesen aufgestellte, von den Karlsruher Gewerkschaftern übernommene Forderung nach der 40-Stunden-Woche blieb ebenso wie der Wunsch nach Wiedereinführung des Streikrechts zunächst nur Proklamation ohne Chance einer baldigen Verwirklichung. In Wahrheit hatte die französische Besatzungsmacht eine 60stündige Arbeitszeit festgelegt. Eine Arbeitszeit von 60, später 54 Stunden, forderte anfänglich auch noch die amerikanische Militärregierung, eine im Blick auf die Ernährungslage allgemein als unzumutbar empfundene Auflage. Fridolin Heurich, seit dem 3. August 1945 Erster Bürgermeister, bemühte sich um eine Verringerung der Arbeitszeit. Mit Erfolg. Am 20. August konnte er dem „Allgemeinen Gewerkschaftsbund Groß-Karlsruhe" mitteilen: *„Nunmehr hat die amerikanische Militärregierung auf die Vorstellung der Stadt im Hinblick auf die schlechte Ernährungslage der Karlsruher Bevölkerung und auf den fortschreitenden Materialmangel einer weiteren Herabsetzung der Arbeitszeit auf 48 Stunden zugestimmt."*

Noch im Herbst 1945 wurde auf Weisung der Militärregierung in allen größeren Betrieben mit der Durchführung von Betriebsratswahlen begonnen. Dies mit dem Erfolg, daß von 172 Betrieben, die um die Genehmigung zu Betriebsratswahlen nachgesucht hatten, bis zum 31. Dezember bereits in 165 Betrieben gewählt worden war. Die Wahl erfolgte zunächst für die Dauer von drei Monaten, doch konnte die Amtsdauer mit einem 3/4-Votum der Belegschaft um weitere drei Monate verlängert werden.[7] Das Betriebsratsgremium umfaßte, je

nach Größe des Betriebs, bis zu neun Personen. Mit der Überwachung der Betriebsratswahlen hatte Oberbürgermeister Veit den Gewerbeoberinspektor Dewald vom Gewerbeaufsichtsamt beauftragt. Die Wahl der Betriebsräte, denen verwehrt war, über Arbeitszeit und Entlohnung zu verhandeln, bedurfte in jedem Einzelfall der Bestätigung durch die Militärregierung.
Ein wichtiges Bindeglied zwischen Gewerkschaftsführung und den Betrieben waren die in etwa monatlichem Turnus durchgeführten Betriebsrätevollversammlungen. An diesen Zusammenkünften, die teils bei der Konsumgenossenschaft, teils im Speisesaal von Haid & Neu oder im „Burghof" stattfanden, nahmen jeweils mehrere hundert Betriebsräte (ursprünglich Betriebsmänner genannt) teil. Die Entnazifizierung in den Betrieben und die Sicherung der Produktion waren neben den drängenden Fragen der Ernährung und Versorgung die immer wieder aufkommenden Diskussionsthemen. Vor allzu rigorosem Vorgehen bei der Entnazifizierung wurde allerdings von der Gewerkschaftsführung selbst gewarnt. Diese mahnte, *„bei der Entnazifizierung auch die Produktion im Auge zu behalten"*. Denn Ausfälle in der Produktion gingen letztlich zu Lasten der Arbeitnehmer.
Tatsächlich hatten die Betriebsräte bei der Entnazifizierung der Betriebe ein wichtiges Wort mitzusprechen. Sie sollten, wie Karl Deck vom geschäftsführenden Vorstand dies in einer Betriebsräteversammlung vom 7. November forderte, *„bei der Bestellung von kommissarischen Betriebsleitern... darüber wachen, daß keine unsauberen Geschäftemacher sich in die Betriebe einschleichen. Augen auf vor Konjunkturrittern!"* Karl Flößer umschrieb die Aufgabe der Betriebsräte in der gleichen Versammlung so: *„Die Betriebsräte werden in Zukunft die wichtigsten Träger sein müssen für die produktive und politische sowie soziale Gestaltung der Produktionsstätten."*
Der Wille, Einfluß zu nehmen auf die politische Neugestaltung, wird auch ersichtlich aus einer Resolution, mit der sich die anwesenden 247 Betriebsräte in der gleichen Versammlung gegen die Anstellung von – als politisch unbelastet geltenden – ehemaligen Berufssoldaten in Führungspositionen der Wirtschaft und des öffentlichen Dienstes wandten: *„In der Anstellung der ehemaligen Berufssoldaten, die nach der Machtergreifung im Jahr 1933 freiwillig in die Wehrmacht eintraten, auf verantwortungsvolle Posten erblickt die Versammlung eine Gefährdung der politischen Lage und Verherrlichung des*

*preußischen Militarismus. Daher verlangt die Vollversammlung der Betriebsräte sofortige Bereinigung der Betriebe und Ämter von diesen getarnten Schädlingen."*

## Protest wegen Funktionärsgehältern

Die Betriebsrätevollversammlungen wurden im übrigen verhältnismäßig rasch zu Exerzierfeldern wiedergewonnener demokratischer Spielregeln und zu Tummelplätzen freier Meinungsäußerung. So gerieten die hauptamtlichen Funktionäre der Karlsruher Gewerkschaften wegen angeblich überzogener Gehälter ins Kreuzfeuer der Kritik. Diese erhielten ein Gehalt, das unter Zugrundelegung der 48-Stunden-Woche umgerechnet 1.50 RM je Stunde betrug. Beispiele aus der Gehalts- und Lohnregelung etwa für die Angehörigen der Bauberufe zeigen, daß die Gewerkschaftsfunktionäre vergleichsweise nicht schlecht bezahlt waren. So erhielten Hilfspoliere und Hilfsschachtmeister mit mindestens zweijähriger Tätigkeit als Vorarbeiter einen Wochenlohn von 48 RM, Facharbeiter mit mindestens zweijähriger Tätigkeit als Geselle und mindestens halbjähriger Zugehörigkeit zum gleichen Betrieb einen Stundenlohn von -.98 RM, Hilfsarbeiter zwischen -.70 und -.83 RM. Die Angriffe gegen die Entlohnung der haupt-

**Vorkämpfer der Nachkriegs-Gewerkschaften in Karlsruhe. Links Karl Konz, wie Fridolin Heurich kommissarischer Vorsitzender. Rechts Karl Flößer, der erste gewählte Vorsitzende des ADGB Karlsruhe.**

**Allgemeiner Deutscher Gewerkschaftsbund**
**Karlsruhe und Umgebung**

**Beitragsleistung für Mitglieder**

Veranlagung: ein Durchschnitts-Stundenlohn

| Stufe | Wochenbeitrag RM | Monatsbeitrag RM | Lohn- und Gehaltsgruppierung RM |
|---|---|---|---|
| I | 2.— | 10.— | über 500.— |
| II | 1.50 | 8.— | 400.— bis 500.— |
| III | 1.20 | 6.50 | 300.— „ 400.— |
| IV | 1.— | 4.50 | 200.— „ 300.— |
| V | —.80 | 3.50 | 120.— „ 200.— |
| VI | —.50 | 2.— | 60.— „ 120.— |
| VII | —.30 | 1.20 | bis 60.— |

Invaliden: monatlich RM —.60

**Die Beiträge sind Pflichtbeiträge.**
**Freiwillige Beiträge zum Wiederaufbau sind zulässig.**
**Der Gründungs-Stichtag ist der 1. August 1945.**

***Obschon von den Amerikanern noch nicht lizenziert, veröffentlicht der ADGB Karlsruhe und Umgebung schon früh eine Beitragsliste.***

amtlichen Gewerkschafter wurden jedoch zurückgewiesen mit dem Hinweis auf deren in der Regel 60-70stündige Tätigkeit ohne Vergütung der Mehrarbeit. In scharfen Worten wies Heinrich Klingele, der spätere SPD-Stadtrat, die Kritik zurück. Die Angriffe seien eine *„Entwürdigung der Gewerkschaftsbewegung"*.

In der Zwischenzeit wurde der innere Aufbau des ADGB Karlsruhe durch Bildung folgender 13 Fachgruppen fortgeführt: 1. Bau- und Holzgewerbe, Steine und Erde; 2. Eisen- und Metallindustrie; 3. Handel, Transport und Verkehr, Gemeinde- und Staatsbetriebe, Öffentlich-rechtliche Körperschaften; Banken und Versicherungen, Post und Telegraphie, Eisenbahn; 4. Nahrungs-, Genuß- und Getränke-Industrie; 5. Graphisches Gewerbe; 6. Textil-, Leder- und Bekleidungsindustrie; 7. Papier- und Chemische Industrie; 8. Land- und Forstwirtschaft; 9. Technische Angestellte; 10. Kaufmännische Angestellte; 11. Beamte und Behördenangestellte; 12. Lehrer; 13. Freie Berufe. Jede Gruppe erhielt ihre eigene Leitung, die in Betriebs-, Bezirks- und Gruppenversammlungen gewählt wurden.

Für Angehörige einzelner Sparten veranstaltete der Gewerkschaftsbund öffentliche Aufklärungs- und Werbeveranstaltungen. Eine laut Zeitungsbericht *„machtvolle Kundgebung"*[8] fand für die Angehörigen des Versicherungsgewerbes von *„Groß-Karlsruhe"* Ende September statt. Hauptredner war Fridolin Heurich, für den Arbeitsbeschaffung und eine *„gerechte Verteilung der Lebensgüter unter allen Schaffenden"*[9] die wichtigsten Forderungen waren. Als zweiter Redner sprach Direktor Alex Möller, der während des „Dritten Reichs" bei der Karlsruher Lebensversicherung untergekommene ehemalige preußische SPD-Landtagsabgeordnete, der sich anschickte, in die Politik zurückzukehren.

## Zähes Ringen um größeren Verband

Ihre Strategie, Organisationsformen jeglicher Art zunächst nur auf örtlicher Basis zuzulassen, gab die amerikanische Militärregierung im Falle der Gewerkschaften nur zögernd auf. Während die regionalen Gewerkschaftsorganisationen in Karlsruhe, Mannheim und Heidelberg zunächst noch vergeblich den Zusammenschluß forderten, gab es bereits eine einheitliche Gewerkschaftsorganisation für das amerikanisch besetzte Gebiet Württembergs. Nach der Proklamierung des Landes Württemberg-Baden (Nordwürttemberg-Nordbaden) durch die Amerikaner intensivierten sich die Bestrebungen nach einer Vereinigung der Gewerkschaften in diesem Gebiet. Die rasche Bildung einer Gewerkschaftsorganisation auf möglichst breiter Basis war den Gewerkschaftsführern auch deshalb ein dringendes Anliegen, weil die Amerikaner eine Einheitsgewerkschaft durchaus nicht favorisierten. Dies hatte Oberst William Dawson, Chef der Militärregierung für Nordwürttemberg, schon in einer Verlautbarung im Juli 1945 deutlich gemacht, als er erklärte: *„Um die Vereinigungsfreiheit der Arbeiter nicht zu gefährden, wird weder einer Einzelperson noch einer einzigen Organisation allein das ausschließliche Recht gegeben, die Arbeiter zu organisieren oder zu vertreten."*[10]

Zur Abstimmung der Arbeit, aber auch zur Vorbereitung der von allen lokalen oder regionalen Gewerkschaftsbünden geforderten Vereinigung fand am 22. November 1945 im Karlsruher „Roten Haus" eine erste übergebietliche Konferenz statt, an der 21 maßgebliche Vertreter des ADGB Karlsruhe, Mannheim, Heidelberg und Stuttgart teilnahmen. Sowohl Jakob Trumpfheller, Mannheim, als auch der Karlsruher ADGB-Vorsitzende Karl Flößer forderten eine Vereinigung unter *„paritätischer, gleichberechtigter Besetzung der beiden Landesteile"*. Auch Markus Schleicher aus Stuttgart vertrat die Auffassung, *„so wie die Dinge liegen, ist ein Zusammenschluß Baden-Württemberg notwendig geworden, wenn wir die Belange der Gewerkschaften bei der Regierung ernsthaft vertreten wollen"*. Mit den Kollegen Flößer, Trumpfheller und Böning (Heidelberg) wurde eine Kommission gebildet, die zunächst die Vereinigung der Gewerkschaften in Nordbaden voranbringen sollte.

Während der Zusammenschluß der drei örtlichen nordbadischen Gewerkschaftsorganisationen Ende 1945 noch immer auf sich warten ließ, machte der Aufbau des Karlsruher ADGB weitere Fortschritte. In Ettlingen, Neureut und Malsch wurden Ortskartelle gebildet, übrigens auch in Durlach, wo Fritz Leitz – mit eigener Satzung – ein eigenständiges Gewerkschaftskartell gründete (das erst zum 1. Januar 1947 mit dem ADGB Karlsruhe und Umgebung vereinigt wurde)[11]. Am 31. Dezember 1945 zählten die Karlsruher Gewerkschaften 18000 Mitglieder, unter ihnen allein 5000, die der Eisen- und Metallindustrie, der stärksten der 13 Fachgruppen, angehörten.

Ende des Jahres 1945 wurden die Vorbereitungen getroffen für die noch ausstehenden letzten Betriebsratswahlen, die gemäß Weisung der Militärregierung bis Ende Januar 1946 abgeschlossen sein mußten. Schon wurde aber auch die erste, auf demokratischer Basis durchzuführende Generalversammlung des ADGB ins Visier genommen. Sie wurde eingeleitet durch Gewerkschaftsversammlungen, die in allen Mittel- und Großbetrieben und in mehreren Gaststätten stattfanden. Hierbei war für die Generalversammlung je 100 Mitgliedern ein Delegierter zu wählen. Die auf den 9. März 1946 anberaumte Generalversammlung wurde zu einem überzeugenden Vertrauensbeweis für das bisherige Führungsgremium mit Karl Flößer an der Spitze. Dieser führte die Karlsruher Gewerkschaftsorganisation bis zu seinem Tod im Jahr 1951.

## Die Wiedergründung der Parteien

Schwerer als die Gewerkschaften hatten es die Parteien, sich nach dem Zusammenbruch wieder zu formieren. Monatelang bestand hierzu weder formell, noch psychologisch eine Chance. Formell galt die Direktive JCS–1067 des alliierten Oberkommandos, an den *„Wiederaufbau des deutschen politischen Lebens auf demokratischer Grundlage"* erst zu einem späteren Zeitpunkt heranzugehen.[1] An diese Direktive hielt sich am konsequentesten die französische Besatzungsmacht, die eine Neugründung von Parteien nicht nur während ihrer dreimonatigen Präsenz in Karlrsruhe, sondern in ihrem Besatzungsgebiet praktisch auch während des gesamten Jahres 1945 verweigerte. Erst durch die Verordnung Nr. 23 der französischen Militärregierung vom 13. Dezember 1945 wurden für die französische Besatzungszone Parteien zugelassen, doch wurde entsprechenden Anträgen erst im Februar 1946 stattgegeben.[2]

Die grundsätzliche Bereitschaft zur Zulassung nicht nur von Gewerkschaften, sondern auch von Parteien hatte General Eisenhower, der Oberbefehlshaber der amerikanischen Streitkräfte in Europa, am 6. August 1945 in einer *„Botschaft an das deutsche Volk in der amerikanischen Besatzungszone"* signalisiert. Darin erklärte er: *„Es wird Euch gestattet werden, örtliche Gewerkschaften zu bilden und Euch örtlich politisch zu betätigen."*[3] Aber erst Ende August, durch eine *„Bekanntmachung betreffs Bildung von demokratischen politischen Parteien und Gewerkschaften"*, wurde für den Bereich des Landeskommissariats Karlsruhe die Neugründung von Parteien genehmigt. In der Bekanntmachung hieß es: *„Mit sofortiger Wirkung sind alle demokratischen politischen Parteien sowie Versammlungsrecht und das der öffentlichen Diskussion im Landeskommissariatsbezirk Karlsruhe, Amerikanische Zone, erlaubt und soweit die Aufrechterhaltung der militärischen Sicherheit es gestattet, die Bildung von freien Gewerkschaften erlaubt."*[4] Den Gewerkschaftsbeauftragten (Konz und Heurich) war diese Erlaubnis mündlich schon am 26. August mit-

# Bekanntmachung

**betreffs Bildung von demokratischen p olitischen Parteien und Gewerkschaften**

An alle in den Stadtkreisen Karlsruhe und Pforzheim und in den Landkreisen Karlsruhe, Pforzheim und Bruchsal wohnenden Personen.

Mit sofortiger Wirkung sind alle demokratischen politischen Parteien sowie Versammlungsrecht und das der öffentlichen Diskussion im Landeskommissarbezirk Karlsruhe, Amerikanischer Zone, erlaubt und soweit die Aufrechterhaltung der militärischen Sicherheit es gestattet, ist die Bildung von freien Gewerkschaften erlaubt.

Auf Antrag an die zuständige Abteilung der Militärregierung in deren Gebiet derartige Tätigkeit stattfinden wird, können Versammlungen zum Zwecke der Bildung von demokratischen Parteien als auch für andere politische Tätigkeiten gestattet werden. Die Genehmigung hierfür muß jedoch erst vorher von der Militärregierungsabteilung, die für das Gebiet zuständig ist, erteilt werden.

Ein Antrag um Erlaubnis zur Bildung einer freien Gewerkschaft muß vorher dem Offizier für Arbeit (Labor Officer) der Militärregierungsabteilung unterbreitet werden, dem die Verwaltung des eventuellen Tätigkeitsbereiches einer solchen Gewerkschaft obliegt. Außerdem muß die Zustimmung der Militärregierung eingeholt werden, bevor Versammlung zum Zwecke der Organisation einer Gewerkschaft erlaubt wird.

Auf Antrag können Versammlungen für die oben genannten Zwecke genehmigt werden unter der Bedingung, daß die öffentliche Ordnung und die militärische Sicherheit bewahrt werden.

Jedwede Person oder Personen, die Versammlungen abhalten oder den Versuch unternehmen, eine freie Gewerkschaft zu gründen, ohne zuvor die Einwilligung der Militärregierung erhalten zu haben, werden vom Gerichtshof der Militärregierung strafrechtlich verfolgt werden.

**Auf Befehl der Militärregierung.**

***Mit dieser Bekanntmachung vom 30. August 1945 erlaubte die Militärregierung die Bildung politischer Parteien und Gewerkschaften.***

geteilt worden (vgl. auch „Selbstbewußter Neuanfang bei den Gewerkschaften").

Es kennzeichnet die Vorsicht, aber auch das Mißtrauen der US-Militärregierung, daß für jede Versammlung, die der Bildung von Parteien diente, eine Genehmigung eingeholt werden mußte, und daß angedroht wurde, jedermann, der eine solche Versammlung ohne Einwilligung der Militärregierung einberufe oder veranstalte, werde vor den Gerichtshof der Militärregierung gestellt.[5] Immerhin waren mit dieser Bekanntmachung – in kürzerer Zeit, als die meisten es erwarteten – die Voraussetzungen zur Wiedergründung von Parteien geschaffen. Wie aber stand es mit dem Wunsch und Willen der Bevölkerung, die politischen Geschicke selbst in die Hand zu nehmen durch den Versuch eines demokratischen Neuaufbaus zumindest auf örtlicher Basis?

Es wäre falsch zu sagen, die Karlsruher sehnten sich im Sommer 1945 nach politischer Betätigung. Der Abstand vom Zusammenbruch des Reichs war zu kurz, als daß die Enttäuschung und die große Leere, die sich nach dem verlorenen Krieg fast aller bemächtigt hatte, in den Wunsch nach neuer politischer Aktivität hätte einmünden können. Nach der französischen Besatzungszeit erleichtert, daß sich die Amerikaner trotz mancher Härte und anfänglich völliger Unnahbarkeit insgesamt korrekt verhielten, begegneten die Karlsruher den Maßnahmen und Anordnungen der Besatzungsmacht gleichwohl mit kritischer Zurückhaltung. Die Sorge um die nackte Existenz vermochte zwar nicht den fast elementaren Hunger nach geistigen, kulturellen und religiösen Werten zu überdekken, den bald schon das Staatstheater und kirchliche Einrichtungen zu stillen versuchten. Doch allem „Politischen" gegenüber blieb die überwiegende Mehrheit auf Distanz. Dies, obschon nach dem Bekanntwerden der unfaßbaren KZ-Greuel und des Schicksals der Juden der militärischen Niederwerfung des Nationalsozialismus fast spürbar ein Prozeß der inneren Befreiung von diesem Unrechtssystem folgte. Nicht wenige derer, die bisher über das Kriegsende hauptsächlich deshalb Erleichterung empfanden, weil die Schrecken des Krieges zu Ende waren, überfiel Verwunderung und Scham, auch Schuldbewußtsein, daß sie Hitler und seinem Gewaltregime so lange und gläubig angehangen hatten.

Auf die von den Amerikanern zugelassene politische Bühne kehrten zunächst nur führende Männer und Frauen jener Parteien zurück, die im Jahr 1933 verboten worden waren. Sie, die im Gegensatz zu einer Reihe hingerichteter, ermordeter oder in Konzentrationslagern umgekommener Parteifreunde das „Dritte Reich" überlebt hatten, suchten ihre politische Heimat dort, wo sie ihnen zwölf Jahre zuvor genommen worden war. Wobei sich, Lehre und Nutzanwendung aus der gefährlichen, das rechtsradikale Lager stärkenden Parteienzersplitterung vor dem Krieg, auf zwei verschiedenen Ebenen der Wunsch zur politischen Konzentration ergab. Die christliche Mitte erkannte rasch, daß die konfessionellen Parteien des Zentrums (katholisch) und Volksdienstes (evangelisch) so nicht mehr wiedererstehen konnten und sich in einer überkonfessionellen christlichen Partei zusammenfinden müßten. Andererseits warben Kräfte auf der Linken, insbesondere ehemalige Angehörige der KPD, für die Bildung einer einzigen Arbeiterpartei. Als Hermann Bardon, damals Bezirksvorsteher in Innenstadt-West, am 30. August 1945 der Konferenz der Bezirksvorsteher die Mitteilung von der Wiederzulassung der Parteien überbrachte, plädierten zwei seiner Kollegen spon-

tan für den Zusammenschluß von SPD und KPD.[6] Dies auch in bewußter Frontstellung gegenüber dem ehemaligen Zentrum, dessen Zustimmung zu dem berüchtigten Ermächtigungsgesetz vom März 1933, das den Nationalsozialisten vollends freie Hand gab, nicht vergessen worden war. Während es zur christlichen Einheitspartei kam, verweigerten sich die Sozialdemokraten einer Fusion mit den Kommunisten und damit einer Einheitspartei der Arbeiter.

### SPD fühlt sich schon vor der Gründung als Partei

Die zahlenmäßig und nach Einfluß zunächst stärkste politische Kraft war die SPD. Dies ist am deutlichsten ersichtlich aus der Tatsache, daß beim Aufbau der Bezirksverwaltung mit ihren 16 Bezirksstellen in den Stadtteilen nicht weniger als 13 Bezirksvorsteher aus den Reihen der Sozialdemokraten gekommen waren (die drei übrigen waren ehemalige Kommunisten). Und es kam auch nicht von ungefähr, daß – auf den Vorschlag von Vertretern aller Parteirichtungen – der Sozialdemokrat Hermann Veit von der Militärregierung zum Oberbürgermeister ernannt wurde.

Schon am 12. Mai 1945, also nur fünf Wochen nach der Besetzung der Stadt durch die Franzosen, war es zu einem ersten Treffen ehemaliger Karlsruher Sozialdemokraten gekommen. Da politische Zusammenkünfte nicht gestattet waren, wurde die Versammlung ins Rathaus an der Beiertheimer Allee gelegt, wo sie sich mit einer Aussprache über die schwierigen Alltagsfragen jener Zeit tarnen ließ. An diesem Treffen nahmen unter Vorsitz seines Initiators, Friedrich Töpper, 20 weitere ehemalige Sozialdemokraten teil: Pfarrer Hanns Löw, Josef Deißler, Julius Hellmann, Wilhelm Knobloch, Heinrich Coblenz, Fritz Bührer, Karl Konz, Gustav Schäufele, Heinrich Spachholz, Hermann Jung, Karl Biebricher, August Furrer sen., August Furrer jr., Josef Rastätter, Karl Flößer, Karl Siebert, Adolf Genth, Friedrich Rüthmüller, Hermann Walter und Julius Gretschmann.[7] Fragen der Versorgung und Probleme, die sich aus der Rückkehr der Evakuierten ergaben, standen im Vordergrund der Aussprache.

Max Singer, der kurze Zeit später zu dieser Gruppe stieß, erinnert sich, daß an einer weiteren Zusammenkunft, die in der zweiten Maihälfte im „Weißen Berg" stattfand, etwa der gleiche Kreis teilnahm, dazu auch Dr. Heinrich Dietrich von der Kultusverwaltung, der spätere SPD-Stadtrat. Die Wiedergründung der Partei spielte dabei nach Singer keine vorrangige Rolle. Singer (*1917): *„Man fühlte sich als Partei, auch wenn die Lizenz zur Neugründung noch nicht erteilt war."*[8]

Unabhängig davon war es schon vor der offiziellen Zulassung von Parteien, also illegal, zur Gründung eines SPD-Bezirksvereins in Rüppurr gekommen. Auf Einladung von August Furrer sen. und Julius Gretschmann trafen sich am 3. August – am gleichen Tag, an dem die Amerikaner Hermann Veit in sein

***Die Vorsitzenden der im Herbst 1945 in Karlsruhe gegründeten Parteien (v.l.n.r.): Fritz Töpper (SPD), Adolf Kühn (CDP, später CDU), Prof. Albert Keßler (DP, später DVP), Adolf Betz (KPD).***

Amt als Oberbürgermeister einführten – im „Löwen" in Rüppurr etwa 30 ehemalige Sozialdemokraten sowie einige jüngere Leute. Willi Weingartner (*1908), eines der Gründungsmitglieder, zu der Frage, ob man wegen des noch bestehenden Versammlungsverbots und der noch ausstehenden Zulassung von Parteien keine Bedenken hatte: *„Wir haben uns über dieses Verbot kaltblütig hinweggesetzt und den Vorgang nicht an die große Glocke gehängt."*[9] Zum 1. Vorsitzenden des SPD-Bezirksvereins Rüppurr wurde Julius Gretschmann, der spätere Präsident der Handwerkskammer Karlsruhe, zum 2. Vorsitzenden Willi Weingartner gewählt.

Umstritten ist das Datum der Gründungsversammlung des Ortsvereins der Karlsruher SPD. Ein von Helmut Köhler (in „70 Jahre Dienst am Volke") erwähntes Protokoll, das den 21. Juni 1945 als Gründungsdatum nennt, ist nicht mehr auffindbar, ein anderes Datum weder mündlich noch schriftlich überliefert. Daß die Partei noch während der Besatzungszeit der Franzosen gegründet wurde, die erst am 7. Juli 1945 zu Ende ging, ist völlig ausgeschlossen. Mit großer Wahrscheinlichkeit wurde die Gründung am 21. September 1945 durchgeführt, sodaß eine Verwechslung der Monatsbezeichnungen „6" und „9" vorläge. Hierfür spricht, daß ein Bericht über diese Gründungsversammlung (ohne Angabe des Datums) erst am 29. September im Karlsruher Teil der – ansonsten relativ aktuellen – „Rhein-Neckar-Zeitung" erschien. Auch die Tatsache, daß in diesem Bericht Friedrich Töpper, der *„hiesige kommissarische Beauftragte für die Interessenvertretung der sozialdemokratischen Partei"*, mit der Bezeichnung „Stadtrat" erwähnt wird – ein Amt, das er erst seit dem 3. September innehatte – ist ein Hinweis, daß die Gründungsversammlung in jedem Fall erst im September stattfand.

Wie auch immer: Die Gründungsversammlung war im „Weißen Berg", dessen Wirt, Josef Deißler, selbst Sozialdemokrat war und dem von den Amerikanern eingesetzten ersten Stadtratskollegium angehörte. Prominentester Gast der Gründungsversammlung war der ehemalige badische Staatsminister Adam Remmele, der, von seinen Freunden *„stürmisch begrüßt"*[10], die Zuhörer aufforderte, *„treu zur Fahne zu halten"*[11]. Friedrich Töpper, der über das Geschehen in Karlsruhe seit Beginn der Besatzungszeit berichtete, gab in dieser Sitzung auch schon Richtlinien für die künftige Parteiarbeit bekannt. Töpper wurde erwartungsgemäß zum 1. Vorsitzenden, Julius Hellmann zum 2. Vorsitzenden, Wilhelm Beisel zum Parteisekretär gewählt.[12] Der anwesende Oberbürgermeister Veit verwies darauf, daß Dr. Kurt Schumacher eine SPD-Konferenz für das gesamte Reichsgebiet plane.[13]

Gemäß Anweisung der Militärregierung war jedoch an eine andere als eine örtliche Organisation der Parteien vorerst nicht zu denken. Die Karlsruher SPD festigte ihr Terrain im Herbst 1945 durch die Gründung von Bezirksvereinen in den Stadtteilen. Damals betrat auch Fritz Corterier, der im „Dritten Reich" als führendes Mitglied des ehemaligen Deutschen Republikanischen Studentenbundes vorübergehend verhaftet und auf Lebenszeit von der Universität Heidelberg, wo er promovieren wollte, und der Handelshochschule Mannheim relegiert worden war, in Karlsruhe die politische Bühne. Bei der Gründungsversammlung des SPD-Bezirksvereins Südwest zum Schriftführer gewählt (nach der Feststellung von Gallus Detscher, dem 1. Vorsitzenden: *„Du hast eine Brille auf, Du wirst Schriftführer!"*[14]), gehörte Corterier in dieser Eigenschaft dem erweiterten Vorstand des SPD-Ortsvereins an.

Zu den anderen im Aufbau befindlichen Parteien gab es Beziehungen von unterschiedlicher Qualität. Grundsätzlich überwog die Gemeinsamkeit. Max Singer: *„Der Wille, die Ideologie und die Folgen des ‚Dritten Reichs' gemeinsam zu überwinden, war stärker als das Trennende."*[15] Sehr gute Kontakte bestanden insbesondere zur CDU, deren damalige maßgebliche Repräsentanten, Fridolin Heurich und Adolf Kühn, *„Garanten für Loyalität und Liberalität"*[16] waren. Auch hatte die im Land Baden zwischen 1919 und 1933 praktizierte „Große Koalition" eine nachwirkende Kraft. Eine gewisse Abgrenzung gab es allerdings schon damals gegenüber den Kommunisten, deren Forderung nach Verstaatlichung der Großindustrie von den Karlsruher Sozialdemokraten als zur demokratischen Staatsform im Widerspruch stehend gewertet wurde.[17] Die gleichwohl überwiegende Bereitschaft zur Zusammenarbeit zwischen den Parteien bestätigt auch Fritz Corterier (*1906): Nachdem man sich im Widerstand gegen den Nationalsozialismus nahegekommen sei, *„war man zur selbstlosen Zusammenarbeit bereit, ohne sich stark abzugrenzen und zu profilieren"*.[18]

Max Singer, einer der ersten jungen Leute, die sich in der Karlsruher SPD engagierten, ging, um die Genehmigung zur Wiedergründung der SPD-Jugendorganisation „Die Falken" zu bekommen, seinen eigenen Weg. Nachdem die Karlsruher Militärregierung einen entsprechenden Antrag abgelehnt

hatte, fuhr er nach Stuttgart und ließ sich dort die Zustimmung zur Gründung eines Landesverbandes der „Falken" bescheinigen. Mit diesem Papier in der Tasche, vermochten die „Karlsruher Amerikaner" Singers Antrag nicht länger beiseitezuschieben, sodaß diese erste Jugendorganisation einer Partei noch im Dezember 1945 gegründet werden konnte.[19]
Die Gründung von Parteien auf Landesebene wurde möglich, nachdem die Militärregierung deren Zulassung mit Befehl vom 23. November gebilligt hatte.[20] Zur konstituierenden Sitzung des SPD-Landesverbandes Nortwürttemberg-Nordbaden kam es dann am 12. Januar 1946 anläßlich des 1. Landesparteitags in Stuttgart, an dem auch Dr. Kurt Schumacher, der spätere erste Bundesvorsitzende der SPD, teilnahm.[21]

## Von der CDP zur CDU

Ähnlich wie die Sozialdemokraten trafen sich auch ehemalige Mitglieder des Zentrums schon lange vor der Zulassung von Parteien zu vorbereitenden Gesprächen über die Wiedergründung und die Struktur einer neuen christlichen Partei. Die damals 23jährige Elisabeth Sprauer (vgl. „Die Stadt mauert sich ein") war mit dabei, als, schon während der französischen Besatzung, in der elterlichen Wohnung, Lehmannstraße 1, die erste Zusammenkunft ehemaliger Zentrumspolitiker stattfand, bei der Möglichkeiten der Neugründung einer christlichen Partei besprochen wurden. An diesem Treffen nahmen ihrer Erinnerung nach außer ihrem Vater, Franz Sprauer, Wilhelm Baur, Fridolin Heurich, Dr. Siegfried Kühn, Karl Ramstein sowie Stadtdekan Dr. Albert Rüde teil. Das Gespräch, von dem die Zeugin einiges mitbekam, weil ihr die Bewirtung der Gäste oblag, sei sehr lebhaft gewesen. Vor allem habe man sich gestritten um den künftigen Namen der Partei, wobei von einigen Gesprächsteilnehmern der Name „Badische Volkspartei" bevorzugt wurde.[22] Adolf Kühn, Karlsruher Zentrumsabgeordneter im Badischen Landtag von 1919–1933, zur damaligen Situation: *„Natürlich unterhielt ich mich alsbald mit meinen alten politischen Freunden über unsere Haltung auf der politischen Ebene. Und da waren wir uns schnell einig und geschlossen, wir waren... für eine große demokratische und christliche Partei mit einer starken und unentwegten sozialen Einstellung."*[23] Die Gründung dieser Partei erfolgte in Karlsruhe mit Duldung der amerikanischen Besatzungsmacht schon vor der offiziellen Zulassung von Parteien, nämlich am 14. August 1945.[24] Anders als bei den Sozialdemokraten fanden sich bei den ehemaligen Angehörigen des Zentrums anfangs nur wenige Gleichgesinnte, mit denen die Partei neu aufgebaut werden konnte. So war es symptomatisch, daß die Gründungsversammlung, als die eine Zusammenkunft an dem genannten Datum in einem Raum des weitgehend zerstörten Ständehauses, des ehemaligen Landtagsgebäudes, galt, aus lediglich vier Personen bestand: Wilhelm Baur, Robert Beck, Fridolin Heurich und Adolf Kühn. Wie Kühn war auch Heurich in der Weimarer Republik Abgeordneter im Badischen Landtag gewesen. Baur war Generalsekretär des Zentrums in Baden, Beck ehemaliges Vorstandsmitglied der Zentrums-Ortsgruppe Daxlanden.
Zwei Wochen zuvor war es in Daxlanden ohne Genehmigung der Militärbehörde bereits zur Gründung der ersten Ortsgruppe einer Nachfolgepartei des Zentrums gekommen. Robert Beck (1907–1985), der am 20. Juli, seinem 38. Geburtstag, aus Kriegsgefangenschaft zurückgekehrt war: *„Ich bin noch keine Stunde dagewesen, dann sind auch schon einige von der Zentrumspartei gekommen, die gesagt haben, wir müssen die Partei gründen."*[25] Dies geschah dann am 30. Juli in Becks Wohnung, Kirchstraße 2. Anwesend waren acht bis zehn Personen. Zum Vorsitzenden der Ortsgruppe Daxlanden der Zentrumspartei wurde Augustin Ganz gewählt, zum 2. Vorsitzenden Robert Beck. Etwa 14 Tage später fand im katholischen Gemeindehaus Daxlanden eine Versammlung statt, in welcher die Parteigründung und der Vorstand bestätigt wurden.
Bei der ersten Kreisversammlung einer Christlich-Demokratischen Partei (CDP) Karlsruhe-Stadt und -Land, die am 4. September im damaligen Rathaus an der Beiertheimer Allee (dem heutigen Polizeipräsidium) stattfand, wählten die etwa 40 Versammlungsteilnehmer Adolf Kühn zum 1. Vorsitzenden. Dem Vorstand gehörten außerdem Fridolin Heurich, Wilhelm Baur, Franz Sprauer und Dr. Friedrich Werber an.[26] Eine der markanten Persönlichkeiten bei dem Bemühen, der CDP Karlsruhe Ziel und Richtung zu geben, war der Gewerbeschuldirektor Franz Xaver Schmerbeck, bald darauf Landrat in Buchen und Mitglied des Landesvorstandes der CDU Nordbaden.[27] Erster Parteisekretär wurde Robert Beck, der am 1. Oktober

von Ferdinand Bucher abgelöst wurde. Das Parteisekretariat befand sich im Verwaltungsgebäude der Brauerei Moninger.

In der Folgezeit begann ein lebhafter Werbefeldzug für die Partei, deren Motor der durch seine frühere Sekretärsarbeit bestbekannte Wilhelm Baur war, ein hochgewachsener Kämpfertyp und glänzender Redner. Karl Schwarz (1900 – 1985) über seinen ersten gemeinsamen Auftritt mit Wilhelm Baur auf einer Versammlung in Knielingen: *„Ich kam mir vor diesem begnadeten Redner ganz klein vor."*[28] Der Nachteil, daß der CDP im Vergleich zur SPD anfangs keine nennenswerte Anhängerschaft zur Verfügung stand, wurde durch eine erfolgreiche Versammlungstätigkeit schnell wettgemacht. Dank eines *„ausgezeichneten persönlichen und politischen Verhältnisses zu den amerikansichen Besatzungsbehörden"* erfolgte eine *„ziemlich ungehindert rasche Ausbreitung der Partei"*.[29] Ende September 1945 gab es praktisch in allen Stadtteilen Karlsruhes Ortsgruppen der CDP.

Ein schon im September 1945 von der CDP Karlsruhe veröffentlichtes erstes Aktionsprogramm und ein unter dem Titel *„Warum christlich-demokratische Partei?"* erschienenes Flugblatt geben wichtige Aufschlüsse über die Zielsetzung der neuen Partei.[30] Im Programm wurde aufgerufen *„zur Sammlung und Einigung... mit dem einzigen Ziel, durch einschneidende soziale und wirtschaftliche Maßnahmen das Leben auch der letzten Familie in Stadt und Land zu sichern und unser Gemeinwesen im Geiste des Friedens und brüderlicher Nächstenhilfe von Grund auf zu erneuern und den deutschen Namen wieder zu Ehren zu bringen"*. Die gewünschten *„wirtschaftlichen Maßnahmen"* wurden, vermutlich eine Forderung des ehemaligen Funktionärs der christlichen Gewerkschaften, Fridolin Heurich, mit bemerkenswert sozialistischen Tendenzen angereichert. Bei voller Bejahung des Privateigentums wurde nämlich *„die Verstaatlichung von großen Industrie- und Kapitalunternehmungen mit monopolartigem Charakter sowie die Aufteilung des Großgrundbesitzes zur Schaffung neuer Bauernstellen"* gefordert.

Das – gleichfalls im September 1945 gedruckte – Flugblatt der CDP erläuterte erstmals schriftlich, warum sich die Christen beider Konfessionen in einer Partei zusammenfinden sollten: *„Tausende evangelische und katholische Pfarrer haben in harter Verfolgung unter Anteilnahme der christlichen Bevölkerung in den Konzentrationslagern standhaft Widerstand geleistet. Im Geiste ihres Vermächtnisses geeint durch die gleiche Liebe zu unserem Volke, erkennen wir unsere Pflicht und Aufgabe, mit diesem Volke den Weg einer Neugestaltung und Wiedergesundung zu gehen. Zur Erreichung dieses Zieles haben sich die Angehörigen der beiden großen Konfessionen zu einer christlichen und sozialen Volkspartei unter dem Namen ‚Christlich-Demokratische Partei' zusammengeschlossen."*

Mit der überkonfessionellen Programmatik hatten sich die Führer der neuen Partei durchgesetzt gegen die Meinung des einflußreichen katholischen Stadtdekans Dr. Albert Rüde, der in einer Besprechung mit katholischen Politikern und Geistlichen die These vertreten hatte: *„Wir müssen eine Gegenreformationspartei gründen. Jetzt ist die Stunde gekommen!"*[31] Immerhin hatten die Laienkatholiken darauf verweisen können, daß sich sowohl Erzbischof Dr. Gröber – dieser allerdings im Konflikt mit Generalvikar Föhr, der das Zentrum wiederzugründen suchte[32] – als auch die deutsche Bischofskonferenz für eine „breitere Gemeinschaft" als der des Zentrums ausgesprochen hatten.[33]

Ungleich schwieriger, als sich innerhalb des katholischen Lagers auf eine interkonfessionelle Partei zu einigen, war es, Karlsruher Protestanten für die Zusammenarbeit in der neuen Partei zu gewinnen. Zu den wenigen, die diesen Schritt ohne Zögern taten, gehörten der Rechtsanwalt Dr. Erwin Umhauer, ferner Heinrich Berggötz (1889–1973), ehemals führend tätig in der Partei Evangelischer Volksdienst und von 1928 bis 1933 Abgeordneter im Badischen Landtag, sowie Karl Schwarz, im „Dritten Reich" Angehöriger der (NS-feindlichen) „Bekennenden Kirche" und Mitglied des evangelischen Kirchengemeinderats Rüppurr. Schwarz wurde in seiner Gemeinde dieses Schrittes wegen hart kritisiert, galt als „schwarzes Schaf". Karl Schwarz über die Zusammenarbeit in der Partei: *„Zwischen Katholiken und Protestanten gab es der unterschiedlichen Konfession wegen nie Schwierigkeiten."*[34] Obschon, wie er selbst bekundet, bis dahin *„völlig unpolitisch"*, wurde Schwarz angesichts des Mangels an Protestanten in der CDP und späteren CDU wie Berggötz und Dr. Umhauer als Kandidat für die erste freie Stadtratswahl im Frühjahr 1946 gewonnen, für Schwarz Start einer jahrzehntelangen kommunalpolitischen Tätigkeit mit dem langjährigen Vorsitz im Kreisverband und in der Fraktion der CDU als Höhepunkt.

Obwohl Stadt- und Landkreis-übergreifende Zusammenschlüsse der Partei zunächst nicht genehmigt waren, wurde

Wilhelm Baur die Aufgabe eines Generalsekretärs der CDP für Baden übertragen. Unermüdlich unterwegs, gründete er in zahlreichen Gemeinden der damaligen Landkreise Karlsruhe und Bruchsal Ortsgruppen der CDP. Auch im Landkreis Rastatt, dem Gründungsverbot der Franzosen für Parteien zum Trotz, veranstaltete Baur Versammlungen.[35] Mit ihnen war die Absicht verbunden, einen im Sinne der CDP vorbereiteten politischen Boden zu schaffen.

Die rührigsten Aktivisten der neuen christlichen Partei, betrachtet man ganz Nordbaden, waren damals und in der Folgezeit in Karlsruhe zu Hause. Als die Parteien im Dezember 1945 auf Landesebene zugelassen wurden, befanden sich in

***Karlsruher Politiker, die die Geschicke ihrer Stadt nach Kriegsende maßgeblich mitbestimmten (v.l.n.r.):***
***Fritz Aschinger (KPD), Karl Siebert (SPD), Alwin Moos (SPD), Hermann Veit (SPD), Gustav Heller (SPD), Kunigunde Fischer (SPD), dahinter Karl Schwarz (CDU), Franz Sprauer (CDU), Dr. Siegfried Kühn (CDU), dahinter Wilhelm Baur (CDU), Julius Hellmann (SPD), Johannes Volm (CDU), dahinter Hellmut Stutz (SPD), Heinrich Berggötz (CDU) und Hermann Walter (SPD).***
***Auf diesem ersten Gruppenbild Karlsruher Stadträte mit dem Oberbürgermeister fehlen Vertreter aus allen Parteien, insbesondere jene der DVP.***

dem am 10. Februar 1946 in Heidelberg konstituierten 13köpfigen Vorstand des Landesverbands Baden (Nordbaden) nicht weniger als sieben Karlsruher, an der Spitze Fridolin Heurich. Adolf Kühn, Heinrich Berggötz, Franz Sprauer, Valentin Eichenlaub, Franz Walter und Dr. Siegfried Kühn waren die weiteren Karlsruher Vorstandsmitglieder der Landespartei, die sich von diesem Zeitpunkt an Christlich-Demokratische Union nannte. Bemerkenswert auch, daß fünf Vorstandsmitglieder evangelisch waren. Sieben der führenden Männer kamen vom ehemaligen Zentrum, einer (Berggötz) vom Evangelischen Volksdienst. Fünf Vorstandsmitglieder hatten jedoch keiner Partei angehört.[36]

Das Karlsruher Übergewicht der neuen christlichen Partei war die natürliche Frucht des ungleich stärkeren Engagements ihrer Repräsentanten im Vergleich zu den anderen nordbadischen Regionen. Hans Georg Wieck bestätigt die Führungsrolle der christlichen Politiker aus Karlsruhe mit folgender Feststellung: *„In organisatorischen Fragen waren die Karlsruher... wesentlich aktiver als die Mannheimer und die Heidelberger und erweiterten ihr Wirkungsfeld bald auf die meisten nordbadischen Kreise. Es mag hinzugekommen sein, daß die*

*Landgebiete das, was aus der alten Landeshauptstadt kam, bevorzugt aufnahmen. Tatsache bleibt jedoch, daß bei der Entstehung der CDU Nordbaden die Christlich-Demokratische Partei in Karlsruhe die Führung übernahm, während die Heidelberger und Mannheimer beschränkt blieben und dann in der größeren Organisation aufgingen."*[37]

***Inmitten der Trümmer geht das Leben weiter. Blick in die völlig zerstörte Kaiserpassage.***

## Demokraten – geführt von Keßler/Kessler

Erst vergleichsweise spät traten in Karlsruhe die Anhänger einer liberalen Partei auf den Plan. Das lag ebenso an der Tatsache, daß die Vorgängerparteien, die ehemalige Deutsche Demokratische Partei bzw. die spätere Staatspartei, traditionell nur über bescheidene Organisationsstrukturen verfügten, bei denen sich *„Betreuung und Informierung der Mitglieder auf das Notwendigste beschränkte"*.[38] Zum anderen herrschten

bei den Liberalen Zweifel, ob es angesichts der überkonfessionellen Struktur der CDP nicht angebracht wäre, dieser Partei beizutreten. Kein Geringerer als Theodor Heuß hatte zunächst die Meinung vertreten, die Deutsche Demokratische Partei solle nicht wiedergegründet werden. In Mannheim fanden sich im Herbst 1945[39] tatsächlich Christdemokraten und Liberale in einer Partei. Auch in Karlsruhe kam es, ohne daß dies anderwärts belegbar wäre, laut Wieck *„zum Eintritt einer größeren liberalen Gruppe in die Reihen der CDU"*.[40] Als Heuß Ende Oktober 1945 die Idee einer Sammlungspartei der christlichen Mitte und der Liberalen aufgab, Folge der Tatsache, daß sich in Württemberg ohne Fühlungnahme mit den Liberalen bereits eine Christlich-Soziale Volkspartei zu etablieren begann, war in Karlsruhe eine Demokratische Partei bereits gegründet.

***Typische Szene aus der unmittelbaren Nachkriegszeit: In Trümmern sucht eine alte Frau nach etwas Brauchbarem.***

Wer die Gründungsversammlung einberief und wo sie stattfand, ist nicht bekannt. Wahrscheinlich war Professor Albert Keßler, ein profiliertes Mitglied der ehemaligen Deutschen Demokratischen Partei, der Initiator. Nur zwölf Personen nahmen an der Veranstaltung am 9. Oktober 1945 teil, nachstehend aufgeführt in der Reihenfolge einer vom Schriftführer mit Bleistift geschriebenen Aufzeichnung: Prof. Albert Keßler, Rechtsanwalt Dr. Hermann Kessler, Ministerialrat Hubert Zircher, Hauptlehrerin Luise Riegger, Verwaltungsangestellter Georg Grimmel, ein Herr Duhne (dessen Name später nicht mehr auftauchte), Redakteur Karl Binder, Direktor Ludwig Sohn, Rektor Emil Bergdoldt, Hauptlehrer Friedrich Kößler und Buchdruckereibesitzer Eugen Harsch.[41]

Programmatische Vorstellungen wurden in der Gründungsversammlung weder entwickelt, noch waren sie erkennbar. Die Teilnehmer waren aber offensichtlich irritiert durch die Tatsache, daß sich einerseits die Sozialdemokraten nicht mehr als Klassenkampfpartei empfahlen, die Christdemokraten andererseits für die Sammlung der beiden christlichen Konfessionen in einer Partei warben. Dr. Kessler glaubte die Chance der Liberalen angesichts dieser Situation darin erkennen zu können, daß sie eine bewußt bürgerliche Partei schufen. Den Vorschlag von Luise Riegger, eine *„große öffentliche Gründungsversammlung"* durchzuführen, lehnte Dr. Kessler mit der Begründung ab, eine solche Veranstaltung könne ein großes Fiasko werden, *„wenn wir selbst nicht wissen, was wir wollen"*. Dringend erforderlich sei allerdings der Ausbau der Organisation und die Erweiterung der Ortsgruppe.

Tatsächlich kam man überein, schon an diesem 9. Oktober die Partei zu gründen. Die Gründungsmitglieder gaben ihr den Namen „Demokratische Partei". Zum Vorsitzenden wurde Professor Albert Keßler gewählt, zu seinem Stellvertreter Dr. Hermann Kessler. Schriftführer wurde Friedrich Kößler, Kassier Eugen Harsch.[42]

Über die Zielsetzung der neugegründeten Partei einiges mehr als aus den dürftigen Protokollskizzen geht aus einer Zeitungsmeldung über die Parteigründung hervor. Darin heißt es: *„Ziel und Aufgabe der Ortsgruppe der neugebildeten Demokratischen Partei soll sein die tatkräftige Arbeit in der Geltendmachung echter demokratischer Grundsätze, die Sammlung aller Mitbürger im Kampfe gegen die Feinde einer demokratischen Freiheit."* Als eine der wichtigsten Aufgaben wurde *„die Erziehung der durch die nationalsozialistischen Irrlehren auf falsche Wege geleiteten Jugend in enger Fühlung mit den Ortsgruppen der drei anderen neugegründeten Parteien"* bezeichnet.[43]

Sich um die *„Probleme der Jugend"* zu kümmern, forderte *„mit zündenden Worten"* in der ersten öffentlichen Versammlung der Demokratischen Partei, die am 15. Dezember im „Weißen Berg" stattfand, auch der damalige Staatsanwalt Paul Hugo Jahn. Er, im Sommer als Kriegsbeschädigter aus englischer Gefangenschaft entlassen, bezeichnete es gleichzeitig als dringendste Forderung, sich um die Kriegsversehrten zu kümmern.[44]

Noch vor Jahreswende kam es auf Initiative des Durlacher Rechtsanwalts und Notars Dr. Karl Trautwein, der dem am 3. September von den Amerikanern eingesetzten Stadtrat angehörte, zur Gründung eines Durlachers Ortsvereins der Demokratischen Partei Karlsruhe. Die Gründungsversammlung fand im „Pflug" in Durlach statt. Neben den aktuellen Sorgen der Ernährung spielte im Ortsverein Durlach der Demokratischen Partei damals auch schon die Frage einer möglichen Ausgemeindung Durlachs eine Rolle. Die Mehrheit der schon bald an die 20 Mitglieder zählenden Durlacher Gruppe lehnte jedoch eine Ausgemeindung angesichts unlösbarer Finanz-, Verwaltungs- und Versorgungsprobleme ab.[45]

Am 14. Dezember gab die Militärregierung in Stuttgart ihre Zustimmung zur Gründung eines Landesverbandes Nortwürttember-Nordbaden der Demokratischen Partei. Bei der Gründungsversammlung dieses Verbandes am 6. Januar 1946 („Dreikönigstreffen") in Stuttgart wurde Dr. Wolfgang Haußmann zum Vorsitzenden des Verbands, der Karlsruher Dr. Hermann Kessler zum 2. Vorsitzenden gewählt. Reinhold Maier und Theodor Heuß gehörten dem aus vier Personen bestehenden Beirat an. Sieben Männer des achtköpfigen Vorstandsgremiums waren evangelisch, nur einer, Hermann Kessler, war katholisch.[46] Der Empfehlung an die bereits konstituierten Kreis- und Ortsvereine der Demokratischen Partei, sich dem Landesverband anzuschließen und sich Demokratische Volkspartei (DVP) zu nennen, leisteten die Karlsruher Liberalen am 22. Februar 1946 Folge. Der Karlsruher Ortsverein, der wie die Karlsruher CDU und SPD auch den Landkreis mitbetreute, nannte sich nunmehr „Demokratische Volkspartei Stadt- und Landkreis Karlsruhe".[47]

## Querelen innerhalb der KPD

Nur spärliche Anhaltspunkte gibt es hinsichtlich der ersten Aktivitäten von Kommunisten und einer KPD in Karlsruhe. Einige von ihnen kehrten erst im Juni/Juli 1945 aus Konzentrationslagern zurück. Die mit Zustimmung der französischen Militärregierung Mitte April in Knielingen (Arthur Wiesemann, später Wilhelm Knobloch), Grünwinkel-Stadtrandsiedlung (Gustav Scheib) und Beiertheim-Bulach (Leopold Knobloch) bestellten Bezirksvorsteher, die sich zur KPD bekannten, widmeten sich nicht anders als ihre SPD-Kollegen nachdrücklich den drängenden Fragen der Versorgung und der Erfüllung von Besatzungsauflagen, wobei die antinazistische Haltung noch um einiges akzentuierter und unnachsichtiger war als jene der sozialdemokratischen Bezirksvorsteher.[48]

Im Rathaus war die (noch nicht wiedergegründete) KPD ab dem 3. August durch den Bürgermeister Berthold Riedinger vertreten. Riedinger war nicht von seinen Genossen vorgeschlagen, sondern von den Amerikanern eingesetzt worden[49], ein Umstand, der von einer Reihe von KPD-Anhängern mit Mißbilligung zur Kenntnis genommen wurde. Ohnehin taten sich die Kommunisten lange Zeit schwer, zu einer geschlossenen Formation zu finden, weil Genossen, die – wie Riedinger, der Zivilangestellter beim Kreiswehrersatzamt wurde – die Kriegszeit trotz seiner früheren KPD-Zugehörigkeit und zeitweiliger Inhaftierung fast schadlos überstanden hatten, von den Verfolgten der Anpassung und des Opportunismus bezichtigt wurden.[50] Andererseits werden Riedinger wegen seiner undoktrinären Zusammenarbeit mit den anderen Dezernenten und wegen seines sozialen Engagements gute Zeugnisse ausgestellt.[51] Im ersten Karlsruher Stadtratskollegium nach Kriegsende war die KPD immerhin mit drei ihrer Männer vertreten: Fritz Aschinger, Karl Deck und Karl Seib.

Ein wichtiges Feld politischer Betätigung waren für die Kommunisten noch vor der offiziellen Zulassung bzw. Neugründung der Partei die Gewerkschaften. Aschinger und Deck waren maßgebliche Aktivisten innerhalb des neugegründeten Gewerkschaftsbundes, und der Kommunist Fritz Leitz ergriff in Durlach die Initiative zur Gründung eines eigenen Ortskartells.[52] Das in einem Aufruf des Zentralkomitees der KPD schon am 11. Juni proklamierte Zehn-Punkte-Programm[53] gab mit seinen Hauptforderungen des Kampfs gegen Hunger, Arbeits- und Obdachlosigkeit indirekt das Signal, diesen

*Kennzeichnend für den Willen der von der US-Militärregierung lizenzierten vier Parteien, trotz aller politischen und ideologischen Gegensätze beim Neuaufbau der Demokratie zusammenzustehen, war eine gemeinsame Kundgebung, welche die SPD, die CDP (die spätere CDU), die KPD und die DP (die spätere DVP/FDP) am 28. Oktober 1945 im Karlsruher Konzerthaus veranstalteten. Wegen Überfüllung des Konzerthauses mußte diese erste und einzige Gemeinschaftskundgebung der Parteien über Lautsprecher nach außen übertragen werden.*

Kampf auf allen Ebenen zu führen, auch in den Gewerkschaften.

Die Neugründung der Karlsruher KPD fand, wahrscheinlich im September 1945, im „Hirsch" in Daxlanden statt. An der Gründungsversammlung nahm auch der ehemalige KPD-Reichstagsabgeordnete Erwin Eckert, ein im „Dritten Reich" verfolgter evangelischer Geistlicher, teil.[54] Zum Kreisvorsitzenden wurde der aus der Emigration in der Schweiz zurückgekehrte 35jährige Elektriker Adolf Betz gewählt, der jahrelang in einem Moorlager Zwangsarbeit hatte leisten müssen, geflüchtet und dann erneut ins KZ gekommen war. Praktisch gleichrangig mit Betz, der für den politischen Bereich zuständig war, wurde Ludwig Hofmann in den Vorstand gewählt, verantwortlich für den organisatorischen Bereich.[55] Dem Vorstand gehörte außerdem Josef Schlimmer an. Als Vertreter der Freien Deutschen Jugend (FDJ) wurde der Ende 1945 aus Kriegsgefangenschaft zurückgekehrte Otto Schneider als Vierter in den Kreisvorstand hinzugewählt.[56]

Die erste öffentliche Veranstaltung der KPD fand am 23. September in den Rheingold-Lichtspielen in Mühlburg statt. Dabei gedachte Riedinger der *„von dem Nationalsozialismus ermordeten Karlsruher Genossen, Landtagsabgeordneter Hermann Böning, August Dosenbach, Ernst Bristkorn, Peter Verwenp, Paul Bogdanski"*. Von dem Hauptredner der Veranstaltung, dem Stadtratsmitglied Karl Deck, wurde *„die Auseinandersetzung mit den Nazi- und militaristischen Elementen"* als eine *„deutsche Aufgabe"* bezeichnet. Aufschlußreich ist die auf den Aufruf vom 11. Juni gestützte Meinung Decks, es wäre falsch, Deutschland das Sowjetsystem aufzuzwingen. Statt dessen propagierte er eine parlamentarisch-demokratische Republik *„mit allen demokratischen Rechten und Freiheiten für das deutsche Volk"*.[57]

### „Die Verführten sollen mitarbeiten"

Diese Äußerung belegt, daß sich die damalige KPD durchaus eingebunden wußte in die Mitverantwortung aller Parteien beim Wiederaufbau des Staates und der Stadt. Die bereits angesprochene überwiegende Gemeinsamkeit unter den Akteuren der verschiedenen Parteien konnte auch aus einer Veranstaltung abgelesen werden, die am 28. Oktober im Konzerthaus stattfand. In einer Gemeinschaftskundgebung der vier Parteien beschworen Oberbürgermeister Veit (SPD), 1. Bürgermeister Heurich (CDU), Bürgermeister Riedinger (KPD) und Professor Keßler (DP) die Karlsruher übereinstimmend, nach zwölf Jahren Diktatur aktiv mitzuwirken am Neuaufbau eines demokratischen Staatswesens. Prof. Keßler war es, der Versöhnung statt Vergeltung forderte und vermutlich vielen Karlsruhern aus dem Herzen sprach, als er erklärte: *„Die Schuldigen sollen bestraft werden, und sogar strenge, aber die Verführten und vor allem die Heranwachsenden sollen mitarbeiten. Und wir wollen dann nicht mehr fragen, was hast Du 1932, 1937 oder 1941 gedacht, sondern wo willst Du jetzt mithelfen?"*[58]

Nach dem Bericht der „Rhein-Neckar-Zeitung" war das Konzerthaus an jenem Sonntagvormittag schon eine halbe Stunde vor Beginn der Veranstaltung überfüllt. Hunderte hörten die Ansprachen vor dem Gebäude über Lautsprecher.[59]

Schneller, als von den meisten erwartet, schuf die amerikanische Besatzungsmacht die Voraussetzungen, um über die Parteien wieder demokratische Strukturen herzustellen. Schon am 17. Oktober 1945 teilte der Landesdirektor des Innern dem Karlsruher Oberbürgermeister mit, daß gemäß Anordnung der Militärregierung im Mai 1946 Stadtratswahlen durchzuführen seien.[60] Während die Verwaltung mit den Vorbereitungen für diese Wahl umgehend zu beginnen hatte, konzentrierte sich der Wahlkampf der Parteien mangels Geld und Werbemitteln auf wenige Wochen vor dem Wahltag.

Zu der auf den 26. Mai 1946 festgesetzten Stadtratswahl waren die vier von der Militärregierung lizenzierten Parteien zugelassen: CDU, SPD, DVP und KPD. Vom Wahlrecht ausgeschlossen waren durch Gesetz der Militärregierung alle, die vor dem 1. Mai 1937 der NSDAP beigetreten waren, bei späterem Eintritt ein Amt vom Blockleiter an aufwärts bekleidet oder der SS angehört hatten. Von insgesamt 92 455 Wahlberechtigten – bei einer Einwohnerzahl von 152 545 am Stichtag des 24. Mai – war in Karlsruhe aufgrund des genannten Gesetzes 6714 Personen das Wahlrecht entzogen.

Mit nahezu 80 Prozent erreichte die Wahlbeteiligung eine bei Kommunalwahlen später nie wieder registrierte Höhe. Allerdings waren 6,4 v.H. der Stimmen ungültig. Auf die Parteien entfielen folgende Anteile: CDU 40,7 v.H. (10 Sitze), SPD 37,8 v.H. (9 Sitze), DVP 11,9 v.H. (3 Sitze), KPD 9,6 v.H. (2 Sitze). Diesmal noch nicht zum Zug, weil nicht unter den er-

***Die riesigen Trümmerfelder abzubauen, die das Karlsruher Nachkriegsbild bestimmten – oben: Blick vom Rathausturm über den Marktplatz zum Schloßplatz –, war eine der vorrangigen Aufgaben der verantwortlichen Kommunalpolitiker. Aus dem im Herbst 1945 angelaufenen, im Frühjahr 1946 in volle Fahrt gekommenen Werk der Schutträumung erwuchs den Karlsruhern nach einer langen Periode der Hoffnungslosigkeit neue Zuversicht. Bild folgende Seite: Der Karlsruher „Trümmerexpress" vor den Ruinen des Badischen Staatstheaters und des Schlosses.***

sten Zehn auf der (CDU)-Liste, kam ein damals gerade 25 Jahre alt gewordener Kandidat: Otto Dullenkopf.

1945 war für die Karlsruher das Jahr des verzweifelten Endkampfs der NS-Diktatur, das Jahr, in dem die Stadt von fremden Truppen erobert wurde, das Jahr der Unterwerfung unter die Besatzungsmächte, das Jahr der Ängste, der Willkür, der Not und doch auch das Jahr einer langsam aufkeimenden Hoffnung auf eine bessere Zukunft. Daß die Sieger sich so rasch nach der bedingungslosen Kapitulation anschickten, den Besiegten schrittweise Eigenverantwortung zurückzugeben, war für viele eine Überraschung. Die von der NS-Propaganda für den Fall der Niederlage prophezeite totale Unterjochung des deutschen Volkes fand nicht statt.

# Chronik 1945

**1. Januar** Nach der Silvesteransprache von Adolf Hitler, der ersten „Führerrede" seit dem Attentat vom 20. Juli 1944, und im Zusammenhang mit einer in der Silvesternacht begonnenen Offensive der 1. Armee im Elsaß und in Lothringen, schöpfen Teile der in Karlsruhe nach den schweren Angriffen noch verbliebenen Bevölkerung neue Hoffnung auf eine Wende des Kriegsglücks.

**2.** Die Stadtverwaltung richtet im Gasthaus „Ziegler" eine Werkküche für ihre Bediensteten ein.

**5.** Der badische Ministerpräsident Walter Köhler, zugleich Finanz- und Wirtschaftsminister und Vorsitzender der Rüstungskommission im „Grenzgau Baden-Elsaß", fordert zur Steigerung der Rüstungsproduktion auf.

**8.** „Der Führer", seit dem 1. September 1944 Karlsruhes einzige Zeitung, wird nicht mehr zugestellt, sondern muß in Lebensmittelgeschäften, Bäckereien und Milchgeschäften abgeholt werden.

**10.** 19 Personen fallen einem Angriff mehrerer Bomberpulks am hellichten Tag zum Opfer.

**11.** Die Nr. 270 der „Nachrichten für die Truppe", eine geschickte Fälschung der alliierten Propaganda, meldet die Zerstörung der Karlsruher „Bahnhöfe".
Die Geschwister Else G. (22 Jahre) und Luise Elisabeth G. (25 Jahre) aus Karlsruhe werden vom Sondergericht Mannheim wegen Plünderung nach dem Bombenangriff vom 27. September 1944 zum Tode verurteilt. In den Wirren der letzten Kriegsmonate unterbleibt die Hinrichtung.

**12.** Reinhold Frank wird an seinem 13. Hochzeitstag vom Volksgerichtshof in Berlin zum Tode verurteilt und am 23. Januar in Berlin-Plötzensee durch den Strang hingerichtet.

**22.** Der gesamte D- und Eilzugverkehr wird eingestellt.

**24.** Bei einem Angriff von Tieffliegern auf die Rheinbrücke Maxau kommen 14 der mit der Instandsetzung der Brücke beschäftigten Facharbeiter aus Dortmund ums Leben.
Ab sofort erfolgt eine Briefzustellung nur noch im Orts- und unmittelbaren Nachbarschaftsverkehr.

**Ende Januar** Der Dienstag wird – mit Sperrzeiten von 8-11 und 13-16 Uhr – für Behörden, Industrie und Privathaushalte zum „Stromsperrtag" erklärt.

---

**5. Februar** Die Gültigkeit der 72. und 73. Lebensmittelperiode (5. Februar – 4. März 1945 sowie 5. März – 2. April 1945) wird um eine Woche verlängert.

**9.** Heinrich Hübschs Geburtstag jährt sich zum 150. Mal. Am Tag zuvor erschien ein Gedenkartikel im „Führer".
Die deutsche Absetzbewegung im Elsaß ist beendet. Das Elsaß ist, von den pfalznahen Gebieten abgesehen, wieder in französischer Hand.

**10.** Gauleiter Robert Wagner proklamiert die „Kriegsgartenaktion".

**11.** Karlsruher Volkssturmbataillone werden vereidigt.

**14.** Die letzten Karlsruher Juden werden ins KZ Theresienstadt deportiert.

**22.** Karlsruhe erlebt einen zehnstündigen Dauerarlarm.

---

**2. März** Die Lebensmittel werden über die „Streckung" um eine Woche hinaus nochmals gekürzt.
Neun Tote (sieben Ausländer, zwei Deutsche) fordert ein Jabo-Angriff auf einen im Bahnhof Hagsfeld abgestellten Zug.

**3.** Die NSDAP-Kreisleitung fordert beim Landrat des Landkreises Karlsruhe für den Volkssturm 31 Pferde, 15 Fahrer und sechs landesübliche Fahrzeuge an.

**15.** Die Alliierten beginnen ihre Offensive aus dem unteren Elsaß und Lothringen heraus in die Pfalz und zum Rhein nördlich von Karlsruhe.

**19.** Französische Einheiten betreten nach Überschreiten der Lauter und nach Durchstoßen des Westwalls in der Südpfalz erstmals seit Napoleon kämpfend deutschen Boden.

**21.** Den von Ferngeschützen aus der Elsaß-Pfalz-Front abgefeuerten Granaten fallen 15 Karlsruher zum Opfer.

**22.** Ein noch schwererer Artillerieangriff als am Vortag fordert das Leben von 31 Menschen. Unter 16 Todesopfern allein in Knielingen befindet sich der 62jährige Rektor der Knielinger Volksschule, Julius König.

**23./24.** Die von der Deutschen Wehrmacht zur Deckung des Rückzugs aus der Pfalz gebildeten Brückenköpfe Maximiliansau, Germersheim und Speyer werden geräumt.

**24.** Die 257. Volksgrenadier-Division (Berliner „Bärendivision") richtet sich am Rhein zwischen Rappenwört und Leopoldshafen und im Hardtwald nördlich der Stadt zur Verteidigung ein. In den Altrheinarmen und im Stichkanal werden Wassersperren eingebaut. Der Divisionsgefechtsstand befindet sich für die Dauer von mehr als einer Woche im Flughafenbunker an der Erzbergerstraße.

**27.** Mehrere Volkssturm-Kompanien rücken in die Verteidigungsstellung des sogenannten „Karlsruher Nordriegels" ein.

**30.** (Karfreitag) Im Haus Solms findet, veranstaltet vom städtischen Musikbeauftragten Emil Mangler und dirigiert von Musikdirektor Wilhelm Rumpf, ein Konzert mit Werken von Bach, Biber und Schütz statt.

**31.** Nachdem es den Franzosen in der Nacht bei Germersheim und Speyer gelang, auf das rechte Rheinufer überzusetzen, sprengen Pioniere die wichtigsten Brücken, darunter die Autobahnbrücke bei Wolfartsweier.
Der „Stoßtrupp Stadt", eine Volkssturmeinheit aus Bediensteten der Stadtverwaltung unter Oberbürgermeister Dr. Oscar Hüssy, wird alarmiert.
Eine zweimotorige Maschine eines amerikanischen Bomberverbandes stürzt, von Flakgranaten getroffen, in der Weststadt ab.
Karlsruhe erlebt an diesem Tag mit 12 1/2 Stunden (von 6.30 Uhr bis nach 19 Uhr) den längsten Luftalarm des Krieges.

---

**1. April** (Ostersonntag) Angehörige des Volkssturms und russische Kriegsgefangene schließen die Barrikaden an den Zugängen zur Innenstadt.

**2.** (Ostermontag) Die 9. Kolonial-Infanterie-Division setzt bei Leimersheim mit 18 bis 20 Sturmbooten über den Rhein.
Die 257. Volksgrenadier-Division zieht sich nach der Einnahme von Bruchsal, Karlsdorf und Graben auf den „Karlsruher Nordriegel" zurück. Der Divisionsgefechtsstand wird vom Flugplatz auf den Rittnerthof verlegt.
Das Konzert vom Karfreitag wird im Haus Solms wiederholt.

**3.** Die Karlsruher verbringen den Tag, der den schwersten Artillerieangriff des ganzen Krieges bringt und 26 Menschenleben fordert, weitgehend im Keller.
Entgegen dem mit der Erklärung Karlsruhes zur „Festung" verbundenen Befehl, die Stadt mit allen Mitteln zu verteidigen, entscheidet sich die Berliner „Bärendivision" unter maßgeblichem Einfluß von Oberstleutnant i. G. Ernst Linke für die

kampflose Räumung der Stadt und für den Rückzug auf die sogenannte Schwarzwaldrandstellung.
Blankenloch, Neureut und Knielingen werden von den Franzosen eingenommen.

**4.** Die Franzosen rücken bei geringem Widerstand von Nachhuten der Wehrmacht, Angehörigen der Polizei, des Volkssturms und der HJ von Norden und Westen in die Stadt ein. Um 7.30 Uhr ist das Schloß, um 11 Uhr die gesamte Innenstadt in französischem Besitz. Die „Eroberung" der Stadt fordert unter der Bevölkerung elf Tote.
Ein „Blutordensträger" erschießt in Grötzingen seinen Jugendfreund Eugen Kleiber.
Die 19. Armee befiehlt ein Standgerichtsverfahren gegen den Karlsruher Kampfkommandanten.
Josef Heinrich wird zum kommissarischen Bürgermeister ernannt.

**5.** Die Franzosen lassen durch deutsche Kriegsgefangene und arbeitsfähige Männer aus der Bevölkerung die Barrikaden in der Innenstadt beseitigen.
Durlach wird von französischen Truppen eingenommen. Ein „Fliegendes Standgericht" entlastet im Sperlingshof bei Wilferdingen den Kampfkommandanten.

**6.** Die Bevölkerung leidet seit der Besetzung der Stadt und noch auf Wochen hinaus unter Plünderungen und Vergewaltigungen, beteiligt sich allerdings auch selbst an der Plünderung zahlreicher Geschäfte.
Für alle Zivilisten wird von 18-9 Uhr Ausgangssperre befohlen.

**7.** Hohenwettersbach und Grünwettersbach werden von den Franzosen besetzt. Drei Grünwettersbacher Bürger verlieren ihr Leben. Franzosen setzen mehrere Gebäude der Innenstadt in Brand. De Gaulle besichtigt die Stadt und dekoriert am Ettlinger Tor Soldaten seiner Armee.

**8.** Im Hof der Helmholtzschule formiert sich aus Straßenbahnschaffnern und anderen Dienstwilligen die erste Nachkriegspolizei.

**9.** Durch Einteilung der Stadt in 16 Bezirke, Bildung von Bezirksverwaltungen und Einsetzen von Bezirksvorstehern wird die städtische Verwaltung zur besseren Versorgung der Bevölkerung weitgehend dezentralisiert.
Wegen Nichtausführung eines Befehls wird der kommissarische Bürgermeister für einige Tage inhaftiert. Oberrechtsrat Fritz Gut übernimmt während dieser Zeit die Führung der Verwaltung.

**10.** Der Bach-Chor unter Wilhelm Rumpf veranstaltet in der Markuskirche das erste öffentliche Konzert nach der Besetzung der Stadt.

**12.** Der Karlsruher Polizeichef empfiehlt der Militärregierung die Einrichtung von Konzentrationslagern für Jugendliche. In Häusern an der Kriegs- und Kapellenstraße werden Bordelle eingerichtet.

**13.** Die nördliche Weststadt zwischen Kaiserallee und Knielinger Allee, Riefstahl- und Blücherstraße muß von den Bewohnern innerhalb einer Stunde geräumt werden.

**14.** Alle Radio- und Fotoapparate müssen laut Befehl der französischen Militärregierung abgeliefert werden.

**15.** Die männlichen Bewohner zwischen 16 und 45 Jahren müssen sich, ausgerüstet mit zwei Decken und Verpflegung für zwei Tage, in der Knielinger Rheinkaserne zur Registrierung melden. Ehemalige Angehörige der NSDAP oder ihrer Gliederungen werden in einem in Knielingen eingerichteten Lager interniert.
Rund 300 Karlsruher, auch politisch Unbelastete, werden in den darauffolgenden Tagen in Fußmärschen nach Offenburg gebracht und dort als „Sicherungsgefangene" (Geiseln) mehrere Wochen interniert.

**17.** Den Deutschen wird die Benutzung von Fahrrädern untersagt.

**20.** Die Ausgangssperre wird auf die Zeit von 20-7 Uhr reduziert.

**22./23.** In einer nächtlichen „Erfassungsaktion" werden zwischen 200 und 250 Karlsruher festgenommen und nach Knielingen, ein größerer Teil von ihnen dann nach Offenburg gebracht.

**23.** Die Städtische Sparkasse nimmt den Zahlungsverkehr in beschränktem Umfang wieder auf.
Nach Beschlagnahme des Städtischen Krankenhauses werden die Patienten in einem Elendszug zur Lessingschule verbracht, die bis zum April 1946 die Funktion des Krankenhauses übernimmt.

**26.** Konrektor Karl Klupp wird mit der „Erfassung" aller Lehr- und Verwaltungskräfte der Karlsruher Volks- und Hauptschulen beauftragt. Das Stadtschulamt nimmt seine Arbeit wieder auf.

---

**1. Mai** Bürgermeister Heinrich fordert die Bevölkerung auf, geplünderte Waren zurückzugeben.

**7.** Der spätere Erste Bürgermeister Dr. Emil Gutenkunst wird aufgrund falscher Anschuldigungen verhaftet.

**8.** Erstmals seit der Besetzung werden Lebensmittelkarten ausgegeben.

**8./9.** Die französische Besatzung feiert den Waffenstillstand mit stundenlangem Abfeuern von Leuchtspurmunition aus leichten Infanteriewaffen.

**12.** Karlsruher Sozialdemokraten treffen sich getarnt im Rathaus an der Beiertheimer Allee.

**13.** Dekan Fritz Kobe gibt im Gottesdienst die Namen der in Offenburg internierten 62 Knielinger Bürger bekannt.

**18.** Die Karlsruher Gewerkschafter Wilhelm Belschner und Karl Hespeler bitten die französische Militärregierung vergeblich um die Genehmigung zur Bildung des Freien Deutschen Gewerkschaftsbundes in Karlsruhe.

**21.** Wegen der katastrophalen Ernährungslage warnt Bürgermeister Heinrich die Militärregierung vor dem weiteren Zustrom von Evakuierten.

**22.** Mehrere Stadtteile melden anhaltende Plünderungen und Raubüberfälle.

**28.** Auf den Strecken Ispringen-Karlsruhe und Eppingen-Bretten-Bruchsal verkehren erstmals Lebensmittelzüge.

**29.** Namenslisten suspendierter Beamter und Angestellter werden öffentlich angeschlagen.

**30.** Als erste Teilstrecke im Karlsruher Straßenbahnnetz wird die Linie 1 zwischen Weinweg-Durlacher Tor-Rüppurrer Tor-Festplatz-Kühler Krug in Betrieb genommen.

**31.** Der Obermeister der Malerinnung, Kurt Haag, wird zum Stadthandwerksmeister ernannt.

---

**1. Juni** Dr. Alfred Bund wird zum Wirtschaftsminister und de facto zum Chef der ersten badischen Regierung ernannt. Sein Büro befindet sich in der Münze.

**5.** Die Alliierten teilen Deutschland innerhalb der Grenzen vom 31. Dezember 1937 in vier Besatzungszonen auf. Karlsruhe fällt mit Nordbaden in die amerikanische Zone.

**6.** Das Bürgermeisteramt erhält die Erlaubnis, Passierscheine für Orte im Umkreis von 15 km auszustellen.
Bei der Firma „Badische Presse" findet die erste aktenkundig gewordene Betriebsratwahl nach dem Krieg statt.
Die Franzosen verlangen die Verschmelzung der Handwerks- und Wirtschaftskammer zur „Industrie-, Handels- und Wirtschaftskammer". Fritz Töpper wird ihr Präsident.

**11.** Bürgermeister Heinrich verfügt, die aus Konzentrationslagern Zurückkehrenden hinsichtlich der Ernährung bevorzugt zu behandeln.

**12.** Die Albtalbahn nimmt den Verkehr wieder auf. Die Karlsruher Endstation befindet sich der zerstörten Brücke über dem Rangierbahnhof wegen an der Ettlinger Allee. Dieser Verkehrsbruch wird erst im Jahr 1947 beendet.

**14.** Im erhaltengebliebenen Botanischen Institut der zu 80 Prozent zerstörten Technischen Hochschule treffen sich einige Professoren zu einer ersten Sitzung.

**15.** Die Karlsruher erhalten aus unbekannten Gründen für einen Tag Ausgangsverbot.

**Mitte Juni** Alle Straßen, Plätze und Schulen mit Namen von NS-Größen werden umbenannt.

**16.** Die im Februar deportierten 17 Karlsruher Juden und Halbjuden kehren völlig entkräftet, aber glücklich und vollzählig zurück.
Die Schwimm- und Sonnenbäder in Durlach und am Rheinhafen öffnen ihre Pforten.

**20.** Wegen „Nichtausführung eines Befehls" werden alle Bezirksvorsteher verhaftet und nach dem Gefängnis Riefstahlstraße gebracht.
Prof. Rudolf Plank wird einstimmig zum Rektor, Prof. Hermann Backhaus zum Prorektor der Technischen Hochschule gewählt. Plank will die TH nach Ettlingen verlegen.

**23.** Die 16 Bezirksvorsteher werden freigelassen.

**24.** Im Konzerthaus findet, dirigiert vom französischen Capitaine Lamotte, vor Angehörigen der französischen Armee das erste Nachkriegskonzert der Staatskapelle statt.

**25.** Josef Heinrich versichert in einer Besprechung mit den Bezirksvorstehern, daß er als kommissarischer Bürgermeister nur *„Wegbereiter für einen anderen"* sei.

**27.** Juden erhalten aufgrund einer Verfügung von Bürgermeister Heinrich ein halbes Jahr lang doppelte Lebensmittelrationen.

**28.** Die Stadtverwaltung veröffentlicht erstmals eine Liste der praktizierenden Ärzte und der geöffneten Apotheken.

**Ende Juni** Nach einer von den Franzosen vor ihrem Abzug befohlenen Kleiderabgabe türmen sich in den Sammelstellen Berge von Anzügen, Leibwäsche, Schuhen und Hüten. Die Franzosen können jedoch nur noch knapp ein Drittel der insgesamt 11000 Garnituren aus Karlsruhe wegschaffen. Ein weiteres Drittel wird später den ausländischen Zwangsarbeitern, der Rest den Bezirksverwaltungen zur Versorgung zurückgekehrter KZ-Häftlinge, Kriegsgefangener und Ausgebombter zur Verfügung gestellt.

---

**1. Juli** Für rassisch und politisch Verfolgte wird eine Beratungsstelle eingerichtet.

**6.** Die Franzosen verfügen die Abgabe aller in den Textilgeschäften noch vorhandenen Waren.

**7.** Die französische Besatzung räumt Karlsruhe.

**8.** An der Hauptpost, dem ersten Sitz der US- Militärregierung in Karlsruhe, wird in einer feierlichen Zeremonie das Sternenbanner gehißt.

**12.** Der Versuch eines französischen Majors, das Hafenboot „Karlsruhe" zu entführen, scheitert.

**13.** Bei Weingarten stößt ein amerikanischer Truppenzug mit einem leeren deutschen Güterzug zusammen. Sechs Amerikaner kommen ums Leben, 28 werden verletzt. Ein Durlacher Stellwerksmeister wird verhaftet und der fahrlässigen Tötung angeklagt.

**16.** Rechtsanwalt Hermann Veit wird von Sprechern der ehemaligen SPD, des ehemaligen Zentrums, der ehemaligen KPD und der DP als Oberbürgermeister vorgeschlagen.

**18.** In den Räumen der Bezirksverwaltung Südstadt findet auf Initiative von August Furrer sen. illegal eine konstituierende Sitzung zur Bildung des Allgemeinen Deutschen Gewerkschaftsbundes (ADGB) Karlsruhe statt.

**20.** Ein „Einfaches Militärgericht" der US-Militärregierung zur Ahndung von Vergehen aller Art nimmt im Landgericht seine Arbeit auf.

**22.** Die ersten Flüchtlinge, 360 Donauschwaben aus Jugoslawien, treffen ein und werden in der Knielinger Kaserne untergebracht.

**23.** In der an diesem Tag endenden 3. Zuteilungsperiode seit Besetzung der Stadt erreichte die Lebensmittelversorgung mit 775 Kalorien je Tag ihren absoluten Tiefstand.

**Ende Juli** Die Amerikaner beschlagnahmen zur Unterbringung ihres Offizierskorps und von Stäben in Karlsruhe insgesamt 2000 Wohnungen.

---

**1. August** Die amerikanische Militärregierung erläßt ein striktes Zuzugsverbot nach Karlsruhe. Trotzdem kehren Tausende von Evakuierten illegal zurück.

**4.** Der von der Militärregierung zum Oberbürgermeister ernannte sozialdemokratische Rechtsanwalt Hermann Veit wird in sein Amt eingeführt. 1. Bürgermeister wird Fridolin Heurich (früher Zentrum), 2. Bürgermeister Berthold Riedinger (KPD).
In Knielingen treffen weitere 1429 Flüchtlinge aus Jugoslawien ein.

**6.** General Eisenhower erlaubt Militärpersonen „gewöhnlichen Umgang" mit den Besiegten.

**10.** Mit dem Einsatz von Dienstpersonenzügen für Arbeiter wird der zivile Zugverkehr wiedereröffnet.

**13.** Der Chef des Tiefbauamtes, Oberbaurat Adolf Wittinger, plädiert für die Schaffung einer leistungsfähigen Organisation zur Schuttbeseitigung.

**14.** Als Vorläuferin der CDU wird in einem Raum des weitgehend zerstörten Ständehauses ohne Genehmigung der Besatzungsmacht die Christlich-Demokratische Partei (CDP) gegründet.

**15.** Karl Julius Krauth wird Karlsruher Polizeichef.

**18.** Die Reichsbahn darf einige Güterzüge einsetzen.

**20.** Die Wochenarbeitszeit wird von 60 auf 48 Stunden herabgesetzt.
Verschiedene Bäckereien müssen wegen Mangel an Mehl schließen.

**22.** Eine amerikanische Denkschrift empfiehlt die Vereinigung der von den Amerikanern besetzten Gebiete Badens und Württembergs zu einem Land Nordwürttemberg-Nordbaden mit Stuttgart als Landeshauptstadt.

**23.** Die alliierte Militärmark wird zum gleichberechtigten Zahlungsmittel erklärt.

**25.** Die Polizei veranstaltet eine Großrazzia nach geschlechtskranken Frauen.

**27.** Der Postverkehr wird wieder aufgenommen. Privatpersonen dürfen vorerst nur Postkarten schreiben. „Genehmigten Geschäftsunternehmen" wird der Telefonverkehr freigegeben.
In Karlsruhe, Pforzheim und Bruchsal werden örtliche Industrie- und Handelskammern sowie Handwerkskammern gebildet.
Eine Betriebsmännerkonferenz in der Lagerhalle der Konsumgenossenschaft wird zur offiziellen Gründungsversammlung des Allgemeinen Deutschen Gewerkschaftsbundes Karlsruhe und Umgebung (ADGB). Karl Flößer wird zum 1. Vorsitzenden gewählt.
Das Landgericht Karlsruhe wird wiedereröffnet. Gleichzeitig nehmen die Amtsgerichte Karlsruhe, Ettlingen, Bruchsal und Pforzheim ihre Arbeit wieder auf.

**30.** Für den Bereich des Landeskommissariats wird die Neugründung von Parteien erlaubt.

**31.** Gegen den Willen der Landesbehörden veranstaltet Intendant Hans Herbert Michels im Konzerthaus unter Leitung von Generalmusikdirektor Otto Matzerath das erste Nachkriegs-Sinfoniekonzert.

**1. September** Die Reichsbahndirektion Stuttgart übernimmt den Bahnbetrieb in Nordbaden. Die Reichsbahndirektion Karlsruhe, zuständig für die französisch besetzten Bereiche Südbaden, Südwürttemberg und Südpfalz, behält ihren Sitz in Karlsruhe.

**3.** Aus 14 von der Militärregierung ernannten Stadträten konstituiert sich das erste städtische Nachkriegsparlament.

**4.** Im Rathaus an der Beiertheimer Allee findet die erste Kreisversammlung der Christlich-Demokratischen Partei (CDP) Karlsruhe-Stadt und -Land, der späteren CDU, statt. Adolf Kühn wird zum 1. Vorsitzenden gewählt.

**5.** In der Leopoldschule beginnt der erste – vierwöchige – Ausbildungskurs für Schulhelfer.

**6.** Die Militärregierung ordnet die Registrierung aller Arbeitslosen durch das Arbeitsamt an.

**8.** Zwischen Karlsruhe und Freiburg verkehrt von diesem Tag an ein Eilzugpaar.

**10.** Der ehemalige Reichsfinanzminister Dr. Heinrich Köhler, ein gebürtiger Karlsruher, tritt nach Ernennung durch die US-Militärregierung sein Amt als Präsident der Landesverwaltung Nordbaden an.

**11.** In einer Denkschrift wendet sich Oberbürgermeister Veit gegen den Zusammenschluß von Nordbaden und Nordwürttemberg zu einem Land.

**15.** Das Stadthandwerksamt wird aufgelöst.

**Mitte September** Mit dem Ziel einer raschen Beseitigung der 2,6 Millionen cbm Trümmer schließen sich 35 Karlsruher Firmen zu einer Arbeitsgemeinschaft zusammen.

**16.** Bürgermeister Heurich ordnet für diesen Sonntag mit Rücksicht auf den Kirchenbesuch erstmals den Verzicht auf die Arbeitsdienstpflicht ehemaliger Parteigenossen bei der Schutträumung an.

**17.** Durch Verfügung der Militärregierung wird alles Abbruchmaterial durch die Stadt beschlagnahmt, einschließlich der in den Ruinen befindlichen Öfen und Herde sowie Heizmaterial.
Die Professoren Backhaus, Plank und Pöschl beantragen bei der Militärregierung die Wiedereröffnung der Technischen Hochschule.

**19.** In seiner Proklamation Nr. 2 ordnet General Eisenhower die Bildung eines Staates Württemberg-Baden an.
Laut Bericht von Dr. Dr. Hermann Hagen, dem Leiter der Wirtschafts- und Versorgungsverwaltung, hat keine Stadt durch Holzeinschläge so gründlich für den Winter vorgesorgt wie Karlsruhe.

**20.** Im Haus Maxauer Straße 3 wird von den Sowjets ein Büro zur Rückführung zwangsverschleppter russischer Arbeiter eingerichtet.

**21.** Wahrscheinliches Gründungsdatum des Ortsvereins Karlsruhe der SPD. Bei der Gründungsversammlung im „Weißen Berg" wird Fritz Töpper zum 1. Vorsitzenden gewählt.

**23.** Nach Gründung der Kommunistischen Partei Deutschlands (KPD) im „Hirsch" in Daxlanden, wobei Karl Betz zum 1. Vorsitzenden gewählt wurde, findet an diesem Tag in den Rheingold-Lichtspielen die erste öffentliche Versammlung der Partei statt.

**26.** Die Staatliche Theaterakademie Karlsruhe, bei dem Angriff vom 27. September 1944 zerstört, wird aufgelöst.

**28.** Laut Meldung des Einwohnermeldeamts sind seit dem 1. April 1945 9180 Nicht-Karlsruher zugezogen, davon etwa 50 Prozent Ostflüchtlinge.

---

**1. Oktober** In der ersten Arbeitssitzung des Karlsruher Stadtrates werden sieben Ausschüsse gebildet.
Bürgermeister Heurich beziffert die Kosten für die Schutträumung auf 8-10 Millionen RM, die für die Enttrümmerung erforderliche Zeitspanne auf vier bis fünf Jahre.

Dr. Arthur Valdenaire wird zum Leiter des Landesdenkmalamtes ernannt mit dem besonderen Auftrag, die Baudenkmäler der Stadt Karlsruhe vor weiterer Zerstörung zu schützen.
An den Karlsruher Volksschulen beginnt ab dem 1. Oktober der Schulbetrieb. Zum Unterricht einberufen werden zunächst nur die unteren vier Klassen.

**9.** Bei der Gründungsversammlung der Demokratischen Partei (später DVP/FDP) wird Professor Albert Keßler zum 1. Vorsitzenden gewählt.

**11.** Anstelle von Mannheim wird Karlsruhe Sitz der US-Militärregierung für Nordbaden.

**15.** Im Rahmen der von der Militärregierung angeordneten Entnazifizierung entließ die Stadt bis zu diesem Termin rund 800 städtische Bedienstete.

**17.** Der Landesdirektor des Innern bittet den Karlsruher Oberbürgermeister, zur Durchführung von Stadtratswahlen, die auf Anordnung der Militärregierung im Mai 1946 durchgeführt werden sollen, unverzüglich die erforderlichen Vorbereitungen zu treffen.

**18.** Zum Vollzug der Entnazifizierung der Karlsruher Wirtschaft wird ein Prüfungsausschuß gebildet.
Der erste Nachkriegs-Haushaltsplan, gültig für die Zeit vom 1. April 1945 bis 31. März 1946, wird mit 61,7 Millionen RM ohne schriftlichen Plan auf die Mark genau in der gleichen Größe festgelegt wie der Haushaltsplan 1944/45. Weil der von der Militärregierung ernannte Stadtrat kein Beschlußrecht hat, erfolgt die Verabschiedung „durch Entschließung" des Oberbürgermeisters.

**26.** Dr. Dr. Hermann Hagen, Geschäftsführer des württemberg-badischen Städteverbandes, teilt mit, Karlsruhe müsse mit der Zuweisung von 20000 Flüchtlingen rechnen.

**27.** Mit Hofmannthals „Jedermann" wird im Konzerthaus die erste Nachkriegsspielzeit des Badischen Staatstheaters eröffnet.

**28.** Im Konzerthaus findet unter großer Beteiligung der Bevölkerung eine Gemeinschaftskundgebung der vier Parteien statt.

**29.** Dr. Heinrich Köhler wird von der US-Militärregierung zum stellvertretenden Ministerpräsidenten der – in Stuttgart gebildeten – Regierung Reinhold Maier ernannt.

**31.** Der zwischen der Stadtverwaltung und der Aufräumungs-Arbeitsgemeinschaft Karlsruhe (AAK) geschlossene Vertrag über die Schutträumung in Karlsruhe findet die Zustimmung der Militärregierung.

---

**1. November** Der Gemeinschaftsverkehr zwischen den Verkehrsbetrieben und der Albtalbahn wird wieder aufgenommen.

**5.** Der Oberbürgermeister setzt sich gegen den Befehl zur Wehr, im Areal des Städtischen Krankenhauses ein Theater für das amerikanische Militär zu bauen.

**10.** Die Karlsruher Notgemeinschaft wird ins Leben gerufen.

**12.** Wegen der dürftigen Energieversorgung wird an zwei Tagen – mittwochs und donnerstags von 8-17 Uhr – eine Stromsperre für die Industrie und alle Haushaltungen eingeführt.

**13.** Bis zu diesem Tag sind beim Städtischen Wirtschaftskontrollamt 5340 Anträge zur Wieder- oder Neueröffnung von Betrieben eingegangen.

**Mitte November** Oberbürgermeister Veit wird zum Vorsitzenden des Städteverbandes Württemberg-Baden gewählt. Karlsruhe wird Sitz des Verbandes.

**16.** Die Premiere von „Nathan der Weise" mit Hans Herbert Michels in der Titelrolle wird unter der Spielleitung von Christian Lennbach zu einem neuen künstlerischen Ereignis des wiedereröffneten Theaters.

**19.** Die Arbeitsdienstpflicht für ehemalige Nationalsozialisten wird nach Freilegung der Hauptverkehrsstraßen und Gehwege von Trümmern beendet.

**24.** Die volksdeutschen Flüchtlinge werden von der Knielinger in die Artillerie-Kaserne an der Moltkestraße verlegt. Das dort eingerichtete Übergangslager beherbergt bald bis zu 5000 Flüchtlinge und Vertriebene.

**28.** Hafendirektor Emil Pfeiff führt Klage darüber, daß die Stadt Mannheim weder Hebewerkzeuge zur Bergung der durch Bombenangriffe im Rheinhafen versenkten Schiffe, noch für Karlsruhe bestimmte Getreideladungen herausgebe.

**Im November** Die Katholische Arbeitsgemeinschaft vermittelt den Karlsruhern von jetzt an mit außergewöhnlich stark besuchten Vorträgen und Konzerten lang entbehrte geistige und seelische Nahrung.

---

**Anfang Dezember** Die Karlsruher Notgemeinschaft beginnt mit Eröffnung einer Großküche die Versorgung von 2000 hilfsbedürftigen, insbesondere älteren Mitbürgern.

**1.** Mit dem „Dreimäderlhaus" findet im Konzerthaus die erste Nachkriegs-Operettenpremiere des Badischen Staatstheaters statt.

**6.** Der Umzug der von der französischen Besatzungsmacht eingesetzten ersten badischen Landesverwaltung nach Freiburg ist abgeschlossen.

**7.** Bei der Gründungsversammlung einer neuen jüdischen Kultusgemeinde im „Weißen Berg" wird Leopold Ransenberg zum 1. Vorsitzenden, Adolf Durst zu seinem Stellvertreter gewählt.

**8.** Die weitere Verschlechterung der Energieversorgung zwingt zu drei Stromsperrtagen (Montag bis Mittwoch) für Industrie und gewerbliche Großabnehmer.

**10.** Ein Teil der Wannenbäder des von der US-Besatzungsmacht beschlagnahmten Vierordtbads wird für die Bevölkerung freigegeben.

**15.** Mangels Heizmaterial werden alle Karlsruher Volksschulen geschlossen.
Als erste Oper nach dem Krieg wird vom Ensemble des Badischen Staatstheaters Humperdincks „Hänsel und Gretel" aufgeführt.
Die Demokratische Partei veranstaltet im „Weißen Berg" ihre erste öffentliche Versammlung.

**17.** Im Helmholtzgymnasium wird die „Combined High School of Karlsruhe", in der Fichteschule die kombinierte Oberschule für Mädchen eröffnet. Ein Tag später öffnet auch das Markgrafen-Realgymnasium Durlach seine Pforten. Zunächst werden nur Schüler und Schülerinnen der beiden Oberklassen aufgenommen, an den Knabenschulen überwiegend aus Kriegsgefangenschaft zurückgekehrte ehemalige Soldaten.
Günther Klotz, Chef der Bauleitung B der Aufräumungs-Arbeitsgemeinschaft, klagt über den Mangel an Arbeitskräften.

**20.** Als Weihnachtssonderzuteilung erhält jeder Karlsruher 400 g Zucker, 250 g Marmelade, ein Päckchen Backpulver, 100 g Fleisch und – besonders freudig begrüßt – 1000 g amerikanisches Weizenmehl.

**24.** Die Militärregierung hebt das Ausgehverbot für die Nacht vom 24./25. Dezember auf. Am 1. Weihnachtstag beginnt das Ausgehverbot um 23.30 Uhr. Für die Silvesternacht wird der Beginn der Sperrstunde auf 3.00 Uhr festgesetzt.

**29.** Die Einwohnerzahl beträgt nach Rückkehr der Mehrzahl der Karlsruher, die nach den schweren Luftangriffen des Jahres 1944 in weniger gefährdete Gebiete geflüchtet waren, 137 920 Personen. Mehrere zehntausend Mitbürger konnten noch nicht zurückkehren, unter ihnen Tausende von Kriegsgefangenen.

# Anmerkungen

## Dem Ende entgegen

### Als der Tod Flügel bekam

**Seite 11 – 22**

1 Clara Sieberts gewissenhafte Aufzeichnungen über die Luftalarme in Karlsruhe zwischen 1939 und 1945 befinden sich im Archiv der Pfarrei St. Elisabeth Karlsruhe.
2 Erich Lacker: Ein Gewittersturm rettete die Fächerstadt, in: Badische Neueste Nachrichten v. 24. 4. 84
3 Stadtarchiv Karlsruhe (StAK), Unterlagen zur Stadtgeschichte (UzStG) 107, Brief Pfarrer Clemens Weis an d. Verf. v. 1. 8. 83
4 Stadtverwaltung Karlsruhe, Amt für Einwohnerwesen und Statistik, Luftangriffe 1939–1945
5 Kurt Kranich: Karlsruhe. Schicksalstage einer Stadt, Karlsruhe 1973, S. 145
6 Erich Murawski: Der deutsche Wehrmachtsbericht 1939–1945, Schriften des Bundesarchivs 9, 2. Aufl., Boppard 1962, S. 295
7 Der Führer v. 14. 10. 44
8 Erich Lacker: Die Luftkriegsschäden im Bereich des Helmholtz-Gymnasiums, in: Helmholtz-Gymnasium Karlsruhe, Jahresbericht 1981/82, S. 43
9 Tagebuch Lotte Weber, Eintrag v. 8. 12. 44 (Kopie StAK, UzStG 107)
10 StAK, UzStG 107, Erlebnisbericht Heinrich Ell v. 17. 6. 82
11 wie Anm. 4
12 Der Führer vom 6. 12. 44
13 Wilhelm Steinhilber: Heilbronn. Die schwersten Stunden der Stadt, Veröffentlichungen des Archivs der Stadt Heilbronn 7, Heilbronn 1961, S. 61
14 Kurt Kranich, a.a.O., S. 164
15 Der Führer v. 4. 12. 44
16 Der Führer v. 7. 12. 44
17 Der Führer v. 16. 12. 44
18 StAK, UzStG 11
19 StAK, UzStG 11, Bericht des Luftschutzverbandes Ortsstelle Karlsruhe über die Luftangriffe während des 2. Weltkriegs auf Karlsruhe, November 1959
29 wie Anm. 18
21 Bundesarchiv-Militärarchiv, Kriegstagebuch 3, Luftgaukdo. VII, RL 19/79
22 Der Führer v. 31. 12. 44

### Vergebliche Offensive der Karlsruher „Schicksalsarmeen"

**Seite 22 – 27**

1 Tagebuch Marianne Kiefer, Eintrag v. 2. 1. 45, im Besitz der Verfasserin
2 Der Führer v. 2. 1. 45
3 Bundesarchiv-Militärarchiv (BA–MA), Kriegstagebuch (KTB) Armeegruppe G, RH 19-XII/5
4 BA-MA, KTB 19. Armee, RH 20–19/207
5 Jean de Lattre de Tassigny: Histoire de la Première Armée Française, Paris 1949, S. 324
6 Jean de Lattre de Tassigny, a.a.O., S. 467
7 Fritz Kobe: Die letzte Glocke von Knielingen, Karlsruhe 1949, S. 13
8 Fritz Kobe, a.a.O., S. 12 f
9 Fritz Kobe, a.a.O., S. 11
10 Fritz Kobe, a.a.O., S.15
11 Jean de Lattre de Tassigny, a.a.O., S. 349
12 Hans Umbreit: Die Befreiung Westeuropas und die Niederwerfung Deutschlands, in: Oberrheinische Studien V, hg. Hansmartin Schwarzmaier, Karlsruhe 1980, S. 5
13 Jean de Lattre de Tassigny, a.a.O., S. 354
14 Der Führer v. 3. 1. 45
15 Der Führer v. 10. 1. 45
16 Jean de Lattre de Tassigny, a.a.O., S. 362 ff, ferner: Der Führer v. 1. 2. 45
17 Jean de Lattre de Tassigny, a.a.O., S. 367
18 BA-MA, KTB Armeegruppe G, RH 19-XII/4, auch für das Folgende. Das Ergebnis des Kriegsgerichtsverfahrens ist nicht dokumentiert.
19 BA-MA, KTB Armeegruppe G, RH 19-XII/21
20 Stadtarchiv Karlsruhe, Sammlungen-Militaria 77
21 Der Führer v. 10. 1. 45
22 Der Führer v. 12. 2. 45
23 wie Anm. 19

### Karlsruher Kriegsalltag

**Seite 28 – 35**

1 Stadtarchiv Karlsruhe (StAK), Unterlagen zur Stadtgeschichte (UzStG) 107, Erich Lacker: Dank an Rinderfeld
2 StAK, Tiefbauamt (TBA) A 387
3 StAK, Eugen Wagenmann: Chronik der Stadt Karlsruhe für die Jahre 1924–1960, Teil III, unveröff. Mskr., Karlsruhe 1961, S. 130
4 Generallandesarchiv 357/1587 Zug. 73/51
5 StAK, UzStG 107, Erlebnisbericht Lisa Kabierske v. 12. 4. 82
6 Der Führer v. 9. 2. 45
7 Der Führer v. 8. 2. 45
8 Der Führer v. 5. 2. 45
9 Der Führer v. 22. 1. 45
10 Der Führer v. 24. 1. 45
11 Der Führer v. 7. 1. 45
12 StAK, TBA A 250
13 Der Führer v. 5. 1. 45
14 ebenda
15 Der Führer v. 3./4. 2. 45
16 Der Führer v. 12. 1. 45
17 Der Führer v. 23. 1. 45
18 wie Anm. 8
19 Der Führer v. 1. 3. 45, auch für das Folgende
20 wie Anm. 11, auch für das Folgende
21 Der Führer v. 10. 2. 45
22 Der Führer v. 20./21. 1. 45
23 Der Führer v. 25. 1. 45, ferner: Der Führer v. 26. 1. 45
24 Der Führer v. 17./18. 2. 45
25 Beide Flugblätter im Archiv Lothar Leser, Karlsruhe
26 Die Angaben über den Straßenbahnverkehr stützen sich auf einen Bericht der Verkehrsbetriebe über die „Beeinträchtigung durch Fliegerangriffe" in den Jahren 1944 und 1945 und auf Aufzeichnungen von W.-Chr. Geyer, der von Juli–September 1944 beim Städtischen Bahnamt als Hilfsschaffner eingesetzt war.
27 Angekündigt in: Der Führer v. 6. 1. 45

### Die Stadt mauert sich ein

**Seite 36 – 42**

1 Militärgeschichtliches Forschungsamt Freiburg (MGFA), T 123, Teil III, Bd. 3, Generalfeldmarschall Albert Kesselring: Tätigkeitsbericht des Oberbefehlshabers West vom 10. März 1945 bis Kriegsende, S. 510
2 Stadtarchiv Karlsruhe (StAK), Unterlagen zur Stadtgeschichte (UzStG) 107, Bericht Pfarrer Clemens Weis v. 1. 8. 83

3 Tagebuch Marianne Kiefer, Eintrag v. 11. 1. 45, im Besitz der Verfasserin
4 Fritz Kobe: Die letzte Glocke von Knielingen, Karlsruhe 1949, S. 18 f
5 Tagebuch Marianne Kiefer, Eintrag v. 24. 2. 45 u. 3. 3. 45
6 Clara Siebert: Tagebuch der Luftalarme 1939–1945, im Besitz der Pfarrei St. Elisabeth Karlsruhe
7 Der Führer v. 22. 1. 45
8 StAK, UzStG 108
9 ebenda
10 wie Anm. 8, Schreiben Stadtarchiv Bruchsal v. 8. 4. 83
11 wie Anm. 8, Schreiben der Stadt Vogtsburg, Ortsverwaltung Oberbergen an d. Verf. v. 30. 5. 83
12 StAK, Tiefbauamt A 253, auch für das Folgende
13 StAK, UzStG 105, Tonbandinterview (TBI) Heini Werner Seith v. 18. 4. 83
14 wie Anm. 12
15 wie Anm. 13
16 StAK, UzStG 105, TBI Hans Schwall v. 21. 2. 83, auch für das Folgende
17 wie Anm. 12
18 Gerhard Ritter: Carl Goerdeler und die deutsche Widerstandsbewegung, Stuttgart 1955, S. 365 f
19 In der Rhein-Neckar-Zeitung v. 6. 10. 48 schreibt Staatsrat Dr. Friedrich Werber: *„So wurde nach dem Jahre 1933 bis in den Krieg hinein sein Haus in der Hoffstraße* (Ecke Westend-, später Reinhold-Frank-Straße; d. Verf.) *in Karlsruhe bald Sammelpunkt derer, die über die Uferlosigkeit der Totalitätsansprüche des nationalsozialistischen Staates verzweifelten und nach Auswegen rangen, um das Unglück von Volk und Land abzuwenden."*
20 StAK, UzStG 106, Gesprächsprotokoll (GPr) Franz Sprauer und Elisabeth Dengel, geb. Sprauer, v. 21. 7. 83
21 StAK, UzStG 106, GPr Pfarrer Klaus Frank v. 12. 7. 83
22 wie Anm. 18
23 wie Anm. 20
24 StAK, Persönlichkeiten 103, Horst Rehberger: Reinhold Frank, unveröff. Mskr., S. 13
25 Privatarchiv Pfarrer Klaus Frank, Ettlingen
26 ebenda

## Aktion „Maulwurf" und Volkssturm

**Seite 42 – 51**

1 Stadtarchiv Karlsruhe (StAK), Sammlungen-Militaria 67, Schreiben Werner Gutsch v. 27. 2. 83
2 StAK, Unterlagen zur Stadtgeschichte (UzStG) 106, Gesprächsprotokoll (GPr) Lothar Leser v. 26. 4. 84
3 StAK, UzStG 106, GPr Prof. Albin Heidelberger v. 10. 5. 84
4 StAK, UzStG 104, Tonbandinterview (TBI) Werner Rheinbold v. 3. 5. 83
5 StAK, UzStG 105, TBI Willi Widenmann v. 4. 3. 83
6 ebenda
7 StAK, UzStG 105, TBI Heini Werner Seith v. 18. 4. 83
8 Generallandesarchiv (GLA) 235/16685
9 StAK, UzStG 106, GPr Elsbeth Heymann v. 27. 2. 83
10 StAK, UzStG 104, TBI Lilo Rheinbold v. 3. 5. 83
11 wie Anm. 7
12 Militärgeschichtliches Forschungsamt Freiburg (MGFA), B 567, Generalmajor Walther Hossfeld: Bericht über die Tätigkeit des Kampfkommandanten Karlsruhe v. 18. 5. 45
13 Tagebuch Marianne Kiefer, Eintrag v. 4. 12. 44, im Besitz der Verfasserin
14 Der Führer v. 19. 10. 44
15 GLA 357/1574 Zug. 73/51, auch für das Folgende
16 Der Führer v. 13. 11. 44
17 Hans Kissel: Der Deutsche Volkssturm 1944/45, Wehrwissenschaftliche Rundschau, Beiheft 16/17 (1962), S. 100 f
18 Der Führer v. 5. 1. 45
19 wie Anm. 15
20 Hans Kissel, a.a.O., S. 38
21 StAK, Sammlungen-Militaria 67
22 Hans Kissel, a.a.O., S. 32
23 GLA 309/1218
24 wie Anm. 21
25 StAK, Tiefbauamt A 250
26 wie Anm. 15
27 Bundesarchiv-Militärarchiv (BA-MA), Kriegstagebuch (KTB) 19. Armee, RH 20-19/207
28 BA-MA, KTB 19. Armee, RH 20-19/218
29 MGFA, T 121, Teil A VII
30 wie Anm. 28
31 ebenda
32 wie Anm. 12, auch für das Folgende
33 wie Anm. 15, auch für das Folgende
34 StAK, H-Reg. A 253

## De Gaulle bläst zum Sturm

### Die Berliner „Bärendivision" räumt die Pfalz

**Seite 52 – 60**

1 Bundesarchiv-Militärarchiv (BA-MA), Kriegstagebuch (KTB) 19. Armee, RH 20-19/207, auch für das Folgende
2 BA-MA, KTB 19. Armee, RH 20-19/232
3 ebenda
4 wie Anm. 1
5 Militärgeschichtliches Forschungsamt Freiburg (MGFA), A 934, Aufzeichnung der Befragung von General der Panzertruppe Brandenberger v. 22. 12. 45, Oberbefehlshaber der 19. Armee vom 26. 3. 45 bis Kriegsende
6 BA-MA, KTB 19. Armee, RH 20-19/218
7 Hermann Ehmer: Die Besetzung Badens, in: Oberrheinische Studien V, hg. Hansmartin Schwarzmaier, Karlsruhe 1980, S. 40
8 Fritz Kobe: Die letzte Glocke von Knielingen, Karlsruhe 1949, S. 25, auch für das Folgende
9 Stadtverwaltung Karlsruhe, Amt für Einwohnerwesen und Statistik, Luftangriffe 1939–1945
10 Tagebuch Marianne Kiefer, Eintrag v. 21. 3. 45, im Besitz der Verfasserin
11 Fritz Kobe, a.a.O., S. 26
12 Fritz Kobe, a.a.O., S. 27
13 Jean de Lattre de Tassigny, Histoire de la Première Armée Française, Paris 1949, S. 482
14 ebenda. Dieser und die drei folgenden Absätze sind angelehnt an die Darstellung de Lattres auf Seite 476 ff seiner Geschichte der 1. Französischen Armee.
15 MGFA, T 123, Teil III, Bd. 3, Generalfeldmarschall Albert Kesselring: Tätigkeitsbericht des Oberbefehlshabers West vom 10. März 1945 bis Kriegsende, S. 197
16 Oberstleutnant Heber: Die 257. Volksgrenadier-Division, in: Albert Benary: Die Berliner Bären-Division, Bad Nauheim 1955, S. 193
17 BA-MA, RH 26-257/64, KTB Ia (257. VGD), 6. 10. 44 – 6. 5. 45
18 Obstlt. Heber, a.a.O., S. 195
19 wie Anm. 17
20 Jean de Lattre de Tassigny, a.a.O., S. 482 f
21 MGFA, T 123, Teil III, Bd. 3, S. 129
22 wie Anm. 17
23 BA-MA, RH 26-257/66, Divisionsbefehle 12. 1. – 13. 4. 45
24 ebenda
25 Stadtarchiv Karlsruhe (StAK), Unterlagen zur Stadtgeschichte (UzStG) 106, Gesprächsprotokoll (GPr) Hans W. Baur v. 19. 3. 84, ferner: wie Anm. 17
26 StAK, Sammlungen-Militaria 77, Tonbandinterview Obstlt. a.D. Ernst Linke v. 15. 4. 83
27 Die Angaben über den Rheinübergang sind dem Kriegstagebuch der 257. VGD v. 23. und 24. 3. 45, dem Div.Befehl v. 23. 3. 45 und der Tagesmeldung der 257. VGD an das Gen.Kdo. XC. Armeekorps v. 25. 3. 45 – BA-MA, RH 26-257/64, KTB Ia (257. VGD), 6. 10. 44 – 6. 5. 45; RH 26-257/66, Div.Befehle 12. 1. – 13. 4. 45, und RH 26-257/65, 1. 1. – 19. 4. 45 entnommen.
28 StAK, Sammlungen-Militaria 77, Brief Alfred Mahler an d. Verf. v. 24. 4. 85
29 StAK, UzStG 106, GPr Anton Hanauer v. 25. 4. 85
30 wie Anm. 28
31 wie Anm. 18
32 BA-MA, RH 20-19/226
33 StAK, Sammlungen-Militaria 78, Fritz Rögelein: 1. Kompanie IR 109 vor Moskau
34 wie Anm. 17. Diese und die weiteren Angaben über die Verteidigungsmaßnahmen sind dem Div.Befehl vom 27. 3. 45 und dem KTB der 257. VGD v. 27. 3. 45 entnommen.
35 BA-MA, KTB 19. Armee, RH 20-19/207

## Karlsruhe Angriffsziel der Franzosen

**Seite 60 – 65**

1 Jean de Lattre de Tassigny: Histoire de la Première Armée Française, Paris 1949, S. 476, auch für das Folgende
2 Jean de Lattre de Tassigny, a.a.O., S. 487
3 Bundesarchiv-Militärarchiv (BA-MA), RH 26-257/66, Div. Befehl v. 27. 3. 45
4 Tagebuch Marianne Kiefer, Eintrag v. 29. 3. 45, im Besitz der Verfasserin
5 Jean de Lattre de Tassigny, a.a.O., S. 493
6 Jean de Lattre de Tassigny, a.a.O., S. 493 f, auch für das Folgende
7 Jean de Lattre de Tassigny, a.a.O., S. 499
8 wie Anm. 3, auch für das Folgende
9 BA-MA, RH 26-257/65, Tagesmeldung an das Gen. Kdo. XC. Armeekorps v. 2. 4. 45
10 BA-MA, RH 26-257/64, Kriegstagebuch Ia, Tagesverlauf 31. 3. 45
11 BA-MA, RH 26-257/64, 2. 4. 45
12 Jean de Lattre de Tassigny, a.a.O., S. 503
13 wie Anm. 11
14 wie Anm. 9
15 ebenda
16 BA-MA, RH 26-257/66, Div.Befehl v. 2. 4. 45, auch für das Folgende
17 wie Anm. 9
18 Tagebuch Marianne Kiefer, Eintrag v. 30. 3. 45

## Ostern 1945 in Karlsruhe

**Seite 65 – 70**

1 Stadtarchiv Karlsruhe (StAK), Unterlagen zur Stadtgeschichte (UzStG) 107, Gesprächsprotokoll (GPr) Willi Weingartner v. 25. 4. 83
2 StAK, UzStG 105, GPr Robert Ehrmann v. 1. 5. 85
3 StAK, UzStG 105, Tonbandinterview (TBI) Herbert Weimar v. 6. 10. 82
4 wie Anm. 2
5 StAK, UzStG 104, TBI Kurt Rentschler v. 18. 10. 82, auch für das Folgende
6 StAK, UzStG 107, Bericht Pfarrer Clemens Weis v. 1. 8. 83
7 Fritz Kobe: Die letzte Glocke von Knielingen, Karlsruhe 1949, S. 28
8 StAK, UzStG105, TBI Willi Weingartner v. 2. 11. 82
9 wie Anm. 5
10 StAK, UzStG 104, TBI Direktor a.D. Emil Mangler v. 25. 10 82
11 Fritz Kobe, a.a.O., S. 29
12 wie Anm. 3
13 wie Anm. 5
14 StAK, Sammlungen-Militaria 67, Adolf K. Fr. Supper: Stoßtrupp Stadt, S. 47
15 StAK, UzStG 103, TBI Stadtsyndikus a.D. Fritz Gut v. 11. 10. 82
16 StAK, Sammlungen-Militaria 77, TBI Obstlt. a.D. Ernst Linke v. 15. 4. 83
17 wie Anm. 8
18 ebenda
19 wie Anm. 15
20 StAK, Sammlungen-Militaria 78, Erich Dihlmann: Chronologie der Rückzugskämpfe bei der Schlacht um Ostpreußen (15. 1. – 10. 4. 45) und der Abwehrkämpfe in der Danziger Bucht (11. 4. – 8. 5. 45), ferner: StAK, Sammlungen-Militaria 78, GPr Bernhard Hipp v. 8. 10. 83, ferner: GPr Hans Mark v. 11. 10. 83

## Wie Karlsruhe erobert wurde

**Seite 71 – 84**

1 Bundesarchiv-Militärarchiv (BA-MA), RH 26-257/65, Tagesmeldung an das Gen.Kdo. XC. Armeekorps v. 3. 4. 45
2 ebenda
3 BA-MA, RH 26-257/64, Kriegstagebuch (KTB) Ia, Tagesverlauf 3. 4. 45
4 wie Anm. 1
5 BA-MA, RH 26-257/66, Div.Befehl für die Kampfführung am 4. 4. 45
6 ebenda
7 Tagebuch Marianne Kiefer, Eintrag v. 3. 4. 45, im Besitz der Verfasserin
8 ebenda
9 Stadtarchiv Karlsruhe (StAK), Sammlungen-Militaria 77, Tonbandinterview (TBI) Obstlt. a.D. Ernst Linke v. 15. 4. 83
10 StAK, Sammlungen-Militaria 77, Brief Obstlt. a.D. Ernst Linke v. 5. 1. 77
11 Fritz Kobe: Die letzte Glocke von Knielingen, Karlsruhe 1949, S. 29 f
12 Fritz Kobe, a.a.O., S. 32
13 Kurt Kranich: Karlsruhe. Schicksalstage einer Stadt, Karlsruhe 1973, S. 177 ff
14 Jean de Lattre de Tassigny: Histoire de la Première Armée Française, Paris 1949, S. 504
15 StAK, Unterlagen zur Stadtgeschichte (UzStG) 105, TBI Hans Schwall v. 21. 2. 83
16 StAK, UzStG 104, TBI Kurt Rentschler v. 18. 10. 82
17 StAK, Sammlungen-Militaria 67, Adolf K. Fr. Supper: Stoßtrupp Stadt, S. 60
18 StAK, UzStG 107. Mit Brief v. 8. 5. 82 schildert Sohn Gerhard Visel die Erlebnisse in der Nacht vom 3./4. 4. 45.
19 StAK, UzStG 103, TBI Stadtsyndikus a.D. Fritz Gut v. 11. 10. 82
20 StAK, UzStG 104, TBI Direktor a.D. Emil Mangler v. 25. 10. 82
21 wie Anm. 19
22 Jean de Lattre de Tassigny, a.a.O., S. 504 ff
23 Badische Neueste Nachrichten (BNN) v. 15. 4. 70
24 StAK, Sammlungen-Militaria 67, Adolf K. Fr. Supper, S. 62
25 wie Anm. 18
26 StAK, UzStG 104, TBI Stadtrat a.D. Fritz Meinzer (†) v. 7. 1. 83
27 StAK, UzStG 107, Hannelore Graff: Erlebnisbericht April – August 1945, April 1982
28 StAK, UzStG 107, Dr. Otto Ebbecke: Das Städt. Krankenhaus im April 1945, Mai 1982
29 Ludwig Stumpf: Die Geschichte der Städtischen Krankenanstalten Karlsruhe, Karlsruhe 1957, S. 177
30 StAK, UzStG 107, Bericht Pfarrer Clemens Weis v. 1. 8. 83
31 StAK, UzStG 106, Gesprächsprotokoll (GPr) Prof. Max Diem v. 8. 10. 82
32 Jean de Lattre de Tassigny, a.a.O., S. 505
33 Kurt Kranich, a.a.O., S. 180 ff
34 wie Anm. 16, auch für das Folgende
35 BNN v. 21. 12. 57, 8. 11. 58 und 11. 11. 58, auch für das Folgende, ferner: StAK, UzStG 106, GPr Ortsvorsteher Herbert Schweizer v. 23. 12. 83
36 BA-MA, RH 26-257/65, Tagesmeldung an das Gen. Kdo. XC. Armeekorps v. 4. 4. 45
37 Der im „Bulletin d'Information de la Première Armée Française 'Rhin et Danube'" abgedruckte Tagesbefehl v. 29. 4. 45 mit einer Darstellung der Kampfhandlungen der 1. Französischen Armee seit dem Übergang über den Rhein trägt den Titel *„La victoire du Rhin et Danube, Ordre du jour no. 8"*.
38 Jean de Lattre de Tassigny, a.a.O., S. 564
39 Der Führer v. 6. 4. 45. Das „Hauptorgan der NSDAP Gau Baden", am 3. 4. 45 letztmals in Karlsruhe erschienen, wurde nach der Besetzung Karlsruhes in Pforzheim gedruckt, wo die Zeitung noch bis einschl. 12. 4. 45 erschien (vorhanden im Stadtmuseum Baden-Baden).
40 BA-MA, RH 20-19/226

## Karlsruher Kampfkommandant vor dem Standgericht

**Seite 84 – 89**

1 Militärgeschichtliches Forschungsamt Freiburg (MGFA), T 123, Teil III, Bd. 3, Generalfeldmarschall Albert Kesselring: Tätigkeitsbericht des Oberbefehlshabers West v. 10. März 1945 bis Kriegsende, S. 510
2 MGFA, B 567, Generalmajor Walther Hossfeld: Bericht über die Tätigkeit des Kampfkommandanten Karlsruhe v. 18. 5. 45
3 Stadtarchiv Karlsruhe (StAK), Sammlungen-Militaria 77, Tonbandinterview Obstlt. a.D. Ernst Linke v. 15. 4. 83
4 Bundesarchiv-Militärarchiv (BA-MA) RH 20-19/199. Generalfeldmarschall Kesselring, seit dem 9. 3. 45 als Nachfolger von Generalfeldmarschall von Rundstedt Oberbefehlshaber West, über die Gründe der am 4. 4. 45 erfolgten Ablösung von SS-Generaloberst Hausser als Oberbefehlshaber der Heeresgruppe G durch General der Panzertruppe Schulz: *„Seine SS schwor auf ihn* (Hausser; der Verf.) … *Von ihm und seinem Stab ging nicht das Fluidum aus, was eine Truppe in schwerer Lage braucht und mitreißt. Die taktische Führung entbehrte der vorausschauenden Überle-*

*gung und Energie in Krisenlagen. Ich mußte ihn um die Monatswende März/April 1945 ablösen lassen, da es eines starken, unverbrauchten und unvoreingenommen handelnden Führers bedurfte, um Ordnung zu schaffen."* (MGFA, T 123, Teil III, Bd. 3, S. 206).

5 BA-MA, RH 20-19/207

6 BA-MA, RH 20-19/180, auch für das Folgende

7 wie Anm. 3, auch für das Folgende

8 BA-MA, RH 19-XII/15. Das Urteil gab General der Panzertruppe v. Knobelsdorff, der Oberbefehlshaber der 1. Armee, durch Armeetagesbefehl v. 29. 1. 44 bekannt und verfügte: *„Vorstehendes ist allen Soldaten der Armee bekanntzugeben. Befehl ist nach Bekanntgabe zu vernichten."* Im Bundesarchiv-Militärarchiv befinden sich jedoch drei Ausfertigungen dieses Befehls.

9 StAK, Sammlungen-Militaria 77, Schreiben Alfred Mahler v. 28. 12. 76

10 wie Anm. 3

11 StAK, Sammlungen-Militaria 77, Schreiben Alfred Mahler v. 28. 12. 76 u. v. 6. 5. 83

12 wie Anm. 6, auch für das Folgende

13 StAK, Sammlungen-Militaria 77, Schreiben Dr. Werner Schmidt v. 1. 1. 77

14 BA-MA, RH 26-257/64, Tagesmeldung v. 4. 4. 45 an das XC. Armeekorps (Wortlaut s. in: „Wie Karlsruhe erobert wurde", Anm. 36)

15 BA-MA, RH 12-19/181

16 BA-MA, RH 26-257/64, Tagesmeldung v. 31. 4. 45 an das XC. Armeekorps

17 BA-MA, RH 20-19/181

18 wie Anm. 12

19 wie Anm. 15

20 wie Anm. 13

21 wie Anm. 12

22 Hermann Vietzen: Chronik der Stadt Stuttgart 1945–1948, Stuttgart 1972, S. 18 ff. Die hier gemachte Feststellung, der neue Stuttgarter Kampfkommandant Marbach *„hatte zuvor Karlsruhe aufgegeben und war durch ein Kriegsgericht zum Tode verurteilt worden"* (S. 18), ist unrichtig.

## Der Krieg zieht sich aus Karlsruhe zurück

**Seite 89 – 95**

1 Stadtarchiv Karlsruhe (StAK), Sammlungen-Militaria 77, Tonbandinterview (TBI) Obstlt. a.D. Ernst Linke v. 15. 4. 83

2 Jean de Lattre de Tassigny: Histoire de la Première Armée Française, Paris 1949, S. 507 f

3 wie Anm. 1

4 Jean de Lattre de Tassigny, a.a.O., S. 506

5 StAK, Unterlagen zur Stadtgeschichte (UzStG) 105, TBI Willi Weingartner v. 2. 11. 82

6 StAK, UzStG 106, Gesprächsprotokoll (GPr) Heinz Schukraft v. 29. 12. 83

7 StAK, UzStG 11, Elisabeth Printz: Meine Erlebnisse in Durlach, April 1945

8 Tagebuch Marianne Kiefer, Eintrag v. 4. 4. 45, im Besitz der Verfasserin

9 Bundesarchiv-Militärarchiv (BA-MA), RH 26-257/64, Kriegstagebuch (KTB) Ia (257. VGD), Tagesmeldungen v. 6. und 7. 4. 45

10 Auszüge des Tagebuchs von Helene Knab erschienen am 29. 4. 75 in dem Grötzinger Wochenblatt „Das Pfinztal". Das Tagebuch befindet sich im Besitz des Sohnes Hans Knab. Auch für den folgenden Abschnitt diente dieses Tagebuch als Quelle.

11 Rudolf Huffer: Aus den letzten Jahren des Weltkrieges 1939–1945, in: Günter Diercksen: Aus der Chronik der Ärzteschaft Karlsruhe 1715–1977, Karlsruhe 1978, S. 267 f

12 StAK, UzStG 107, Dr. Rudolf Huffer: Vor 40 Jahren auf dem Thomashof!, April 1985, ferner: Badische Neueste Nachrichten v. 13. 4. 85

13 Heinrich Berger: Grünwettersbach am Kriegsende, Karlsruhe 1947, S. 5 ff, auch für das Folgende

14 StAK, Sammlungen-Militaria 77, GPr Obstlt. a.D. Ernst Linke v. 2. 5. 85

15 BA-MA, RH 26-257/65, Tagesmeldungen v. 25. 3. – 8. 4. 45

16 Heinrich Berger, a.a.O., S. 7

17 ebenda

18 StAK, Broschürensammlung 1040, Heinrich Ell: Die Besetzung von Forchheim durch die Franzosen, in: Bruno Essig u. Heinrich Ell: Der Kampf um Mörsch und Neuburgweier zum Kriegsende 1945, unveröff. Mskr., S. 77

## Finale des „Stoßtrupps Stadt"

**Seite 95 – 98**

1 Stadtarchiv Karlsruhe (StAK), Tiefbauamt A 376

2 StAK, Sammlungen-Militaria 67, Adolf K. Fr. Supper: Stoßtrupp Stadt, S. 63 ff

3 StAK, Unterlagen zur Stadtgeschichte (UzStG) 107, Brief Walter Wetzel v. 17. 4. 85

4 StAK, Sammlungen-Militaria 67, Adolf K. Fr. Supper, S. 136

5 wie Anm. 3

6 StAK, UzStG 106, Gesprächsprotokoll (GPr) Anna Zabel v. 18. 5. 85

7 StAK, UzStG 106, GPr Josef Heinzler v. 17. 5. 85

8 StAK, UzStG 108, Schreiben Ortsverwaltung Oberweier v. 8. 7. 83, ferner: Schreiben Bürgermeisteramt Lauchringen v. 15. 3. 85

9 Statt des als amtliches Todesdatum genannten 12. April 1945 ist auf dem Stein als Datum des Geschehens der 10. April 1945 genannt. (Die vier Volkssturmmänner wurden teils noch im Herbst 1945, teils im Sommer 1946 exhumiert und auf den Friedhöfen ihrer Heimatgemeinden beigesetzt.)

10 Bundesarchiv-Militärarchiv, RH 20-19/232 K, Lagekarte, Stand 15. 4. 45

11 Diese Angabe stützt sich auf eine Mitteilung des Militärgeschichtlichen Forschungsamtes Freiburg (Dr. Hans Umbreit).

12 Stadtverwaltung Karlsruhe, Amt für Einwohnerwesen und Statistik. Die betreffende Statistik, der auch alle nachfolgenden Zahlen entnommen sind, wurde im Jahr 1953 erstellt.

13 StAK, UzStG 11, August Furrer sen.: Tätigkeitsbericht des Bezirksverwaltungsamtes v. 10. 4. 45 – 31. 5. 46 v. 15. 6. 46

# Über Karlsruhe weht die Trikolore

## „Ich bin badischer Ministerpräsident"

**Seite 99 – 105**

1 Tagebuch Marianne Kiefer, Eintrag v. 4. 4. 45, im Besitz der Verfasserin

2 Stadtarchiv Karlsruhe (StAK), Unterlagen zur Stadtgeschichte (UzStG) 107, Bericht Dr. Anneliese Kaltenbach v. 28. 4. 82

3 StAK, UzStG 105, Tonbandinterview (TBI) Herbert Weimar v. 6. 10. 82

4 StAK, UzStG 105, TBI Dr. Carlos Schleipen (†) v. 25. 10. 82

5 StAK, UzStG 107, Bericht Frieda Zilly-Biehle (†) v. 18. 4. 82

6 StAK, UzStG 107, Bericht Pfarrer Clemens Weis v. 1. 8. 83

7 StAK, UzStG 107, Bericht Dr. Otto Ebbecke v. Mai 1982

8 wie Anm. 4, auch für das Folgende

9 StAK, UzStG 104, TBI Walter Köhler v. 21. 10. 82, auch für das Folgende

10 StAK, UzStG 105, TBI Hans Schwall v. 21. 2. 83

11 StAK, UzStG 80, Eduard Fink: Tagebuchblätter vom 1. – 29. 4. 45, S. 35

12 StAK, UzStG 80, Eduard Fink, S. 107

13 wie Anm. 3

14 StAK, UzStG 103, TBI Willy Hauser v. 10. 6. 83. Eine Kopie des genannten Films befindet sich im Besitz des Stadtarchivs Karlsruhe.

15 Charles de Gaulle: Memoiren 1942–46, Düsseldorf 1961, S. 439

16 Badische Neueste Nachrichten v. 6. 4. 50

## „Lieber noch ein Terrorangriff"

**Seite 105 – 116**

1 Stadtarchiv Karlsruhe (StAK), Unterlagen zur Stadtgeschichte (UzStG) 80, Eduard Fink: Tagebuchblätter vom 1. – 29. 4. 45, S. 19

2 StAK, UzStG 103, Tonbandinterview (TBI) Stadtsyndikus a.D. Fritz Gut v. 11. 10. 82

3 Badische Neueste Nachrichten (BNN) v. 10. 4. 82, Bericht des Sohnes Dr. Peter Paepcke

4 StAK, UzStG 107, Bericht Lisa Kabierske v. 12. 4. 82

5 StAK, UzStG 80, Eduard Fink, S. 30 ff

6 StAK,UzStG 80, Eduard Fink, S. 22

7 StAK, UzStG 80, Eduard Fink, S. 36 ff
8 StAK, UzStG 80, Eduard Fink, S. 55
9 StAK, UzStG 105, TBI Hans Schwall v. 21. 2. 83
10 wie Anm. 4
11 StAK, UzStG 105, TBI Max Singer v. 6. 10. 82
12 StAK, UzStG 11, August Furrer sen.: Tätigkeitsbericht des Bezirksverwaltungsamtes v. 10. 4. 45 – 31. 5. 46 v. 15. 6. 46
13 Herbert Meininger: Stadt im Sturm, in: BNN v. 6. 4. 50
14 StAK, UzStG 80, Eduard Fink, S. 45
15 StAK, UzStG 80, Eduard Fink, S. 163 a
16 StAK, UzStG 80, Eduard Fink, S. 27. Die im Original voll ausgeschriebenen Namen sind abgekürzt.
17 StAK, UzStG 80, Eduard Fink, S. 29
18 Tagebuch Marianne Kiefer, Eintrag v. 4. 4. 45, im Besitz der Verfasserin
19 StAK, UzStG 107, Pfarrer Clemens Weis am 1. 8. 83 in schriftlicher Beantwortung von Fragen d. Verf.
20 Fritz Kobe: Die letzte Glocke von Knielingen, Karlsruhe 1949, S. 30
21 Fritz Kobe, a.a.O., S. 34
22 StAK, UzStG 107, Bericht Sigrid Katz v. 25. 4. 82, auch für das Folgende
23 Der Führer v. 9. 4. 45
24 wie Anm. 22
25 StAK, UzStG 107, Bericht Adolf Kellner v. April 1985
26 Generallandesarchiv 481/585
27 wie Anm. 19
28 wie Anm. 26
29 StAK, UzStG 80, Eduard Fink, S. 41
30 StAK, Adolf v. Grolmann: Karlsruhe in den Jahren 1945–1954, unveröff. Mskr., Karlsruhe 1954, S. 90
31 StAK, UzStG 105, TBI Heini Werner Seith v. 18. 4. 83
32 Ein Protokoll, von Prof. Keßler mit großer Wahrscheinlichkeit noch während der französischen Besatzungszeit geschrieben, befindet sich im Besitz der Tochter Ursula Keßler (Kopie StAK, UzStG 107)

### Zivilbevölkerung aus der nördlichen Weststadt ausgewiesen

**Seite 116 – 121**

1 Fritz Kobe: Die letzte Glocke von Knielingen, Karlsruhe 1949, S. 39
2 Fritz Kobe, a.a.O., S. 35
3 Stadtarchiv Karlsruhe (StAK), Unterlagen zur Stadtgeschichte (UzStG) 80, Eduard Fink: Tagebuchblätter vom 1. – 29. 4. 45, S. 32
4 StAK, UzStG 80, Eduard Fink, S. 79 ff
5 StAK, UzStG 80, Eduard Fink, S. 82
6 StAK, UzStG 107, Hannelore Graff: Erlebnisbericht April–August 1945, April 1982, auch für das Folgende
7 StAK, UzStG 80, Eduard Fink, S. 87 ff
8 StAK, UzStG 105, Tonbandinterview (TBI) Max Singer v. 6. 10. 82
9 StAK, UzStG 80, Eduard Fink, S. 109
10 StAK, UzStG 103, TBI Ernst Göhringer v. 20. 10. 82
11 wie Anm. 9
12 StAK, H-Reg. A 752
13 StAK, UzStG 103, TBI Willy Hauser v. 10. 6. 83, auch für das Folgende
14 wie Anm. 12
15 Fritz Kobe, a.a.O., S. 41
16 Franz Stolz: Tagebuchnotizen 1945, im Besitz der Witwe Margarete Stolz
17 wie Anm. 12, auch für das Folgende

### Interniertenlager und Gefängnis

**Seite 122 – 125**

1 Stadtarchiv Karlsruhe (StAK), Unterlagen zur Stadtgeschichte (UzStG) 103, Tonbandinterview (TBI) Ernst Göhringer (†) v. 20. 10. 82, auch für das Folgende
2 StAK, UzStG 105, TBI Dr. Carlos Schleipen (†) v. 25. 10. 82
3 StAK, H-Reg. A 752
4 ebenda
5 StAK, UzStG 105, TBI Erika Veit v. 26. 10 82
6 StAK, UzStG 104, TBI Walter Köhler v. 21. 10. 82
7 wie Anm. 3
8 StAK, UzStG 103, TBI Bürgermeisteramt a.D. Dr. Emil Gutenkunst v. 16. 6. 83
9 wie Anm. 3, auch für die folgenden beiden Absätze
10 Das von Bürgermeister Dr. Fribolin unterzeichnete Kündigungsschreiben v. 21. 9. 33, fußend auf einem Stadtratsbeschluß vom gleichen Tag, gründete sich auf das Gesetz zur Wiederherstellung des Berufsbeamtentums v. 7. 4. 33 (Kopie StAK, UzStG 106).
11 StAK, UzStG 106, Gesprächsprotokoll Stadtdirektor a.D. Alfred Behnle v. 27. 11. 83
12 Deta Löw: Verachtet und geliebt. Großstadtpfarrer im Dörfle, Karlsruhe 1973, S. 42

## Gehversuche

### Erste Schritte einer neuen Rathaus-Verwaltung

**Seite 126 – 132**

1 Stadtverwaltung Karlsruhe, Personalamt, Personalakte Josef Heinrich
2 Stadtarchiv Karlsruhe (StAK), Unterlagen zur Stadtgeschichte (UzStG) 103, Tonbandinterview (TBI) Stadtsyndikus a.D. Fritz Gut v. 10. 10. 82
3 StAK, H-Reg. A 2894, auch für das Folgende
4 StAK, H-Reg. A 852
5 StAK, UzStG 11, August Furrer sen.: Tätigkeitsbericht des Bezirksverwaltungsamtes vom 10. 4. 45 – 31. 5. 46 v. 15. 6. 46
6 wie Anm. 3
7 wie Anm. 4
8 StAK, H-Reg. A 36
9 ebenda
10 wie Anm. 4
11 StAK, UzStG 103, TBI Bürgermeisteramt a.D. Dr. Emil Gutenkunst v. 16. 6. 83
12 StAK, H-Reg. 852, Wilhelm Maier: Tätigkeitsbericht der Bezirksverwaltung Weststadt für das Jahr 1945, Januar 1946
13 wie Anm. 8
14 wie Anm. 12
15 wie Anm.8
16 wie Anm. 1. Die sechstägige *„Dienstbehinderung des Bürgermeisters durch Maßnahmen der franz. Militär-Regierung"* beschreibt Heinrich in einer Aktennotiz v. 16. 4. 45.
17 wie Anm. 2
18 wie Anm. 3, auch für das Folgende

### Die neue Polizei – ein unrühmliches Kapitel

**Seite 132 – 136**

1 Stadtarchiv Karlsruhe (StAK), H-Reg. A 852
2 StAK, Unterlagen zur Stadtgeschichte (UzStG) 103, Tonbandinterview (TBI) Stadtsyndikus a.D. Fritz Gut v. 11. 10. 82
3 Stadtverwaltung Karlsruhe, Personalamt
4 StAK, UzStG 103, TBI Bürgermeister a.D. Dr. Emil Gutenkunst v. 16. 6. 83
5 wie Anm. 3, auch für das Folgende
6 wie Anm. 4
7 StAK, UzStG 106, Gesprächsprotokoll Hermann Nack v. 8. 5. 84, auch für das Folgende
8 wie Anm. 1
9 Stadtverwaltung Karlsruhe, Personalamt 91240. Chef der Karlsruher Polizei war Julius Krauth von 1932 bis 1933. Gauleiter Robert Wagner bescheinigte ihm nach der „Machtübernahme" persönlich, daß er *„die für seine besondere dienstliche Verwendung nötige Befähigung nicht mehr besitzt"*.
10 StAK, UzStG 107, Bericht Maria Brauch v. 18. 4. 82
11 wie Anm. 1
12 ebenda

### Selbsthilfe in der Not

**Seite 136 – 144**

1 Generallandesarchiv, Nachlaß Bund 50
2 Stadtarchiv Karlsruhe (StAK), H-Reg. A 929
3 ebenda
4 StAK, Wirtschafts- und Ernährungsamt A 51
5 ebenda
6 wie Anm. 2
7 StAK, H-Reg. A 922
8 wie Anm. 2

9 StAK, Unterlagen zur Stadtgeschichte (UzStG) 106, Bericht Erwin-Friedrich Kramer v. 15. 4. 82
10 StAK, UzStG 105, Tonbandinterview Heini Werner Seith v. 18. 4. 83
11 StAK, H-Reg. A 852
12 wie Anm. 1
13 wie Anm. 2
14 wie Anm. 11
15 wie Anm. 9, auch für das Folgende
16 wie Anm. 1
17 StAK, UzStG 89, Alfred Behnle: Bericht über seine Tätigkeit bei der Stadtverwaltung Karlsruhe 1945–1946, S. 21
18 wie Anm. 11
19 wie Anm. 8
20 ebenda
21 wie Anm. 11
22 StAK, H-Reg. A 36
23 StAK, H-Reg. A 50
24 ebenda
25 StAK, Adolf v. Grolmann: Karlsruhe in den Jahren 1945–1954, unveröff. Mskr., 1954, S. 92 ff
26 wie Anm. 11
27 ebenda

### Neuartige Aufgaben

**Seite 145 – 150**

1 Stadtarchiv Karlsruhe (StAK), H-Reg. A 852
2 Generallandesarchiv, Nachlaß Bund 153
3 StAK, Wirtschafts- u. Ernährungsamt A 52
4 StAK, H-Reg. A 847
5 StAK, H-Reg. A 929
6 wie Anm. 1
7 StAK, H-Reg. A 2894
8 StAK, H-Reg. A 52
9 StAK, Unterlagen zur Stadtgeschichte (UzStG) 105, Tonbandinterview (TBI) Willi Weingartner v. 2. 11. 82
10 wie Anm. 1
11 ebenda
12 StAK, UzStG 80, Eduard Fink: Tagebuchblätter vom 1. – 29. 4. 45, S. 123
13 StAK, UzStG 105, TBI Willi Weingartner v. 9. 8. 83
14 StAK, Bez.Verw.Amt A 437
15 StAK, UzStG 106, Gesprächsprotokoll Prof. Eugen W. Velte (†) v. 14. 5. 84
16 wie Anm. 1
17 Die Amtsblätter der französischen, danach der amerikanischen Militärregierung Baden bzw. des Landeskommissariatsbezirks Karlsruhe befinden sich im Stadtarchiv Karlsruhe in dem Ordner „Sammlung der französischen und amerikanischen Gesetze und Verordnungen".
18 Informations du Gouvernement Militaire pour l'arrondissement de Carlsruhe-Ville v. 28. 6. 45
19 Military Government Gazette v. 22. 10. 45

### Odyssee der Krankenanstalten

**Seite 151 – 157**

1 Ludwig Stumpf: Die Geschichte der Städtischen Krankenanstalten Karlsruhe, Karlsruhe 1957, S. 83
2 Ludwig Stumpf, a.a.O., S. 80 ff
3 Rudolf Huffer: Aus den letzten Jahren des Weltkrieges 1939–1945, in: Günter Diercksen: Aus der Chronik der Ärzteschaft Karlsruhe 1715–1977, Karlsruhe 1978, S. 267
4 Ludwig Stumpf, a.a.O., S. 70 ff
5 Ludwig Stumpf, a.a.O., S. 176
6 Ludwig Stumpf, a.a.O., S. 77 ff
7 Stadtarchiv Karlsruhe (StAK), Unterlagen zur Stadtgeschichte (UzStG) 107, Dr. Otto Ebbecke: Das Städt. Krankenhaus im April 1945, Mai 1982
8 ebenda
9 ebenda
10 Ludwig Stumpf, a.a.O., S. 85, auch für das Folgende
11 Ludwig Stumpf, a.a.O., S. 77
12 ebenda
13 Ludwig Stumpf, a.a.O., S. 178 ff
14 Ludwig Stumpf, a.a.O., S. 71 ff
15 StAK, H-Reg. A 2027, auch für das Folgende
16 Ludwig Stumpf, a.a.O., S. 86 ff
17 wie Anm.15
18 Ludwig Stumpf, a.a.O., S. 83
19 ebenda
20 Generallandesarchiv, OMGUS (Office Military Government United States) 12/160-1/12
21 Ludwig Stumpf, a.a.O., S. 91, auch für das Folgende
22 Günter Diercksen: Entstehung und Entwicklung der Vincentiuskrankenhäuser in Karlsruhe, in: Günter Diercksen: Aus der Chronik der Ärzteschaft Karlsruhe 1715–1977, Karlsruhe 1978, S. 69, auch für das Folgende
23 Günter Diercksen: Die Entwicklung des Diakonissenkrankenhauses zu einem modernen Krankenhaus-Komplex in Rüppurr, in: Günter Diercksen: Aus der Chronik der Ärzteschaft Karlsruhe 1715–1977, Karlsruhe 1978, S. 77
24 Werner Kühlewein: Zusammenfassender Bericht über die Kriegsjahre 1941–1945, in: Bericht der Evangelischen Diakonissenanstalt Karlsruhe-Rüppurr 1941–1951, S. 38 f, auch für das Folgende (Kopie StAK)
25 Werner Kühlewein: Die chirurgische Abteilung, in: Günter Diercksen: Aus der Chronik der Ärzteschaft Karlsruhe 1715–1977, Karlsruhe 1978, S. 412
26 Robert Volz: Über die Entstehung und Entwicklung der Landesfrauenklinik in Karlsruhe, in: Günter Diercksen: Aus der Chronik der Ärzteschaft Karlsruhe 1715–1977, Karlsruhe 1978, S. 87
27 StAK, UzStG 106, Gesprächsprotokoll Dr. Otto Heck v. 30. 5. 85
28 Lola Ervig: Wiederaufbau des Gesundheitswesens vor 30 Jahren, in: Badische Neueste Nachrichten v. 12. 4. 75

# Unterm Sternenbanner

### Fraternisierungsverbot und Amiliebchen

**Seite 158 – 166**

1 Charles de Gaulle: Memoiren 1942–46, Düsseldorf 1961, S. 435 ff
2 Eberhard Konstanzer: Die Entstehung des Landes Baden-Württemberg, Stuttgart 1969, S. 20
3 Kurt Kranich: Karlsruhe. Schicksalstage einer Stadt, Karlsruhe 1973, Bild 170
4 Fritz Kobe: Die letzte Glocke von Knielingen, Karlsruhe 1949, S. 46
5 Stadtarchiv Karlsruhe (StAK), Bez.Verw.Amt A 36
6 ebenda
7 StAK, Unterlagen zur Stadtgeschichte (UzStG) 11, August Furrer sen.: Tätigkeitbericht des Bezirksverwaltungsamtes vom 10. 4. 45 – 31. 5. 46 v. 15. 6. 46
8 StAK, H-Reg. A 852
9 StAK, UzStG 89, Alfred Behnle: Bericht über seine Tätigkeit bei der Stadtverwaltung Karlsruhe 1945 – 1946, S. 26
10 wie Anm. 8, auch für das Folgende
11 ebenda
12 StAK, UzStG 89, Alfred Behnle, S. 30
13 Süddeutsche Mitteilungen v. 14. 7. 45
14 StAK, UzStG 104, Tonbandinterview (TBI) Direktor a.D. Emil Mangler v. 22. 10. 82
15 StAK, UzStG 103, TBI Stadtsyndikus a.D. Fritz Gut v. 11. 10. 82
16 StAK, UzStG 89, Alfred Behnle, S. 36
17 StAK, UzStG105, TBI Max Singer v. 6. 10. 82
18 Military Government Gazette (MGG) v. 26. 7. 45
19 MGG v. 1. 11. 45
20 MGG v. 22. 12. 45
21 wie Anm. 8
22 MGG v. 23. 8. 45
23 StAK, H-Reg. A 2381
24 StAK, UzStG 104, Gesprächsprotokoll Stadtdirektor a.D. Walter Weber v. 11. 12. 84
25 MGG v. 16. 8. 45
26 wie Anm. 8, auch für das Folgende
27 StAK, UzStG 89, Alfred Behnle, S. 58
28 Wilfried Schöntag: Das erste Jahr des Landesbezirks Baden im Spiegel der Akten der amerikanischen Militärregierung (1945 bis Mai 1946), in: Oberrheinische Studien V, hg. Hansmartin Schwarzmaier, Karlsruhe 1980, S. 193 ff. Auch das Nachfolgende lehnt sich an Schöntag an.
29 Gazette Officielle du Gouvernement Militaire du Pays de Bade v. 25. 6. 45
30 Die Urteile wurden nach Eröffnung dieses Gerichts in englischer und deutscher Sprache regelmäßig in der Military Government Gazette, dem Amtsblatt der Militärregierung für den unter US-Kontrolle befindlichen Teil des ehemaligen Landeskommissariatsbezirks Karlsruhe, veröffentlicht.
31 MGG v. 11. 10.45
32 MGG v. 30. 8. 45

## Hermann Veit Oberbürgermeister

**Seite 166 – 174**

1 Stadtarchiv Karlsruhe (StAK), Bez.Verw.Amt A 36
2 Helmut Köhler: 70 Jahre Dienst am Volke, Karlsruhe 1958, S. 71
3 StAK, Unterlagen zur Stadtgeschichte (UzStG) 105, Tonbandinterview (TBI) Erika Veit v. 26. 10. 82
4 StAK, UzStG 106, Gesprächsprotokoll Stadtsyndikus a.D. Fritz Gut v. 11. 12. 84
5 Stadtverwaltung Karlsruhe, Personalamt 90147, auch für das Folgende
6 ebenda
7 StAK, H-Reg. A 2894, Heft 1
8 StAK, UzStG 105, TBI Karl Ziegler v. 27. 6. 83, auch für das Folgende
9 Stadtverwaltung Karlsruhe, Hauptamt, Stadtratsprotokolle 1945–46, auch für das Folgende
10 StAK, H-Reg. A 68
11 StAK, H-Reg. A 852
12 wie Anm. 10, auch für das Folgende
13 Military Government Gazette (MGG) v. 18. 10. 45
14 wie Anm. 11
15 wie Anm. 9
16 MGG v. 25. 10. 45
17 wie Anm. 11
18 MGG v. 24. 11. 45
19 wie Anm. 11
20 Berufsfeuerwehr Karlsruhe: Feuerbericht 11/45 v. 28. 9. 45
21 wie Anm. 3

## Karlsruhe verliert den Rang der Landeshauptstadt

**Seite 175 – 181**

1 Generallandesarchiv (GLA), Nachlaß Bund 45, Block 1
2 ebenda
3 GLA, Nachlaß Bund 50, Block 6
4 GLA, Nachlaß Bund 50, Block 7
5 GLA, Nachlaß Bund 50, Block 8
6 Military Government Gazette (MGG) v. 9. 8. 45
7 GLA, Nachlaß Bund 50, Block 11
8 GLA, Nachlaß Bund 50, Block 12
9 GLA, Nachlaß Bund 50, Block 13
10 GLA, Nachlaß Bund 50, Block 10
11 ebenda
12 GLA 481/1558
13 GLA, Nachlaß Köhler 12
14 Stadtarchiv Karlsruhe (StAK), H-Reg. A 761. Der Schluß, daß Veit gebeten wurde, die Denkschrift zu verfassen, ergibt sich aus der Tatsache, daß die Ministerien ihn mit Material und Argumenten unterstützten.
15 StAK, H-Reg. A 761, auch für das Folgende
16 wie Anm. 13, auch für das Folgende
17 GLA 481/815
18 MGG v. 18. 10. 45
19 Paul Sauer: Nordbaden, in: Badische Geschichte, hg. Landeszentrale für politische Bildung Baden-Württemberg, Stuttgart 1979, S. 236
20 Paul Sauer, a.a.O., S. 257
21 ebenda
22 Heinrich Köhler: Lebenserinnerungen, Stuttgart 1964, S. 355
23 Staatsarchiv Freiburg (StAF), A 3/972
24 StAF, A 3/977, auch für das Folgende
25 wie Anm. 13
26 StAK, H-Reg. A 852
27 wie Anm. 13
28 wie Anm. 9

## Rückkehr aus Konzentrationslagern und Emigration

**Seite 182 – 187**

1 Stadtarchiv Karlsruhe (StAK), H-Reg. A 2004
2 Bericht von Ferdinand Maurath, Pfarrvikar, in: Freiburger Diözesan-Archiv 90 (1970), S. 132 ff
3 Franz Weimann: Eine Heimsuchung. Seelsorgebriefe aus der Verbannung, in: Freiburger Diözesan-Archiv 90 (1970), S. 156
4 StAK, UzStG 107, Schreiben Prof. Karl Becker v. 25. 3. 84 an den Verfasser. Karl Becker war nach 1945 Dompräbendar am Freiburger Münster, Studentenpfarrer an der Universität Freiburg und Rundfunkbeauftragter der Fuldaer Bischofskonferenz, schließlich – von 1962–1971 – Professor an der Pädagogischen Hochschule Karlsruhe. Papst Johannes XXIII. ernannte ihn 1959 zum Monsignore, Papst Paul VI. 1975 zum Päpstlichen Ehrenprälaten.
5 Richard Dold: Die Zeit des Zweiten Weltkriegs, in: Katholische Pfarrkirche St. Bonifatius Karlsruhe 1908 – 1958, Festschrift, Karlsruhe 1958, S. 19 ff
6 wie Anm. 1
7 ebenda
8 StAK, Unterlagen zur Stadtgeschichte (UzStG) 11, August Furrer sen.: Tätigkeitsbericht des Bezirksverwaltungsamtes v. 10. 4. 45 – 31. 5. 46 v. 15. 6. 46
9 Stadtverwaltung Karlsruhe, Amt für Einwohnerwesen und Statistik, Dokumentation des Karlsruher Judentums einschl. Verfolgungsopfer
10 StAK, UzStG 105, Tonbandinterview (TBI) Arthur Wiesemann v. Dezember 1983, ferner: StAK, UzStG 106, Gesprächsprotokoll (GPr) Arthur Wiesemann v. 3. 1. 84
11 Privatarchiv Hans Schulenburg, Karlsruhe
12 StAK, UzStG 107, Josef Seitz: Meine Erlebnisse im Dritten Reich, Buchenwald, April 1945
13 Stadtverwaltung Karlsruhe, Amt für Einwohnerwesen und Statistik, Dokumentation des Karlsruher Judentums einschl. Verfolgungsopfer, Schreiben Direktor Bercher an die Hilfsstelle für Rassenverfolgte bei der Evang. Gesellschaft Stuttgart-Feuerbach v. 8. 12. 59
14 Harald Nagel: Dokumentation über Jehovas Zeugen, unveröff. Mskr., Karlsruhe 1983
15 Stadtverwaltung Karlsruhe, Friedhofs- und Bestattungsamt 5357
16 StAK, Geschichte und Schicksal des Karlsruher Judentums, bearb. v. Statistischen Amt der Stadt Karlsruhe, unveröff. Mskr., Karlsruhe 1965, S. 181
17 StAK, UzStG 105, TBI Otto Tensi (†) v. 21. 3. 84, ferner: Jael Paulus: Die jüdische Gemeinde Karlsruhe, in: Juden in Baden 1909–1984, hg. Oberrat der Israeliten Badens, Karlsruhe 1984, S. 232
18 StAK, UzStG 107. Aus Gründen des Persönlichkeitsschutzes haben die Angehörigen gebeten, den Namen der Verfasserin des Tagebuchs nicht zu nennen.
19 StAK, UzStG 103, TBI Käthe Beuerlein v. 9. 12. 83
20 Karl Stiefel: Baden 1648–1952, Bd. I, Karlsruhe 1977, S. 516
21 StAK, UzStG 104, TBI Rudolf Kahn (†) v. 21. 11. 83
22 StAK, Geschichte und Schicksal des Karlsruher Judentums, a.a.O., S. 188
23 StAK, UzStG 103, TBI Otto Hafner v. 2. 11. 83. Für seinen mutigen Einsatz wurde Hafner vom Staat Israel im Oktober 1980 mit dem „Orden der Gerechten" ausgezeichnet. Wegen seiner Hilfe für französische KZ-Häftlinge wurde Hafner außerdem im Februar 1985 von der Republik Frankreich zum Ritter des nationalen Verdienstordens ernannt.
24 StAK, Geschichte und Schicksal des Karlsruher Judentums, a.a.O., S. 220
25 StAK, Bez.Verw.Amt A 36
26 Generallandesarchiv, Nachlaß Bund 45
27 Stadtverwaltung Karlsruhe, Hauptamt, H.Reg. 373.11
28 Archiv Jüdische Gemeinde Karlsruhe, auch für das Folgende
29 StAK, Geschichte und Schicksal des Karlsruher Judentums, a.a.O., S. 280
30 StAK, UzStG 106, GPr Rudolf Kahn (†) v. 21. 11. 84
31 wie Anm. 28
32 StAK, UzStG 106, GPr Werner Nachmann, Präsident des Oberrats der Israeliten Badens und Vorsitzender des Direktoriums des Zentralrats der Juden in Deutschland, v. 22. 11. 84
33 StAK, UzStG 107, Ernst Michel: 4½ Jahre hinter Gittern, ferner: UzStG 104, TBI Ernst Michel v. 30. 11. 83
34 Stadtverwaltung Karlsruhe, Amt für Einwohnerwesen und Statistik, Ordner 505
35 wie Anm. 23

## Geflohen und vertrieben

**Seite 188 – 193**

1 Raymond de Geouffre de la Pradelle: Verjagt – Beraubt – Erschlagen. Die Austreibung aus den deutschen Grenzmarken, Wiesbaden 1961, S. 42
2 Stadtarchiv Karlsruhe (StAK), Unterlagen zur Stadtgeschichte (UzStG) 107, Karl Ott: Kurzbericht über die Donauschwaben. Ott, seit 1954 Landesvorsitzender der Landsmannschaft der Donauschwaben Baden-Württemberg, berichtet, daß die Wagenkolonne

mit Volksdeutschen seiner Heimatgemeinde Titel (in der östlichen Batschka, zwischen Donau und Theiß) in der Frühe des 4. Oktober 1944 aufgebrochen sei. Viele der Zurückgebliebenen seien nach dem Zurückweichen der deutschen Truppen von jugoslawischen Partisanen ermordet worden. Karl Ott: *„Die zu Hause gebliebenen Frauen mußten sich verstecken, um nicht vergewaltigt zu werden. Später wurden die deutschen Frauen bis zu 40 Jahren und Männer bis zu 50 Jahren nach Rußland zur Arbeit in Bergwerke deportiert. Die älteren Volksdeutschen kamen alle in Internierungslager, in denen die meisten verhungert sind und in Massengräbern verscharrt wurden."*

3 Stadtverwaltung Karlsruhe, Hauptamt, H.Reg. 470.00, auch für das Folgende
4 StAK, UzStG 89, Alfred Behnle: Bericht über seine Tätigkeit bei der Stadtverwaltung Karlsruhe 1945–1946, S. 66
5 ebenda
6 Johann Bär: Auf der Flucht, in: Siwatz 1786–1944. Geschichte einer deutschen Gemeinde in der Batschka, hg. Johann Bär, Philipp Müller u. Bert Reuter, Freilassing 1963, S. 155, auch für das Folgende
7 Johann Bär, a.a.O., S. 154
8 wie Anm. 3
9 StAK, UzStG 106, Gesprächsprotokoll (GPr) Karl Müller v. 9. 10. 84
10 Johann Bär, a.a.O., S. 156
11 StAK, UzStG 89, Alfred Behnle, S. 67
12 wie Anm. 9
13 StAK, UzStG 89, Alfred Behnle, S. 71
14 StAK, UzStG 106, GPr Bert Reuter v. 5. 10. 84
15 StAK, UzStG 106, GPr Katharina Scheuermann v. 5. 10. 84
16 Stadtverwaltung Karlsruhe, Hauptamt, H.Reg. 471.25
17 wie Anm. 3, auch für das Folgende
18 Stadtverwaltung Karlsruhe, Amt für Einwohnerwesen und Statistik, Flüchtlingsstatistik, Meldung der Flüchtlingsstelle v. 10. 10. 52 an das Regierungspräsidium
19 ebenda
20 wie Anm. 15. Frau Scheuermann berichtet, man habe es jahrelang nicht glauben wollen, daß man nicht mehr in die Heimat zurück könne.

# Stadt im toten Winkel

## Eingeschnürt in Zonengrenzen

**Seite 194 – 199**

1 Industrie- und Handelskammer: Das Wirtschaftszentrum Mittelbadens, in: Karlsruhe, Städtereihe der Deutschen Wirtschaftshefte (1949), S. 17 f
2 Generallandesarchiv 481/1558
3 ebenda
4 Süddeutsche Mitteilungen v. 17. 7. 45
5 Military Government Gazette (MGG) v. 9. 8. 45
6 Stadtarchiv Karlsruhe (StAK), H-Reg. A 852, auch für das Folgende
7 ebenda, auch für das Folgende
8 ebenda
9 Rhein-Neckar-Zeitung v. 24. 12. 45
10 Archiv W.-Chr. Geyer: Straßenbahn Karlsruhe, Linienführung 1943–1950, auch für das Folgende. Angegebene Quellen: „Eigene Aufzeichnungen und Aufzeichnungen des Bahnamts Karlsruhe".
11 StAK, Adolf v. Grolmann: Karlsruhe in den Jahren 1945–1954, unveröff. Mskr., Karlsruhe 1954, S. 150
12 Archivunterlagen d. Städtischen Verkehrsbetriebe
13 wie Anm. 11
14 MGG v. 30. 8. 45
15 wie Anm. 2

## Mühsamer wirtschaftlicher Neuanfang

**Seite 200 – 208**

1 Stadtarchiv Karlsruhe (StAK), Eugen Wagenmann: Chronik der Stadt Karlsruhe für die Jahre 1924–1960, Teil III, unveröff. Mskr., Karlsruhe 1961, S. 214
2 StAK, H-Reg. A 852
3 Gazette Officielle du Gouvernement Militaire du Pays de Bade (GOGM) v. 14. 6. 45
4 wie Anm. 2
5 GOGM v. 2. 6. 45
6 Military Government Gazette (MGG) v. 23. 8. 45
7 wie Anm. 2, auch für das Folgende
8 MGG v. 18. 10. 45
9 Stadtverwaltung Karlsruhe, Hauptamt, Stadtratsprotokolle 1945–46, auch für das Folgende
10 wie Anm. 2
11 Generallandesarchiv (GLA) 481/115
12 Stadtverwaltung Karlsruhe, Personalamt 91444. Franz Gurk, der neben seiner Tätigkeit als Leiter des Reservelazaretts Freiburg während des Krieges an der Universität Freiburg studierte und 1944 zum Dr. rer. pol. promovierte, war bei Kriegsende Stabsintendant und Leiter eines Reservelazaretts in Donaueschingen. Auf Bitten von Dr. Dr. Hagen, der Dr. Gurk in der Wirtschafts- und Versorgungsverwaltung haben wollte, beantragte Oberbürgermeister Veit seine Übersiedlung nach Karlsruhe. Am 1. 10. 45 dem Personalamt zugeteilt, übernahm er am 20. 10. 45 die Stadtkämmerei.
13 StAK, Unterlagen zur Stadtgeschichte (UzStG) 103, Tonbandinterview (TBI) Dr. Franz Gurk (†) v. 12. 10. 82. Dr. Gurk berichtete bei dieser Gelegenheit, er habe (vermutlich im Frühjahr 1946; d. Verf.) im Rheinhafengelände Kartoffeln anpflanzen lassen, um mit Kartoffeln Baumaterial und dergl. beschaffen zu können. Dieser Plan mißglückte jedoch, *„denn die Kartoffeln sind der Kartoffelkäferseuche erlegen"* (Gurk).
14 wie Anm. 9
15 Rhein-Neckar-Zeitung (RNZ) v. 5. 9. 45
16 RNZ v. 21. 11. 45
17 wie Anm. 2
18 MGG v. 27. 9. 45
19 MGG v. 11. 10. 45
20 wie Anm. 11
21 wie Anm. 2
22 StAK, H-Reg. A 927, auch für das Folgende
23 StAK, UzStG 106, Gesprächsprotokoll Ernst Föhr v. 28. 3. 84, auch für das Folgende
24 Stadtverwaltung Karlsruhe, Amt für Einwohnerwesen und Statistik, Ehem. Wirtschaftsamt 0.40, Franz Bercher: Tätigkeitsbericht des Städt. Wirtschaftsamtes über die im ersten Jahr nach dem Zusammenbruch geleistete Arbeit, Mai 1946, auch für das Folgende
25 Hans Th. Bauer: Streiflichter auf die wirtschaftliche und soziale Entwicklung Karlsruhes in Industrie und Handel. Das neue Heim der Karlsruher Wirtschaft, Karlsruhe 1955, S. 50
26 StAK, H-Reg. A 927
27 Archiv Handwerkskammer Karlsruhe, Protokoll der Beiratssitzung v. 1. 10. 45
28 50 Jahre Handwerkskammer Karlsruhe, Jubiläumsschrift, Karlsruhe 1950, auch für das Folgende
29 StAK, UzStG 103, TBI Dr. Robert Glenz v. 2. 4. 84
30 wie Anm. 2
31 wie Anm. 28, auch für das Folgende
32 GLA 481/123
33 Archiv Handwerkskammer Karlsruhe, Niederschrift der Beiratssitzung v. 30. 8. 45
34 StAK, Wirtschafts- und Ernährungsamt A 52
35 StAK, UzStG 105, TBI Otto Tensi (†) v. 31. 3. 84

## Vor einem schweren Winter

**Seite 209 – 217**

1 Stadtarchiv Karlsruhe (StAK), Bez.Verw.Amt A 36
2 StAK, H-Reg. A 852
3 wie Anm. 1
4 Military Government Gazette (MGG) v. 23. 8. 45. Die Zuzugssperre war der Rathausverwaltung rechtzeitig mitgeteilt worden. In der Referentenbesprechung vom 1. 8. 45 wurde die „Entschließung" gefaßt, Mittel und Wege zu finden, *„die französischen Kommandanten zu veranlassen, bis auf weiteres keine Leute mehr aus den von ihnen betreuten Gebieten wegzuschicken"* (StAK, H-Reg. 852).
5 StAK, Unterlagen zur Stadtgeschichte (UzStG) 103, Tonbandinterview (TBI) August Furrer jr. v. 9. 8. 83
6 StAK, UzStG 105, TBI Stadtdirektor a.D. Walter Weber v. 29. 3. 84
7 ebenda
8 StAK, H-Reg. A 852, Tätigkeitsbericht der Bezirksverwaltung Weststadt für das Jahr 1945
9 Stadtverwaltung Karlsruhe, Hauptamt, H.Reg. 470.00
10 wie Anm. 2
11 Stadtverwaltung Karlsruhe, Hauptamt, H.Reg. 471.25
12 Generallandesarchiv (GLA) 481/76
13 wie Anm. 2
14 Aus Dokumenten von Gertrud Kühn, geb. Möhrle
15 wie Anm. 2
16 MGG v. 8. 11. 45

17 MGG v. 8. 12. 45
18 GLA 481/115
19 Stadtverwaltung Karlsruhe, Amt für Einwohnerwesen und Statistik, Ehem. Wirtschaftsamt 0.40, Franz Bercher: Tätigkeitsbericht des Städt. Wirtschaftsamtes über die im ersten Jahr nach dem Zusammenbruch geleistete Arbeit, Mai 1946
20 wie Anm. 2
21 wie Anm. 1
22 wie Anm. 2
23 StAK, UzStG 89, Alfred Behnle: Bericht über seine Tätigkeit bei der Stadtverwaltung Karlsruhe 1945–1946, S. 53
24 wie Anm. 19
25 wie Anm. 2, auch für das Folgende
26 wie Anm. 2
27 StAK, H-Reg. A 929, auch für das Folgende
28 wie Anm. 2
29 ebenda
30 StAK, UzStG 89, Alfred Behnle, S. 46 ff, ferner: StAK, UzStG 106, Gesprächsprotokoll (GPr) Alfred Behnle v. 10. 10. 84
31 Süddeutsche Mitteilungen v. 21. 12. 45
32 wie Anm. 27
33 StAK, UzStG 106, GPr Hanne Landgraf v. 10. 4. 84
34 StAK, Adolf v. Grolmann: Karlsruhe in den Jahren 1945–1954, unveröff. Mskr., Karlsruhe 1954, S. 133
35 Stadtverwaltung Karlsruhe, Hauptamt, Stadtratsprotokolle 1945 – 46
36 StAK, H-Reg. A 1987
37 wie Anm. 33
38 wie Anm. 36
39 wie Anm. 34
40 wie Anm. 36
41 wie Anm. 9

### Die Schutträumung beginnt

**Seite 217 – 225**

1 Stadtarchiv Karlsruhe (StAK), Unterlagen zur Stadtgeschichte (UzStG) 103, Tonbandinterview Dr. Robert Glenz v. 2. 4. 84
2 StAK, H-Reg. A 852, auch für das Folgende
3 Stadtverwaltung Karlsruhe, Hauptamt, Stadtratsprotokolle 1945–46
4 StAK, H-Reg. A 36, auch für das Folgende
5 StAK, H-Reg. A 2894
6 Badische Neueste Nachrichten v. 25. 4. 46
7 wie Anm. 5
8 StAK, Tiefbauamt (TBA) A 37
9 StAK, H-Reg. A 1380
10 wie Anm. 3
11 StAK, UzStG 106, Gesprächsprotokoll Dipl.-Ing. Ernst Morlock v. 15. 6. 84
12 ebenda
13 wie Anm. 9
14 ebenda
15 StAK, H-Reg. A 1378
16 StAK, Adolf v. Grolmann: Karlsruhe in den Jahren 1945–1954, unveröff. Mskr., Karlsruhe 1954, S. 97
17 StAK, TBA A 6
18 StAK, Eugen Wagenmann: Chronik der Stadt Karlsruhe für die Jahre 1924–1960, Teil III, unveröff. Mskr., Karlsruhe 1961, S. 305
19 StAK, Adolf v. Grolmann, a.a.O., S. 129
20 wie Anm. 5

## Neuanfang der Karlsruher Schulen und Hochschulen

### Wie der Schulbetrieb in Gang kam

**Seite 226 – 230**

1 Staatl. Schulamt Karlsruhe, 4/40/08
2 Stadtarchiv Karlsruhe, H-Reg. A 30
3 ebenda
4 wie Anm. 1
5 Engelbert Bohn: Die Entwicklung der Karlsruher Kaufmännischen Berufsschule, in: 80 Jahre Handelsschule Karlsruhe, Festschrift, Karlsruhe 1952, S. 16
6 wie Anm. 2, auch für das Folgende
7 Generallandesarchiv 467/335
8 wie Anm. 1, auch für das Folgende
9 Staatl. Schulamt Karlsruhe 6/60/00
10 Rhein-Neckar-Zeitung (RNZ) v. 6. 10. 45
11 Military Government Gazette v. 1. 12. 45
12 RNZ v. 10. 10. 45
13 wie Anm. 9, auch für das Folgende
14 Badische Neueste Nachrichten (BNN) v. 31. 8. 46
15 BNN v. 16. 8. 75
16 ebenda
17 wie Anm. 14
18 wie Anm. 9

### „Combined High School of Karlsruhe"

**Seite 230 – 235**

1 Durlacher Tagblatt v. 1. 7. 54
2 Stadtarchiv Karlsruhe (UzStG), Unterlagen zur Stadtgeschichte (UzStG) 103, Tonbandinterview Prof. Joseph Dolland v. 30. 4. 84
3 StAK, H-Reg. A 852
4 Generallandesarchiv 467/335, auch für das Folgende
5 Archiv Helmholtzschule, 1945/46. Die Wiedereröffnung der Schule
6 StAK, Goethe-Gymnasium Karlsruhe. Abriß der Geschichte
7 StAK, H-Reg. A 30
8 wie Anm. 2
9 StAK, H-Reg. A 5
10 Archiv Markgrafengymnasium, Jahresbericht 1945/46
11 wie Anm. 5
12 StAK, UzStG 106, Gesprächsprotokoll (GPr) Prof. Albin Heidelberger v. 10. 5. 84
13 Archiv Hans Leopold Zollner, Ettlingen, Gymnasium Karlsruhe: Jahresbericht 1952/53
14 wie Anm. 2
15 StAK, 100 Jahre Kant-Gymnasium, Jahresbericht 1952/53
16 StAK, UzStG 106, GPr Ob.St.R. a.D. Erwin Volk v. 16. 5. 84
17 StAK, UzStG 106, Brief Ob.St.R. a.D. Erwin Volk an Verf. v. 18. 6. 84
18 StAK, UzStG 106, GPr Ob.St.R. a.D. Maria Wettling v. 21. 5. 84
19 StAK, UzStG 106, GPr Ob.Stud.Dir. a.D. Johanna Schlechter v. 14. 5. 84
20 StAK, UzStG 106, GPr Ob.Stud.Dir. a.D. Dr. Luise Wacker v. 14. 5. 84
21 wie Anm. 2
22 wie Anm. 19
23 wie Anm. 20
24 wie Anm. 2
25 ebenda
26 Karlsruher Tagblatt v. 13. 7. 67
27 StAK, H-Reg. A 130
28 ebenda
29 Engelbert Bohn: Die Entwicklung der Karlsruher Kaufmännischen Berufsschule, in: 80 Jahre Handelsschule Karlsruhe, Festschrift, Karlsruhe 1952, S. 15 f, auch für das Folgende

### Schnellkurse an der Lehrerbildungsanstalt

**Seite 236 – 241**

1 Generallandesarchiv (GLA) 235/37834
2 GLA 235/35858
3 Badische Neueste Nachrichten (BNN) v. 21. 4. 71
4 Military Government Gazette v. 9. 8. 45
5 GLA 235/37787
6 ebenda
7 Stadtarchiv Ettlingen, Amtsblatt des Badischen Ministeriums des Kultus, des Unterrichts und der Justiz Nr. 11 v. 26. 4. 33, ferner: Amtsblatt Nr. 21 v. 21. 8. 33
8 BNN v. 21. 4. 75
9 GLA 235/37788
10 wie Anm. 8
11 wie Anm. 9
12 wie Anm. 3
13 wie Anm. 1
14 wie Anm. 3
15 BNN v. 22. 10. 53, auch für das Folgende
16 Stadtarchiv Karlsruhe, (StAK), Unterlagen zur Stadtgeschichte (UzStG) 106, Gesprächsprotokoll (GPr) Hilde Grether v. 26. 4. 84
17 Archiv Fachhochschule II/13

18 Ingenieurblatt für Baden-Württemberg 6 (1973), S. 83
19 StAK, UzStG 106, GPr Otto Gamer v. 26. 4. 84
20 Archiv Fachhochschule 1/10/4
21 wie Anm. 20, Akte „Verlagerung"
22 wie Anm. 20
23 GLA 235/6381, Hochschule für Musik Karlsruhe, Jahresbericht 1942/43
24 StAK, UzStG 106, GPr Prof. Eugen W. Velte (†) v. 14. 5. 84
25 Stadtverwaltung Karlsruhe, Hauptamt, Stadtratsprotokolle 1945–46
26 wie Anm. 24, auch für das Folgende
27 Süddeutsche Mitteilungen v. 24. 12. 45
28 StAK, UzStG 106, GPr Hans Gegusch v. 14. 5. 84

### Gefahr für die TH: Verlegung oder Auflösung?

**Seite 242 – 247**

1 Generallandesarchiv (GLA) 235/30411
2 ebenda
3 GLA 448/2657
4 GLA 235/30411, auch für das Folgende
5 GLA 235/30413
6 ebenda
7 Archivakte Universität Karlsruhe
8 wie Anm. 5
9 ebenda
10 wie Anm. 7
11 Stadtarchiv Karlsruhe (StAK), Unterlagen zur Stadtgeschichte (UzStG) 106, Gesprächsprotokoll (GPr) Prof. Dr. Max Diem v. 9. 7. 84, ferner: GPr Dr.-Ing. Hans Backhaus v. 12. 7. 84
12 GLA, Nachlaß Köhler 12
13 GLA, Nachlaß Köhler 13
14 GLA 481/1628
15 GLA 235/30386
16 ebenda
17 wie Anm. 14
18 ebenda
19 wie Anm. 11, Prof. Diem
20 wie Anm. 7, auch für das Folgende
21 wie Anm. 14

## Die Musen und Museen kehren zurück

### Unersetzliche Werte gerettet und vernichtet

**Seite 248 – 256**

1 Jan Lauts: Meisterwerke der Staatlichen Kunsthalle Karlsruhe, Honnef 1957, S. 36
2 Generallandesarchiv (GLA) 441 Zug. 1982 Nr. 38/60
3 Kurt Martin: Schicksale des Isenheimer Altars, Erinnerungen aus der Zeit von 1936 bis 1945, in: Cahiers Alsaciens d'Archéologie, d'Art, et d'Histoire, Strasbourg 1967, S. 211
4 ebenda
5 wie Anm. 2, ferner: Stadtarchiv Karlsruhe (StAK), Unterlagen zur Stadtgeschichte (UzStG) 106, Brief Prof. Friedrich Wielandt an d. Verf. v. 26. 8. 84, auch für das Folgende
6 StAK, UzStG 106, Gesprächsprotokoll (GPr) Luise Vernickel v. 3. 7. 84
7 StAK, UzStG 106, GPr Prof. Jan Lauts v. 25. 7. 84
8 wie Anm. 6
9 StAK, UzStG 106, GPr Dr. Gerda Kircher v. 6. 12. 84
10 StAK, UzStG 106, Brief Prof. Friedrich Wielandt v. 26. 8. 84
11 wie Anm. 2
12 Kurt Martin, a.a.O., S. 215
13 wie Anm. 2
14 wie Anm. 6
15 wie Anm. 6 und 7
16 wie Anm. 7
17 StAK, UzStG 106, Brief Prof. Jan Lauts an d. Verf. v. 20. 7. 84
18 Jan Lauts, a.a.O., S. 37
19 wie Anm. 6
20 GLA 235/40320
21 StAK, UzStG 106, GPr Prof. Friedrich Wielandt v. 22. 6. 84
22 wie Anm. 20
23 ebenda
24 wie Anm. 10
25 StAK, UzStG 104, Tonbandinterview (TBI) Theodor Hoffmann v. 26. 7. 84
26 wie Anm. 20
27 wie Anm. 25
28 wie Anm. 19
29 StAK, UzStG 80, Eduard Fink: Tagebuchblätter v. 1.–29. 4. 45, S. 156
30 StAK, UzStG 106, GPr Direktor a.D. Emil Mangler v. 22. 10. 82
31 wie Anm. 25
32 GLA 235/40323
33 wie Anm. 25
34 wie Anm. 6
35 GLA 235/40308
36 Ernst-Heinrich Schmidt: Vom Badischen Armeemuseum zum Wehrgeschichtlichen Museum, in: Unter dem Greifen, hg. Vereinigung der Freunde des Wehrgeschichtlichen Museums Schloß Rastatt e. V., Rastatt 1984, S. 211
37 GLA 235/40322
38 wie Anm. 2
39 ebenda
40 wie Anm. 37
41 wie Anm. 35
42 Ernst-Heinrich Schmidt: Der Verbleib der Feldzeichen des Gardekorps seit dem Ende des 1. Weltkriegs, in: Die Sammlungen des Wehrgeschichtlichen Museums im Schloß Rastatt, Teilband 3/I: Feldzeichen des königlich-preußischen Gardekorps, bearb. v. Reinhold Redlin, Freiburg/Br. 1982, S. 16
43 wie Anm. 36
44 wie Anm. 35
45 Archiv Museum am Friedrichsplatz, Laszlo Trunkò: Kurze Chronik der Landessammlungen für Naturkunde Karlsruhe, unveröff. Mskr.
46 Max Ritzi: Die Badischen Landessammlungen für Naturkunde in Karlsruhe während und nach dem Kriege, Sonderdruck, in: Beiträge zur naturkundlichen Forschung in Südwestdeutschland, hg. Bad. Landessammlungen f. Naturkunde u. d. Landesstelle für Naturschutz und Landschaftspflege, Bd. VIII, Karlsruhe 1948/49
47 Archiv Museum am Friedrichsplatz, Hans Heckel: Vortrag am 3. 9. 1982 zum 40. Jahrestag der Zerstörung des Museums
48 Archiv Museum am Friedrichsplatz, Rudolf Frentzen: Max Auerbach, ein Lebensbild, Karlsruhe 1944
49 wie Anm. 45
50 wie Anm. 48
51 GLA 235/6655, auch für das Folgende
52 wie Anm. 46
53 wie Anm. 47
54 wie Anm. 51

### Hunderttausende von Büchern verbrannt

**Seite 256 – 263**

1 Hans Heckel: Vortrag zum 40. Jahrestag der Zerstörung der Landessammlungen und der Landesbibliothek, gehalten am 3. 9. 82; Fotokopie Stadtarchiv Karlsruhe (StAK)
2 Archiv Badische Landesbibliothek (BLB), Richard Valentin Knab: Der Untergang der Bad. Landesbibliothek Karlsruhe am 3. 9. 1942, unveröff. Mskr.
3 Ulrich Weber: Lautenschlager, Friedrich, in: Badische Biographien, hg. Bernd Ottnad, Neue Folge, Bd. I, Stuttgart 1983, S. 199
4 Handakte BLB
5 Handakte BLB, Richard Valentin Knab: Die Landesbibliothek seit dem Brand von 1942, unveröff. Mskr.
6 Franz Anselm Schmitt: Die neue Badische Landesbibliothek, in: Welt am Oberrhein 4 (1965)
7 Handakte BLB, Irma Hasenstab: Mitteilungen über die Bad. Landesbibliothek Karlsruhe in den Jahren 1944/45 u. ff, unveröff. Mskr., auch für das Folgende
8 StAK, Unterlagen zur Stadtgeschichte (UzStG) 106, Gesprächsprotokoll (GPr) Dr. Ulrich Weber v. 24. 8. 84
9 wie Anm. 3
10 Ulrich Weber: Nachruf Friedrich Lautenschlager 1890 – 1955, in: Zeitschrift für die Geschichte des Oberrheins 107 (1959), S. 511 ff
11 wie Anm. 3
12 Ulrich Weber: Unterkünfte der Badischen Landesbibliothek in vergangenen Zeiten, in: Bibliotheksbau heute. Zeitschrift für Bibliothekswesen und Bibliographie, Sonderheft 33 (1981), S. 83 ff

13 Generallandesarchiv (GLA) 450/202, Heft 2
14 Privatakten Karola Krebs: Mitteilungen über das Generallandesarchiv, unveröff. Mskr., Karlsruhe 1974
15 StAK, UzStG 106, GPr Kuno Schmitt v. 13. 7. 84
16 wie Anm. 14, auch für das Folgende
17 wie Anm. 13
18 wie Anm. 14
19 wie Anm. 13
20 wie Anm. 14
21 wie Anm. 13
22 StAK, UzStG 106, GPr Karola Krebs v. 31. 7. 84 u. 16. 8. 84
23 wie Anm. 14
24 wie Anm. 22
25 StAK, UzStG 106, GPr Prof. Rüdiger Stenzel v. 27. 8. 84
26 StAK, UzStG 108, Auskünfte des Leitenden Staatsarchivdirektors Dr. Hans Georg Zier/GLA v. 30. 8. 84
27 Heinz Schmitt: Die Jugendbibliothek im Prinz-Max-Palais, in: Schrift zur Eröffnung der Jugendbibliothek, der Städt. Galerie und der Stadtgeschichte im Prinz-Max-Palais Karlsruhe, hg. Stadt Karlsruhe, Karlsruhe 1981, S. 38
28 StAK, UzStG 106, GPr Fritz Ehret v. 28. 8. 84
29 Stadtbibliothek Karlsruhe, E 1, Lfzt. 1946–1960, Schriftverkehr mit Deutschem Bücherverband e. V.
30 ebenda
31 wie Anm. 28
32 wie Anm. 29, auch für das Folgende
33 wie Anm. 28
34 StAK, UzStG 106, GPr Direktor a.D. Emil Mangler v. 20. 6. 84
35 StAK, H-Reg. A 1826
36 Helga Walter-Dressler: Von den Städtischen Kunstsammlungen zur Städtischen Galerie, in: Schrift zur Eröffnung der Jugendbibliothek, der Städt. Galerie und der Stadtgeschichte im Prinz-Max-Palais, hg. Stadt Karlsruhe, Karlsruhe 1981, S. 48
37 StAK, UzStG 104, Tonbandinterview Direktor a.D. Emil Mangler v. 25. 10. 82
38 wie Anm. 35
39 wie Anm. 36
40 wie Anm. 35, auch für das Folgende

### Turbulenter Neubeginn des Staatstheaters

**Seite 264 – 273**

1 Stadtarchiv Karlsruhe (StAK), Unterlagen zur Stadtgeschichte (UzStG) 106, Gesprächsprotokoll (GPr) Direktor a.D. Emil Mangler v. 20. 6. 84
2 Military Government Gazette (MGG) v. 17. 7. 45
3 Archiv Badisches Staatstheater 2/19/1
4 Der Führer v. 2./3. 9. 44
5 Generallandesarchiv (GLA) 235/5647
6 ebenda
7 StAK, UzStG 105, Tonbandinterview (TBI) Hannelore Wolf-Ramponi und Eugen Ramponi v. 26. 6. 84
8 StAK, UzStG 106, GPr Hans Schwall v. 6. 8. 84
9 Der Führer v. 2./3. 12. 44
10 wie Anm. 7
11 GLA 235/5736
12 wie Anm. 3
13 wie Anm. 7
14 StAK, H-Reg. A 852
15 wie Anm. 3
16 ebenda, auch für das Folgende
17 Privatarchiv Lore Matzerath (Kopie StAK), auch für das Folgende
18 StAK, UzStG 106, GPr Lore Matzerath v. 3. 7. 84
19 wie Anm. 14
20 GLA 235/400040
21 wie Anm. 3
22 wie Anm. 17
23 wie Anm. 20, auch für das Folgende
24 Wilhelm Kappler: Neubeginn nach dem Zweiten Weltkrieg, in: Karlsruher Theatergeschichte, bearb. v. Günther Haass u.a., Karlsruhe 1982, S. 129
25 wie Anm. 18
26 wie Anm. 17, auch für das Folgende
27 wie Anm. 18
28 wie Anm. 20, auch für das Folgende
29 Stadtverwaltung Karlsruhe, Hauptamt, Stadtratsprotokolle 1945–46
30 wie Anm. 20, auch für das Folgende
31 GLA 57a/2633
32 MGG v. 1. 12. 45
33 wie Anm. 18
34 GLA 57a/208
35 wie Anm. 7, auch für das Folgende
36 wie Anm. 18
37 wie Anm. 7
38 Wilhelm Kappler, a.a.O., S. 133
39 GLA 235/5800, auch für das Folgende

## Demokratie wird neu erlernt

### Selbstbewußter Neuanfang bei den Gewerkschaften

**Seite 274 – 281**

Alle Vorgänge und Fakten des Kapitels „Gewerkschaften" sind, soweit nicht durch nachstehende Quellenangaben ausgewiesen, Dokumenten des ADGB Karlsruhe und Umgebung aus dem Jahr 1945 entnommen. Sie befinden sich in dem Ordner des Deutschen Gewerkschaftsbundes Karlsruhe „ADGB 1945–1949" und dem Ordner „ADGB 1945" der IG Metall, Ortsverwaltung Karlsruhe.

1 Die Mitteilungen. Alliiertes Nachrichtenblatt der Alliierten 6. Heeresgruppe für die deutsche Zivilbevölkerung Nr. 1 v. 14. 4. 45
2 Joachim Irek: Mannheim in den Jahren 1945 bis 1949, Stuttgart 1983, S. 65
3 Stadtarchiv Karlsruhe (StAK), Unterlagen zur Stadtgeschichte (UzStG) 108, Bericht August Jülg v. 23. 1. 1970
4 StAK, H-Reg. A 36
5 Archiv IG Metall Karlsruhe, Die Einheitsgewerkschaft, Nr. 7, Juli 1945
6 StAK, UzStG 106, Gesprächsprotokoll Willi Weingartner v. 19. 9. 84
7 Joachim Irek, a.a.O., S. 71
8 Rhein-Neckar-Zeitung v. 3. 10. 45
9 ebenda
10 Süddeutsche Mitteilungen v. 7. 7. 45
11 Walter Pfirmann: 75 Jahre Ortsverwaltung Karlsruhe Industriegewerkschaft Metall, Karlsruhe 1966, S. 41

### Die Wiedergründung der Parteien

**Seite 281 – 294**

1 Gustav Stolper: Die deutsche Wirklichkeit, Hamburg 1949, S. 309
2 Paul-Ludwig Weinacht: BCSV und CDU in Baden, in: Die CDU in Baden-Württemberg und ihre Geschichte, hg. Paul-Ludwig Weinacht, Stuttgart u. a. 1978, S. 103, Anm. 10
3 Military Government Gazette (MGG) v. 16. 8. 45
4 MGG v. 30. 8. 45
5 ebenda
6 Stadtarchiv Karlsruhe (StAK), H-Reg. A 852
7 Helmut Köhler: 70 Jahre Dienst am Volke, Karlsruhe 1959, S. 74
8 StAK, Unterlagen zur Stadtgeschichte (UzStG) 106, Gesprächsprotokoll (GPr) Max Singer v. 2. 8. 84
9 StAK, UzStG 106, GPr Willi Weingartner v. 19. 9. 84, auch für das Folgende
10 wie Anm. 7
11 Rhein-Neckar-Zeitung (RNZ) v. 29. 9. 45
12 wie Anm. 7, ferner: StAK, UzStG 103, Tonbandinterview (TBI) Fritz Corterier v. 23. 7. 84
13 wie Anm. 7
14 StAK, UzStG 103, TBI Fritz Corterier v. 23. 7. 84
15 wie Anm. 8
16 ebenda
17 ebenda
18 wie Anm. 14
19 wie Anm. 8
20 Horst Dähn: Die SPD im Widerstand und Wiederaufbau 1933–1952, in: Die SPD in Baden-Württemberg und ihre Geschichte, hg. Jörg Schadt u. Wolfgang Schmierer, Stuttgart u.a. 1979, S. 220
21 Hansmartin Schwarzmaier u.a.: Der deutsche Südwesten zur Stunde Null, Karlsruhe 1975, S. 212
22 StAK, UzStG 106, GPr Elisabeth Dengel, geb. Sprauer, v. 20. 7. 84
23 Generallandesarchiv (GLA) 65/11899, Adolf Kühn: Aus meinem Leben
24 StAK, UzStG 103, TBI Robert Beck (†) v. 18. 7. 84
25 wie Anm. 24, auch für das Folgende

26 Gerd Hepp: Die CDU im Landesbezirk Nordbaden, in: Die CDU in Baden-Württemberg und ihre Geschichte, hg. Paul-Ludwig Weinacht, Stuttgart u.a. 1978, S. 114
27 Hans Georg Wieck: Christliche und Freie Demokraten in Hessen, Rheinland-Pfalz, Baden und Württemberg 1945/46, Düsseldorf 1958, S. 126
28 StAK, UzStG 106, GPr Karl Schwarz v. 21. 9. 84
29 wie Anm. 26
30 Beide Veröffentlichungen sind von Hepp als im „Archiv Franz Sprauer" befindlich erwähnt, waren jedoch im Jahr 1984 dort, aber auch sonstwo, nicht mehr auffindbar. Die zitierten Auszüge sind Gerd Hepp, a.a.O., S. 115, entnommen.
31 Hans Georg Wieck, a.a.O., S. 130
32 Paul-Ludwig Weinacht, a.a.O., S. 87
33 Paul-Ludwig Weinacht, a.a.O., S. 90 f
34 wie Anm. 28, auch für das Folgende
35 wie Anm. 24
36 Hans Georg Wieck, a.a.O., S. 133
37 Hans Georg Wieck, a.a.O., S. 132
38 Uwe Dietrich Adam: Politischer Liberalismus im deutschen Südwesten von 1945–1978, in: F.D.P./DVP in Baden-Württemberg und ihre Geschichte, hg. Paul Rothmund u. Erhard Wiehn, Stuttgart u.a. 1979, S. 221
39 Hans Georg Wieck, a.a.O., S. 126
40 Hans Georg Wieck, a.a.O., S. 223
41 Privatarchiv Fritz Simon (Abschrift StAK). Simon war von Februar 1946 bis Februar 1973 Geschäftsführer des Kreisverbandes Karlsruhe-Stadt der DVP bzw. F.D.P. und von 1968–1973 Geschäftsführer des F.D.P.-Bezirks Nordbaden.
42 ebenda
43 RNZ v. 10. 10. 45
44 RNZ v. 24. 12. 45
45 StAK, UzStG 106, GPr Bürgermeister a.D. Paul Hugo Jahn v. 25. 9. 84
46 Hans Georg Wieck, a.a.o., S. 156
47 GLA 481/813
48 Zu entnehmen den Protokollen über die Sitzungen der Bezirksvorsteher im Jahre 1945; StAK, Bez.Verw.Amt A 36
49 StAK, UzStG 106, GPr Otto Schneider v. 1. 10. 84
50 StAK, UzStG 106, GPr Willi Weingartner v. 19. 9. 84
51 StAK, UzStG 105, TBI Karl Ziegler v. 27. 6. 83
52 Walter Pfirmann: 75 Jahre Ortsverwaltung Karlsruhe Industriegewerkschaft Metall, Karlsruhe 1966, S. 41
53 Hans Kluth: Die KPD in der Bundesrepublik, Köln 1959, S. 16
54 wie Anm. 49
55 StAK, UzStG 106, GPr Frieda Reger v. 13. 11. 84
56 wie Anm. 49
57 RNZ v. 3. 10. 45
58 Das Originalmanuskript der Rede von Prof. Albert Keßler befindet sich im Besitz seiner Tochter Ursula Keßler (Kopie StAK).
59 StAK, 59 RNZ v. 31. 10. 45
60 Stadtverwaltung Karlsruhe, Amt für Einwohnerwesen und Statistik, Wahlen und Abstimmungen, Gemeinderatswahl am 26. Mai 1946, auch für das Folgende

# Quellen- und Literaturverzeichnis

## Archivalien


Archiv Badische Landesbibliothek (BLB), Irma Hasenstab: Mitteilungen über die Bad. Landesbibliothek Karlsruhe in den Jahren 1944/45 u. ff., unveröff. Mskr.

Archiv BLB, Richard Valentin Knab: Der Untergang der Badischen Landesbibliothek Karlsruhe am 3. 9. 1942, unveröff. Mskr.

Archiv BLB, Richard Valentin Knab: Die Landesbibliothek seit dem Brand von 1942, unveröff. Mskr.

Badisches Staatstheater 2/19/1

Berufsfeuerwehr Karlsruhe, Feuerbericht 11/45 v. 28. 9. 45 (Kopie Stadtarchiv Karlsruhe)

Bundesarchiv-Militärarchiv (BA-MA), Kriegstagebuch (KTB) 19. Armee, RH 20-19/207 und 20-10/218

BA-MA, KTB Armeegruppe G, RH 19-XII/4, RH 19-XII/5 und RH 19-XII/21

BA-MA, KTB 3 Luftgaukdo. VII, RL 19/79

BA-MA, RH 12-19/181, RH 19-XII/15, RH 20-19/180, RH 20-19/181, RH 20-19/199, RH 20-19/226 und RH 20-19/232 K

BA-MA, RH 26-257/64, KTB Ia (257. VGD), RH 26-257/65, Divisionsbefehle 1. 1. – 19. 4. 45 und RH 26-257/66, Divisionsbefehle 12. 1. – 13. 4. 45

Archiv Deutscher Gewerkschaftsbund Karlsruhe, ADGB 1945 – 1949

Archiv Fachhochschule Karlsruhe 1/10/4 und II/13

Generallandesarchiv (GLA) 57a/208, 57a/2633, 65/11899, 235/5647, 235/5736, 235/5800, 235/6381, 235/6655, 235/16685, 235/30386, 235/30411, 235/30413, 235/35858, 235/37787, 235/37788, 235/37834, 235/37858, 235/40308, 235/40320, 235/40322, 235/400040, 309/1218, 330/899, 357/1574 Zug. 73/51, 357/1587 Zug. 73/51, 441 Zug. 1982 Nr. 38/60, 448/2657, 467/335, 481/76, 481/115, 481/123, 481/585, 481/813, 481/815, 481/1558 und 481/1628

GLA, Nachlaß Bund 45, 50 und 153

GLA, Nachlaß Köhler 12 und 13

GLA, OMGUS (Office Military United States) 12/160-1/12

Archiv Handwerkskammer Karlsruhe, Niederschrift der Beiratssitzung v. 30. 8. 45 und Protokoll der Beiratssitzung v. 1. 10. 45

Archiv Helmholtzschule, 1945/46. Die Wiedereröffnung der Schule

Archiv IG Metall, Karlsruhe, ADGB 1945 und Die Einheitsgewerkschaft, Nr. 7, Juli 1945

Archiv Jüdische Gemeinde Karlsruhe

Archiv Markgrafengymnasium, Jahresbericht 1945/46

Militärgeschichtliches Forschungsamt Freiburg (MGFA), A 934; B 567; T 121, Teil A VII; und T 123, Teil III, Bd. 3

Archiv Museum am Friedrichsplatz Karlsruhe, Rudolf Frentzen: Max Auerbach, ein Lebensbild, Karlsruhe 1944

Archiv Museum am Friedrichsplatz, Hans Heckel: Vortrag am 3. 9. 1982 zum 40. Jahrestag der Zerstörung des Museums

Archiv Museum am Friedrichsplatz, Laszlo Trunkó: Kurze Chronik der Landessammlungen für Naturkunde Karlsruhe, unveröff. Mskr.

Pfarrei St. Elisabeth Karlsruhe, Clara Siebert: Tagebuch der Luftalarme 1939 – 1945

Staatliches Schulamt Karlsruhe 4/40/08 und 6/60/00

Staatsarchiv Freiburg (StAF), A 3/972 und A 3/977

Stadtarchiv Karlsruhe (StAK), Bez.Verw.Amt A 36 und A 437

StAK, Broschürensammlung 1040, Bruno Essig u. Heinrich Ell: Der Kampf um Mörsch und Neuburgweier zum Kriegsende 1945, unveröff. Mskr.

StAK, Geschichte und Schicksal des Karlsruher Judentums, bearb. v. Statistischen Amt der Stadt Karlsruhe, unveröff. Mskr.

StAK, Goethe-Gymnasium Karlsruhe. Abriß der Geschichte

StAK, Adolf v. Grolmann: Karlsruhe in den Jahren 1945 – 1954, unveröff. Mskr., Karlsruhe 1954

StAK, H-Reg. A 5, A 30, A 36, A 50, A 68, A 253, A 752, A 761, A 847, A 852, A 922, A 924, A 925, A 927, A 929, A 1378, A 1380, A 1826, A 1987, A 2004, A 2027, A 2381, A 2894 und A 2896

StAK, 100 Jahre Kant-Gymnasium, Jahresbericht 1952/53

StAK, Persönlichkeiten 103, Horst Rehberger: Reinhold Frank, unveröff. Mskr.

StAK, Sammlungen – Formulare 17

StAK, Sammlungen – Kulturelle Veranstaltungen 87

StAK, Sammlungen – Militaria 67, 77 und 78

StAK, Tiefbauamt (TBA) A 6, A 37, A 250, A 253, A 376 und A 387

StAK, Unterlagen zur Stadtgeschichte (UzStG) 11, 80, 89, 107 und 108

StAK, UzStG 103, 104 und 105 (Abschriften von Tonbandinterviews)

StAK, UzStG 106 (Gesprächsprotokolle)

StAK, Eugen Wagenmann: Chronik der Stadt Karlsruhe für die Jahre 1924 – 1960, Teil III, unveröff. Mskr., Karlsruhe 1961

StAK, Wirtschafts- und Ernährungsamt (W.- und E.-Amt) A 51 und A 52

Stadtbibliothek Karlsruhe, E 1, Lfzt. 1946 – 1960, Schriftverkehr mit Deutschem Bücherverband

Stadtverwaltung Karlsruhe, Amt für Einwohnerwesen und Statistik: Dokumentation des Karlsruher Judentums einschl. Verfolgungsopfer

Stadtverwaltung Karlsruhe, Amt für Einwohnerwesen und Statistik: Ehemaliges Wirtschaftsamt 0.40, Franz Bercher: Tätigkeitsbericht des Städt. Wirtschaftsamtes über die im ersten Jahr nach dem Zusammenbruch geleistete Arbeit, Mai 1946

Stadtverwaltung Karlsruhe, Amt für Einwohnerwesen und Statistik: Flüchtlingsstatistik, Meldung der Flüchtlingsstelle v. 10. 10. 52 an das Regierungspräsidium

Stadtverwaltung Karlsruhe, Amt für Einwohnerwesen und Statistik, Luftangriffe 1939 – 1945

Stadtverwaltung Karlsruhe, Amt für Einwohnerwesen und Statistik, Ordner 505

Stadtverwaltung Karlsruhe, Amt für Einwohnerwesen und Statistik, Wahlen und Abstimmungen, Gemeinderatswahl am 26. Mai 1946

Stadtverwaltung Karlsruhe, Friedhofs- und Bestattungsamt 5357

Stadtverwaltung Karlsruhe, Hauptamt, H.Reg. 373.11, 470.00 und 471.25

Stadtverwaltung Karlsruhe, Hauptamt, Stadtratsprotokolle 1945 – 46

Stadtverwaltung Karlsruhe, Personalamt, Akten 90147 91240 und Personalakte Josef Heinrich

Archiv Städtische Verkehrsbetriebe

Archiv Universität Karlsruhe

Archiv Hans Leopold Zollner, Ettlingen, Gymnasium Karlsruhe: Jahresbericht 1952/53

## Dokumente in Privatbesitz

Pfarrer Klaus Frank, Ettlingen
W.-Chr. Geyer: Straßenbahn Karlsruhe, Linienführung 1943 – 1950. Kriegsbedingte Beeinträchtigungen (Kopie StAK)
Hans Heckel: Vortrag zum 40. Jahrestag der Zerstörung der Landessammlungen und der Landesbibliothek, gehalten am 3. 9. 82 (Kopie StAK)

Familie Rudolf Kahn, Karlsruhe

Ursula Keßler, Karlsruhe

Marianne Kiefer, Tagebucheinträge von Dezember 1944 bis April 1945

Hans Knab, Tagebuch Helene Knab

Karola Krebs: Mitteilungen über das Generallandesarchiv, unveröff. Mskr., Karlsruhe 1974 (Kopie StAK)

Gertrud Kühn, geb. Möhrle (Kopie StAK)

Lothar Leser, Flugblattarchiv

Lore Matzerath, Karlsruhe (Kopie StAK)

Harald Nagel: Dokumentation über Jehovas Zeugen, unveröff. Mskr., Karlsruhe 1983 (Kopie StAK)

Familie Dr. Carlos Schleipen, Karlsruhe (Kopie StAK)

Hans Schulenburg, Karlsruhe

Fritz Simon, Karlsruhe (Kopie StAK)

Margarete Stolz, Tagebuchnotizen Franz Stolz

Lotte Weber, Tagebuchnotizen (Kopie StAK)

## Tageszeitungen, Amtsblätter, Bulletins

Amtsblatt des Badischen Ministeriums des Kultus, des Unterrichts und der Justiz Nr. 11 v. 26. 4. 33 und Nr. 21. v. 21. 8. 33 (Stadtarchiv Ettlingen)

Badische Neueste Nachrichten (BNN) v. 25. 4. 46, 31. 8. 46, 6. 4. 50, 22. 10. 53, 21. 12. 57, 8. 11. 58, 15. 4. 70, 21. 4. 71, 12. 4. 75, 16. 8. 75, 10. 4. 82 und 24. 4. 84

Bulletin d'Information de la Première Armée Française „Rhin et Danube" v. 29. 4. 45

Durlacher Tagblatt v. 1. 7. 54 (Stadtarchiv Karlsruhe)

Der Führer, Jahrgang 1944 (Stadtarchiv Ettlingen)
Der Führer, Jahrgang 1945 (bis 3. 4. 45: Badische Landesbibliothek, ab 5. 4. 45: Stadtmuseum Baden-Baden)

Gazette Officielle du Gouvernement Militaire du Pays de Bade (GOGM) v. 2. 6. 45, 14. 6. 45 und 25. 6. 45 (StAK)

Informations du Gouvernement Militaire pour l'arrondissement de Carlsruhe-Ville v. 28. 6. 45 (StAK)

Karlsruher Tagblatt v. 13. 7. 67 (StAK)

Military Government Gazette (MGG) v. 17. 7. 45, 26. 7. 45, 9. 8. 45, 16. 8. 45, 23. 8. 45, 30. 8. 45, 27. 9. 45, 11. 10. 45, 18. 10. 45, 22. 10. 45, 25. 10. 45, 1. 11. 45, 24. 11. 45, 1. 12. 45 und 22. 12. 45 (StAK)

Die Mitteilungen. Alliiertes Nachrichtenblatt der Alliierten 6. Heeresgruppe für die deutsche Zivilbevölkerung Nr. 1 v. 14. 4. 45 (BLB)

Neue Freie Stimme. Mitteilungsblatt der Buchdruckerei Ferdinand Schmitz, Radolfzell, Nr. 2 v. 17. 5. 45 (StAK)

Rhein-Neckar-Zeitung (RNZ) v. 5. 9. 45, 29. 9. 45, 3. 10. 45, 6. 10. 45, 10. 10. 45, 31. 10. 45, 21. 11. 45, 24. 12. 45 und 6. 10. 48

Süddeutsche Mitteilungen v. 7. 7. 45 und 17. 7. 45 (BLB)
Süddeutsche Mitteilungen v. 21. 12. 45 und 24. 12. 45 (Flugblattarchiv Lothar Leser, Karlsruhe)

## Literatur

Baden von 1945 bis 1951. Was nicht in der Zeitung steht, Nachdruck der Ausgabe Darmstadt 1951, Freiburg 1979

Badische Geschichte, hg. Landeszentrale für politische Bildung Baden-Württemberg, Stuttgart 1979

Johann Bär, Philipp Müller u. Bert Reuter: Siwatz 1786 – 1944. Geschichte einer deutschen Gemeinde in der Batschka, Freilassing 1963

Hans Th. Bauer: Streiflichter auf die wirtschaftliche und soziale Entwicklung Karlsruhes in Industrie und Handel. Das neue Heim der Karlsruher Wirtschaft, Karlsruhe 1955

Hans Baumann: Die 35. Infanterie-Division im 2. Weltkrieg 1939-1945, Karlsruhe 1964

Beiträge zur naturkundlichen Forschung in Südwestdeutschland, Bd. VIII, hg. Bad. Landessammlungen für Naturkunde u. Landesstelle für Naturschutz und Landschaftspflege, Karlsruhe 1948/49

1896 bis 1971. Ein Beitrag zu 75 Jahren Einzelhandelsorganisation in Baden, Karlsruhe 1971

Albert Benary: Die Berliner Bären-Division, Bad Nauheim 1955

Heinrich Berger: Grünwettersbach am Kriegsende, Karlsruhe 1947

Bericht der Evangelischen Diakonissenanstalt Karlsruhe-Rüppurr 1941 – 1951 (Kopie StAK)

Bibliotheksbau heute. Zeitschrift für Bibliothekswesen und Bibliographie, Sonderheft 33 (1981)

Ortwin Buchbender und Horst Schuh: Heil Beil! Flugblattpropaganda im Zweiten Weltkrieg, Stuttgart 1974

Cahiers Alsaciens d'Archéologie, d'Art, et d'Histoire, Strasbourg 1967

Günter Diercksen: Aus der Chronik der Ärzteschaft Karlsruhe 1715 – 1977, Karlsruhe 1978

Hermann Ehmer: Geschichte von Neureut, Karlsruhe 1983

Die Flucht und Vertreibung. Eine Bilddokumentation vom Schicksal der Deutschen aus Ostpreußen, Oberschlesien, Niederschlesien, Danzig, Westpreußen, Ost-Pommern, Ost-Brandenburg u. a. und dem Sudetenland, Bad Nauheim 1965

Freiburger Diözesanarchiv 90 (1970)

Charles de Gaulle: Memoiren 1942 – 46, Düsseldorf 1961

Raymond de Geouffre de la Pradelle: Verjagt – Beraubt – Erschlagen. Die Austreibung aus den deutschen Grenzmarken, Wiesbaden 1961

Günter Haass u. a.: Karlsruher Theatergeschichte, Karlsruhe 1982

Helmholtz-Gymnasium Karlsruhe, Jahresbericht 1981/82

Die 35. Infanterie-Division. Einsatz 1939 – 1945 in Frankreich – Rußland, hg. Kameradendienst 35. Inf.-Div. e.V., Friedberg o. J.

Ingenieurblatt für Baden-Württemberg 6 (1973)

Joachim Irek: Mannheim in den Jahren 1945 bis 1949, Stuttgart 1983

80 Jahre Handelsschule Karlsruhe, Festschrift, Karlsruhe 1952

50 Jahre Handwerkskammer Karlsruhe, Jubiläumsschrift, Karlsruhe 1950

Juden in Baden 1809 bis 1984, hg. Oberrat der Israeliten Badens, Karlsruhe 1984

Karlsruhe, Städtereihe der Deutschen Wirtschaftshefte (1949)

Karlsruhe als Garnison, Festschrift zum Garnisonstag 1956 und zur 2. Wiedersehensfeier der 35. Inf.-Div. in Karlsruhe am 29./30. September 1956

Katholische Pfarrkirche St. Bonifatius Karlsruhe 1908 – 1958, Festschrift, Karlsruhe 1958

Hans Kissel: Der Deutsche Volkssturm 1944/45, Wehrwissenschaftliche Rundschau, Beiheft 16/17 (1962)

Hans Kluth: Die KPD in der Bundesrepublik, Köln 1959

Fritz Kobe: Die letzte Glocke von Knielingen, Karlsruhe 1949

Heinrich Köhler: Lebenserinnerungen, Stuttgart 1964

Helmut Köhler: 70 Jahre Dienst am Volke, Karlsruhe 1968

Eberhard Konstanzer: Die Entstehung des Landes Baden-Württemberg, Stuttgart 1969

Kurt Kranich: Karlsruhe. Schicksalstage einer Stadt, Karlsruhe 1973

Ferdinand Kusterer: 250 Jahre Karlsruhe. Schicksal einer Stadt im Spiegel der Geschichte, Karlsruhe 1964

Jean de Lattre de Tassigny: Histoire de la Première Armée Française, Paris 1949

Jan Lauts: Meisterwerke der Staatlichen Kunsthalle Karlsruhe, Honnef 1957

Deta Löw: Im Wechselspiel der Zeiten, Karlsruhe 1981

Deta Löw: Verachtet und geliebt. Großstadtpfarrer im Dörfle, Karlsruhe 1973

Herbert Meininger u. Hubert Doerrschuck: 250 Jahre Karlsruhe, Karlsruhe 1965

Wilhelm Mössinger: Grötzingen, Grötzingen 1965

Ernst Müller-Meiningen: Die Parteigenossen, Europäische Dokumente 2, München 1946

Erich Murawski: Der deutsche Wehrmachtsbericht 1939 – 1945, Schriften des Bundesarchivs 9, 2. Aufl., Boppard 1962

Bernd Ottnad (Hg.): Badische Biographien, Neue Folge, Bd. I, Stuttgart 1983

Walter Pfirmann: 75 Jahre Ortsverwaltung Karlsruhe Industriegewerkschaft Metall, Karlsruhe 1966

Thilo Pflugfelder: Verfolgungsmaßnahmen gegen Juden während des „Dritten Reichs", Stuttgart 1980

Reinhold Redlin: Die Sammlungen des Wehrgeschichtlichen Museums im Schloß Rastatt, Teilbd. 3/I: Feldzeichen des königlich-preußischen Gardekorps, Freiburg/Br. 1982

Hubert Reinfried: Jubiläumszuwendung. Report über zwielichtige Jahre, Bayreuth 1979

Gerhard Ritter: Carl Goerdeler und die deutsche Widerstandsbewegung, Stuttgart 1955

Paul Rothmund u. Erhard Wiehn (Hg.): F.D.P./DVP in Baden-Württemberg und ihre Geschichte, Stuttgart u. a. 1979

Hermann Rückleben: Deportation und Tötung von Geisteskranken aus den badischen Anstalten der Inneren Mission Kork und Mosbach, Karlsruhe 1981

Paul Sauer: Baden-Württemberg. Bundesland mit parlamentarischen Traditionen, Stuttgart 1982

Jörg Schadt u. Wolfgang Schmierer (Hg.): Die SPD in Baden-Württemberg und ihre Geschichte, Stuttgart u. a. 1979

Rolf Schikorr: Die Entwicklung der badischen SPD von 1945 – 1949, Freiburg 1978

Schrift zur Eröffnung der Jugendbibliothek der Städtischen Galerie und der Stadtgeschichte im Prinz-Max-Palais Karlsruhe, hg. Stadt Karlsruhe, Karlsruhe 1981

Hansmartin Schwarzmaier u. a.: Der deutsche Südwesten zur Stunde Null, Karlsruhe 1975

Hansmartin Schwarzmaier (Hg.): Oberrheinische Studien V, Karlsruhe 1980

Leo Schwering: Frühgeschichte der Christlich-Demokratischen Union, Recklinghausen 1963

Wilhelm Steinhilber: Heilbronn. Die schwersten Stunden der Stadt, Veröffentlichungen des Archivs der Stadt Heilbronn 7, Heilbronn 1961

Karl Stiefel: Baden 1648 – 1952, Bd. I, Karlsruhe 1977

Gustav Stolper: Die deutsche Wirklichkeit, Hamburg 1949

Walter Stolzenberg, Klaus Stecher u. Hubert Bläsi: Bruchsal 1945. Ende und Anfang, Heimatgeschichtliche Veröffentlichungen des Archivs der Stadt Bruchsal, Karlsruhe 1971

Ludwig Stumpf: Die Geschichte der Städtischen Krankenanstalten Karlsruhe, Karlsruhe 1957

Unter dem Greifen, hg. Vereinigung der Freunde des Wehrgeschichtlichen Museums Schloß Rastatt e.V., Rastatt 1984

Verfolgung und Widerstand unter dem Nationalsozialismus in Baden. Die Lageberichte der Gestapo und des Generalstaatsanwalts Karlsruhe 1933 – 1940, hg. Stadtarchiv Mannheim, Stuttgart 1976

Verfolgung und Widerstand unter dem Nationalsozialismus in Karlsruhe. Die Reichskristallnacht 1938 und die Judenverfolgung in Karlsruhe 1933 – 1945, Teil 1, hg. Bund der Antifaschisten, Karlsruher Geschichtshefte 1, Karlsruhe 1979

Hermann Vietzen: Chronik der Stadt Stuttgart 1945 – 1948, Stuttgart 1972

Josef Weik: MdL und Landtagsgeschichte von Baden-Württemberg 1945 – 1980, 2. erg. Aufl., Stuttgart 1980

Paul-Ludwig Weinacht (Hg): Die CDU in Baden-Württemberg und ihre Geschichte, Stuttgart u. a. 1978

Welt am Oberrhein 4 (1965)

Hans Georg Wieck: Christliche und Freie Demokraten in Hessen, Rheinland-Pfalz, Baden und Württemberg 1945/46, Düsseldorf 1958

Zeitschrift für die Geschichte des Oberrheins 107 (1959) und 126 (1978)

# Dokumente

Seite

15 Der Führer v. 14. 5. 44
16 Der Führer v. 18. 12. 44
21 Der Führer v. 2. 1. 45
23 Der Führer v. 30./31. 12. 44
26 Flugblattarchiv Lothar Leser, Karlsruhe
27 Der Führer v. 3./4. 3. 45
30 Der Führer v. 15. 1. 45
31 Der Führer v. 24. 1. 45
33 Flugblattarchiv Lothar Leser, Karlsruhe
34 Tagebuch Marianne Kiefer
35 Der Führer v. 26. 3. 45
Der Führer v. 8. 12. 44
49 Generallandesarchiv (GLA) 357/1574 Zug. 73/51
51 Flugblattarchiv Lothar Leser, Karlsruhe
55 Jean de Lattre de Tassigny: Histoire de la Première Française, Paris 1949, S. 482
58 Der Führer v. 27. 3. 45
59 Flugblattarchiv Lothar Leser, Karlsruhe
63 Jean de Lattre de Tassigny: Histoire de la Première Armée Française, Paris 1949, S. 488 f
66 Stadtarchiv Karlsruhe (StAK), Sammlungen-Kulturelle Veranstaltungen 87
77 Tagebuch Marianne Kiefer
82 Bundesarchiv-Militärarchiv (BA-MA), RH 20-19/226
83 BA-MA, RH 20-19/180
85 BA-MA, RH 20-19/180
100 Privatbesitz Familie Dr. Carlos Schleipen
109 Der Führer v. 9. 4. 45
119, 120 StAK, H-Reg. A 752
123 StAK, Plan- und Bildersammlung X
124 Privatbesitz Familie Dr. Carlos Schleipen
129, 131 StAK, H-Reg. A 752
139 StAK, Sammlungen-Formulare 17
140 StAK, H-Reg. A 925
141 StAK, H-Reg. A 924
144 StAK, H-Reg. A 929
148 Gazette Officielle du Gouvernement Militaire du Pays de Bade v. 14. 6. 45

Seite

149 Informations du Gouvernement Militaire pour l'arrondissement de Carlsruhe-Ville v. 28. 6. 45
153 Beide: StAK, H-Reg. A 2027
159 Beide: Flugblattarchiv Lothar Leser, Karlsruhe
167 Military Government Gazette (MGG) v. 2. 8. 45
168 StAK, H-Reg. A 2896
172, 173 StAK, Plan- und Bildersammlung X
183 Privatbesitz
184 Privatbesitz Familie Rudolf Kahn
186 Privatbesitz
187 GLA 330/899
195 Süddeutsche Mitteilungen v. 28. 7. 45
205 Stadtverwaltung Karlsruhe, Amt für Einwohnerwesen und Statistik: Ehemaliges Wirtschaftsamt 0.40
211 MGG v. 23. 8. 45
221 StAK, H-Reg. A 1380
222 StAK, Tiefbauamt (TBA) A 37
228 StAK, H-Reg. A 30
229 MGG v. 27. 9. 45
233 StAK, H-Reg. A 30
238 MGG v. 9. 8. 45
247 GLA 235/30386
250 GLA 441 Zug. 1982 Nr. 38/60
257 GLA 448/2657
266 Archiv Badisches Staatstheater
270 GLA 57a/207
273 GLA 235/5800
275, 278, 280 Archiv Deutscher Gewerkschaftsbund Karlsruhe, ADGB 1945–1949
282 MGG v. 30. 8. 45
291 StAK, Plan- und Bildersammlung X

# Personenverzeichnis

# Abkürzungen

**AAK** Aufräumungs-Arbeitsgemeinschaft Karlsruhe
**a.a.O.** am angegebenen Ort
**a.D.** außer Dienst
**ADGB** Allgemeiner Deutscher Gewerkschaftsbund
**A.K.** Armeekorps
**AOK** Allgemeine Ortskrankenkasse
**A.R.** Artillerieregiment
**Ari** Artillerie
**Art.Reg.** Artillerieregiment
**Aus.Bild.Btl.** Ausbildungsbataillon
**BA-MA** Bundesarchiv-Militärarchiv (Freiburg)
**Bd.** Band
**BDM** Bund Deutscher Mädel
**BLB** Badische Landesbibliothek (Karlsruhe)
**BNN** Badische Neueste Nachrichten
**CDP** Christlich-Demokratische Partei
**CDU** Christlich-Demokratische Union
**Col.** Colonel (am.), Colonel (frz.) = Oberst
**Cpt.** Captain (am.), Capitaine (frz.) = Hauptmann
**DAF** Deutsche Arbeitsfront
**Div.** Division
**DP** Demokratische Partei
**DP's** Displaced Persons = zwangsverpflichtete, nach Deutschland verschleppte Ostarbeiter
**d.R.** der Reserve
**DRK** Deutsches Rotes Kreuz
**DVP/F.D.P.** Demokratische Volkspartei/ Freie Demokratische Partei
**DWM** Deutsche Waffen- und Munitionsfabrik
**ECDA** European Civil Affairs Division = Division für europäische Zivilangelegenheiten
**EWG** Eigentums-Wohnbau GmbH & Co.
**Fa.** Firma
**FDGB** Freier Deutscher Gewerkschaftsbund
**Flak** Flugzeugabwehrkanone
**Gen.Kdo.** Generalkommando
**Gestapo** Geheime Staatspolizei
**GI** Government Issue = wörtlich „Regierungsausgabe" = staatlich gelieferte Ausrüstung für die amerikanischen Soldaten, umgangssprachliche Bezeichnung für die Soldaten selbst
**GLA** Generallandesarchiv (Karlsruhe)
**GOGM** Gazette Officielle du Gouvernement Militaire du Pays de Bade
**GPr** Gesprächsprotokoll
**Gren.Ers.Btl.** Grenadierersatzbataillon
**Gren.Rgt.** Grenadierregiment
**hg.** herausgegeben von
**Hg.** Herausgeber
**HJ** Hitlerjugend
**HKL** Hauptkampflinie
**HNO** Hals-, Nasen- und Ohren(abteilung)
**I.D.** Infanteriedivision
**i.G.** im Generalstab (z. B. Oberst i. G.)
**IG** Industriegewerkschaft
**I.G.-Waffen** Infanteriegefechtswaffen
**IHK** Industrie- und Handelskammer
**Inf.** Infanterie
**I.R.** Infanterieregiment
**IRSO** Jewish Restitution Successor Organization = Jüdische Wiedergutmachungs-Nachfolge-Organisation
**IWK** Industriewerke Karlsruhe
**Jabo** Jagdbomber
**JCS** Joint Chiefs of Staff = Oberster Generalstab (der US-Armee)
**KPD** Kommunistische Partei Deutschlands
**KTB** Kriegstagebuch
**KZ** Konzentrationslager
**Lt.** Leutnant (d.); Lieutenant (am.) und Lieutenant (frz.) = Oberleutnant
**LVA** Landesversicherungsanstalt
**MG** Maschinengewehr
**MGFA** Militärgeschichtliches Forschungsamt (Freiburg)
**MGG** Military Government Gazette
**Mskr.** Manuskript
**NS** Nationalsozialismus; nationalsozialistisch
**NSDAP** Nationalsozialistische Deutsche Arbeiterpartei
**NSV** Nationalsozialistische Volkswohlfahrt
**OB** Oberbürgermeister
**Obstlt.** Oberstleutnant
**o.J.** ohne Jahresangabe
**OMGUS** Office Military United States = Amt der US-Militärregierung
**Pak** Panzerabwehrkanone
**PG** Parteigenosse (der NSDAP)
**PK** Propagandakompanie
**RAD** Reichsarbeitsdienst
**RM** Reichsmark
**RNZ** Rhein-Neckar-Zeitung
**SA** Sturmabteilung
**SD** Sicherheitsdienst
**SDR** Süddeutscher Rundfunk
**SPD** Sozialdemokratische Partei Deutschlands
**SS** Schutzstaffel
**StAK** Stadtarchiv Karlsruhe
**StAF** Staatsarchiv Freiburg
**TBA** Tiefbauamt
**TBI** Tonbandinterview
**uk** unabkömmlich
**UNRRA** United Nations Relief and Rehabilitation Administration, eine 1943 in Atlantic City gegründete, 1945 von den Vereinten Nationen übernommene Hilfsorganisation zur Unterstützung der Flüchtlinge (v.a. osteuropäische) und Verschleppten (Displaced Persons) in den von den Alliierten besetzten Gebieten. Ihre Aufgabe führte 1947 – 51 die Internationale Flüchtlingsorganisation fort.
**UzStG** Unterlagen zur Stadtgeschichte
**Verf.** Verfasser
**VGD** Volksgrenadierdivision
**z.b.V.** zur besonderen Verwendung